中國社會科學院甲骨學殷商史研究中心集刊
教育部、國家語委甲骨文研究與應用專項資助集刊
中文社會科學引文索引（CSSCI）來源集刊

甲骨文與殷商史

Bulletin of Oracle Bone Inscriptions and Yin-Shang History

新九輯

紀念殷墟甲骨文發現120周年專輯

宋鎮豪 主編

上海古籍出版社

《甲骨文與殷商史》（新九輯）編輯委員會

主　編：宋鎮豪

編輯委員會：
　　　　宋鎮豪　　宮長爲　　孫亞冰
　　　　趙　鵬　　邳曉娜　　趙孝龍

目　錄

甲骨文發現120周年之際的思考 ……………………………… 宋鎮豪（1）

憶胡厚宣先生 ……………………………………………… 沈建華（8）

甲骨文的"世界記憶"
　　——記美國甲骨收藏家方法斂博士 ……………………… 邱曉娜（12）

中華文明的守護者
　　——明義士 ………………………………………………… 劉玉雙（26）

殷墟甲骨斷代標準評議（二）
　　——關於"歷組"卜辭的時代問題 ………………………… 常玉芝（42）

論"殷墟花園莊東地甲骨"是小乙時代卜辭（下）
　　——從商代的"日名"說起 ………………………………… 曹定雲（102）

從"小丁"的身份看商代的親屬稱謂"兄" ……………………… 滕興建（126）

再論花東卜辭中祖甲、祖乙爲陽甲、小乙 ……………………… 左　勇（139）

甲骨文中的《阿波卡獵逃》
　　——商代奴隸逃亡的故事 ………………………………… 蔡哲茂（149）

以"迻于上譽"事件爲中心的排譜 ……………………………… 門　藝（160）

清華簡《楚居》所見"盤"地望考
　　——兼談周代凡國的始封 ………………………………… 王　玉（178）

殷墟甲骨文"柚"地考 …………………………………………… 馬保春（195）

"德"字訓釋
　　——訓釋關鍵字義是詮解中國思想史的鑰匙(之一) ……… 汪致正（204）
安陽大司空村新出牛骨刻辭考釋與性質試探 ……………………… 張惟捷（215）
試論"揚"的一種異體
　　——兼說"圭"字 ………………………………………………… 謝明文（234）
甲骨文釋讀札記（三則） ………………………………… 袁倫强　李　發（247）
再論甲骨文"奭"的字形演變及用法 ……………………………… 王晶晶（260）
《殷墟文字丙編》同版異文現象續探
　　——兼論《丙編》與《花東》同版異文的差異 ……………… 胡雲鳳（267）
殷墟卜辭"同版避複"現象研究
　　——以龜腹甲卜辭爲例 ………………………………………… 吳盛亞（283）
談甲骨文的"虇"字 ………………………………………………… 陳　健（297）
甲骨文"牵"字補釋 ………………………………………………… 李　聰（303）
甲骨卜辭中"多馬羌"補論 ………………………………… 蔣艾君　鄧　飛（311）
姒鼎、姒爵"在寢"與版方鼎"王賓文武帝乙肜日" ……………… 黃錦前（318）
殷墟甲骨文"步"字句的句法分析 ………………………………… 張玉金（325）
甲骨卜辭"有"的代詞用法補議
　　——從"受屮佑"談起 …………………………………………… 武亞帥（339）

殷墟人頭骨刻辭再研究 …………………………………………… 方稚松（351）
淺析甲骨文中的兆辭 ……………………………………………… 李愛輝（365）
殷墟卜骨的雙兆幹現象 …………………………………………… 孫亞冰（370）
賓組龜腹甲首刻卜辭契刻位置研究 ……………………………… 何　會（377）
殷墟甲骨文所見書與契關係補論 ………………………………… 趙孝龍（392）
卜辭翌、來再論 …………………………………………………… 丁軍偉（399）
對甲骨坑位分期斷代作用的再認識 ……………………………… 禹　劍（409）
試析侯南卜辭的年代問題 ………………………………………… 韓文博（415）
殷墟甲骨鑽鑿研究述評 …………………………………………… 趙　鵬（428）

内藤湖南舊藏甲骨整理札記五種 …………………………………… 蔣玉斌（436）

《甲骨文字編》校讀札記 37 則 …………………………………… 喬雁群（445）

《殷虚卜辭後編》初探 ……………………………………………… 付振起（476）

《甲骨年表》存目文獻考 …………………………………………… 鄧章應（494）

從一組新見重片看甲骨材料流轉與統計的重要性 ………………… 劉　影（503）

"安陽民間系"甲骨著録文獻校理 …………………………………… 展　翔（508）

殷墟戚家莊出土筮卦戈的討論 ……………………………………… 馬曉穩（521）

徵稿啓事 ……………………………………………………………………（525）

甲骨文發現 120 周年之際的思考

宋鎮豪

（中國社會科學院歷史研究所，安陽師範學院計算機與
信息工程學院甲骨文信息處理教育部重點實驗室）

  甲骨文是 19 世紀末發現的地下出土中國最早的成文古典文獻遺産，也是漢字和漢語的鼻祖，傳承着真正的中國基因。這門歸爲"絕學"的甲骨文與甲骨學，内容繁富，涉及三千年前殷商時期政治制度、王室結構、社會生活、經濟生産、天文曆法、自然生態、交通地理、方國外交、軍事戰爭、宗教祭祀、思想意識、文化禮制等方方面面，具有極高的文物價值、史料價值和學術史研究價值，是重建中國上古史，透視三千年前殷商社會生活景致，尋繹中國思想之淵藪、中國精神之緣起、中國信仰之源頭、中國傳統文化特質與品格之由來、中國藝術美學之發軔的最真實的素材。

  自新中國成立以來，甲骨文研究就始終受到國家與社會各方的高度重視。早在建國之初，國家在製定"十二年科學發展遠景規劃"中，就把《甲骨文合集》的編輯列爲歷史學科重點項目。進入 21 世紀，國家最高領導層更是把甲骨文研究提高到與中華優秀文化體系構建相繫的戰略高度，聚焦於如何滿足人們對有關歷史知識的渴求和傳統文化的傳承層面，關聯到中華文明影響力和國家文化軟實力的增強。2017 年 10 月 30 日，以中國社會科學院歷史所及考古所、國家圖書館、故宫博物院、山東博物館、上海博物館、旅順博物館、天津博物館、南京博物院、北京大學、清華大學等 11 家爲申報主體所藏的約 93 000 片殷墟出土甲骨文，通過聯合國教科文組織世界記憶工程國際諮詢委員會的終審，成功入選"世界記憶名録"(International Memory of the World Register)，同年 11 月 27 日入選通知證書正式頒發。甲骨文入選"世界記憶名録"，標誌着保護甲骨文遺産的世界意義，肯定了其在世界文化中的重要地位和對社會歷史發展所産生的歷久彌新的影響力。2019 年又迎來了甲骨文發現"二甲子"的 120 周年。

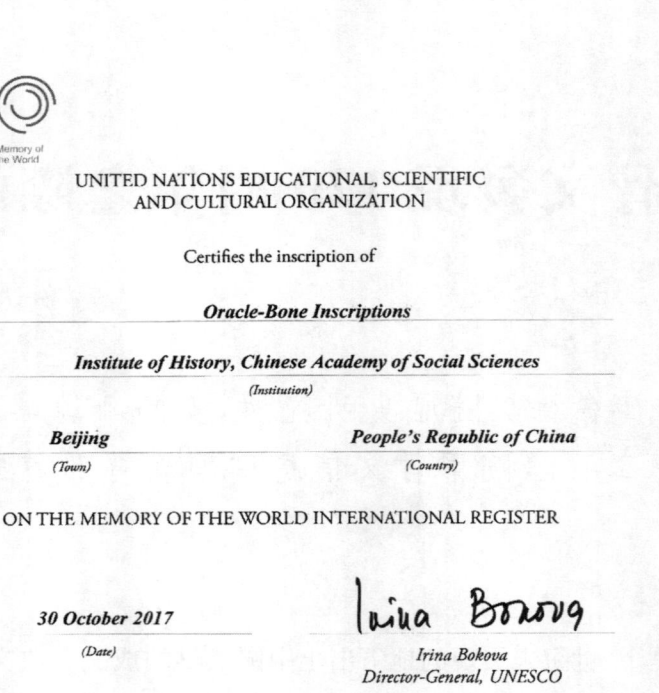

UNITED NATIONS EDUCATIONAL, SCIENTIFIC AND CULTURAL ORGANIZATION

Certifies the inscription of

Oracle-Bone Inscriptions

Institute of History, Chinese Academy of Social Sciences
(Institution)

Beijing   *People's Republic of China*
(Town)   (Country)

ON THE MEMORY OF THE WORLD INTERNATIONAL REGISTER

30 October 2017
(Date)

Irina Bokova
Director-General, UNESCO

中國社會科學院歷史研究所藏甲骨入選"世界記憶名錄"證書

UNITED NATIONS EDUCATIONAL, SCIENTIFIC AND CULTURAL ORGANIZATION

Certifies the inscription of

Oracle-Bone Inscriptions

Institute of Archaeology, Chinese Academy of Social Sciences
(Institution)

Beijing   *People's Republic of China*
(Town)   (Country)

ON THE MEMORY OF THE WORLD INTERNATIONAL REGISTER

30 October 2017
(Date)

Irina Bokova
Director-General, UNESCO

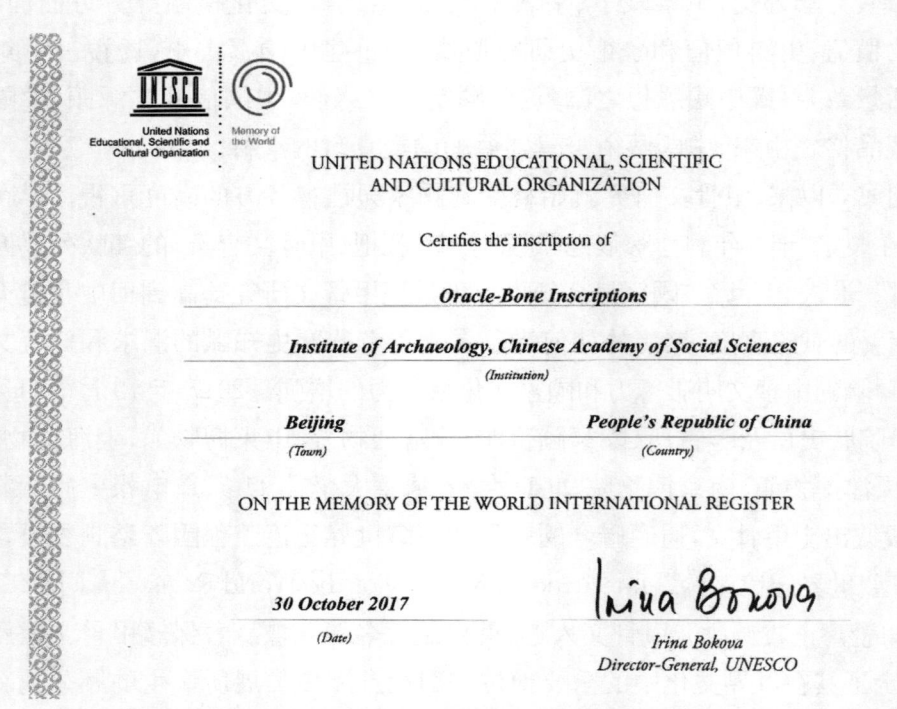

中國社會科學院考古研究所藏甲骨入選"世界記憶名錄"證書

中國國家圖書館藏甲骨入選"世界記憶名錄"證書

山東博物館藏甲骨入選"世界記憶名錄"證書

新世紀新際遇,甲骨文研究呈專題化、系統化、精準化、規模化、數字化與跨學科性,也賦予中華學子新的使命,催生甲骨文保護整理與科學研究的新作爲,甲骨文研究中的種種新老疑難問題有望得到程度不一的破解,甲骨學科後繼人才培養有望得到落實。

在今年這個具有紀念意義的年份,我們寄望國家有關部門在制訂甲骨文研究規劃時應有六個方面導嚮和新的拓展領域:

一是能加強全社會對中華古典文字——甲骨文的敬畏之心,保護載入"世界記憶名録"的甲骨文的尊嚴,杜絶僞造亂用甲骨文字的不良風氣;注重多元化、多路徑的甲骨文研究理論、方案、方法及甲骨學科體系的完善,造就良好的甲骨學發展生態。

二要重視文理結合、跨學科、同方嚮、開放式的協同創新攻關,加強大數據時代甲骨文獻資源庫的建設與人工智能深度識别的聚積。

三是有利於甲骨文搶救性保護措施的落實,有利於全國甲骨藏品家底的清查、甲骨文物保存條件的規範和甲骨實物的科學展示,有序開展甲骨文三維資料建模檔案雲平臺建設。

四要加強知識産權保護,風正氣清地把握好甲骨文研究與應用的深化趨勢,公開透明規劃好重大項目、重點課題和一般課題的設立與實施全過程,經得起學術的檢驗,經得起歷史的評判。尤其是以大宗藏品單位甲骨文的全面徹底再整理與精細研究爲主體展開,具有標示性作用,預示着甲骨學科未來若干年的前沿走嚮,此方面的推動應加強國家層面的統籌規劃,要有力度,要有所新作爲。

五要有利於不斷推出學術精品的同時,注意甲骨文與甲骨學專門人才的培養,並培育一批真正名副其實新的甲骨文科研普及園地。

六要加強甲骨學術史的鈎沉探賾,揭示塵封的舊事和甲骨出土後輾轉流傳的風雨滄桑,對甲骨學的傳承有促進作用。

甲骨文字考釋是與時俱進的,通過相同及不同類組卜辭文例與辭例的場景、語法語義辨析,確定相關字的詞位、詞性、用法及字體部件構形分析,結合商周金文及晚後的簡帛文字等,旁蒐遠紹,察其流變,集成不同歷史時期每個單字構形變化的信息,由已知推未知,鈎沉文字與史的表裏,實徵殷商考古發現,能使一批同詞位、詞性的甲骨文字釋義得到整體坐實。

但也應看到,當今甲骨文與甲骨學研究也面臨不少問題,如項目設置重復,選題碎片化;研究呈現學術傳承性與自説自話性兩極分流;甲骨文字考釋怪現象不少,或拾陳蹈故,以訛傳訛,或標新立異,自我吹嘘,或繁瑣考據,故作艱深,甚至奇談怪論,自以爲是。研究面臨瓶頸,難以形成共識,弊端明顯,很難説研討水準較過去有大提高。甲骨文研究有只偏重純文字考釋而輕視利用甲骨文考訂殷商文明與歷史的趨嚮,其實後者才是研究甲骨文的真正價值所在。再者,考古出土整坑甲骨所擁有的組類屬性,與同出考古遺物遺迹的年代界定,是研究甲骨組類分期的重要依據,但這些年來遭遇的學術態勢恰恰是不可思議的忽視與冷處理。即就甲骨文字典等工具書的編纂來看,這本是一項極其嚴肅的工作,學術性和權威性是第一位的,但却缺乏資質把關,疏於嚴格審查監督,出版門限太低,有失控趨勢,劣質書泛濫,誤導讀者甚劇。更甚者,對甲骨文遺産缺乏敬畏之心,方嚮迷失,假僞充斥,胡亂造字,恣意炒作,欺世盜名,各種出版、展覽、文創,名爲普及,實則趨利,亂象頻生,情何以堪!

當下,應該重視運用考古學方法,標準化斷代,對甲骨出土地點與地層情資、坑位與甲骨瘞埋層位疊壓狀況、甲骨鑽鑿形態、共存陶器類型與考古文化分期乃至與周圍遺迹的關係,進行精細分析,這對解決當前甲骨學界有爭議的斷代問題,甲骨字體組類區分標準不一的瑣碎化現象,有返璞歸真的意義。此外,在甲骨文資料全面收集的基礎上,應加强門類各異、相得益彰的甲骨文專題研究,如計算機人工智能深度識別甲骨文關鍵技術研發、甲骨文獻大數據信息資源平臺建設、甲骨文三維數據建模檔案建設、甲骨文契刻工藝三維微痕分析、甲骨文與殷墟考古研究、甲骨文出土瘞埋類型考察、甲骨契刻工具研究、甲骨鑽鑿形態與卜法研究、甲骨卜辭組類及其相互關係研究、甲骨材質及綴合研析、甲骨已識未識字整理與研究、甲骨多形字共時異時應用形態考察、甲骨字體構形與傳統"六書"説研究、甲骨朱書墨書整理、甲骨文書法與書學關係研究、甲骨文例研究、甲骨文語言語法研究、甲骨文詞彙研究、甲骨文祭名與祭儀研究、甲骨文地名與地理地望研究、甲骨文人事活動研究、甲骨文殷商禮制研究、甲骨文中殷商王權及國家管理方式研究、甲骨文中的殷商官制研究、甲骨文中的殷商軍制研究、西周甲骨文研究、商周甲骨文的"地方"屬性研究等等。

相比過去,現在的甲骨文研究有很多有利條件。這些年來出土的戰國文字比較多,特別是許多地下簡帛文獻的再發現,像清華簡、上博簡、郭店簡、包山簡等,簡文保留了很多古老字體的寫法和用法,可以追溯到甲骨文,找出其字形變化的源與流,比以往考釋甲骨文强調形、音、義分析,增加了更多的可參照素材,方法論上比過去嚴密,視野也大大開拓,研究日趨精密化,一改過去粗放式的"射覆"猜謎性探討,要結合甲骨文例,將單字放在整體語境中,匯總各種資料信息以全方位深入解詁其"多態性"的字義詞性。現在各種甲骨著錄資源及過去各種考字説法都能比較便捷地獲得,集成性研究成果的整理不斷涌現,對甲骨文的正確釋讀與殷商史研究起到了積極的推動作用。

總之,甲骨文研究要在認準方嚮、堅守底綫、拒絶亂象、有章可循的學術生態中不斷進取，有傳承，有拓展，有寄望，有作爲，有新秀不斷加入，後浪推前浪，"絕學"不絕，繼往開來，方興未艾，斯之時也。

近些年來我們主要聚焦於甲骨文藏品的保護性整理研究與著錄方面。2008年啓動了中國社會科學院"十二五"重大科研項目《甲骨文合集三編》的編著工作，輯集《合集》與《合補》漏收以及後出散見各處的甲骨文，補收補拓部分公私諸家所藏甲骨文，彙整有關甲骨綴合資料，總計著錄甲骨文近3萬片，不久將提供一部材料詳盡的高檔次大型甲骨著錄集。

2011年中國社會科學院歷史所創新工程項目啓動，由我主持的"歷史所藏甲骨墨拓珍本的整理與研究"被批准爲其分項目之一，也可以説是賡續《甲骨文合集三編》"輯集殷墟出土甲骨文之大成"的前緒而設立的。我們發現歷史所藏有相當數量的甲骨文拓本，爲當年《合集》和《合補》漏收漏選，有的都是上世紀70年代以前或更早時期的拓本，而其甲骨實物往往早已不明去嚮，有的雖知下落，原骨却已破碎，片形遠非早期拓本完整。有的甲骨拓本集屬於海内外唯一性的珍本或孤本，有重要文物價值和古文獻史料價值。但因這批甲骨拓本集塵封已久，紙張斷爛零落，需要進行搶救性破損修復和專業性整理研究。我們基於甲骨文獻遺產的保護整理、科學研究、學術史追蹤、文化傳播及歷史教育的目的，擴大甲骨墨拓珍本孤本整理與研究的視野，努力追尋每宗甲骨文的來龍去脉及其中隱藏的學術史往事，走出象牙塔，橫嚮加強與海内外甲骨收藏單位的交流合作，在整理研究中搜集補苴甲骨新資料，注意吸收甲骨文的最新研究成果，充分呈現我們的新知新獲，同時配合甲骨學科建設與中青年高端專業人才培養，編纂推出"中國社會科學院歷史所藏甲骨墨拓珍本叢編"，迄今10年間已經整理出版了10種總計9230多片甲骨文著錄新書。

除此之外，我們還致力於甲骨文獻資源大數據庫和甲骨文人工智能深度識别系統的構建，考慮運用自然科學技術方法和手段，有序進行甲骨文三維建模數字化儲存庫建設。又設立了"甲骨文契刻工藝三維微痕觀察及文化内涵研究"課題，2017年12月27日經教育部、國家語委批准，列爲"甲骨文研究與應用專項"課題之一，對有關甲骨進行數據取樣，通過甲骨文筆道刻畫階段性變化軌迹的微痕觀察，超景深數碼顯微鏡物理測量、顯微合成、三維模型重建，結合模擬實驗，獲取有關潛信息，嘗試從甲骨文書刻工藝角度破解甲骨組類斷代方面存在的聚訟難題，探索甲骨文契刻中的一些奥秘。

2019年是殷墟甲骨文發現120周年，有關方面正在與我們共同籌備高層次國際學術研討會，落實甲骨文物陳展，組織全國甲骨文書法展等系列紀念活動，還要推出一批學術研究成果。今明兩三年内我們將相繼公布一批重要甲骨文著錄集。如《殷虛卜辭舊拓集》，是本之加拿大明義士（James Mellon Menzies）《殷虛卜辭》的新編，原書1917年由上海別發洋行石印本出版，收甲骨摹本凡2 369片，原甲骨藏南京博物院，迄今未見拓本集出版。我們整理公布這部歷史所藏《殷虛卜辭舊拓集》，可彌補學界一直以來的期盼。《繪園所藏甲骨》，收甲骨文102片，係何敘甫贈商承祚的墨拓本。《殷虛書契四編》著錄甲骨131片，是羅振玉《殷虛書契》、《殷虛書契菁華》、《殷虛書契後編》、《殷虛書契續編》之後的一部甲骨拓本集。《歷史所藏甲骨文拓》，凡一函二册，共166片，原係劉鐵雲舊藏，今分散歸上海博物館、山東博物館、天津博物館、旅順博物館、故宫博物院、國家圖書館、復旦大學、東京大學、京都大學、天理大學、俄羅斯愛米塔什博物館所藏。拓本爲早期拓本，故而保留了甲骨的原初面貌。有的雖然見於舊著錄，但只是摹本；有的比舊著錄更清晰、更完整；有的則從未著錄過，屬於新材料。《甲骨文攈》，共四册，乃曾毅公擇取甲骨墨拓及摹本3 667片粘貼而成，原爲羅振玉、孟定生、端方、凡將齋馬衡、陳濰生、徐旭生、柳風堂張仁蠡、周肇祥、姚師魏、粹雅堂、敘圃何遂、通古齋黄濬、孔德、胡厚宣、明義士等所藏甲骨。有些見於不同的舊著錄書，有些僅見此書，可以據以追蹤厘清有關甲骨的來源、流傳與收藏事略。由於是早期拓本，保留了原初較爲完整的面貌，爲海内外難得一見的孤本，可爲學界提供融學術信息與資料著錄爲一體的重要甲骨著錄書。

新世紀迎來了甲骨文保護整理與科學研究的新際遇，我們將打破學科界限，發凡契志，同嚮協力，一以貫之肩負起新的學術使命，沉心靜氣，明達致遠，耕耘於古文字與古史研究領域，爲傳承和弘揚中華優秀文明而克奉其力。

憶胡厚宣先生

沈建華

（清華大學）

　　突然接到鎮豪先生來信，今年正值甲骨發現 120 周年，希望我撰稿寫一點回憶。因家父和我與胡先生有着二代世交，一時真有些不知所措，該從哪寫起。往事一下子涌現在腦海裏，仿佛時光倒流，把我又推到了那個難忘的 70 年代歲月裏。

　　在我少年時代的記憶中，父親有一位朋友是研究甲骨文的著名學者胡厚宣先生。1990 年 11 月父親去世後，我從胡先生那裏才知道，父親和他最初是在解放初期上海美術考古學社相識的。1990 年 12 月胡先生在給我的信中說，他和我父親是"將近 50 多年的好朋友"。解放後胡先生在上海復旦大學任教期間，由於同在一個城市，胡先生和父親結下很深的友誼。在飯桌上父親曾給我講起那個戰爭年代，胡先生夫人桂瓊英阿姨爲支持胡先生研究甲骨文，不惜變賣首飾購買甲骨的故事。這個故事給我留下印象極深，從那以後我一直很期待見到胡先生。可沒過多少年，聽父親說周總理應郭沫若的請求，將胡先生調到北京中科院編纂一部大型《甲骨文合集》，離開了復旦大學。

　　接着 1966 年"文化大革命"運動開始，父親被隔離審查批鬥，我再也沒有聽到胡先生的消息，直到"四人幫"倒台，父親恢復了上海博物館的工作，也恢復了與胡先生的通信往來。我第一次見到胡先生是在 1978 年 11 月的長春第一屆古文字研究會上，剛報到那天，胡先生看到我的名字，露出驚喜的目光說："原來就是你呀！"在此之前，父親與胡先生通信時，曾介紹過我有學習甲骨文的願望。我也先後接到胡先生和商承祚先生來信鼓勵，遺憾的是當時工作調動，錯過了報考胡先生研究生的機會。

　　1979 年春，我被借調到中華書局。在此期間，我便有機會經常去乾麵胡同走訪胡先生。這是一座社科院老式的公寓。每次走進胡先生的家，都會被滿屋子的書籍深深吸引，客廳三人沙發對面有一排古銅色多寶格式的書架，放着一套二十四史，隔壁書房除了四面靠牆的書架外,中間空地就按圖書館的格局置放着兩大排書架,幾乎接近天花板,整個書房都被書架擋住了光綫,屋子顯得昏暗幽深,就像置身來到圖書館一樣。看着滿屋書架的書,我心裏充滿疑惑不解,胡先生您是怎麼躲過"文革"一劫的?居然還能保存這麼多書?胡先生看出我一臉疑惑,於是向我講述了那段難忘的"文革"經歷。

胡先生用很平緩凝重的語氣説:"'文革'開始,舉國上下開展了一場自下而上大革命運動,各級領導被打倒,學校停課,學生抄家,不斷傳出揪鬥教授的消息,聽説上海復旦搞得很厲害,周谷城也没有幸免被學生揪鬥在校園勞動。我有幸在1966年之前調到北京中國社科院,如果還在復旦就不堪設想了,不要説書不保,恐怕連人也難保住呀!雖説社科院也有運動,由於院裏聚集了全國著名的知識分子,比起學校的運動要温和多了。有一天,突然來了一批外單位的紅衛兵到來抄家,讓我把外屋存放的書籍資料都移入集中在裏面書房裏,什麼也没有動,貼了封條就走人了。我一直很納悶。後來我才知道,運動初期北京各院校有許多著名教授被學生抄家,學術資料被洗劫一空,周總理擔心中科院老專家也會遭到不測,就搶先一步派人先把顧頡剛和我家的書和資料保護起來,貼上封條,就不再有人敢上門隨便拆封了。就這樣,書是被封存了,但近在咫尺的書,你却無法靠近,心情也是很不好受的。"直到今天,當胡振宇回憶起兒時的境况説:"那時我只知道書房不能進去,只能在鑰匙孔中偷偷看一眼屋裏的書在那裏静静地躺着。"

如果當年没有周總理的指示關懷,我想胡先生的珍貴書籍恐怕後果也很難説,我爲胡先生在亂世中能躲過一劫感到慶幸,也被總理的人性光輝深深感動。

胡先生接着又説起"'文革'那時人心惶惶,今天不知明天事,當時凡海外來的郵件都被人拆封目驗,那時社科院的學者人人猶如驚弓之鳥。早前海外學者給我的信,我總覺得會遭到不測,便忍痛都燒了。'文革'期間日本著名甲骨學者島邦男給我寄來他剛剛出版的《殷墟卜辭綜類》一書,當時我看到島邦男窮十年功力,編著這本甲骨大工具書,很震驚,感觸也很大呀,想想我們這邊却搞了一場'文化大革命',整整耽誤了十年呀!毁了幾代人!"。

胡先生用波瀾不驚的平静口氣講述,和我相視沉默了許久,眼睛裏飽含着痛心疾首的神情。不難想象,曾與胡先生有過朝夕相處的甲骨書籍資料,一夜之間被封於自家門内而不得進入,每天要面對一牆之隔的書房,而這一封就是十年,内心該是何等煎熬和折磨。凡經歷"文革"歲月的人,那個特殊的年代,都能體會到活下來的滋味是什麼,可日子不就是這樣一點點用心熬出來的嗎?

終於到了1978年"四人幫"垮臺,被中斷的《甲骨文合集》的編輯工作又開始恢復了，爲配合這部大型書籍的整理編輯，國家文物局給各地博物館發了公函要求積極配合，當時父親請了館裏最好的技工墨拓館藏的甲骨實物，提供最好的拓片，一批一批寄給整理組。我於1978年調入安徽省博物館，被分配在書畫庫房工作，善本部的書庫也正好在隔壁，便經常去善本書庫溜達。有一天見到葉玉森的《鐵雲藏龜遺珠》拓本，即寫信給胡先生，詢問《合集》收不收，胡先生很快來信説："憑印象一查，好像都在《鐵雲藏龜拾遺》一書中著録過，幾次同文物局聯繫，是項拓本尚未看到。實物現在上海博物館。現擬請您將所抄的那幾頁，連同序文抄給我一份。或者將您所抄録的寄給我一查，這樣最好，用後立即還。不知可否？"（1979年1月5日）事隔三日，胡先生又來信説："《鐵雲藏龜遺珠》拓本仍尚未見到。"可見他當時急切的心情。後來聽説經國家文物局出面協調，此書被借調走了。我第一次爲胡先生做了這件事，心裏很是高興。

　　1983年隨着國內改革開放，與海外及香港學術交流開始有了互動，那年我應饒宗頤先生邀請在香港中文大學訪問一年，正好胡先生出席中文系舉辦的古文字研討會，會議結束後，胡先生被常宗豪教授邀請留下來一周，使我有機會隨同胡先生一起走訪香港大學馮平山博物館和香港博物館及中文大學新亞書院收藏甲骨的實物，胡先生對每一片，都看得極其仔細，不時地臨摹作記録。在饒先生家做客時，兩位久別相逢的學者相談甚歡，接着饒先生把我們帶到了她女兒家中取出一摞巨大的發黃了的稿子，上面貼滿了被剪下的甲骨圖版，饒先生告知60年代他曾嘗試想編甲骨文合集，後來發現個人精力無法勝任，於是就放棄了。饒先生説："當時我家地板都鋪滿了甲骨圖片，人都無法踏進來。"胡先生看着厚厚的稿子，特別震驚，感佩饒先生的精神。我在一旁看着這兩位老人進入談話佳境，此時此刻，突然明白甲骨文的魅力，是什麼可以讓兩位相隔千里的老人惺惺相惜，彼此放懷大笑，彼此有傾訴不完的心中故事。每每回想此景，不由地黯然傷感，洹河猶流，兩位斯人離去，今日天堂話語。

　　1991年我從日本再次來到香港中文大學中國文化研究所與饒先生合作編撰《甲骨文通檢》一書。1993年中文大學中文系舉辦第二屆國際古文字研討會，胡先生應邀出席，會後胡先生留下兩周在中國文化研究所訪問演講，由饒先生主持，胡先生演講當日整個會議室擠滿了人，走廊裏還有站着聽的，除了本校師生外，還有從外面趕來的學者。胡先生從甲骨的發現談到各地研究機構的公私收藏，對甲骨片的來源和數字統計都十分熟悉、精準，用饒先生的話來説，在這個世界上没有其他人能像胡厚宣先生那樣對甲骨的收藏如數家珍了。演講中給我印象最深的一件事是：當年由於戰事買不到飛機票，最後胡先生没能如約趕到與董作賓老師見面，没想到這一別就是三十年。師生戀情切切，胡先生會上連連説"我對不起董先生呀！"，"是我對不起董先生呀！",在座的師生被胡先生的深情所打動。三十年間,兩岸分離,不僅是親人,也包括學術研究和師生情誼都被政治的高牆殘酷隔斷,没有經歷那個年代的人,很難體會到這一代人心中留下的那份傷痛和悔恨。

從20世紀60年代起,胡先生開始致力於《甲骨文合集》大型圖錄的籌備工作,奔走於各地調查采集甲骨資料,從整理挑選版本到最後編輯,孜孜矻矻傾注了人生最寶貴的二十多個年華,付出了大量的心血,犧牲了許多本屬於自己可以用來研究學術的時間,但胡先生却把所有精力都投入到《甲骨文合集》的編纂工作中,通過編《甲骨文合集》,培養了歷史所一批優秀的甲骨學者,使他們成爲今天甲骨學界的精英。

自甲骨文發現120年以來,甲骨文研究至今天已經成爲一門顯學。前輩們前赴後繼不斷探索研究,嚴謹治學,爲完成一部巨作,花費了整整20多年的心血,是今天年輕學者很難想象的。他給我們留下的豈止是學問,展示了那個時代學者的風範與魅力,中國傳統文化的綿延,不正是靠一代代宗師薪火相傳嗎？他們猶如荒漠中虔誠的朝聖者,點燃了最後一支蠟燭,照亮了别人,也燃燒了自己。

胡先生一生情繫甲骨文,直到生命最後。記得美國一位著名記者彼德·海德勒曾説:"把甲骨文比成音樂中的音符——在對的人手裏會化身成音樂。"我喜歡他的比喻,用在寫照胡先生這一生很合適,君不見,甲骨四方風名音符已化成最美的四季樂譜旋律,穿過三千年時光隧道,每每在我心中唱響,讓我們永遠懷念您胡先生。

2019年3月12日

甲骨文的"世界記憶"

——記美國甲骨收藏家方法斂博士

邸曉娜

（中國社會科學院歷史研究所）

  2017年甲骨文成功入選聯合國教科文組織"世界記憶名録"。甲骨文作爲"世界性"的文獻遺産，受到國家與社會各界的高度重視。有幸作爲申報文本的英文譯者，筆者感到一份榮譽，更覺得是一種責任。今年恰逢甲骨文發現120週年，回顧和總結甲骨文發現與研究歷程上的重要人物及其成就，是深化甲骨學學術史研究的重要内容，更是探索甲骨文研究新思路、新方法的堅實基礎。方法斂，作爲美國最早的甲骨收藏家和研究者，在西方早期甲骨學史上佔有重要地位，陳夢家、董作賓、胡厚宣等甲骨前賢對其都有很高評價。借此甲骨文發現120週年紀念之際，筆者擬對方法斂的生平事迹和傳教經歷、甲骨收藏與甲骨研究進行全面介紹，以紀念這位自學成才、爲甲骨殫精竭慮的美國漢學家。

一、方法斂的生平事迹和傳教經歷

  神學博士方法斂牧師（Rev. Frank Herring Chalfant，D.D.，1862—1914），是清末民初美國長老會派駐到中國山東濰縣的傳教士，也是美國最早的甲骨收藏家和研究者。方法斂博士很早就開始甲骨收藏與研究並作出了重要貢獻，被譽爲"西方人士中研究殷虛卜辭者之第一人"，[1]在西方早期甲骨學史上占有重要地位。

  方法斂1862年5月29日生於美國賓州梅卡尼克斯堡（Mechanicsburgh）一個牧

---

[1] 董作賓：《方法斂博士對於甲骨文之貢獻》，《圖書季刊》1940年新第2卷第3期。

師家庭，1881年畢業於伊斯頓拉斐特學院（Lafayette College），先是做了幾年法律工作，隨後轉到西部神學院（Western Theological Seminary）攻讀神學。1886年從神學院畢業，同年被美國匹兹堡長老會（Presbytery of Pittsburgh）任命爲牧師，1887年3月34日被美國長老會海外宣教團（the Board of Foreign Missions of the Presbyterian Church in the U.S.A）徵召到濰縣的西部山東傳教站（West Shantung Mission）傳教。1887年10月20日，方法斂與新婚妻子Miss Jennie A. Martin一同乘船前往中國，1887年11月到達中國。方法斂在濰縣傳教長達25年，1912年6月因病攜全家離開中國，同年7月到達美國匹兹堡。經過多方診斷，方法斂被確診患了脊髓瘤，在承受了巨大的病痛折磨之後，於1914年1月14日病逝，享年52歲。[1]

根據《美國長老會海外宣教團年度報告》的記載，方法斂在濰縣的前幾年主要進行漢語學習，後來逐漸承擔一些傳教工作。比如，"方法斂牧師主要投身於語言學習，不過也在鄉村和當地人共度了10天時間"，"方法斂已經開始用漢語布道……工作範圍包括8個布道站分會，共有100名信徒"。方法斂在濰縣的工作是繁重的，包括巡回傳教、監管學校、管理布道站等。他每年大約有三分之一時間在鄉村傳教，截至1900年4月，方法斂管理45個布道站和46所男孩學校。另外，他還是中國長老會宣教基金的財務主管，負責記賬、匯報等額外工作。[2]

1900年庚子之變打斷了方法斂慣常的傳教工作。運動開始之時（6月18日），方法斂因事身在青島，本可以逃脱戰亂之苦，但他毅然返回濰縣，在傳教站遭到義和團民衆圍攻和焚燒之時（6月25日），帶着同事一路逃到濰縣南9英里處的德國煤礦站，後來被送到青島避難。[3] 其他傳教站的傳教士也紛紛逃到青島避難。在這裏，方法斂夫婦與柏爾根夫婦共度一夏，結下了患難之交。後來，方法斂夫婦去了芝罘（烟台），在芝罘待到1901年3月，然後方法斂夫人去了青島，方法斂回到濰縣開始重建工作。此後幾年，方法斂主要負責傳教站的房屋修造和新校址建設，1904年完成全部修造工程。[4] 庚子之變對傳教士來説是一場災難，但於方法斂未必不是一場幸事。由於京津戰亂，濰縣古董商被迫攜甲骨回到濰縣，方法斂因此得以接觸甲骨這種珍貴的出土文

---

[1] 參看B. Laufer，NECROLOGIE: Frank H. Chalfant. *T'oung Pao*, Second Series, Vol.15, No.1(1914), pp.165–166.

[2] 參看《美國長老會海外宣教團年度報告》(*Annual Report of the Board of Foreign Missions of the Presbyterian Church in the U.S.A.* 1889—1900)。年度報告的報告時段爲上年5月至本年4月。

[3] 此段經歷記録在 *New thrills in old China*，by Charlotte E. Hawes，New York，Hodder & Stoughton，1913.

[4] 參看《美國長老會海外宣教團年度報告》(1902—1905)。

物。1903年,方法斂和英國浸禮會傳教士庫壽齡合夥購買一批400片甲骨,次年轉讓給上海皇家亞洲文會博物館。由於財力不足,方法斂選擇了不佔有甲骨、僅以收集材料爲要的收藏之道,走出了收購甲骨、摹錄甲骨、研究甲骨、轉讓甲骨的獨特之路。

值得一提的是,1904年,英國浸禮會傳教士庫壽齡負責的廣德書院與美國傳教士狄考文負責的登州文會館合併,成立廣文大學,並遷至濰縣樂道院新校址。1904年7月,美國長老會傳教士柏爾根柏來到濰縣,擔任廣文大學校長。同時,庫壽齡也從青州搬到濰縣,到廣文大學執教。庚子之變時,柏爾根與方法斂同在青島避難,本來就相識,現在又成了同事。柏爾根對甲骨的關注,與方法斂有密切關係。庫壽齡和方法斂一起合購過甲骨,現在更是比鄰而居,便於共同收購甲骨。柏爾根又與德國同善會(Weimar Mission)傳教士衛禮賢(Mr. Wilhelm)相識,曾經一同到鄉村傳教。方法斂能够摹寫衛禮賢的甲骨藏品,自然也得益於柏爾根的牽綫搭橋。

在濰縣傳教期間,方法斂曾兩次回美國度假。第一次回國休假是1895年12月至1897年1月,第二次回國休假是1905年3月至1906年10月。正是第二次休假期間,方法斂在美國出版了他的第一部學術專著《中國古代文字考》(The Early Chinese Writing),在第四章《新近出土的龜骨文字》,方法斂介紹了最新出土的甲骨文字,敘述了自己購藏甲骨的緣起和過程,公布了17版甲骨摹本,並對一些重要字形進行了釋讀。這是外國人發表的第一部研究甲骨文的英文著作,比1903年出版的第一部甲骨文著作《鐵雲藏龜》僅晚了3年。儘管在古董商的矇騙下,方法斂把甲骨出土地誤爲河南衛輝,並購買了不少僞刻,但這並不影響《中國古代文字考》作爲西方第一部甲骨文研究著作的重要學術價值。

1906年10月,方法斂結束休假返回濰縣,繼續傳教工作。1907年以來的教會年度報告顯示,方法斂仍然負責布道站、學校、講經傳教等工作,但他也把較多業餘時間用在學術研究上。比如,1908年5月—1909年4月:"方法斂先生在業餘時間都忙於撰寫Ancient Chinese Writing。"[①]1909年5月—1910年3月:"傳播福音的工作主要由Mateer先生、方法斂先生和Fitch先生負責。……方法斂博士繼續研究中國古代文字。"[②]1907年6月,方法斂和英國駐天津總領事、在古文字研究上頗有聲望的長者金璋建立書信聯繫,討論與甲骨有關的各種事情。從1907—1912方法斂與金璋通信來看,方法斂幾乎把所有業餘時間都花在了甲骨購藏、摹錄和研究上。

1911年以後,方法斂經常遭受病痛的折磨,曾兩次到青島就醫。第一次治療是

---

① 參看《美國長老會海外宣教團年度報告》(1909)。
② 參看《美國長老會海外宣教團年度報告》(1910)。

1911年6月,期間仍不忘甲骨研究。1911年6月17日給金璋的信寫道:"我和庫小姐於6月3日到達青島,由於後背和右側神經痛,我的狀況非常糟糕。6月17日有所好轉,開始回信。"1911年6月29日給金璋寫道:"我正準備明天返回濰縣,我的General Introduction還沒有寫。手中沒有參考書,肋間神經痛的發作仍然困擾着我,使我無心學習。"第二次治療是1912年3—5月,由於治療效果不佳,醫生決定讓他返回美國療養。然而,美國先進的醫療技術也未能挽救這位勤奮的學者,方法斂不幸於1914年1月14日病逝。

二、方法斂的甲骨收藏與甲骨研究

方法斂在傳教過程中,一直注重古文物的收集和研究工作。他在濰縣附近盜掘過幾處宋代墓葬,1904年把所獲28件陶器贈予紐約的美國自然史博物館,[①]這些陶器收錄在勞佛所著《中國漢代陶器》[②]一書中。1904年,方法斂加入亞洲文會北中國支會,並在《會刊》上發表《秦代標準度量衡》,對傳世的三件秦代度量衡器銘和秦代重量標準進行研究。[③] 他收藏了許多古錢幣,1912年發表《中國古代錢幣》,簡述了古錢的起源、分類和錢幣制度,公布了57件古錢摹本並進行解讀。[④] 方法斂去世後,T. B. Blackstone夫人出資購買了他的古錢藏品,共690枚,入藏芝加哥飛爾德博物館。[⑤] 然而,方法斂最重要的學術成就是收購和研究甲骨。

方法斂是最早購買甲骨並進行轉讓的美國人。1903—1912年,方法斂和庫壽齡一起在濰縣共合購甲骨4 000餘片,先後售於上海皇家亞洲文會博物館、美國傳教士柏爾根、英國傳教士Harold Whitcher、英國外交官金璋、蘇格蘭皇家博物院、美國卡內基博物院、大英博物院、美國飛爾德博物院等英美多個公私單位。現在,英國90%的

---

① 參看《美國自然史博物館1904年年度匯報》(*Annual Report of The American Museum of Natural History for the year 1904*. New York, 1905)。

② Berthold Laufer, *Chinese Pottery of the Han Dynasty*. Leyden: E.G. Brill, 1909.

③ Chalfant, Standard Weights and Measures of the Ch'in Dynasty. *Journal of the China Branch of the Royal Asiatic Society for the year 1903-1904*. Vol.XXXV, Kelly&Walsh, pp.21-25.

④ Chalfant, Ancient Chinese Coinage, *Shandung, the Sacred Province of China*. Compiled by Robert Coventry Forsyth, English Baptist Mission, Shantung, China. Shanghai, 1912. pp.33-54. 又1913年單行本,T. Leslie C.L.S. Book depot, Shanghai, 1913.

⑤ 參看《飛爾德自然博物館1914年年度報告》(*Field Museum of Natural History Report Series*, Vol.4, No.5: Annual Report for the Year 1914. Chicago, Jan. 1915)。

藏品、美國30%的藏品，都是經方法斂之手購買的。可以說，方法斂對英美兩國，尤其是對英國的甲骨收藏做出了重要貢獻。

方法斂是最早系統地摹錄甲骨並計劃出版的美國人。他努力摹寫每一片經他購買的甲骨，並設法借到他人收藏的甲骨進行摹寫，或根據他人提供的摹本進行二次摹寫。方氏共製作甲骨摹本423頁，生前一直設法將之出版，都未能實現，僅在《中國古代文字考》第四章公布了17版甲骨摹本，其中有9版偽刻。多年以後，方法斂的甲骨摹本才在白瑞華手中得以整理出版，包括《庫方二氏藏甲骨卜辭》(1935)、《甲骨卜辭七集》(1938)、《金璋所藏甲骨卜辭》(1939)三種著錄書。

方法斂是最早釋讀甲骨並編纂甲骨字書的美國人。他在《中國古代文字考》第四章就對公布的甲骨摹本進行了釋讀，並對其中一些重要字形進行了分析。他編纂了一部《甲骨字表》，收錄了3 300個甲骨字頭，附有按字母和部首排列的兩個檢索表，並撰寫了長達60頁的研究總論。但由於方法斂把護身符等偽刻誤為真品，《甲骨字表》中收錄了許多偽刻字形。在給金璋的書信中，方法斂反覆提到他編纂的《甲骨字表》，並把《字表》裏收錄的甲骨字形列出來與金璋進行討論。

可惜，正如1914年勞佛先生在《方法斂訃告》中寫到的"在過去七年裏，方法斂先生全身投入到這些甲骨刻辭的研究中，留下了篇幅巨大的手稿，並計劃以兩卷的形式出版。第一卷包括400多頁圖版，著錄了他所知的全部甲骨刻辭的摹本，編號達4812號，含929件護身符刻辭，另外還附有關於龜卜方法的導論(Introduction)和關於刻辭釋讀的海量注解；第二卷是所有可見甲骨文字的字形表(Syllabary)，大約3 000多個編號，包括異體字形，這部分尚未完成"，[①]方法斂的手稿，除了白瑞華整理出版的三種摹本著錄書外，其餘部分都未能出版。因此，他在甲骨釋讀與字書編纂上所做的工作，鮮為人知。我們只能根據書信記載了解其概貌。

有鑒於此，筆者擬從甲骨購藏與轉讓過程、甲骨摹錄與材料公布、甲骨釋讀與字書編纂這三個方面入手，總結方法斂在甲骨收藏與甲骨研究上所做的工作。

（一）甲骨購藏與轉讓過程

方法斂是最早涉足甲骨購藏和轉讓的美國學者。他在1906年9月出版的《中國古代文字考》中，簡述了自己購藏甲骨的緣起和過程：

  1899年河南省衛輝府在古朝歌城的遺址上發現一批重要文物，據說出土了

[①] B. Laufer, NECROLOGIE: Frank H. Chalfant. *T'oung Pao*, Second Series, Vol. 15, No. 1 (1914), pp. 165–166.

3 000片龜骨碎片。古董商人先攜至北京，又因拳亂之故走山東濰縣，其一部分爲當地一名商人所得。這位商人是筆者的朋友，他告知我這批重要文物，並慷慨相借，讓我進行觀察研究。其餘的龜骨被送往上海（或其他地方），售於清朝官員劉鐵雲。劉鐵雲出版了一本漢語著作《鐵雲藏龜》，公布了 800 片他收藏的甲骨刻辭拓片。同時，筆者爲上海皇家亞洲文會博物館購得龜骨殘片約 400 片。一年後（1904—1905 年），剩餘的 1 800 片甲骨被找到，經過一番努力後被筆者購得，現在作爲私人收藏。①

在這部書中，方法斂肯定了甲骨文作爲古代占卜資料的屬性，以及作爲中國最早文字記載的學術價值。因此，他全力蒐購甲骨，摹寫甲骨，並努力釋讀甲骨。遺憾的是，受到古董商的蒙騙，方法斂把甲骨出土地誤爲河南衛輝，並購買了不少僞刻，他還根據僞刻把甲骨定爲周朝文物，因此受到一些學者的訛病。

不過，方法斂收購和轉讓甲骨的功績是不能低估的。方法斂經手購買的甲骨有 4 000 餘片（含僞刻甲骨，護身符僞刻除外），分藏在國內外八家博物館中。筆者根據《中國古代文字考》的敘述，《庫方》、《七集》、《金璋》三種著錄書的序言，以及方法斂致金璋書信集中的自述，總結了方法斂購買並轉讓甲骨的過程。其情況大致如下：

1903 年秋，方法斂和庫壽齡一起收購甲骨約 400 片，1904 年 2 月 10 日轉讓給上海皇家亞洲文會北中國支會博物館。

1904—1905 年，方法斂購得甲骨 1 800 片，爲庫方二人共同所有。其中 80 片在 1905 年 2 月前轉給了同在濰縣工作的美國傳教士柏爾根。其餘 1 700 餘片甲骨和 1908 年上半年零散購得的甲骨和護身符一起，被稱爲"庫方藏品 1 號"，於 1908 年 8 月轉讓給了蘇格蘭皇家博物院。

1908—1909 年，方法斂多次把零星購得的部分甲骨及護身符，共計 227 片，轉讓給同在濰縣工作的英國浸禮會傳教士 Harold Whitcher 先生，其中真品 119 片。

1908—1909 年，方法斂整批購買了 460 片甲骨，又零散購買一些護身符。這批藏品被稱爲"庫方藏品 2 號"，1909 年 1 月轉讓給了美國卡內基博物院。

1908 年 2 月—1912 年 2 月，方法斂先後 17 次爲英國退休外交官金璋購買甲骨，共購得藏品 970 片，其中包括 90 片原庫方藏品。這批藏品中混有 70 個貝殼、1 個鳳凰和 158 個護身符，共計 229 個明顯僞刻。除去這 229 片，方法斂爲金璋購買的甲骨實爲 741 片，其中仍混有不少僞刻。《金璋》一書著錄了 484 片。

---

① 參看方法斂著，郅曉娜譯：《中國古代文字考》，《甲骨文與殷商史》新三輯，上海：上海古籍出版社 2013 年版。原譯文把 1 800 片誤爲 800 片，今予以更正。特此說明。

1909 年 6 月，方法斂整批購買了 500 多片甲骨，1909—1911 年又零散購買了一些甲骨和護身符。這批藏品被稱爲"庫方藏品 3 號"，先爲庫方二人共同擁有，1910 年爲庫壽齡一人所有，1911 年 6 月轉讓給了大英博物院。

　　除了轉讓給大英博物院的甲骨之外，方法斂手中還留有少量藏品，1911 年 10 月—1912 年 2 月又零散購買了一些甲骨和護身符。這些藏品歸方法斂一人所有，1913 年入藏美國飛爾德博物院。這批藏品有 150 件，包含許多護身符僞刻，《庫方》僅著錄甲骨真品 4 片。

　　方法斂經手購買的甲骨及現藏地，其情況大致如下：（1）上海皇家亞洲文會博物館甲骨藏品，1903 年購買，400 片，現僅剩不足 200 片，藏於上海自然博物館；（2）蘇格蘭皇家博物院甲骨藏品，1904—1905 年購買，1 777 片，現藏蘇格蘭國家博物館；（3）柏爾根甲骨藏品，1904—1905 年購買，80 片，現藏山東博物館；（4）Harold Whitcher 甲骨藏品，1908 年上半年購買，119 片，現藏美國普林斯頓大學；（5）美國卡内基博物院甲骨藏品，1908 年下半年購買，460 片，現藏卡内基自然史博物館的愛德華奧尼爾研究中心；（6）金璋甲骨藏品，1908—1912 年購買，741 片（含僞刻），現藏英國劍橋大學圖書館；（7）大英博物院甲骨藏品，1909—1911 年購買，484 片，現藏大英圖書館；（8）方法斂自有甲骨藏品，1911—1912 年購買，4 片，現藏美國飛爾德博物院（即美國自然史博物館）。下面分别予以介紹。

1. 上海皇家亞洲文會博物館甲骨藏品（1903 年購買）

　　這是方法斂購買的第一批甲骨。關於這批甲骨，方法斂在《中國古代文字考》（1906）中寫道："1903 年，筆者爲上海皇家亞洲文會博物館購得甲骨殘片 400 片。"同時，庫壽齡在《河南卜骨》[①]中也寫道："1903 年我結束休假返回内地，才開始關注甲骨。之後，山東濰縣的方法斂博士爲我們二人購得大約 400 片龜甲殘片。……1904 年 2 月我們以原價把這批甲骨讓給了亞洲文會博物館。"兩人均提到這批甲骨有 400 片。庫壽齡 1894 年就加入了亞洲文會北中國支會，這批甲骨能轉讓給亞洲文會博物館，自然少不了他的功勞。

　　然而，方法斂在 1907 年 6 月 1 日致金璋的信中提到，他借到上海亞洲文會博物館的 180 片甲骨進行摹寫。《甲骨卜辭七集》也僅著錄了 195 片，並且其中 14 片原骨已丢失。這批甲骨現藏上海自然博物館。郭若愚《殷契拾掇初編》（1951）著錄了其中 176 片。

---

① Samuel Couling（庫壽齡），The Oracle-Bones from Honan（河南之卜骨），*Journal of the north China Branch of the Royal Asiatic Society*，XLV，1914. Read before the Society February 20，1914.

2. 蘇格蘭皇家博物院甲骨藏品（1904—1905 年購買）

方法斂在 1904—1905 年間購買了 1 800 片甲骨，其中 80 片轉讓給了柏爾根，其餘 1 700 多片爲庫壽齡和方法斂共同持有，方法斂在致金璋的書信中把它稱爲"庫方藏品 1 號"。而在 1907 年 12 月 3 日致金璋的信中，方法斂又提到庫方藏品有 1 500 片，不知爲何少了 200 片。這批甲骨連同其他護身符一起，於 1908 年 8 月轉讓給了蘇格蘭皇家博物院。

蘇格蘭皇家博物院接收的"庫方藏品 1 號"包括 761 片有編號的甲骨，800 片無編號的碎甲，以及一定數量的僞刻護身符。《庫方二氏藏甲骨卜辭》著録了其中 761 片。根據《英國所藏甲骨集》的整理結果，蘇格蘭皇家博物院實際收藏甲骨 1 777 片，這與方法斂的自述基本相符，包括 1904—1905 年購得的 1 800 片中的大部分，以及 1908 年上半年零散購得的一些甲骨和護身符。蘇格蘭皇家博物院現已併入蘇格蘭國家博物館（National Museum of Scotland）。

3. 柏爾根甲骨藏品（1904—1905 年購買）

方法斂在 1904—1905 年間購買的 1 800 片甲骨，其中 80 片在 1905 年 2 月之前轉給了美國傳教士柏爾根。方法斂在 1907 年 6 月 1 日致金璋的信中提到柏爾根藏甲骨 80 片。白瑞華在《甲骨卜辭七集·序言》也指出，保存在廣智院中的柏爾根所藏甲骨是方法斂在濰縣所購，可能是 1904—1905 年所獲 1 800 片中的一部分。1905 年 2 月 15 日方法斂返回美國之前，這批甲骨已經轉到了柏爾根手中。前後聯繫起來，可以確定方法斂把 1 800 片甲骨中的 80 片轉讓給了柏爾根。

《甲骨卜辭七集》著録了 79 片，那時原骨已經遺失 2 片。除了最初的 80 片收藏，柏爾根在 1909 年 10 月又通過方法斂購買了約 20 個護身符僞刻，藏品總數約 100 片。柏爾根的甲骨藏品最終捐給了濟南廣智院，現藏山東博物館。1936 年明義士《柏根氏舊藏甲骨文字》著録了 74 片甲骨。

4. Harold Whitcher 甲骨藏品（1908 年上半年購買）

白瑞華在《甲骨卜辭七集·序言》中講到，美國普林斯頓大學的 119 片甲骨，是"由方法斂在濰縣所購，可能是他 1906 年 11 月 20 日從美國返回中國後不久所購。多年來這批甲骨爲英國浸禮會傳教士、濰縣山東聯合大學教師 Harold Whitcher 所有。1927 年 Whitcher 先生把這批甲骨賣給都格教授，都格教授又於 1928 年把它和古幣藏品一起借給普林斯頓大學，1934 年贈給普林斯頓大學。"

白氏的解説並不準確。Harold E. Whitcher 先生是英國浸禮會傳教士，1907 年加入傳教團，在濰縣山東聯合大學（廣文大學）執教。方法斂在致金璋的書信中多次提到 Whitcher 先生。1908 年 3 月 14 日的信中寫道："自上封信以來，我又買了一批奇怪的甲骨,毫無疑問,這是我們見過最好的一批。我的同事 Whitcher 先生分了一份,我還保留了較多的一份。"信中列舉了這批藏品的内容,除了龜甲碎片,還有各種奇怪的護身符。1908 年 3 月 17 日的信中寫道:"我已經有了四個(cowries),Whitcher 先生有三個。"1908 年 5 月 9 日的信中寫道:"我剛買了一些形狀奇怪的護身符(amulets),Whitcher 先生想分享一部分。"1908 年 5 月 16 日的信中又寫道:"我上次買的一批最終落入 Whitcher 先生的'魔爪'。"1909 年 10 月 8 日的信中提到方氏準備最終出版的摹本數量,其中 Whitcher Collection 有 15 頁,227 片。綜上可知,Harold Whitcher 的 227 片藏品是 1908 年上半年通過方法斂分次購買的,其中甲骨有 119 片,其餘均爲護身符等僞刻。

5. 美國卡内基博物院甲骨藏品(1908 年下半年購買)

方法斂在 1908 年 7 月 28 日的書信中提到將有一批 460 片甲骨來到濰縣,在 1908 年 12 月 16 日的信中又寫道:"爲了安撫卡内基博物院院長,我買下了上次所説的那批 460 片甲骨,連同我在把'庫方藏品 1 號'轉讓給愛丁堡(蘇格蘭皇家博物院)之後所購買的一些護身符,都一併提供給他進行選擇。我至今還未收到他的答覆,但我必須等待他的回答。在此期間,庫先生提出要承擔這些新品一半的費用,如此一來,這批甲骨和護身符就成了'庫方藏品 2 號'!"1909 年 1 月的書信顯示卡内基博物院接收了這批庫方藏品。

卡内基博物院收購的"庫方藏品 2 號",現藏匹兹堡市卡内基自然史博物館的愛德華奥尼爾研究中心。包括 1908 年下半年整批買下的 460 片甲骨,以及其他零散購買的護身符。

6. 金璋甲骨藏品(1908—1912 年購買)

1908—1912 年,方法斂先後 17 次爲金璋購買甲骨,共購得甲骨真品和各種僞刻 970 件,總價 1220.5 美元。這是拼合前的數量,其中有 90 片是原庫方藏品,轉讓給了金璋。其中,有 70 個貝殼、1 個鳳凰和 158 個護身符,共計 229 個明顯的僞刻。除去這 229 片,方法斂爲金璋購買的甲骨實爲 741 片,其中還混有一些僞刻。詳情參看筆者在《甲骨文與殷商史》新三輯上發表的《金璋的甲骨收藏始末》。這些甲骨和僞刻現藏劍橋大學圖書館。

7. 大英博物院甲骨藏品(1909—1911 年購買)

大英博物院所得庫方藏品,即"庫方藏品 3 號",包括 1909 年 6 月整批購買的 500 多片甲骨,以及 1909—1911 年零散購買的其他甲骨和護身符。這批藏品包括編號爲 1506—2036 和 2048—2129 的刻辭甲骨和護身符,《庫方》著録的 1506—1989 就是這批藏品中的一部分。《英國所藏甲骨集·前言》指出,1973 年大英圖書館自大英博物院中分出，除《庫》1989 有僞刻的雕花鹿角留在大英博物院外，其他庫方舊藏都劃歸大英圖書舘。由此可知，除《庫》1989 雕花鹿骨刻辭現藏大英博物院外，編號爲 1506—1988、1990—2036 和 2048—2129 的庫方藏品現在都藏在大英圖書舘。

8. 美國飛爾德博物院甲骨藏品（1911—1912 年購買）

勞佛在《方法斂（訃告）》中提道："根據方法斂的敘述，飛爾德博物館從他手中獲得的 150 件藏品，包含了許多經過他手的最精美的物件，比如，目前發現最大的骨璧，一件雕刻精美的雙蛇頭相連的雙鳳骨刻，藍綠色，三面刻辭。"[①]可知，1913 年入藏飛爾德博物院的方法斂甲骨藏品有 150 片，但《庫方》只著録了 4 片，其餘可能都是護身符等僞刻。這批藏品，包括庫方藏品轉讓給大英博物院後所剩餘的部分，以及 1911 年 10 月到 1912 年 2 月之間零散購買的一些甲骨和護身符。

（二）甲骨摹録與材料公布

除了購藏和轉讓甲骨，方法斂還熱衷於甲骨摹録和材料公布。正如董作賓先生指出的："方氏最大的貢獻不在他研究的心得（多未發表），而在'他努力摹寫每一片經他手的甲骨文字'。"[②]方法斂摹寫了所有經他手購買的甲骨，並借閱他人收藏的甲骨進行摹寫，或者根據其他人的甲骨摹本，對他無法借閱的甲骨進行二次摹寫，一共製作了 423 頁甲骨摹本，編爲《甲骨卜辭》第一卷。方法斂一直設法出版這部甲骨摹本集，但由於經費問題，生前一直未能實現願望。多年以後，方法斂的甲骨摹本才在白瑞華手中得以整理，出版了《庫方二氏藏甲骨卜辭》（1935）、《甲骨卜辭七集》（1938）、《金璋所藏甲骨卜辭》（1939）三種著録書。白瑞華從 423 頁摹本中選録了 229 頁，公布了方法斂摹寫的 12 宗甲骨，共計 2 700 片。

方法斂非常清楚摹録甲骨和公布材料的重要價值，同時也非常清楚以摹本形式公布甲骨材料的不足。在 1910 年 11 月 9 日致金璋的信中，方法斂寫道："把所有能接觸到的甲骨圖版做成集子擺在面前，這對所有學者來說都有巨大的價值。如果材料不全，做研究是非常困難的。把所有甲骨的摹本都擺在眼前，可以很容易地進行字形比較。相反，如果需要研究的甲骨非常分散，字形比較就相對不易。我的圖版非常便於查閱。通過摹本，所有甲骨字形都一清二楚。當然，如果對字形有所質疑的話，直接查看原片是非常有價值的。儘管摹寫的時候十分認真，人工抄寫也不可避免會有

---

① B. Laufer, NECROLOGIE: Frank H. Chalfant. *T'oung Pao*, Second Series, Vol. 15, No. 1 (1914), pp. 165 - 166.

② 董作賓：《方法斂博士對於甲骨文之貢獻》，《圖書季刊》1940 年新第 2 卷第 3 期。

一些錯誤產生。"因而,從一開始,方法斂就嚴格按照先給甲骨編號、貼號,再進行摹寫的順序工作,保證摹本和實物的準確對應關係,並在轉讓甲骨時要求博物館保留原始編號,方便日後快速查找原片。

《庫方二氏藏甲骨卜辭》有 132 頁甲骨摹本,選錄了方法斂摹寫的 4 宗甲骨:(1) 蘇格蘭皇家博物院藏甲骨,含 $4\frac{1}{2}$ 和 $715\frac{1}{2}$,缺 222,實際著錄甲骨 761 片;(2) 卡內基博物院藏甲骨,編號爲 971—1408,其中《庫》1031、1318 分別是誤用一個編號表示兩版不同的甲骨,因而這一部分實際著錄甲骨 440 片;(3) 大英博物院藏甲骨,編號爲 1506—1989,編號爲 1506—1989,共 484 個編號,484 件甲骨,《庫方》目錄誤爲"485 片";(4) 飛爾德博物院藏甲骨,編號爲 2175—2178,著錄甲骨 4 片。共計 1 689 片。這 4 宗甲骨都是方法斂親手購買的,前文已經對其購藏和流傳過程進行了說明。

《金璋所藏甲骨卜辭》有 66 頁甲骨摹本,著錄了方法斂摹寫的金璋所藏甲骨 484 片,這宗甲骨是方法斂經手購買的,前文已經對其購藏和流傳過程進行了說明。

《甲骨卜辭七集》有 31 頁甲骨摹本,選錄了方法斂摹寫的 7 宗甲骨:(1) 天津新學書院甲骨藏品,25 片;(2) 上海亞洲文會北中國支會博物院甲骨藏品,195 片;(3) 美國柏爾根甲骨藏品,79 片;(4) 美國普林斯頓大學甲骨藏品,119 片;(5) 德國衛禮賢甲骨藏品,72 片;(6) 臨淄孫文瀾甲骨藏品,31 片;(7) 倫敦皇家亞洲文會甲骨藏品,6 片。共計 527 片。其中,亞洲文會博物館甲骨藏品、柏爾根甲骨藏品、普林斯頓大學甲骨藏品這 3 宗甲骨是方法斂經手購買的,前文已經對其購藏和流傳過程進行了說明。天津新學書院甲骨藏品、倫敦皇家亞洲文會甲骨藏品這兩宗甲骨,是方法斂根據金璋的摹本二次摹寫而成。而衛禮賢甲骨藏品、孫文瀾甲骨藏品這兩宗甲骨,是方法斂將甲骨借來摹寫而成。這裏,筆者僅對這後 4 宗甲骨的來源情況進行說明。

1. 天津新學書院藏品:共 25 片,骨 24 片、甲 1 片。來自王懿榮舊藏。1905 年才進入博物館。1907 年天津總領事金璋摹寫了這批甲骨,方法斂在沒有見到原物的情況下,根據金璋的摹本做了摹本,即現在書中的這部分。現藏天津博物館。

2. 衛禮賢藏品:共 72 片甲骨。70 片在瑞士巴塞爾民族藝術博物館,一片 W11 在德國法蘭克福中國研究所,一片丟失。這批甲骨屬於德國傳教士漢學家衛禮賢博士,可能是他在青島購得。1911 年夏方法斂在青島度假期間摹寫了這批甲骨。

3. 孫氏藏品:31 片。此批甲骨爲孫文瀾所有,1908 年 4 月 14 日方法斂致金璋的書信中有明確說明。方法斂能夠摹寫這批甲骨,並非因他"常去臨淄,得識孫氏",而是庫壽齡發現孫氏藏有甲骨,告訴了方法斂,並從中牽綫搭橋。方法斂在 1907 年 12 月 3 日致金璋的信中提道:"庫先生跟我說他在臨淄找到一位孫先生,有 1 300 片甲骨！"但此數字被金璋用紅綫勾掉，改成 100 片。1908 年 1 月 7 日的信中再次提到此事，説臨淄孫氏有 1 300 片甲骨只是傳説。經庫先生調查證實，孫先生只買了不到 100 片。胡厚宣《臨淄孫氏舊藏甲骨文字考辨》(《文物》1973 年第 9 期)指出，孫文瀾舊藏甲骨，現 8 片在山東博物館，22 片在中國社會科學院歷史所，另外 70 片不知歸於何處。

4. 倫敦皇家亞洲文會藏品：共 6 片，原骨已失。這幾片甲骨爲皇家亞洲文會一名會員所有，後借給另一名會員 Blagden 先生，1910 年 Blagden 先生把摹本寄給金璋，金璋又把摹本寄給方法斂，方法斂據此重摹了一份。

董作賓先生對方法斂的摹本評價很高。他指出："摹寫，是在匆促之間，搜求材料最重要而方便的工具，如果摹寫者以誠懇的態度爲之（真僞離好，筆畫偶誤，都不足爲病）。我們至少可以當做一部原版古書的抄本，並不因此而比原照片或拓本减低它在學術上的價值。像方氏的寫本，同時注意繪出龜甲的齒縫、質紋，骨版的邊縫、卜兆，這在研究上，比拓而不全或裁剪整齊的拓本有用得多，也就是摹寫勝似拓本的地方。方氏以十年的精力，忠實的態度，細密的觀察，準確的技術，摹繪甲骨文字，現在三種書所發表的真品有兩千五百五十五版，其數量已超過《殷虚書契前編》一書，多於《鐵雲藏龜》且一倍以上，其貢獻之大，可想而知了。"①方法斂摹寫的甲骨，大都流散到國外，《庫方》、《七集》、《金璋》三種摹本著錄書的出版，爲當時的甲骨學界提供了一大批原始材料，客觀上促進了甲骨研究的深入發展。

（三）甲骨釋讀與字書編纂

前文已經指出，方法斂是最早釋讀甲骨並編纂甲骨字書的美國人。他在《中國古代文字考》(1906)第四章就對公布的部分甲骨摹本，比如圖 11 獸骨刻辭（僞刻）、圖 12 龜甲刻辭、圖 14 獸骨刻辭等進行了釋讀。圖 11 雖是僞刻，但在釋字方面仍有參考價值。針對這三片甲骨，方法斂共列出了 29 個字，其中釋字正確的有 18 個，正確率 62%。除此之外，方法斂還舉出一些未釋讀的象形意味較濃的甲骨文字。他寫道：

> 我們從中發現 600 多個文字，其中大多都尚未解讀出來。以下舉出的是一些圖像意味很濃的文字：▨（馬）；▨（?）▨（龍?）；▨（?）▨（人?）▨（天?）▨和▨（鹿?）▨和▨（鳥?）；▨（蠍?）▨（鼠？或虎?）▨、▨、▨、▨（與植物相關的字）；▨（?）▨（京?）；▨（車）▨（戟）▨（弓）；▨

---

① 董作賓：《方法斂博士對於甲骨文之貢獻》，《圖書季刊》1940 年新第 2 卷第 3 期。

(秤?);▯(酉);▯(尊?);▯(山);▯(田);▯(角);▯、▯(月);▯(圍)。①

這裏,方法斂就表現出了釋讀甲骨和編纂字書的研究偏好。根據白瑞華的説明,方法斂編纂了一部體量巨大的字書《甲骨字表》,"大約 3 000 多個編號,包括異體字形"。② 這部分內容沒有出版過,我們無法知其全貌。不過,方法斂在致金璋的書信中反復提到這部《甲骨字表》,並時常把已識和未識的甲骨字形拿來和金璋進行討論,據此我們也能了解《甲骨字表》的大概情況。

在 1907 年 6 月 1 日致金璋的第一封信中,方法斂談到了自己編纂甲骨字表的宏大計劃和工作進展:

> 我以圖版(plates)的形式摹録了全部甲骨,對應這些圖版我正準備編纂一個不同字形的《字表》(*Syllabary*)——這是一項單調却令人着迷的工作。《字表》的形式大概如下:

No.	Symbol	Reference	Modern form	Sound	Meaning
20	▯▯▯	M60,L676,C25	酉	Yu	10th Branch, etc.

> ……我相信這 3 000 片甲骨至少能産生 700 個不同的字。

在 1907 年 6 月 18 日致金璋的信中,方法斂詳細介紹了自己編纂《甲骨字表》的情況:

> 我的《字表》(嘗試性的)現在即將完成,從 3 000 片甲骨中找出的大約 580 個單字。這個數字不包括同一單字的異體字形,比如 ▯▯▯▯▯▯,都是"寅",我把它們計爲一個字。干支字也是如此,有各種不同的異體字形。

在其他書信中,方法斂列舉了他考釋出來的一些甲骨文字,比如:▯▯▯=史(第三個可能是"事");▯▯▯▯=歸;▯,▯,▯,▯=帝;▯▯=鼎;▯▯=降;▯▯=好;▯▯=衆;▯=豆;▯▯=安;▯▯▯=亙;▯=尊 or 遵;

---

① 方法斂著,邸曉娜譯:《中國古代文字考》,《甲骨文與殷商史》新三輯。
② B. Laufer, NECROLOGIE: Frank H. Chalfant. *T'oung Pao*, Second Series, Vol. 15, No. 1 (1914), pp.165-166.

〇〇=宫；⋯=靈；⋯⋯=異；⋯=室；⋯=郭；⋯=册；⋯=網；⋯=門；等等。

随着方法歛所做甲骨摹本數量的增加，《甲骨字表》收錄的單字數量也逐漸增加。比如1908年4月16日信中提到收錄了1 218個單字，1910年3月2日信中提到收錄了2 565個單字，1910年8月18＋19日信中提到收錄了2 762個單字，1911年10月4日信中提到單字數量已超過3 000個，1912年1月17＋18＋24日的信中提到單字數量是3 190個，1912年2月1日的信中提到單字數量是3 230個。方法歛前期收購的甲骨真品居多，故而《甲骨字表》中的字形就比較準確，比如1908年11月30日信中列舉的一些字形：No.1566 ⋯ 莫，No.1567 ⋯ 朝，No.1576 ⋯ 再，No.1576 ⋯（⋯）後，No.1580 ⋯ 每，No.1588 ⋯ 鼠，No.1595 ⋯，No.1596 ⋯ 等。後期收購了較多護身符僞刻，故而《甲骨字表》中就出現了較多僞刻字形，比如1912年2月1日信中提到的No.3212 ⋯，No.3214 ⋯，No.3127 ⋯，No.3218 ⋯，No.3222 ⋯，No.3225 ⋯ 等。

我們知道，方法歛手稿中的甲骨摹本經白瑞華整理，而手稿中的《甲骨字表》却一直没有出版。推其原因，大概是因爲《甲骨字表》内容較爲專業，需要整理者對甲骨字形有較深研究才能對其進行校勘、篩選和編纂，另外字表中也收錄了較多僞刻字形，無形中降低了它的重要價值。不過，筆者認爲，方法歛在每一個字形後面都標注了來源，我們可以比較容易地把僞刻字分辨出來。即便是從僞刻甲骨上輯録的字形，在釋字方面仍有參考價值。因此，《甲骨字表》的價值還有待發掘，方法歛在甲骨文字釋讀方面的成果還需要深入研究。

綜上所述，方法歛在甲骨購藏與流傳、甲骨摹録和材料搜集、甲骨釋讀和字書編纂方面，都做了大量卓越的工作。他經手購買了4 000餘片甲骨，現分藏國内外8家博物館。他製作了423頁甲骨摹本，經白瑞華整理出版的有229頁，公布了2 700片甲骨摹本，涉及12宗甲骨藏品。他還編纂了一部體量巨大的《甲骨字表》，有3 000多個編號，收錄了大量甲骨單字及其異體字形。方法歛爲西方早期甲骨學的發展做出了重要貢獻，整理和研究方法歛尚未出版的學術著作，總結方法歛在甲骨文字釋讀上的成果，是未來深化方法歛研究的一個方嚮。

中華文明的守護者
——明義士 *

劉玉雙

(安陽師範學院計算機與信息工程學院,甲骨文信息
處理教育部重點實驗室,安陽市甲骨文博物館)

1957年3月16日一個没有瞑目的靈魂,被硬塞進了天堂,他試着在有生之年,聽到來自他"傳經述道"熱土上的歉意,但没有如願,上帝給"不務正業"的他開了個小玩笑。親人的悲痛、朋友的哀思、牧師的祭文,都難讓逝者安息。今天這遲來的歉意和墓志銘碑文,能否讓學識淺薄的我、尊重先生的我試着補上。

英文名James M. Menzies,中文名明義士,顧名思義"明明白白做人,深明大義的紳士"。先生本是來華傳教却被中華文明所折服,全身心投入到了搶救研究保護中華文明的事業中。甲骨文是中華文明的載體,自被發現後,從最初的"龍骨文"叫法,到"甲骨文"的成名,發生了許多離奇的故事,是否也是三千年前的中華先祖通過明義士先生的義舉,傳播中國最早的文明?連他自己也没想到,原本到中國内地傳播基督教,反而被中國三千年前的文明所吸引,開始了"不務正業"之路。他意識到"龍骨文"是小屯的,也是中華民族的,更是世界的。像今天的孔子學院一樣,遍布世界各地傳播着中華文明,而明義士先生20世紀,也在他的國度展示了中華文明。帶到加拿大的五千多片甲骨

明義士

---

* 本文得到教育部、國家語委甲骨文研究與應用專項項目"基於文本和圖形語義融合的甲骨文輔助考釋研究"(項目批准號:YWZ-J010)項目資助。

文,雖不是他的本意,但也許是他的義舉感動了"上蒼",使加拿大也成爲最早領略中華文明的國度之一。先生意識到"龍骨文"上的文明記述,是中華文明之瑰寶,爲研究搶救這文明,先生心懷坦蕩,問心無愧。這裏面沒有銅臭氣,沒有名望,祇有義舉,而東方文化同時也成就了這無冕之王、中華文明的守護者——明義士。

一、明義士其人

明義士 1885 年 2 月 23 日出生於加拿大安大略省克林頓鎮,家裏經營着百貨商店、木材公司和管風琴的生意。祖籍蘇格蘭,後移民到加拿大,其家族充滿着濃厚的基督教氛圍,明義士也潛移默化受其影響。1903 年進入多倫多應用科技學院,主修土木工程。1907 年畢業獲得了學位。也是在那年他參加了諾克斯神學院的長老會神學培訓,在學習期間,他遇到了後來的妻子安妮。安妮家本是英國貴族,移居加拿大後家族衰敗,高中時輟學回家,在她父親去世後按家庭醫生的建議被送去參加培訓做護士。後申請到多倫多聖公會女執事職業學校學習,與明義士認識時,安妮是一名在校培訓的女執事。1910 年她被選派到中國河南開封,六個月後明義士抱着一顆謙遜而虔誠的心追隨安妮來到河南。1911 年 2 月 23 日在開封兩個加拿大年輕人步入婚禮的殿堂,幸福地結合。婚後不久,兩個人就被派往彰德武安(當時武安隸屬彰德,即今日安陽)。

明義士憑着自己對語言獨特的感受力,逐漸喜歡上了漢語,並在附近找了一位"秀才"教他中文,初學材料就是四書、五經一類古代漢語書籍。後調入彰德府城教會"斌英中學"擔任校長職務,良好的學習環境,爲他日後成爲一名漢學家打下了堅實的基礎。

那個年代的彰德相對西方來說是落後的。教會在當地開辦了第一所學校"斌英中學",創建了第一所醫院"廣生醫院"。明義士的妻子安妮爲當地的人們建澡堂,提供免費的香皂,與村子裏的婦女講述裹脚的危害,溝通與家人的相處之道,傳播新思想新文化等。

1910 年出生的韓學成,是明義士甲骨學研究紀念館館長索惠斌的姥爺。有一次索館長和母親韓玉琴及女兒索菲一起去看老人家,剛走到院子裏就聽到了風琴發出的聲音,索館長很是驚訝,更是不解,姥爺一個普通的農民怎麽會彈風琴這樣的鍵盤樂器?瞭解之後才知道,原來姥爺年少時在斌英中學讀過書,不僅會彈風琴,而且英文也非常好,經常讀英文報紙,看英文雜誌。明義士他們豐富了一代人的精神文化,培養並影響了一批知識青年。

斌英中學師生合影

斌英中學學生

　　當年來安陽教會工作的加拿大傳教士中，有兩個人叫 James M. Menzies，即詹姆斯·梅隆·孟席斯，同名同姓，稱呼起來十分不便，他們都用漢語重新命名，根據英文名發出的諧音，一位叫明義士，一位叫孟恩賜。"明"字除了明亮的意思，也有明朝歷史的因素。明義士還給 1916 年出生在彰德"廣生醫院"的兒子亞瑟，起名叫明明德，這是取自儒家經典《大學》一書的開首語"大學之道，在明明德"。"德"是美好的字眼，是人們思想品質的追求，也是作爲出生在彰"德"的一個紀念。因大兒子四歲半不幸夭折在彰德，所以明義士對這個小兒子十分疼愛，明義士的好朋友張學獻後來又按照中國人的習慣，給明明德取小名"天寶"。"天寶"，希望孩子得到上天的佑助而健康成長。張學獻也給自己的兒子起小名"天成"，按照中國人的思維習慣，想讓兩個孩子從名字上看就是一家人，也真正想讓兩個孩子成爲一輩子的好兄弟。

二、遇殷墟、集甲骨

明義士在安陽教會從事教學工作，然而他與殷墟的一次不期而遇，使他把畢生的精力致力於中國商代文化、甲骨文的研究之中。他對甲骨的收藏研究成果使他在世界甲骨學界享有"西方甲骨文研究第一人"、"漢學家"的譽稱，也奠定了他在學術界的地位。他是怎樣接觸到甲骨文的？明義士在齊魯大學任教期間，回憶他發現殷墟經過時，寫了一首七言詩：

遇 殷 墟

柳樹出芽騎白馬，白馬走時順洹河。
拾破陶器尋先古，小孩引到出古處。
盤庚殷墟無痕迹，年前花根白地立。
余思盤庚它茲邑，商人做事問上帝。

這首詩寫出了他1914年春，走進殷墟的經過和研究發現。

就這樣，明義士，一位基督教傳教士開始了他與小屯、殷墟的不解之緣，開始了他收藏甲骨、研究殷商文化的學術生涯。

自1899年王懿榮因病用藥時發現甲骨文後，學者們就力尋甲骨的出土地點，但是古董商人不以實相告。

王懿榮是第一個發現甲骨文的人。明義士是第一個懷着科學研究態度進入殷墟的人。

從1914年春明義士到訪殷墟至1928年，他無數次往返於住所和小屯之間。作爲傳教士，收入是有限的，除一家五口人的生活費用外，明義士沒有足夠的錢買那些大塊的、昂貴的甲骨，所以他收藏的甲骨中，小片居多。

明義士初來殷墟尋"龍骨"時，小屯僅有十八户人家，張學獻是這個村的負責人，明義士曾被孩童引到他家，説他家有十八畝地（就是現在殷墟附近的位置），人送外號"十八畝"，田地裏下雨經常會冲出許多"龍骨"片片。意外的是張學獻對古文化也很

明義士在洹河橋留影

明義士一家人

感興趣,與明義士一見如故,相談甚歡,真可謂是"高山流水韻依依,人生難得一知己",後來兩人成了至交。爲了搜集研究"龍骨",明義士曾與張家人同吃同住,親自在出土地上尋找收撿,居住半年之久得到不少"龍骨"。明義士爲人親切和善、人緣極好,與小屯村民相處得也非常融洽,小屯村民親昵地稱他明牧師,知道明牧師愛"龍骨",村民經常把田間撿到的"龍骨"很便宜地或乾脆無償地送給他,這使明義士的藏品與日俱增。

　　小屯村有一户人家院裏有棵百年老樹,因蓋新房子礙事,刨樹時發現了一坑甲骨,明義士聞訊後出資買下。又有一户人家蓋院牆挖到一坑甲骨大概300餘片,明義士也全部買下。又過一段時間,太行山上的土匪聞之小屯出寶貝,一天夜裏綁架了張學獻,贖金300大洋。張學獻家境雖富有,但全家人心底純善,經常幫助鄰里渡過難關,過年過節爲鄉親贈米送面、贈肉送菜,一時拿不出這麽多贖金,家人着急無奈時想到在自家地裏挖寶,説是挖出的寶貝一半當酬金,一半當贖金。小屯村民齊上陣,結果還真挖出一坑甲骨,明義士聽聞後趕到小屯交了大洋,阻止了此次甲骨的交易,並用自己的剩餘積蓄買下了這批甲骨。

　　1922年出生的張冠儒,今年97歲,是明義士的學生,也是教會的成員,現居住在陝西省三元縣。老人每每提及當年的明義士,對其評價就是"不務正業,竟天天擺弄那些破骨片,有時爲了收撿連飯都顧不上吃就去了小屯"。簡單的一句話,卻能讓我們感受到明義士博士對中國殷商文化的執著,爲收集研究甲骨他花了大量的時間精力,背後付出了巨大的心血,甚至不惜冷落他的"上帝"!

　　1927年4月離開安陽去北京,1928年9月明義士一家休假離開中國。1928年10月13日,中研院史語所派考古學者董作賓在河南安陽小屯村進行試掘。1930年我國有了文物保護法。明義士的搜求均在1914—1928年,14年間完成,收藏數量逐步達到5萬餘片。

　　明義士能以甲骨收藏集大成者,成爲甲骨個人收藏之最,與他的只收藏研究、不倒賣取利是分不開的,明明德回憶説:"他們知道我父親對古物和古物出土地點感興趣,也知道他身爲傳教士,買不起那些在北京或上海能賣大價錢的青銅器和大片甲骨。因爲他只重收藏,從不倒賣牟利,但他能用少量的錢收藏一些甲骨殘片和小件青銅器、陶器等,並且獲得了甲骨出土與流傳的最新信息。"[①]

　　明義士終生遵循了"只收藏研究,不倒賣取利"的原則。即使是晚年退休後,生活拮据,每月僅靠領撫恤金維持生活,他也從未賣過一片甲骨。這也是當今甲骨學界的人們尊重他的一個原因,稱他爲"甲骨學大師"。

三、收藏研究之目的

　　明義士身在古都安陽,使他越發對中國古代的歷史和文化感興趣,他試圖從文化

[①] 明明德:《甲骨研究·序二》,濟南:齊魯書社1996年版,頁6。

方面入手,找到中西方文化的連接點。發現甲骨文至今,學者、專家從不同的角度研究它。能從基督教的角度去研究它的是鳳毛麟角,明義士是其一。

明明德在回憶父親明義士爲什麽能成爲一名考古學家時説:"我父親深知,離開中國的文化、風俗、宗教信仰和思維方式去向中國人傳教,很明顯是不會取得積極成果的。我想,追求對中國思想文化背景作更深入的瞭解,正是我父親對中國歷史和考古發生興趣的動因。"①

山東大學教授方輝談到明義士收藏研究甲骨文的目的時説,明義士試圖尋找到連結西方基督教和中國傳統信仰之間的連接點,而這個連接點在他看來,就是三千年以前甲骨文中的"帝"或"上帝"。

在甲骨文中發現"上帝"的記載,令明義士看到了方嚮和收穫,更加堅定了他執著研究甲骨的信念。

四、研 究 成 果

明義士從事甲骨文的研究,幾乎付出了畢生精力,成果頗豐。著録方面:1917 年,即接觸甲骨短短三年的時間,他就出版了自己第一部,也是西方學者第一部研究著作《殷虚卜辭》。此書是明義士在自己收購的甲骨中精選的 2 369 片,他克服種種困難花費一年半的時間用鋼筆親手臨摹而成。

明義士生活在中國這個用漢語交流的環境下,能發音相對來説更容易些,但舉筆摹寫却是要下很大功夫的。書中臨摹圖像不僅在外形上描畫得入木三分,同時在甲骨文字的章法、布局、結構上也一一對應原片的神韻。2 369 這是一個多麽龐大的數字,一筆一筆臨摹下來不僅需要書寫技巧,還需要勇氣和毅力。他的這種對甲骨文的執著精神,實際上比他甲骨文臨摹的意義更爲深遠、更爲珍貴。1928 年完成《殷虚卜辭後編》,收録甲骨 2 819 片,據胡厚宣先生《戰後南北所見甲骨録》説,明義士共拓印五份,除自留一份外,還分贈給好友馬衡、商承祚和容庚等著名學者。1972 年該書正式由臺灣藝文印書館出版發

明義士在研究甲骨

---

① 方輝:《明義士和他的藏品》,濟南:山東大學出版社 2000 年版,頁 8。

行。《柏根氏舊藏甲骨文字》，該書最初發表於《齊大季刊》1935年第六、第七期，後以綫裝單行本發行，著録甲骨74片。原物現藏山東博物館。

在辨僞方面明義士雖吃過虧，但成就也很顯著。許多人都知道明義士"初得大胛骨，乃新牛骨仿製者"，不久變腐爛發臭，此後他便悉心考究，最終成爲鑒別真僞的能手。明義士對安陽的古董商和作僞者非常瞭解，他在當地見過的僞片成百上千件，在辨僞方面的功夫是非常深厚的。

明義士整理甲骨時在校重、綴合、斷代、考釋方面的成果也是有目共睹的。在甲骨文商王世系中研究的"商祖名甲者之次序"的"沃甲"和"陽甲"的問題上，與遠在日本的郭沫若先生研究推測結果幾乎一樣，也堪稱甲骨學上的一段佳話。不僅如此，明義士對於甲骨出土及流傳情況都用紙條仔細記録，這些記載也是極爲準確的。1924年他還將小屯村民挖掘出的動物標本收集起來送交鑒定，由此產生了一個新的鹿種名字"明氏鹿"。不得不承認，明義士在考古學上有良好的知識和素養。

通過學習四書、五經，明義士注意到史書中所記載的古代中國人對"帝"並非陌生，中國古代典籍、甲骨卜辭中均有上帝的記載。但中國人理解這些帝是人君而非天神。但明義士不這麼認爲，他認爲中國人造字得到了上帝的啓示。如甲骨文中有文曰"今二月，帝不令雨"《鐵雲藏龜》，"今三月帝令多雨"《殷虛書契前編》。人間的君王怎能令天下雨呢？信上帝的人相信，祇有上帝能令天下雨或不下雨。

中西方文化和信仰的連接點已經找到，這就是明義士認爲的甲骨文中的"上帝"。這些比孔子的時代還要早數百年的文字中發現上帝的記載，使明義士喜悅、急切的心情溢於言表。

甲骨文是3 000多年前已成體系的、成熟的文字，如果再加上造字時間，其過程更久遠。他認爲當中國人在骨頭上記載上帝時，比摩西在西奈上領受律法還要早幾百年。

占卜是商代中國人生活的重要部分，今年的收成如何，行軍打仗能否取勝，王妃生産能否順利，大事小事都要占卜問上帝，吉者行之，凶者避之。在3 000多年前，中國没有其他宗教，祇有人們對上帝的質樸的原始信仰。隨着對這一秘密的發現，明義士發出了"商人做事問上帝"的這一令傳教士們激動的呼聲！

但事實上，中國人的"帝"與《聖經》裏的"上帝"還是有區别的。《聖經》裏的"上帝"與我們中國老百姓的"帝"是由不同的地區、不同的生活方式、不同的傳統習俗、不同的道德倫理、不同的歷史文化所産生的。"上帝"是千百年來延續到現在基督教徒心目中的唯一信仰。但商代的甲骨文中的"帝"，也就是人們俗稱的"老天爺"，已經不再是人們所崇拜的唯一對象，兩者還是有所不同的。

五、尊重中國文化

齊魯大學是一座教會大學,成立於 1904 年,初名爲山東基督教共和大學。

1932 年 9 月,明義士應邀來到齊大擔任考古學教授,並擔任"哈燕"項目負責人。"哈燕"項目起始於 1935 年,哈佛大學和北京大學是其發起者,資金來自美國"赫爾基金會",其目的是通過哈佛與燕京以及中國其他教會大學合作,資助出版有關中國文學、藝術、歷史、哲學及宗教等領域的研究成果。

在齊大的五年,是明義士人生中最愜意的五年。明明德在回憶中說:"從 1932 年到 1936 年在齊魯大學任職五年,是我父親一生中最富有挑戰性,也是收穫最大的五年。在這裏,他與志同道合的中國學者和正在成長起來的青年學子交流學術,爲中國考古學做出了有益的貢獻。"①

能來到中國文明發源地之一的齊魯之邦,又是人才濟濟的齊大任教,明義士覺得真正找到了自己的歸宿。

齊大每年要向設在美國馬薩諸塞州劍橋的哈燕董事會提供報告。董事會指示明義士在將來的報告中使用"山東基督教大學"而不是"齊魯大學"的字樣。明義士 1936 年 3 月 23 日寫長信回應,不同意齊魯大學更名。明義士指出,山東河南地區是中國古代文化的發祥地,產生過孔子、孟子、墨子、莊子等偉大的思想家,他們的思想至今仍是中國人的思想基礎。"齊魯大學"的名字具有濃厚的人文色彩。他說:"我們齊魯大學所從事的研究項目是完全符合哈燕研究基金會宗旨的。齊大是一個基督教團體,但我們對中國文化所做的研究成果有目共睹,已經得到中國公衆的承認。我們不再被認爲是只對外國的科學和文化感興趣的外國團體……"②

明義士不滿哈燕學社那種以施捨者的身份對齊大指手畫腳的做法,強調"齊魯大學"這個名字不是一種縹緲抽象的概念,而是一種有迹可循的民族精神載體,明義士對中國文化的尊重和認同感是不可估量的!

六、藏品的歸屬

前面說到明義士牧師在安陽期間收藏甲骨 5 萬餘片,這些甲骨現在何處,是我們

---

① 明明德:《甲骨研究·序》,頁 7。
② 方輝:《明義士和他的藏品》,頁 26。

關心的問題。

　　1927年4月,北伐戰爭爆發,北伐軍經過河南向北方進發。天津的英國領事館通知所有在內地的英國臣民都要撤離,前往北京、天津避難。匆忙中,明義士從收藏5萬片甲骨中挑出3萬5千片裝箱踏上北去的列車,從此這些國家級甲骨開始了漫漫坎坷路……

　　明義士的長女瑪麗蓮·明義士在自己的《一個加拿大傳教士孩子的回憶錄》中寫到1927年4月撤離安陽的情景:"我記得我幫助父親捆紮他收藏室的書籍,我們數了數,共5千冊,把它們放在了衣櫥裏。他想如果士兵們搜查房子時,他們不會動這些書籍的。得,他算錯了。一年之後,當他能夠回去看看我們在彰德的院子時,他發現他們已經光顧了每一本書,他們很有規律地撕去書的封面,再從中間撕去一沓。僅有6本書幸免。"

　　當然未帶走的1萬5千片甲骨也不見了蹤迹。這是明義士甲骨收藏、研究生涯中受到的一次重大打擊,他痛心不已。

明義士用來裝甲骨的箱子

　　其他甲骨的經歷曲折,我簡單介紹過程寫清最後歸屬:

1. 南京博物院 2 390 片

　　中華人民共和國建國後,中、加沒有建交。加拿大駐華使館撤離時,明義士委託兒子明明德存放在大使館的一箱甲骨,經一位叫楊憲益的先生於1951年2月12日轉交給了南京博物院。這批甲骨是明義士1917年3月出版的《殷虛卜辭》的原片,也是明義士收藏甲骨的精華部分。明義士在出版後發現其中有不少錯誤,也混有偽片,本着對學術負責的精神,他準備重新出版墨拓本。1948年齊大可能面臨南遷,麥克特維寫信給在上海的瑪麗蓮和喬治,通知他們接收明義士藏品。明義士得知此消息後即刻致電給女兒瑪麗蓮,除這箱甲骨運往上海外,其他藏品均交齊大處理。後又要求在加拿大外交部工作的兒子明明德妥善處理這箱甲骨,待他到中國時能重新整理。在明明德的安排下,這箱甲骨被運到了南京加拿大駐華使館。很多專家都認爲這批甲骨已經運回加拿大,沒想到竟然來到了南京博物院,真是意外的驚喜。

2. 山東博物館 8 168 片

這批甲骨是明義士 1932 年帶到齊魯大學任職教學研究所用的。1936 年明義士回國度假,第二年盧溝橋事變爆發,明義士未能重返中國。明義士的藏品由他在國內的朋友們埋在齊大校園內,沒有被日本人搜去。齊大 1941 年底被日軍接管,當時日軍毀壞掠奪了齊大的很多古物書籍,最後所剩寥寥無幾。事實證明,明義士朋友們對明義士藏品采取的匿藏措施是非常有必要的。1952 年,齊大代理校長林仰山向政府交出了"藏寶圖"。這批甲骨重見天日,之後胡厚宣先生曾多次向學校當局請求,擬約明義士博士返校,希望可以共同合作研究這批甲骨,但種種原因,明義士未能返校。這批甲骨最終歸山東博物館收藏。

3. 北京故宮博物院 20 364 片

1974 年北京故宮博物院在清理倉庫時發現一個大箱子,裏面的甲骨是明義士 1927 年帶出安陽,在"華北聯合語言學校"教授漢語時存放在語言學校圖書館內的一批,計 19 494 片,加之故宮原收藏明義士甲骨 870 片,共計 20 364 片。北京故宮博物院因此得到了明義士畢生所藏甲骨中最多的一部分。中國的文化瑰寶歸北京故宮博物院所有,此乃天意!

4. 加拿大多倫多皇家安大略博物館 5 170 片

這是明義士甲骨收藏品流入海外的一批,也是他倍受爭議的話題。

1947 年春天,中國人民解放軍南下路過豫北、衛輝、淇縣,傳教士們紛紛撤離。同年 6 月,河南境內的加拿大傳教士在開封召開會議,永久性地解散了豫北差會,明義士的行李也被運到天津。1948 年 9 月,解放軍兵臨天津,據明明德介紹,當時在明義士未在場的情況下,其同行把明義士的行李物品裝箱用輪船運往多倫多。在加拿大多倫多的明義士收到這從中國運來的他的藏品,很無奈。他在港口租賃倉庫存放這批藏品,以爲戰爭總會結束,待時局好轉了,他要帶着這些東西重返中國,重返齊大。但隨着朝鮮戰爭爆發,中西方嚴重對抗,明義士回中國的心絕望了,他再也回不到中國了,直到 1957 年 3 月 16 日去世。

1961 年,明義士的妻子安妮和兒子明明德決定把這批甲骨捐贈給皇家安大略博物館。

5. 維多利亞藝術博物館 5 片

維多利亞藝術博物館坐落在加拿大西海岸維多利亞島上。1989 年,該館又迎來一批珍貴的中國古代藝術品,共 200 件,其中有 5 片甲骨。這批文物都是明義士生前當作生日和節日禮物饋贈給他的夫人和三個孩子的,分別收藏在明義士三個孩子的家中。1989 年 3 月,維多利亞博物館舉辦題爲"明義士家庭收藏的中國古代藝術品展"時,明明德姐弟將這些藏品正式捐贈給該館。

1999 年 6 月 3 日,明明德委託加拿大時任駐華大使貝祥先生把明義士的拓片、照片、日記本、信件手稿等捐贈給了山東大學,這也是明義士藏品的第六個歸屬。

七、遭受不公的明義士

作者引用加拿大環球郵報記者傑夫 2008 年 1 月 19 日發表的文章《對老骨頭的新敬意》中的一段話來説明明義士後來的遭遇:"他曾經幫助破解三千年以前的中國人生活之謎,但他却從未受到過任何人的褒獎……,一位基督徒,他的信仰激勵着他成了歷史上有名的中央王國的一名領頭專家。詹姆斯·梅隆·明義士在中國度過了 25 年的時間,結果是僅僅落下了一個'帝國主義文化侵略'的臭名。"

1952 年 5 月,從齊魯大學校園内挖出明義士的藏品後,5 月 16 日,山東文物管理委員會在齊大附近召開會議"揭露帝國主義文化侵略的罪行",報紙上也報導"過去我們曾懷疑過我國許多無價寶貴的古物爲什麽不翼而飛了,現在人們可以清楚地知道,原來許多貴重古物被打着'友誼'招牌,披着'牧師'外衣的帝國主義分子盜竊走了。帝國主義分子明義士在齊大任教多年,他盜竊的古物難以計數……"。

回到加拿大,他受到了他的老上司懷特(懷履光)的刁難。

懷履光曾在中國開封任主教,也是明義士和安妮結婚時的證婚人,按説關係應該很好,但這兩人不可相提並論,明義士只收藏研究,不是倒賣取利的學者專家。懷履光是千方百計倒弄中國文物的安大略博物館的經紀人。懷履光和安大略博物館都曾希望借明義士在安陽教會地理之便,充當其經紀人,多弄些中國文物古董,被明義士拒絶。不聽話的下級,懷履光當然不喜歡。1941 年,身爲多倫多大學中文系主任的懷履光否決了明義士長達數十萬字的博士論文《商代青銅時代文化》(這年明義士 56 歲),原因是"論述過於寬泛"。直到第二年才以一篇約五百頁的《商戈》論文,獲得博士學位。

不僅如此,懷履光還不加説明地剽竊引用被他否決過的明義士研究成果。這是明義士在學術上遭受的侮辱,明義士曾寫信給皇家安大略博物館表示抗議。

綜上所述，明義士自己在兩個祖國都没有得到認可，1957年，72歲的明義士死於心臟病。

八、請不要猜測我的善良，更別懷疑我的品行！

隨着改革開放，社會的進步，學術界的春天來到了。加拿大傳教士作爲一個特殊的群體，受到中加學術界的廣泛重視。山東大學（原齊魯大學），把明義士研究作爲一個重點課題。

1994—1997年，山大教授方輝兩次訪問加拿大，到明義士學習工作過的多倫多大學東亞系、皇家安大略博物館搜集資料，並在明明德家中居住半年之久。期間收集到大量當事人及與當事人有關的信函、手稿、日記和照片。這些最新資料，讓學者認識到以往對明義士的傳聞，每每有誤解失實之處。

1936年6月，明義士回國休假，此後再也没回到過中國。戰爭的硝煙、動亂，使明義士非常惦記留在中國的藏品的安危，這成了他的一塊心病。

明義士故居

讓我摘録1947年4月28日他寫給兒子明明德的通信内容："如果只是通過將東西採取合適的方式捐贈給齊大，使這些藏品適得其所，便意爲我完成了在齊大的使命，那我會很高興。"①

1947年7月11日，明義士致信格蘭斯通小姐説："在天津麥克尼士先生的閣樓上，存放着一批很有價值的甲骨和其他文物。它們被密封在閣樓煙囱的後面。其中有兩個大木箱，裏面有兩個鍍鋅鐵皮盒，甲骨就放在鐵皮盒的抽屜裏。除了弗朗西斯（二女兒）和埃爾文（女婿）以外，我誰也没有告訴過，因爲我一直希望能回到中國。……這些東西應該留在中國。"②

---

① 方輝：《明義士和他的藏品》，頁171。
② 方輝：《明義士和他的藏品》，頁165。

事實證明，明義士收藏的那些無法估價的藏品 85% 以上就從未離開過中國。在中國傳教期間，多倫多皇家安大略博物館邀請他做經紀人，儘管這可取得利益，但却遭到他的拒絶。1936 年明義士離開中國至 1949 年 10 月 1 日中華人民共和國建國，這之間有 13 年之久。期間他的兒女在中國工作，對國内的情況極爲熟悉，如果明義士想把甲骨等文物運回加拿大，他有這個能力和機會。2000 年 6 月方輝博士出書《明義士和他的藏品》，書中實事求是地還了明義士一個公道。對於長期處於戰爭苦難中的中國人民，明義士心裏充滿同情，對中國文化的研究使他對中國的未來滿懷信心。1954 年他給一位美國友人寫信，信中寫道："對於中國的未來，我是充滿信心的。她有至少 3 500 年的成文歷史，從中您可以發現這個民族對自己的未來歷來都是信心百倍。這一點，在整個世界歷史來看，都是獨一無二的。"[①]

　　安陽新聞工作者、明義士故居保護發起人劉志偉老師也撰文捍衛明義士。中國應該恢復明義士在歷史中的公正地位。中國文物報於 2004 年 10 月 20 日，全文刊載了劉志偉題目爲《明義士："醉心中國殷商文化研究的洋教士"》的文章。文中説："在明義士博士去世 47 年之後，我想説，明義士博士，歷史將還你一個公道！"

加拿大駐華大使羅嵐夫婦和劉志偉

[①] 方輝：《明義士和他的藏品》，頁 105。

2004年11月19日,安陽市人民政府把位於安陽市紅星路南段明義士曾經生活和收集、研究甲骨文的舊居,列爲"明義士故居"市級文物保護單位。在安陽市政協、市文物局的幫助下,這裏還辦起一間"明義士甲骨學研究紀念館"。

明義士的後人休廉爾·明義士在網上聞之這一消息後,代表明義士家族致信安陽市政協,感謝安陽市政府,感謝中國人民對明義士甲骨研究的認可。他們已兩次回訪安陽。2007年7月,93歲高齡的明明德老人在多倫多設家宴,歡迎到訪的安陽市政協代表團,他三次舉手呼喊"中國萬歲!安陽萬歲!"。

明義士的重外孫大偉·明義士回訪明義士故居

目前,明義士故居、明義士甲骨學研究紀念館已成爲國内外學者、專家進行文化交流的平臺。加拿大前任駐華大使羅嵐夫婦和馬大偉夫婦於2009年3月23日和2011年6月10日專程訪問明義士故居,感謝安陽人民對明義士的友好情誼。

2019年3月7日,在紀念甲骨文發現120周年國際研討會的籌備會上,中國社會科學院學部委員宋鎮豪先生道出了其導師胡厚宣先生在多年前給他講述過的一段有關甲骨的遺憾。在"文革"期間,許進雄教授曾寫信給胡先生,大概内容是:明義士希望把帶到加拿大的甲骨捐獻給當時的中國科學院歷史所,讓胡先生這邊給回信是否接收。可惜因時代的原因,這封信件没能給以答復。之後,宋先生被邀請到臺灣講學時,一次偶然的機會與許進雄教授相遇，談及此事也得到了證實。我們多麼希望留在國外的這批甲骨，以後如果有機會能遂明義士先生的心願重新返回中國，期待這一天的到來！

目前宋先生正在整理山東博物館收藏的明義士的甲骨，他說："明義士收藏的這批甲骨，是從一個坑或者幾個整坑裏出土的，不管有字無字，大塊小塊，明義士通通都買了下來。顯然與那類倒賣古董的商人有根本的區別，因爲有些甲骨片非常小而且還没有字，經濟價值幾乎没有，他是從學者的角度把所有的甲骨都購買了，目的是便於之後的整理研究綴合。"

明義士終身遵循了"只收藏研究，不倒賣取利"的原則，不愧爲一名真正的國際學者！

我們不能否認歷史上到中國的少數西方傳教士犯下的進行文化侵略的劣行，不但傷害了中國人民，也羞辱了上帝之名。但我們也不能否認，西方傳教士也有熱愛中國的，他們研究和宣傳中國博大精深的文化，並且真的爲中國人民做了很多好事，傳播了一些新思想，對中國的近代文化教育也有一定的影響，在一定程度上幫助了中國人。

在那樣一個戰亂的年代，明義士不遺餘力地從事着一件對於整個中華民族來說都是絕對無法估量其價值的重要活動——對那些珍貴的甲骨文及殷商文物進行搶救保護、研究收藏。目前發現的十五萬片甲骨中，有近四分之一都是源於他的個人收藏，創世界個人收藏甲骨之最，可以説是他搶救保護了中華文明的一部分！更加難能可貴的是，他在生活如此拮据、運輸又極爲便利的條件下，從未倒賣過一片甲骨，反而耗費心力宣傳甲骨文及殷商文化，促使小屯那些不識幾個大字的農民對不起眼、肆意破壞的"龍骨文"有新的認識，升華爲珍貴的具有保存及研究收藏價值的文物瑰寶。他親自到古都遺址實地調查采集，使文物出土地有了更可靠的來源；他進入教室傳播文化知識，壯大了甲骨學和殷商文化的群衆基礎；他在齊魯大學參與教育改革、創建古物博物館，對中國社會進步起到了一定的積極推動作用。他的著錄、綴合、辨僞、斷代等，在專家後來的研究中都被證實這些思想有些已經超越了他所處的年代。在那樣一個戰火紛擾的緊要關頭，明義士所表現出的忠於中國古文化、忠於殷商甲骨文、嚴謹細緻的科學態度、孜孜不倦的求知奉獻精神着實令人嘆服。

在甲骨文發現120周年之際，謹以此文紀念中華文明的守護者、國際友人——明義士。

在本文的寫作過程中，中國社會科學院古代史研究所宋鎮豪先生，明義士甲骨學研究紀念館發起人劉志偉、館長索惠斌及其女兒索菲女士，曾提供相關資料，在此深表感謝。

殷墟甲骨斷代標準評議(二)

—— 關於"歷組"卜辭的時代問題

常玉芝

(中國社會科學院中國歷史研究院古代史研究所)

  百年來殷墟甲骨斷代研究的第四階段,起於 1977 年,至今已有四十餘年的時間。這一階段新觀點的提出,引發了甲骨斷代問題兩派意見的大論戰,雙方的代表人物分别是李學勤,劉一曼和曹定雲。

  1976 年,中國社會科學院考古研究所安陽工作隊在小屯村西北發掘出一座保存完整的中型墓 M5,即五號墓,也稱作"婦好墓"。[①] 1973 年,中國社會科學院考古研究所安陽工作隊在小屯村南發掘,出土甲骨 7 150 片。[②] 從 1977 年始,李學勤借"婦好墓"的發掘和小屯南地甲骨的出土,陸續發表了《論"婦好"墓的年代及有關問題》、《小屯南地甲骨與甲骨分期》等文,[③]提出了第四期卜辭,[④]也即他稱作"歷組"卜辭的時代問題;繼而又提出殷墟甲骨發展的"兩系説";爲詮釋"兩系説"又重提"字體"是斷代的首要標準。[⑤] 他的這些觀點引發了甲骨斷代問題的大論戰。這裏先就"歷組"卜辭時

[①] 中國社會科學院考古研究所安陽工作隊:《安陽殷墟五號墓的發掘》,《考古學報》1977 年第 2 期。
[②] 中國社會科學院考古研究所安陽工作隊:《1973 年安陽小屯南地發掘簡報》,《考古》1975 年第 1 期。
[③] 李學勤:《論"婦好"墓的年代及有關問題》,《文物》1977 年第 11 期;《小屯南地甲骨與甲骨分期》,《文物》1981 年第 5 期。
[④] 董作賓分殷墟甲骨卜辭爲五期,這裏説的"第四期"卜辭是指剔除被他錯誤地分在第四期的"𠂤組"、"子組"、"午組"卜辭後剩餘的那部分卜辭。李學勤稱這部分卜辭爲"歷組"卜辭。
[⑤] 李學勤的一些觀點,即:"歷組"卜辭的時代問題、"兩系説"、"先用字體分類再進行斷代"等,諸説往往交織在一起,非常繁雜。這些論説散見於他幾十年來發表的多篇論作中,而且論述多不系統,又多有重復,有的觀點前後又有變化,因此總結起來頗費心力。

代問題的論辯做些介紹與評議。

一、"婦好墓"的發掘引出"歷組"卜辭斷代的新觀點

"婦好墓"未經盜掘，出土物極爲豐富，單是青銅禮器就有 210 件，其中有"婦好"銘文的達 109 件，占有銘文銅器的半數以上，[①]因此該墓又被稱作"婦好墓"。對於"婦好墓"的年代，發掘者根據該墓出土的青銅器、骨笄、陶爵的形制特點，定其屬於殷墟文化分期第二期；又由於諸多青銅器有武丁卜辭的"婦好"銘文，以及在該墓附近發掘的兩座小墓出土的青銅器、陶器特徵也屬於殷墟第二期，並且銅器銘文中有武丁時的人物"子漁"，因此發掘者定該墓年代屬於武丁至祖庚、祖甲時期。[②]

（一）"歷組"卜辭時代問題的提出

1977 年，李學勤發表《論"婦好"墓的年代及有關問題》一文，[③]該文内容主要有三部分：

第一部分：從出土青銅器的花紋看，"婦好墓"屬於殷墟早期。

李先生説："婦好"墓出土的不少青銅器上飾有晚期複層花紋，並襯以地紋的所謂"三層花"。他例舉殷墟早期墓 M331 出土的一對青銅方爵、一件方盉都是複層花紋。1001 大墓出土的三件一組的青銅方盉也是複層花紋。"H21 窖穴所出鑄方彝用的泥模"，"所代表的青銅器也是複層花紋"。這些材料證明"在武丁、祖庚、祖甲的殷墟早期，已經存在飾有華麗的複層花紋的青銅器"。他的結論是："從青銅器總的特徵考察，'婦好'墓的年代大致可推定爲武丁晚年至祖庚、祖甲的時期。"但有幾位考古學家對該墓的時代有不同意見，如鄒衡説，"婦好"墓的青銅禮器"無論從其形制、花紋、銘文各方面來看，都是比較複雜的"，有數量較多的青銅器"約相當於殷墟文化第三期第 4 組"，也有少數"約相當於殷墟文化第二期第 3 組"和"約相當於殷墟文化第三期第 5

---

① 見鄭振香：《殷墟婦好墓與殷商禮制》，中國社會科學院考古研究所、首都博物館、河南博物院編：《王后母親女將》（紀念殷墟婦好墓考古發掘四十週年），北京：科學出版社 2015 年版。
② 見《安陽殷墟五號墓座談紀要》，《考古》1977 年第 5 期；中國社會科學院考古研究所編：《殷墟的發現與研究》，北京：科學出版社 1994 年版，頁 38。
③ 李學勤：《論"婦好"墓的年代及有關問題》，《文物》1977 年第 11 期。本文引自《當代學者自選文庫·李學勤卷》，合肥：安徽教育出版社 1999 年版。

組”,“大致估計其絕對年代,最早的可到武丁時代(晚期),最晚的可到武乙、文丁時代。若僅以其銅禮器來定,則此墓下葬的年代不會早到武丁時代,但也不會晚於武乙、文丁時代”。① 1979 年,李伯謙發表《殷墟五號墓的年代問題》一文,②提出五號墓“除去一部分青銅器可早到武丁至祖甲時代,有相當數量的青銅器是晚於該時代的”,“五號墓決不能早到殷墟文化第二期”,“應屬殷墟文化第三期,即相當於廩辛、康丁、武乙、文丁之時”。因此,從青銅器的形制花紋看,對“婦好”墓的年代問題存在不同意見。

  第二部分:從出土器物上的三種銘文看,“婦好墓”是武丁晚期的王室墓葬。

  李先生説該墓出土物上有三種銘文,一種是“婦好”,一種是“后𩵦母”,一種是“后母辛”,③他説這三種銘文“實際上是指同一個人”。關於“婦好”一稱的含義,他説“‘婦’是親屬稱謂,其本義是子婦,與‘姑’對稱”,“‘婦’字的引申義則是妻子(這和現代有些地方把妻子稱爲媳婦是一樣的)”,妻子“所以稱婦,是對其夫之母而言”。“婦”不是“一種身份”,“‘好’是名,不是姓”。即李先生的意見是,“婦”是親屬稱謂,“好”是名,“婦好”之義就是指名爲“好”的(兒)媳婦。對此他還特别强調了兩點:“第一,‘婦好’既是冠以稱謂的名,它只能是指具體的個人,而不能像許多商代一兩個字的銘文那樣理解爲族氏。我國古代有以‘子某’爲氏的,即所謂以王父之字爲氏,没有以‘婦某’爲氏的。第二,‘婦好’是王的妃偶的稱謂,所以銘有‘婦好’的青銅器應該是她生前使用的器物,多數大約是她所使用的祭器。”對“后𩵦母”銘,李先生説“‘𩵦母’是婦好的字”,“后,即王后”。對“后母辛”銘,李先生説“是武丁的子輩對婦好的稱謂”。總之,他的意見是“‘婦好’墓銘文中的‘婦好’、‘后𩵦母’、‘后母辛’實際上都是指同一個人”,④“婦好”是一個名叫“好”的(兒)媳婦,她是武丁的妻子。李先生對自己的上述觀點只舉了幾個例子做碎片化説明,没有做系統論證。

  第三部分:“婦好墓”證明“歷組”卜辭(即第四期卜辭)的時代應該提前。

---

① 見《安陽殷墟五號墓座談紀要》,《考古》1977 年第 5 期。
② 李伯謙:《殷墟五號墓的年代問題》,《考古》1979 年第 2 期。
③ “后”應釋爲“司”。見曹定雲:《“司母戊鼎”不可改名爲“后母戊鼎”》,《中國社會科學報》2012 年 2 月 27 日(A-07);葛英會:《商代大鼎的“司”、“后”之争》,《殷都學刊》2012 年第 1 期;常玉芝:《是“司母戊鼎”還是“后母戊鼎”》,《中原文化研究》2013 年第 1 期;杜迺松:《司母戊鼎銘文形音義研究》,《中國文物報》2016 年 8 月 12 日;張鵬:《青銅大師杜迺松深入考證古鼎之名——司母戊鼎名稱不容置疑》,《北京晚報》2016 年 11 月 1 日;李維明:《司母戊鼎還有多少待解之謎》,成都:四川人民出版社 2017 年版。
④ 對“后𩵦母”稱謂的所指學者有不同意見。見曹定雲:《殷墟婦好墓銘文研究》第柒篇,臺北:文津出版社 1993 年版。

李先生説:"殷墟甲骨不止是武丁時期的賓組卜辭有婦好這個人物,多出自小屯村中南的一種卜骨也有婦好。這種卜骨字較大而細勁,祇有一個卜人歷(歷),我們稱之爲歷組卜辭。按照舊的五期分法,歷組卜辭被認爲屬於武乙、文丁時的第四期。"而"新出土的各墓青銅器及玉石器上的文字,其字體更接近於歷組卜辭。但是,如果把墓的時代後移到武乙、文丁,又是和所出陶器、青銅器的早期特徵無法相容的",他説"這個矛盾應當怎樣解決呢?我們認爲,癥結在於傳統的五期分法把歷組卜辭的時代斷錯了"。"1933年董作賓先生提出的卜辭五期分法,早已陳舊了"。又説"過去,我們由於看到其第四期中自組、子組、允組(常按:即午組)等卜辭有與歷組聯繫的證據,① 也把它們列爲晚期的。從近年發表的各種材料看,自組等必須列於早期。'婦好'墓的發現,進一步告訴我們,歷組卜辭的時代也非移前不可"。

李先生的這段話有四層意思:一、武丁時的賓組卜辭和第四期的武乙、文丁卜辭都有"婦好"這個人物。二、根據第四期卜辭有卜人"歷",將其改稱作"歷組"卜辭。三、新出土的各墓青銅器及玉器上的文字,更接近"歷組"卜辭,如果把墓的時代後移到武乙、文丁時,就會和所出陶器、青銅器的早期特徵相矛盾。造成這種情況的"癥結"是"五期分法把歷組卜辭的時代斷錯了",因此,董作賓的五期分法"早已陳舊了"。四、鑒於過去他認爲"歷組"與第四期的"自組"、"子組"、"允組"卜辭有聯繫,現在因爲"自組"、"子組"、"允組"卜辭都已提前到早期的武丁時代了,所以"歷組"卜辭也應與"自組"、"子組"、"允組"卜辭一樣"非移前不可"。

第三部分可説是對前兩部分的引申。前兩部分,一部分力證"婦好"墓出土的青銅器形制花紋屬於殷墟早期,一部分力主"婦好"只是一個人的名。而第三部分則以此兩點爲理由,斷定董作賓的"五期分法把歷組卜辭的時代斷錯了","歷組"卜辭應該屬於早期的武丁時期,並以此認定董作賓的五期分法"早已陳舊了"。至於説,因原來屬於第四期的"自組"、"子組"、"午組"卜辭已被提前,所以同屬於第四期的"歷組"卜辭也應該提前,則不能成爲必然的理由。

接着,李先生從"字體的演變"、"卜辭的文例"、"人名"、"事項"、"稱謂"五個方面舉出例證,來"拆穿""歷組卜辭的謎團",即證明"歷組"卜辭的時代屬於早期。②

關於"婦好墓"出土的青銅器屬於殷墟文化第幾期,也即關於"婦好"墓的年代,目前學界尚有不同意見,這有待於專家們做進一步探討。不過,李先生將"婦好"墓的年

---

① 李學勤:《殷代地理簡論》第三章第六節,北京:科學出版社1959年版。
② 1981年,裘錫圭發表《論"歷組卜辭"的時代》,從材料上對李文提出的人名、占卜事項、親屬稱謂三個方面做了補充論證。

代與"歷組"卜辭的時代問題等同起來,則是不對的,二者沒有必然的聯繫。

在對李先生提出的各項例證進行分析之前,有必要先就"歷組"卜辭的命名問題談些看法。

首先,李先生在文中引稱"𠂤組"、"子組"、"㕣組"(午組)卜辭的名稱,無疑是采納的陳夢家對這幾組卜辭的稱呼(李只是將"午組"用另一個卜人名"㕣"改稱爲"㕣組")。他給"歷組"卜辭命名是根據該組"祇有一個卜人歷(歷)",也顯然是采納的陳夢家分"卜人組"的方法。這些在客觀上等於承認了他在1957年對陳先生分"卜人組"方法的批評是錯誤的。① 不過,李先生對"歷組"卜辭的命名又是違背陳先生分"卜人組"的原則的。陳先生分"卜人組"是將有繫聯關係的卜人連綴成"組",而李先生的"歷組"卜辭却祇有一個卜人"歷",一個卜人顯然是不能組成"組"的。因此,"歷組卜辭"的名稱甫一提出,就遭到學術界的質疑。如1985年,陳煒湛在《"歷組卜辭"的討論與甲骨文斷代研究》一文中說:"嚴格說起來,'歷組卜辭'這一名稱是不够科學的。在甲骨斷代研究中,所謂某組卜辭是有特定含義的,實際上是指根據貞人同版關係歸納出來的同時期的貞人集團,不過以某貞人之名命名罷了,如陳夢家《殷虛卜辭綜述》所定的賓組、出組、何組等等便是。即便午組人數最少,也有二人(㕣、午)。目前所謂的'歷組卜辭',却祇有一個貞人歷,與其他貞人毫無同版關係。一人如何稱'組'?"② 這個意見是非常正確的。陳夢家建立"卜人組"的原則是,有繫聯關係的若干卜人纔能成"組",他對祇有一個卜人"歷"的卜辭就沒有立"組",而是稱作武乙、文丁卜辭。不僅如此,陳先生還對雖有若干個卜人,但因卜人之間沒有繫聯關係的第五期卜辭,也沒有建立"卜人組",而是稱作帝乙、帝辛卜辭。由此可知,李先生對祇有一個卜人"歷"的卜辭稱"組",顯然是不科學的。其次,對所謂"歷組"卜辭,不僅有個命名的問題,還有一個是它所包含的范圍問題。據陳煒湛當年統計,十萬片甲骨中,有"歷貞或與歷有關的卜辭,迄今共見二十三片",③再加上近年出土的小屯南地甲骨中有卜人"歷"的四片,④總共也就二十七片。但由後來李先生等人的著述可以看到,他們所說的"歷組"卜辭,不僅不限於這二十幾片有卜人"歷"的卜骨,而且也不限於李先生所說

---

① 但在1996年,李先生又明確說他的"組"是以字體分的組。見李學勤、彭裕商:《殷墟甲骨分期研究》第一章第三節,上海:上海古籍出版社1996年版。
② 陳煒湛:《"歷組卜辭"的討論與甲骨文斷代研究》,《出土文獻研究》,北京:文物出版社1985年版。
③ 陳煒湛:《"歷組卜辭"的討論與甲骨文斷代研究》。
④ 據劉一曼於2016年3月24日告知:"小屯南地出貞人歷的卜辭(有)4片,1片出在晚期地層,2片出在中期二組地層,1片出在隋唐墓道中。該墓打破了一個出甲骨的晚期灰坑。"

的"字較大而細勁"的那些卜辭,而是包括了除去"𠂤組"、"子組"、"午組"外,董作賓分期中剩下的所有第四期卜辭,這是與"歷組"卜辭的名稱不相符的。

(二)關於"婦好"一稱的含義及"異代同名"問題

前文已指出,李先生認爲賓組卜辭和"歷組"卜辭中的"婦好"是指同一個人,這是他提出"歷組"卜辭的時代應該提前的重要根據。他還舉出一些"歷組"與賓組、出組相同的其他人名,來加强"歷組"屬於早期的觀點。他説"歷組卜辭出現的人名,許多與武丁、祖庚卜辭相同","歷組中不僅有婦好,還有子漁、子畫、子𢆶、婦井、婦女,都見於武丁卜辭","歷組中的重要人物望乘、沚或,應該就是武丁賓組卜辭中的望乘、沚戛"。他又列出"歷組與祖庚時期的出組共同"的人名㒸、夫、并、由、𠂤般、犬征,説"這些人物大都也見於武丁甲骨"。由此可見,"婦好"和上述人名是李先生證明"歷組"卜辭屬於武丁至祖庚時期的重要證據。

查殷墟甲骨卜辭中,不止賓組、出組與"歷組"有相同的人名,賓組與其他組,出組與其他組,"歷組"與其他組,以及其他組之間也都存在有相同人名的現象。對此種現象該如何解釋? 如果按照李先生的説法,各組卜辭中出現的相同人名都是指同一個人,那麽,殷墟甲骨卜辭該如何斷代? 前已指出,當年陳夢家就將董作賓十項斷代標準中的第 6 項"人物",剔出他的三大斷代標準之外,不作爲單獨的標準列出,就是因爲"各代之間同名者衆",也即指出商代有"異代同名"的社會現象,如果單用人名斷代,必定會造成斷代的錯誤。

在李先生提出"歷組"與賓組的"婦好"是指同一個人,"歷組"與賓組、出組有相同的人名,以此作爲"歷組"卜辭應該提前的證據後,就有多位學者對之進行了否定的論證[①]。特别是張政烺先生對"婦好"一稱,尤其是對"婦"字含義的考證,精辟、透徹。下面介紹一下張先生和其他學者對各代同名現象的論證。

1. 張政烺的論説

1983 年,張政烺專門就"婦好"一稱的含義連續發表了《帚好略説》、《〈帚好略説〉

---

① 張政烺:《帚好略説》,《考古》1983 年第 6 期;《〈帚好略説〉補記》,《考古》1983 年第 8 期。兩文均收入《張政烺文集・甲骨金文與商周史研究》,北京:中華書局 2012 年版。蕭楠:《論武乙、文丁卜辭》,《古文字研究》第三輯,北京:中華書局 1980 年版;蕭楠:《再論武乙、文丁卜辭》,《古文字研究》第九輯,北京:中華書局 1984 年版;張永山、羅琨:《論歷組卜辭的年代》,《古文字研究》第三輯,北京:中華書局 1980 年版;林小安:《武乙、文丁卜辭補證》,《古文字研究》第十三輯,北京:中華書局 1986 年版;林小安:《武丁晚期卜辭考證》,《中原文物》1990 年第 3 期;林小安:《再論"歷組卜辭"的年代》,《故宫博物院院刊》2001 年第 1 期。

補記》兩文。① 在前一文的一開頭，張先生就説，在殷墟五號墓出土的銅器上有"帚好"銘文，在殷墟甲骨卜辭中有關"帚好"的卜辭估計有一二百條，絶大部分屬於第一期武丁時期，一小部分屬於第四期武乙、文丁時期，"兩者中隔祖庚、祖甲、廩辛、康丁兩代四王，約數十年至一百年。這種情況怎麽解釋，帚好究竟是一人還是二人，銅器銘文的帚好屬於那（哪）個王"。

張先生首先論證"婦好"之"好"的意義。他説"甲骨文帚即婦字，郭沫若、唐蘭已作出很好的説明"，②"帚好之好从女，子聲，不讀好惡之好"。他以卜辭中衆多的"婦某"爲例，説"卜辭中婦X之稱有數十個，其字多有女旁，本來極普通的字也加女旁，如帚井寫成帚妌，帚良寫成帚娘，其例不可勝舉"。他舉卜辭《續存》407、《合集》2833上的"御帚子"，證明"帚子即帚好，故知好當讀子"。

接着張先生明確指出"帚好是女人的稱呼，卜辭一期、四期分别出現，不是一個人"。這是因爲當時有異代同名的社會現象。他聯繫各期卜辭中出現的相同人名給以證明。如🦴、雀、皋、牢、畄、立、望乘、𠂤般、犬征、帚好、帚井、子𡚸、子妻、子𪔀、子漁、子效，這些人物在第一期、第四期都存在，其中子𡚸在第一、第二期，子妻在第一、第二、第四期都存在。"其他人物異代同名的還多"，他指出"有的學者想把一期、四期的帚好説成一個人，看來不難（四期材料内容簡單），但是要把卜辭中所有的異代同名的人物都併成一個人，似不可能"。他舉"犬征"族、皋族、"籃旋"族爲例："犬征"，一期卜辭《卜》53有"令犬征田于京"，《京人》281有"令犬征族衷田于虞"；二期卜辭《録》152有"犬征"（辭殘）；四期卜辭《續存》1852有"令犬征田京"。"據此可見犬征是族名，自一期至四期連續存在，不僅世禄而且世官"。"皋"，一期（《卜》417）、四期（《佚》250）卜辭中都有"皋衷田于京"，"皋的情況和犬征一樣，也是族名，也是世官"。"籃旋"（"也可稱作官氏"），在四期（《屯南》917）、一期（《後·上》28.4、《佚》543）卜辭中都存在。他還指出"卜辭所載的各期卜人名，也有不少異代同名的實例"，如："永"在一期（《菁華》7）、五期（《前》1.19.5）都存在；"巘"在一期（《録》82）、三期（《林》1.30.14）都存在；"口"在一期（《卜》692）、二期（《録》726）、三期（《甲》3398）都存在；"大"在一期𠂤組（《合集》19875）、一期（《珠》1055）、二期（《珠》395）、三期（《甲》1647）都存在；"黄"在二期（《林》1.5.13）、五期（《甲》3355）都存在，"根據這些材料可以説永、巘、口、大、黄等都是龜卜世家，子孫繼續擔任占卜工作，爲殷王室服務"。筆者再爲張先生補卜人

---

① 張政烺：《帚好略説》，《考古》1983年第6期；《〈帚好略説〉補記》，《考古》1983年第8期。
② 郭沫若：《骨臼刻辭之一考察》，《古代銘刻彙考續編》，日本東京文求堂書石印本，1934年；唐蘭：《殷虚文字記》，北京大學講義石印本，1934年；北京：中華書局影印本，1981年。

"个",該卜人在一期(《屯南》4177)"午組"卜辭、①五期(《合集》38945、41709)都存在。以上張先生利用甲骨卜辭證明殷商時期確有異代同名的社會現象。他説如果對異代同名者進一步考查,就可知"它們有族衆、有物産,實皆'國氏土地之號',世代綿長,有的還保留到西周銅器銘文中"。他舉"古代學者對這種現象的解釋,如《史記·五帝本紀》'黄帝者,少典之子',《索隱》曰'少典者,諸侯國號非人名也'……《秦本紀》云'……大業娶少典氏而生柏翳'。明少典是國號非人名也"。張先生説"其所謂國號我們以爲是氏族"。總之,張先生論證了卜辭和銅器銘文中的"帚好"即"帚子","好"當讀"子","子"是國號、氏名、族名。因此,"婦好"不是李先生所説是一個人的名,即第一期、第四期的"婦好"不是一個人。

對於"婦"字的含義。張先生首先論證了古代的世官之制。他説:"世官之制史不絶書,《國語·周語》:'昔我先王世后稷以服事虞夏。'《史記·太史公自序》:'重、黎氏世序天地。……司馬氏世典周史。'《周禮》中以氏爲官者很多,像馮相氏、伊耆氏等約四十個。《世本·氏姓篇》:'彭祖氏,大彭支孫以號爲氏,在商爲守藏吏,在周爲柱下吏,年八百歲。'這裏八百歲是取其成數,有的書上寫着至殷末七百六十七歲,則不僅族名承襲,其壽數也是纍計的。"這些古書記載證明族名是世襲的。張先生説"卜辭中常見大方,是當時的重要方國之一,楊樹達《積微居甲文説》謂即大彭氏,彭祖氏或其支裔,世爲商周史官","通過這些現象知道殷代存在許多氏族,世代供奉王職,女官當亦如此,有了這點認識,以下説帚好就比較容易了"。

張先生舉一期卜辭"丙午貞:多帚亡疾。丙午貞:多臣亡疾"(《乙》8816),他説該辭"以多帚與多臣對貞,説明帚和臣是同類事物,在殷王心目中地位相等"。他又舉三期卜辭"叀多母酬。叀辟(嬖)臣酬"(《綴合》101),説"母是古代成年女子的美稱,嬖臣即近臣,以多母與嬖臣對貞,和上舉卜辭相似,兩相比照,知道殷王周圍有些擔任職務的婦女"。"多帚和多臣相似……在統治者的支持下既辦公事,也任私役",即"帚(婦)"是指女官。張先生對"多帚"與"多母"的精辟論證,橫掃了過去絶大多數人簡單地將武丁時的"多帚"都一律看作是武丁的配偶,將"多母"一律看作是武丁的母輩祖先的錯誤認識。張先生又進一步論述了殷王多婦的來源,"推測其中有些是被征服者或者歸順者世代貢納的","殷周的世婦,文獻有記載,《禮記·曲禮下》:'天子有后,有夫人,有世婦,有嬪,有妻,有妾。天子建天官,先六大,曰大宰、大宗、大史、大祝、大士、大卜,典司六典。'鄭玄《注》:'此蓋殷時制也。'孔穎達《疏》:'此一節總論立男官女

---

① 過去學界認爲"午組"卜辭的貞人祇有"午"、"兓"兩個人,1973年小屯南地甲骨出土的《屯南》4177午組卜辭有卜人"个",由"蕭楠"發現。見蕭楠:《略論"午組卜辭"》,《考古》1979年第6期。

官之事……記者之言不可一依周禮,或可雜夏殷而言之。"又引《孟子·梁惠王下》"所謂故國者,非謂有喬木之謂也,有世臣之謂也","趙岐《注》世臣是'纍世修德之臣',這和《孟子》講世禄、世官是一致的。世婦之義與世臣同,當是纍世常有之婦"。證明殷代有纍世之婦,即有世婦,有女官。對世婦女官的職責,張先生引《周禮·天官·冢宰》"世婦掌祭祀、賓客、喪紀之事,帥女宫而濯溉,爲齍盛",又引《春官·宗伯》"世婦,掌女宫之宿戒及祭祀,比其具"。他説"兩處職掌基本相同,可見世婦是女官,住在宫中,管祭祀、賓客及喪禮等"。他指出,諸世婦的地位有所不同,而且前後還會有變化,"《天官·冢宰》的世婦無員數,不説組織情況,厠於九嬪、女御之間,已經列入天子的眷屬了。推測周代的世婦先是官員,在宫中工作遂變成天子嬪御","《周禮·春官·宗伯》敘官,在世婦之後是:'内宗,凡内女之有爵者。外宗,凡外女之有爵者。'内女是王同姓之女,外女是異姓之女,世婦的來源也不外乎此,大約都是由一定的宗族産生的"。商族因"'契爲子姓',則殷之帚好也可能是内女。世婦接近王,如果年歲容貌或某些條件不相當,也不會被寵愛變成嬪御,所以《周禮》分成兩宫","帚對殷王不是固定的夫妻名義,其發生男女關係者纔是事實上的夫妻"。

　　論證了"帚(婦)"是女官,對比"婦好"一稱,張先生説,卜辭中關於婦好的記載有一二百條,"其中有很多條是關於祭祀的,這和《周禮》的世婦相合"。卜辭中還有"關於帚好生子的,占卜特别詳細,分娩日期,是男是女,是否順利,貞問不休。有關於帚好生病的,也極爲關切,連牙痛小病也不放鬆。從這些細膩的小節看,帚好、武丁是夫妻,她不可能是兒媳,更不可能是一般的君臣關係"。他指出,諸婦在宫中的地位是不一樣的,他舉一期卜辭"貞:乎帚好見多帚于徉"(《合集》2658),説"大約帚好本來就在多帚之中,後被武丁賞識遂躍居多帚上,她有很大的兵權,這一點與《周禮》世婦不合,應當是得到武丁特殊寵幸的結果,同時有多帚不是每個帚都如此,前後兩個帚好也不是每個帚好都如此"。"帚好是世婦,每王都會有過,而不只武丁時期的一個帚好"。張先生的這個論斷是正確的,我們還可以舉出三件鑄有"婦好"銘的青銅器做進一步地證明:一件是鄒衡先生曾提到過的"甲骨文第一期(武丁)和第四期(武乙,大字)均見所謂'婦好';在金文中也有此類銅器,《婦好卣》(《録遺》256)即其例。因爲小屯五號墓未被盗掘,該卣决非出自此墓。可見所謂'婦好'至少也不是一人。總之,此墓的發現,對於研究婦(?)、子(?)、女(?)族的興衰史是很重要的資料"。[1] 即鄒衡先生也認爲商代有"異代同名"的社會現象,"婦好"之"好"是族名。此器《録遺》256 稱作"婦好正壺",傳是日本東京程琦氏舊藏,現著録於《集成》9509,1—2。第二件是"婦好觚",

---

[1] 見《安陽殷墟五號墓座談紀要》,《考古》1977 年第 5 期。

是美國巴拉德氏所藏，現著録於《集成》6867。第三件是"婦好簋"，現藏於山東博物館，著録於鍾柏生、陳昭容、黃銘崇、袁國華編《新收殷周青銅器銘文暨器影彙編（一）》第 1503 號器。① 正如鄒衡先生所説，小屯五號墓未曾被盗掘過，因此這三件有"婦好"銘的青銅器絶非出自五號墓，它們有力地證明了殷代的"婦好"絶非衹有一個人，而是在某些王世都會有的。

總之，張政烺先生利用卜辭和古籍材料證明了殷代有"異代同名"的社會現象。"帚（婦）好"之"帚"指女官；"好"即"子"，是氏名、族名或國名。"婦好"就是指子氏或子族或子國纍世相承的世婦，也即世官。卜辭中的"婦好"絶對不是一個人。他的論證非常令人信服。證明了李學勤所説"婦"是親屬稱謂，指妻子，是對其夫之母而言的兒媳婦；"好"是名，"婦好"只是指一個人的名，是没有根據的臆説，不可信。張先生對"婦好"一稱的精闢論證，拔掉了李學勤"歷組"卜辭提前論的根基。

張先生在文末還就五號墓的年代提出了自己的意見，他説："殷墟五號墓有帚好銘文的銅器從形制花紋看有早有晚，銘文的字體也很不一致，這種演變不一定是一代人的時間所能形成的。那麼，這些帚好銅器的主人是否都是武丁時期的一個帚好呢？如果同意帚好是纍世相承的世婦，也許問題就好回答了。"即李學勤説五號墓的銘文字體接近於"歷組"字體與事實不符。筆者認爲，關於五號墓的年代，當由該墓出土的青銅器及其他出土物的形制、特點、銘文及某些相關證據來確定。五號墓的年代與"婦好"稱謂的意義是兩個不同性質的問題，二者不能混爲一談。

2. 其他學者的論述

除了張政烺先生，還有一些學者也曾通過論述殷代有"異代同名"的現象，反駁李學勤以"歷組"與賓組、出組有相同人名作論據，證明"歷組"卜辭時代屬於武丁至祖庚時期，下面一一做簡要介紹。

1980 年，蕭楠發表《論武乙、文丁卜辭》一文，② 舉例證明"異代同名"的現象在卜辭中普遍存在。查在他們的"卜辭異代同名舉例表"中，例舉了晜、徏、妥、般、甹、口六個人的異代同名情況："晜"在武丁（《甲》2956）、康丁（《摭續》1）、武乙（《屯南》935）、文丁（《屯南》340）卜辭中都存在；"徏"在武丁（《續存》2.24.4、《甲》3510）、祖庚（《文》152）、康丁（《屯南》728）、武乙（《屯南》539）卜辭中都存在；"妥"在武丁（《乙》6273、《屯南》4514）、康丁（《粹》1275）卜辭中都存在；"般"在武丁（《續存》2.442、《佚》163）、祖庚（《續》6.21.10）、康丁（《鄴》3.44.4）、武乙（《後·下》24.1）、文丁（《屯南》340）卜辭中都

---

① 鍾柏生、陳昭容、黃銘崇、袁國華：《新收殷周青銅器銘文暨器影彙編（一）》，臺北：藝文印書館 2006 年版。
② 蕭楠：《論武乙、文丁卜辭》，《古文字研究》第三輯。

存在;"￼"在武丁(《前》5.17.7、《鄴·二》下38.7)、康丁(《掇》2.167)、武乙(《甲》3621、《粹》81)、帝乙、帝辛(《前》2.2.1)卜辭中都存在;"囗"在武丁(《明》692)、廩辛(《粹》1444)、康丁(《南·明》760、《佚》81)卜辭中都存在。作者説卜辭中的"異代同名,説明此名不是私名;人名與地名一致,説明此人名可能是氏"。關於氏,他們引《左傳·隱公八年》有"胙之土而命之氏"的説法,"孔疏則認爲:'諸侯之氏,則國名是也。'也就是説,諸侯之氏與其所封國之國名是一致的。即以國爲氏"。又指出"鄭樵在《通志》中列舉了32種命氏的形式,其中包括'以國爲氏'和'以邑爲氏'兩種。即諸侯是'以國爲氏',大夫是'以邑爲氏',與孔穎達的説法基本一致"。作者指出"在卜辭中不少的方邦、侯國、地名與人名一致,説明商代也存在'以國爲氏'、'以邑爲氏'的情况。那麽,這些與方名、地名一致的人名,就不是私名,而是氏"。因此,"可以肯定卜辭中的異代同名實際上就是同氏。既是同氏,這些同名者只能表明他們是出自同一個族氏,而不一定是同一個人"。

1984年,蕭楠發表了《再論武乙、文丁卜辭》文,[①]再言"卜辭中出現的絶大多數人名都不是私名而是'氏',因爲這些人名往往同時又是國名、地名、族名。這是古代以國爲氏,以地爲氏的反映"。他們舉例説明了國名、地名、族名同時又是人名。舉國名爲人名者:"卜辭中不少的諸侯國名,如￼侯(《丙》298)、￼侯(《存》下463)、￼侯(《明後》1683)、攸侯(《林》2.3.18)、犬侯(《續》5.2.2)、￼侯(《乙》2000)、兌侯(《庫》1670)等,在卜辭中均可作爲'人名'。又如旬方(《屯南》869)、￼伯(《庫》1551)、因任(《天》87)等,也都可以作爲'人名'。這些'人名',實質上都是'氏',是以國爲氏的反映。"舉地名爲人名者:"卜辭中不少的地名同時又是人名,如奋、徎、冓、羽、壴等等。這些人名亦是'氏',是古代以地爲氏的反映(此中有的亦可能是國名)。"舉人名爲族名者:"卜辭中有些人名,在另外的卜辭中可以確知爲族名者,如黄(《誠》356"貞:囗亞以王族眔黄囗?")、疛(《續》6.14.6"貞:乎王族眔疛?")。黄、疛與'王族'並列,可知黄、疛是'族名'。"作者舉的上述例證説明,有商一代的國名、地名、族名同時又是人名,論證了商代有"異代同名"的社會現象。作者又進一步指明:"卜辭中的婦名也不是私名,而是國名或族名。例如帚妌、帚周、帚鼠、帚姘等等,就是這些國家之女子嫁到殷王室爲妻者。至於婦好,則是子國(或子姓)之女嫁給殷王室爲妻者。"作者總結説:"由於卜辭中的人名基本上都是'氏',故在不同時期的卜辭裏會出現'相同'的人名。這是'異代同名'問題的由來,也是問題的實質。"

---

① 蕭楠:《再論武乙、文丁卜辭》,《古文字研究》第九輯。

2011年，劉一曼、曹定雲發表《三論武乙、文丁卜辭》文，[①]再次論述了商代"異代同名"的問題，強調"甲骨文中出現的絕大多數人名不是私名，而是氏名，因爲這些人名往往又是國名、地名、族名，這是古代以國爲氏、以邑（封地）爲氏的反映"。他們過去論述此問題，主要依據卜辭資料，"現在考慮到甲骨文中的不少人名，在商代後期（甚至西周早期）的銅器銘文中作爲族名出現"，故再"從商代銅器銘文的族名這一角度"，對此問題做補充論證。因爲"商代銅器銘文的族名相當多"，故作者"只選取十幾個既見於銅器銘文又見於甲骨文的較重要的名號"進行分析。作者製作了《商代銅器銘文中常見族名表》，表中列有十四個族名，列出這些族名在殷墟文化分期中的期別、在卜辭中出現的組別。十四個族名是：戈（𠂤組、午組、賓組）、𡠗（𠂤組、賓組、歷組）、㠱（賓組、出組、無名組、歷組、黄組）、旅（賓組、何組、無名組、歷組）、史（賓組、花東子卜辭）、失（出組、歷組）、何（𠂤組、賓組、花東子卜辭、出組、何組、歷組）、寧（花東子卜辭、無名組、何組）、犬（𠂤組、賓組、何組、無名組、歷組、黄組）、中（賓組、出組、無名組）、光（𠂤組、午組、賓組）、并（𠂤組、賓組、出組、歷組）、㚔（賓組、花東子卜辭）、卢（賓組、花東子卜辭、歷組）。作者説，以上"所舉的十四個族名，其中十三個均見於殷墟文化第二、三、四期的銅器上，祇有'中'銘，見於三、四期，但由於在賓組卜辭（武丁中晚期）有其名號，故我們認爲，將來在殷墟二期的墓葬中可能會有此銘出土"。作者選取經考古發掘出土的旅與㚔銘銅器，考察器主旅與㚔在不同時期的情況。他們説："旅銘銅器，見於郭家莊東南 95M26 與 06M5 二座墓葬，前者時代爲二期晚段，後者爲三期早段。"經對這兩個墓的隨葬品的研究，知"95M26 的墓主是位權力較大的指揮官，而 06M5 墓主則屬於中下級武官"。"㚔銘銅器出於殷墟西區族墓地第八墓區的 M271 與 M1125"，前者時代屬殷墟三期，後者時代屬殷墟四期，兩墓的墓主爲小貴族，低級武官。作者説："以上的例子表明，這兩組具有同一名號的墓主，生前均出自同一族氏。這反映出殷代的職官具有世襲性，即一些强宗大族的族長或重要人物世代爲官。"他們舉的這些考古實例，證明張政烺先生論證商代有世官制，族名也是世官，是完全正確的。作者説："殷代銅器銘文中屢見異代同名現象，給我們以啓示，即甲骨文中的'同名'，也應當如此解釋，特別是一些時代相隔較遠的卜辭組如賓組、出組與歷組，賓組與無名組，賓組、出組、何組與黄組中的同名者，應是出於同一個氏族中不同時代的人。"此説非常正確。作者又重引在《再論武乙、文丁卜辭》文中的一段話，來説明爲何一期、四期（賓組與"歷組"）"同名"現象較其他各期多："這與卜辭內容有一定的聯繫：一、四期卜辭內容多、涉及面廣，故'人名'也多，'同名'現象自然就多；而二

---

① 劉一曼、曹定雲：《三論武乙、文丁卜辭》，《考古學報》2011 年第 4 期。

期以祭祀(特別是周祭)、卜旬、卜王爲主,三期以田獵卜辭爲主,五期以祭祀、田獵、卜旬爲主,另有一些征人方的材料,涉及的'人名'相對少一些,故同名現象相對也少一些。"這個分析非常有道理。作者又進一步指出:"我們不能以同名現象在各期(或各組)出現多寡的不同而對異代同名產生懷疑或否定。因爲,如同表三(常按:即"商代銅器銘文中常見族名表")所示,一些重要的族氏,從武丁(甚至更早)直至帝乙、帝辛時期,一直活躍在商王朝的政治舞臺上,這昭示出在殷代各個時期,異代同名的確是一個非常普遍的現象。"總之,蕭楠、劉一曼、曹定雲等人列舉出大量甲骨卜辭和銅器銘文,論證商代有"異代同名"的社會現象。商人以氏爲名、以國爲名,以地爲名、以族爲名。證據確鑿。

　　1980年,張永山、羅琨發表《論歷組卜辭的年代》文,①對商代有異代同名的現象也做了論述。他們指出"在甲骨文中相同名號的出現不是個別現象"。首先,"僅就所見貞人爲例:如庚甲的大、行、喜、洋、矢;廩康時的何、寧、即、彭;武文時的歷;乙辛時的黃、泳等,他們的名號都見於武丁卜辭,只不過絕大多數在武丁時不是貞人而已"。其次,在"不同時期的卜辭中,不僅有了名號相同、身份相近的人,還有與這些人名相同的地名"。作者舉"歷組"卜辭和武丁卜辭中,"在于、自、步、伐等詞後面的犬征、皋、米、畓、望是地名。而作爲以羌(氏羌)、呈田(或田)、省向等行爲主語的是人名,他們在不同時代的卜辭中有大體相同的事類,說明他們世代對商王朝承擔同樣的義務"。如關於"皋","歷組"中的"王令皋田"(《安明》2771,原書誤爲2671)的皋是人名,而同屬"歷組"的"今日步皋"(《安明》2346)的皋就是地名;武丁卜辭的"勿令皋氏衆伐吾"(《粹》1082)的皋是人名,而"其自皋屮來艱"的皋是地名。又如武丁卜辭的"用射畓氏羌自上甲"(《契》235)的畓是人名,而同屬武丁卜辭的"使人于畓"(《戩》26.9)的畓就是地名。作者又例舉卜辭中有的人名也是族名,如"犬征亡囚"(《粹》934),這個犬征應是指具體的個人,而武丁卜辭的"令犬征族呈田于虞"(《京人》281)的犬征,則是指族名。作者最後指出:"卜辭中的一些人名既然是族名,就不能把同一名號都看成是一個人,而把人名作爲重要的分期標準,勢必會導致分期的混亂。"這是十分正確的意見。陳夢家就沒有將董作賓的十項斷代標準中的第6項"人物",單列爲斷代標準,實屬高見。

　　1986年,林小安發表了《武乙、文丁卜辭補證》一文,②其中有"異代同名補證"一節,作者從殷周金文方面對異代同名現象做了進一步補證。他説:"殷周青銅彝器銘

---

① 張永山、羅琨:《論歷組卜辭的年代》,《古文字研究》第三輯。
② 林小安:《武乙、文丁卜辭補證》,《故宫博物院院刊》2001年第1期。

文中,有不少與殷墟卜辭相同的名號,如：殷、弜、亶、子韋、竝、各、戊、戈、𣥺、❋、畀、箙、▢、子弓、𪷽、❋、✦、✧、子畫、受等(常按：這裏省略名號出處)。以上這些名號均見於武丁卜辭。這些名號大多署在全篇銘辭之末,有的彝器則僅見此類署名,不見其他銘辭。"作者詳細論證說："這些名號不是私名而是族名、氏名。"如對武丁、祖庚和歷組卜辭中都有的❋名號,作者列出15件青銅器銘文(常按：著錄號略)中也有❋名號,指出"其中除《錄遺》547、《三代》12.38.3、《三代》11.32.7爲單銘外,其餘全都與'✧'字同署於銘末"。他指出上述諸器(常按：著錄號略)中有"父乙"、"父丙"、"父丁"稱謂,"這些父名各異的銘'❋'諸器顯非一人所作之器,'❋'也絕非私名",同時"上列諸器'❋'字的不同寫法,也正體現了不同時期不同人的不同風格"。作者又詳舉了銅器銘文中的雀、𪷽、戊、箙、✦等名號,得出結論說："殷遺彝銘告訴我們,大多數殷代銅器祇記族氏名,不記私名。在武丁卜辭和'歷組卜辭'中最常見的雀、❋、𪷽、戊、箙、✦等,在殷遺彝銘中,確鑿無疑是作族氏之名出現的。"總之,殷代不同時期的青銅器銘中,出現的諸多與卜辭相同的名號,證明殷代確有"異代同名"的社會現象。

以上簡要介紹了張政烺、蕭楠、劉一曼、曹定雲、張永山、羅琨、林小安諸先生利用甲骨卜辭、殷周金文、先秦古文獻,詳細論證了殷代有"異代同名"的社會現象。匯集他們列出的殷代各個時期的同"名"者(很可能統計不完全)有：❋、雀、𠂤、𪷽、竝、望乘、自般、犬征、子弓、子𡥈、子豪、子漁、子效、箙旋、永、𪲔、口、大、黃、妥、戈、𡘙、𢆶、史、矢、何、宁、犬、中、光、并、𢀛、𠬝、行、喜、洋、𠨭、彭、歷、泳、殷、弜、亶、子韋、各、戊、𤎱、畀、箙、▢、✧、✦、✤、受,共達54個之多,這還不包括𠂤好、𠂤妍等。他們詳細論證了商人有以氏爲名、以國爲名、以地爲名、以族爲名的社會風俗,確鑿無疑地證明了殷代有異代同名的社會現象。這就拔除了李學勤等人利用"歷組"卜辭與賓組卜辭都有"婦好"及其他相同"人"名,來證明"歷組"卜辭屬於早期的根基。

這裏有必要提一下裘錫圭對"異代同名"現象的看法。1977年裘先生說："甲骨卜辭裏所見的人名,絕大多數就是這個人的族氏,例如周族的人就叫'周',父、子、孫都叫'周'。因此,在相隔一二百年甚至更久的卜辭裏,可以看到很多相同的人名。這個問題張政烺先生的《中國古代的十進制氏族組織》已經講得很清楚了(見《歷史教學》二卷三、四、六期)。婦的名字也同樣是族氏,例如周族的婦就稱婦周(乙8854、鄴初下46.15等)。只是婦名常常加上'女'旁,如井族的婦井在卜辭裏就常常寫作婦妌。卜辭的婦好,丁山認爲是與商王同姓的子姓女子(《甲骨文所見氏族及其制度》56頁），李學勤同志認爲是保族女子（《文史哲》1957年11期34頁。'保'古作'仔'，改'人'爲'女'，即成'好'字）。我傾向李説。不管怎樣，婦好的'好'總應該是一個族的氏姓而不是私名。只要是這個族嫁給殷王的婦都可稱婦好。因此，不但第一期有婦好，其他期也可以有婦好。"[①]但到1981年，他在《論"歷組卜辭"的時代》一文中，對商代"異代同名"現象却有了新的解釋。他在該文中列出李學勤已提出過的和他自己新補充的，"既見於賓組、出組卜辭又見於歷組卜辭的人名"，總共有五十個之多（常按：對他提出的人名，筆者無暇一一核對）。他説："主張歷組卜辭屬於武乙、文丁時代的甲骨學者，都用'異代同名'説來解釋上述現象。他們指出甲骨卜辭中的人名往往同時又是地名、國族名，這些人名實際上是族氏而不是私名，所以相隔很遠的兩個時期可以有不少同樣的人名。這種説法雖然就甲骨卜辭的一般情況來看，大體上符合事實，但是却不能用來解釋賓組、出組卜辭和歷組卜辭之間的同名現象。"這就改變了他1977年所説人名是族氏，"在相隔一二百年甚至更久的卜辭裏，可以看到很多相同的人名"的説法。他的理由是："歷組卜辭中所見的與賓組、出組卜辭相同的人名，數量遠遠超過其他各個時期或其他各組卜辭；而且歷組卜辭中所見的這些人的情況，也與賓組、出組卜辭中的同名者非常相似。"即他的理由有二：一是歷組卜辭中所見的與賓組、出組卜辭相同的人名數量較多；二是"歷組卜辭中所見的這些人的情況，也與賓組、出組卜辭中的同名者非常相似"。這就表明，他對"異代同名"問題採取了雙重標準，即異代同名不適用於賓組、出組、歷組卜辭。由此可以看出，爲了使"歷組"卜辭的時代能够提前，李學勤改變了"婦好"之"好"是指"保"族女子的説法，變爲是指一個人的名；裘錫圭改變了"不管怎樣，婦好的'好'總應該是一個族的氏姓而不是私名。只要是這個族嫁給殷王的婦都可稱婦好。因此，不但第一期有婦好，其他期也可以有婦好"的説法。不過，綜觀裘先生提出的上述兩個"理由"，並没有動搖商代有"異代同名"社會現象的實質。對他的兩個"理由"，蕭楠在《再論武乙、文丁卜辭》一文中，[②]已給出了很好的解答。對第一個"理由"，蕭楠説："卜辭中的'異代同名'，各期都有。不過，一、四期之間的'同名'現象比其他各期'同名'現象要多一些，此中的原因自可討論。我們覺得，這與卜辭内容有一定的聯繫：一、四期卜辭内容多、涉及面廣，故'人名'也多，'同名'現象自然就多；而二期以祭祀（特别是周祭）、卜旬、卜王爲主，三期以田獵卜辭爲主，五期以祭祀、田獵、卜旬辭爲主，另有一些征人方的材料，涉及的

---

① 見《安陽殷墟五號墓座談紀要》，《考古》1977年第5期。
② 蕭楠：《再論武乙、文丁卜辭》，《古文字研究》第九輯。

'人名'相對少一些,故'同名'現象相對也少一些。"關於第二個"理由",裘先生舉出婦好、婦妌、沚啟、望乘、㞢、屰、師般、射㽞(有的也見於出組),説他們都是"歷組"卜辭與賓組卜辭中出現的相同人名:"賓組、出組卜辭和歷組卜辭裏所見的、與這些同名者有關的事項,也往往是相類或相同的。"對此,蕭楠予以辯駁説:"一、四期'同名'現象雖多,但這些'相同'的人名仍然是可以區別的。"作者舉例論證婦好與婦妌、沚啟與沚或、㞢、望乘的情況給予説明。關於婦好與婦妌,他們説武丁卜辭和武乙、文丁卜辭中的婦好、婦妌,情況是不相同的。如婦好"武丁卜辭中,有關婦好的卜辭近 200 條,其主要内容有征伐羌方、土方、巴方和夷的戰争,並在戰争中統帥諸如沚啟等人,她徵集過軍隊,主持過祭祀,還有一些是武丁爲她生育、疾病而占卜的卜辭。從這些情況看,武丁卜辭中的婦好是地位十分顯赫、權力非同一般、受到特殊寵幸的人物"。而"武乙、文丁卜辭中的婦好則不同:卜辭數量少(祇有幾條),内容簡單,多是卜婦好有無𡆥。此時之婦好没有擔任什麽要職,地位亦不高。可見,此婦好與武丁卜辭中的婦好不是同一個人"。"婦妌的情況同婦好相類,武丁卜辭中有關婦妌的材料達 100 多條。此時之婦妌曾參與過對龍方的戰争,也曾主持過祭祀,也有不少關於她生育的卜辭,其地位僅次於婦好。而武、文卜辭中的婦妌(婦井),其卜辭材料少,雖然也有關於征伐的内容,但其地位遠不能與武丁時的婦妌相比。故此兩類卜辭中的'婦妌'亦非同一個人"。關於沚啟、沚或,蕭楠説"沚啟,這是賓組卜辭常見的人名;另有沚或,主要見於武乙、文丁卜辭"。"沚啟、沚或、沚戈都不是私名,而可能是同一氏族下三個不同的分支家族"。"武丁卜辭中的沚啟同武、文卜辭中的沚或雖然都是武將,但他們的主要事情並不相同","武丁卜辭中的沚啟主要參與對巴方、土方和舌方的戰争,有關這方面的卜辭達 200 多條(出組未見沚啟);而武乙、文丁卜辭中的沚或主要是參與對召方的戰争。在有關主要的戰事上,兩類卜辭是不同的。可見,沚啟、沚或不是同一個人"。筆者認爲,沚啟與沚或的"啟"與"或"的寫法不同,已反映出這是屬於兩個不同時代的人。關於㞢(屰),蕭楠説,武丁卜辭和武乙、文丁卜辭中的㞢有點"相似"之處,但"在一些關鍵事類上,兩類卜辭並不相同"。如"賓組之㞢,作戰的主要對象是舌方,其次是羌;而武、文卜辭之㞢,作戰的主要對象是召方,其次是方"。關於望乘,作者説:"賓組之'望乘'同武、文卜辭之'望乘'也是有區別的:賓組有關'望乘'的卜辭約 100 多條,其中絶大多數是征伐下危的卜辭,其次是虎方;武、文卜辭的'望乘'祇有十多條,祇有一條關於危方的卜辭。"作者總結説:"上述所列一、四期同名例證向人們表明:這些相同的人名實質上都是不同的人。因此,這些'相同'的人名,不能成爲賓組卜辭同歷組卜辭同時代的根據。"蕭楠的論證也證明了裘錫圭所説"歷組卜辭中所見的這些人的情況,也與賓組、出組卜辭中的同名者非常相似"一説,是不能成立的。

（三）關於稱謂問題

李學勤在《論"婦好"墓的年代及有關問題》一文中,除了用"婦好"和其他相同人名作論據證明"歷組"卜辭屬於武丁至祖庚時期外,還以"歷組"卜辭的稱謂作根據。他説"歷組卜辭中的稱謂,明確表示了它的時代","歷組"卜辭的"稱謂有兩套,一套以父乙爲中心,父乙與母庚同版（《南北》明 613）,與兄丁、子㱿同版（《佚存》194、《甲編》611①）。子㱿見於武丁卜辭（《續編》4.12.5、《乙編》4856）,很明顯是武丁時稱謂。父乙指小乙,母庚爲小乙之妃。另一套以父丁爲中心,爲數較多,父丁指誰,在下列卜辭中可以看得很清楚,他舉的兩辭是《綴合》15 和《南北》明 477,兩辭都有"父丁"和多位先王合祭。他説："這兩片'父丁'排在小乙之後,顯然是武丁。如把'父丁'理解爲康丁,那麽在祀典中竟略去了稱爲高宗的武丁及祖甲兩位名王,那就很難想象了。"這個結論屬於推測。因爲李先生在以後的文章中又增補了幾條例證,所以我們將這兩條辭放在後文與其他例證一併進行討論。

李先生在所列的稱謂證據中,還舉出了兩條有女性稱謂的卜辭：一條是"歷組"卜辭《京都》2297（即《合集》32753）"癸亥貞,又(侑)于二母妣、象甲母庚？兹用";一條是《粹編》8＋276"……母妌小辛母三小宰"。② 筆者檢查《粹編》8＋276 拼合版,發現兩片根本不是一個時期的卜辭,《粹編》8 是《合集》28240,是三期卜辭,《粹編》276 是《合集》32612,是四期卜辭,兩條辭字體不類,不能上下拼讀。查《粹》8 上有兩殘辭,一是"……夒受禾",二是"……母三小宰",《粹》276 也有兩殘辭,一是"囗子貞：秦……",二是"……㞢小辛"。李先生采納該拼合版,將兩片的第二辭連讀成"母妌小辛母三小宰",第一個"母"字不存在,是臆補的。他説："武丁時有稱謂'母妌'（《乙編》3363）,《京都》2297 所祭'二母：妣、象甲母庚',就是母妌和陽甲（武丁的父輩）之妃庚,她們合稱'二母',也顯然是武丁卜辭。"筆者檢查《乙編》3363,是賓組卜辭,只可見一"羌"字,並未見有"母妌"二字,"母妌"是李先生臆補的。對此,嚴一萍也早有指出李先生

---

① 筆者查《甲編》611 無"子"字。
② 據孫亞冰告知,該版是郭若愚拼合的,見《〈殷契粹編〉綴合例的勘誤及補充》,《古文字》1—2 期,上海青年古文字學社,1980 年。該拼合版其後被多家甲骨著録書所收。今查《粹編》8 爲《合集》28240,是三期卜辭,《粹編》276 爲《合集》32612,是四期卜辭,二者不能拼合。又《當代學者自選文庫·李學勤卷》收録的《論"婦好"墓的年代及有關問題》文中將《粹編》276 誤爲 267,今改正。

對上述兩版卜辭有臆補"母"和"母妣"三字的問題。① 總之，由於《粹編》8＋276 不能綴合，李先生又臆補"母"字，同時武丁卜辭《乙編》3363 上的"母妣"也是臆補的，所以這兩版卜辭都不能證明"歷組"與賓組的時代相同。

二、小屯南地甲骨的出土與"歷組"卜辭的斷代

1973 年，中國社會科學院考古研究所安陽工作隊在小屯村南發掘出一批甲骨，共七千多片，②1980 年，《小屯南地甲骨》上册出版，收入甲骨圖版 4 589 片。③ 1981 年，李學勤發表《小屯南地甲骨與甲骨分期》一文，④進一步就"歷組"卜辭的時代問題提出證據。該文内容有四個部分：一是"甲骨斷代研究的回顧"，二是"歷組年代的新證據"，三是"什麽是武文時期甲骨"，四是"甲骨與小屯南地分期"。下面對各部分内容作詳細介評。

第一部分"甲骨斷代研究的回顧"。李先生首先説："實踐證明，五期分法有其缺點，重要的一點是把甲骨本身的分組和王世的推定混在一起了。單純以王世來分期，實際是認爲一個王世只能有一種類型的卜辭。一旦發現同一王世有不同種類的卜辭時，便很難納入五期的框架。"他以董作賓對 YH127 坑甲骨的斷代爲例，説 YH127 坑中自組、子組、㞢組（午組）卜辭與賓組卜辭共存，但這幾組卜辭的"字體文例及卜人與賓組不同"，這就使董氏在斷代上遇到難題。由於"這些卜辭有關人物、事項和所反映的制度風習，又是和賓組相接近的"，所以董氏後來在《乙編》序言中把它們排到文丁時期，稱"文武丁復古"了。這裏李先生是要證明，董氏對自組、子組、㞢組（午組）卜辭的斷代錯誤，是因爲五期分法"認爲一個王世只能有一種類型的卜辭"，於是纔將這幾組"字體文例及卜人與賓組不同"的卜辭，移到了文武丁時代；又因爲這幾組卜辭在"有關人物、事項和所反映的制度風習，又是和賓組相接近的"，所以董氏就說"文武丁

---

① 嚴一萍在《歷組如此》文中就《粹》8＋276 版卜辭説："只見一個'妣'字，並不是'母妣'。'母'字是李君臆補的。"對《乙編》3363 版卜辭，他在美國曾請胡厚宣看過，他説："胡先生很仔細地端詳了好久，然後説：'我也看不出是什麽？'"。後來嚴氏回到臺灣，請石璋如、張秉權"檢出原片來仔細核對，張秉權兄再三的審視，也不見'母妣'的痕迹。還恐怕眼力不濟，又請年富力强的劉淵臨君仔細觀察，也是看不出什麽文字。"見嚴一萍：《歷組如此》，《萍廬文集》第二輯，臺北：藝文印書館 1989 年版。
② 中國社會科學院考古研究所安陽工作隊：《1973 年安陽小屯南地發掘簡報》，《考古》1975 年第 1 期。
③ 中國社會科學院考古研究所《小屯南地甲骨》上册，北京：中華書局 1980 年版。
④ 李學勤：《小屯南地甲骨與甲骨分期》，《文物》1981 年第 5 期。

復古"了。實際情況是否如李先生所說的那樣,我們還是用董先生自己的話來證明。董作賓最初在 1933 年《甲骨文斷代研究例》中,是把𠂤組、子組、午組卜辭放在第一期的,後來在 1945 年撰寫《殷曆譜》時,1948 年在《乙編·序》中,纔將這幾組卜辭改劃到了第四期,其改劃的原因並不是"認爲一個王世只能有一種類型的卜辭",而是恰恰相反。如董氏在《乙編·序》中說:"斷代的十個標準,主要的法寶不過是'稱謂'同'貞人',其餘八項,除了'世系'之外,都是由稱謂、貞人推演出來的。貞人靠着稱謂、世系,例如一個貞人叫作𠦪的,他所卜的祭禮有父乙、母庚(《甲》2907①),於是我們就毫不遲疑地說𠦪是武丁時的史官。即如𠦪所寫的字不類第一期,可是我們無理由不承認母庚是小乙的配偶妣庚,而在武丁時稱母庚……因此把貞人𠦪列入第一期,許多他的同僚,也都馬馬虎虎提早了八九十年,同時也不能不承認武丁時代有各種不同的書體、字形、文法、事類、方國與人物了。"這裏,董先生是靠稱謂、世系來對那幾組卜辭進行斷代的,是承認武丁時是有多種類型的卜辭的,也即是認爲一個王世不是祇有一種類型的卜辭的。而後來董氏將𠂤組、子組、午組卜辭改劃到第四期,仍然還是根據稱謂。1945 年,董先生在撰寫《殷曆譜》時,研究新、舊兩派祀典,發現上述幾類卜辭中稱"唐"爲"大乙",他僅憑此一證據,就懷疑這些卜辭不應該屬於舊派的武丁。到 1948 年,他在《乙編·序》中再次談到這個問題,說:"寫《殷曆譜》時,因爲新舊派祀典不同,我曾理清楚一件事,就是在舊派中,武丁、祖庚時代,稱大乙爲唐,絶無例外(《前》1.3.4 祖乙、大甲或誤讀爲祖甲、大乙)。至祖甲時代,改革祀典(所謂新派),纔把唐定名爲大乙。以後各王便都稱大乙,不再稱唐。文武丁是主張復古的,從紀日法、月名、祀典各方面看,他都恢復了舊派的制度,祇有一個唐的名稱没有復活,仍然叫大乙,這是一個堅强的、惟一的證據。"由此可知,董先生將𠂤組、子組、午組卜辭改劃到第四期,並不是因爲武丁時"一個王世只能有一種類型的卜辭",而是根據這幾組卜辭稱唐爲大乙的稱謂來定的。再說,董氏將𠂤組、子組、午組卜辭改劃到第四期後,這幾組卜辭的字體等和原來屬於第四期的卜辭,也即李先生稱作"歷組"的卜辭,在字體、文例等方面也是不相類的。董氏何來認爲"一個王世只能有一種類型的卜辭"? 再者,前文已引陳夢家言,指出促使董氏將𠂤組、子組、午組卜辭改劃到第四期的另一個原因,就是根據出土地區,也即董氏所說的"坑位"定時代。陳先生說:"𠂤組卜辭在村南大道旁(36 坑一帶)出土不少,他(常按:指董氏)把村南和村中廟前混合爲一區,認爲只出三、四期卜辭,因此定𠂤組卜人爲文武丁的。"(155 頁)董先生自己在《乙編·序》中也說"十八年前,我寫《甲骨文斷代研究例》的時候,曾把武乙、文武丁列爲第四期,那時

---

① 查《甲》2907 正、反(即《合集》19946 正、反)兩面都有刻辭,但正反兩面都没有"母庚"一稱。

以小屯村中出土的甲骨爲標準","當時注意的只限於武乙時代的卜辭,所舉第四期卜辭,也只限於武乙之世。其實,村中出土的,以前著録的,都有文武丁時代之物,都被我們大部分送給武丁了"。董先生將𠂤組、子組、午組卜辭錯劃到第四期,證明以甲骨出土地區(村中)決定卜辭的時代是不妥的。

李先生隨後指出,董氏的"文武丁復古"的斷代錯誤,已先後被陳夢家、貝塚茂樹、伊藤道治、姚孝遂、鄒衡諸先生從各個方面給予了糾正。但他又説,這些糾正對"甲骨卜辭的'復古'問題並没有完全解決",因爲"董作賓稱爲四期的卜辭,也就是我們現在叫作歷組的卜辭,從人名、事項到文字結構,也有着較早的特徵"。因此,他提出第四期卜辭,也即"歷組卜辭其實是武丁晚年到祖庚時期的卜辭"。①

至此,我們明白,李先生所説的"歷組"卜辭,並不只是他原先在《"婦好"墓的年代及有關問題》文中所説的"字較大而細勁"、有卜人"歷"的那部分卜辭,而是指董作賓分期中除去𠂤組、子組、午組外,剩餘的所有第四期卜辭。他並説明,最早提出"歷組"卜辭應該屬於早期的是加拿大學者明義士,"明義士1928年起草的《殷虚卜辭後編序》已有類似見解",他將明氏未曾發表的序稿,附在該文之後。②

至此,對董作賓分期中的第四期卜辭,就先後有明義士、陳夢家、貝塚茂樹、伊藤道治、李學勤五位學者提出異議。不過,陳夢家、貝塚茂樹、伊藤道治是對第四期的𠂤組、子組、午組卜辭的時代提出異議,論證這幾組卜辭是屬於早期的武丁(至祖庚)時。而明義士、李學勤則是對除上述三組之外,剩餘的那部分卜辭,也就是被李稱之爲"歷組"的卜辭的時代提出異議,認爲這些卜辭也是屬於早期的武丁至祖庚時期。

明義士1928年將1924年小屯村民在築牆取土時發現的一坑甲骨約300餘片,編入《殷虚卜辭後編》,他在未完成的"序"言中,利用親屬稱謂"父乙"、"父丁",並結合字體進行斷代,認爲"父乙"是指小乙,"父丁"是指武丁,即定這部分甲骨的時代在武丁、祖庚之世。③ 1933年,董作賓的《甲骨文斷代研究例》發表,將同類型的卜辭分在第四期武乙、文丁時期,對此明義士是反對的。董作賓説:"民國二十一年我發表《斷代研

---

① 李學勤:《論"婦好"墓的年代及有關問題》,《文物》1977年第11期。
② 需要提及的是,李學勤在1999年發表《我和殷墟甲骨分期》一文(見張世林編:《學林春秋》三編上册,北京:朝華出版社1999年版)中説:"這種觀點他(常按:指明義士)大概在看到董作賓1933年的《甲骨文斷代研究例》之後便放棄了。"我認爲實際情況可能並非如此,因爲董作賓1948年在《殷虚文字甲編·自序》中説:"民國二十一年我發表《斷代研究例》一文,祇有少數學者贊成這種方法,當時我的老友明義士(James M. Menzies)就是反對者之一。"
③ 見許進雄:《〈殷墟卜辭後編〉編者的話》,臺北:藝文印書館1972年版。

究例》一文,衹有少數學者贊成這種方法,當時我的老友明義士(James M. Menzies)就是反對者之一。"①陳夢家對明義士的斷代是反對的,他說:"1928 年明義士將其未收於《殷虛卜辭》的甲骨一千餘版拓成墨本,名爲《殷虛卜辭後編》(未印)。其未完成的敘言,曾將 1924 年冬小屯村中一坑所出三百餘片加以分類,企圖以稱謂與字體決定甲骨年代。此坑所出我定爲康丁、武乙、文丁三王卜辭,而明氏誤認'父丁'爲武丁(其實是武乙稱康丁),'父乙'爲小乙(其實是文丁稱武乙),因此他的斷代不免全錯了。"②

李學勤《小屯南地甲骨與甲骨分期》文的第二部分是"歷組年代的新證據"。李先生首先肯定了陳夢家創立的"卜人組"斷代方法比董作賓的以王世劃分的五期分法要"詳密適用得多"。他也采用分組法將殷墟甲骨分成九個組,"每組借用其中一個卜人名作爲組名,有一組全無卜人就叫做無名組"。九個組是:賓組、𠂤組、子組、午組、出組、歷組、無名組、何組、黄組。用李先生的"組"對照陳夢家的"卜人組",可以看到李沿襲了陳氏的"賓組"、"𠂤組"、"子組"、"午組"、"出組"、"何組"六個組的組名,新增加了"歷組"、"無名組"、"黄組"三個組。增加的這三個"組"是陳夢家已分別論證過的武乙、文丁卜辭("歷組")、康丁卜辭(無名組)、帝乙、帝辛卜辭(黄組)。李先生在文中注解中說"陳氏分組主要指卜人繫聯,與我們的觀念有別"。③"別"在哪裏? 文中没有說明。不過從他後來的著述可知,他是根據字體來劃分"組"的,因此他的"組"可叫作"字體組",這就是李先生的"組"與陳先生的"卜人組"的"觀念"之别。因他的"字體組"也是用卜人名作組名的,所以極易與陳氏的"卜人組"混淆。不過,檢查李先生各"字體組"所指的卜辭,就是陳夢家的各"卜人組"所指的那些卜辭,二者並無本質區别。只是李先生把陳夢家没有建立"組"的康丁卜辭,武乙、文丁卜辭,帝乙、帝辛卜辭,分别用"無名組"、"歷組"、"黄組"指稱而已。

李先生在該部分所舉的"歷組年代的新證據",除了重復在《論"婦好"墓的年代及有關問題》一文中所舉的《綴合》15(即《合集》32439)、《南北》明 477(即《合集》32087)兩版帶稱謂的卜辭外,又舉出了小屯南地新出土的五版帶稱謂的"歷組"卜辭,一版"歷組"王出行的卜辭,並對"歷組"卜辭中的"自上甲二十示"卜辭做出了新的解釋。

該文的第三部分論述"什麽是武文時期甲骨"。第四部分"甲骨與小屯南地分期",主要是從"坑位"上論述"歷組"卜辭屬早期。

下面對該文第二部分的"稱謂"斷代、第四部分的"坑位"斷代情況進行分析。

---

① 董作賓:《殷虛文字甲編·自序》,北京:商務印書館 1948 年版。
② 陳夢家:《殷虛卜辭綜述》,北京:中華書局 1988 年版,頁 135—136。
③ 李學勤:《小屯南地甲骨与甲骨分期》注⑧,《文物》1981 年第 5 期。

(一)"歷組"卜辭的稱謂

"稱謂",對於甲骨斷代有着重要的意義。在董作賓的斷代十項標準中,"稱謂"排在第二項;陳夢家的三大斷代標準中,"稱謂"排在第一大標準中。李學勤在《論"婦好墓"的年代及有關問題》、《小屯南地甲骨與甲骨分期》兩文中,論證"歷組"卜辭的時代應該提前,也是利用稱謂作爲重要的斷代依據的。

前面已分析了李先生在《論"婦好墓"的年代及有關問題》一文中,舉出的兩條稱"母"的"歷組"卜辭的證據不能成立。下面分析他在《論"婦好墓"的年代及有關問題》和《小屯南地甲骨與甲骨分期》兩文中,列出的有稱謂的六條卜辭證據(李列出的是八條,但有兩條各自重複,故實爲六條)。這六條卜辭是:

(1) ……大乙、大丁、大甲、祖乙、小乙、父丁。　　　[《綴合》15(《合集》32439)]

(2) 甲午貞:乙未酚,高祖亥……,大乙羌五牛三,祖乙羌……,小乙羌三牛二,父丁羌五牛三,亡壱。　　丝〔用〕。　　[《南北》明477(《合集》32087)]

(3) ……乙丑,在八月酚,大乙牛三,祖乙牛三,小乙牛三,父丁牛三。①

(《屯南》777)

(4) 庚午貞:王其🔲告自祖乙、后(毓)祖乙、父丁。
　　于大乙告。②　　(《屯南》2366)

(5) 自祖乙告祖丁、小乙、父丁。　　(《屯南》4015)

(6) □丑貞:王令🔲尹□取祖乙,魚伐,告于父丁、小乙、祖丁、羌甲、祖辛。③

(《屯南》2342)

這六條都是"歷組"合祭卜辭,卜問同時祭祀多位祖先。前五條是按祖先世系由遠世到近世排列的,可說是順祀;最後一條是按祖先世系由近世到遠世排列的,可說是逆祀。李先生先在《論"婦好"墓的年代及有關問題》文中,舉出第(1)、(2)兩條,說:"這兩片'父丁'排在小乙之後,顯然是武丁。如把'父丁'理解爲康丁,那麼在祀典中竟略去了稱爲高宗的武丁及祖甲兩位名王,那就很難想象了。"後來在《小屯南地甲骨與甲骨分期》文中,又舉出第(3)、(4)、(5)、(6)四條。他説上述六條"歷組"卜辭中,接在"小乙"[第(4)條稱"后祖乙"]之後的"父丁"是指"武丁",以此來證明"歷組"卜辭屬於祖庚時期。這裏,首先必須指出,在上述六條"歷組"卜辭中,李先

---

① 李先生釋文在"乙丑"之前加一"用"字,查《屯南》777片無此字。
② 查《屯南》2366片,"于大乙告"是獨立的一辭,李先生將其列在上一辭的"父丁"之後,看成一辭,錯。
③ 對該辭,李先生釋作"□丑貞:王祝伊尹,取白魚伐,告于父丁、小乙、祖丁、羌甲、祖辛"。

生對第(3)、(4)、(6)三版卜辭的釋讀都違背原刻:他在第(3)條的"乙丑"之前多加了個"用"字;將第(4)版的兩辭合讀成一條辭;特別是對第(6)辭的釋讀錯誤更多,他將"王令㽞尹"讀成"王祝伊尹",將"□取祖乙,鱼伐"釋成"取白魚伐",即將"祖乙"讀成"白"。《屯南》作者指出"㽞尹:㽞字不識,當爲國族名,㽞尹爲㽞族之尹",正確。"㽞"字絶不是"伊"字,李先生將其"誤"釋成一期卜辭中常見的"伊尹",不確。

在討論上述六條有商王世系、稱謂的卜辭之前,有必要重提一下陳夢家曾告誡的,單獨利用稱謂斷代是有局限性的。前文曾引陳先生説:"1928 年明義士將其未收於《殷虚卜辭》的甲骨一千餘版拓成墨本,名爲《殷虚卜辭後編》(未印)。其未完成的敘言,曾將 1924 年冬小屯村中一坑所出三百餘片加以分類,企圖以稱謂與字體決定甲骨年代。此坑所出我定爲康丁、武乙、文丁三王卜辭,而明氏誤認'父丁'爲武丁(其實是武乙稱康丁),'父乙'爲小乙(其實是文丁稱武乙),因此他的斷代不免全錯了。"[①]陳先生這裏指的明義士的這部分卜辭,就是李先生現在所説的"歷組"卜辭。李先生對"歷組"卜辭的斷代與明義士一樣,也是根據單獨的稱謂,即認爲這些卜辭中的"父丁"是祖庚稱武丁,"父乙"是武丁稱小乙,以此證明"歷組"卜辭的時代應該在武丁至祖庚時期。陳夢家在强調卜人在斷代中的重要性時,曾進一步告誡:"占卜者之所以重要,因爲僅僅依靠稱謂斷代,其材料究屬有限。並且,單獨的稱謂不足以爲斷代的標準,如'父乙'可以是武丁稱小乙,也可以是文丁稱武乙。"(137 頁)李先生定的"歷組"卜辭衹有一個卜人"歷",缺乏同一個卜人在卜辭中有若干個親屬稱謂的記録,如出組卜人行,在同一版中有兄己、兄庚、父丁三個親屬稱謂(《後·上》19.14),則"行"必定是祖甲時人,該版卜辭必定是祖甲卜辭。而在李先生所列的上述六條"歷組"卜辭中,都是衹有一個單獨的"父丁"親屬稱謂,因此,這個單獨的親屬稱謂就不足以爲斷代的標準。這種有單獨的"父丁"還有"父乙"親屬稱謂的卜辭,董作賓、陳夢家通過各種論證,認定"父丁"是武乙稱康丁,"父乙"是文丁稱武乙,與明義士的認定不同。現在李先生重拾明義士的意見,提出"歷組"卜辭的時代問題,實際上是舊説重提。

單憑上述六條有"父丁"稱謂的"歷組"卜辭,真的就能够確鑿無疑地證明它們是早期的祖庚卜辭嗎?筆者認爲未必。這六條"歷組"卜辭都是合祭卜辭,前五條合祭

---

① 陳夢家:《殷虚卜辭綜述》,頁 135—136。

的最後兩位祖先都是"小乙、父丁"相接[第(4)辭的"后(毓)祖乙"即小乙①]，最後一辭合祭祖先最前面的兩位是"父丁、小乙"相接。李先生將這些卜辭中的小乙和父丁都看成是世次緊相連接的父子關係，言如果不把"父丁"看作是武丁就不符合"卜辭慣例"，就"很難想象"，而且是"不可能的"。李先生的這些説法表明，他不明瞭各代商王在祭祀祖先時是存在着制度上的差異的。董作賓早已指出："每一時代的祭法和所祭的祖先神祇都有不同。"②就以盛行於祖甲、帝乙、帝辛時期的"周祭"爲例，雖然各王周祭男性祖先都是始自上甲，無論直系、旁系甚至未及即位的大丁、祖己都被祭祀，周祭女性祖先都是只祭直系先公先王的配偶，始自示壬之配，但是在終止何王、何妣上各王却有不同。如祖甲時，周祭最後一位先王是祖庚，是祭到兄輩，祭祀先妣到小乙之配妣庚，是祭到祖輩，對母輩武丁之配不予祭祀。帝乙時，周祭先王到曾祖父康丁，對祖輩武乙、父輩文丁都不予祭祀，對康丁之兄廪辛也不予祭祀；對先妣是祭到康丁之配妣辛，也是祭到曾祖輩；對祖父武乙、父輩文丁的配偶都不予祭祀。③帝辛時，周祭先王是到上四輩的高祖康丁，對曾祖父武乙、祖父文丁、父輩帝乙都不予祭祀，對康丁之兄廪辛也不予祭祀；對先妣也是祭到四輩高祖康丁之配妣辛，對曾祖父武乙、祖父文丁、父輩帝乙之配都不予祭祀。這些説明，即使是以相同的祀典（周祭）祭祀祖先，各代商王的祭祀規則也是不相同的。

那麽，"歷組"卜辭時代祭祀祖先有什麽特徵和規則呢？筆者檢查《甲骨文合集》中的第四期卜辭也即"歷組"卜辭，可知其祭祀祖先有三個特點。最大的特點是盛行合祭，合祭的辭例形式有兩種：一種是直接列出參與合祭的各位祖先的廟號；另一種是只列出打頭的祖先的廟號，其他則以"多少示"來表示，其中尤以"自（有時省"自"字）上甲多少示"占多數。第二個特點是單獨祭祀某位祖先的次數不多，尤其是對旁系先王祭祀的次數更少（羌甲除外）。第三個特點是祭祀祖先一般都是直呼其廟號，加親屬稱謂的很少，主要是加"父"這個親屬稱謂。

李先生舉的上述六條辭都是"歷組"合祭卜辭。其中第(1)辭《綴合》15（即《合集》

---

① "后（毓）祖乙"是小乙，前人已有論證。見郭沫若：《卜辭通纂》，第40、41、42、43、44片考釋，科學出版社1982年版；又見陳夢家《殷虚卜辭綜述》，頁418。
② 董作賓：《甲骨文斷代研究例》，中研院史語所集刊外編第一種《慶祝蔡元培先生六十五歲論文集》上册，1933年。
③ 武乙之配見於卜辭和銅器銘文。見常玉芝：《祊祭卜辭時代的再辨析》，《甲骨文與殷商史》第二輯，上海：上海古籍出版社1986年版；又見常玉芝：《商代周祭制度》增訂本，附錄二，北京：綫裝書局2009年版。文丁、帝乙之配卜辭、銘文中均未見。

32439），是殷墟第二次發掘時在村中（第三區）出土的一塊刻於牛胛骨上的卜辭。① 董作賓曾對該辭作過解讀，他説該辭"先王的次序，是由大甲起，隔去大庚、大戊、中丁三世而至祖乙，又隔了祖辛、祖丁兩世而至小丁（常按："小丁"是"小乙"之誤），再隔了武丁、祖甲而至康丁（父丁），這父丁是康丁，卜辭屬於武乙"，即董先生説此辭的"父丁"是指康丁，卜辭爲武乙時的。董先生所説被祭先王不全，因爲在"大甲"之前還有大乙、大丁兩王被祭祀，即該辭是卜問對大乙、大丁、大甲、祖乙、小乙、父丁六位直系祖先的祭祀（在"大乙"之前還有殘掉的字）。大乙、大丁、大甲是直系相連的父子關係；在大甲之後被祭祀的是祖乙，正如董先生所説，中間尚有大庚、大戊、中丁三位直系先王未被祭祀；在祖乙之後被祭祀的是小乙，中間尚有祖辛、祖丁二位直系先王未被祭祀。這種情况説明在"歷組"卜辭的時代，合祭祖先是有選擇的，不但對旁系先王不予合祭，就是對直系先王也是進行選祭的。在這種情況下，李先生根據什麽就確定在小乙之後的"父丁"，一定就是與小乙直系相連的小乙之子武丁呢？再者，由後文論及的李先生提出殷墟甲骨發展的"兩系説"，他從董作賓以出土地點定卜辭時代，那麽該版出土於村中的"歷組"卜辭，應該從董先生之説是第四期武乙卜辭纔對，而他却認"父丁"是武丁，該版是祖庚卜辭，這就與他的"兩系説"相矛盾了。正如董作賓對該版卜辭的分析，"如果説父丁是武丁，便可在祖甲之世了。但村中無第三期以上的卜辭，而祖甲時又必有貞人，今此版出土村中，亦可見非祖甲的物。故以下的父丁即康丁"（常按：將董氏的"祖甲"換成"祖庚"也可），即該版是武乙卜辭。第（2）辭《南北》明477（即《合集》32087），該辭多處有殘字，抛開殘掉的王名不算，僅就中間没有殘字的大乙和祖乙兩王來看，中間略去不被祭祀的直系先王就更多了，計有大丁、大甲、大庚、大戊、中丁五位直系先王；與第（1）辭一樣，該辭在祖乙與小乙之間略去了祖辛、祖丁二位直系先王未予祭祀。這也證明了該辭後面的小乙與父丁不一定就是父子相連的直系關係。第（3）辭《屯南》777，前有殘字，合祭的祖先依次是大乙、祖乙、小乙、父丁，與第（2）辭一樣，在大乙與祖乙之間也是略去了大丁、大甲、大庚、大戊、中丁五位直系先王未祭；又與第（1）辭一樣，在祖乙與小乙之間略去了祖辛、祖丁二位直系先王未予祭祀。同樣，該辭也可證明後面的小乙與父丁不一定就是父子相連的直系關係。再者，該辭是於乙丑日卜問的，祭祀的先王除父丁外，都是乙名王，説明是注重對乙名王的

---

① 殷墟第二次發掘的坑位區是三區、四區。三區在小屯村中，出土甲骨屬於三期、四期，即康丁、武乙、文丁卜辭。四區在小屯村北，出土甲骨屬於一期、二期、三期、五期，以第三期廩辛、康丁卜辭爲最多。見董作賓：《甲骨文斷代研究例》，中研院史語所集刊外編第一種《慶祝蔡元培先生六十五歲論文集》上册，1933年。

祭祀,附带祭祀父王父丁。第(4)辭《屯南》2366,是卜問祭祀祖乙、后(毓)祖乙、父丁的,①該辭問"告自祖乙",是说告祭自祖乙開始,接下來祭的是"后(毓)祖乙"即小乙,兩王之間的祖辛、祖丁未予祭祀,這與第(1)、(2)、(3)辭是一樣的。同樣,該辭也可證明後面的小乙與父丁不一定就是父子相連的直系關係。第(5)辭《屯南》4015,祭祀的先王也是"自祖乙告",下接的祖先依次是祖丁、小乙、父丁,在祖乙與祖丁之間的祖辛未被祭祀。由此看來,我們上面推測第(4)辭的"告自祖乙"不包括祖辛、祖丁是正確的。同樣,該辭也可證明後面的小乙與父丁不一定就是父子相連的直系關係。第(6)辭《屯南》2342,是被李先生多次列爲"更能説明問題"的一個例證,他將該辭的先王逆祀排序爲父丁、小乙、祖丁、羌甲、祖辛,與出組卜辭"己丑卜,大貞:于五示告:丁、祖乙、祖丁、羌甲、祖辛"(《粹編》250)相比較,確證"歷組"的"父丁"就是指的武丁,並説出組的"祖乙和丁,就是《南地》2342〔常按:即第(6)辭〕的小乙和父丁",還説"有卜人大的出組卜辭是祖庚、祖甲時期的,丁即父丁顯然是武丁。若以《南地》一辭父丁理解爲康丁,則與《粹編》250的時代相背,況且祭羌甲(旁系先王沃甲)而不祭武丁,更是不合情理的事"。可惜,這也只是推測。前面已用同是"歷組"的五條卜辭證明"小乙"之後的"父丁"不一定就是指武丁,因此第(6)辭《屯南》2342中小乙之前的父丁也不能肯定就是指武丁,因此出組《粹編》250卜辭也就不足爲據。以上,由李先生所舉的六條卜辭看,在"歷組"卜辭的時代,商王祭祀自己的祖先時,所祭先王的世次並不都是前後緊密相接的,而是在兩王之間大都存在着不被祭祀的直系先王,這就是選祭。選祭是選擇那些在商人歷史發展中有過重大貢獻的直系祖先進行祭祀,同時也將與自己關係最爲密切的父王與這些重要祖先進行合祭。在上述李先生舉的六條"歷組"合祭卜辭中,出現次數最多的是大乙、祖乙、小乙、父丁,這説明"歷組"卜辭的時王最尊崇的先王是大乙、祖乙、小乙三位乙名王和父丁。由於大乙與祖乙相距六世,祖乙與小乙相距三世,即三王都不是世系緊相連接的直系祖先,所以小乙與父丁是否爲世系緊相連接的父子關係就是個需要探討的問題。

近年,劉一曼、曹定雲在《三論武乙、文丁卜辭》中,②舉出兩版"歷組"卜辭證明在小乙之後父丁之前還有"三祖"。

第一版:

　　甲辰貞:歲于小乙③。
　　弜又。

---

① 李先生將《屯南》2366片的"于大乙告"列在"父丁"之後,讀成一辭,錯。
② 劉一曼、曹定雲:《三論武乙、文丁卜辭》,《考古學報》2011年第4期。
③ 查原片"歲"字之前無殘字,可不必劃"□"。

　　　　二牢。二
　　　　三牢。二
　　　　弜至于三祖。二　　　　　　　　　　　　　　［《合集》32617(《綴合》336)］

作者説："在該片祭祀中，'三祖'明顯排在'小乙'之後。"
　　第二版：
　　　　弜至三祖。
　　　　丙子貞：父丁彡。
　　　　不遘雨。　　　　　　　　　　　　　　　　　［《合集》32690(《明後》B2526)］

作者説："在此片祭祀中，'父丁'明顯排在'三祖'之後。"
作者以"三祖"作爲接合部（連結點），將兩版卜辭的内容繫聯如下：
　　　　甲辰貞：歲于小乙。
　　　　弜又。
　　　　二牢。二
　　　　三牢。二
　　　　弜至于三祖。二
　　　　弜至三祖。
　　　　丙子貞：父丁彡。
　　　　不遘雨。

作者説："上述兩版卜辭繫聯之後，大家可以看到，在小乙至父丁之間的祭祀過程中，明顯存在着'三祖'；致祭'三祖'的時間是在'小乙'之後，但却在'父丁'之前。此中的致祭次序是小乙→三祖→父丁，這是小乙與父丁之間存有'三祖'先王的確證。歷組提前論學者所徵引的小乙、父丁卜辭，中間確實是略去了'三祖'。該祭祀過程清楚地證明，此中的'父丁'就是康丁。"筆者認爲這兩版卜辭確實證明了在李先生上舉的六版"歷組"合祭卜辭中，在小乙與父丁之間至少有"三祖"未被祭祀，這與我們分析上述六版"歷組"卜辭在小乙之前都有未被祭祀的祖先是一致的。這就是説，上述六版"歷組"卜辭所祭先王的世次，除了第(1)版的大乙、大丁、大甲，第(5)、(6)版的祖丁、小乙外，其他先王的世次都不是緊密相連的，都是有間隔數位先王的選祭。對於《三論》所舉卜辭中的"三祖"是誰，陳夢家早就有所指出，他説"三祖當是武乙稱祖己、祖庚、祖甲"。[①] 屈萬里也如此

---

① 陳夢家：《殷虛卜辭綜述》，頁494。

認爲。① 因此,上述有"三祖"的"歷組"卜辭是武乙卜辭,"三祖"是武乙對其祖父祖己、祖庚、祖甲的稱呼。《三論》作者爲了加強武乙卜辭中"三祖"之所指,還舉出在康丁卜辭中有"三父"之稱與之對應,即《京人》1817 的"凡于囗三父又",作者說:"上述康丁卜辭中的'三父'當指父己、父庚、父甲,亦即孝己、祖庚、祖甲。此'三父'之稱與武乙卜辭中的'三祖'之稱完全吻合,證明歷組父丁類卜辭中的'父丁'確實是康丁。"總之,由"三祖"在卜辭中的祀序是前接小乙、後接"父丁",證明在小乙之後的"父丁"絕對不是指武丁,而是指康丁。這也就證實了"歷組"卜辭在合祭某些祖先時,不但在小乙之前略去一些直系祖先不予祭祀,而且在小乙之後也會略去祖己、祖庚、祖甲三位祖先不予祭祀,此三王在商人歷史的發展中沒有什麼重要貢獻,特別是祖己未即位而亡,祖庚在位時間很短,② 不選他們參加合祭是情理之中的事。上述"三祖"、"三父"的卜辭例證蓋過了李先生臆測的六條所謂證據。李先生用單獨的親屬稱謂"父丁",來想當然地臆測其是指武丁,是經不起推敲的。

"歷組"卜辭不是武丁至祖庚時期的卜辭,筆者還可舉出下面十一版有世系、稱謂的卜辭給予證明:

(1)〔大〕丁〔牛〕,大甲〔牛〕,祖乙〔牛〕,父丁〔牛〕,即囗上甲。
(《合集》32467)

(2) 癸巳貞:其……〔大〕丁,大甲,祖乙,父丁……
(《合集》32469)

(3) 叀夕䢅 ,酒告于祖乙、父丁。
(《合集》32578)

這三條卜辭也屬李先生所說的"歷組"卜辭,均是合祭多位祖先的合祭卜辭。其中第(1)、(2)辭的"大丁、大甲、祖乙"的祭祀順序與李先生所舉的第(1)版"歷組"卜辭相同。這三辭在"祖乙"之後被祭的不是李先生所舉六條辭中第(1)、(2)、(3)、(4)辭的"小乙",而是"父丁",即在"祖乙"與"父丁"之間都沒有"小乙"被祭,這也可證明李先生所舉卜辭中的"父丁"與前王"小乙"不是緊相連接的父子關係。再看下面兩版"歷組"卜辭:

(4) 乙未卜:又升于大甲、父丁。
(《合集》32483)

(5) 癸卯貞:叀 先于大甲、父丁。
(《合集》32485)

這兩條辭都是在"大甲"之後接的"父丁",比第(1)、(2)兩辭在"父丁"之前又都少了"祖乙"未予祭祀,這也說明了"父丁"與前王小乙不一定就是父子緊相連接的父子關係。

---

① 屈萬里:《殷虛文字甲編考釋》第 627 片,臺北:中研院史語所 1961 年版。
② "夏商周斷代工程"專家組:《夏商周斷代工程 1996—2000 年階段成果報告(簡本)》(北京:世界圖書出版公司 2000 年版)第 60 頁說祖庚至康丁四王共 44 年,平均一王在位 11 年。

總之，以上五版卜辭證明，"歷組"卜辭時的時王（武乙）特別尊崇自己的父王"父丁"（即康丁），他在祭祀商人歷史上重要的先祖時，往往要將自己的父王"父丁"與他們合祭，而排在"父丁"之前的先王都不是與父丁緊相連接的父子關係。所以這些"歷組"合祭卜辭也可以證明，李先生將自己舉的例證中的小乙之後的"父丁"，看成是與小乙世系緊相連接的父子關係，只能是猜測而已。

再看下面六版"歷組"卜辭：

(6) 辛亥卜：其又歲于三祖辛。　　　　　　　　　　　　　（《合集》32685）

(7) 弜□于祖乙以祖辛、祖甲。　　　　　　　　　　　　　（《合集》32577）

(8) 弜巳。

其桒于上甲其祝。

弜祝。

祝在父丁宓。

至于祖甲。　　　　　　　　　　　　　　　　　　　　（《合集》32654）

(9) 祖甲燎其至父丁。　　　　　　　　　　　　　　　　　（《合集》32655）

(10) 甲辰卜：升伐祖甲歲二牢。用。　　　　　　　　　　（《合集》32198）

(11) □辰卜：翌日其酒其祝自中宗祖丁、祖甲……于父辛。（《屯南》2281）

第(6)辭於辛亥日卜問又歲祭"三祖辛"，按商王世系，以"辛"爲廟號的依次是祖辛、小辛、廩辛、帝辛，則"三祖辛"當指廩辛無疑，"歷組"卜辭祭祀"三祖辛"，絕不可能是武丁、祖庚卜辭，當是文丁卜辭無疑。第(7)辭卜問祭祀祖乙、祖辛、祖甲，祭祀祖甲的，當不會是武丁、祖庚，而應是祖甲的後人，則該"歷組"卜辭的時代必在祖甲之後，康丁應稱"父甲"，則此辭應是武乙、文丁卜辭。如果說此"祖甲"是指陽甲也不可能，一是祖乙、祖辛爲直系先王，"歷組"卜辭參與直系先王選祭的旁系先王祇有"羌甲"一人[可見李先生例證的第(6)辭，即《屯南》2342]。二是"歷組"卜辭時期祭祀先王除父輩外一般都不加親屬稱謂，都是直呼其廟號，因此"祖甲"不會是指"陽甲"。三是筆者據《合集》材料統計，"歷組"卜辭記錄旁系先王"陽甲"的祇有兩次[《合集》32611和《合集》32753(此辭是卜"陽甲母庚"，見前文《京都》2297)]。因此，該辭的"祖甲"必是武丁之子直系先王祖甲。第(8)版上有五條辭，第二、三辭卜問是否祝祭上甲，第四辭卜問祝祭在父丁的廟室裏舉行可以吧（"宓"爲"親廟"①），最後一辭説"至于祖甲"，即由

---

① "𡧛"字，陳夢家釋"升"，言"疑當爲禰，即親廟"，"是祭祀所在的建築物"（《殷虛卜辭綜述》，頁470）。于省吾釋"宓"，謂"必是宓，謂神宮"，是"祀神之室"（《雙劍誃殷契駢枝三編·釋宓》，1943年）。今采于先生説釋宓，采陳先生説指親廟。

上甲一直祭到祖甲。整版卜辭是卜問在父丁的廟室裏舉行從上甲到祖甲的祝祭的。"歷組"卜辭多有自上甲起始祭祀多位直系祖先的,還有不少卜問祭祀"自上甲多少示"的,①這是"歷組"卜辭的特色。該版卜問祭祀上甲到祖甲,則此"歷組"卜辭必不是武丁、祖庚卜辭。第(9)版卜問燎祭祖甲至於父丁,則該"歷組"卜辭也不是武丁、祖庚卜辭。第(10)辭卜問"升伐祖甲歲二牢",祭祖甲表明此"歷組"卜辭不是武丁、祖庚卜辭。第(11)辭卜問祝祭自中宗祖丁、祖甲至於父辛,"祖甲"是武丁之子,則該辭不會是武丁、祖庚卜辭;"父辛"是武乙之父廩辛,則該辭爲武乙卜辭。總之,第(6)版卜問祭祀"三祖辛",第(7)、(8)、(9)、(10)、(11)五版卜問祭祀祖甲,都確鑿無疑地證明了"歷組"卜辭不是武丁、祖庚卜辭,而是武乙、文丁卜辭。

除"三祖"、"父丁"稱謂外,《三論》作者還舉出"歷組"父丁類卜辭中有"父辛"一稱,如《綴新》588,②辭爲"☐ 又歲父辛〔八〕牢,易日。兹〔用〕"。作者説:"該片中的'父辛'當是武乙稱其父廩辛,卜辭内容與卜辭時代完全吻合。這一稱謂也是出組卜辭所不見的。歷組父丁類卜辭中既有'父丁'稱謂,又有'父辛'稱謂,那麼,這類卜辭只能是武乙卜辭,是武乙稱其父廩辛與康丁,没有别的選擇。這是該類卜辭中'父丁'爲康丁的有力佐證。"其説完全正確。

此外,《三論》作者還通過分析武乙卜辭中集合廟主大示的"十示又三"(《後·上》28.8、《屯南》827、《屯南》4331)、小示的"十示又四"(《屯南》601、《南明》655),證明"武乙卜辭中,無論是'大示'的'十示又三',還是'小示'的'十示又四',其所祭先王數與武乙時代的世系完全吻合,故此中的'父丁'確實是康丁"。《三論》作者還分析了文丁卜辭中的"父乙"、"兄丁"、"母庚"與武丁卜辭中的此三稱"是不相同的人,其時代自然也不相同",又指出文丁卜辭中集合廟主"伊、廿示又三"(《京》4101、《佚》211)"與文丁卜辭的時代亦相吻合"。

"歷組"卜辭中還有"父乙"、"母庚"的稱謂,提前論者認爲這兩個稱謂分别是武丁稱小乙和小乙之配。《三論》作者則指出,文丁卜辭即"歷組父乙類"卜辭中,"其父輩稱謂只見'父乙';母輩稱謂只見'母庚'。此與武丁卜辭中衆多的父輩和母輩稱謂相比,真有天壤之别"。作者舉《粹》373 的"將兄丁于父乙"、《甲》611 的"將兄丁凡父乙"的"兄丁、父乙"連稱,舉武丁卜辭中存在着母庚、母丁、母壬、母癸等多母的情況,指出"父乙"、"兄丁"、"母庚"三稱雖然在武丁和文丁卜辭中都存在,但是,"首先,此三稱在

---

① 筆者統計《合集》第四期卜辭,其中帶有上甲的卜問有 158 次,比祖乙的 125 次、父丁的 105 次都多,是次數最多的。

② 嚴一萍:《甲骨綴合新編》,臺北:藝文印書館 1975 年版。

武丁卜辭中是同版關係，是分別祭祀的對象，而在文丁卜辭中，'父乙'、'兄丁'往往同辭，是'合祭'的對象。其次，武丁卜辭中，此三稱所受祭祀種類比較多，除卲祭、屮祭外，還有告祭、晉祭、酚祭等，而文丁卜辭中，此三稱所受祭祀種類少得多，主要是又祭，其次是告祭、將祭；而母庚只受又祭，兄丁只受將祭"。"此外，武丁卜辭中，此三稱所受犧牲比較多，以宰為主，其次是牛、羊、伐等；而文丁卜辭中，此三稱所受犧牲比較少，主要是牛，次為羊，沒有見到'宰'"。由此作者得出結論："以上情況表明，文丁卜辭中的'父乙'、'兄丁'、'母庚'同武丁卜辭中的'父乙'、'兄丁'、'母庚'是不相同的人，其時代自然也不相同。"這是從祭祀事類上區分出文丁和武丁卜辭中的"父乙"、"兄丁"、"母庚"之所指不同，無疑是正確的。

關於第一期賓組卜辭和第四期"歷組"卜辭中的"父乙"稱謂，是否都是指武丁之父小乙，還可由此稱謂在這兩組卜辭中出現的次數和祭祀禮儀的輕重得到解答。筆者查《合集》等書中的第一期賓組卜辭，有"父乙"稱謂的約達 330 多條，而第四期"歷組"卜辭祇有約 20 餘條。兩組卜辭中"父乙"稱謂出現的次數相差如此懸殊，該作何解釋？其實這個問題不難回答。查古書中記載武丁、文丁的在位年數便可找到答案。《尚書·無逸》、今本《竹書紀年》、《太平御覽》卷八十三、《皇極經世》四書均記載武丁在位 59 年。文丁的在位年數，《無逸》沒有記錄，今本《竹書紀年》是 13 年，《太平御覽》卷八十三和《皇極經世》都是 3 年，說法不一，但古本《竹書紀年》有"文丁十一年，周伐翳徒戎"的記載，說明文丁在位至少 11 年。現據復原的周祭祀譜，知文丁在位年數是 22 年。① 武丁在位 59 年，文丁在位 22 年，二者相差三十多年，自然武丁卜問祭祀"父乙"即小乙的次數要多，文丁卜問祭祀"父乙"即武乙的次數要少。這就說明"歷組"卜辭的"父乙"與武丁卜辭的"父乙"不可能是指同一個人。再看第一期賓組卜辭和第四期"歷組"卜辭祭祀"父乙"時在禮儀上的差別。武丁時卜問祭祀"父乙"的祀典非常隆重，卜問的事類也較多樣。如《合集》886"貞：卲于父乙，☒三牛、晉三十伐、三十宰"，是卜問要用三頭牛、砍殺三十個人，三十隻經過特殊飼養的羊御祭父乙。② 又如《合集》271 正"己卯卜，殼貞：卲帚好于父乙，登羊、屮豕、晉十宰"，這是卜問用羊、豕和經過特殊飼養的十隻羊祭祀父乙，以禳除婦好的災禍。再如《合集》130 正"貞：翌乙未乎子漁屮于父乙宰"，這是命令子漁用經過特殊飼養的羊祭祀父乙。但是在第四期卜辭中，祭祀父乙的祀典就要簡單的多了，如《合集》32226"己酉卜，子又伐父乙"，《屯南》751"壬午卜：芮又伐父乙"，只問伐祭父乙，不記用何犧牲，也不記犧牲的數目；

---

① 見常玉芝：《商代周祭制度》（增訂本）第五章第六節，北京：綫裝書局 2009 年版。
② 姚孝遂：《牢、宰考辨》，《古文字研究》第九輯，北京：中華書局 1984 年版。

《合集》34240"乙未卜，又升歲于父乙三牛"，只用三頭牛祭祀父乙。而且上述三條辭的侑祭不同於第一期卜辭寫作"㞢"，而是作"又"，這也表明第一期和"歷組"卜辭不屬於同一個時代。由上述第一期和第四期"歷組"卜辭祭祀父乙的不同，可以看到兩期的父乙絕對不是指同一個人。

再看第二期出組卜辭和第四期"歷組"卜辭中的"父丁"稱謂是否都是指祖庚(祖甲)之父武丁，這也可由此稱謂在這兩期卜辭中出現的次數和祭祀禮儀的輕重得到解答。查《合集》等書中第二期出組卜辭，加上周祭"父丁"的祖甲卜辭，共有"父丁"稱謂的約 165 條左右，第四期"歷組"卜辭(包括《屯南》)約有 218 條左右，兩組卜辭中"父丁"稱謂出現的次數相差不太懸殊。究其原因，可由祖庚、祖甲和武乙的在位年數得到啟示。查古書中祖庚的在位年數，今本《竹書紀年》是 11 年，《太平御覽》卷八十三和《皇極經世》都記錄是 7 年，今采 11 年說。祖甲的在位年數，《尚書·無逸》、今本《竹書紀年》、《皇極經世》都是 33 年，《太平御覽》卷八十三記錄是 16 年，今采 33 年說。即祖庚、祖甲合計在位 44 年。關於武乙的在位年數，古本、今本《竹書紀年》都記錄是 35 年，《太平御覽》卷八十三是 34 年，《皇極經世》是 4 年，顯然不可靠，今采 35 年說。即祖庚、祖甲在位年數 44 年，只比武乙在位年數 35 年多 9 年，所以第二期出組與第四期"歷組"卜辭的"父丁"稱謂出現的頻率相差不多，"歷組"中"父丁"與前輩祖先合祭的次數多一些。雖然因"父丁"稱謂在第二期出組卜辭與第四期"歷組"卜辭中出現的頻率相差不太多，不能直接反映兩組卜辭中的"父丁"是否指同一個王。但由第二期出組卜辭與第四期"歷組"卜辭在祭祀"父丁"的禮儀上的差別，可以明顯地看出兩組卜辭中的"父丁"絕不是指同一個人。第二期出組卜辭祭祀父丁，除了祖甲將其列入例行的周祭外，其他祭祀父丁的禮儀，具有代表性的辭例有《合集》22549 的"伐羌三十卯五牢"、《合集》22550"伐羌十又八"、《合集》22555"五牢羌十"、《合集》22560"伐羌五"，這是卜問用羌人進行祭祀，數量有三十羌、十八羌、十羌，五羌，有兩辭還加用"五牢"。另有"歲五牢"(《合集》23197)、"歲三牢"(《合集》23191)、"歲二牢"(《合集》22701)，用羊牲數量都不多。還有"歲十牛"(《合集》23190)、"歲三牛"(《合集》23187)、"歲二牛"(《合集》23188)，用牛牲辭例和數量都不多。其餘的多是籠統地卜問"歲牢"、"歲"等的，一般都不記牲名和數目。出組卜問"父丁"與其他先王合祭的辭例很少。但在第四期武乙時，"父丁"與其他祖先合祭的次數較多，合祭的祖先一般都是在商人的歷史上做出過重大貢獻的先公、先王(見前文)，這表明武乙對"父丁"格外尊崇。這一點也體現在武乙對父丁的祭祀禮儀特別的隆重，如《屯南》1111 卜問用"羌百"，即殺一百個羌人祭祀父丁，這在出組卜辭中是沒有的。其他《合集》32053 伐"三十羌"、《合集》32054"伐三十羌、歲三牢"、《合集》32055 伐"羌三十、卯五牢"，一次砍殺三十個羌人的次數都比出組多。《合集》32070、32071 伐"十羌",《合集》32076"卯三牢、羌十"。上述辭例表明"歷組"殺羌人祭祀時配祭的犧牲多是用大牲畜"牢",即經過特殊飼養的牛。而在出組中多是用小牲畜"宰",武乙時也有少數用"宰"的,但是數量却很大,如《合集》32675 钟于父丁"百小宰"、"五十小宰",這在出組中是見不到的。此外,武乙時還選用其他犧牲祭祀"父丁",數量也都很大,如《合集》32698"又于父丁犬百、羊百、卯十牛",即用一百條犬、一百隻羊,再剖殺十頭牛進行祭祀。又如《合集》32674 的"燎于父丁百犬、百豕、卯百牛",即用一百條犬、一百頭豬,再剖殺一百頭牛進行祭祀,加起來就是三百個犧牲,數量多麽巨大。《合集》32844 钟祭父丁也是用"百牛"。這種用上百數百犧牲祭祀"父丁",在出組中也是沒有的。另外,《合集》32665、32666、32667 有"歲五牢"等,也是多用大牲畜牛進行祭祀。由以上第二期出組卜辭與第四期"歷組"卜辭對"父丁"的祭祀禮儀可以看到,"歷組"武乙對父丁格外尊崇,不但將父丁多與前世重要祖先進行合祭,而且祀典特別隆重,表現在用人牲、犬、羊、牛、豬等多種犧牲同時進行祭祀,並且每種犧牲都達到一百的數量,甚至各種犧牲加起來達到三百的數量(《合集》32674),這是在第二期出組祭祀父丁的卜辭中見不到的。此外,"歷組"武乙祭祀父丁多用大牲畜牛,出組多用小牲畜羊。"歷組"即使用小牲畜羊(宰),數量却很大,如"百小宰"、"五十小宰"等,這也是出組時所沒有的。由上述出組與"歷組"卜辭對"父丁"祭祀禮儀的巨大差異,可以明顯地看到,這兩組卜辭中的"父丁"絕不是指同一個人,也可以明瞭"歷組"卜辭爲什麼要屢屢將"父丁"與諸祖先合祭,由此就可以得出結論:"歷組"絕不是與早期祖庚卜辭同時期的卜辭。

這裏還需要提及的是,堅持"歷組"卜辭屬於早期的學者裘錫圭,根據商末銅器《䢉簋》銘文記錄武乙的配偶是"妣戊",來反對"歷組"的"母庚"是武乙的配偶。[①] 其實,他的這個觀點並不新鮮,早在 1948 年,董作賓在《殷虛文字乙編·序》中敘述他早年將自組卜辭錯誤地列在第一期時就說過:"父乙固然可以說是武乙,可是在《戊辰彝》(常按:《䢉簋》)中又明明白白是武乙奭妣戊,文武丁的母親,應該是母戊,不該是母庚。"我們認爲提出這種論點是沒有聯繫到商代的配偶制度(也可叫作宗法制度)。在商代,商王可以有多個配偶已是常識,那麼,武乙就只能有一個稱"戊"的配偶嗎,不能再有一個稱"庚"的配偶嗎? 顯然是可以的。《䢉簋》銘文記錄的武乙之配稱"妣戊",應該是帝乙或帝辛對她的稱呼;文丁卜辭中還有稱武乙的另一個配偶"母庚"的,是文丁對其母的稱呼,說明武乙名庚的配偶在文丁時就去世了,當時名"戊"的配偶尚在人間,因此卜辭中不見對名"戊"的配偶的祭祀。又,1986 年,筆者曾對第五期的"祊

---

① 裘錫圭:《論"歷組卜辭"的時代》,《古文字研究》第六輯,北京:中華書局 1981 年版。

祭"卜辭進行過研究，發現武乙還有一個稱"母癸"的配偶，①是文丁對其母的稱呼。這樣，武乙的配偶就是"祊祭"卜辭中的"母癸"，"歷組"卜辭中的"母庚"，再加上《辥簋》銘文的"妣戊"，則武乙就至少有三個配偶了。古本、今本《竹書紀年》都記載武乙在位 35 年，《太平御覽》卷八十三記載在位 34 年，這也可説明武乙的高壽使他會有多個配偶。商代的王有多個配偶在甲骨文中早已得到證明，如中丁、祖乙、祖丁都有兩個配偶，武丁有三個配偶，她們都是商王的嫡妻，是死了一個再立一個。② 因此，不能只根據《辥簋》銘文就固守地認定武乙只能有一個稱"戊"的配偶而不能再有一個稱"庚"的配偶。

總之，以上"歷組"卜辭中的稱謂和世系都證明了"歷組"卜辭確實是武乙、文丁卜辭。

這裏還需要提及林宏明拼合的《屯南》4050＋《屯南補遺》244③版"歷組"卜辭，其辭爲：

　　　　□〔乙〕三、☐ 大乙十、☐ 小甲三、大戊 ☐、☐ 十、祖 ☐ 三、父 ☐。④

對此拼合版中"父"字之下殘缺的字，林宏明補爲"丁"。他説："根據世系，筆者以爲這個'父'爲'父丁'（武丁）的可能性比康丁大出許多。"林文發表後，李學勤發表了《一版新綴卜辭與商王世系》一文，不同意林氏所補，他説："歷組卜辭是縱跨兩個王世的，近年的分期工作已將之區分爲有'父乙'和'父丁'的兩類，前者屬武丁時，後者屬祖庚時，兩類的字體風格差異是明顯的。"（這表明"歷組"卜辭的字體不是如李先生原來説的全是"字較大而細勁"的一種，實際就是指董氏分期的第四期卜辭。）李先生認爲林宏明補"父"字之後爲"丁"是"不妥"的，他補"父"字之後爲"乙"字，即是"父乙"，"父乙"是指"小乙"，即認爲該拼合版是武丁卜辭，並説它"爲歷組卜辭的時代再次提供了有力證據"。⑤ 查李先生與彭裕商合著的《殷墟甲骨分期研究》⑥一書，他們根據字體特徵將"歷組"卜辭分爲兩大類，即"歷組一類"（也即"歷組父乙類"）、"歷組二類"（也即

---

① 常玉芝：《祊祭卜辭時代的再辨析》，《甲骨文與殷商史》第二輯，上海：上海古籍出版社 1986 年版；又見《商代周祭制度》（增訂本）附錄二。
② 由武丁的三個配偶妣辛、妣癸、妣戊在周祭中的祭祀次序可知，其祭祀次序是以其死亡的先後次序進行安排的。見常玉芝：《商代周祭制度》（增訂本），頁 84。
③ 中國社會科學院考古研究所安陽工作隊：《1973 年小屯南地發掘報告·（五）小屯南地甲骨補遺》，《考古學集刊》第 9 集，北京：科學出版社 1995 年版。
④ 林宏明：《從一條新綴的卜辭看歷組卜辭的時代》，《古文字研究》第二十五輯，北京：中華書局 2004 年版。
⑤ 李學勤：《一版新綴卜辭與商王世系》，《文物》2005 年第 2 期。該處引自《當代名家學術思想文庫·李學勤卷》收入的修改版，北京：北方聯合出版傳媒（集團）股份有限公司萬卷出版公司 2010 年版。
⑥ 李學勤、彭裕商：《殷墟甲骨分期研究》，上海：上海古籍出版社 1996 年版。

"歷組父丁類")。根據他們的分類,林宏明拼合的這版卜辭的字體是屬於典型的"歷組二類"也即"歷組父丁類",其字體特徵是"較大而細勁",因此,拼合版中"父"字之後補作"丁"字纔是對的。但李先生却違背自己的分類,硬將"父"字之後補成"乙"字,説該拼合版是"歷組一類"也即"歷組父乙類"卜辭。但按照他們的分類,"歷組父乙類"卜辭的字體特徵是"字體較小,筆畫纖細圓轉",而林宏明的拼合版顯然不屬於此類。李先生説"歷組一類"和"歷組二類""兩類的字體風格差異是明顯的",那麼就不應該如此混淆不清。總之,林宏明將此"歷組"拼合版"父"字之後補作"丁"字,是符合李先生對"歷組"卜辭字體的分類的,但林氏將"父丁"看成是武丁則是不對的,因爲由該條卜辭對祖先的祭禮的不同可以窺見"父丁"之前的祖先應該是旁系先王。該辭祭祀"三報"之一所用祭品是"三",祭祀直系先王大乙是"十",祭祀旁系先王小甲是"三",所以"父"字之上的"三"(祭禮)預示着其上所祭的是旁系祖先。卜辭表明,"三報"即報乙、報丙、報丁(還有示壬、示癸),雖然是直系先公,但他們在商人歷史中的地位較低,這表現在合祭多個直系祖先時,他們或多被摒棄不祭,商人合祭直系祖先,在先公上甲之後往往接的是先王大乙,如"歷組"卜辭"□未卜:求自上甲、大乙、大丁、大甲、大庚、大戊、中丁、祖乙、祖辛、祖丁十示,率牡"(《合集》32385),該辭卜問合祭自上甲始的十位直系祖先,但接在上甲之後被祭祀的是大乙,中間略去了報乙、報丙、報丁,示壬、示癸五位直系先公不予祭祀。或者合祭祖先時,直系旁系都被祭祀,但所用的祭禮却有區別,如"歷組"卜辭"乙未酌兹品上甲十、報乙三、報丙三、報丁三、示壬三、示癸三、大乙十、大丁十、大甲十、大庚七、小甲三……三、祖乙……"(《合集》32384),該辭卜問祭祀十一位祖先(有缺文),其中祭祀上甲、大乙、大丁、大甲四位直系祖先每位所用祭品都是"十",而祭祀報乙、報丙、報丁、示壬、示癸五位直系先公所用祭品却是"三",大庚雖然是直系先王却用"七",[①]而旁系先王小甲也是用"三",其地位與報乙、報丙、報丁、示壬、示癸相同。上舉林宏明拼合的《屯南》4050+《屯南補遺》244的內容與該辭相同。這種所用祭品的差異表明商人對祖先不是一視同仁的,上甲、大乙、大丁、大甲四位直系祖先在商人的歷史發展中發揮過重要作用,[②]所以對其用的祭禮就隆重,直系先王大庚則次之,祭品少一些,直系先公報乙、報丙、報丁、示壬、示癸和旁系先王小甲祭品就更少。由林宏明的拼合版和《合集》32384兩版"歷組"卜辭所

[①] 筆者懷疑該辭祭直系先王大庚的祭品數也是"十",卜辭誤刻爲"七"。畢竟甲骨文的"十"字與"七"字祇有一畫之差,因此誤寫的可能性是存在的。

[②] 雖然大丁未及即位而卒,但他是商代開國國王大乙之嫡子,又是大甲之父,所以他的地位特殊,倍受後世子孫尊崇。

祭旁系先王小甲的祭品都是"三",可以推斷林宏明拼合版中"父"字之上的"三"應是指的旁系先王的祭品。如果認"父丁"是指武丁,那麼在武丁之前的小乙是直系先王,祭品數不會是"三",何況在上述所舉合祭主要祖先的卜辭中,多有小乙被祭。而如果認"父丁"是指康丁,那麼在康丁之前正好有其兄廩辛,廩辛是旁系先王,祭祀他的祭品數應該是"三",再從該"三"字上的殘留的豎長直畫看,很可能是"辛"字的下部殘畫,即殘掉的字應是"辛"。林宏明似乎也認爲"三"字上殘掉的字是"辛",不過,他基於認"父丁"是武丁,而補爲"祖辛",但祖辛是直系先王,祭品不會是"三"。因此,該拼合版"父丁"之上祭祀的很可能是"父辛三",即祭祀的是廩辛。前已舉"歷組"卜辭《合集》34026(《綴新》588)有祭"父辛"。第四期卜辭中也確有廩辛與其他先王合祭的辭例,如《屯南》2281"□辰卜：翌日其酒其祝自中宗祖丁、祖甲……于父辛",該辭卜問祝祭自中宗祖丁、祖甲至於父辛的祖先,即"父辛"與中宗祖丁、祖甲等先王合祭。"中宗祖丁"即中丁,[①]"祖甲"即武丁之子祖甲,"父辛"即武乙之父廩辛。因此,我們補林宏明拼合版"父丁"之上是"父辛"還是有根據的,則林宏明拼合的該版卜辭是武乙卜辭。不過,筆者還願意推測,根據卜辭中除了小甲外,另一旁系先王羌甲也有參與合祭的情況(如《屯南》2342、《合集》22911),所以林宏明拼合版在"父丁"之上也有可能是"羌甲三"。

(二)"歷組"卜辭出土的層位、坑位

除了稱謂、世系可確鑿地證明"歷組"卜辭是武乙、文丁卜辭之外,另一個具有不容置疑的是"歷組"卜辭出土的坑位和層位證據。殷墟甲骨同商代陶器、銅器、玉器、骨器等一樣,是一種文化遺物,是從地下出土的。殷墟自1928年開始科學發掘以來,有相當數量的甲骨是通過科學發掘所得,這些甲骨每片都有它出土的坑位或層位記錄(1928年至1937年的層位和坑位記錄有問題,詳見下文),這就爲探討甲骨的時代提供了科學的依據。

李學勤在論述"歷組"卜辭的時代和殷墟甲骨發展的"兩系說"時,多次說到他是"充分運用考古發掘提供坑位和層位的依據"。[②] 但是,檢查他所運用的甲骨出土坑位和層位,實際上還是董作賓在殷墟發掘時,在人爲劃定的發掘區裏的平面位置,也即是發掘的"區位"。陳夢家早已指出這種區位在甲骨斷代上缺乏科學性(見前文)。現

---

① 中國社會科學院考古研究所:《小屯南地甲骨》下册第一分册,第2281片考釋,北京:中華書局1983年版。
② 李學勤:《殷墟甲骨兩系說與歷組卜辭》,《李學勤集》,哈爾濱:黑龍江省教育出版社1989年版。

在,考古學的"層位學"或"地層學"比上個世紀二三十年代有了長足的發展,今天考古學所說的坑位、層位,是指在發掘古遺物時,"地層堆積的層位上下、堆積時代的相對遲早關係",這種縱的層位、坑位關係纔能"確切地區分不同時期的堆積層,辨明各層的遺迹遺物,準確地判定它們的時代"。① 中國社會科學院考古研究所安陽工作隊在1973年的小屯南地發掘中,在1986、1989、2002、2004年的小屯村中、村南發掘中,忠實地運用了這種科學的坑層關係來研究甲骨出土的時代。自1977年李學勤提出所謂"歷組"卜辭的時代問題後,考古研究所安陽工作隊的劉一曼、曹定雲諸先生陸續發表了多篇論文,從各個方面論證了"歷組"卜辭的時代。其中在運用層位、坑位的論據上,有他們親自參加的1973年安陽小屯南地甲骨發掘的材料,有1986—2004年安陽小屯村中、村南的坑層材料,他們又查閱了1928—1937年殷墟發掘的甲骨出土的層位情况。總之,他們運用了八十多年來殷墟甲骨出土的層位和坑位證據,詳細地論證了所謂"歷組"卜辭絶不是武丁至祖庚時期的卜辭,而應是武乙、文丁卜辭。下面對他們的論述作簡要介紹。

1. 1973年小屯南地發掘的層位、坑位證據

1973年,中國社會科學院考古研究所安陽工作隊在小屯南地進行了大規模的考古發掘,發現甲骨刻辭5 335片。1975年10月,考古研究所成立了甲骨整理小組,其中文字整理、甲骨綴合等工作由劉一曼、温明榮、曹定雲、郭振禄四人承擔。他們四人先後畢業於北京大學歷史系考古學專業,接受過科學的、系統的、深厚的、扎實的考古學訓練。甲骨整理小組成立不久,夏鼐所長就對他們說:"你們是搞考古的,應當用考古學的方法整理這批甲骨。"他們在工作中,始終遵循夏所長的指示:"在研究甲骨文分期時,特別重視刻辭甲骨出土的地層、坑位與共存陶器的關係,並與刻辭内容緊密結合;研究甲骨文内容時,注意聯繫殷墟遺迹、遺物的出土情况,探討商代社會的某些問題;研究甲骨的鑽鑿形態時,還親自進行模擬試驗。"② 因此,他們的甲骨學研究,走的是一條不同於前人的具有考古特色的路子,開啓了甲骨學研究的新途徑。幾年下來,他們在甲骨學、商代史研究領域中取得了豐碩的成果,特别是在甲骨的分期斷代研究上,不但繼承、發展了董作賓、陳夢家的甲骨斷代學説,而且首次運用科學的層位、坑位學來判斷甲骨的時代早晚,將甲骨斷代學研究推向了一個新的高度。

1975年,小屯南地甲骨整理小組發表了《1973年安陽小屯南地發掘簡報》,③《簡

---

① 蘇秉琦、殷瑋璋:《地層學與器物形態學》,《文物》1982年第4期。
② 蕭楠:《甲骨學論文集·前言》,北京:中華書局2010年版。
③ 中國科學院考古研究所:《1973年安陽小屯南地發掘簡報》,《考古》1975年第1期。

報》的"結語"説:"由於這批資料的整理工作正在進行,有許多問題還未深入探討,因此,只能提出一些初步的看法。"該《簡報》在介紹發現甲骨的情況時説:"這次發現的卜甲、卜骨大多數都有可靠的地層關係,而且常常和陶器共存,這就爲殷墟文化的分期提供了可靠的依據。如 T53④A層中'自組卜辭'和殷代早期陶器共出,在 H103、H23、H24、H50、H57 等坑中第三、四期(康丁、武乙、文丁時代)卜辭和殷代中期陶器共出,在 H17、H48、H83、H86 等坑中第五期或字體近於五期的卜辭和晚期陶器共出,這種共存的關係證明陶器分期與卜骨、卜甲的時代是一致的。"《簡報》還指出"我們這裏所説的小屯南地殷代早期大致相當於'大司空村Ⅰ期',時代約相當於武丁前後","小屯南地中期相當於'大司空村Ⅱ期'的前半葉,絕對年代爲康丁、武乙、文丁時代","小屯南地晚期相當於'大司空村Ⅱ期'的後半葉,絕對年代爲帝乙、帝辛時代"。又説"還應當指出的是:從小屯南地早期到小屯南地中期之間,從陶器形制發展變化和卜骨、卜甲的時代上觀察,時間並不是緊密連接的,中間尚存在缺環;小屯南地中期的一些窖穴在層位上有疊壓或打破關係,某些陶器特徵也存在着差異,但是否有劃分時代的意義,有待於進一步探討"。

1980 年 10 月《小屯南地甲骨》上册出版,①該書收有甲骨拓片 4 612 片。作者在"前言"中詳述了本次發掘"地層堆積與甲骨分期"情況:"這次發現的卜甲、卜骨出土時都有明確的地層關係,而且與陶器共存,這就爲甲骨的分期斷代,同時也爲殷墟文化的分期提供了依據。"《前言》詳盡地介紹了"甲骨出土的地層與同出陶器的對應關係",指出"無論從陶器型式的發展變化上觀察,還是從甲骨分期上觀察,小屯南地早期與中期之間都有缺環,時間上並不是緊密相接的。在這次發掘中,有個別灰坑出有近似大司空村二期的陶片,但數量很少,且不出刻辭甲骨。所以,關於大司空村二期與甲骨分期的對應關係,還有待於今後的發掘來充實。"

1980 年 11 月,"屯南"甲骨整理小組以"蕭楠"筆名發表了《論武乙、文丁卜辭》(下簡稱《一論》),②對《屯南·前言》的有關内容做了闡述,其"目的是通過地層關係及卜辭内容的分析,確定武乙、文丁卜辭,闡述武乙、文丁卜辭的特點及其區別"。該文在"1973 年小屯南地地層關係舉例"節中,例舉了"T55 地層關係(以東剖面爲例)"、"T53 中一組灰坑與地層打破關係",他們説"根據安陽殷墟考古資料的分析,小屯南地早期與大司空村一期相當,小屯南地中期與大司空村三期相當,小屯南地晚期與大司空村四期前半葉相當","小屯南地早、中、晚三期地層及灰坑所出卜辭"情況是"早

---

① 中國社會科學院考古研究所編:《小屯南地甲骨》,北京:中華書局 1980 年版。
② 蕭楠:《論武乙、文丁卜辭》,《古文字研究》第三輯。

期地層與灰坑出卜辭不多。T53(4A)出自組卜甲；H110 未出有字甲骨；H102 出午組卜甲一片……T55(6A)出賓組卜甲一片。"賓組卜辭出於早期地層，"説明了早期地層的時代在武丁前後。自組卜辭、午組卜辭在地層關係上與賓組共存，説明它們的時代是接近的，即都在武丁前後"，"晚期地層及灰坑所出卜辭除與早期、中期所出相同外，還出少量乙辛時代之卜辭"。作者着重分析了中期地層及灰坑所出的卜辭，指出"中期地層及灰坑本身又有不少打破關係"，他們將時代較早的稱爲"中期一組"，時代較晚的稱爲"中期二組"。"中期一組與中期二組所出卜辭時代複雜"，爲了便於分析，他們根據字體將其分爲三類，每類都舉有辭例。第一類："此類卜辭的共同特點是筆畫纖細、字體秀麗而工整。主要稱謂有父甲、父庚、父己、兄辛。"第二類："此類卜辭一般説來字體較大、筆畫較粗、筆風剛勁有力。主要稱謂有父丁等。"第三類："此類卜辭與第二類相比，字體較小，筆風圓潤而柔軟。主要稱謂有父乙等。此次所見，僅《屯南》751一片有父乙稱謂。"作者總結説："根據地層關係分析：中期地層、灰坑及所出三類卜辭的時代，總的説來，要晚於早期地層、灰坑及所出卜辭，即晚於武丁時代；同時又早於晚期地層、灰坑及所出卜辭的時代，即早於乙辛時代。"其結論是"小屯南地中期地層與灰坑的時代，總的來説，約在康、武、文時代"，"就中期地層與灰坑所出的三類卜辭本身的地層關係看：第一類、第二類卜辭既出於中期一組地層與灰坑，也出於中期二組地層與灰坑；第三類卜辭則只出於中期二組地層與灰坑，不出於中期一組地層與灰坑。中期二組地層與灰坑的時間要晚於中期一組地層與灰坑的時間，即第三類卜辭的時間要晚於第一類、第二類卜辭的時間"。作者分析中期二組三類卜辭的時代是："第一類，其主要稱謂有父甲、父庚、父己、兄辛。這與文獻記載康丁之諸父祖庚、祖甲、孝己及廩辛是一致的。因此，這類卜辭當屬康丁卜辭。第二類，有父丁稱謂，偶爾也看到有父辛稱謂。字體風格與第一類又有區別，結合地層關係，此類卜辭當屬武乙卜辭無疑。其父輩稱謂也正與文獻記載武乙諸父有康丁、廩辛相符。第三類，根據地層關係晚於第一類、第二類，即晚於康丁卜辭與武乙卜辭。從卜辭內容看，有父乙稱謂，與文丁父武乙之稱相符合。因此，當爲文丁卜辭。"

將1975年發表的《1973年安陽小屯南地發掘簡報》，與1980年先後發表的《小屯南地甲骨·前言》、《論武乙、文丁卜辭》兩文所説的小屯南地地層分期與大司空村地層分期的對應關係，可以看出二者稍有變動：對小屯南地早期相當於大司空村一期，二者一致。對小屯南地中期，《簡報》説相當於大司空村二期前半葉，《前言》和《一論》説相當於大司空村三期。對小屯南地晚期，《簡報》説相當於大司空村二期後半葉，《前言》和《一論》説相當於大司空村四期前半葉。前後對應雖然稍有變異（當以後發表的《前言》和《一論》爲準），但對小屯南地早期相當於武丁時代，中期相當於康丁、武乙、文丁時代，晚期相當於帝乙、帝辛時代，則是一致的。

　　1981年，李學勤發表《小屯南地甲骨與甲骨分期》一文，説他利用小屯南地甲骨發掘的地層關係，證明了將"歷組"卜辭提前是有根據的。他在文中贊同《屯南》作者的"早期地層所出是武丁時期的自組、𠂤組甲骨"的論證，又説《南地》據打破關係和陶器序列，把中期又分爲第一組和第二組，這無疑是正確的"。那麽，他是怎樣利用小屯南地的地層來證明他的甲骨斷代觀點的呢？他説"層位屬於中期一組和中期二組的坑位，都出有較多的歷組、無名組卜辭"（注意：他改"歷組"在"無名組"之前），"這些坑位的時代，應以内涵甲骨最晚者爲其上限。中期二組既然晚於中期一組，可能出有更晚一些的甲骨卜辭"；"《南地》前言認爲中期二組特有的是我們稱爲歷組的一部分，其中有父乙的稱謂，屬文丁卜辭"；又説中期二組各坑最晚的甲骨還有接近於黄組的。李先生的這些説法都没錯，但令人莫名其妙的是，他由此得出的結論説："所以，我們對甲骨斷代的看法，和現有的考古資料是互相符合的。"這就令人不解了，既然承認了早期地層中没有出"歷組"卜辭，又承認了中期二組出無名組卜辭和"歷組"卜辭，並且中期二組所出最晚的卜辭不祇有"父乙"稱謂的文丁卜辭，還有接近於黄組的卜辭，也即小屯南地的地層和坑位證明了"歷組"父乙類卜辭與黄組卜辭接近。那麽，怎麽就得出結論説證明了"歷組"卜辭屬於早期呢？原來，他在該文的最後部分説："如《南地》所述，小屯南地的地層有缺環，缺乏相當大司空村二期的部分。可以推想，如果有相當大司空村二期的坑位，有的可能只出歷組卜辭而没有無名組卜辭，因爲照我們的意見，無名組是從歷組發展而來的。假設出現這樣的坑位，便可以進一步證實歷組的年代。我們期待着今後能有這種發現。"原來如此！李先生是鑽了小屯南地没有與大司空村二期對應的地層關係的空子，"推想""如果"有相當大司空村二期的坑位，有的"可能"只出歷組卜辭，不出無名組卜辭，"假設"出現這樣的坑位，就能證明"歷組"的年代屬早期。不過，可惜這種"推想"、"如果"、"可能"、"假設"，只是屬於主觀臆想，不是客觀事實，因此，不能作爲論據來證明其分期觀點正確。實際上，李先生的上述言論，已在客觀上承認了小屯南地的地層和坑位證明"歷組"卜辭屬於早期的觀點是不能成立的。

　　關於小屯南地地層有缺環，發掘者在上述三文中都已做了説明，並且分析了所缺甲骨的時代。如在《一論》中，作者説："根據安陽殷墟考古資料的分析，小屯南地早期與大司空村一期相當；小屯南地中期與大司空村三期相當；小屯南地晚期與大司空村四期前半葉相當。"又説："根據前面所述的小屯南地地層分期與大司空村地層分期的對應關係，小屯南地早期地層、灰坑與中期地層、灰坑之間在時代上不是緊密銜接的，而是有間隔的。再結合卜辭出土情況看，此次没有發現庚、甲卜辭與廩辛卜辭。這樣,地層上既存在缺環,卜辭上又存在缺環,二者應該是一致的。至於這個缺環,還待今後考古發掘加以充實。"這是非常有道理的。前面已言,小屯南地早期相當於大司空村一期,出武丁時期的自組、午組、賓組卜辭;小屯南地中期相當於大司空村三期,出康丁、武乙、文丁時期的無名組、"歷組"卜辭。那麼,在小屯南地早期與小屯南地中期之間,也即在大司空村一期與大司空村三期之間所缺的大司空村二期,如有卜辭理所當然地應該是在武丁卜辭與康丁卜辭之間的卜辭,即應是祖庚、祖甲時的出組卜辭和廩辛時的何組卜辭纔對。但李先生爲了使"歷組"卜辭提前,却違背了自己也承認的出組祖庚、祖甲卜辭是接在武丁卜辭之後,廩辛、康丁卜辭之前的觀點,硬説"如果有相當大司空村二期的坑位,有的可能只出歷組卜辭而没有無名組卜辭"。這種顛倒卜辭發展順序的想法,只能是李先生憑自己的主觀願望所作的"推想"、"假設"而已。

　　1984年,"屯南"甲骨整理組仍以"蕭楠"筆名發表了《再論武乙、文丁卜辭》(下簡稱《再論》),[①]該文從稱謂、人名、事類、坑位和地層關係四個方面,又進一步論證了"歷組"卜辭是武乙、文丁卜辭。該文在"坑位和地層關係"節中指出:"在考古發掘中,地層、坑位是判斷遺物時代早晚的依據。早期地層和灰坑只出早期遺物,不能出晚期遺物;晚期的地層和灰坑除出晚期遺物外,還可能出部分早期遺物。"作者説,過去他們"曾概略地論述過1973年小屯南地甲骨的坑位和地層關係,將小屯南地的地層、灰坑分爲早、中、晚三期:早期只出武丁時代的卜辭;中期除出部分武丁卜辭外,大量地出康、武、文卜辭;晚期除見以上幾種卜辭外,還出帝乙、帝辛時代的卜辭"。"我們還根據灰坑打破關係和陶器型式的變化,把中期灰坑分成一組與二組,其中,中期一組的時代應早於中期二組。這一劃分是我們判斷小屯南地所出甲骨時代先後的地層根據,尤其是區分康、武、文卜辭時代先後的根據。"作者爲了進一步討論武乙、文丁卜辭的時代,在該文中再選用了小屯南地六組有打破和疊壓關係的中晚期坑位來做進一步論證。這六組坑位是:H57→H58→H99,H75→H92,H58→H84,H47→H55,H42→H39→H37,H24→H36。對此六組,他們按照相對早晚順序對甲骨進行分類整理,然後觀察其變化(列表説明),得出的結論是:(1)"第五期的乙、辛卜辭均出於小屯南地晚期"。(2)4b類卜辭即中期第三類卜辭,即有"父乙"稱謂的文丁卜辭,"除見於晚期坑外,還見於中期二組的坑","但是,它們不見於中期一組的坑"。而3b、4a類卜辭(3b,即中期第一類卜辭,即有"父甲"、"父庚"、"父己"稱謂的康丁卜辭;4a,即中期第二類卜辭,即有"父丁"、"父辛"稱謂的武乙卜辭),"除出在晚期和中期二組坑外,還出於中期一組灰坑中","這説明4b類卜辭的時代比3b、4a兩類晚,但比5期要早"。

---

① 蕭楠:《再論武乙、文丁卜辭》,《古文字研究》第九輯。

即文丁卜辭(4b 類)的時代比康丁卜辭(3b 類)、武乙卜辭(4a 類)時代晚,但比第五期時代早。"這三類卜辭前後的順序是 3b—4a—4b,即康丁—武乙—文丁卜辭。若將 4a 視爲祖庚卜辭,4b 視爲武丁晚期卜辭,那它們之間的次序應當是 4b—4a—3b。這種看法與考古發掘中的地層、坑位情況是矛盾的"。這就進一步從地層、坑位關係上證明了"歷組"卜辭確實是武乙、文丁卜辭,而不可能是武丁晚期至祖庚時期的卜辭。

2. 解放前甲骨出土的層位、坑位情況

作者爲了慎重起見,"還檢查了解放前殷墟出甲骨的地層關係。此工作是從兩方面進行的:(一)分析甲骨出土的層位情況;(二)分析甲骨坑中各類卜辭的共存關係"。

(1) 甲骨出土的層位情況

作者指出"解放前殷墟發掘中甲骨出土的層位關係,至今沒有發表出完整的資料,幸石璋如在《乙編·殷墟建築遺存》一書中,在介紹小屯村北甲、乙、丙三組基址時,將有關的甲骨坑位作了介紹","在甲、乙、丙三組基址中,除甲組由於時代較早,其下未疊壓卜骨坑外,乙、丙二組基址下都疊壓着卜骨坑"。作者詳細介紹了乙、丙兩組基址下甲骨坑的疊壓情況(此處只能作簡略介紹)。

乙基一,下壓兩個甲骨坑,卜辭爲《甲》3347,屬𠂤組。

乙基三,下壓坑號 B46,卜辭爲《甲》3306,屬出組。

乙基五,下壓五個甲骨坑(其中 H83 資料未發):

  B170,卜辭爲《甲》3357,屬𠂤組。

  B30,卜辭爲《甲》3303、3304、3305,屬𠂤組。

  H38,卜辭爲《乙》475、476,字體近出組。

  H76,卜辭爲《乙》438,屬賓組。

乙基六,下壓 H5,卜辭爲《乙》298、8649、8650,屬𠂤組。

乙基八,下壓 H36,卜辭爲《乙》474,8683—8687、8657—8660,屬𠂤組。

乙基十一,下壓兩個甲骨坑:

  H228,卜辭爲《乙》8689,屬武丁時代。

  H244,卜辭爲《乙》9057,屬武丁時代。

乙基十三,下壓 H371,卜辭爲《乙》9026—9032,屬𠂤組。

丙基十,下壓 H427,卜辭爲《乙》9096—9098,屬𠂤組。

丙基十三,下壓兩個甲骨坑:

  H423,卜辭爲《乙》9095,屬𠂤組。

  H359,卜辭爲《乙》9090、9092,屬𠂤組。

丙基十五，下壓 H364，卜辭爲《乙》9093、9091，屬𠂤組。

丙基十七，下壓兩個甲骨坑：

  H344，卜辭爲《乙》8997—9022、9066—9097，屬𠂤組。

  H393，卜辭爲《乙》9033、9034，9033 爲𠂤組，9034 似爲廩辛卜辭。

作者介紹乙基五説"上述乙組基址，其時代都比較接近，大概都是庚、甲至廩、康時期的建築"。又説，關於丙組基址的時代，判斷較困難。丙基十，"其時代上限不能早於殷墟文化第三期"，"丙十三、丙十五、丙十七三個基址，因其上缺乏打破和疊壓的坑位資料，對其下限的判斷缺乏直接根據。根據建築遺迹之分群和下面的疊壓關係來看，大約與丙基十的年代相去不遠"。

作者通過以上乙、丙基址甲骨出土的層位情況，分析説："在上述乙、丙基址中，對於武乙、文丁卜辭（即所謂"歷組"卜辭）的斷代有決定意義的是乙組基址。因上述乙組基址大致都是庚、甲至廩、康時期的建築，而下壓的均是賓組、𠂤組、出組等卜辭。假如'歷組'卜辭是武丁晚期至祖庚時代的卜辭，那爲什麼在這些基址下一片'歷組'卜辭也不出現呢？村南、村北近在咫尺，又同是王室的卜辭，爲什麼'歷組'不會進入村北呢？況且，村北是出'歷組'卜辭的，經正式發掘的大連坑（如《甲》2667）、E52（如《甲》3649）、YH258（如《乙》9064）、YH354（如《乙》9098）等都出'歷組'卜辭。事實證明：村北是出'歷組'卜辭的，只不過沒有出在這些基址下罷了。這正説明：'歷組'卜辭要晚於這些基址的時代。"

總之，乙、丙兩組基址下疊壓卜骨坑的情況，特別是"歷組"卜辭不出於屬祖庚、祖甲時代或略早的乙組基址下面，確鑿地證明了所謂"歷組"卜辭絕不是武丁至祖庚時期的卜辭。

（2）甲骨坑中各類卜辭的共存關係

除了分析乙、丙兩組基址下疊壓甲骨坑的情況外，作者還分析了小屯村其餘甲骨坑的情況，即分析這些坑的共同關係。① 他們將這些坑歸納爲五個類型，並列表說明（表略）。五類情況分別是：

第一類："是以賓組、𠂤組爲主體的共存關係，另外還包括了子組和午組。實際上，此類就是武丁時代四種卜辭的共存關係。"

第二類："是以出組卜辭爲其下限的共存關係。在這一類中，有賓組、𠂤組、子組卜辭，這是早期卜辭進入晚期地層的正常現象。"

第三類："是以何組卜辭爲其下限的共存關係。在這一類坑中，還有賓組、𠂤組、

---

① 作者注明：這些坑的"地層疊壓情況，因很多缺乏完備資料，不好論斷"。

出組卜辭。"

第四類："是以文丁卜辭（歷組父乙類）爲其下限的共存關係。在這一類中，主體是康、武、文卜辭，另外還有自組。"

第五類："是以乙辛卜辭爲其下限的共存關係，賓組、出組、何組、康丁卜辭都出現於這一組合中。由於科學發掘的第五期卜辭坑位不多，故此類反映的共存關係可能不够全面。"

作者總結上述甲骨坑中各類卜辭的共存關係，説："當我們清楚各類坑位的時代以後，就看到這樣一個事實：在第一、二、三類（即廩康以前）的甲骨坑中，没有發現'歷組'卜辭同賓組、自組、出組、何組卜辭共存。只是在第四類的坑位中，纔有自組同'歷組'卜辭共存。然而，該類坑位的時代是晚的，自組同'歷組'發生共存，是早期卜辭進入晚期地層所發生的正常現象，如同賓組卜辭進入晚期地層和乙辛卜辭發生共存（如第五類中的 E5、E9）是一樣的。"這也是"歷組"不屬於早期的證據之一。

作者最後説："總結解放以前殷墟發掘中的甲骨坑位關係和卜辭共存情況，可以歸結爲一句話：在廩康以前的地層和坑位中，没有發現'歷組'卜辭。這一情況同 73 年小屯南地發掘的情況是一致的。如果'歷組'卜辭是武丁晚期至祖庚時代的卜辭，那爲什麼在廩康以前的地層中找不到它們呢？這一情況，不能不引起人們的深思。因此，我們認爲，從截至目前爲止的地層情況看，没有證據證明'歷組'卜辭是武丁晚期至祖庚時代的卜辭；相反，它應該是武乙、文丁時代的卜辭。因爲，地層情況恰恰是爲後者作了證明的。"

作者以前曾論述過 1973 年小屯南地出土甲骨的坑位和地層關係，證明了康丁—武乙—文丁卜辭的時代前後順序。在該文中作者又進一步選用了小屯南地六組有打破和叠壓關係的中、晚期坑位，再一次證明了康丁—武乙—文丁卜辭的時代前後順序。並且又分析了解放前甲骨出土的層位情況，以及各甲骨坑中各類卜辭的共存關係，進一步證明了康丁—武乙—文丁卜辭的時代前後順序，再次確鑿地證明了所謂"歷組"卜辭應是武乙、文丁卜辭，絶不是武丁晚期至祖庚時期的卜辭。

3.《三論》再談"武乙、文丁卜辭的坑位和地層關係"

2011 年，劉一曼、曹定雲發表了《三論武乙、文丁卜辭》（下簡稱《三論》），① 從三個方面再對"武乙、文丁卜辭的坑位和地層關係"做了論述：

（1）關於 1928—1937 年殷墟甲骨出土情況

關於 1928—1937 年殷墟出土的武乙、文丁卜辭（即所謂"歷組"卜辭），作者曾在

---

① 劉一曼、曹定雲：《三論武乙、文丁卜辭》，《考古學報》2011 年第 4 期。

《再論》文中作了詳細論述(見上文)。在該文(《三論》)中作者又指出:"1928—1937年考古發掘所獲的武乙、文丁卜辭大多是第一至五次殷墟發掘,在村中、村南出土的。早年的殷墟發掘所説的坑,是指發掘單位(如大小不一的探溝、探方),與我們現在説的甲骨埋藏的灰坑、窖穴有所不同。"此説正確。其實,陳夢家早在1956年就指出,中研院發掘殷墟所説的"坑位",指的是灰坑在人爲劃分的發掘區裏的位置,而不是指灰坑所在的地層的層次。① 作者又指出:"早年的發掘,記録出土文物(包括甲骨),不是按它所在的文化層次,而是按其深度來登記的,這是不太科學的。因爲文化層有高低起伏,在殷墟發掘中,同一個探方内,晚期層(或坑)有時比早期層更深,故埋藏較深的遺物不一定比較淺的遺物時代早。"這種情況的發生是由於當年考古學的層位學尚不發達的緣故。②

總之,作者在詳細分析了1928—1937年殷墟甲骨的出土情況後,"歸結爲一句話:'在廪康以前的地層和坑位中,没有發現'歷組'卜辭'。③

(2) 關於1973年小屯南地甲骨出土情況

作者過去在《屯南·前言》、《一論》、《再論》中已對1973年小屯南地甲骨出土情況做過介紹,"本文(常按:即《三論》)結合《1973年小屯南地發掘報告》的資料,再做簡要敘述"。

作者説:"1973年我們曾將小屯南地殷代遺址分爲早、中、晚三期,早期與中期各分二段。該次發掘,在五十九個灰坑中都發現了刻辭甲骨。早期一段坑H115,出一片時代比武丁略早的卜辭。早期二段五個坑,出自組、午組或字體似賓組的卜辭。中期坑,除出少量早期卜辭外,大量出無名組與歷組卜辭。晚期坑除出早期、無名組、歷組卜辭外,還見有黄組卜辭。"

作者主要敘述了"出無名組、歷組卜辭的中期坑",説:"小屯南地中期有灰坑32個(附表),其中,中期三段有11個,四段有21個。中期四段坑出的陶器型式較三段略晚。並且有的中期四段坑打破中期三段坑,如H39→H37、H85→H99、H47→H55、

---

① 陳夢家:《殷虚卜辭綜述》,頁140。
② 1936年,石璋如主持殷墟第十三次發掘,在記録H127坑的坑位和甲骨出土的情形時説:"窖的田野號數叫做H127,它的附近地層頗為複雜。最上層是墓葬群,單就它本身有關係的遺迹説,最上層是M156;其次是H117,一個大而淺的灰土坑;又其次H121灰土坑。當H117到底之後,纔發現它的上口,它曾破壞了H127坑東邊的一部分,那麽H127在這一帶是資格最老的遺迹了。"這説明石璋如已意識到最下層的H127是時代最早的灰坑了(見《乙編·序》,《考古學報》1949年第4期)。但董作賓在作甲骨斷代時,仍是以灰坑所在的人爲設定的平面發掘區爲標準的,並没有注意到灰坑所在的地層關係。
③ 蕭楠:《再論武乙、文丁卜辭》,《古文字研究》第九輯。

H24→H36。無名組與歷組父丁類卜辭,除出於晚期坑層外,見於中期四段與三段的灰坑,而歷組父乙類卜辭除出晚期坑層外,則只出於中期四段,不見於中期三段坑。故我們認爲,歷組父乙類晚於父丁類及無名組卜辭是有考古學依據的。"

(3) 關於 1986—2004 年小屯村中、村南甲骨出土情況

作者在該文還分析了 1986、1989、2002、2004 年考古研究所安陽發掘隊在小屯村中、村南進行的幾次發掘。這幾次發掘"共發現刻辭甲骨 514 片。大多數甲骨文可以分期,其中屬午組、自組、一期卜辭約 90 多片,無名組卜辭 140 多片,歷組卜辭 160 多片,黃組刻辭 1 片"。"村中、村南刻辭甲骨,除一百六十多片出於隋唐以後的地層外,其餘均出於殷代的灰坑或地層"。作者將殷代坑層甲骨出土的情況列表(表一)表示,說:"從表一可知,午組、自組和一期卜辭出於早期灰坑(殷墟文化一期及二期早段)H4 與 H6 下,黃組刻辭(《村中南》[①]438)出於殷墟文化第四期的灰坑 H55 中,而無名組、歷組(父丁與父乙類)出於殷墟文化第三期(或三期晚)、四期或四期早段的灰坑及文化層中。"作者說《村中南》刻辭甲骨,以無名組、歷組卜辭占多數,其中五片有父輩稱謂:父辛(《村中南》277,屬無名組),父丁(《村中南》202、203、12、46,皆屬歷組父丁類),村中出了一片與《粹編》597 同文的歷組父乙類卜辭(《村中南》212)。作者說:"總之,1986—2004 年小屯村中、村南的發掘,歷組卜辭的出土情況與 1973 年屯南發掘基本相似,即歷組卜辭只出於殷墟文化三、四期的坑層中。稍有不同的是村中南的三期灰坑與地層,從出土陶片考察,屬三期偏晚階段,較小屯南地中期三段略早。"這就是說,1986—2004 年的村中、村南的發掘也證明了"歷組"卜辭屬於武乙、文丁時期。

作者最後總結說:"殷墟田野發掘從 1928 年開始,到現在已經 83 年。檢查歷次甲骨出土的情況是:1973 年小屯南地的發掘,歷組卜辭出在小屯南地中期、晚期地層;解放以前的殷墟發掘,甲骨出土的情況也是'在廩康以前的地層和坑位中,沒有發現歷組卜辭';1986—2004 年小屯村中、村南的發掘,歷組卜辭還是出在中期及其以後的地層和灰坑中。歷次發掘都沒有在早期地層中發現過歷組卜辭,這是最基本、最重要的事實。"準此,則八十多年的殷墟甲骨出土的地層和坑位都無可置疑地證明:所謂"歷組"卜辭確是武乙、文丁時期的卜辭,絕不是武丁晚年至祖庚時期的卜辭。

對於上述八十多年來"歷組"卜辭出土的地層和坑位鐵證,我們只能老老實實地給予尊重和承認,因爲這是客觀存在的科學事實。但是林澐却在《三論》發表後的第

[①] 中國社會科學院考古研究所:《殷墟小屯村中村南甲骨》(簡稱《村中南》),昆明:雲南人民出版社 2012 年版。

二年即 2012 年,在給周忠兵的書《卡内基博物館所藏甲骨研究》作的"序"中,①對蕭楠、劉一曼、曹定雲論述的殷墟出土甲骨的地層和坑位證據提出質疑,並且提出了"新"的甲骨斷代方法。綜觀他的論述,是認爲考古學的"地層學"對甲骨斷代是靠不住的,祇有運用考古學的"類型學"把各類卜辭的字體"從形態順序漸變的視角排成合乎邏輯的序列",纔能正確地對甲骨進行斷代。他説:"在類型學上建立起比較可靠的各類卜辭的演變序列,只要肯定師組(當爲"𠂤組"—引者按)卜辭出於殷墟一期的地層,或是黄組卜辭明確出於殷墟四期的地層,便可以確定這個序列哪一頭早,哪一頭晚。無須每類卜辭都還要一一確知其最早的出土層位來作斷代證據,而可以從每類卜辭所見的祭祀對象來確定其存在年代。"這個提法基本上否定了考古學的層位學、坑位學在甲骨(也包括其他出土物)斷代中的作用。此話出自一個學考古學專業出身,並且從事過田野考古發掘者的口中,非常令人驚訝! 以林在學界的知名度,他的這些話對非考古專業出身人的影響,是顯而易見的。林澐爲什麼要極力否定甲骨出土的層位、坑位在斷代中的作用? 爲什麼要極力主張用没有統一的分類標準,僅憑個人主觀觀察,且具有不確定性的字體進行斷代? 這無疑是因爲八十多年來的殷墟考古發掘地層和坑位資料,確證了所謂"歷組"卜辭絶不是早期的武丁至祖庚時期的卜辭。林澐爲了否定地層學在斷代中的重要作用,在"序"中還提到了考古學大家蘇秉琦"當年研究鬥雞臺東區墓葬時,也是没有層位關係爲依據的"。查蘇先生的論著即知林氏的説法不確。苏先生是最强調地層學在判斷出土物時代中的重要作用的,是最强調運用考古"類型學"進行斷代時必須要以地層學爲依據的。他(與殷瑋璋)曾撰文《地層學與器物形態學》一文做專門論述。② 在該文中蘇先生説:"近代考古學正是運用了地層學和器物形態學(常按:即類型學)這兩種方法,纔把埋在地下的無字'地書'打開,並把它分出'篇目'和'章節'來。""如果説地層學是考古發掘工作最基本的一個環節,這決非過分。田野發掘中揭露的任何遺存,一般地説,都須借助於地層關係以確定其時代。如果失却地層依據或層位關係混亂,就會使出土的遺存失去應有的科學價值。"這就點明了地層學在判斷出土遺物時代中的關鍵作用。對於墓葬的斷代,蘇先生説:"器物形態學是比較研究時常用的一種方法。它運用的范圍並不局限於對器物形態作比較研究。諸如居址、墓葬或其他遺迹的形制,都可以進行排比研究,從中尋找各種物質文化成分在歷史進程中變化的綫索。"這是説,區别墓葬的年代也可用"器物形態學"即"類型學"的方法。但他又特别强調:"運用器物形態學進行分

---

① 周忠兵:《卡内基博物館所藏甲骨研究》,林澐 2012 年序,上海:上海人民出版社 2015 年版。
② 蘇秉琦、殷瑋璋:《地層學與器物形態學》,《文物》1982 年第 4 期。

期斷代,必須以地層疊壓關係或遺迹的打破關係爲依據。"蘇先生説:"由於注意到一層堆積所跨越的實際年代可能相當長,於是在同一地層中依據遺迹(如灰坑、墓葬)的打破關係進一步區分時間的早晚。甚至没有打破關係的墓群,也能從墓葬排列的規律中找出先後的關係。"這裏是説,對墓葬的斷代也是要依據墓葬等遺迹的打破關係也即是依據層位學來區分早晚的。在運用層位學、類型學掌握了各代墓葬的排列規律後,就可以對"没有打破關係的墓群,也能從墓葬排列的規律中找出先後的關係"了。可見蘇先生當年研究鬥雞臺東區墓葬時,並不是没有以層位關係爲依據的。林澐否定層位學對甲骨斷代的作用,言"只要肯定師組(當爲"自組"——引者按)卜辭出於殷墟一期的地層,或是黄組卜辭明確出於殷墟四期的地層,便可以確定這個序列哪一頭早,哪一頭晚。無須每類卜辭都還要一一確知其最早的出土層位來作斷代證據,而可以從每類卜辭所見的祭祀對象來確定其存在年代"。這種脱離了層位學只利用祭祀對象來斷代的説法絶對行不通,如對"歷組"卜辭中祭祀的對象"父丁"的所指,就有武丁、康丁兩説,對"父乙"的所指,就有小乙、武乙兩説。前已提及,董作賓、陳夢家早已指出,不能利用單獨的親屬稱謂"父丁"、"父乙"進行斷代。但主張"歷組"卜辭提前的學者就是利用這兩個祭祀對象作根據的,但是如果利用"歷組"卜辭從不在早期地層出土的證據,就確鑿無疑地證明了"歷組"卜辭提前説絶對不能成立。不只林澐,李學勤、裘錫圭也曾對"歷組"卜辭出土的層位提出過懷疑。① 看來,"歷組"卜辭的出土層位,提供了"歷組"卜辭時代的科學證據,使"歷組"卜辭提前説站不住脚了,由此導致了主張"歷組"卜辭提前論者極力反對層位學在斷代中的作用。

下面,我們再不厭其煩地分析一下林澐對"歷組"卜辭出土的層位、坑位的質疑,看其是否能成立。

4. 林澐對"歷組"卜辭出土層位、坑位的質疑

林澐質疑的甲骨出土地層和坑位證據,一個是 1973 年小屯南地的甲骨發掘,一個是 1986、1989、2002、2004 年小屯村中、村南的甲骨發掘。

對 1973 年小屯南地甲骨發掘的質疑,林澐説,1975 年公布的小屯南地發掘報告(簡報),"所謂中期一組的單位"祇有 11 個灰坑(常按:即 H8、H16、H36、H37、H55、H72、H91、H92、H95、H99、H109),"可是所出甲骨仍總共祇有 47 片"(常按:林統計不確,應爲 53 片),"其中可確認爲歷組二類的祇有出自 H36 的《屯南》2077、《屯南》

---

① 李學勤:《小屯南地甲骨與甲骨分期》,《文物》1981 年第 5 期;裘錫圭:《論"歷組卜辭"的時代》,《古文字研究》第六輯,北京:中華書局 1981 年版,收入《裘錫圭學術文集·甲骨文卷》,上海:復旦大學出版社 2012 年版。

2078、《屯南》2079三版,出自H8的《屯南》570—571(正反面),出自H109的《屯南》2772,共五版"(常按:林統計不確,H8還有《屯南》569,共6版)。① 他説:"在小屯南地中期一組層位中連歷組二類也一共只出這樣少的幾版,哪裏能够有力證明歷組一類和歷組二類的早晚關係呢?"對此,筆者認爲,證明"歷組一類"與"歷組二類"的早晚關係,不在於中期一組地層出土的"歷組二類"甲骨數量的多少,而在於它與出"歷組一類"卜辭的地層關係,以及與該兩類甲骨同出的其他類型的甲骨情況。林先生不舉"歷組一類"卜辭的出土層位,不舉與兩類卜辭共出的其他類型卜辭的情況,就斷言地層不能證明"歷組"兩類卜辭的早晚,是站不住脚的。

在《三論》中,作者説,1973年他們"曾將小屯南地殷代遺址分爲早、中、晚三期,早期與中期各分兩段。該次發掘,在五十九個灰坑中都發現了刻辭甲骨"。其出土甲骨的情況是"早期一段坑H115,出一片時代比武丁略早的卜辭。早期二段五個坑,出自組、午組或字體似賓組的卜辭"。注意:在早期坑層中不見有"歷組"卜辭出土,"中期坑,除出少量早期卜辭外,大量出無名組與歷組卜辭","晚期坑除出早期、無名組、歷組卜辭外,還見有黄組卜辭"。作者再次敘述了出無名組、"歷組"卜辭的中期坑。他們説:"小屯南地中期有灰坑32個。其中,中期三段有11個,四段有21個。中期四段坑出的陶器型式較三段略晚。並且有的中期四段坑打破中期三段坑,如H39→H37、H85→H99、H47→H55、H24→H36。"由其文後所附的"1973年小屯南地中晚期灰坑出土刻辭甲骨統計表"可看到,在中期三段的11個灰坑中:H8出"歷組"父丁類;H16出習刻;H36出無名組、"歷組"父丁類;H37、H55出無名組;H72出一期、無名組;H91出自組;H92出賓組、習刻;H95出午組、無名組;H99出自組、一期、無名組;H109出"歷組"父丁類。總之,在中期三段(即中期一組)的11個坑中,"歷組"父丁類是與自組、午組、賓組、一期、無名組卜辭同出的,但不見有"歷組"父乙類卜辭出土。在中期四段的21個灰坑中:H23、H24、H39、H103出無名組、"歷組"(父丁、父乙類);H31、H38、H98出無名組、"歷組"父丁類;H47出午組、賓組、無名組、"歷組"(父丁、父乙類);H50、H85出午組、無名組、"歷組"(父丁、父乙類);H59、H74、H79、H93出無名組;H61出自組、午組、無名組、"歷組"父乙類;H75出無名組、"歷組"父乙類;H80出無名組、"歷組"父丁類;H84出一期、無名組、"歷組"父丁類;H87出"歷組"父丁類;H32出一版卜辭,所屬不明;H78是習刻。總之,在中期四段(即中期二組)的21

---

① 根據劉一曼、曹定雲在《三論武乙、文丁卜辭》(刊《考古學報》2011年第4期)文中列的"1973年小屯南地中晚期灰坑出土刻辭甲骨統計表"知:"中期三段"(即中期一組)11個灰坑所出甲骨共爲53片;H8還有《屯南》569。共6版刻辭。

個灰坑中,"歷組"父乙類是與自組、午組、賓組、一期、無名組、"歷組"父丁類同出的。因爲中期三段坑中出"歷組"父丁類卜辭,不見有"歷組"父乙類卜辭出土;中期四段坑中"歷組"父丁、父乙類卜辭同出,這說明"歷組"父乙類晚於"歷組"父丁類。如果"歷組"卜辭屬於武丁晚年至祖庚時期的卜辭,"父丁"當指祖庚稱武丁,"父乙"當指武丁稱小乙,那麽,"歷組"父乙類卜辭當早於"歷組"父丁類卜辭纔對,但上述小屯南地甲骨出土的地層關係却證明,"歷組"父乙類卜辭是晚於"歷組"父丁類卜辭的,因此,"歷組"卜辭絕不是武丁至祖庚時期的卜辭,而應是武乙、文丁卜辭。正如《三論》作者所總結的"無名組與歷組父丁類卜辭,除出於晚期坑層外,見於中期四段與三段的灰坑,而歷組父乙類卜辭除出晚期坑層外,則只出於中期四段,不見於中期三段坑",由此可證明,"歷組父乙類晚於父丁類及無名組卜辭是有考古學依據的"。由上述小屯南地中期三段(即中期一組)坑出土的"歷組二類"即父丁類卜辭,中期四段(即中期二組)坑出土的"歷組一類"即父乙類卜辭的層位關係,有力地證明了歷組一類與歷組二類卜辭的早晚關係。因此,林澐的質疑不能成立。

　　對1986、1989、2002、2004年小屯村中、村南甲骨發掘的質疑。林澐說:"《三論武乙、文丁卜辭》中公布了1986、1989、2002、2004年在小屯村中和村南進行甲骨發掘的結果,歷組一類和歷組二類同出於屬殷墟文化第三期或第三期晚段(相當於小屯南地所分中期或中期二組)的各個單位,並沒有再提供歷組二類出土層位早於歷組一類的新證據。可見1973年發掘中歷組二類有五版見於中期一組,而歷組一類不見於中期一組,實不過是一個偶然現象,並沒有什麽層位學意義。"這段話的要害是,用1986、1989、2002、2004年村中、村南的發掘"沒有再提供歷組二類出土層位早於歷組一類的新證據",來否定1973年在小屯村南發掘中歷組二類(父丁類)早於歷組一類(父乙類)的地層證據。首先,這種以一處層位未出現新證據,來否定另一處層位已出現的證據的作法,是不合乎邏輯的。其次,我們知道,在考古地層學中,有一個很普遍、很正常的現象,就是在晚期的地層或灰坑中往往會有早期的遺物出現,也即不同時代的遺物會出現在同一個層位或灰坑中。因此,"歷組一類"與"歷組二類"同出於一個層位或一個灰坑是正常的現象。而區分同一個坑層中遺物的早晚,是要根據各類遺物所特有的時代特徵,以及它們在其他遺址中的坑層關係。怎麽能夠因爲在一處遺址的同一個坑層中(中期二組)同時出現了"歷組一類"與"歷組二類",就否定了在另一處遺址中已證明了的"歷組二類"早於"歷組一類"的坑層關係呢?

　　在1986、1989、2002、2004年的村中、村南發掘中,"共發現刻辭甲骨514片","其中屬午組、自組、一期卜辭約90多片,無名組卜辭140多片,歷組卜辭160多片,黃組刻辭1片"。這些刻辭甲骨,"除一百六十多片出於隋唐以後的地層外,其餘均出於殷代的灰坑或地層"。《三論》作者在該文中列有一個表,即"表一:《村中南》所出無名組、歷組號碼統計表",該表對各年的發掘分五個項目做了介紹,即"甲骨出土年代"、"灰坑或層位號"、"甲骨著錄號"、"甲骨類別"、"時代"。在 1986 年的欄目中,"灰坑或層位號"有三個單位,出土甲骨全爲無名組卜辭,其時代爲殷墟文化三期晚或四期初。在 1989 年的欄目中,"灰坑或層位號"有八個單位,出土甲骨的時代是:出無名組的 T4(4)爲殷墟文化第三期。出無名組、"歷組"(父丁、父乙類)的 T8(3),出自組、無名組、歷組父丁類的 T8(3A),均爲第三期或三期晚。其他出無名組、歷組父丁類的 H7、T6(3B),出歷組父丁類 T6(3C),出無名組、歷組(父丁、父乙類)的 T6(3D),出無名組的 T7(3A),都屬第四期早段。則 1989 年的發掘證明,"歷組"最早是與自組、無名組出在殷墟文化第三期或三期晚段。在 2002 年的欄目中,"灰坑或層位號"有 13 個單位,出土甲骨的時代是:出午組、自組、一期卜辭的 H4 屬殷墟文化第一期。出自組、一期卜辭的 H6 下屬第二期早段。出午組、賓組、一期、歷組(父丁、父乙類)的 H57,出無名組、自組、一期、歷組(父丁、父乙類)的 H6 上,出歷組父乙類刻辭的 F1,都屬於第三期。出午組、自組、一期、歷組(父丁、父乙類)的 H9 屬於第四期。出午組、一期、無名組、歷組(父丁、父乙類)、黄組的 H55 屬於第四期。其他出午組、無名組的 H23,出無名組的 H24,出自組、無名組、歷組父丁類的 H47,出午組的 H54,出歷組父丁類的 G1,出午組、無名組的 T4 A(3),都屬於第四期。則 2002 年的發掘證明,出在殷墟文化第一期、第二期早段的午組、自組、一期卜辭,早於出在殷墟文化第三期的"歷組"卜辭,而"歷組"卜辭又早於出在殷墟文化第四期的黄組卜辭。因爲"歷組"卜辭没有與午組、自組、一期卜辭同時出現在殷墟文化第一期或第二期早段,所以"歷組"卜辭不可能與午組、自組、一期卜辭同時代,即"歷組"不是早期卜辭。在 2004 年的欄目中,"灰坑或層位號"祇有一個單位 T5(10),出土甲骨 2 片,均是無名組的習刻。作者總結 1986、1989、2002、2004 年的小屯村中、村南的發掘説:"從表一可知,午組、自組和一期卜辭出於早期灰坑(殷墟文化一期及二期早段)H4 與 H6 下,黄組刻辭(《村中南》438)出於殷墟文化第四期的灰坑 H55 中,而無名組、歷組(父丁與父乙類)出於殷墟文化第三期(或三期晚)、四期或四期早段的灰坑及文化層中。"

上述甲骨出土情況説明,在 1986、2004 年的發掘中没有"歷組"卜辭出土。在 1989、2002 年的發掘中,"歷組"父丁類、父乙類卜辭是與自組、午組、賓組、一期、無名組同出在一個坑層中,林澐認爲這些新發掘"没有再提供歷組二類出土層位早於歷組一類的新證據",所以,1973 年小屯南地發掘中"歷組二類有五版見於中期一組,而歷組一類不見於中期一組,實不過是一個偶然現象,並没有什麼層位學意義"。這種"推理"不但没有説服力,而且令人匪夷所思。這就等於説,某一遺址的坑層已證明了某些類卜辭的早晚，但因後來在另一遺址中没有新的坑層證據證明那些類卜辭的早晚，所以前一個遺址的坑層證據就不能説明問題了，也即"没有什麽層位學意義"了。這種以不見新證據就去否定已有證據的做法，讓人覺得就是對不符合自己觀點的證據隨意否定，這不是科學的尊重事實的態度。在1973年的小屯南地發掘中，"發現出歷組父乙類卜辭（即文丁卜辭）的灰坑打破出歷組父丁類卜辭（即武乙卜辭）的灰坑，也就是説，出歷組父乙類卜辭的灰坑，比出歷組父丁類卜辭的灰坑時代稍晚"。① 這一地層關係至爲重要，它不但無可辯駁地證明了"歷組"父乙類卜辭晚於"歷組"父丁類卜辭，而且證明"歷組"卜辭不可能是武丁至祖庚時期的卜辭。因爲如果"歷組"卜辭屬於早期的武丁至祖庚時期，那麽，"歷組"父乙類卜辭就應該早於父丁類卜辭，因爲按照提前論者的説法，"歷組"的"父乙"是武丁稱其父小乙，"父丁"是祖庚稱其父武丁，因此，"父乙"類就應該早於"父丁"類纔對（這一點爲大多數學者忽略了）。但實際情況是，小屯南地發掘的層位、坑位關係證明了"歷組"父乙類是晚於"歷組"父丁類（及無名組卜辭）的，這就證明了"歷組"卜辭的"父乙"應是文丁稱其父武乙，"父丁"應是武乙稱其父康丁，從而否定了提前論者的"父丁"是指武丁，"父乙"是指小乙的錯誤説法，確鑿地證明了"歷組"卜辭提前論是不能成立的。這應當就是林澐之所以要極力否定小屯南地發掘的"歷組"父乙類層位、坑位晚於"歷組"父丁類層位、坑位證據的目的。

總之，小屯南地發掘的坑位、層位證據確鑿無疑地證明了"歷組"卜辭只能是武乙、文丁卜辭，"父丁"是武乙對康丁的稱呼，"父乙"是文丁對武乙的稱呼。考古發掘中"歷組"卜辭所出的地層關係是推斷其時代的主要依據，正如小屯南地甲骨發掘者所説"'歷組卜辭'只出於殷墟文化第三、四期的地層和灰坑裏，從未出現於殷墟文化一、二期的坑、層中"，"從甲骨坑中卜辭的共存關係來看，迄今尚未發現歷組卜辭與𠂤、子、午、賓、祖庚、祖甲卜辭共存於較早的坑、層中，但卻常常見到它們與康丁卜辭同坑而出，而且分布區域也與康丁卜辭基本相同，即都集中於村中、村南"。② "歷組"卜辭不與賓、𠂤、午、子等組卜辭在早期地層或灰坑中同時出現，這就是"歷組"卜辭應爲晚期而不屬於早期的考古學證據，鐵證如山。科學的層位、坑位證據擺在那兒，無論承認與否都改變不了鐵的事實。

前已指出，林澐在否定科學的層位、坑位證據的同時，又提出了一個不具備科學性、没有確切分類標準的"字體"作爲斷代的"新"標準。林澐的這個斷代方法並不新

---

① 中國社會科學院考古研究所編著：《殷墟的發現與研究》，北京：科學出版社1994年版，頁171。
② 中國社會科學院考古研究所編著：《殷墟的發現與研究》，頁171。

穎,它實際就是李學勤主張的先用字體分類,再進行斷代的方法。對此斷代方法,我們將在另文進行分析。

回顧八十多年來利用考古坑位學、地層學進行甲骨斷代的情況,可以看到,這有一個逐漸認識與逐漸發展的過程。

最早是1928年至1937年的殷墟考古發掘。1933年,董作賓結合殷墟前五次發掘,提出了甲骨斷代的十項標準,其中第4項是"坑位"。但他所説的"坑位",是指灰坑所在人爲劃分的發掘區裏的平面位置,而不是指灰坑所在的地層的層次位置。雖然董先生當時已注意到在一個灰坑裏出土的甲骨往往同屬於一個時代,但他却避不開用灰坑所在發掘區的區位來斷代。如他對E16坑甲骨的斷代,該坑所出甲骨是賓組與自組的混合,陳夢家指出,董氏"據貞人定E16坑所出甲骨全是第一期的",但他"所舉的是賓組卜人而没有列自組卜人",他一方面説E16坑"只出一、二期卜辭,一方面又以E16所出自組卜辭與甲尾刻辭定爲文武丁的。要是根據後説,那末E16坑應該遲到文武丁時代;要是根據前説,自組卜辭和甲尾刻辭應該屬於一、二期了"。因此,董氏對E16坑甲骨的斷代是矛盾的。陳先生又指出,董氏對E16坑甲骨的斷代,定自組爲文武丁卜辭,除了根據自組稱"唐"爲"大乙"外,還有一個就是根據出土地區,"自組卜辭在村南大道旁(36坑一带)出土不少,他把村南和村中廟前混合爲一區,認爲只出三、四期卜辭,因此定自組卜人爲文武丁的"。①再如董氏對YH127甲骨的斷代,該坑所出甲骨是賓組與子組、午組的混合,董先生將賓組定爲武丁卜辭,却將子組、午組定爲文武丁時卜辭。《三論》作者也曾指出:"早年的發掘,記録出土文物(包括甲骨),不是按它所在的文化層次,而是按其深度來登記的,這是不太科學的。因爲文化層有高低起伏,在殷墟發掘中,同一個探方内,晚期層(或坑)有時比早期層更深,故埋藏較深的遺物不一定比較淺的遺物時代早。"上述這些情況説明當時的考古坑位學、層位學還是不夠發達的。

1956年,陳夢家發表《殷虛卜辭綜述》,指出董氏的"坑位"斷代標準是不科學的,在他歸納、整理的甲骨斷代三大標準中,剔除了董氏的"坑位"標準。他指出董氏的"坑位"是指灰坑所在的發掘區裏的"區位",用"區位"斷代是有局限性的,告誡"所謂坑位應該和'區'分别",並首次提出"坑以外我們自得注意層次"。

考古所安陽工作隊1973年對殷墟小屯南地甲骨的發掘,1986、1989、2002、2004年對小屯村中、村南甲骨的發掘,是繼1928—1937年之後最重大的考古新發現。在這幾次發掘中,他們運用迄今最科學的考古地層學、坑位學方法,依據地層的疊壓關

---

① 陳夢家:《殷虛卜辭綜述》,頁155。

係、遺迹的打破關係準確地判定各種遺迹、遺物的時代,科學、翔實地記錄了每片甲骨出土的層位、坑位關係,釐清了殷墟各組甲骨的發展脉絡。他們把科學的層位學、坑位學方法運用到甲骨斷代研究中,將甲骨斷代研究推向了一個新的高度,爲甲骨斷代研究做出了具有里程碑式意義的貢獻。

(三)"歷組"卜辭的事類

主張"歷組"卜辭的時代應該提前的學者,羅列了一些"歷組"卜辭與武丁、祖庚卜辭相同的占卜事項作證據。而主張"歷組"卜辭爲武乙、文丁卜辭的學者,則舉出更詳細、更系統的事類予以反證。前者可以裘錫圭的《論"歷組卜辭"的時代》爲代表,[1]後者可以張永山、羅琨的《論歷組卜辭的年代》,劉一曼、曹定雲的《三論武乙、文丁卜辭》,林小安的《武乙、文丁卜辭補正》、《再論"歷組卜辭"的年代》爲代表。[2]

裘錫圭在文中例舉了賓組(可能含出組)與"歷組"相同的 20 個事例,主要涉及兩組卜辭中相同的人名從事相同的事項,有的日期也相同(我們對他釋讀的一些卜辭有存疑)。這些人名在前文中多已舉出過,如芇、畓、望乘、眢、師般、沚馘等。可以斷言,裘氏的這些例證不具有説服力。因爲關於相同的人名,前文已引張政烺和其他學者對商代"異代同名"現象的論述。關於相同的職務,張政烺先生已指出古代存在"世官制",即一個族氏的幾代人往往在各世商王朝中從事相同的工作,舉例如卜人:永在一期、五期,戠在一期、三期,囗在一期、二期、三期,大在自組、一期、二期、三期,黄在二期、五期,都供職於王室作卜官。"根據這些材料可以説永、戠、囗、大、黄等都是龜卜世家,子孫繼續擔任占卜工作,爲殷王室服務"。[3] 蕭楠也指出商代的職務有世襲的現象,一個族氏世代往往在王室從事相同的工作,如農業、牧業、武職等等。[4] 至於有的日期干支相同,這很容易解釋,因爲商代是實行六十干支紀日法,一個干支日六十天一輪回,故在不記年祀、月名的情況下,很難説同一個干支日就是指的同一天。

而主張"歷組"卜辭爲武乙、文丁卜辭的學者,則舉出在祖先祭祀、方國戰争、卜王辭等方面的事例,詳細論證了"歷組"卜辭與武丁、祖庚卜辭在這些事類上的差異,以

---

[1] 裘錫圭:《論"歷組卜辭"的時代》,《古文字研究》第六輯,北京:中華書局 1981 年版。
[2] 張永山、羅琨:《論歷組卜辭的年代》;劉一曼、曹定雲:《三論武乙、文丁卜辭》,《考古學報》2011 年第 4 期;林小安:《武乙、文丁卜辭補正》;林小安:《再論"歷組卜辭"的年代》,《故宫博物院院刊》2001 年第 1 期。
[3] 張政烺:《帚好略説》,《考古》1983 年第 6 期。
[4] 蕭楠:《再論武乙、文丁卜辭》,《古文字研究》第九輯。

證明"歷組"卜辭絶不是武丁至祖庚時期的卜辭。

1. 關於對祖先的祭祀

1980年,張永山、羅琨合撰《論歷組卜辭的年代》一文,①通過分析武丁卜辭和"歷組"卜辭對遠世祖先和父輩先王祭祀的不同,證明"歷組"卜辭不可能早到武丁時期。

張、羅二位先生指出:武丁時對遠世祖先祭祀時使用大量的人牲,如"降酓千牛千人"(《丙》124正、125反,即《合集》1027正反),"用三百羌于丁"(《契》245,《合集》293),"卯☒、大丁、大甲、祖乙百鬯、百羌、卯三牢"(《後·上》28.3,《合集》301)。他們指出,武丁時"貞問是否一次用三百人以上作人牲的卜辭近三十條,其中對祖乙以前的祖先祭祀最爲隆重,用牲也多。相對的講祭父輩用牲則稍少一些,一般一次用一—三人,十人以上較少;一次用三十人、三十牢祭父乙的僅見一例(《佚》889)"。而在祖庚、祖甲以後對遠世祖先的祭祀是"用人牲逐漸減少,武乙文丁時的卜辭一次用二百人的一例(《摭續》62),一百人的二例(《粹》190、《甲》878),用五十人的也不多(《珠》611+629)。但對父輩的祭祀却隆重起來,歷組卜辭中對父丁的祭祀不僅一次用百犬、百豕、百牛(《京》4065、《合集》32674),而且數見一次伐三十羌(《甲》635、795,《安明》2329,《合集》32055)、十羌(《寧》1.209、《京》4069等)作爲人牲"。"對父輩祭祀的隆重,不僅表現在用牲的數量上,而且還表現爲祈求事類的增多。武丁時關於陽甲、盤庚、小辛、小乙的占卜雖多,但除一些例行的祀典外,最多的是貞問死去的父王是否爲咎爲祟,再就是爲了王的疾病,或諸婦諸子向父乙舉行卯祭。而歷組卜辭向父丁告祭的内容却增多了",其告求的内容有告"奉禾"(《京人》2366、《續存·下》747)、告"出田"(《粹》933)、告"旨方來"(《京人》2520、《甲》810)、"告画其步"(《寧》1.347)、告"雚众"(《後·下》38.9、《粹》369)、告"日有哉"(《粹》55)。他們在分析了"歷組"與武丁對父輩祭祀的不同後得出結論說:"歷組卜辭對父輩的祭祀超過了前代,這種現象與商王王位的承繼由'兄終弟及'和'父子相傳'兩種形式,向'父死子繼'一種形式的轉變相一致。《史記·殷本紀》和卜辭所反映的商代世系基本相合,武乙以後再無兄終弟及的記載,所以武乙對父丁的祭祀特别隆重,正是這種歷史轉變合乎邏輯的體現。它也雄辯地證明歷組的父丁不是武丁,而是康丁。因此,歷組卜辭應是武乙文丁時的遺物。"他們的分析非常正確。武乙對父輩康丁的祭祀隆重,與我們在前文例舉的在"歷組"合祭卜辭中,武乙在合祭商人歷史上重要的祖先時,往往都要將"父丁"康丁列在其中與之一起祭祀,正表明了對父輩先王康丁的重視,二者是一致的。張、羅二先生的論證證明了在"歷組"合祭卜辭中的"父丁"是指康丁而不是指武丁,即"歷組"卜辭

---

① 張永山、羅琨:《論歷組卜辭的年代》,《古文字研究》第三輯。

只能是武乙、文丁卜辭。

2. 關於方國與戰事

主張"歷組"卜辭是武乙、文丁卜辭的學者,通過分析"歷組"卜辭與賓組卜辭中的方國情況,以及這兩組卜辭中的戰事,來論證"歷組"卜辭的時代。劉一曼、曹定雲、張永山、羅琨、林小安等先生都曾對這方面的事類做過詳細論述。

1980年,張永山、羅琨在《論歷組卜辭的年代》一文中指出:"商王朝和周圍方國的關係,有的是聯盟,有的是敵國,它們都有自己的興衰歷史,隨着時間的推移,過去的與國可能成爲敵國,敵國又可能轉變爲與國。"他們論證了"歷組"卜辭時期與武丁時期與某些方國關係的變化情況,來證明"歷組"卜辭的時代不可能與武丁同時。

(1) 舌方(即召方①):1956年,陳夢家在《殷虛卜辭綜述》中説:"武乙時伐(常按:此處多一"伐"字)征伐召方的規模很大:(1) 王自或王侯征伐;(2) 出動王族與三族;(3) 出動皋衆。"②張、羅二位説"歷組卜辭反映的商王朝用兵主要是針對西方的舌",有"令三族追舌方"、"令王族追舌方"(《南·明》616)、"王令皋衆㠯伐舌"(《摭續》144)、"王征舌方"(《寧》1.425、1.427等)、"臺舌方"(《寧》1.426)等,數量占這一組關於戰爭卜辭的三分之二左右,可見歷組卜辭的時代,商王朝的主要敵國是舌方。作者指出武丁卜辭中也有關於舌的占卜,如"貞:舌 凵 王事"、"丙午卜,賓,貞:舌弗其 凵 王事"(《簠·人》98+101,《簠·人》99+102同文)、"壬戌卜,爭,貞:舌伐囗,戈"(《丙》41)、"西史舌亡囚。凵"、"西史舌其㞢囚"、"舌亡囚"、"舌其㞢囚"(以上均爲《丙》5)。作者説:"這裏的舌是舌方的首領在商王朝任職爲西史,由商王指揮對其他方國進行征伐。卜辭中反復貞問舌'㞢囚'、'亡囚',表示商王對他的重視。""'凵 王事'指的是爲商王效勞,其内容則包括征伐和農業生産等方面。由此得知上述幾條卜辭説明舌與商王朝是聯盟的關係,其首領人物在商王朝供事,並參加商王指揮的對其他地區的征伐。而歷組卜辭大量對舌的戰爭,標誌着舌方已經强大起來,成爲商王朝的主要威脅"。這是説舌方在武丁時期與商王朝是聯盟關係,到了"歷組"卜辭時則變成了商王朝的敵國。因此,通過舌方在武丁時和在"歷組"卜辭時與商王朝的不同關係,反映出"歷組"卜辭絕不會與武丁賓組卜辭屬於同一時期。

2011年,劉一曼、曹定雲在《三論武乙、文丁卜辭》一文中,利用新發現的兩片"歷組"征伐召方的卜辭做了補充論證。這兩片"歷組"卜辭是1986—2004年在小屯村中南出土的:

---

① 陳夢家:《殷虛卜辭綜述》,頁287。
② 陳夢家:《殷虛卜辭綜述》,頁287。

己酉□：召〔方〕☒？三

己酉卜：其登人☒〔召〕☒？三

弜登人？

丙辰貞：于□告☒永？ （《村中南》228）

辛丑〔卜〕：三千□令☒？

辛丑卜：王正（征）刀方？

□□卜：□□令□召□〔受〕又？ （《村中南》66）

作者説"刀方，即召方。①'登'，即征召之意。② 在已發現的伐召方的六十多條卜辭中，未見'登人'或'登人'之數目。上述兩片卜辭，既有'登人'，又見'三千'，雖然《村中南》66 第一辭'三千'之後缺字，但從同版的二、三辭可推知，該辭是卜問是否命令三千人伐召方。可見武乙、文丁時期，征伐召方動用的兵員較多，戰爭規模也較大，召方確是這一時期殷王朝最主要的敵國。"

（2）危方：張永山、羅琨在《論歷組卜辭的年代》文中，又舉了危方和商王朝的關係為例。他們説："歷組有'危方以牛其昪，于來甲申'（《安明》2412），貞問是否以危方貢納的牛進行昪祭，這表明危方此時是商的與國。但在武丁時關於對危方戰爭的占卜有近百條之多，如《丙》12—21 就是一套五版'王从望乘伐下危'、'王勿从望乘伐下危'的大龜腹甲，這些反復貞問商王是否親自率領大將望乘伐下危的卜辭，透露出武丁時對危方戰爭的重要性。"即作者通過證明危方在武丁時是商王朝的敵國，到"歷組"卜辭時則是商王朝的與國，證明"歷組"卜辭的時代絶不會與武丁同時。

張、羅二先生還指出"歷組"和賓組的戰爭卜辭，説明在這兩個時期商王朝的征伐對象不同："宾組除危方外，還有舌方、土方、羌方、夷方、巴方、冥方等不見或少見於歷組。其中宾組對舌方戰爭的卜辭最多……如果説歷組是武丁晚期至祖庚時的卜辭，應反映對舌方的戰爭，然而歷組有關戰爭的卜辭却不見舌方的踪影。"

對舌方戰事考察最為詳密的是林小安。1986 年、2001 年，林先生先後發表了《武乙、文丁卜辭補正》、《再論"歷組卜辭"的年代》兩文，③都有涉及伐舌方之事。作者從多角度詳細考察分析了武丁、祖庚時期"伐舌方"的卜辭，認為"伐舌方之役是具有特殊意義的事項，可以作為分期斷代的很好的標準"。他以伐舌方卜辭對比論證"歷組"卜辭的時代，證據堅强有力。他是從以下幾個方面進行論證的：

---

① 陳夢家：《殷虚卜辭綜述》，頁 287。
② 于省吾主編：《甲骨文字詁林》，北京：中華書局 1996 年版，頁 953—955。
③ 林小安：《武乙、文丁卜辭補正》；林小安：《再論"歷組卜辭"的年代》，《故宮博物院院刊》2001 年第 1 期。

一是"伐舌方"卜辭中出現的卜人衆多,計有宁(《南·南》1.62)、殸(《續》3.10.2)、亘(《京》1229)、㱿(《續》3.3.1)、箙(《存》1.545)、韋(《金》531)、争(《續》3.10.1)、永(《漢城大學藏骨》)、告(《存》1.570)、出(《文錄》637)等。其中屬於賓組的有 9 人之多,屬於出組的有卜人"出",這些卜人都是學界公認的屬於武丁、祖庚時期的卜人。而"歷組"卜辭的卜人"歷",却從未貞卜過伐舌方,因此,"歷"不是武丁晚年至祖庚時期的卜人。

二是貞問"伐舌方"的卜辭數量很多,據林先生統計約有 500 多條。他説:"貞卜次數如此之多,説明'伐舌方'事關重大。"大量記録"伐舌方"的卜辭是賓組卜辭,賓組屬武丁中、後期,再加上有少量的出組卜辭卜問伐舌方,因此,伐舌方戰事發生在武丁晚年至祖庚時期。而在"爲數逾萬的'歷組卜辭'"中却没有一片一辭卜問過伐舌方之事,也没有一例同伐舌方同版",這説明"歷組"卜辭絶不是武丁晚年至祖庚時期的卜辭。

三是"商王對'伐舌方'戰事非常重視,他不但親自出征,而且帶領滿朝重臣和諸方國的軍隊一齊前往"。據林先生統計,參與過討伐舌方的大臣和諸侯衆多,計有皋、𦥑、自般、沚𢦏、戈、聿、子𢎥、甫、𡥜等;"'伐舌方'的戰爭規模很大,卜辭卜問一次要出動的兵力達到三千人、五千人之多";伐舌方牽涉到的方國、地區都較多;"'伐舌方'戰事進行的時間很長,從一月到十三月各月均有卜問(當然這些不應只是一年之内的月份),是從武丁之世一直延續到其子祖庚之世"。

林先生指出,"伐舌方"的重要戰事延續時間較長,規模較大,它發生的時間是在武丁晚年至祖庚時期,恰與主張歷組卜辭應提前到武丁晚年與祖庚時期的時間吻合。但在逾萬片歷組卜辭中,却未見到一條卜問與伐舌方之事有關的卜辭,歷組對這種持續時間長、規模大的戰事不聞不問實屬反常。對這種現象只能有一種解釋,即歷組卜辭根本不會是提前論者所説是武丁晚年至祖庚時期的卜辭。伐舌方之戰在賓組晚期卜辭和出組早期卜辭中是場很重大的戰役,但在歷組卜辭中却毫無反映,因此,歷組卜辭絶不可能提前到武丁晚年和祖庚時期。林先生所論證據確鑿,所得結論非常令人信服。

林先生還指出,"伐舌方如此,武丁晚期著名的伐土方等戰事也同樣如是。宁組、出組卜辭中的征伐對象與'歷組卜辭'中的征伐對象完全不同,正是它們互不同時的有力證據。"

3. 所謂"卜王"辭證據

1981 年,李學勤在《小屯南地甲骨與甲骨分期》文中舉出幾版所謂"卜王"辭,證明"歷組"卜辭與出組卜辭時代相同。

李先生舉《南地》2100 版卜辭,該版上有兩條帶有地名罞的"歷組"卜辭:

> 丙申貞：王步，丁酉自㚔。
> 戊戌貞：王于己亥步〔自〕㚔。① 　　　　　　　　　　　　（《南地》2100）

李先生將這兩條"歷組"卜辭與屬於出組的《文錄》666、《文錄》472、《續存·下》680 三版卜辭的日期進行連接，以證明"歷組"卜辭應該提前。查這三版出組卜辭分別是：

> 壬辰卜，在自㚔。　　　　　　　　　　　　　　[《文錄》666（《合集》24249）]
> 癸巳卜，行貞：王賓奈，亡尤。在自㚔。　　　　[《文錄》472（《合集》24252）]
> □□卜……㚔。
> 甲午卜，行貞：今夕亡囚。在二月。　　　　　　[《續存·下》680（《合集》26246）]

李先生說："按出組'卜王'辭，有壬辰（《文錄》666）、二月癸巳（《文錄》472）、二月甲午（《續存》下 680）在自㚔、在㚔，恰與《南地》辭卜日銜接。這是歷組與出組'卜王'辭同時的又一例子。"②對李先生此說，筆者有四點疑問：1. 上述三版出組卜辭都不是通常所說的"卜王"辭。因爲到目前爲止，甲骨學界約定俗成的，也爲李先生所認可的，③即認爲主要出現在出組中的"卜王"辭的文例是祇有前辭的"干支卜王"，即如李先生證明"歷組"卜辭應提前的"有力證據"的《南地》2384 中的九條"庚辰卜王"，纔能夠稱作"卜王"辭。而上述李先生列舉的屬於"歷組"的兩條辭和屬於出組的四條辭，無一例是"干支卜王"文例的，因此說它們是"卜王"辭不正確。2. 各辭卜問的內容都不相同：《文錄》666 記錄的只是壬辰日"在自㚔"卜問。《文錄》472 是在"自㚔"地由貞人行在癸巳日卜問商王在該地舉行燎祭是否順利，是祭祀卜辭。《續存·下》680 上有兩條辭，上一辭字殘，只存兩字，一個是"卜"，一個是辭末的"㚔"，"㚔"應是地名；下一辭是貞人行於甲午日卜問"今夕亡囚"，是"卜夕"辭，辭末記有"二月"。而屬於"歷組"的《南地》2100 上的兩條辭都是卜問商王自㚔地出行的，即出組和"歷組"的六條辭在內容上都不相同。3. 出組、"歷組"共六條辭中僅《續存·下》680 的第二辭有月名"二月"，其他五條辭都沒有月名，李先生爲了將各辭的日期相連接，統統將其他五條辭的干支日也都想當然地歸在"二月"，即將《文錄》666 的壬辰日、《文錄》472 的癸巳日、《續存·下》680 的甲午日和《南地》2100 的丙申日、戊戌日相連接，這些都是沒有根據的連接。4. 李先生連接出組和"歷組"四版卜辭日期的唯一根據就是地名"㚔"，但僅依靠地名來連接日期是極不靠譜的，因爲地名並不具有時代性，一個地名可以延續許

---

① 李先生釋㚔爲𥃲。
② 《文錄》666 即《合集》24249，《文錄》472 即《合集》24252，《續存·下》680 即《合集》26246。
③ 李學勤：《小屯南地甲骨與甲骨分期》，《文物》1981 年第 5 期；李學勤：《殷墟甲骨兩系說與歷組卜辭》。

多世代。

　　總之,李先生僅憑上述出組、"歷組"卜辭中都有地名"罙",就不顧卜辭内容的不同,把它們的干支日串連在一起,説"歷組"和出組的"卜日銜接",以此來證明兩組卜辭的時代相同,這種臆連實在是無法令人接受的。再説,商人以六十個干支循環往復記日,因此在卜辭没有記月名,所卜事項又不相同的情況下,連接干支日只能是一厢情願,並不具備可信性。所以,李先生以上述卜辭作爲"歷組"卜辭與出組卜辭時代相同的事類是不能成立的。

　　綜上所述,對"歷組"卜辭時代問題的爭論,持"歷組"卜辭爲武乙、文丁卜辭的學者,給出了充分而翔實的論據:一是論證了"婦好"不是一個人的名,此論拔掉了"歷組"卜辭提前論的根基;論證了商代有"異代同名"的社會現象,很好地解釋了"歷組"與賓組、出組和其他組卜辭有衆多同名現象的原因。二是對"歷組"卜辭提前論者舉出的"歷組"卜辭中的"父丁"稱謂是指武丁的論據,論證其只是臆測而已,並舉出諸多含有稱謂的"歷組"卜辭,證明"歷組"卜辭確應是武乙、文丁卜辭。三是舉出在八十多年的殷墟考古發掘中,"歷組"卜辭的出土層位和坑位證據,證明"歷組"卜辭從未在早期地層中出現過,其出土層位和坑位都是晚於賓組、出組、無名組卜辭的出土層位和坑位的,從而確鑿無疑地證明了"歷組"卜辭絕不是早期的武丁、祖庚卜辭,而應是晚期的武乙、文丁卜辭。四是論證了"歷組"卜辭與賓組卜辭在一些事類上的不同,如對祭祀祖先的制度不同,對與諸方國的戰争不同,對與諸與國的關係的不同等等,證明了"歷組"卜辭與賓組、出組卜辭絕不可能屬於同一個時代;又對提前論者提出的"歷組"卜辭與出組的"卜王辭"有連接的所謂證據,提出諸多理由給予否定。總之,通過以上幾個方面的論證,坐實了"歷組"卜辭絕不可能是武丁、祖庚卜辭,其必定是武乙、文丁卜辭。"歷組"卜辭提前論不能成立。

論"殷墟花園莊東地甲骨"
是小乙時代卜辭（下）

——從商代的"日名"説起

曹定雲

（北京師範大學歷史學院，中國社會科學院考古研究所）

四、花東 H3 卜辭"武丁時代説"評議

目前關於花東 H3 卜辭的時代，主要是三種觀點：小乙時代説、武丁早期説、武丁晚期説。"小乙時代説"，就是筆者上篇所論述的觀點。而"武丁早期説"與"武丁晚期説"中，説者又有些細微的區别。這些觀點能否成立，有必要進行分析，現評議如下：

（一）武丁早期説

武丁早期説，首先是我們自己提出來的。1993 年安陽工作隊發表了《1991 年安陽花園莊東地、南地發掘簡報》，對花東出土的甲骨和其他遺物，作了簡要的報導，指出"這個甲骨坑根據地層關係和共存陶器判斷，屬殷墟文化一期，從坑中所出的一些卜辭涉及的人物、事類來看，屬武丁時代"。[①] 1999 年秋，在安陽"殷墟甲骨文發現一百周年周年紀念會"上，我們提交了《殷墟花園莊東地甲骨卜辭選釋與初步研究》一文，認爲："花東 H3 卜辭的歷史時代，上限在武丁前期，下限或可到武丁中期。"[②] 2003

[①] 中國社會科學院考古研究所安陽工作隊：《1991 年安陽花園莊東地、南地發掘簡報》，《考古》1993 年第 6 期。

[②] 劉一曼、曹定雲：《殷墟花園莊東地甲骨卜辭選釋與初步研究》，《考古學報》1999 年第 3 期。

年,我們在《花東·前言》中,仍然認爲:"花東 H3 卜辭的歷史時代,大體相當於武丁前期。"①

同意或支持"武丁前期說"觀點的學者有朱鳳瀚先生,他認爲:"可以將 H3 之年代定爲武丁早期至中期偏早這一時段內。"②韓江蘇也支持這一說法。③ 對於"武丁早期說",我開始是同意的。但到整理後期,我與劉一曼對"丁"的看法不同:她認爲是已經即位的武丁,我認爲是尚未即位的武丁。由此,我們對卜辭的時代看法就產生了分歧:她認爲是"武丁早期",我認爲"其主體應當是在小乙時代"。由於是"合作"寫文章,只能是"求同存異",所以,就出現了"大體相當於武丁前期"的結論。但在具體的《釋文》中,我的觀點仍然有所表露。如《花東》480《釋文》云:"卜辭中有'王'、'太子'、'帚好'、'子'(H3 占卜主體)、'丁'等,可以說殷代早期的幾個最重要人物都在該版卜辭中出現。"④這裏提的是"殷代早期",而不是"武丁早期",就是有意繞開了"武丁",將 H3 卜辭時代指向了武丁以前。如果讀者有心,是可以發現其中的"奧妙"。

我對花東 H3 卜辭時代的看法之所以發生改變,是基於兩個方面的原因:第一,發現 H3 卜辭的字體具有較多的原始性,例如"叟"作 ▨(《花東》240),將動物橫放在火上燒烤;"阱"作 ▨(《花東》14),"山"是橫着的;"射"作 ▨(《花東》2),兩手把着"弓";"鼓"作 ▨(《花東》11),原形描繪;"璧"作 ▨(《花東》490),牙璧形象逼真;"帚"(婦)作 ▨(《花東》5),條帚亦逼真;"歲"作 ▨(《花東》114),與後來之"▨"明顯不同;"貞"作 ▨(《花東》446),與後來之 ▨ 亦明顯有別。上舉這些只是一部分,從這些字的原始性,表明 H3 卜辭時代比我們過去所見到卜辭要早。第二,《花東》420、《花東》480 中,"丁"與"王"同版甚至同辭。"丁"既然是武丁,那"王"必然是小乙。依照形式邏輯的推理,這是必然的結論。我認爲,正是這兩版卜辭,再加上《花東》331 的"子丁",是促使我對花東 H3 卜辭時代發生改變的決定性原因。在我看來,《花東》420 與《花東》480 中的"丁"與"王"同版甚至同辭,是"武丁早期說"難以攀登的"高牆",無法跨越的"鴻溝"。只要你站在"武丁早期說"的立場上,怎麼去解釋,都會感到"彆扭"。而"小乙時代說",則一切問題都可以"順利"過關,得到合理解釋。這其中的道理,學界同仁

---

① 中國社會科學院考古研究所:《殷墟花園莊東地甲骨·前言》,昆明:雲南人民出版社 2003 年版,頁 35。
② 朱鳳瀚:《讀安陽殷墟花園莊東出土的非王卜辭》,《2004 年安陽殷商文明國際學術研討會論文集》,北京:社會科學文獻出版社 2004 年版,頁 211。
③ 韓江蘇:《殷墟花東 H3 卜辭主人"子"研究》,北京:綫裝書局 2007 年版,頁 119。
④ 見《花東·釋文》480 考釋。

們終歸會明白、理解的。

至於如何看待花東 H3 所在地層（殷墟文化一期晚段）、花東 H3 卜辭中的人物（武丁、婦好）以及相關事類（如征邵）等，本文上篇已有詳細論述，此不贅言。

總之，"武丁早期說"難以解釋花東 H3 卜辭，我們必須向前跨進一步，用"小乙時代說"，才能順利解釋 H3 卜辭中各種問題。"欲窮千里目，更上一層樓"。花東 H3 卜辭的研究，正是處在這樣一種境地。

（二）武丁晚期說

武丁晚期說，最初是由陳劍提出來的。他說："花東子卜辭中有關征伐'邵（召）'的一組卜辭當與歷組一類相關卜辭同時。歷組一類卜辭的時代是無論如何也早不到武丁前期的。而且，歷組中不少征伐'召方'或'刀方'的卜辭，從字體看屬歷組二類，且多與'父丁'同版，其時代已晚至祖庚時期。同時，花東子類卜辭在各方面的特徵都較為統一，有很多不同版的內容可以互相繫聯，推測其延續的時間不會很長。由此看來，可以推斷整個花東卜辭存在的時間恐怕在武丁晚期，最多可推斷其上限及於武丁中期。"[①]同意陳說者有黃天樹、張世超、魏慈德、洪颺、方稚松、趙鵬、古育安等學者。[②]

陳劍在文章中，將人名"丁"釋為"武丁"是對的，但將花東 H3 卜辭時代定在武丁晚期則是不對的。這裏面有一個最根本的問題，就是"歷組卜辭提前論"。所謂"歷組卜辭"，就是我們通常所說的"武乙、文丁卜辭"，而且是武乙、文丁卜辭的主體。將武乙、文丁卜辭的主體部分提至武丁晚期和祖庚時代，武乙、文丁卜辭就基本抽空了。這對殷代歷史是一個極大的"扭曲"。甲骨學界關於"歷組卜辭"的論戰，爭論了三十多年。2011 年，我們發表了《三論武乙、文丁卜辭》，對這一問題作了清理與總結。我們在文章中，討論了十個大問題，其中最重要、最核心的是兩個："小乙、父丁稱謂"與

[①] 陳劍：《說花園莊東地甲骨卜辭的"丁"》，《故宮博物院院刊》2004 年第 4 期。

[②] 黃天樹：《簡論"花東子類"卜辭時代》，《古文字研究》第二十六輯，北京：中華書局 2006 年版；張世超：《殷墟花園莊東地甲骨字迹與相關問題》，《古文字研究》第二十六輯，北京：中華書局，2006 年版；魏慈德：《論同見於花東卜辭與王卜辭中的人物》，《故宮博物院院刊》2005 年第 6 期；洪颺：《花園莊東地甲骨否定副詞》，《中國文字研究》第二輯，鄭州：大象出版社 2007 年版；方稚松：《殷墟甲骨文五種紀事刻辭研究》，北京：綫裝書局 2009 年版，頁 187；趙鵬：《從花東子組卜辭中的人名看其時代》，《中國社會科學院歷史研究所學刊》第 6 集，北京：商務印書館 2010 年版，又見《殷墟甲骨文人名與斷代的初步研究》，北京：綫裝書局 2007 年版，頁 313；古育安：《殷墟花東 H3 甲骨刻辭所見人物研究》，臺北：輔仁大學中國文學系碩士論文，2009 年。

歷組卜辭地層。現分說如下：
1. 關於"小乙、父丁稱謂"

在歷組卜辭中，常常能見到"父丁"稱謂緊跟在"小乙"稱謂之後，稱"小乙、父丁"，如《屯南》777云"☑乙丑，在八月酉彡，大乙牛三、祖乙牛三、小乙牛三、父丁牛三？"，《屯南》4015亦云"自祖乙告，祖丁、小乙、父丁？"。此種例子不少，此不詳引。對於此中的"父丁"，我們根據地層關係和其他材料，認爲此"父丁"是康丁。而李學勤先生認爲是武丁。他說："這裏父丁排在小乙之後，自係武丁。如果說父丁是康丁，那麼這些祀典中就是把武丁和祖庚兩位直系的名王略去了。無論從歷史還是從卜辭慣例來看，這都是不可能的。"① 正是根據這種"稱謂"，李先生將"歷組卜辭"提前到武丁晚期和祖庚時代。我們在《三論》中，"繫聯"了《合》336（《合集》32617）與《明後》B2526（《合集》32690），"繫聯"後的卜辭內容如下：

    甲辰貞：□歲于小乙？
    弜又？
    二牢？
    三牢？ 二
    弜至于三祖？ 二
    弜至三祖？
    丙子貞：父丁彡？
    不遘雨？

這是一條極好的材料，它將"小乙—三祖—父丁"之祭祀次序，清清楚楚地展現在世人面前，"小乙"與"父丁"之間存在"三祖"。② 此"三祖"就是"孝己、祖庚、祖甲"。因此，"小乙—三祖—父丁"中的"父丁"必然是"康丁"，沒有游移的餘地。爭論了三十多年的"歷祖卜辭"時代，由於"小乙—三祖—父丁"之繫聯成功，終於一錘定音。

2. 關於地層問題

"歷組卜辭提前論"至今沒有任何地層上的根據。殷墟甲骨文發現已經一百多年，科學發掘也已經快90年了。在這90年中，殷墟有過好幾次大規模的發掘，如1928—1937年前中研院進行的十五次發掘，我們檢查的結果是"在康丁以前的地層和

---

① 李學勤：《小屯南地甲骨與甲骨分期》，《文物》1981年第5期。
② 劉一曼、曹定雲：《三論武乙、文丁卜辭》，《考古學報》2011年第4期。

坑位中,没有發現'歷組卜辭'"。① 在1973年小屯南地的發掘中,"無名組與歷組父丁類卜辭,除出晚期坑層外,見於中期四段與三段的灰坑,而歷組父乙類卜辭除出晚期坑層外,則只出於中期四段,不見於中期三段坑。故我們認爲,歷組父乙類晚於父丁類及無名組卜辭是有考古學依據的"。② 在1986—2004年小屯村中、村南發掘,"歷組卜辭的出土情况與1973年屯南發掘基本相似,即歷組卜辭只出於殷墟文化三、四期的坑層中"。③ 殷墟田野發掘已經近90年,至今没有在殷墟早期地層中發現過"歷組卜辭",這是最基本的事實。在考古研究中,没有地層根據的"理論"是"空中樓閣",是根本無法存在的。

還有一點要特别指出:"歷組卜辭提前論"將"歷組卜辭"放到了無名組卜辭的前面,是同田野考古中的地層關係相違背的。④ 在1973年小屯南地發掘中,無名組卜辭雖與歷組父丁類卜辭同出在中期一組,但歷組父乙類卜辭只出在中期二組,且有多組中期二組坑打破中期一組坑。這説明:歷組父乙類卜辭要晚於歷組父丁類和無名組卜辭。⑤ 而"歷組卜辭提前論"却將歷組父乙類放到了無名組的前面,同考古中的地層關係相違背。

總之,陳劍將花東H3卜辭定在武丁晚期,主要的根據就是"歷組卜辭提前論",這個"理論"已經被證明是行不通的。但陳劍恰恰就是用這個"理論",對花東H3卜辭時代進行論證的。陳文認爲:

《花東》237、275和449有一組在辛未日圍繞"伐卲"的卜辭:

(一) 辛未卜:丁隹(唯)好令比[白(伯)]或伐卲。　　　　　　　　　　(237.6)

(二) 辛未卜:丁[隹(唯)]子令比白(伯)或伐卲。　　　　　　　　　　(275.3)

　　　辛未卜:丁隹(唯)多☒比白(伯)或伐卲。　　　　　　　　　　(275.4)

(三) 辛未卜:白(伯)或再册,隹(唯)丁自正(征)卲。　　　　　　　　(449.1)

　　　辛未卜:丁弗其比白(伯)或伐卲。　　　　　　　　　　　　　　(449.2)

而在歷組一類卜辭中,有如下一組圍繞"伐召方"的卜辭:

(四) 丁卯鼎(貞):王比沚[或]伐召方,受[又(佑)。才(在)]且乙宗卜。五月。

　　　辛未鼎(貞):王比[沚]或伐召方。

---

① 肖楠:《再論武乙、文丁卜辭》,《古文字研究》第九輯,北京:中華書局1984年版。
② 劉一曼、曹定雲:《三論武乙、文丁卜辭》,《考古學報》2011年第4期,頁475—476。
③ 劉一曼、曹定雲:《三論武乙、文丁卜辭》,《考古學報》2011年第4期,頁476—477。
④ 劉一曼、曹定雲:《三論武乙、文丁卜辭》,《考古學報》2011年第4期,頁498。
⑤ 劉一曼、曹定雲:《三論武乙、文丁卜辭》,《考古學報》2011年第4期。

丁丑鼎（貞）：王比沚或伐召[方]。　　　　　　　　　　　　　　（《屯南》81）

（五）辛未鼎（貞）：王比[沚]或☐。　　　　　　　　　　　　　　（《屯南》2065）

（六）癸酉鼎（貞）：王比沚或伐召方，受[又（佑）]。才（在）大乙宗卜。

（《合集》33058）

　　陳文認爲："上引幾條卜辭，從字體看都屬於歷組一類，'歷一類主要是武丁之物'。它與前引花東子卜辭所卜事類的相合已如上述。而干支'辛未'與前引花東子卜辭完全相同，'癸酉'與'辛未'中間也只相隔一天。他們顯然是同爲一事而占卜的。"①陳文此言差矣！上舉花東 H3 卜辭與所舉屯南"歷組"卜辭，在字體、文例、人物、地點、習慣用語等方面都不相同的，憑什麽說"是爲同一事而占卜"呢？干支"辛未"相同，什麽問題也說明不了，因爲它們沒有"同版"關係。殷代日期就是那 60 個干支，不斷地重復，相同的"辛未"日實在太多了。有什麽證據能夠證明那一版的"辛未"日就是這一版的"辛未"日呢？這樣去論證事物，十分不妥！再如"伐卲"一事，即使將"卲方"理解爲"召方"，那殷王朝與方國之間的"戰爭"並不是一時之事，而是長期的斷斷續續、反反復復的過程。這種關係歷史上常見，並非殷代獨有。不能因爲一見到"伐卲"（或伐召），就把不同歷史時期的事扯到一塊去。上舉"歷組一類卜辭"是文丁卜辭，將文丁時候的事與武丁時代之事捆綁到一起，中間相差一百四五十年。"歷組卜辭提前論"是對殷代歷史最嚴重的扭曲，由此可見一斑。

　　陳劍采用"歷組卜辭提前論"，將無法走出困境。本文現在退一步，就按"歷組卜辭提前論"，那陳劍所說"花東 H3 卜辭屬武丁晚期"是否就合適呢？對此，韓江蘇作過很好的分析，她說：

　　　陳劍拿花東 H3 卜辭的"丁"征伐卲的"辛未日"與歷組卜辭中王征伐召方的"辛未日"作比較，認爲花東卜辭中的伐卲與歷組卜辭中的伐召、刀爲一事而在不同組的卜辭中同時占卜。筆者認爲，同一干支日在一年的十二個月中，會重復出現六次。花東 H3 卜辭中的辛未日就是歷組卜辭中的同年同月中的辛未日，還需要有其他材料作補充才能說明。不能見兩個相同的干支日，就認爲是同一年中的同一天。這種結論還有待證明。又，即使陳劍認爲花東卜辭中的伐卲方與歷組卜辭的伐召、刀爲一事，在此基礎上，斷定 H3 卜辭的時代爲武丁晚期，即花東 H3 卜辭的時代爲武丁晚期到祖庚時期的結論，他將面臨一個難題難於回答，即花東卜辭中的婦好，是活着的人，賓組卜辭中，有活着的婦好，也有死去的婦好。

---

① 陳劍：《說花園莊東地甲骨卜辭的"丁"》，《故宮博物院院刊》2004 年第 4 期。

……從歷史的實際情况分析，婦好有可能死於武丁中期。武丁在位59年，賓組卜辭的時代爲武丁中、晚期。H3卜辭主人"子"與婦好關係密切，婦好是活着的人，因此，陳劍同意歷組卜辭早期説（其時代爲武丁晚期至祖庚時期），則不能對婦好問題作出合理的解釋，他所定花東卜辭的時代也將受到懷疑。①

韓江蘇上述分析有相當的説服力，因爲她不是站在否定"歷組卜辭提前説"的立場上，而是站在照顧"歷組卜辭提前説"的立場上，指出陳文中的問題所在。"婦好"問題是"花東H3卜辭武丁晚期説"的"軟肋"。婦好是武丁的法定配偶，"英年早逝"。有學者推斷在武丁晚期前葉，②我認爲在武丁中後期。③ 婦好在花東H3卜辭中，是一位"風華正茂"、馳騁疆場的巾幗英雄，結婚生子的年輕母親。到了武丁後期，她已經"仙逝作古"，更不用説"祖庚時代"了。故"婦好"問題，對陳文來説，是一個無法解開的"死結"。

綜上所述，"花東H3卜辭武丁晚期説"，無論從否定"歷組卜辭提前説"進行分析，或者退一步從照顧"歷組卜辭提前説"的角度進行分析，都是不能成立的。

3. 關於"韋死"

在關於H3卜辭時代的討論中，黄天樹先生是支持陳劍觀點的。由於本文前面已對陳文作過分析，故對黄先生提的那些理由不再作討論。不過，黄先生文中特别提到一個叫"韋"的人，可以作爲斷代的重要依據。他在文中例舉下列卜辭：

(31) 丁未卜貞：令韋弋(代)亯43牛？　　　　　　　　　　　（《安明》678）

(32A) 壬戌卜：在狄葬韋？用。　　　　　　　　　　　　　（《花東》195.7）

(32B) 于襄葬韋？不用。　　　　　　　　　　　　　　　　（《花東》195.8）

黄先生説："(31)是賓出類卜辭，説明'韋'在武丁晚期至祖庚早期還活着。(32)'子'爲死去的貴族'韋'選貞墓地，卜問是葬在近處的狄地好呢？還是葬於遠處的襄地好呢？從記於命辭後的用辭看，最後葬在狄地。説明(32)的花東子類卜辭不可能早到武丁中期。魏慈德説：'韋是賓組卜辭中的早期貞人，其死去這一件事剛好可作爲花東卜辭的時代定點。'④綜上，從人物之生死説明花東子類卜辭的時代爲武丁晚期比較合理。"⑤

---

① 韓江蘇：《殷墟花東H3卜辭主人"子"研究》，頁41—43。
② 王宇信：《試論殷墟五號墓的年代》，《鄭州大學學報》1979年第2期。
③ 曹定雲：《殷墟婦好墓銘文研究》，昆明：雲南人民出版社2007年版，頁91—92。
④ 魏慈德：《論同見於花東卜辭與王卜辭中的人物》，《故宫博物院院刊》2005年第6期，頁70。
⑤ 黄天樹：《簡論"花東子類"卜辭時代》，《古文字研究》第二十六輯，北京：中華書局2006年版，頁23。

黃先生文章中提到的問題，是甲骨文中的一個老問題——"異代同名"問題。關於這一問題，我們在《三論》中說："我們在《一論》、《再論》中已有論述，甲骨文中出現的絕大多數人名不是私名，而是氏名，因爲這些人名往往又是國名、地名、族名，這是古代以國爲氏、以邑（封地）爲氏的反映。我們過去論述此問題，主要依據卜辭中的資料，現在考慮到甲骨文中的不少人名，在商代後期（甚至西周早期）的銅器銘文中作爲族名出現，所以本文擬從商代銅器銘文的族名這一角度再做補充。"所謂"補充"，就是文中列了一個《表》（表三：商代銅器銘文常見族名表），《表》中列舉了十四個族名，其中十三個見於殷墟文化二、三、四的銅器上，祇有一個見於三、四期。① 《表》中雖然沒有"韋"，但道理是相通的。"韋"同樣是氏族名或國名，它存在的時間會相當長，絕不能把不同時期的"韋"當成同一個人去對待，那樣就會出錯。甲骨文中這樣的例子很多，此不繁舉。

　　黃先生文中所舉具體例子也很成問題：第(31)辭屬黃先生定的"賓出類"卜辭，時代在武丁晚期至祖庚早期，而"韋"是一位活着的人（生者）；而所舉《花東》195.7 和195.8 兩辭，"韋"是死者，是在卜問在什麽埋葬好。關於花東 H3 卜辭時代，黃先生說："恐怕在武丁晚期，最多可推斷其上限及於武丁中期。"② 按照黃先生的這一推斷，無論是按武丁中後期說，或是按武丁晚期前葉說，此"韋"都必然是"先死而後生"，完全違背了人的生命軌跡。因此，黃先生所舉例子，同樣是不可取的。

　　其實，黃先生所舉例子，正好說明了"異代同名"問題：花東 H3 卜辭中的"韋"與安明 678（賓出類）卜辭中的"韋"，是同一家族中不同時期的兩個人。這樣，一切問題都可以迎刃而解。

五、評"丁釋璧"與"丁讀帝"

　　《花東》出版以來，學者們對於生者"丁"之隸釋可以分爲兩種情況：絕大多數學者釋爲"丁"，並認爲此"丁"就是武丁；但也有例外，李學勤先生將"丁"釋爲"璧"，裘錫圭先生則將"丁"讀爲"帝"。因《花東》420 與 480 中，"丁"與"王"是"同版"甚至是"同辭"關係，故"丁"的釋讀關係到"王"的推定。而"王"的推定，又直接關係到 H3 卜辭時代。若"丁"之不"丁"，則"王"就可以隨心所欲，那花東 H3 卜辭時代斷定就成了大問題。

---

① 劉一曼、曹定雲：《三論武乙、文丁卜辭》，《考古學報》2011 年第 4 期，見《表三：商代銅器銘文中常見族名表》。
② 黃天樹：《簡論"花東子類"卜辭時代》，《古文字研究》第二十六輯，頁 29。

鑒於"丁"字之考釋如此重要,本文不得不對"丁釋璧"與"丁讀帝"進行認真的研究。

(一) 評"丁釋璧"

李學勤先生在《關於花園莊東地卜辭所謂"丁"的一點看法》中說:"1958 年,我在《非王卜辭》小文裏曾對子組卜辭的'丁'作過論述,當時的看法是'丁'係一重要人物,'丁的身份與子大致平等'。《花東》考釋根據新的材料指出'丁'之地位在'婦好'和'子'之上,糾正了過去的認識。陳文更以明確的證據論證'丁'就是當時的商王武丁。但卜辭中從未見生人稱日名的,《花東》卜辭何以稱武丁爲'丁'? 這是陳文爲我們提出的問題。"①

李先生接着說:

我的意見是,在子組和《花東》卜辭中讀的所謂"丁",是與干支的"丁"同形而音義都不同的字。其本來的字形是一個圓圈,乃是"璧"字的象形初文。李先生是如何論證的呢? 請看下面文章:

讓我們從"辟"字說起。

《說文》云"辟"字从'卩'从'辛',節制其辠(罪)也;從'口',用法者也",是按小篆立說。在古文字裏,"辟"字並不從"口",而是從'卩'、'辛',或再從一圓圈形。這個圓圈形,在金文中一般很圓,在卜辭中由於契刻的關係就成爲小方形。

至於圓圈形偏旁的意義,可再看金文的"璧"字。此字從"玉"從"辟","辟"旁也是或有圓圈,或沒有圓圈,足見圓圈不等於"玉"。不過,在有的字裏,表意的"玉"旁卻可以圓圈形代換,如鄂侯馭方鼎"玉五瑴"的"瑴"不從"玉"而從圈形。有的與玉有關係的字又增從圈形,如"玗"字在戲奲卣銘文中即是如此。這表明圓圈形是與玉有關係的字。

....

子組及《花東》卜辭與干支的"丁"同形的字便是這象形的圓圈形"璧"的初文,僅因契刻關係,多成爲小方形。字應讀爲"辟",是對王的稱謂,如《爾雅·釋詁》:"辟,君也。"②

以上是李先生論證"丁"(方形)是"璧"(圓形)的初文,應讀爲"辟"(字中有一小部分可爲圓形)的全部過程。在這裏,我要指出的是:

第一,李先生的出發點就不對,他所說的"卜辭中從未見生人稱日名"就是錯的,

---

① 李學勤:《關於花園莊東地卜辭所謂"丁"的一點看法》,《故宫博物院院刊》2004 年第 5 期。
② 李學勤:《關於花園莊東地卜辭所謂"丁"的一點看法》,《故宫博物院院刊》2004 年第 5 期。

本文上篇第一節已作過充分論證,"日名"本爲生稱。我的關於"日名"的文章發表已有十餘年,李先生應該已經注意到。

第二,論證方法不妥,李先生指"方"(丁)爲"圓"(璧),沒有提供任何的文字上的證據,一個完整的字形證據都沒有,唯一的"證據"就是,"辟"字中的"□"有時也可寫作"○"。如此重要的學術問題,竟然沒有一個完整的字形作依據,而只能用"辟"字中的部分結構"○"作"支撑",真讓人有"繫千鈞於一髮"之感。

第三,將此解釋放入卜辭中説不通。《花東》480.3 辭云:"子乎大子禦丁宜,丁丑王入"。若將"丁"釋爲"辟",讀爲"君",則此句就是"子乎大子禦辟(君)宜,丁丑王入"。請問:若是"辟"與"王"都是指武丁,爲什麼前面稱"辟",後面却稱"王"呢? 若"辟"與"王"不是都指武丁,那"王"又是指誰呢? 文辭上的"彆扭"不説,這樣的"改稱"有何意義?

第四,殷代本來就有"辟"字,無須用"丁"(□)去替代。如晚殷《梟婦觚》:"甲午,梟婦錫貝于㰸,用作辟日乙隣彝。叀"，①此"辟"字作"󰀀",其結構中並無"□"。既然有"辟"字,殷人又何必再用"□"去替代"辟"呢?

綜上所述,李先生將"丁"釋爲"璧"、讀爲"辟"(君)是不能成立的。李先生的文章發表後,學界就有人非議,不予認可。其一是張永山先生,他説:

> 學者研究"丁"就是武丁的名字,方形或近方形的"丁"被考證爲作"君"解的"辟"字異體。檢查《花東》卜辭可以驗證這一看法正確與否。有七版卜辭見有璧和辟字,其中以玉器名稱的璧居多,這是個形聲字,從辛○聲,也有○作方形,或作日形;還有璧作 󰀁 形的,當是璧的最早形態,象形字,故有以 󰀁 爲聲符的形聲字 󰀂。這種形狀的璧在殷墟和其他遺址中時有發現,學者名之爲牙璧。此外,從辛卩聲的辟字也出現在《花東》卜辭裏。祇有這後一字不作玉器名稱而爲君的別稱,且作"丁"定語,由此看來衆多人名"丁"理解爲君尚缺乏有力的證據。②

其二是韓江蘇,她説:

> 李學勤認爲丁通璧,璧稱丁。實際上,H3 卜辭中,璧有多種寫法,且都作圓筆,如"󰀁"、"󰀂"、"󰀀"……若"丁"是璧,契刻時是可以刻成圓形的,"丁"無必要刻成方塊形。由此,李學勤認爲丁是璧,字應讀爲辟,是對王的稱謂的觀點仍有可

---

① 此器見《三代》14.31.9,又見《集成》12.7312。
② 張永山:《也談花東卜辭中的"丁"》,《古文字研究》第二十六輯,北京:中華書局 2006 年版。

商榷之處，即無必要以通假來互相轉引。①

無論是張永山先生，還是韓江蘇，他們都共同指出："丁"是方形，與"璧"之圓形沒有可通之處，也沒有這方面的例證；若"丁"真的是"璧"之初文，通"辟"，它完全可以刻成圓形，圓形的"璧"字在花東例子相當多，並非不能契刻。所以，李先生將方形的"丁"說成是圓形的"璧"，是沒有道理的，自然是不能成立的。

李先生將"丁"釋爲"璧"，讀爲"辟"，是一件"匪夷所思"之事。因爲半個世紀以前，李先生在《帝乙時代的非王卜辭》一文中，將原"子組卜辭"中的重要人物"丁"（生者），也是釋爲"丁"的，並沒有"矛盾"之感。今將李先生過去文章重引如下：

> 子卜辭中重要人物有丁、灸和印。丁的身分（份）與子大致平等。他曾居留於甘，如表中所卜"丁自甘……"；有時入天邑商，如表中所卜"丁不入商"。丁常向子方致送人畜的食物，如所卜……鄴3下34.7記"壬寅卜，丁伐豙？"是卜丁殺豬。②

李先生所論原"子組卜辭"人物"丁"，雖然其時代已改爲武丁，與今日花東H3卜辭中的生者"丁"是同一個人。有關問題，筆者將會另作論述。在這裏，李先生也認爲這個"丁"就是武丁。可李先生並沒有感到，將這個重要人物釋爲"丁"不合適。"丁"就是"干支日名"，而且，在李先生筆下是一位"生龍活虎"的"丁"。這個"丁"就是"生稱"。這是李先生以前說過的話、發過的文章，怎麼現在就變了呢？如今，李先生對原文一字未改，照樣引用。這讓一般讀者陷入"兩難"的境地：是采用李先生的"丁"說好呢，還是采用李先生的"璧"說好呢？

平心而論，李先生50多年前對"丁"的解釋應該是正確的，如今的解釋應該是錯了。究竟是什麼原因導至這種結果，外人不便推測，祇有李先生自己知道了。

（二）評"丁讀帝"

"丁讀帝"是裘錫圭先生提出的，他說：

> 在知道了"丁"指武丁之後，很容易把這個"丁"就看成武丁日名"丁"。但是這又與多數學者認爲"商人所謂日干'廟號'死後才確定的看法相矛盾"（陳文56頁）。退一步說，即使認爲"廟號"日名在其人活着時即已確定，由於有同一日名者數量必定十分龐大，也難以設想當時會用一個單獨得日名來稱呼活着的人。《殷墟花園莊東地甲骨》的考釋認爲花東子卜辭中有指稱活着的人的"子丙"和占者"子丁"。陳

---

① 韓江蘇：《殷墟花東H3卜辭主人"子"研究》，頁118。
② 李學勤：《帝乙時代的非王卜辭》，《考古學報》1958年第1期。

文已引用沈培先生的説法,指出二者都是由於誤解卜辭文義而産生的實際上不存在的人名。總之,把指稱活着的武丁的"丁"看作他的日名,也是不合理的。①

由上面引文可知,裘先生與李先生一樣,都認爲"日名"是死後才確定的,不承認"日名"是生前就有。這就是問題的"癥結"所在。關於"日名"問題,本文上篇已作過充分論證,指出"日名"乃"生稱",是一個人在宗族中的"行第"。"日名"的"核心"就是行第,是每一個人在同行同輩中的排行次第。把這個問題弄清楚了,其他的問題可以迎刃而解。

裘先生認爲武丁生前不應該稱爲"丁"(日名),因此他要將"丁"改讀爲"帝"。裘先生是如何論證的呢？今徵引如下：

> 日本學者島邦男在其《殷墟卜辭研究》第一篇的《禘祀》章中,認爲殷墟卜辭中有些指稱祭祀對象的"丁"應讀爲"帝","第五期卜辭"中用作祭名的"丁"應讀爲"禘"。島氏認爲"丁"可以"與同音的帝通假"。其實,"丁"與"帝"並不同音,但是"丁"是端母耕部字,"帝"是端母支部字,而且在中古音中都屬開口四等。這就説,這兩個字聲母相同,韻母有嚴格的陰陽對轉關係,上古音很接近,却有相通用的條件。古書中"帝"或與"奠"、"定"通,……這也是"帝"、"奠"古音相近的反映。"奠"和"定"跟"丁"一樣,都是定母耕部字,中古音也都屬開口四等。但是,這兩個字的聲母是定母,跟"丁"和"帝"所屬端母只是鄰紐的關係。"帝"既可與"奠"、"定"相通,當然有可能跟"丁"相通。②

以上是裘先生論證"丁"應讀爲"帝"的全部"過程",其結論是"有可能跟'丁'相通"。古文字研究中,音韻是必須要考慮的,但音韻的相近或相通,只提供文字相通假的可能性,並非是相通假的必然性。具體到某一字能否與另一個字相通假,還必須要有"例證",即文獻或文字上的證據。于省吾先生對考釋古文字有一句名言,叫作"無徵不信"：你説的再好,但没有拿出"證據"來,別人是不會相信的。裘先生説了那麽多的話,最後結論是"帝"只與"奠"、"定"相通;與"丁"是否相通,没有提供任何"證據",只好説"有可能與'丁'相通"。這種没有"證據"的"可能"是脆弱的,若始終拿不出證據來,這種"有可能"就會變成"不可能"。這樣的論證,怎能讓人信服呢？

---

① 裘錫圭：《"花東子卜辭"和"子組卜辭"中指稱武丁的"丁"可能應該讀爲"帝"》,《黄盛璋先生八秩華誕紀念文集》,北京：中國教育文化出版社 2005 年版,頁 3—4。
② 裘錫圭：《"花東子卜辭"和"子組卜辭"中指稱武丁的"丁"可能應該讀爲"帝"》,《黄盛璋先生八秩華誕紀念文集》,頁 4。

裘錫圭先生將"丁"釋爲"帝",依據的是日本學者島邦男的説法,説"日本學者島邦男在其《殷墟卜辭研究》第一篇的《禘祀》章中,認爲殷墟卜辭中有些指稱祭祀對象的'丁'應讀爲'帝','第五期卜辭中用作祭名的'丁'應讀爲'禘'"。島邦男究竟是如何論證的,他在《禘祀》一文中又説了些什麽?説的對與不對?我們不得不認真查一查。島邦男在《禘祀》一文中,主要講了三個問題。

第一個問題,關於"丁"釋"帝"(上帝)。島邦男是這樣説的:"'□'是以丁爲名的父、祖的略稱,……可以理解爲對於祖神'□'的祭儀。但是,用例中的'帝于□'、'叶□'、'雩□'的'□'不能解釋爲祖神之名。可知'□'用爲以丁爲名的父、祖的略稱外,還用爲某神之名。"①在這裏,島邦男是將"□"分成了兩部分:一部分是表示祖、父等人名的"□",這個"□"應當釋爲"丁";除此之外的"□"(上文所舉)則是某神之名。這位"神"就是"帝"(上帝)。島氏依據的是下列幾組卜辭(島文是原形,本文作了隸定):

(1)《前》8.6.4　戊寅子卜:丁(□)歸,在𠂤人。

　　《前》8.12.4　己亥子卜,貞:在𠂤人歸。

(2)《續》5.13.3　貞:丁(□)昪我束。

　　《京》2244　帝(※)昪我。

(3)《乙》8861　丁亥鼎(貞):𣥺丁(□)示冬不。

　　《乙》4525　貞:不隹帝冬王。

(4)《續》2.18.9　……酉卜,賓貞:帝(※)于丁(□)其宰。

　　《旅》1　……卜,貞:叶□帝十牝。

(5)《甲》2053　其叶丁(□)用。

　　《契》372　甲子卜,貞:今夕酘叶丁(□)。十一月。

　　《續》1.3.2　癸亥卜,出貞:叶丁(□)。三月。

　　《甲》3518　貞:叶丁(□)用百羊百九……犬。十月。

(6)《乙》971　癸未卜,賓貞:兹黽不隹降囚。

　　　　　　　甲申卜,賓貞:雩丁(□)亡貝。

　　　　　　　貞:雩丁(□)其㞢貝。

　　　　　　　丁丑卜,爭貞:不黽帝(※)隹其[降囚]。

---

① 島邦男:《禘祀》,《古文字研究》第一輯,北京:中華書局1979年版。

丁丑卜，爭貞：不霊帝（☒）不［隹降囚］。

（以上所列卜辭均見於《古文字研究》第一輯，第 403—404 頁）

根據上述卜辭，島氏説："卜辭同音通假之例甚多，如上例(1)的 ☐（丁）和 ☒（貞）可通假，……(2)的 ☐ 正和 ☒ 能通假。又(3)的丁示可用爲帝的別稱，則 ☐、☐ 示即帝。這一點，(4)的對於'☐'舉行帝（☒）祀，又(6)的對於'☐'舉行雩祀，可作旁證。……這個 ☐ 就是帝。"①

島氏上面的論證是很成問題的，他所謂的"同音通假"就是某字跟某字在辭中的位置相同，例如第(1)組的"丁"與"貞"，第(2)組的"丁"與"帝"等。"位置相同"與"同音通假"完全是"風馬牛不相及"的兩回事。況且，其他如(3)、(4)組，"丁"與"帝"的位置也並不相同。島氏想通過這種"機械性"的位置對比，達到所謂"同音通假"，完全脱離漢字音韻規律。他的論證自然是無效的，根本證明不了"丁"與"帝"是否相通。對此，裘先生自己也説："島氏在《禘祀》章中所舉出的指稱祭祀對象的'丁'應讀爲'帝'之例，恐怕沒有一條能真正成立。"②再説，殷墟卜辭中本來是有"帝"字，殷人沒有必要再造一個"☐"（丁）來表示"帝"。島氏的這一想法本來就是"多餘"。

第二個問題，關於"☐祭"與"禘祀"。島氏説："第五期卜辭中，'☐'作爲祭祀名的用例有一百幾十版，其所祭祀的神僅限於武丁、祖甲、康祖丁、武乙、文武丁這五個直系先王，以及母癸、妣己、妣癸，所以這個☐祭是對於祖妣的特殊祭祀。……這個'☐'字，王國維、葉玉森、王襄釋'丁'，吳其昌、陳夢家、楊樹達釋'祊'，董作賓釋'日'。"③島氏爲了考證'☐'字，引證了下列卜辭（除☐外，本文一律隸定）：

《前》1.21.3　丙子卜，貞：武丁☐其牢。兹用。

《續》1.26.1　癸亥卜，貞：祖甲☐其牢。兹用。

《前》1.12.7　丙申卜，貞：康祖丁☐其牢，羊。兹用。

《前》1.21.1　甲寅卜，貞：武乙☐其牢。兹用。

《卜》267　　丙戌卜，貞：文武丁宗☐其牢。兹用。

《續》1.43.4　壬寅卜，貞：母癸☐叀羊。兹用。

《遺》391　　戊午……妣己☐……

---

① 島邦男：《禘祀》，《古文字研究》第一輯，頁 403。

② 裘錫圭："花東子卜辭"和"子組卜辭"中指稱武丁的"丁"可能應該讀爲"帝"》，《黃盛璋先生八秩華誕紀念文集》，頁 4。

③ 島邦男：《禘祀》，《古文字研究》第一輯，頁 404—406。

《南》785　　……癸亥其至妣癸升□……

（以上卜辭均引自《古文字研究》第一輯第 404—405 頁）

島氏説："前述的□祭，重點是對父、祖的祭祀，而於□祭以帝號尊稱者僅祇父文武丁，所以□祭的中心意義明顯地在於尊父之祀。以尊父爲重點的祭祀，後世和□（丁）同聲的祭祀祇有'禘'。"[1]

以上是島邦男將第五期"□祭"中的"□"釋爲"禘"的大致經過。由於篇幅關係，他説的一些話無法詳引，但中心意思即是如此。他爲什麼要將"□"釋爲"禘"，明顯地與將"丁"（□）釋"帝"有關，是這一想法的進一步發展。島邦男將"□祭"之"□"釋爲"禘"，同將"丁"釋爲"帝"一樣，都缺乏卜辭證據，實難采信。

殷墟卜辭第五期中的"□祭"之"□"，究竟應該隸釋爲什麼字？過去甲骨學界是有不同的看法，如島邦男所云。但有一點可以肯定，"□"與"□"（丁）是不同的兩個字，其區別有二：1. 前者正方，後者扁方；2. 前者大，後者小。這種區分在外形上是很容易鑒別的。因此，將"□祭"中的"□"釋爲"丁"顯然不妥。目前甲骨學界已經很少有人再將此字釋爲"丁"了。董作賓釋"日"，顯然也缺乏根據。從卜辭的内容分析，該字與祭祀尤其與祭祀的場合（位置）有關，因此釋"祊"是對的。"祊"是廟門内之祭，上引"丙戌卜，貞：文武丁宗祊其牢"（卜 267）正是此意。將"祊"放入其他卜辭中，也都可以得到滿意的解釋。到目前爲止，絶大多數學者都遵循吴其昌、陳夢家、楊樹達之説，將"□"釋爲"祊"，應是正確之選。"祊"不是裘先生所説的"方"，結構不同，發音也不一樣，前者發"beng"，後者發"fang"，不應將二者相提並論。

第三個問題，關於"帝"與去世父王。島邦男在《禘祀》一文中，專門談到了卜辭中將去世的"父王"爲"帝"（□）。文中列舉了如下卜辭（本文作了隸定）：

　　第一期　《乙》956　　　貞：父乙帝

　　第二期　《粹》376　　　甲戌卜，王曰貞：勿告帝丁，不巛。

　　第三期　《後上》4.16　　己卯卜，賓貞：帝甲□，其眔祖丁至……

　　　　　　《粹》259　　　貞：其自帝甲又（右）牧。

　　　　　　《摭續》167　　丁丑卜：其兄（祝）王入亞于帝甲。

　　　　　　《庫》1772　　　貞：其□帝甲告其引二牛。

　　第四期　《南輔》62　　　乙卯卜：其又歲于帝丁一牢。

（以上卜辭均見於《古文字研究》第一輯，第 408—409 頁）

---

[1] 島邦男：《禘祀》，《古文字研究》第一輯，頁 409—410。

島氏云："附帝號於父而稱，不僅在帝乙時流行，在帝辛時也是稱父乙爲'帝乙'。附帝號於父而稱的辭例各期都能見到。上列第一期的乙956版稱父小乙爲'父乙帝'；第二期的粹376版稱父武丁爲'帝丁'……；第三期的後上4.16、粹259、摭續167、庫1772版有帝甲的稱謂……第四期的南輔62版的'帝丁'，按照前例，在武乙時只能稱父康丁。……前述文武帝的帝號是尊稱，斷不能作爲'禘'義。"① 應該說，島氏上述論斷是對的，是可取的。這裏要特別強調的是：1. 島氏所說的"帝"是"🙾"，而不是"▢"（丁）；2. 島氏認爲，"帝"只用於去世父王，而不用於其他先祖稱謂；3. 此"帝"無"禘"義。

第四個問題，關於"帝"與"嫡"。裘錫圭先生在引述島邦男上述文章時，說："島氏的發現很重要，但是他對稱父爲'帝'這一現象的意義並没有充分理解。嫡庶的'嫡'，經典多作'適'。不論是'嫡'或'適'，都是從'啻'聲的，'啻'又是從'帝'聲的。稱父爲'帝'跟區分嫡庶的觀念顯然是有聯繫的。"② 裘先生緊接着說了如下一段話：

> 現在看來。我一方面指出卜辭中稱先王的"帝"，跟上帝的"帝"以及後來的所謂嫡庶的"嫡"，在語義上有緊密聯繫；一方面又限於當時所見資料，仍然接受島邦男認爲這種"帝"只用來稱父的看法，把他限定爲當時的商王對已死去的父王的一種稱呼，是有問題的。按照上述前一方面的認識，"帝"應該是強調直系繼承的宗族長地位之崇高的一種尊稱。既然作爲王室宗祖神的上帝和已死的父王都稱帝，其他如直系先王就也都應該可以稱"帝"。③

> 嫡庶之"嫡"這個詞的使用，是不必考慮所涉及的人是死是活的。與"嫡"有密切關係的"帝"這個稱呼，按理也應該可以用於活着的人。就王室來說，既然直系先王可以稱爲"帝"，活着的王作爲王室以至整個統治族的最高宗族長，也應該可以稱爲"帝"。所以，我認爲子組卜辭和花東子卜辭的占卜主體，那兩位出自商王室的稱"子"的大貴族，是有可能把時王武丁尊稱爲"帝"的；這兩種卜辭裹指稱武丁的"丁"，是有可能應該讀爲"帝"的。④

以上是裘錫圭先生論證"帝"與"嫡"的全部過程，終於使讀者能够真相大白：裘先

---

① 島邦男：《禘祀》，《古文字研究》第一輯，頁408—409。
② 裘錫圭：《"花東子卜辭"和"子組卜辭"中指稱武丁的"丁"可能應該讀爲"帝"》，《黄盛璋先生八秩華誕紀念文集》，頁5—6。
③ 裘錫圭：《"花東子卜辭"和"子組卜辭"中指稱武丁的"丁"可能應該讀爲"帝"》，《黄盛璋先生八秩華誕紀念文集》，頁5—6。
④ 裘錫圭：《"花東子卜辭"和"子組卜辭"中指稱武丁的"丁"可能應該讀爲"帝"》，《黄盛璋先生八秩華誕紀念文集》，頁6。

生是在島邦男論"帝"是殷王對已死去之父王稱呼的基礎上,提出"帝"可以假爲"嫡",而且可以用於生者,當然比島邦男大大地前進一步了。因此,花東卜辭中的"子"也可以稱武丁爲"帝"。裘先生的論證可以"完成"了,但問題也就接踵而至:

1. 島邦男在這個問題的論證中,所論證的卜辭材料,全部都是"帝"(柰),與"丁"(囗)没有任何的關係;而裘先生所要論證的是武丁之"丁"(囗),這個"丁"與"帝",是完全不同的兩個字,二者毫不相干。

2. 裘先生爲了論證,先撇開了"丁"之字形,因爲裘先生自己説過:"島氏在《禘祀》章中所舉出的指稱祭祀對象的'丁'應讀爲'帝'之例,恐怕没有一條能真正成立。"於是,在島邦男的"帝"字上做起了文章:島邦男只認爲商王對已死去的父王稱"帝"。島邦男如果今天仍健在的話,根據他的想法和思路,也絶不會將《花東》生者"丁"釋爲"帝"。因爲"丁"是一個大生生的"活人",而不是去世的"父王"。裘先生無根據地進行"擴展",對已死去的其他王(非父王)也可以稱"帝",却又没有提供任何證據。

3. 裘先生再進一步"擴展",提出"帝"與"嫡"通,而"嫡"是不管人之死活的,所以"帝"(嫡)可以用於活着的商王,武丁自然也可以稱爲"帝"(嫡)。但卜辭中,到目前爲止,尚無生者稱"帝"(嫡)的任何證據。

4. 裘先生最後説,子組卜辭和花東子卜辭指稱武丁的"丁","是有可能應該讀爲'帝'的"。裘先生繞了一個大圈,終於回到問題的原點:將"丁"(囗)讀爲"帝"。由於底氣不足(没有證據),只好説"是有可能應該讀爲'帝'的"。

裘先生的上述論證,實際上有"移花接木"之嫌:他先將"丁"與"帝"接上(按:實際是接不上),然後大談其"帝"與"嫡"如何相通,最後達到"丁"也有可能讀爲"嫡"(帝)。這樣的論證方法,怎能讓讀者信服呢?

關於"帝"(柰)與"嫡",羅琨教授曾做過論述,她説:"帝,傳統觀點多認爲象花蒂之形,……但'何取所象,仍然待考'。在甲骨文中,多借爲'禘'用作祭名,或指上帝,已成共識。但對先王可否稱帝却有不同的看法,一種觀點認爲商代從祖庚開始已將直系父輩先王稱帝,或説'王帝',主要指王之考,義近'嫡';另一種觀點認爲作爲名詞的'帝','皆爲屬於自然神的天神上帝'。"她又説:"'帝'取象於花蒂説,較早見於鄭樵《六書略》,宋戴侗《六書故》有'帝,都計切,主宰之尊稱,故天曰上帝,五氣曰五帝,天子曰帝'。注:'鄭漁仲曰:帝象華蒂之形,即蒂字也,借爲天帝、帝王之帝。'"[①]羅琨教

---

① 羅琨:《釋"帝"——兼説黃帝》,《古文字研究》第二十八輯,北京:中華書局2010年版。

授這裏所說非常明確,此"帝"原本爲"花蒂",是生命的象徵,故可以通"嫡"。羅琨文章,從頭到尾都不曾涉及"丁",這是嚴肅的、科學的態度。

羅琨的觀點與島邦男對"帝"的論述是一致的,他們論述的都是"帝",而非"丁"。裘先生要將"丁"釋爲"帝",讀爲"嫡",沒有根據,不能成立。韓江蘇説:"但若'丁'讀爲'帝',從商王世系看故去的先公先王,那麽就有報帝(丁)、大帝(丁)、中帝(丁)、祖帝(丁)、祖帝(丁)和武帝(丁)等稱呼。所以,裘錫圭的觀點也不能令人完全信服。"①

總之,裘錫圭先生將"丁"釋爲"帝",讀爲"嫡",是不可采用的。

通過以上評議,明白了一個基本事實:花東 H3 卜辭中的生者"丁"不可以釋爲"璧"、讀爲"辟",也不可以讀爲"帝"、通爲"嫡"。此二説的"要害"在於"釜底抽薪",將活生生的"丁"(武丁)從卜辭中抽掉,代之以虛擬的"璧"(辟)與"帝"(嫡),從而使卜辭中的"王"失去"對立面"與"參照物",成爲可隨意決定的"王",那花東 H3 卜辭時代的斷定就成了大問題:若釋爲"丁",與之"同版同辭"的"王"必是"小乙";若釋爲"璧"或讀爲"帝",那與之"同版同辭"的"王"究竟是誰? 就另當別論了。因此,李、裘二位先生的觀點是不可采用的。此"丁"應當老老實實地釋爲"丁",是武丁之"日名";與武丁"同版同辭"的"王"必是小乙,H3 甲骨就是小乙時代的卜辭。這就是全部問題的關鍵所在。所以,不要小看一個"丁"字之考釋,它實際上是"一字定乾坤"。

六、探索武丁前卜辭的新思路

1899 年殷墟甲骨文的發現,在中國乃至世界催生了一門嶄新的學問——甲骨學。自甲骨文發現到今天已經 120 年,從 1928 年殷墟田野發掘到現在,也已經 90 年。甲骨學的發展走過了漫長的道路,取得了輝煌的成就:從最初的一團混沌,只能考釋某些"字"和"先祖名",到後來董作賓將甲骨文分爲五期,開啓了甲骨文研究的新時代。也祇有到這個時候,甲骨文作爲史料,才真正可以用於歷史學的研究。新中國成立以後,尤其是 1973 年小屯南地甲骨和 1991 年花園莊東地甲骨的發掘,爲甲骨學研究增添了新的科學資料,並且糾正了董先生分期中的失誤,將𠂤組、子組、午組等卜辭提至武丁時代,使甲骨學分期研究比以前更爲準確、完備。其中,常玉芝教授從"黄組卜辭"中,分出了"文丁卜辭",是對甲骨分期的重要貢獻。②

---

① 韓江蘇:《殷墟花東 H3 卜辭主人"子"研究》,頁 118。
② 常玉芝:《"祊祭"卜辭時代的再辨析》,《甲骨文與殷商史》第二輯,上海:上海古籍出版社 1986 年版;又《黄組周祭分屬三王的新證據與相關問題》,《古文字研究》第二十一輯,北京:中華書局 2001 年版。

甲骨文分期斷代中，始終沒有找出武丁以前的卜辭，這是甲骨文研究中一個最大的問題。對此，胡厚宣先生曾作過探索，①但問題沒有解決。上世紀90年代，我開始考慮武丁以前的卜辭，並寫過一篇文章——《殷墟田野發掘與卜辭斷代》，希望從地層上求得"突破"。文章指出："殷墟田野發掘啓示，武丁以前的地層中確已出現過卜辭，其證據有三：① 1973年小屯南地的發掘中，在T53(4A)之下的H115出土過一片卜甲(《屯》2777)，其上有'秦生'二字。T53(4A)與H115之間尚隔有H111、H112兩個灰坑，T53(4A)屬小屯南地早期2段，H115屬小屯南地早期1段，其時代應早於武丁。……② 1971年安陽後岡殷墓M48內發現一片有字刻骨，其上有二字，其風格與自組大字相似。M48經筆者考證屬殷代早期王陵，早於武丁，故該片有字刻骨當屬武丁以前。③ 前中研院第十五次發掘中，YM331出土一片有字卜骨(《乙》9099)，YM331所出青銅禮器與安陽三家莊M3所出青銅禮器近似，三家莊M3早於大司空村一期之灰坑H1，故《乙》9099亦應是武丁以前之卜辭。"②

我在文章中，列舉了上面三片字骨，另外還有兩個旁證。"儘管數量很少，但決不是憑空臆造。這些卜辭的出土，或許帶有偶然性，但'偶然'總是寓於'必然'之中。按照事物的發展邏輯，武丁以前應該有較多的卜辭存在。但嚴酷的現實是，我們能夠確指的武丁以前卜辭可以説是微乎其微。此中是什麽原因？人們一直無法詳知。"③現在回想起來，想要在地層上獲得"突破"是很困難的，因爲小乙與武丁離得太近了，盤庚、小辛、小乙加起來也就是28年，小乙在位10年，想要在地層上將武丁與小乙劃分出來，可以説是極其困難。尤其是甲骨文，它用後不會立即埋藏，而是保存下來，過上若干年之後才處理，小乙甚至小乙以前的卜辭，在武丁時候埋入地下，也是很正常的事。這就是爲什麽在武丁以前的地層中，除了零星卜辭發現外，很難發現大量的武丁以前卜辭原因之所在。因此，想要通過"地層"這條路去探求大量武丁以前的卜辭，是非常困難的。

"地層"這條路難以走通，是否能夠通過"人物"的不同，去區分武丁以前的卜辭呢？這也很難，至少在目前很難。因爲小乙時代與武丁時代一些重要"人物"是很難區分開的。例如，婦好、武丁等人，他們在小乙時代就已經活躍在政治、軍事舞臺上，武丁即位之後，那就更不用説了。如何確定哪個"婦好"是小乙時代的，哪個"婦好"是武丁時代的，這就成了最大的難題。"武丁"本人也有這樣的問題：哪一個是

---

① 胡厚宣：《甲骨續存·序》，上海：群聯出版社1955年版。
② 曹定雲：《田野發掘是卜辭斷代的基礎》，《殷都學刊》1999年第1期。
③ 曹定雲：《田野發掘是卜辭斷代的基礎》，《殷都學刊》1999年第1期。

小乙時代的"武丁"？哪一個是武丁時代的"武丁"？同樣的一個人，他跨越了兩個時代，我們如何劃分？這就是"難點"，就是"困惑"。我曾經說過："我總有一種感覺：武丁以前卜辭和武丁卜辭混雜在一起了，如今要將它們分辨出來，有着極大的難度，須要作深入細緻的研究工作，發現其中的癥結所在。"①這個"癥結"實際上就是一個"切入點"，我們首先應當找到"切入點"，去打開這個"缺口"，從而走出一條全新之路。

殷墟花園莊東地甲骨的整理，給了我這樣一個契机，使我有机會找到了一個合適的"切入點"。當我看到《花東》420、480 中"丁"（武丁）與"王"同版甚至"同辭"時，眼前突然"一亮"：這個"王"不就是小乙嗎？接着，又看到了《花東》331 中有"子丁"，"丁"的身份是"子"，沒有即位，與《花東》420、480 之卜辭中的"丁"不謀而合，真是"踏破鐵鞋無覓處，來得全不費工夫"。儘管我有這一看法與想法，但與劉一曼教授並未取得共識，故《花東·釋文》和相關文章均未提及此事。2005 年 11 月，我去臺灣東海大學參加"甲骨學國際學術討論會"，首次對外公開了我的看法。② 隨後，我應張桂光教授之約，將這一看法寫成論文——《殷墟花東 H3 卜辭的"王"是小乙》，於 2006 年 11 月在華南師範大學召開"古文字研究會年會"上宣讀。③

我將"花東 H3 卜辭"定爲小乙時代，走的不是"傳統的"分期斷代之路。所謂"傳統的"分期斷代，就是按地層、貞人、人名、事類、字體等"標準"進行區分。可這些"標準"，對殷墟花東 H3 卜辭而言，至少現在基本用不上。我的"切入點"是從武丁"即位與不即位"入手的：沒有即位時是小乙時代，即位之後是武丁時代。這就好像唐朝的李世民：他未登基之前是唐高祖（武德）時代，登基之後是唐太宗（貞觀）時代。至於李世民身邊的文臣武將，都是跟着李世民打天下的，你不可能區分哪個是李淵時代的"程咬金"，哪個是李世民時代的"程咬金"，也無法進行這種區分。所以，確定小乙卜辭的"切入點"是看武丁有沒有"即位"。沒有"即位"就是小乙時代甚至小乙之前的；如果"即位"，就是武丁時代的。花東 H3 卜辭，正好有這樣的"切入點"，"丁"與"王"同版甚至同辭。由此可以確定，此時之"丁"（武丁）尚未即位，因此殷墟花東 H3 卜辭主體應當是小乙時代的卜辭。

殷墟花東 H3 卜辭時代的確立，使我們找到了探索武丁前卜辭的新思路：從卜辭

---

① 曹定雲：《田野發掘是卜辭斷代的基礎》，《殷都學刊》1999 年第 1 期。
② 曹定雲、劉一曼：《1991 年殷墟花園莊東地甲骨的發現與整理》，《花園莊東地甲骨論叢》，臺北：聖環圖書股份有限公司 2006 年版。
③ 曹定雲：《殷墟花東 H3 卜辭中的"王"是小乙》，《古文字研究》第二十六輯，北京：中華書局 2006 年版。

內容入手：1. 有没有"丁"（武丁）與"王"同版？ 2. 有没有"子丁"與"王"同版（此爲假定條件）？ 3. 有没有確知的"丁"（武丁）稱"子丁"？ 4. 權力很大的"子丁"可以調動、指揮別人。最重要的是前兩條。當然，隨着研究工作的深入，新思路肯定會進一步補充和完善。有了這個新思路，研究工作就有了明確的方嚮，一定會開闢出小乙時代甲骨文研究的新天地。

七、原"子組卜辭"起自於小乙時代

在花東 H3 卜辭的討論中，有些學者對原"子組卜辭"也給予了相當的關注。關於原"子組卜辭"，我曾進行過論述，指出原"子組卜辭"之"子"與花東"子卜辭"之"子"是不同的兩個人：原"子組卜辭"之"子"是"武丁的堂兄弟"（即陽甲、盤庚、小辛之子中的一位）；花東 H3 卜辭之"子"是"武丁的遠房堂兄弟"。[①] 對於原"子組卜辭"時代，目前大多數學者認爲屬於武丁時期。在這次花東 H3 卜辭的討論中，姚萱提出有一片被綴合的"子組卜辭"，其上有"丁"和"王"同版。她說，"丁與王"同版，以前的"子組卜辭"中就出現過，與《花東》480 相類。該條卜辭是《合集》21537（乙 9029）+21555，其辭如下：

　　壬寅卜：丁伐虎。
　　甲寅卜：王伐三□？

姚萱提到的這片被綴合的"子組卜辭"，其一是《合集》21555（《鄴》3 下 34.7），其二是《合集》21537（乙 9029）。這兩片卜辭先後被常耀華和黃天樹教授綴合。[②] 這兩片"子卜辭"，《合集》上有釋文，[③]今引述如下：

　　(1) 癸[丑]，子卜，夕牢母庚。
　　(2) 甲寅卜，隹伐三□。　　　　　　　　　　　　　　　（《合集》21537）
　　(1) ……司……
　　(2) ……[寅]……伐……虎。
　　(3) 丁卯卜，司妣。一
　　(4) 癸巳卜，钐母庚牢。一

---

① 曹定雲：《三論殷墟花東 H3 卜辭中占卜主體"子"》，《殷都學刊》2009 年第 1 期。
② 常耀華：《子組卜辭綴合兩例》，《殷都學刊》1995 年第 2 期；黃天樹：《甲骨新綴 11 例》，《考古與文物》1996 年第 4 期。
③ 胡厚宣主編：《甲骨文合集釋文》（二），第 21537、21555 片，北京：中國社會科學出版社 1999 年版。

(5) 壬寅卜，丁伐嶷。二　　　　　　　　　　　　　《合集》21555

對於上述綴合，姚萱作了仔細觀察，她發現，《合集》21537（乙 9029）上"隹伐三□"實應爲"王伐三□"。她說《花東》480.3"丁"與"王"同見，類似的例子如下引子卜辭：

壬寅卜：丁伐嶷。
甲寅卜：王伐三□（屮？）

《合集》21537（乙 9029＋21555）（右圖）

此版爲常耀華、黃天樹先生綴合，"王"字《合集釋文》釋爲"隹"。按《乙編》9029 拓片較清楚，作□形，當爲"王"字無疑。"嶷"和"三□（屮？）"當是人名或方國名，"丁伐嶷"和"王伐三□（屮？）"當是該子組卜辭的主人"子"爲商王武丁的征伐行動貞卜。同樣是指商王，而一辭說"丁"，一辭說"王"，與《花東》480.3"丁"與"王"同見相類。①

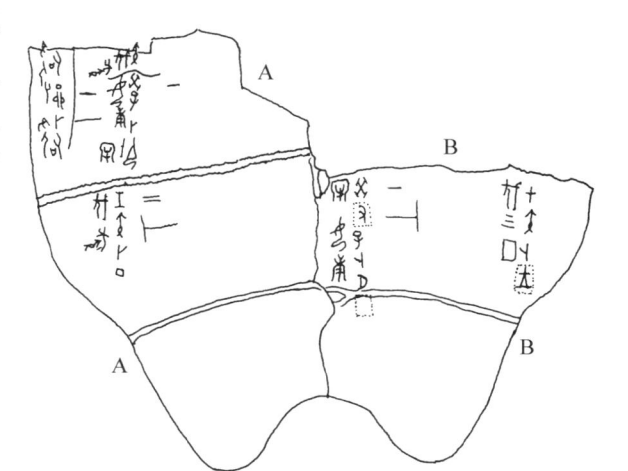

A：《合》集 21555
B：《合》集 21537（29029）

姚萱的上述發現非常重要，儘管她說"同樣是指商王"一句不妥當，但她認爲"丁"與"王"同版，則是非常重要的發現。爲了慎重，我反復觀看了《乙》9029，雖然不是很清楚，但基本可以確定是"王"字。因此，姚萱的這一發現，基本可以定論。據此，我在黃天樹教授摹本的基礎上，對該版綴合稍作增補：1. "甲寅卜"下增補"王"字；2. "癸"下補"丑"字（《合集》釋"丑"是對的，該字雖不很清楚，但根據左右卜辭日期，基本可以確定）；3. 該辭"卜"下補"夕"字（此字清楚）；4. "夕"下似有字，爲何字看不清。其餘均與黃天樹教授所摹相同。

《合集》21537（《乙》9029）＋21555"子組卜辭"綴合版的意義在於，它是繼《花東》420、480 之後，又一次發現"丁"（武丁）與"王"同版。由於原"子組卜辭"之"丁"（生者）也是武丁，與之同版的"王"也必定爲小乙。因此，該"子組卜辭"綴合版（《合》21537＋21555）也應當是小乙時代的卜辭。胡厚宣先生當年曾推斷過"子組卜辭"爲武丁以前卜辭，但他沒有提出明確"證據"，人們無法"回應"。如今，該綴合版上有"丁"（武丁）與"王"同版，應該是小乙時代無疑了。整個原"子組卜辭"的情況如何？我尚未來得

---

① 姚萱：《殷墟花園莊東地甲骨卜辭的初步研究》，北京：綫裝書局 2006 年版，頁 28—29。

及作仔細清理,但可以肯定,原"子組卜辭"中至少有一部分是小乙時代的,至於整個原"子組卜辭"情況,須作全面清理後,才能得出正確的結論。

原"子組卜辭"中有小乙時代卜辭,是繼花東 H3 卜辭爲小乙時代卜辭後又一次重要發現,也是"探索武丁前卜辭新思路"的又一個重要成果。這個"新思路"就是"新武器",我們可以利用它,向未曾探索過的領域進軍,打開武丁以前甲骨學領域的新天地。

八、柳暗花明又一村

在殷墟卜辭中,找出武丁以前的卜辭,一直是幾代甲骨學人的夢想,從董作賓、胡厚宣、陳夢家,一直到我們這一代學人,都想從原有的"武丁卜辭"中,分出武丁以前卜辭。但是,這個"難度"太大了,始終未能如願。1998 年在安陽召開的"紀念殷墟發掘七十周年大會"上,我曾説過:"武丁以前卜辭很可能與武丁卜辭混雜在一起了,如今要將它們重新分辨出來,有着極大的難度。而解決這一問題,正是目前甲骨學界的難點之一,可以説是困難重重。然而,事物總是會要衝破重重困難向前發展的。'山重水復疑無路,柳暗花明又一村。'我深信,甲骨學界離解決這一問題的時日,不會太遠了。"[①]2006 年,我在華南師範大學召開的"古文字研究會年會"上,正式宣讀了《殷墟花東 H3 卜辭中的"王"是小乙》一文,明確指出,花東 H3 卜辭主體是小乙時代卜辭。[②]今天,我對自己的觀點作了全面論述,並回答了近十餘年花東 H3 卜辭研究中的一些主要問題,堅定了花東 H3 卜辭是小乙時代卜辭的信念。並在此基礎上進一步提出,原"子組卜辭"中至少有一部分是"小乙時代卜辭"。這樣,"小乙時代卜辭群"擴大了:從原來最初的幾片,擴大到花東 H3 卜辭,又擴大到原"子組卜辭"(暫定一部分)。這就是"進展"。我深信,隨着研究的深入,"小乙時代卜辭群"還會進一步擴大,極有可能擴展至殷代早期的"王卜辭"。這只是時日問題。

"柳暗花明又一村",對武丁前甲骨卜辭的研究而言,可以説"開始進村了",但也就是剛剛到"村邊"而已。這個"村"子有多大?有多少戶"人家"?有哪些"道路"和"橋梁"?"管理者"是誰?一切一切都是"未知數"。因此,真正的研究,才剛剛開始,"任重而道遠"。要真正達到"柳暗花明",還有很長的路要走。作爲甲骨學人,既然選擇了這條路,那就無怨無悔地走下去,爲尋求那"柳暗花明",做出自己的努力!

---

① 曹定雲:《殷墟田野發掘與卜辭斷代》,《考古學集刊》第 15 集,北京:文物出版社 2004 年版。
② 曹定雲:《殷墟花東 H3 卜辭中的"王"是小乙》,《古文字研究》第二十六輯。

本文的醞釀大約起自2007年,而真正動筆是在2014年深秋,中間幾經修改,遂成此文,也算是"十年磨一劍"。在本文即將擱筆之際,我要特別感謝劉一曼教授,是她於1998年夏天主動邀請我與之合作整理花園莊東地甲骨,使我能夠較早地接觸到這批珍貴資料。否則,我祇有等到《花東》出版之後,才能看到這批甲骨的真容。整理甲骨和看甲骨書籍,其中的體會與感受自然是不一樣的。在整理後期,我們雖然在甲骨斷代上有小的分歧,但總體上的合作仍然卓有成效。《花東》的出版和再版,就是最好的證明。同時,也要感謝近十多年來參與《花東》甲骨討論的衆多學者,其中包括在某些具體問題上,與我意見相左的學者。正是由於這十多年的討論,使我對《花東》卜辭中的各種問題,進行了長時間、多角度、深層次的反覆思考,才有今天這樣的結果。我也要特別感謝常耀華、黃天樹二位教授,是他們綴合了《合集》21537+21555。我更要感謝姚萱,是她首先看出了原"子組卜辭"綴合版(《合集》21537+21555)中生者"丁"與"王"同版,使我能夠進一步進入"小乙時代卜辭"的新天地。沒有上述學者的參與和努力,原"子組卜辭"可能仍在武丁時代中"沉睡",就不可能"醒來"進入到"小乙時代"。這是甲骨學領域的一件大事! 幾代甲骨學人夢寐以求的"武丁以前卜辭",終於在今天得以找到。儘管前面還會有一段路要走,但已經揚帆起航,指向彼岸!

從"小丁"的身份看商代的親屬稱謂"兄"

騰興建

(南開大學歷史學院)

在已發現的殷墟甲骨刻辭中,祭祀卜辭占了相當大的比重,這類卜辭對於復原商代的祭祀制度、考證商代世系、研究商代的家庭形態等都具有重要的意義,因而一直以來都是甲骨學研究的重點。而祭祀卜辭中的親屬稱謂問題在學術界討論得尤其熱烈,例如學界對商代日名制的研究、[①]對商代親稱中區別字的研究[②]等等。祭祀卜辭中所見到的親稱主要有祖、妣、父、母、兄、子六個,這六個親稱中,兄比較特殊,[③]按照後世的理解,兄即是同一宗族內、同一行輩男子中之先出生者,《説文·兄部》"兄,長也",《爾雅·釋親》"男子先生爲兄,後生爲弟"。可見,兄與弟是一組具有交互相對性的漢語親屬稱謂,[④]即"稱我兄者,我稱其弟,稱我弟者,我稱其兄",兄之概念因有弟方能存在,而弟之概念亦因有兄方能存在。殷代盛行日名制,殷人在祭祀時往往以"親

---

① 關於商代日名制的研究,學界有生日説、死日説、次序説、卜選説、嫡庶説、十干氏族説等多種説法,詳見張富祥:《日名制·昭穆制·姓氏制度研究》,上海:上海古籍出版社2014年版。
② 例如,黄銘崇:《甲骨文、金文所見以十日命名者的繼統"區別字"》,《中研院史語所集刊》第76本第4分,2005年,頁625—709;黄國輝:《商代親稱區別字若干問題研究》,《考古學報》2012年第3期。
③ 兄這個親稱具有在同輩男性親屬中區分長幼的功能,而祖、妣、父、母這四個親稱的主要功能是用來區分性別和輩分,子的功能則僅限於區分輩分,因爲殷墟卜辭中稱"子某"者並非都是男性,例如《合集》14034針對子目的生育問題進行占卜,這裏的子目顯然是女性。因此,商王對去世的女兒或侄女很可能也以"子+日名"的稱呼相稱,殷墟卜辭中有子丁、子庚、子癸等稱呼,不排除其中有的是女性。由此可見,殷墟卜辭中的親稱"子"並不能區分性別。
④ 趙林:《殷契釋親——論商代的親屬稱謂及親屬組織制度》,上海:上海古籍出版社2011年版,頁132。

稱+日名"的稱謂方式來稱呼受祭者,如卜辭中常見的"祖乙"、"父丁"、"妣庚"、"母辛"、"兄庚"等,可是唯獨不見"弟+日名"這樣的稱謂(家譜刻辭中雖有弟這一親稱,但並不作爲祭祀稱謂),這說明與兄相對而言的弟,很可能沒有被殷人用於祭祀稱謂中。

事實上,如果殷墟祭祀卜辭中的兄果真與後世一樣,表示兄長之義,那麽就會導致這樣一種難以解釋的現象:祭祀者既對已去世的所有長輩(祖、妣、父、母)進行祭祀,也對所有早逝的子輩(子)進行祭祀,可是唯獨對於祭祀者同輩的親屬,只祭祀已逝之長兄,而不祭祀早逝之幼弟。李學勤先生早就已經注意到這個問題,他指出:"殷代的'兄'、'弟'並不是長幼的分別,因爲整個殷代不能沒有一個殷王的幼弟死在殷王的前面,而子可以受祭,幼弟也必可受祭。我們認爲'兄'是指同世'弟兄'的先死者,而'弟'是其對立詞。"[①]李先生此說頗有啓發意義,在邏輯上也完全可以講得通,但美中不足的是,此說仍然缺乏實例作爲依據。筆者認爲祖甲卜辭裏的"小丁"即武丁卜辭裏的"兄丁",他本爲武丁之弟,但因先於武丁而去世反被武丁稱作"兄丁",從而爲李先生的說法提供了一個顯例。下文將結合卜辭中"小丁"的身份對這一說法加以論證,或有不當之處,敬請方家指正。

一、武丁卜辭中的"兄丁"問題

武丁在祖庚、祖甲時期的卜辭裏被稱作"父丁",學界嚮無異議。但值得一提的是,在商代"父"是一個類型性的親屬稱謂,它所指稱的親屬並不具有唯一性,時王不僅對自己的生父稱父,對生父的兄弟也以父相稱。例如,商王陽甲、盤庚、小辛、小乙曾以兄終弟及的方式先後繼承王位,小乙去世後傳位於其子武丁,但在武丁時期的卜辭裏,武丁不僅對生父小乙稱"父乙",對於陽甲、盤庚、小辛也分別稱作父甲、父庚、父辛(見《合集》2131)。既然在商王室中商王對所有父輩親屬都稱爲父,那麽至少從理論上講,商王祖甲應該對其父輩親屬中所有日名爲丁者都稱作"父丁"。而從甲骨卜辭的記載看,祖甲的父輩親屬中以丁爲日名者不止武丁一位,例如在武丁時期的卜辭中就有一位"兄丁":

(1) 丙子卜,扶:兄丁二牛。　　　　　　　　　(《合集》19907,自肥筆)
(2) 丁丑卜,㞢:出兄丁羊,叀今日用。五月。　(《合集》20007,自小字)

---

① 李學勤:《論殷代親族制度》,《文史哲》1957年第11期。

以上所引卜辭中，辭(1)屬於自肥筆類，辭(2)屬於自小字類，這兩類卜辭都是武丁時期的占卜記録，故而此處的"兄丁"是武丁對其已逝兄弟的稱呼。按照卜辭稱名慣例，武丁稱"兄丁"者，祖庚、祖甲應該稱其爲"父丁"，如此説來，商王祖庚和祖甲至少應該有兩個日名爲丁的父輩（即兩個"父丁"）。巧合的是，《合集》23186中有一個"二父丁"的稱謂，① 由於此條卜辭也是祖甲時期的，因而這個"二父丁"是相對於"父丁"而言的，這也印證了祖甲時期有兩個"父丁"的事實。

日本學者島邦男曾認爲祖甲卜辭中的父丁既可以指武丁，又可以指武丁之兄丁，② 島氏此説顯然依據於卜辭稱名之慣例，但這種慣例只是理論層面上的，因爲祖甲卜辭裏的父丁如果可以兼指兩人，那麽這兩人將會因稱呼一致而無法相互區分。事實上，殷人所祭祖先的數量雖然十分衆多，但由於殷人往往在親稱前冠以大、中、小、外、南等區别字，故而這些祖先在稱呼上應該是判然有别的。换言之，殷人既然常於祖先的稱謂上冠以區别字，説明他們已經注重從稱謂上對不同祖先加以區分。而祖甲時期的卜辭中既然已經有"父丁"和"二父丁"之分，恰好説明祖甲已經對兩位日名爲丁的父輩進行了區分，因而"父丁"不可能兼指武丁和武丁之兄丁。也即"父丁"和"二父丁"之中，一個是武丁，一個是武丁之兄丁。至於祖甲卜辭中的"父丁"到底是武丁還是武丁之兄丁，學界嚮來都認爲是武丁，可以信據，有卜辭爲證：

(3) ……自祖乙、祖辛、毓祖乙、父丁，亡尤。

（《合集》22943，出二）

(4) 乙亥卜，行貞：王賓小乙叀，亡尤。在十一月。

丁丑卜，行貞：王賓父丁叀，亡尤。

己卯卜，行貞：王賓兄己叀，亡尤。

［庚］□卜，行［貞：王］賓兄庚［叀，亡］尤。

（《合集》23120，出二）

以上卜辭都是出二類卜辭，屬於祖甲時期的占卜記録。辭(3)之"祖乙"即中丁之子祖乙，"祖辛"即祖乙之子祖辛，"毓祖乙"學界已論定爲武丁之父小乙。③ 可見辭(3)

---

① 由於甲骨卜辭中的"三祖丁"、"四祖丁"等稱謂中的數字已被證實爲序數詞，那麽與之類似的"二父丁"中的"二"也應該是一個序數詞，所以"二父丁"並不是兩個"父丁"的合稱。
② ［日］島邦男著，濮茅左、顧偉良譯：《殷墟卜辭研究》，上海：上海古籍出版社2006年版，頁61。
③ 見于省吾主編：《甲骨文字詁林》，北京：中華書局1996年版，頁3547。又見曹定雲：《殷墟卜辭"毓"字補論——兼論武乙卜辭中的"毓父丁"》，收入宋鎮豪主編：《甲骨文與殷商史》新四輯，上海：上海古籍出版社2014年版，頁22。

提到的幾位人物都是按照即位順序排列的商王,那麼與祖乙、祖辛、毓祖乙並稱的"父丁"就只能是商王武丁,而非未曾即位爲王的武丁之兄丁。同樣,辭(4)之"小乙"即武丁之父小乙,"兄己"即周祭祀典中的祖己,"兄庚"即商王祖庚,辭(4)作爲一版周祭卜辭,其中處於"小乙"之後,"兄己"、"兄庚"之前的"父丁"毫無疑問就是商王武丁。

雖然我們尚不能爲所有祖甲卜辭中的"父丁"都是武丁找到直接證據,但至今爲止,關於祖甲卜辭中的"父丁",能夠確定身份者,毫無例外一律都是指武丁,再考慮到祖甲時期已有"父丁"和"二父丁"之區分,有足夠理由相信所有祖甲卜辭中的"父丁"都是指武丁。那麼與"父丁"相對而言的"二父丁"就不應該也是武丁,它應該是祖甲對武丁之兄丁的稱呼。

二、卜辭"小丁"身份考

在祖庚、祖甲以後的卜辭中屢見"小丁"一稱,例如:

(1) 丁卯卜,旅貞:王賓小丁歲㞢父丁,伐羌五。
　　庚午卜,旅貞:王賓妣庚歲㞢兄庚,亡尤。
　　　　　　　　　　　　　　　　　　(《合集》22560,出二)

(2) 丙午卜,旅貞:翌丁未其又于祖丁。
　　丙午[卜,旅]貞:翌[丁未]其並又[于]小丁。在……
　　　　　　　　　　　　　　　　　　(《合集》23029,出二)

(3) 丁巳卜,□貞:其又……大丁,在……[月]。在自□[卜]。
　　丁巳卜,行貞:其又于小丁一牛。 　(《合集》22760,出二)

對於卜辭中的這個小丁,王國維認爲:"此疑即沃丁或武丁,對大丁或祖丁言,則沃丁與武丁自當稱小丁,猶大甲之後有小甲,祖乙之後有小乙,祖辛之後有小辛矣。"[①] 郭沫若曾據上引辭(1)對小丁的身份作出考證:"此乃祖甲時所卜也,父丁乃武丁,兄庚乃祖庚,妣庚乃小乙之配。故知此小丁在武丁以前。武丁以前殷王之名丁者爲大丁、沃丁、中丁、祖丁,沃丁乃旁系,餘三丁蓋以大中小爲次,則小丁捨祖丁莫屬矣。"[②] 陳夢家贊成郭説,並指出:"小丁既非大丁,又非父丁(武丁),則當是小乙之父祖丁"。[③]

---

① 王國維:《殷卜辭中所見先公先王考》,《觀堂集林》(外二種),石家莊:河北教育出版社2003年版,頁222。
② 郭沫若:《卜辭通纂》,北京:科學出版社1983年版,頁307。
③ 陳夢家:《殷虛卜辭綜述》,北京:中華書局1988年版,頁425。

姚孝遂、肖丁亦認爲上引辭（1）中的"父丁"爲武丁，"然則'小丁'當是小乙之父祖丁"。①

以上諸説中，以"小丁"爲祖丁的説法甚爲流行，誠爲當今學界的主流觀點，我們現在來分析一下這種觀點的邏輯所在。上引郭沫若、姚孝遂、肖丁的説法都是以辭（1）爲立論依據的，該辭提到"小丁歲眔父丁"、"妣庚歲眔兄庚"，以上諸家似乎都注意到了"眔"字所連接的兩位祭祀對象的順序問題。在"妣庚歲眔兄庚"中，妣庚的世次在兄庚之前，他們據此認爲在"眔"字所連接的兩位祭祀對象中，"眔"字之前的祭祀對象在世次上要先於"眔"字之後者，故而郭沫若先生在分析"小丁歲眔父丁"時才會得出"故此小丁在武丁以前"的結論；而姚孝遂、肖丁在分析"小丁歲眔父丁"時，也是在確定"父丁"爲武丁的基礎上才得出"小丁"爲小乙之父祖丁的結論的，可見他們同樣也認爲"眔"字之前的祭祀對象在世次上要先於"眔"字之後者。要而言之，郭沫若、姚孝遂、肖丁等先生都是根據辭（1）"小丁歲眔父丁"一語來考察"小丁"之身份的，而他們立論的一個共同前提就是在"眔"字所連接的兩位祭祀對象中，"眔"字之前的祭祀對象在世次上要先於"眔"字之後者，因而他們都認爲"小丁"的世次要早於"父丁"（武丁），在此基礎上，他們又從武丁之前以丁爲日名的先王中來尋找"小丁"的蹤跡。

然而郭沫若、姚孝遂、肖丁等先生的立論前提其實是有問題的，從甲骨卜辭的記載看，"眔"字所連接的兩位祭祀對象的世次順序並不是固定的，例如《合集》22624 提到"兄己奉眔兄庚奉"，《合集》10515 提到"祖丁眔父乙"，這兩例中"眔"字之前的祭祀對象在去世時間上都要早於"眔"字之後者；而《合集》22702 提到"父丁歲眔匚丁歲"，《合集》22769 提到"父丁歲宰眔大丁彳歲宰"，這兩例中"眔"字之前的祭祀對象在去世時間上顯然又晚於"眔"字之後者。由此可見，"眔"字作爲連詞只表示和、與的含義，它所連接的兩位祭祀對象在順序上是没有規律的，因而郭沫若、姚孝遂、肖丁等先生以"小丁"爲祖丁的説法其實是没有根據的，我們有必要對小丁的身份作出進一步的探討。

以上所引辭（1）至辭（3）都屬於出組二類，是商王祖甲時期的占卜記録。辭（1）"小丁歲眔父丁"，即小丁與父丁一起受到歲祭，小丁與父丁顯然是不同的兩個人。辭（2）中的"並"字在卜辭中作 ，像二人並立形，屈萬里先生言："並，與併、竝通，合也，兼也……是謂二者相俱爲並也。"②如此則辭（2）中"又于祖丁"、"並又于小丁"其實是

---

① 姚孝遂、肖丁：《小屯南地甲骨考釋》，北京：中華書局1985年版，頁51。
② 屈萬里：《殷虛文字甲編考釋》，中研院史語所，1961年，頁48。

記載了時王在丁未日對祖丁和小丁一同進行祭祀,小丁與祖丁顯然亦爲不同的兩個人。而辭(3)是在丁巳日對大丁和小丁一同進行祭祀,大丁和小丁也非同一人。總之,在以上三辭中,小丁分別與父丁、祖丁、大丁在同一日受到祭祀,他們的日名雖然都爲丁,但顯然小丁不是父丁、祖丁、大丁三者中的一個。在前文中我們已經論定祖甲卜辭中的父丁即武丁,而大丁的身份也是確定的,現在我們再來看一下出組二類卜辭中祖丁的身份。在祖甲之前以丁爲日名的商先公先王有報丁、大丁、沃丁、中丁、祖丁、武丁,其中武丁是祖甲之父,不可能被稱作祖丁;中丁在《合集》32816中與祖丁一同受祭,自然也不會再被稱作祖丁;報丁和大丁在卜辭中嚮來祇有一個稱謂,且在祖乙之前的商先公先王中尚未發現直接以"祖+日名"相稱的先例;而沃丁這一稱謂見於《史記·殷本紀》,司馬遷認爲他是大甲之子、大庚之兄,但在商代後期的周祭譜中不僅沒有沃丁這一稱謂,而且在先王的周祭次序中,大甲之後緊接着就是大庚,根本就沒有沃丁的位置,説明沃丁並未受到周祭,而出二類卜辭中的祖丁是受到周祭的(如《合集》23038、《合集》23039),可見出二類卜辭中的祖丁也不會是沃丁。此外,日本學者島邦男對沃丁問題也頗有研究,他指出:

> 因祖丁爲第四位的丁名王,故祖丁又稱"四祖丁"。如沃丁即位,那麽祖丁就得稱"五祖丁"。沃丁既不見於卜辭,祖丁又稱"四祖丁",從這二點分析,沃丁未即位,故《史記》所載有誤。①

總之,出二類卜辭中的祖丁不會是報丁、大丁、沃丁、中丁、武丁,他只能是小乙之父祖丁,關於這一點,還有其他卜辭爲證:

(4) 庚辰卜,[行]貞:翌辛巳彡于祖辛,亡尤。
[丙]戌卜,行[貞]:翌丁亥[彡]于祖丁,亡[尤]。在十二月。

(《合集》23016,出二)

辭(4)是一版出組周祭卜辭,從記載看,彡祭祖辛後緊接着彡祭祖丁,這裏的祖辛只能是祖乙之子祖辛,祖丁也只能是祖辛之子、小乙之父的祖丁。

上引辭(2)"又于祖丁"、"並又于小丁"表明小丁和祖丁在同一日內一同受到祭祀,顯然祖丁與小丁並非一人,可見郭沫若、陳夢家、姚孝遂、肖丁等前輩學者認爲小丁即祖丁的説法並不可信。王國維曾懷疑小丁即沃丁或武丁,而從上引辭(1)"小丁歲眔父丁"來看,小丁顯然與父丁有別,父丁又已被證實爲武丁,説明小丁也不會是武丁。

---

① 島邦男著,濮茅左、顧偉良譯:《殷墟卜辭研究》,上海:上海古籍出版社2006年版,頁132。

从上文所引衆學者的觀點看,無論是王國維、郭沫若,還是陳夢家、姚孝遂、肖丁,他們對小丁身份的考證都是先將其預設爲某一任商王的。這裏我們也檢驗一下小丁有没有可能真的是某位日名爲丁的商王。在祖甲之前以丁爲日名的商先公先王有報丁、大丁、沃丁、中丁、祖丁、武丁,而上引辭(1)至辭(3)已經證明小丁與父丁(武丁)、祖丁、大丁有别,這就排除了小丁是武丁、祖丁和大丁的可能性。餘下的報丁、沃丁和中丁裏,中丁既以"中"爲區别字,自然不可能再被稱作小丁;報丁的世次尚排在大丁之前,没有理由被稱作小丁,且報丁除了偶爾與報乙、報丙合稱爲"三報"外,嚮來没有其他稱謂,他也不可能被稱作小丁。至於沃丁,王國維懷疑他就是小丁,但在出組和黄組的周祭卜辭中不但没有沃丁之名,而且在周祭祀典中也没有他的位置。即便真如司馬遷所説,沃丁是在大甲之後、大庚之前的一位商王,那麽從他未受周祭的情況看,他的地位在後世很可能是不被認可的,這與祖甲卜辭裏小丁頻繁受到祭祀甚至還受到壹祭(《合集》23054)的情況不符。再者,小丁一稱僅見於祖庚、祖甲以後的卜辭中,武丁時期没有這個稱呼,如果這個小丁真的是世次較早的商王沃丁,那麽爲何武丁從不稱呼其爲小丁呢?① 還有,如果小丁是沃丁,那麽祖甲之前以丁爲日名的商先公先王的順序則爲報丁、大丁、沃丁(小丁)、中丁、祖丁、武丁,其中小丁處於大丁和中丁之間,顯然不合情理。②

　　根據以上的論述,筆者認爲報丁、大丁、沃丁、中丁、祖丁、武丁這六位丁名商王都與小丁的稱謂不符。現在我們换一個角度來看小丁這一稱謂。小丁一稱見於出二類、歷二類、歷無名間類、何組、無名組卜辭中,其時間跨度爲從祖庚至文丁。小丁這一稱謂由於加上了"小"這個區别字,故而它能與其他丁名的祖先相互區分。單從稱謂上來看,"小丁"這一稱謂遠比"祖丁"的區别度要高,③如果小丁真的是某一位商王,

---

① 從甲骨卜辭的記載看,殷人對於祖乙之前的先公先王的稱呼比較固定(成湯雖有多種稱呼,但以日名相稱時也衹有大乙這一個稱呼),按照《殷本紀》的説法,沃丁也是祖乙之前的商王,如果他在祖庚、祖甲以後被稱作小丁,那麽他在武丁時期也應該被稱作小丁,但武丁卜辭中却没有這一稱呼,説明沃丁並非小丁。
② 黄國輝先生曾認爲"商人一般用大、中、小等區别字表示同輩同性親屬之間的長幼關係",見黄國輝:《商代親稱區别字若干問題研究》,《考古學報》2012年第3期。若依黄説,則小丁不是針對大丁和中丁而稱的,因此小丁世次排在中丁之前也是合理的。但是即便如黄氏所説,小丁也不可能是沃丁,因爲按照司馬遷所説,沃丁是大庚之兄,如果沃丁是小丁,那麽作爲兄長的沃丁稱"小",其弟大庚反而稱"大",這違背了長幼順序。
③ "祖丁"這一稱謂會隨着商王世次的更迭而發生混淆,例如,從商王武丁開始就將小乙生父稱作祖丁,但到了廪、康之世,時王也將武丁稱作祖丁,兩個祖丁容易產生混淆,故而後來不得不將武丁改稱爲"毓祖丁"或"武丁"。

那麼他的名號爲何不與大丁、中丁、小辛、小乙等一同進入周祭祀典呢?① 尤其是諸家多以祖丁爲小丁,那麼爲何"祖丁"這個區別度不高的稱謂進入了周祭祀典,而"小丁"這個區別度較高的稱呼反而沒能進入周祭祀典呢? 特別是在祖甲時期的卜辭裏屢見小丁一稱,但小丁却又未見於出組周祭卜辭,這充分説明小丁並非某任商王。

綜上所述,卜辭中的小丁並非某一任商王,他只是商王室中一位以丁爲日名的未曾即位爲王的旁系親屬。對小丁身份的考察,不應再將其預設爲某任商王,而應另覓他徑。

我們在前文中既已考定小丁並非商王,則小丁之"小"這個區別字就是用來區分同輩同日名親屬之間長幼關係的。也就是説,小丁的同輩兄弟中應該還存在其他日名爲丁者,否則他的日名之前應該直接冠以祖、父、兄、子等親稱,而沒有必要使用"小"這個區別字。巧合的是,我們在前文中曾經提到,武丁時期的卜辭中存在一位"兄丁",而這個"兄丁"也未曾即位爲王,與小丁的身份若合符節,因而筆者懷疑武丁時期的這個"兄丁"就是祖甲卜辭中的小丁,他有時也被稱作"二父丁"(《合集》23186)。

武丁之兄丁即小丁,有卜辭爲證:

(5) ……于毓祖乙、小丁。　　　　　　　　　　　　　(《合集》32632,歷二)

(6) 弜。

　　叀小丁。

　　叀小乙。

　　叀妣庚。

　　叀子。

　　其又小丁叀羊。　　　　　　　　　　　　　　　　(《合集》27330,無名)

辭(5)屬於歷二類卜辭,按照黄天樹先生對殷墟王卜辭的分類斷代,"歷二類主要是祖庚之物,其上限應上及武丁晚葉"。② 這條卜辭中提到的"毓祖乙"即小乙,稱呼小乙爲"毓祖乙"説明時王肯定不是武丁,因而這條卜辭可以確定爲祖庚時期的占卜遺存。依照殷墟卜辭的規律,"在一條祭祀卜辭中,如果被祭祀的祖先是合祭,他們之間或是

---

① 在出二類卜辭中雖然有小丁受到袞祭的記載(《合集》23054),但常玉芝先生在《商代周祭制度》一書中已經指出,五種祀典與周祭並不完全等同,小丁並沒有受到五種祀典輪番地、周而復始地祭祀,説明小丁並未進入周祭祀典。

② 黄天樹:《殷墟王卜辭的分類與斷代》,臺北:文津出版社1991年版,頁187。

上下的世代關係,或是同輩的長幼關係,兩者亦可兼有,但一般都是有序的而不是混亂的",[1]而且在絕大多數情況下是按照他們的世次先後排列順序的,[2]辭(5)中毓祖乙與小丁並提,且小丁排在毓祖乙之後,表明他很可能是毓祖乙的子輩。[3] 而在辭(6)中,小丁與小乙、妣庚一同構成選貞對象,把小丁説成是小乙和妣庚之子也較合情理。前文已述,毓祖乙(小乙)的子輩中以丁爲日名者有武丁以及武丁之兄丁,那麽這裏的小丁應該就是他們中的一個。而歷二類卜辭中的父丁與出二類中的父丁一樣,都是時王對武丁的稱呼,作爲與父丁相互區别的小丁,自然應該不是武丁,而是武丁之兄丁。

把小丁看作武丁之兄丁,那麽下面一條卜辭也就容易理解了:

(7) ……[其]又歲于小丁。

……父戊歲,王㞢。　　　　　　　　　　(《合集》27331 正,無名)

辭(7)是無名組卜辭,關於無名組卜辭的時代,黄天樹先生認爲,它的上限以定在康丁(也有可能上及廩辛之世)之世爲宜,它的下限應延伸至武乙、文丁之交。[4] 以上卜辭中提到父戊,而在無名組卜辭中父戊曾與父己一同受祭(《合集》27420),父己與父庚也一同受到祭祀,並且還被合稱爲"二父"(《合集》27417),無名組卜辭裏的父己和父庚對應周祭祀典中的祖己和祖庚,他們是祖甲之兄。而父戊與父己一同受祭,説明他也是時王(廩辛或康丁)的父輩,只不過他未曾即位爲王。辭(7)中的父戊是時王的未曾即位爲王的旁系諸父之一,而小丁又是武丁之兄丁,於世次而言應該是時王(廩辛或康丁)的祖輩,那麽小丁就是時王的未曾即位爲王的旁系諸祖之一。也就是説,辭(7)這一版卜辭是時王對其連續兩輩未曾即位爲王的男性祖先進行祭祀的占卜記録。

三、從"小丁"的身份看商代的親稱"兄"

我們在前文中詳細論證了小丁即武丁卜辭中的兄丁,由於小丁和武丁在祖庚、祖

---

[1] 黄國輝:《商代親稱區别字若干問題研究》,《考古學報》2012 年第 3 期。
[2] 誠然,卜辭中存在"逆祀"現象,例如《合集》22911"己丑卜,大貞:于五示告:丁、祖乙、祖丁、羌甲、祖辛",此辭中的丁指武丁,祖乙即小乙,辭中所列的"五示"的排列順序與他們的即位順序正好是相反的。但卜辭中這種"逆祀"現象十分罕見,殷人在絕大多數情況下都是"順祀"的。
[3] 當然,把小丁作爲毓祖乙的弟弟也未嘗不可,但武丁卜辭中並没有以丁爲日名的父輩親屬(即没有"父丁"),這説明小乙兄弟中没有以丁爲日名者,所以小丁不大可能是毓祖乙的弟弟。
[4] 黄天樹:《殷墟王卜辭的分類與斷代》,頁 267。

甲時期本來都應被稱作父丁，故而時王把他改稱爲"小丁"或"二父丁"以與武丁相互區分。也就是説，小丁之"小"是用來區分同輩同日名親屬之間長幼關係的。① 而從"小"這個區別字看，小丁似乎應該是武丁的弟弟，與武丁相比他的年齡較小，故而在後世被稱作小丁。再從小丁的另一個稱謂"二父丁"來看，他相比"父丁"（武丁）也應爲小。但問題的關鍵在於，小丁在武丁卜辭中被稱作兄丁，武丁稱其爲兄，似乎與本文的結論不符。

關於這個問題，我們應該聯繫殷人祭祀時所用的親屬稱謂進行説明。從甲骨卜辭的記載看，殷人祭祀已故親屬時，對於尊兩輩以上的男性祖先都稱祖，女性祖先都稱妣；尊一輩的男性祖先都稱父，女性祖先都稱母；卑一輩的親屬則無論男女都稱子；而對於同輩親屬的祭祀稱謂目前只見有兄，而未見其他（家譜刻辭中雖然有弟這一稱謂，但却不是祭祀稱謂）。在祖、妣、父、母、兄、子這六個主要的祭祀稱謂中，祖、妣、父、母的主要功能是用來區分性別和輩分，子的功能則僅限於區分輩分，這五個親稱都沒有在同輩中區分長幼的功能。既然祖、妣、父、母、子這五個親稱都不能辨別同輩親屬中的長幼關係，那麽另外一個親稱兄，照理説在祭祀卜辭中也應該沒有區分長幼的功能。我們觀察殷墟卜辭以及商末周初的金文，"兄甲"、"兄乙"、"兄丙"、"兄丁"這樣的稱謂有很多，但從未見有"弟甲"、"弟乙"這樣的稱呼，尤其是武丁在位五十九年，他在位時有不少子輩都已經先於他而去世了，以情理而言，有幾位同輩的弟弟先於武丁而去世是再正常不過的了，但我們在卜辭中却從未見有"弟＋日名"這樣的稱謂方式，這種情況在商末周初的金文中同樣如此。再者，從甲骨卜辭的記載看，殷人不僅祭祀祖、妣、父、母、兄，而且連"子丁"（《合集》20523）、"子庚"（《合集》22295）、"子癸"（《合集》27610）等早逝的子輩也加以祭祀，没有理由唯獨把早逝的幼弟排除出祭祀系統。因此我們推測，商王在祭祀時，對已故的同輩兄弟，無論長幼都以"兄"相稱。

值得注意的是，我們在甲骨卜辭中見過幾例含有"弟"字的辭例，②雖然其中多數"弟"字都無法確定是用來表示兄弟之"弟"的，但《英藏》2274中有"多母弟"的記載，家譜刻辭（《英藏》2674）中的兩個"弟"字也無疑是用來表示兄弟之"弟"的：

(1) 貞：兒先祖曰吹，吹子曰🆎，🆎子曰🆎，🆎子曰雀，雀子曰壺，壺弟曰啓，壺子曰喪，喪子曰戠，戠子曰洪，洪子曰禦，禦弟曰🆎，禦子曰🆎，🆎

---

① 黃國輝先生曾指出"商人一般用大、中、小等區別字表示同輩同性親屬之間的長幼關係"，見黃國輝：《商代親稱區別字若干問題研究》，《考古學報》2012年第3期。
② 姚孝遂、肖丁：《殷墟甲骨刻辭類纂》，北京：中華書局1989年版，頁1235—1236。

子曰㐭。 （《英藏》2674）

　　學界曾針對家譜刻辭的真偽問題展開長期的爭論，但目前一般都認爲其爲真品，如果確實如此，那麼商代後期已經有了兄、弟之分。但是在祭祀活動中並沒有這樣的區分，由於時王常常將先於自己而去世的弟弟也稱爲兄，因而在祭祀卜辭中兄這個稱謂也就失去辨別長幼的功能了。李學勤先生認爲"兄"是指同世"弟兄"的先死者，而"弟"是其對立詞，對於家譜刻辭中的"弟"這一稱謂，他指出，因爲卜辭的舉稱者（殷王）既然在世，他便不能有以他爲先死者的"弟"，凡先他而死的"弟兄"都是他的"兄"。兒的家系中，啓、妣是對壺、御而言，他們都是死者，故有"弟"這一稱謂。①

　　筆者認可李先生的這一説法，並且認爲卜辭中的小丁本爲武丁之弟，但因先於武丁而去世反被武丁稱作"兄丁"，這是以弟稱兄的顯例。下面嘗試對這一問題作出論證。

　　我們在前文中已經論定祖甲卜辭中的二父丁和小丁一樣，都是指武丁之兄丁，而二父丁這個稱謂是針對父丁而言的，從稱呼方式上看，二父丁即第二個父丁，他應該是父丁的弟弟，由此亦可證武丁之兄丁（也即祖甲卜辭中的二父丁、小丁）其實是武丁的弟弟。

　　我們認爲小丁是武丁的弟弟，還有以下卜辭爲證：

　　（2）丙戌卜，父丁燎，以小丁。
　　　　弜以小丁。　　　　　　　　　　　　　　　　（《合集》32645，歷無名間）

　　此版屬於歷無名間類卜辭，李學勤先生認爲此類卜辭的時代應上延至祖甲晚世，②林澐先生踵其説。③ 後來，黄天樹先生又將辭（2）與下面一版出二類卜辭進行比較：

　　（3）丁卯卜，旅貞：王賓小丁歲裸父丁彳伐羌五。
　　　　庚午卜，旅貞：王賓妣庚歲裸兄庚，亡尤。

　　　　　　　　　　　　　　　　　　　　　　　　　（《合集》22560，出二）

　　黄先生指出，辭（2）和辭（3）同版上都有"父丁"與"小丁"稱謂，他據此肯定了李學勤和

---

① 李學勤：《論殷代親族制度》，《文史哲》1957 年第 11 期。
② 李學勤：《評陳夢家〈殷虛卜辭綜述〉》，《考古學報》1957 年第 3 期。
③ 林澐：《無名組卜辭中父丁稱謂的研究》，《古文字研究》第十三輯，北京：中華書局 1985 年版，頁 25—31。

林澐兩位先生的説法,亦認爲"歷無名間類的上限無疑應上及祖甲之世"。① 言外之意,辭(2)與辭(3)一樣都是祖甲時期的卜辭,兩辭中的"父丁"都是指武丁。

辭(2)中最關鍵的信息是"以小丁"之"以"字。屈萬里先生在解釋卜辭"弜以小乙"(即《合集》32623)時説:"以,猶及也。言此祭不及小乙,其吉否乎?"②依照屈先生之説,辭(2)其實是在貞問:燎祭父丁的時候要不要偕同小丁一起。如此解釋於辭義雖然可以暢通,但筆者認爲諸如辭(2)這樣用"以"字連接"父丁"和"小丁"兩個祭祀稱謂的辭例中,"以"字的含義不單單是與、及,從甲骨卜辭的記載看,"以"字在連接兩個祭祀對象時,"以"字之前的祭祀對象在世次上總是先於"以"字之後者,例如:

(4) [甲子卜]:旅[貞:翌乙]丑其舌于祖乙,其以毓祖乙。

(《合集》22939,出二)

(5) 彡祖丁、父甲。

……以兄辛。　　　　　　　　　　　　(《合集》27364,歷無名間)

(6) 丙申,貞:其告高祖,枼以祖[辛]。

弜以。　　　　　　　　　　　　　　　(《合集》32314,歷二)

辭(4)是祖甲時期的卜辭,"祖乙"是中丁之子祖乙,"毓祖乙"指小乙,於世次而言,"祖乙"在"毓祖乙"之前。辭(5)是康丁時期的卜辭,"祖丁"指武丁,"父甲"指祖甲,"兄辛"指廩辛,"祖丁"和"父甲"的世次在"兄辛"之前。辭(6)是歷二類卜辭,其中的"祖辛"既可能是祖乙之子祖辛,也有可能是小乙之兄小辛,但無論他是哪一個,他的世次都在"高祖"之後。③ 可見在祭祀卜辭中,用"以"字連接兩個或兩個以上親屬稱謂的辭例中,"以"字之前的親屬在世次上要早於"以"字之後的,筆者遍查卜辭,發現這一規律從無例外。我們所總結的這一規律,其實是與"以"字的含義相一致的。《左傳》僖公二十六年:"公以楚師伐齊,取穀。凡師,能左右之曰以。"杜預注:"左右,謂進退在己。"孔穎達《正義》曰:"能左右者謂欲左則左,欲右則右,故注云'謂進退在己'。《釋例》曰:'凡師,能左右之曰以'謂求助於諸侯而專制其用,征伐進退,帥意而行。故變'會'、'及'之文而曰'以'。"④《左傳》對"以"字的解釋,在不少甲骨卜辭中也可以適用,例如:

---

① 黄天樹:《殷墟王卜辭的分類與斷代》,頁 244。
② 屈萬里:《殷虛文字甲編考釋》,頁 102。
③ 卜辭中見有"高祖王亥"(《合集》32083)、"高祖夒"(《合集》30398)、"高祖河"(《合集》32028)"高祖乙"(《合集》32445),他們的世次都很靠前,辭(12)之"高祖"雖不能確指爲誰,但可以肯定其世次在祖辛之前。
④ 阮元校刻:《十三經注疏》,北京:中華書局 1980 年版,頁 1822。

(7) 壬寅卜，賓貞：王往以衆黍于囧。　　　　　　　　　　　（《合集》10，賓三）

(8) 貞：王勿令㞢以衆伐舌方。　　　　　　　　　　　　　　（《合集》28，典賓）

　　以上兩辭的"以"字的用法與《左傳》相似，可以解釋爲率領。經過以上的討論我們認爲，"以"字在連接兩個人物（或群體）時，"以"字之前的人物，或者在世次年齡上長於後者，或者在權力上尊於後者。在辭(2)、(4)、(5)、(6)等祭祀卜辭中，"以"字之前的才是主要的祭祀對象，"以"字之後的則是打算順帶祭祀的親屬，由於打算順帶祭祀的對象往往不確定，故而往往圍繞要不要祭祀他們而進行占卜，例如辭(6)記載在告祭高祖之時，針對要不要順帶着奉祭祖辛而展開對貞。

　　回過頭來再看辭(2)"父丁燎，以小丁"的問題。這版卜辭的含義爲：燎祭父丁時要不要順帶着祭祀小丁。按照此類卜辭的通例，"以"字之前的"父丁"在世次年齡上應該長於"小丁"，而在前文中我們已經證實辭(2)之"父丁"即武丁，也就是説小丁在世次或年齡上應該晚於武丁。由於辭(2)是祖甲時期的卜辭，而祖甲兄弟中沒有以丁爲日名者，故而把這個"小丁"解釋成武丁的弟弟是再合適不過的了。

　　綜上所述，祖甲卜辭中的"小丁"和"二父丁"是同一人，他即武丁卜辭中的"兄丁"，本是武丁的弟弟，但因先於武丁而去世，武丁在祭祀時也尊稱他爲"兄丁"。按照卜辭稱名慣例，武丁和小丁在祖庚、祖甲時期都應該被稱爲"父丁"，但時王爲了將他們相互區分，故而把年紀較小者改稱爲"小丁"，有時也稱爲"二父丁"。"小丁"本爲武丁之弟却反被稱作"兄丁"，這表明商王在祭祀之時，對於所有已逝的兄弟，無論長幼都以"兄"相稱，在商代的祭祀活動中，"兄"這個親屬稱謂實際包含了祭祀者所有已逝的同輩兄弟。對商代親屬稱謂"兄"的研究，澄清了長期以來學界關於"商王遍祭所有親屬，唯獨不祭早逝之幼弟"的疑惑。

再論花東卜辭中祖甲、祖乙爲陽甲、小乙

左 勇

(南開大學歷史學院)

祖甲、祖乙是殷墟花東卜辭中最常見的兩位男性祖先,關於二人的身份問題,一直是學界聚訟的難題,至今尚未形成統一的意見,學界對此主要有兩種觀點:一、祖甲、祖乙分別是商王羌甲、下乙;[①]二、祖甲、祖乙分別是商王陽甲、小乙。[②] 釐清花東卜辭中祖甲、祖乙的身份,是探討占卜主體"子"身份的最關鍵所在,也必將影響學界對於花東卜辭材料性質的理解,不容忽視。立足於既有研究成果,本文試通過歸納、整理花東卜辭中的一些祭祀現象,來對祖甲、祖乙的身份進行再考察,希望能幫助推動該問題的解決,不妥之處請專家學者予以批評指正。

[①] 劉一曼、曹定雲:《殷墟花園莊東地甲骨卜辭選釋與初步研究》,《考古學報》1999年第3期;趙誠:《羌甲研究》,張政烺先生九十華誕紀念文集編委會編:《揖芬集:張政烺九十華誕紀念文集》,北京:社會科學文獻出版社2002年版,頁165—174;劉一曼、曹定雲:《再論殷墟花東H3卜辭中占卜主體"子"》,《考古學研究》(第六輯),北京:科學出版社2006年版,頁300—307;曹定雲:《三論殷墟花東H3卜辭中占卜主體"子"》,《殷都學刊》2009年第1期。

[②] 楊升南:《殷墟花東H3卜辭"子"的主人是武丁太子孝己》,王宇信、宋鎮豪、孟憲武主編:《2004年安陽殷商文明國際學術研討會論文集》,北京:社會科學文獻出版社2004年版,頁204—210;韓江蘇:《殷墟花東H3卜辭主人"子"研究》,北京:綫裝書局2008年版,頁81—91;姚萱:《殷墟花園莊東地甲骨卜辭的初步研究》,北京:綫裝書局2008年版,頁40—55。

一、從"以事紀日"論祖甲、祖乙爲商王

　　無論是羌甲、下乙説,還是陽甲、小乙説,都是建立在花東卜辭中祖甲、祖乙爲商王的基礎之上,然而對於祖甲、祖乙的商王身份,之前的學者多采取了默認的態度,並未經過直接論證,因此影響到了相關結論的可信性。朱鳳瀚先生就對此質疑:"鑒於對受祭先人采用日名制在商人貴族家族中被普遍使用的情況,'非王卜辭'所祭祖妣等先人之名與輩分相合的先王及王配日名相合,是否必是先王與王配,這顯然是不能肯定的。"基於此,朱先生並未將祖甲、祖乙和商王聯繫起來,而認爲占卜主體"子"是時王武丁的較遠親,是從父或從兄弟輩,應爲再從或再從以上。[①] 誠如是説,在無法確認某位先祖爲商王之前,不應將相同日名的先祖和商王直接等同起來。韓江蘇先生曾對祖甲、祖乙的商王身份進行了一些論證,她指出花東卜辭中衹有祖丁、祖甲、祖乙和妣庚四人享受到彡祭,"據不完全統計,目前發現的甲骨文中,彡祭出現在500多版甲骨上,能够享受彡祭的對象是曾即商王位的先王和直系先王的配偶,另外,伊尹也受到了彡祭,僅1見",[②] 韓先生的發現非常重要,但其論證建立在不完全統計和存在特例的前提下,不可謂徹底。可以説,花東卜辭中祖甲、祖乙的商王身份至今尚未得到充分的證明,基於此,筆者認爲花東卜辭中的"以事紀日"現象,或可以幫助解决這一難題。

　　所謂"以事紀日",類似於大事紀年,即利用事件來協助記録日期,在花東卜辭中具體是指利用對商先王的祭祀事件來幫助記録日期,如:

　　　　(1) 甲午卜,其禦宜。戠。乙未戠,翌日彫大乙。用。　　　　(《花東》290)
　　　　(2) 甲辰,宜丁牝一,丁各,戠于我。翌日于大甲。用。　　　　(《花東》34)
　　　　(3) 甲辰卜,丁各,戠于我。[翌日]于大甲。　　　　(《花東》169)
　　　　(4) 甲辰,宜[丁]牝一,[丁]各,戠于我。翌日于大甲。　　　　(《花東》335)
　　　　(5) 甲辰,宜丁牝一,丁各,戠于我。翌日于大甲。　　　　(《花東》420)

花東卜辭的整理者認爲上述卜辭是占卜主體"子"祭祀先王大乙、大甲的明例,[③] 魏慈

---

① 朱鳳瀚:《讀安陽殷墟花園莊東出土的非王卜辭》,王宇信、宋鎮豪、孟憲武主編:《2004年安陽殷商文明國際學術研討會論文集》,頁211—220。
② 韓江蘇:《殷墟花東H3卜辭主人"子"研究》,頁76。
③ 中國社會科學院考古研究所編:《殷墟花園莊東地甲骨》(第一分册),昆明:雲南人民出版社2003年版,頁27—28。

德先生提出商榷，他認爲對於大乙、大甲的祭祀很可能是用來紀日，但也有可能由於當時的王室同姓、異姓貴族都必須祭祀他們。① 劉源先生贊同魏氏的前一意見，他認爲對大乙、大甲的祭祀都屬於"以事紀日"。劉先生指出例（1）至例（5）中"翌日酌大乙"和"翌日于大甲"都屬於用辭，其中"乙未"與大乙的日名對應，"甲辰"與大甲的日名對應，與晚商周祭現象相似，當是用來説明日期"乙未"和"甲辰"兩日，屬於"以事紀日"，②是説可從。上述卜辭中先王日名和天干日完全一致，"翌日＋商王日名"確實也符合周祭中翌祭的記録格式，如"癸未卜，[貞]：王旬亡憂，在十月。甲申翌日羌甲"（《合集》35694，黄類），可見花東卜辭中"翌日酌大乙"和"翌日于大甲"應該是用來紀日的。

事實上，花東卜辭中"以事紀日"的現象並不只限於商王大乙、大甲，還見於祖丁、祖甲、祖乙，如：

(6) 甲午卜，子速，不其各。子占曰："不其各。"呼饗。用。舌祖甲彡。
    甲午卜，丁其各，子叀徣*琡*肇丁。不用。舌祖甲彡。（《花東》288）
(7) 丁巳歲祖乙牝一。舌祖丁彡。（《花東》226）
(8) 丁巳歲祖乙牝一。舌祖丁彡。（《花東》237）
(9) 乙巳歲妣庚䍿。舌祖乙翌日。（《花東》274）

姚萱先生指出花東卜辭中"用"和"不用"是用辭的標誌，其後的内容應該歸入用辭，而與命辭不直接相關。③ 黄天樹先生也曾强調卜辭中用辭區别於驗辭，是記録施用情况的刻辭，不涉及應驗不應驗的問題。④ 例（6）中"舌祖甲彡"在"用"和"不用"之後，屬於用辭，因此不屬於甲午日的占卜内容。甲午與祖甲的日名對應，可見"舌祖甲彡"應該是用來補充説明占卜日期"甲午"日的，即利用祭祀事件來紀日，屬於"以事紀日"。同理，例（7）至例（9）中"舌祖丁彡"和"舌祖乙翌日"分别與"丁巳"和"乙巳"對應，與命辭貞問祖乙、妣庚的祭祀活動没有内容上的直接聯繫，應當是補充説明丁巳日、乙巳日的，也屬於"以事紀日"。類比例（1）至例（5）中大乙、大甲"以事紀日"的現象，我們有理由相信有着相同用法的祖丁、祖甲、祖乙應該與大乙、大甲的身份相近，是商先王。

"舌祖甲彡"、"舌祖丁彡"和"舌祖乙翌日"應該與商代的周祭制度有所關聯，"舌"

---

① 魏慈德：《殷墟花園莊東地甲骨卜辭研究》，臺北：古籍出版有限公司 2006 年版，頁 43、63。
② 劉源：《讀殷墟花園莊東地甲骨卜辭劄記二則》，山東大學東方考古研究中心編：《東方考古》第 4 輯，北京：科學出版社 2008 年版，頁 209—217。
③ 姚萱：《殷墟花園莊東地甲骨卜辭的初步研究》，頁 80、86。
④ 黄天樹：《關於無名類、歷類卜辭中用辭性質的考察》，《陝西師大學報》（哲學社會科學版）1993 年第 3 期。

爲用牲法，①是彡、翌祭的具體祭儀。彡、翌屬於周祭的五種祀典，並在周祭五種祀典中單獨舉行，其餘祭、劦、壹三種祀典則是相互交叉舉行的。自出組卜辭開始，殷墟卜辭常常利用商王的五種祀典來紀日，特別是卜旬卜辭，如：

(10) 癸丑卜，王貞：旬亡憂。在四月，甲寅酚翌自上甲。（《合集》22669，出二）

(11) 癸未卜，王貞：[旬]亡憂。在八月，甲申彡戔甲。　（《合集》22885，出二）

(12) 癸酉[卜]，貞：王旬亡憂。在五月，甲戌彡日戔甲。（《合集》35659，黄類）

(13) 癸巳王卜，貞：旬亡憂。在[十月又二]。甲午翌日大甲。

　　　　　　　　　　　　　　　　　　　　　　　　（《合集》35526，黄類）

(14) 癸酉卜，永貞：王旬亡憂。甲戌翌大甲。　　　　（《合集》37867，黄類）

上述卜辭中對商王的翌、彡祭都是用於説明日期的，如例(10)中"酚翌自上甲"就是用來幫助説明四月甲寅這一天，也就是卜日下一旬的第一天，其餘亦是同理。類比即知，花東卜辭中"翌日酚大乙"和"翌日于大甲"，與"舌祖甲彡"、"舌祖丁彡"和"舌祖乙翌"一樣，都是用來協助紀日的，而且應該就是周祭制度的較早形態。常玉芝先生曾指出："出組的周祭制度尚處在形成、完善的過程之中。"②出組卜辭大致處於祖庚、祖甲時期，而通過時代更早的花東卜辭看，周祭制度在武丁時期就已經開始萌發了，只是尚不成系統。

　　利用商王和直系商王的法定配偶的周祭來紀日是商代的慣例，這種紀日法並非僅供王室使用，非王室貴族也采用了這種紀日法，通過殷金文即可略知一二。如寢孳方鼎銘："甲子，王賜寢孳賞，用作父辛尊彝。在十月又二，遘祖甲劦日，惟王廿祀。冊俑。"（《銘圖》2295，商代晚期）又如二祀邲其卣銘："丙辰，王令邲其貺黌于夆田涽，賓貝五朋，在正月，遘于妣丙彡日，大乙奭，唯王二祀，既覜于上下帝。亞貘父丁。"（《集成》5412，商代晚期）器主寢孳、邲其都是殷貴族，特別是寢孳是來自冊俑族的一位寢官，地位不高，他與商王室血緣的關係不會親密，但寢孳依然使用了商王祖甲的劦祭來幫助紀日，補充説明"十二月甲子"日，可見商代貴族應該是普遍利用王室的周祭來紀日的。

　　商王和王妣的身份尊貴，地位唯一，所以祇有他們的祭日才能被殷貴族群體用來紀日，這是很容易理解的。據此來看，花東卜辭中被占卜主體"子"用來幫助紀日的祖

---

① 于省吾讀舌爲"磔"，爲用牲法，趙平安釋該字爲"舌"，讀爲"刮"或"祜"。趙平安：《續釋甲骨文中的"乇""舌""祜"——兼釋舌(舌)的結構、流變以及其他古文字資料中从舌諸字》，《新出簡帛與古文字古文獻研究》，北京：商務印書館2009年版，頁37—41。

② 常玉芝：《商代周祭制度》，北京：綫裝書局2009年版，頁25。

丁、祖甲、祖乙絕不會是普通的貴族，而應該和大乙、大甲一樣，是商先王。

二、從"延祭"補證祖甲、祖乙的致祭順序

既已肯定了祖甲、祖乙是商先王，以下就需確認兩者的具體身份。顯而易見，羌甲、下乙説和陽甲、小乙説的矛盾癥結在於祖甲、祖乙的繼位先後問題，前説主張祖乙更早，後説認爲祖甲當先，而討論祖甲、祖乙的繼位先後，則必須考察兩人的致祭順序。劉源先生最早指出花東卜辭中在同一句中祖甲要比祖乙早一日受祀，説明祖甲應先於祖乙，[①]獲得了大多數學者的認同。也有學者提出異議，指出花東卜辭中存在着祖乙在前、祖甲在後的祀序，[②]但細審其文，所舉辭例多不在同一句内，恐難立論。關於祖甲、祖乙繼位的先後，需要重視兩者在合祭中的排序，如：

(15) 丁未卜，其禦自祖甲、祖乙至妣庚，酚二牢，麥（來）自皮鼎彫興。用。
　　　　　　　　　　　　　　　　　　　　　　　　（《花東》149）
(16) 甲戌酚上甲旬，歲祖甲牝一，歲祖乙牝一，歲妣庚䕏一。　（《花東》487）
(17) ……祖甲白豭一，祖乙白豭一，妣庚白豭一。　（《花東》309）

商代爲男權社會，合祭時先妣需要排在先祖之後，因此上述卜辭"祖甲、祖乙、妣庚"是順祀排序，而非逆祀。順祀排序中男性祖先一般由早及晚依次排列，所以祖甲應該早於祖乙，對此已有學者專門總結，[③]故不再贅述。妣庚是花東卜辭中最受重視的女性祖先，多見與祖乙合祭，一般認爲妣庚即祖乙的配偶，這一點學界基本没有異議。

花東卜辭中另有一種"祉（延）祭"現象，可以對祖甲、祖乙、妣庚祀序提供補證：

(18) 乙卯歲祖乙白豭一，登自西祭。祖甲延。　　　（《花東》4）
(19) 庚申歲妣庚小牢，叙鬯一。祖乙延，子饗。　　（《花東》321）
(20) 庚午歲妣庚牢、牝。祖乙延，蚊，在狀。　　　（《花東》311）
(21) 辛［卜］，歲祖□牝，登自丁黍。在斝，祖甲延。（《花東》363）
(22) 乙巳卜，歲祖乙牢，叙鬯一。祖甲□，丁各。　（《花東》34）

---

① 劉源：《花園莊卜辭中有關祭祀的兩個問題》，張政烺先生九十華誕紀念文集編委會編：《揖芬集：張政烺九十華誕紀念文集》，頁175。
② 劉一曼、曹定雲：《再論殷墟花東H3卜辭中占卜主體"子"》，《考古學研究》（第六集），頁301；曹定雲：《三論殷墟花東H3卜辭中占卜主體"子"》，《殷都學刊》2009年第1期。
③ 參見姚萱《殷墟花園莊東地甲骨卜辭的初步研究》，頁43；韓江蘇《殷墟花東H3卜辭主人"子"研究》，頁72—74。

例(18)至例(21)的辭尾部分都載有"祖甲延"或"祖乙延",同類相比,可以推測例(22)中"祖甲□"當是殘了"延"字。魏慈德先生認爲"祖甲延"和"祖乙延"屬於附祭,因此祭日還是選擇主要祭祀者廟號日干當天,①張世超先生則認爲"祖甲延"或"祖乙延"意爲使用與上次祭祀相同的祭品進行獻祭。② 兩位先生的解釋方嚮是正確的,但"延"在這裏却不指當日的祭祀。卜辭中"延"可表示"繼續、接着",當"延"連接兩位及以上的祭祀對象時,就能展現出祭祀的先後順序,如:

  (23) 壬申卜,逐貞:示壬歲,其延于[示]癸。　　　　　《合集》22714,出一）

  (24) ……大乙史(事),其延大丁……。　　　　　　　《合集》27126,無名）

  (25) 己未卜,祖丁大ㄐ,王其延大甲。　　　　　　　　《屯南》2276,無名）

  (26) 魯甲史(事),其延盤庚、小辛,王受又。吉。　　　　《屯南》738,無名）

  (27) 戊戌卜,祖丁史(事),其延妣辛、妣癸,王[受又]。　　《合集》27367,無名）

很顯然,例(23)中示壬和示癸,例(24)中大乙和大丁,例(25)中祖丁(按:即大丁)和大甲,例(26)中魯甲(陽甲)和盤庚、小辛,都是前後繼位的商王(大丁是未及繼位的王儲),而例(27)中妣辛、妣癸爲祖丁(按:即武丁)的配偶。歸納可知,例(23)至例(27)中由"延"連接的兩位或多位祭祀對象中,"延"字之後者的祭祀順序靠後,一般是"延"字之前者的子輩、王弟或王配,據此就可以推算人物關係。

  反觀花東卜辭,例(18)爲乙卯日祭祀祖乙,例(22)爲乙巳日祭祀祖乙,均後綴"祖甲延",祖甲在"延"字前,説明祖甲當先於祖乙祭祀,祖甲早於祖乙;例(19)爲庚申日祭祀妣庚,例(20)爲庚午日祭祀妣庚,後皆綴"祖乙延",祖乙在"延"字之前,祖乙先於妣庚祭祀,祖乙當爲妣庚的夫君。例(21)中"辛卜,歲祖□牝",根據其他辭例中祭日和日名對應的情況,"祖□"很可能是"祖辛",後綴"祖甲延"説明祖甲也要先於祖辛祭祀,祖甲早於祖辛。需要强調的是,花東卜辭中的"祖甲延"和"祖乙延"並不屬於當日的祭祀内容,而是用來表示祭祀順序,如例(18)和(22)爲乙日祭祀祖乙,後綴"祖甲延",例(19)和(20)爲庚日祭祀妣庚,後綴"祖乙延",根據日名、祭日的對應關係,"祖甲延"和"祖乙延"可能是對祭祀順序的一種説明。

  花東卜辭爲武丁時期的卜辭,從"延祭"現象可知,商王祖乙後於商王祖甲繼位,且配偶爲妣庚,在接近武丁時代的商先王中,祇有小乙一人滿足兩項條件,因此祖乙應該是小乙,相應祖甲只能是陽甲。商王祖丁的祭祀卜辭僅一見,"丁丑歲祖乙黑牝

---

① 魏慈德:《殷墟花園莊東地甲骨卜辭研究》,頁57。
② 張世超:《花東卜辭中的"延祭"》,《吉林師範大學學報》(人文社會科學版)2007年第6期。

一,卯䏢二於祖丁"(《花東》49),根據日名、祭日對應關係,這裏主要的祭祀對象是祖丁,祖乙屬從祭,祖乙爲小乙,祖丁應該是小乙之父商王祖丁。花東卜辭中還見祖庚、祖辛,"辛丑卜,禦丁於祖庚至□一,劂羌一人、二牢;至妣一,祖辛禦丁,劂羌一人、二牢"(《花東》56),祖庚和祖辛是"子"爲"丁"舉行禦祭的祭祀對象,兩者祭牲相同,説明地位相近。一般認爲花東卜辭中"丁"即時王武丁,[①]祖庚、祖辛能夠爲他祛除不祥,身份自然尊貴。劉源先生曾指出祖庚、祖辛可能爲盤庚、小辛,[②]可從。上文已指出例(21)中"祖□"可補爲"祖辛","祖甲延"説明祖甲早於祖辛,將祖辛視爲小辛當無問題。

三、"子"重視陽甲的原因

花東卜辭占卜主體"子"稱武丁之父小乙爲祖乙,自然也就是武丁的子輩了。對於將祖甲定爲陽甲,可能會有學者提出質疑:陽甲既然不是直系商王,爲何能夠引起"子"的重視?關於祖甲受到"子"的重視,這種看法一般是通過花東卜辭中祖甲的祭祀卜辭數量得出來的。然而,判斷受祭者的受重視程度,除了要考慮祭祀卜辭的數量外,祭品規格、合祭對象、祭祀者身份也是重要的標準,不宜輕視。

毫無疑問,花東卜辭中最受重視的男性祖先是祖乙,一共見於 64 版龜甲,用牲數量較多,如"妣五、䍺五"(《花東》243)、"三犯"(《花東》463)、"三豕"(《花東》171)等。祖乙經常與其配偶妣庚合祭,而相應妣庚也是花東卜辭中最受重視的女性祖先,見於上百版龜甲。此外,"丁"時常會參加"子"祭祀祖乙的活動,如"乙巳卜,歲祖乙牢,叔鬯一。祖甲[延],丁各"(《花東》34),又如"癸酉卜,在剢,丁弗賓祖乙夕。子占曰:'弗其賓。'用"(《花東》480),"各"和"賓"都表明"丁"親臨祭祀,可知祖乙對於"丁"而言也是很重要的祖先。相比於祖乙,祖甲一共見於 38 版龜甲,最高用牲爲"二牢"(《花東》459),"丁"從未參與"子"對祖甲的祭祀,祖甲亦無女性配偶與之合祭——若祖甲爲直系商王,其配偶也就是直系王妣,類比祖乙和妣庚,則祖甲也應該有女性配偶與之合祭,但是花東卜辭却闕載。由此可知,祖甲的地位遠遠遜色於祖乙,僅根據卜辭數量就將祖甲視爲"子"的直系祖先,還是相對缺乏證據。然而,雖然祖甲的地位不如祖乙,但還是應該承認"子"是比較看重祖甲的,至少祖甲要比僅見於一兩例卜辭的祖

---

① 陳劍:《試説花園莊東地甲骨卜辭的"丁"——附:釋"丁"》,《故宮博物院院刊》2004 年第 4 期。
② 劉源:《殷墟花園莊東地甲骨文所見禳祓之祭考》,王建生、朱歧祥主編:《花園莊東地甲骨論叢》,臺北:聖環圖書股份公司 2006 年版,頁 158。

庚、祖辛更加受到"子"的重視。

楊升南先生認爲花東卜辭中祖甲(陽甲)是"比九世亂"的最後一任商王,他從羌甲一系奪回了王位,使小乙和武丁繼位成爲可能,故而得到了"子"的隆祀,[1]該説思路通暢,使人受益。從後世看陽甲僅是一位支系商王,但置身於武丁早年,在小乙死後,陽甲的影響無疑是巨大的。

商代王位繼承兼顧兄終弟及和父子相承,自上甲至武丁一共十七世二十七王,作爲長兄並且没有子嗣繼位者僅有小甲、河亶甲(戔甲)、[2]陽甲。衆所周知,直系商王的地位要遠高於非直系商王。然而,雖然小甲、河亶甲、陽甲均不是武丁的直系祖先,但武丁對他們依舊十分重視。李學勤先生曾根據兩版歷組卜辭(《合集》32384、《醉古集》207)擬補了時王武丁對於商先王的一次大合祭:

> 乙未酻系品:上甲十,匚乙三,匚丙三,匚丁三,示壬三,示癸三,大乙十,大丁十,大甲十,大庚七,小甲三,大戊十(?),中丁十,戔甲三,祖乙十,祖辛十,羌甲三(?),祖丁十,魯甲三,父乙十。[3]

裘錫圭先生贊同李先生的擬補意見。[4] 該卜辭中,排除特例羌甲[5]和武丁的直系先王外,僅剩下小甲、戔甲(河亶甲)、魯甲(陽甲)三位非直系商王。雖然三人的祭品數量僅爲三,少於直系商王,但是小甲、河亶甲、陽甲能够出現在這次合祭中,説明對於時王武丁而言,他們的地位肯定要高於其餘非直系商王。小甲是大戊、雍己的兄長,河亶甲是祖乙的兄長,陽甲是盤庚、小辛、小乙的兄長。三人都是同輩商王中的最長者,但其子嗣都没有繼位,三人能够被選入此次合祭中,應該是得益於他們的長兄身份。商代王位繼承中非常重視年長這一因素,王國維先生很早就作有解釋:"特如傳弟既

---

[1] 楊升南:《殷墟花東H3卜辭"子"的主人是武丁太子孝己》,王宇信、宋鎮豪、孟憲武主編:《2004年安陽殷商文明國際學術研討會論文集》,頁206。

[2] 《漢書·古今人表》載祖乙爲河亶甲(戔甲)弟,换言之戔甲爲仲丁之子、祖乙之兄,該記載經許進雄、張光直、趙誠等先生論證,可以確信。參見許進雄《殷卜辭中五種祭祀的研究》,臺北:臺灣大學博士學位論文,1968年,頁28;張光直《商王廟號新考》,《中國青銅時代》,北京:生活·讀書·新知三聯書店2013年版,頁181;趙誠《羌甲研究》,張政烺先生九十華誕紀念文集編委會編:《揖芬集:張政烺九十華誕紀念文集》,頁170。

[3] 李學勤:《一版新綴卜辭與商王世系》,《文物》2005年第2期。

[4] 裘錫圭:《〈醉古集〉第207組綴合的歷組合祭卜辭補説》,《古文字研究》第二十九輯,北京:中華書局2013年版,頁2。

[5] 羌甲有子南庚繼承王位,曾被視爲"大示",而一般"大示"多爲直系商王。參見趙誠《羌甲研究》,張政烺先生九十華誕紀念文集編委會編:《揖芬集:張政烺九十華誕紀念文集》,頁165—174。

盡以後，則嗣立者當爲兄之子歟？弟之子歟？以理論言之，自當立兄之子；以事實言之，則所立者往往爲弟之子。"①王先生認爲王位傳至最小的王弟之後，理應傳回給最長的王兄之子，但事實上王位常常被王弟之子所佔據。王先生從制度和事實兩個層面來理解商代王位繼承制，可謂高屋建瓴。小乙死後，王位在理論上應該傳回給長兄陽甲之子，但由於某些原因却被小乙之子武丁所獲得，因此陽甲未能成爲後世商王的直系祖先。

筆者認爲，在花東卜辭中祖甲（陽甲）之所以能够獲得占卜主體"子"的相對重視，除了楊升南先生所強調的陽甲功勳之外，恐怕也與陽甲在王室家族中的長兄身份息息相關。耿超先生提出："或許在王位的傳承中年齡爲一種起作用的因素，但年長應是比年幼有優先權的。"②當是可信的意見，作爲同輩商王的兄長，陽甲的地位本應高於盤庚、小辛、小乙，但由於時王武丁是小乙之子，陽甲的地位自然也就遠比不上小乙了。通過上述李學勤先生復原的武丁對商先王的合祀情况，可知陽甲在殷人心目中的地位應該低於小乙等直系商王，但是比起盤庚、小辛等非直系商王，作爲同輩商王的兄長，他的地位要更優越。反觀花東卜辭，祖甲（陽甲）的祭祀地位不及祖乙（小乙），但優於祖庚（盤庚）、祖辛（小辛），與上述情况是完全一致的。花東卜辭中祖甲是陽甲，應該是可從的。

四、小　　結

花東卜辭中祖乙爲小乙，是占卜主體"子"的祖父，説明"子"應該是武丁的子輩。在此基礎上很多學者進一步指出"子"是武丁的子輩親屬，並提出"子"是孝己、子㕚或祖庚等説法，③本文爲這類論述進一步夯實了立論基礎。祖甲是陽甲，陽甲作爲同輩商王的長兄，雖然地位不及直系商王小乙，但要高於非直系商王盤庚、小辛，可見年齡是商代王位繼承中一個很重要的影響因素，商代王位繼承中應該存在崇尚長子身份的傳統。花東卜辭中使用祖丁、祖甲、祖乙的彡、翌祭來紀日的現象，當是周祭的早期

---

① 王國維：《殷周制度論》，王國維：《觀堂集林》（外二種），石家莊：河北教育出版社 2003 年版，頁 233—234。

② 耿超：《性別視角下的商周婚姻、家族與政治》，北京：人民出版社 2017 年版，頁 72。

③ 參見楊升南：《殷墟花東 H3 卜辭"子"的主人是武丁太子孝己》，王宇信、宋鎮豪、孟憲武主編：《2004 年安陽殷商文明國際學術研討會論文集》，頁 208；姚萱：《殷墟花園莊東地甲骨卜辭的初步研究》，頁 40—55；劉源：《殷墟花東卜辭中的"丁"可能是死去的武丁》，《古文字研究》第三十二輯，北京：中華書局 2018 年版，頁 96。

形態。周祭的產生不會是一蹴而就的,而是經過了一定時期的準備階段,至遲在商王武丁時期,周祭就已經萌發了。商代祭祀總的發展趨勢是由特祭至周祭,武丁時期周祭現象的發現,將有助於今人加深對商代祭祀發展的理解。

甲骨文中的《阿波卡獵逃》

——商代奴隸逃亡的故事

蔡哲茂

（臺灣中研院史語所）

《阿波卡獵逃》(Apocalypto)是 2006 年由 Icon Productions 公司製作發行的電影，以墨西哥尤卡坦半島的古瑪雅文明爲背景，講述一個男人虎爪(Jaguar Paw)保護愛人和孩子，爲求生存而從外族侵略者的關押和追捕中逃生的故事。[①]

本片的主角本爲被抓獲來祭祀用的人牲，爲了求生，遂展開一段逃亡。雖然本片在史實考證上招致了一些批評，並不符合瑪雅歷史。[②] 但在中國商代也有類似這部電影的情節被記載下來，其卜辭如下：

丙寅卜，殼貞：今來歲我不其受年。

戊辰卜，韋：來甲戌其雨。

疾。

貞：王弗疾。

貞：于羌甲钊，克徒（除）[③]疾。

癸酉卜，亘貞：臣得。

癸酉卜，亘貞：臣不其得。

王固曰：其得，隹甲乙。甲戌臣涉，舟延卪弗告，旬出五日丁亥卒，十二月。

乙亥卜，古貞：婦蝶娩妫。

[①] http://zh.wikipedia.org/wiki/%E5%90%AF%E7%A4%BA_(%E7%94%B5%E5%BD%B1)．
[②] 《專家指出〈啓示〉違背史實的"十二處硬傷"》，http://ent.sina.com.cn/m/f/2006－12－12/00041365391.html．
[③] 詳見拙作：《釋殷卜辭"徒"字的一種用法》，《故宮學術季刊》2008 年第 2 期，頁 1—8。

☐得。　　　　　　　　　　　　　　　　　［《醉古》27＋《乙補》440（圖一）］

癸巳卜，賓貞：臣㞢。

貞：臣不其㞢。

王固曰：吉。其㞢隹乙丁，七日丁亥既㞢。

貞：王弓入于東。

貞：钔王𢆶于羌甲，克肙（蠲）。

弗其克肙（蠲）。

甲寅卜，賓貞：其琡☐

貞：琡汏啓隹之來。

隹之啓來。

☐叀必。　　　　　　　　　　　　　　［R044562(《合》643 正丙＋)①（圖二）］

图一　《醉古》27＋《乙補》440

---

① 見中研院史語所"考古資料數位典藏資料庫"，http：//ndweb.iis.sinica.edu.tw/archaeo2_public/System/Artifact/Frame_Advance_Search.htm。另外，《合》643 綴合有誤，詳參林宏明：《醉古集》，臺北：萬卷樓 2011 年版，考釋第 23 組。

圖二　R044562（《合》643 正丙十）

對於上舉兩版卜辭中關於"臣"的脱逃事件，胡厚宣先生最早提出：

這是一版大龜腹甲，頭部在左右兩邊對貞，有正反面的兩條卜辭，都占卜了兩次。84辭（"癸酉卜，亘貞：臣得。王固曰：其得，隹甲乙。甲戌臣涉，舟延㠯弗告，旬㞢五日丁亥夲，十二月。"）在右，占正面，大意説，殷武丁某年十二月癸酉日占卜，貞人亘問卦，問臣奴能够抓得住嗎。85辭（"癸酉卜，亘貞：臣不其得。"）在左，占反面，大意説，癸酉日占卜，貞人亘問卦，問臣奴不會抓得住吧。既卜之後，商王視察了卜兆，決定説，臣奴要在甲乙的日子，才能抓住。在癸酉日占卜以後的第二天甲戌，臣奴乘船渡河，倉促之間陷在河裏，好久也没有人報告，這樣耽誤了他逃亡的行程,到第十五天丁亥,就把他抓住了。因爲占驗都是正面肯定之辭,所以就記在 84 辭的後邊。

或貞臣幸:

86. 癸巳卜,賓,貞臣幸:王占曰吉,其幸唯乙丁。七日丁亥既幸。一
87. 貞臣不其幸。一(乙 2093)

這也是殷武丁時的一版大龜腹甲,頭部左右兩邊,有對貞正反面的兩條卜辭。由"七日丁亥既幸"一句,知這一版的兩條卜辭與前一版的兩條卜辭乃占卜同一事情。①

林宏明《醉古集》第二十七組釋文,用"钔王疾于羌甲"與"钔王㞢于羌甲"的兩條卜辭補證兩版記錄的就是同一件事:

又"貞王"兩字背面,刻有"王固曰其禦",由此可知本辭和右甲橋最下的一辭的"貞:于羌甲禦,克徒疾"是有關係的。"克徒疾"是指"克徒王疾"。卜問向羌甲舉行禳除災禍的禦祭,是否能使王的疾病好起來,"來甲戌其雨"是爲了在甲戌日對羌甲舉行禦祭先行卜問"甲戌"的天氣狀況。而這裏的"王疾"可以把它和本組的卜辭内容關係密切的"乙2093十"比較……從這些卜辭刻辭的位置類似及舉行禳除災禍的禦祭對象都是羌甲,可知王疾指的是王的㞢疾。

他又説:

仔細推敲這兩版甲骨卜辭所卜應是同一件事,所捉獲的臣也是同一(批)人。因爲兩者都是在丁亥日捉到的,癸巳往前推七日正好是丁亥日。"既"字有"已經過去"的意思,因爲是七天前所執得,所以用"既幸"。癸酉這一天卜問能否捉獲逃臣,王占辭認爲甲或乙日會被捉獲。驗辭的下半説"旬㞢五日丁亥幸"意爲十五天後的丁亥日逃臣被捉獲。驗辭的上半"甲戌臣涉舟,延,𠙵弗告"顯然是爲王占辭和實際結果不符,因而解釋原因幫王找臺階下。有意思的是癸酉二十天後的癸巳日,再一次卜問逃亡之臣能否捉獲時,王的占辭是乙或丁日會捉獲。雖然在七天前的丁亥已經在外地捉到了,但是王還没得到消息,所以仍舊卜問。等到知獲消息後,才把捉到的時間丁亥記録在驗辭上。根據卜辭逃臣還渡了水,可見逃得頗遠,不容易立刻傳遞訊息回都,所以才有"既幸",人都捉到七天了,却還卜問有没有捉到的趣事。②

---

① 胡厚宣:《甲骨文所見殷代奴隷的反壓迫鬥爭》,《考古學報》1976 年第 1 期,同見於《殷商史》,上海:人民出版社 2003 年版,頁 204—205。
② 林宏明:《醉古集》,頁 72—73。

上引圖一、圖二"臣逃亡事件"之各家考釋大體相同，但對"甲戌臣涉，舟延凵弗告"的斷句與理解有所不同。

胡先生認爲："甲戌臣涉舟延凵弗告"，即"在癸酉日占卜以後的第二天甲戌，臣奴乘船過河，倉促之間陷在河裏，好久也没有人報告，這樣耽誤了他逃亡的行程，到第十五天丁亥，就把他抓住了。"①

按：此中關鍵爲未識字"凵"。筆者以爲"凵"這個字形很有可能就是《郭店楚墓竹簡·唐虞之道》7.7："世亡忎（隱）德"的"忎"，《郭店楚簡》將此字形釋爲"隱"："从凵聲，亦通作'隱'。"②按：《説文》有"凵"字，釋云："匿也。象迟曲隱蔽形。"段注："匿者，亡也。迟曲見辵部，隱避見皀部，象逃亡者，自藏之狀也。"裘錫圭認爲："'凵'除了是'亾'的省形外，也許又可以用來表示可起隱蔽作用的曲隅、角落，所以又有'隱'音，待考。"③春秋時曾發生兩件躲在矮牆——即所謂的"隱"——以殺人的事件。《左傳·襄公二十三年》："乃出豹而閉之。督戎從之，踰隱而待之，督戎踰入，豹自後擊而殺之。"杜注："隱，短牆也。"又《左傳·襄公二十五年》："吴子門焉，牛臣隱於短牆以射之，卒。"因此甲骨文的"凵"字形也許正象人隱藏於短牆之形，是一個會意兼聲的構形。《詩·將仲子》"無踰我牆"的"牆"應該也是短牆，《説文》"凵"字下"讀若隱"正是短牆古義的留存。《説文》將"隱"字説解爲"蔽也，从𨸏㥯聲"，很可能是後來將會意改爲形聲的結果。"甲戌臣涉，舟延凵弗告"的意義應該是説甲戌這天有奴隸涉水逃亡，渡口的舟人"延"隱匿了奴隸逃亡涉水渡河之事，没有上告給官方。

甲骨文"臣"的身份，歷來的研究者已有所論述，然仍有討論餘地。先秦古籍中亦有提到"奴隸"的記載，稱爲"臣妾"，其例如下：

马牛其風，臣妾逋逃。（《尚書·費誓》）

《僞孔傳》："役人賤者，男曰臣，女曰妾。"曾運乾《尚書正讀》："臣妾，鄭云：厮役之屬。王葵園云：臣者，公羊宣十二年傳，厮役扈養死者數百人。何注，艾草爲防者曰厮，汲水漿者曰役，養馬者曰扈，炊烹者曰養，故鄭以厮役之屬言之……言牛馬臣妾有逃逸者，毋得越次而逐，致失軍律。失者不得越逐得者敬復其主。"④不僅商代，春秋戰國以來臣妾逃亡的記載屢見不鮮。如下：

---

① 胡厚宣：《甲骨文所見殷代奴隸的反壓迫鬥争》，收於《考古學報》1976 年第 1 期，同見於《殷商史》，頁 204。
② 《郭店楚墓竹簡》，北京：文物出版社 1998 年版，頁 159。
③ 裘錫圭：《裘錫圭學術文集》（甲骨文卷），上海：復旦大學出版社 2012 年版，頁 555。
④ 參見曾運乾：《尚書正讀》，臺北：華正書局 1982 年版，頁 296—297。

子西聞盜，不儆而出，尸而追盜。盜入於北宫，乃歸，授甲，臣妾多逃，器用多喪。

（《左傳·襄公十年》）

楊柏峻《春秋左傳注》：

　　臣妾即其家之男女奴隸。①

《墨子·經説下》：

　　逃臣，不智其處。

《睡虎地秦簡·日書·秦除》也有"臣妾"逃亡的記載：

　　除日，臣妾亡，不得。②

　　甲骨文中有"臣妾逋逃"的記録，這些臣妾的來源大多是戰争俘虜而得，且大部分都是羌人。卜辭中常見羌人逃亡記録，如下：

　　辛丑卜㱿：自今至于乙巳日雨。
　　自今至于乙巳日不雨。
　　乙雀（陰）不雨。
　　癸巳🀰：又（有）虎。
　　兆（逃）[三羌]其得，复又行。
　　兆（逃）三羌既隻抑。
　　毋隻抑。

（《彙編》777）

[（《乙》93＋《乙》96＋《乙》183＋《乙》184＋《乙》301）（圖三）]

　　[丙]寅卜，羌其🀰兆（逃）河抑。不🀰。

[《合》19757（《乙》363）（圖四）]

　　甲子卜，燎于溝。🀰麗虎。十一月。
　　丙寅卜，又（有）兆（逃）三羌，其得抑。
　　丙寅卜，又（有）兆（逃）三羌，其🀰至𠂤（師）抑。

[《彙編》802（《乙》200＋《乙》427＋《乙》104＋《乙》452）（圖五）]

---

① 楊柏峻：《春秋左傳會注》，臺北：復文出版社1996年版，頁981。
② 關於古代奴隸，可參裘錫圭爲《中國大百科全書》所寫的詞條"奴隸"，見裘錫圭：《裘錫圭學術文集》（雜著卷），上海：復旦大學出版社2012年版，頁259—267。

图三 《彙編》777

图四 《合》19757(《乙》363)　　　　　　图五 《彙編》802

以上所引《彙編》兩組分屬背甲之左右,所占卜應爲同一事件,研究這兩組時間的先後,應是《彙編》802 的時間爲先。蔣玉斌曾對"逃三羌"有所考釋:

"兆"在上揭卜辭中用作"逃"。第(1)辭曰"逃三羌",即逃亡的三個羌人。逃亡之後要進行追捕,所以卜問:"有逃三羌,其得抑?"卜辭多有追捕亡人是否獲得的貞問,又如:

乙酉卜,賓貞:州臣有逸自夐,得。　　　　　　　　　　　　　　　(《合》849 正)
貞:逸羌得。○貞:逸羌不其得。　　　　　　　　　　　　　　　　(《合》505 正)
貞:逸芻得。○不其得。　　　　　　　　　　　　　　　　　　　　(《合》133 正)

"逸"爲趙平安先生釋。原作从止从夲（或省），止在夲外，本義爲逃逸。秦漢簡帛術數書中，常有"逃得"、"逃人得"的説法，與本辭"有逃三羌，其得"情況相仿。①

有些逃亡的羌人是屬於多臣的，高明先生曾指出多臣的身份地位較高，②相關辭例如下：

  壬午卜，㱿貞：泥追多臣□羌，弗𢦔。
  壬午卜，㱿☑臣逸[羌]，𢦔。   （《合》628）
  壬午卜，賓貞：泥不誩𢦔多臣逸羌。   （《合》627）

泥是多馬亞中的一員，掌管戰車部隊，③是追捕逃亡羌人的最佳選擇。

至於臣妾逃亡的原因，很可能是擔心自己隨時可能被當作人牲而死。卜辭中用臣妾爲人牲者相當頻繁。如下：

  貞：今庚辰夕用甗（獻）小臣三十、小妾三十于帚（婦）。九月。 （《合》629）
  癸酉卜，貞：多妣甗（獻）小臣三十、小妾三十。   （《合》630）
  屮妾于妣己。   [《合》904 正《丙》330)]
  卅妾媚
  屮伐妾媚。   [《合》655(《丙》400)]

《合》630 用小臣三十、小妾三十祭祀多妣，可見當時戰爭所獲的俘擄爲人牲，經常不夠用，而有用臣、妾祭祀的習慣，基於求生的本能，這些臣妾只好逃亡。

《花東》215 有如下卜問：

  壬申卜，貞：子其以羌噯曹于帚，若侃。
  甲戌卜：羌弗死子臣。   （《花東》215）

"羌弗死子臣"一句可能是指用羌人殉葬"子"的家臣。④《左傳》中也可見小臣作爲陪葬的例子，《左傳·成公十年》："六月，丙午，晋侯欲麥，使甸人獻麥，饋人爲之，召桑田

---

① 蔣玉斌：《釋殷墟組卜辭中的"兆"字》，《古文字研究》第二十七輯，北京：中華書局 2008 年版，頁 105。
② 高明：《論商周時代的臣和小臣》，《高明學術論論集》，上海：上海古籍出版社 2013 年版，頁 198；關於"多臣"的討論，可參古育安：《殷墟花東 H3 甲骨刻辭所見人物研究》，新北市：花木蘭文化出版社 2013 年版，頁 265—275。
③ 詳見拙著：《說殷卜辭的"多馬"與"多射"》，中研院史語所：《第四屆古文字與古代史國際學術研討會論文集》，臺北：中研院史語所，2013 年 11 月 22—24 日。
④ 拙作：《商代王室貴族生活相關卜辭試讀——以花東卜辭爲例》，《國科會中文學門小學類 92—97 研究成果發表會論文集》，臺北：臺灣師範大學文學系，2011 年。

巫，示而殺之。將食，張，如廁，陷而卒。小臣有晨夢負公以登天，及日中，負晉侯出諸廁，遂以爲殉。"另外還有一條卜辭：

  庚子卜，貞：葬㗊以㗊于☒丁。   [《合補》1403（《懷》S0475）]

筆者曾據1976年發掘的婦好墓中有殉人十六人指出"葬㗊以誅"正是殺殉的卜辭記錄，古漢語名動相因，被誅殺者也可稱誅。①

《醉古》27+《乙補》440中的"舟延"爲甲骨文中僅見一例。古時河川渡口或設有掌渡之人，若欲渡河，尚須得到這些掌渡之人的幫忙。如《史記·項羽本紀》：

  於是項王乃欲東渡烏江。烏江亭長檥船待，謂項王曰："江東雖小，地方千里，衆數十萬人，亦足王也。願大王急渡。今獨臣有船，漢軍至，無以渡。"

可見秦漢時渡口的船受亭長管制。又《列子·説符》："人有濱河而居者，習於水，勇於泅，操舟鬻渡，利供百口。"可推斷商周以來，渡口擺渡的船夫應多爲官方所設，後代才漸漸出現以營利爲主的船夫。

如上述説明古時擺渡的粗略情形，商代在河川的渡口處，勢必也設立了管制水上運輸的專門人員，"舟延"很有可能就是當時駐守渡口、河岸的人員。"臣涉"或可解釋爲泳渡，過去或以爲"涉"是乘舟，恐不確。關於奴隸"涉"水的相關卜辭，還可以參見《合》536（《丙》264）：

  庚子卜，殻貞：令子商先涉羌于河。
  庚子卜，殻貞：弓令子商先涉羌于河。

本條卜辭很可能是子商去打仗俘虜了羌人，準備送回商都，所渡之河應該就是黃河。此場景就如同電影《阿波卡獵逃》中，故事一開始，男主角及同村壯丁成了俘虜，送回瑪雅都城，所有的俘虜頭部被固定在竹子上，雙手反綁，一齊涉水過河的景象。

另外，電影中還搬演俘虜運送過程中種種殘忍的過程，俘虜能不能安然運送到目的地，是有很大的問題。《合》201（《丙》415）便記載：

  丙申卜，賓貞：兔以羌其至于鬲。

可見商王也非常關心被俘者能否安然送回商都，所以才會卜問"羌"是否能安然運送到"鬲"這個地點。

---

① 拙作：《説甲骨文葬字及其相關問題》，《第二屆國際中國古文字學術研討會論文集》，香港：香港中文大學中國語言及文學系，1995年，頁126—128。

《合》7345："☐卜賓貞羌舟啟王榌。""榌"形之義目前無法得知，"啟"則是商王的先導部隊，從此條卜辭中，"羌舟"雖身份不明，有可能是羌人之名叫"舟"，或者負責"舟"相關職務者即是羌人，骨臼記事刻辭中有"羌宮"、"羌彶（或彶）"、"羌立"等，[①]跟其他骨臼刻辭的婦某一樣，可見他們是女性，身份很可能是被俘虜的羌人或其後代，特別用"羌"字標示出種族。通過這條卜辭，或許可以進一步幫助我們理解"舟延跽弗告"的原因，管理"舟"相關職務者可能本身就是羌人，基於同情，或是被脅迫，所以隱匿臣涉河而逃之事。

結　語

商代甲骨文中可見到逃亡的奴隸有兩種身份——臣、芻，大部分臣和芻的種族可能爲羌人，逃亡過的記載衹有臣，沒有妾的原因可能是説到臣就包含妾，或妾爲女性不便逃亡。臣妾屬於商王朝社會中的最底層，沒有個人自由，也隨時可能成爲祭祀或殉葬的人牲，命運悲慘，所以一旦有機會，便會逃亡，這是不足爲奇的。被抓回的臣妾，有些會被施以刖刑，如《合》861＋《合》17150"☐卜貞☐刖逸，不殪。四月"（張宇衛綴，圖六）。"逸"指的可能是"芻人"或"羌人"，就是因爲逃跑被抓回來，而被處以刖刑的例子。[②]

"[丙]寅卜，羌其🜛兆（逃）河抑。不🜛"［《合》19757（《乙》363）］，便是記錄羌逃到黃河，《醉古》24＋《乙補》440一版的"臣涉"，也是指逃亡到河流，但沒有説明是哪一條河流，"舟延"很可能就是古代渡口的舟人，即是記錄舟延沒有通報逃亡的奴隸，但在十五天後仍然被抓回來。從這條記錄來看，商人會長期追捕逃亡的奴隸，逃亡要成功相當不易，大部分的奴隸都無法擺脱其悲慘命運。

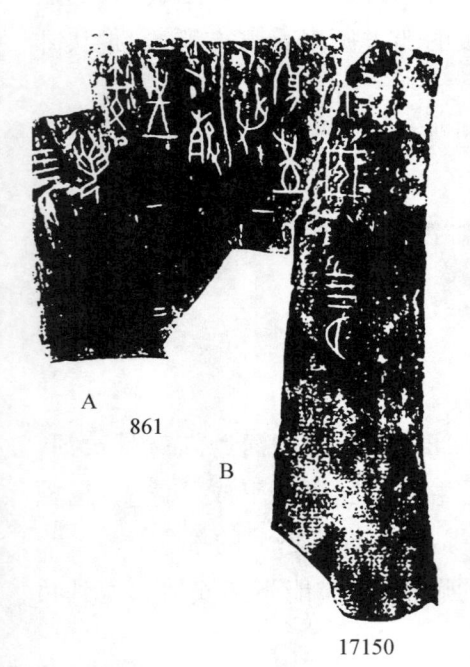

圖六　《合》861＋《合》17150

[①] 詳見方稚松：《殷墟甲骨文五種記事刻辭研究》，北京：綫裝書局2009年版，頁343。
[②] 張宇衛：《甲骨綴合第一百廿五則》，"先秦史研究室網站"，2014年9月15日，http://www.xianqin.org/blog/archives/4338.html。

商代的地理環境雖然與《阿波卡獵逃》當中的中美洲叢林有很大的不同,但倘若我們依電影場景設想一下這些奴隸的境遇,這十五天内該如何逃亡? 走深山可以避開追捕,却容易迷失或死在豺狼虎豹與饑餓之下。走平地則難免爲其他村落人們所察覺,失去原生族邑的流民恐怕是難以立足。全族都被商人捉走,淪爲奴隸並賞賜給臣下的記録並不是没有。[①] 在那樣的環境下,如同《阿波卡獵逃》般,奴隸的生死都掌握在商人貴族手中,隨時可能被當作人牲殺死,逃亡也有生命危險。雖然如此,從這兩版甲骨的記録,我們可以看到奴隸還是像《阿波卡獵逃》的主角一樣奮力一搏。雖然是地位卑下的"臣"逃亡,却引起商王高度的重視,派遣兩位貞人同時貞問逃亡者的事情,可見當時王室以及大小貴族的家庭中,供其差遣的臣妾數量頗多,由於臣妾是頗爲重要的勞動力來源,所以臣妾脱逃是大事件。又由於奴隸的逃亡在當時是極爲普遍的現象,所以《阿波卡獵逃》的情形在商代也是不斷在發生的。

---

① 詳裘錫圭:《評陳夢家〈殷虚卜辭綜述〉》,《文史》第 35 輯,1992 年,頁 244。

以"迍于上嚳"事件爲中心的排譜

門　藝

（河南大學黃河文明與可持續發展研究中心，
黃河文明省部共建協同創新中心）

"迍于上嚳"與"征人方"一樣，通常都記於黃組卜旬辭之後，是殷商晚期的另一個重要事件。在"上嚳"占卜的事項除卜旬（30 餘片）之外，還有卜夕（20 餘片）和其他内容的卜辭（2 片），這些卜辭在時間上互相銜接，對這些内容進行繫聯和排譜，可以了解商王往返上嚳的行程，據以對地望、時代等問題進行深入的探討與研究。董作賓先生的《殷曆譜》據這些材料排《旬譜八》和《夕譜三》，以爲"迍于上嚳"是帝辛廿祀至廿二祀三年間的旅程。[1] 李學勤先生也曾據以討論"商王廿祀在上嚳"的問題，結合金文的地名，指出上嚳近於莒。[2] 本文將根據最新的綴合材料，重新對"迍于上嚳"事件進行排譜，並就有關問題進行説明。

一、"迍于上嚳"事件的第一階段——去往上嚳

（一）去往上嚳的材料與排譜

去往上嚳的旅程主要集中於（1）《合集》36537 中，[3]這是一版經過綴合的牛右肩

---

[1] 董作賓：《殷曆譜》，中研院史語所專刊，1945 年，頁 626，又見於《甲骨文獻集成》第 31 册，成都：四川大學出版社 2001 年版，頁 314。

[2] 李學勤：《論商王廿祀在上嚳》，《中原文物》1998 年第 4 期，又收入《夏商周年代學劄記》，瀋陽：遼寧大學出版社 1999 年版，頁 55—61。

[3] 詳見文末所附拓片，下同。

胛骨的對邊骨條，卜辭比較完整，記録了從五月癸巳到七月癸巳共連續 7 旬的占卜，涉及 6 個地名、1 件王征伐之事。與(1)的地名相繫聯，還有右胛骨(2)《合集》36917、(3)《合集》36851、(4)《合集》36820，①左胛骨(5)《合集》36819，龜腹甲(6)《合集》36850＋36930＋37921＋《補編》13144，②這 6 版甲骨爲成套甲骨(按：本文稱這 6 版爲"套卜一")。殷商時期的卜旬是一種常規性的占卜，占卜極有規律且已形成制度。黄組卜旬由王親卜 3 版牛右胛骨，貞人一占卜 3 版牛左胛骨，貞人二占卜 3 版龜腹甲，從而形成除占卜主體外，占卜地點、占卜時間、占卜内容都相同的卜辭，我們把這些同時占卜的甲骨稱爲成套卜旬甲骨(簡稱套卜)。③ 龜腹甲(6)是根據套卜一内容新綴合的一版，從其部位來看，應是龜腹甲的前甲，左半較完整，右半破碎較嚴重，但綴合以後紋路連貫，刻寫對稱，日期和地點與套内其他卜辭對應。此版共有 10 條卜旬，在反地④之前的一旬癸未日占卜，在(5)中也有所反映，但兩片均殘，無從判斷占卜地點，因此出發日期難以確定。(6)還可將(1)所涉及的卜旬時間擴展到八月的第二旬癸丑。

從套卜一可以看出，王大張旗鼓地"逕於上甞"，五月癸巳到達反地，之後歷經廩、定、向等地，於六月癸亥至七月癸酉間到達上甞，歷時近 40 天。七月癸酉到癸未的十天内，又到爵地進行了打擊"㚔"方的戰争，接下來王又回到了上甞，從現有材料看，王回到上甞後，在上甞居留了很長一段時間。

與六月癸丑所在的"定"能繫聯的有一條卜步辭(7)《合集》36918：

癸丑□，□定□：□步□□，亡□？

從王征人方的排譜來看，王出行在外時，往往有行到某處的例行占卜，其辭例爲"干支卜，在地 1 貞：王步于地 2，亡災？"。⑤ 此片殘斷，不知從定出發所到何處，但在定地的日期與套卜一一致，因此以爲此片記録應是本事件往程中之一小段，可以排入譜中。

(8)《合集》36522 是一條比較完整的卜辭：

庚寅王卜，才夆貞：余其𠂤(次)才𢆶上甞，今秋其羍，其乎淠示于商正，余受

---

① 董作賓將此片與《合集》36917 遥綴，參見《殷曆譜》，頁 623，又見於《甲骨文獻集成》第 31 册，頁 313。我們以爲此片應該缺少序數，與《合集》36917 或《合集》36851 均有可能綴合，爲避免誤綴，將其單列。
② 此版綴合見先秦史研究室網站孫亞冰《〈合集〉試綴一則》，http://www.xianqin.org/blog/archives/4667.html，在小屯村網友與孫亞冰女士進行討論的跟貼中，曾將此四片綴合。
③ 參見門藝《成套卜旬甲骨和商代晚期占卜制度》一文，未刊。
④ 本文所用卜辭中的地名用字，均選用便於電腦終端顯示的釋文用字，如"反"、"定"兩字，不表示我們就認爲這兩個字就是後世的"反"和"定"。
⑤ 門藝：《黄組征人方卜辭及十祀征人方新譜》，《黄河文明與可持續發展》2014 年第 11 輯。

又=？王固曰：吉。

　　在套卜一中，王癸未日在爵，癸巳日又重新回到了上甾，期間所經歷的地點無從考察。庚寅是癸未到癸巳中間的一日，(8)記述在拳地王親自占卜，要在上甾駐紮，到秋天時再進行軍事行動，讓澍告知商，我受到護佑，王占曰：吉。王在爵的軍事行動結果如何不得而知，王在上甾居留了很久則是一個事實。此片可能是從爵離開之後，王做出的一個駐紮上甾的決定，等到秋天再戰，卜兆得吉，因此就又回到了上甾。此片也可以入譜。

　　根據以上套卜一和(7)、(8)卜辭，製作"迅于上甾"去程時間表如表一：

表一

旬數	日期	月份	地點	事　件	來　源
1	癸未	［五月］			(5)(6)
2	癸巳	五月	反	王迅于上甾	(1)(4)(5)(6)
3	癸卯	六月	麇	王迅于上甾	(1)(4)(5)(6)
4	癸丑	六月	定	定。王迅于上甾	(1)(2)(5)(6)
	癸丑			步	(7)
5	癸亥	六月	向	向。王迅于上甾	(1)(2)(3)(6)
6	癸酉	七月	上甾	上甾	(1)(2)(3)(6)
7	癸未	七月	爵(潏)	王正燮戔商	(1)(2)(3)(6)
	庚寅		拳	余其𠤎(次)才兹上甾，今秋其𦵔，其乎澍示于商	(8)
8	癸巳	七月	上甾		(1)(6)
9	癸卯	八月			(6)
10	［癸丑］				(6)

（二）與去往上甾相關的地名

　　"上甾"在黃組卜辭中出現的次數很多，但大多單獨出現，套卜一則提供了與上甾有關的其他地名，可做商代地理的考察。可惜的是甲骨殘破太甚，不太容易繫聯應用到日程排譜中，我們也可將材料集合，做地名的譜系，並對相關地名進行簡單說明。

1. 燮

　　在套卜一的第 7 旬七月癸未，卜辭記錄了"王征燮戔商"這一事件，對於征後一字，

《殷墟甲骨刻辭摹釋總集》摹爲" ",釋爲"殻",但有疑問,在旁邊注有問號。① 在《殷墟甲骨刻辭類纂》"殻"字條下,並未收錄此條卜辭。② 其餘各家,如島邦男《殷墟卜辭綜類》、胡厚宣主編《甲骨文合集釋文》及曹錦炎、沈建華編著《甲骨文校釋總集》、陳年福《殷墟甲骨文摹釋全編》等均徑釋爲"殻"。"殻"在黄組卜辭中凡6見,是與書、麂、喪等相距比較近的田獵地(《合集》37661),此地有山(《合集》37461),王在此地占卜過師旅之事(《合集》36438),這些"殻"均作A形,而(1)中的字則作B形,兩字迥異。B的手形和手中所拿物件與A絕不類似,因此也不會有左旁癸字省寫的情況發生。李學勤先生在《殷代地理簡論》及《論商王廿祀在上甕》兩次提及此片甲骨均隸爲"㲃",③是考慮到了兩字的不同。羅振玉在《殷虚書契考釋》將此字摹爲" ",④當是李學勤先生隸定所本,仔細觀察字形,除右旁"幺"不很確定之外,"㲃"還是可以反映此字形的,"㲃"僅此一見。

A　　B

2. 廩

在此一行程中,六月癸卯所在的"廩"地在黄組中還有兩片,《合集》36965 和《英藏》2523,這兩片均提及一個方國"蔽",《合集》36966 也是關於"蔽"的記錄。此三片釋文如下:

乙亥王卜……罙蔽方……妥余一人……自上下于爇……告于大……
　　　　　　　　　　　　　　　　　　　　　　　　　　　(《合集》36966)

乙卯王卜,才廩師貞:余其辜蔽,叀十月戊申戈?王固(占)曰:吉。才八月。
　　　　　　　　　　　　　　　　　　　　　　　　　　　(《英藏》2523)

□□卜,才廩貞……蔽方,余比……王固曰:大吉。　　(《合集》36965)

《合集》36966 的占卜從殘辭看有"自上下于爇"、"告于大"等,與《合集》36482等辭例相似,應是出征前祭祀之卜,向大邑商舉行告祭,使自己對蔽方和另一方國

---

① 姚孝遂主編:《殷墟甲骨刻辭摹釋總集》,北京:中華書局1988年版,頁831。
② 姚孝遂主編:《殷墟甲骨刻辭類纂》,北京:中華書局1989年版,頁358。
③ 李學勤:《殷代地理簡論》,北京:科學出版社1959年版,頁82;《論商王廿祀在上》,《中原文物》1998年第4期,又收入《夏商周年代學劄記》,瀋陽:遼寧大學出版社1999年版,頁58。兩次隸定僅有左右結構和上下結構的區別,構字部件則未變。
④ 羅振玉:《增訂殷虚書契考釋》,《殷商貞卜文字考(外五種)》,上海:上海古籍出版社2013年版,頁141。

的軍事行動受到保佑。占卜日是乙亥,只可惜本片殘甚,月份不明,且蔽方前的另外一個行動對象也殘缺,無從判斷是否是發生在"㳄于上魯"事件最早的日期五月癸未之前。《英藏》2523是一條非常有意思的卜辭,八月份在麇地占卜兩個月後的戊申日會不會在對蔽的戰鬥中取得勝利,這次占卜反映出商王進行軍事部署時應有詳細的作戰計劃。"㳄于上魯"八月份的行動闕如,乙卯日也確實可以排在"㳄于上魯"事件的八月,如果《英藏》2523確與"㳄于上魯"事件有關,則《合集》36966中與蔽方一起被商王告於大邑商可能就是七月在爵所征之"燮"。那麼這兩條便都可以排於"㳄于上魯"事件中了。《合集》36965占卜日期殘缺,從殘辭看,是商王在麇地占卜要聯合某個軍事力量對蔽方有所行動的。王㳄于上魯的往程中,在六月癸卯經過麇地,下一旬便已到達定地,并且這次行動目標似乎很明確就是"㳄于上魯",因此《合集》36965似乎都不能排於"㳄于上魯"的往程中,若八月王以上魯爲大本營,曾對蔽方采取行動的話,則可能也在此事件的譜中。以上論述只是根據占卜內容論述一種可能性,並未有更多的材料作爲證據證明其必爲"㳄于上魯"過程中發生,因此,未選此三片入譜。

3. 向和爵

向在黃組中除了套卜一中出現數次之外,還作爲田獵地出現過一次(《英藏》2543),與"盇"地同版,在盇地是壬申日占卜,在向地是乙亥日占卜,因此這兩地相距的行程不超過4天。這兩個地名在無名組中與盂、喪、宮、桵、殺、嗇等地名多有同版,①這些地名學者多歸爲沁陽田獵區。各家多將套卜一中的"𢀖"釋爲"殺",可能與"向"地有關。關於向地的具體地望,衆說紛紜,鍾柏生先生以爲在殷東,現山東境内,②我們以爲可取。

爵在套卜一中,(1)(6)寫作"爵",(2)(3)寫作"瀟",兩字爲同一個地名。在《合集》37458中有記在"爵"、"𢀖"、"柳"三地同版占卜田獵之事,王在𢀖和柳田獵的卜辭還有《英藏》2566。《合集》36525有在"𢀖"占卜的殘辭,同版有"叧"侯之事,在叧地占卜,由《合集》36956卜步辭可知,王途經"叧"可能也是在某次征伐途中。這些材料殘碎,還需更多材料補充。

向和爵均是在上魯附近的地方,由向的地理位置,可以判斷上魯爲殷商東部的一個地方。

---

① 劉風華:《殷墟村南系列甲骨卜辭整理與研究》,上海:上海古籍出版社2014年版,頁311。
② 鍾柏生:《殷商卜辭地理論叢》,臺北:藝文印書館1989年版,頁62。

二、"逖于上醫"事件的第二階段——王在上醫

（一）王在上醫的卜旬辭

王於七月庚寅占卜駐紮在上醫，之後的癸巳即在上醫卜旬，説明王確實在上醫駐紮。商王在上醫卜旬除第一階段的數片之外，黄組中還殘留有大約 34 片。在這些卜旬辭中，有用信息都不是很多，其中有一組帶有月份的卜旬辭是成套甲骨，可以證明商王至少從頭一年九月到第二年二月，在近半年的時間裏一直都居留在上醫。(9)《合集》36848＋36867＋36856 是這一組的核心片。這是一版龜腹甲的後甲和尾甲部分，《合集》36856 與《合集》36848＋36867 並不能密合，但從其部位、刻寫規律、所記月份來看，此遥綴是可信的。① 根據龜腹甲上卜旬的占卜和刻寫規律，我們將這一版龜腹甲復原，(9)有效地給我們提供了從九月癸未到第二年二月癸卯長達 15 旬的卜旬記録。與這版龜腹甲所記月份日期相對應，還有龜腹甲(10)《合集》36855，右胛骨(11)《合集》37863，左胛骨(12)《合集》36846、(13)《補編》12820，這 5 版卜旬辭爲"逖于上醫"事件的套卜二，現將套卜二製如表二。

表二

日期	左胛骨(王)(11)	右胛骨		龜腹甲(泳)	
		(12)	(13)	(9)	(10)
癸未	九月。廿司			九月。廿司	廿司。二
癸巳	九月	九月			
癸卯		十月		十月	
癸丑		十月			
癸亥		十月			
癸酉		十月一			

---

① 董作賓將《合集》36856、《合集》36848、《合集》36882 按腹甲部位進行遥綴，見《殷曆譜》，頁 625，又見《甲骨文獻集成》第 31 册，頁 314。我們以爲《合集》36882 無月份信息，綴合當慎重，其餘兩片序數相同，月份相接，綴合可信。殷德昭也有此遥綴，見先秦史研究室網站《黄組甲骨新綴第 13 則》，http://www.xianqin.org/blog/archives/3627.html。

續　表

日期	左胛骨(王)(11)	右胛骨		龜腹甲(泳)	
		(12)	(13)	(9)	(10)
癸未	十月又一				
癸巳	十月又一				
癸卯				（殘）	
癸丑					
癸亥				十月又二	
癸酉			正月		
癸未			正月	正月	
癸巳			正月		
癸卯			二月	二月	
癸丑			二月		
癸亥			（殘）		

　　套卜二占卜地點均在上甾，起始時間是九月癸未。套卜一的終結時間是八月癸丑，從套卜一到套卜二中間有三旬的材料缺環，但此缺環並不影響兩套卜辭在時間上的銜接。

　　除以上套卜二外，黄組卜辭中還有很多王在上甾卜旬的記録，也許就是與套卜二同時期的成套甲骨，但由於太過於殘碎，我們並没有納入這一套甲骨中來，但是有幾片需要加以説明。

　　第一片是《合集》36878，此片是龜腹甲小片，從殘辭看，上下兩條均爲癸亥日占卜，也就是説此片龜腹甲每半邊占卜三次，即董作賓先生所謂"六列六行式"，與套卜二中龜腹甲每半邊占卜兩次的類型不同。但其中一個癸亥記月爲十月，與此套卜二日期相符。《合集》36880 僅餘占卜地點和月份，記月爲十月和十一月，爲龜腹甲的左尾甲位置，也是每半邊占卜三次的卜旬類型。《補編》11255、《合集》37906 等也是六列六行式，董作賓先生據《合集》37906 將"逊于上甾"事件的時間排到了第三年的六月。我們以爲中間缺環較多，没有采納，不同的龜腹甲占卜類型是否能使用在同一套甲骨占卜中也是一個需要綜合考慮文例和甲骨占卜制度來解决的問題，因此本文僅將此數片提出，等待有更多的材料證明。

　　第二片《合集》36874，此片爲泳在上甾卜旬，套卜二中的龜腹甲也是泳爲貞人，因此此片爲套卜二中一片的可能性極大。黄組出現的貞人不多，泳爲其中之一。他不僅參與了在上罍的卜旬,還參與了征人方的卜旬(《合集》36494),還有幾片是附記周祭的卜旬(《合集》37867)。這説明征人方與"迻于上罍"發生的時間不應相差太遠。《合集》36885 也是在上罍卜旬,記貞人名󰀀。從這兩片帶有貞人名的卜旬,可以得知王出行在外,是有貞人常伴左右的。商王的占卜,尤其是卜旬,是三卜制的具體體現。

(二) 王在上罍的卜夕辭

卜夕是在商王出行在外尤其是戰爭期間的一種例行占卜,[①]王在上罍的卜夕辭現存多是殘碎小片,均是龜腹甲,數量不多,《合集》等著録 20 多片,卜辭(包含殘辭)80 多條。王在上罍停留時間較長,不算在路上的時間,僅在上罍卜旬就有 24 旬之多,即王在上罍至少停留了 240 多天,如果在上罍的每一天都卜夕,應該有 240 餘條卜夕辭,現僅有 1/3,大都爲殘碎小片。所幸經過學者們不斷的努力,將其中日期可以連屬的卜夕辭通過龜腹甲復原的形式,拼出了一版近似完整的龜腹甲卜夕辭(14)。[②] 經過我們的認真核對,這一綴合是可信的。根據黄組龜腹甲的刻寫規律,此片龜腹甲原則上可容納 50 條卜辭,目前殘存 42 條,可補右尾甲上殘缺的干支"己卯"。本版龜腹甲記録了從某月己卯到次月丁卯共 49 天的占卜。以每塊龜版記 50 條卜辭來算,在上罍應該至少有 5 版龜腹甲,餘下的十多片在上罍的卜夕辭可能就分布在其他的龜腹甲上。這些零碎的卜夕辭,由於沒有月份的對照和其他可供參考的有價值信息,難以入譜,本文暫捨棄不用。

董作賓先生據卜旬辭《合集》36855、36856 有"廿司",而此處也有"廿司",將夕譜從九月開始編排,[③]我們以爲是可行的。只是對於其中的"廿司",我們更傾向于采用裘錫圭先生意見,以爲應是"曰司",決非記年數之辭,而是記王下令舉行某種祭祀之辭。[④] 王在上罍停留既久,祭祀之事當不能廢弛,於是在九月某天,很可能是本版殘去的"己卯"日,王下令進行祭祀。在例行的卜旬和卜夕中,就把這一命令記録下來,成爲王在上罍的一個節點。

---

① 門藝:《殷墟黄組甲骨刻辭的整理與研究》,鄭州大學博士論文,2008 年 6 月,頁 65。
② 董作賓在《殷曆譜》(頁 764—765)中以 9 片卜夕辭復原兩版整甲,王恩田《上甘祀卜辭與帝辛廿祀祀譜——甲骨復原法的應用與改進》(圖四)以 18 片殘片復原一版整甲,殷德昭《黄組甲骨新綴第 30 則》又在前人綴合的基礎上將 15 片殘片復原(http://www.xianqin.org/blog/archives/5025.html),在回貼討論中,衆學者對這一成果基本認可。本文圖三就是在殷德昭綴合的基礎上參考回貼製作完成。
③ 董作賓:《殷曆譜》,中研院史語所專刊,1945 年,頁 765,又見於《甲骨文獻集成》第 31 册,成都:四川大學出版社 2001 年版,頁 384。
④ 裘錫圭:《關於殷墟卜辭中的所謂"廿祀"和"廿司"》,《文物》1999 年第 12 期,又見於《裘錫圭學術文集》(甲骨文卷),上海:復旦大學出版社 2012 年版,頁 472。

表三　王在上鬯九月至第二年二月排譜

旬數	日期	月份	事件	來　源	旬數	日期	月份	事件	來　源
11						己酉			(14)
12						辛亥			(14)
13					17	癸丑	十月		(12)(14)
	己卯		王曰司	(14)		乙卯			(14)
	庚辰			(14)		丁巳			(14)
	辛巳			(14)		戊[午]			(14)
	壬午			(14)		[己]未			(14)
14	癸未	九月	曰司	(9)(10)(11)		庚申			(14)
	甲申			(14)		辛酉			(14)
	丙戌			(14)		壬[戌]			(14)
	丁亥			(14)	18	癸亥	十月		(12)(14)
	戊子			(14)		甲子			(14)
	[庚]寅			(14)		乙丑			(14)
	辛[卯]			(14)		丁卯			(14)
	[壬]辰			(14)	19	癸酉	十一月		(12)
15	癸巳	九月		(11)(12)(14)	20	癸未	十一月		(12)
	甲午			(14)	21	癸巳	十一月		(12)
	丙[申]			(14)	22	癸卯			(9)
	丁酉			(14)	23	癸丑			
	戊[戌]			(14)	24	癸亥	十二月		(9)
	己亥			(14)	25	癸酉	正月		(13)
	庚子			(14)	26	癸未	正月		(9)(13)
	壬寅			(14)	27	癸巳	正月		(13)
16	癸卯	十月		(9)(12)(14)	28	癸卯	二月		(9)(13)
	甲辰			(14)	29	癸丑	二月		(13)
	丁未			(14)	30	癸亥	[二月]		(13)

三、"逎于上甗"事件的第三階段——離開上甗

征人方事件用"征人方"和"來征人方"來區別在往返程中的占卜,與此不同,逎於上甗事件沒有明確的返程記錄。(15)《英藏》2532是一版左胛骨的第三卜,殘存有6條卜旬辭,沒有記錄月份,連續的幾旬占卜地點不斷變化:癸卯、癸丑2旬在上甗卜旬,癸亥、癸未2旬在甗卜旬,癸未在 ⌘ 卜旬,癸巳在吉卜旬。李學勤先生根據出現了"甗"地以外的地名,"揣想此片癸卯至癸亥即二月,則商王在三月癸未已在歸途之中"。① 從卜旬地點的變化,這種揣想應是合理的。只是王離開上甗以後是返程,還是又去了其他的地方,從現有材料是得不出結論的,因此只以"離開上甗"為此一階段的論述。

以 ⌘ 地爲綫索,又有(16)《合集》36935、②龜腹甲(17)《合集》36875、右胛骨(18)《補編》11257均爲癸未日在 ⌘ 卜旬,這4版應爲成套甲骨(套卜三)。

骨(18)所謂"在王甗",也許是"王在甗"的倒刻。仔細觀察(16)《合集》36935,第二個"在"下應爲月份,殘筆似爲"五",在 ⌘ 地卜旬的癸未可能是"五月"。(17)《合集》36875從形狀上來看應是靠近中甲的右前甲部分,根據(9)的刻寫規律,靠近中甲的癸未正是五月,將《合集》36875綴入(9)與其形態正相符合,只是此片看不清兆序,又殘缺太甚,故綴合闕如。③ 由上述兩點,可以推測在 ⌘ 地卜旬的癸未是在五月。

《合集》37906,又見於《北大》1399,照片字迹稍清晰,左下角殘辭的占卜日期不明,月份似爲"四"月,地點是在甗。此條的占卜日期多補爲"癸酉",從殘筆看,也非"酉"莫屬。但由我們所排譜中可以得知,二月以後的癸酉日的卜旬一共有兩個,其一在第31旬三月,其二在第37旬五月。此片四月,帶給我們的疑惑頗多。因此將此片存疑,不排入譜中(下表)。

---

① 李學勤:《論商王廿祀在上甗》,《中原文物》1998年第4期,又收入《夏商周年代學劄記》,瀋陽:遼寧大學出版社1999年版,頁58。
② 此片殘斷嚴重,不便判斷其爲骨或龜,暫時歸入右胛骨中。
③ 王恩田:《上甘祀卜辭與帝辛廿祀祀譜——甲骨復原法的應用與改進》,《殷都學刊》2013年第2期。將《合集》36875綴入(9),且復原有《合集》36879和《補編》11252,因兆序不明,本文暫不采此綴。

旬數	日期	地點	來　　源
31			
32	癸未		(18)
33	癸巳	㗬	(18)
34	癸卯	㗬	(15)(17)(18)
35	癸丑	㗬	(15)(18)
36	癸亥	㗬	(15)(17)(18)
37	癸酉	㗬	(15)(18)
38	癸未	㞢	(15)(16)(17)(18)
39	癸巳	吉	(15)(18)

　　黃組雖然在上㗬占卜的甲骨片不少，但大多破碎嚴重，或没記月份，不便於繫聯，從卜旬占卜的規律來看，還應該是這一事件的内容，但信息量不足以排入譜中。其可利用者，大抵以上三組 18 版。其餘比較重要的還有《合集》36893，此片共有兩條殘辭：

　　　　己未[卜，在]上㗬[貞]：王[迚]，往[來]亡[災]？
　　　　□酉卜……貞：□涉河……于盧……

　　黃組中使用的占卜術語很有規律性，如賓祭用"亡尤"，卜旬卜夕用"亡㕁"。出行時的占卜術語有"亡災"和"往來亡災"兩種，田、迚都是用"往來亡災"，步用"亡災"。步是王向一個目標地點前進，從前一個地點轉移到另一個地點，出發方嚮是單向的，因此用"亡災"。而田和迚是以某個地點爲出發點，之後還要再回到這個地方，因此用"往來亡災"。"迚于上㗬"僅出現於卜旬辭的附記事件中，應是商王的一次目標活動，在經過 40 多天的行軍之後來到了上㗬，才以上㗬爲中心進行了迚和其他軍事行動。《合集》36893 可能是商王到上㗬之後在上㗬所采取的行動，按說可以排到在上㗬的某一天，但由於商王在上㗬所待時日較多，此片又缺少月份和其他可以繫聯的信息，因此暫不入譜。

　　上㗬的地望在今山東省境内，殷東方的諸方國是殷商晚期战争的主要對象，是商王防備的重點。由王在上㗬的卜旬和卜夕辭及其他類型的卜辭，我們可以得知商王在上㗬居留有近一年的時間，從商王出發時間算起則超過了一年。在這一年裏，商王以"迚于上㗬"爲口號，把上㗬做爲大本營，向周邊方國炫耀武力，發動了對夌的戰争，也許還有對"蔽"方的戰争。商王對戰争的部署和準備較爲充分，在上㗬期間，商王也没有放有权鬆對祖先的祭祀，到達上㗬穩定下來之後，從第一年 9 月便開始了對祖先的祭祀。然後在上㗬的活動材料闕如，9 個月後，商王離開了上㗬。

以"逆于上甴"事件爲中心的排譜

36537
(1)

36917
(2)

36851
(3)

36820
(4)

36819
(5)

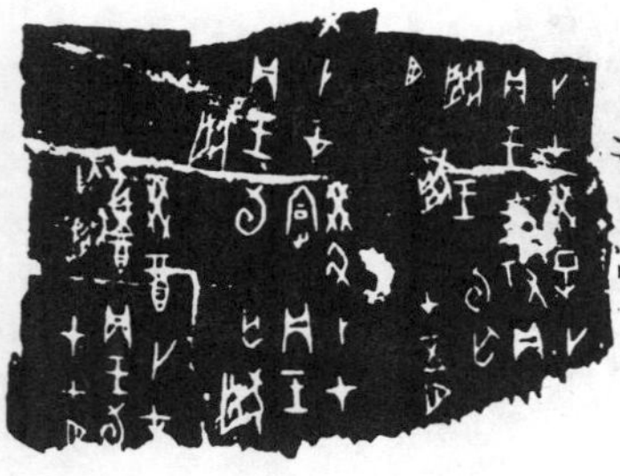

36850
36930 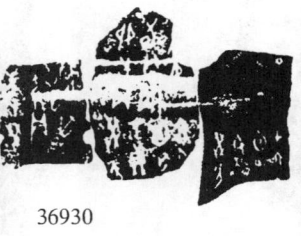
36921
(6)

36918
(7)

36522
(8)

以"逐于上甗"事件爲中心的排譜

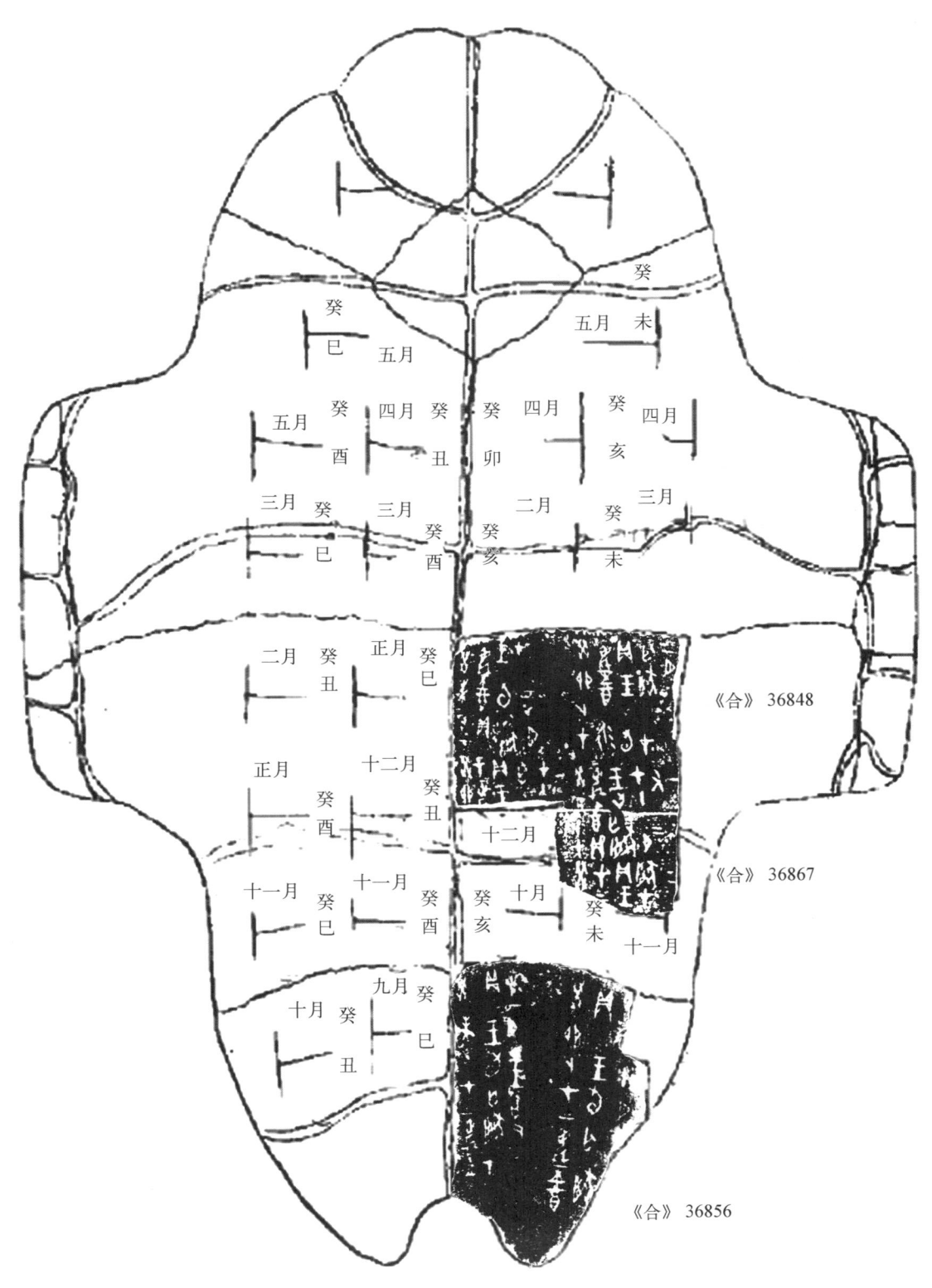

                                癸
                         癸   五月 未
                         巳 五月

                    癸   癸 四月 癸   癸
                    五月 酉 四月 丑 卯 四月 亥 四月

              三月 癸   三月 癸   癸 三月
                   巳   酉 二月 亥   未

              二月 癸   正月 癸
                   丑   巳   《合》36848

              正月 癸   十二月 癸
                   酉   丑
                               十二月   《合》36867

              十一月 癸 十一月 癸   癸 十月
                    巳   酉 亥   癸 十一月
                                    未

                    九月 癸
              十月 癸   巳
                   丑
                                        《合》36856

（9）（此版有縮小）

36855
(10)

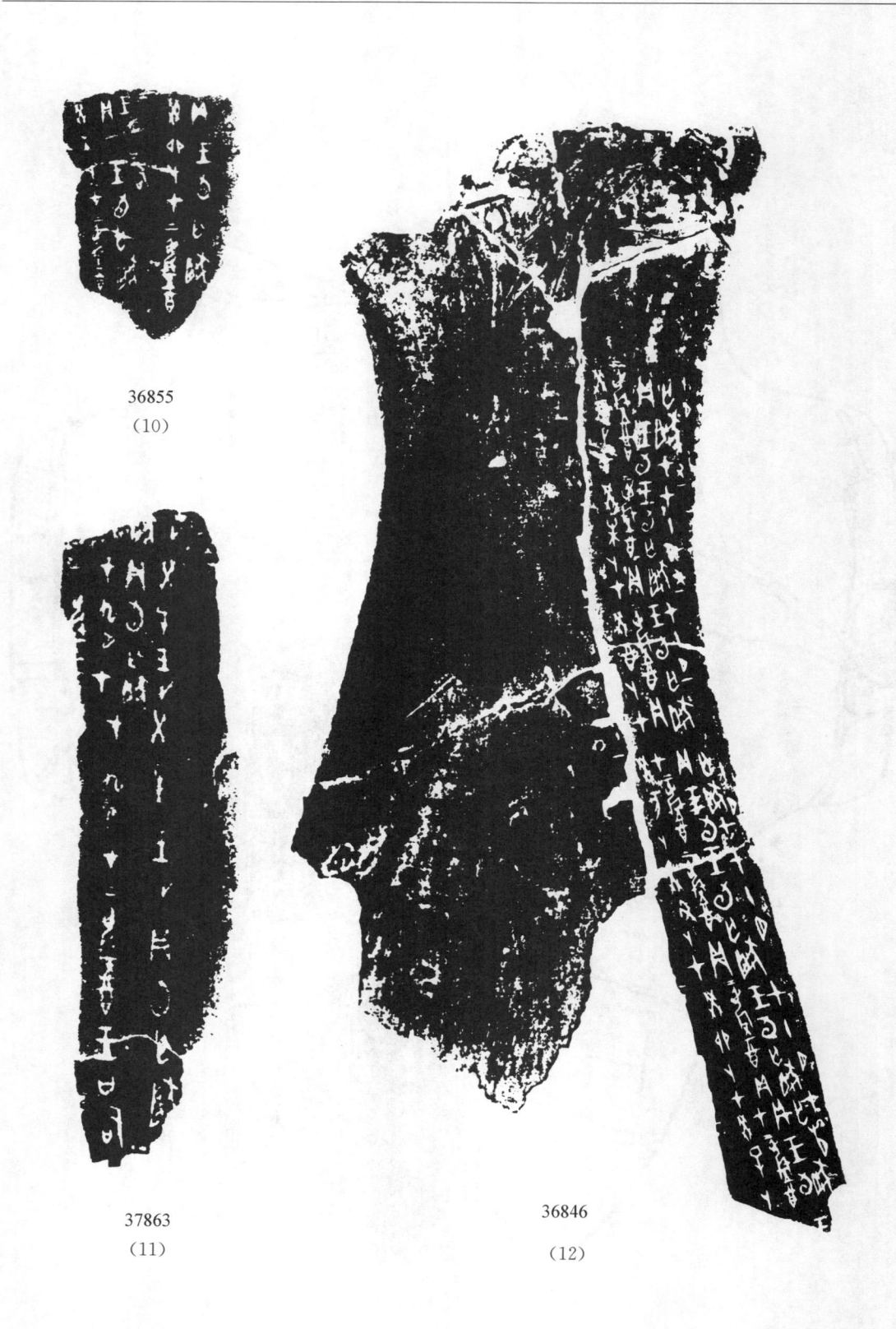

37863
(11)

36846
(12)

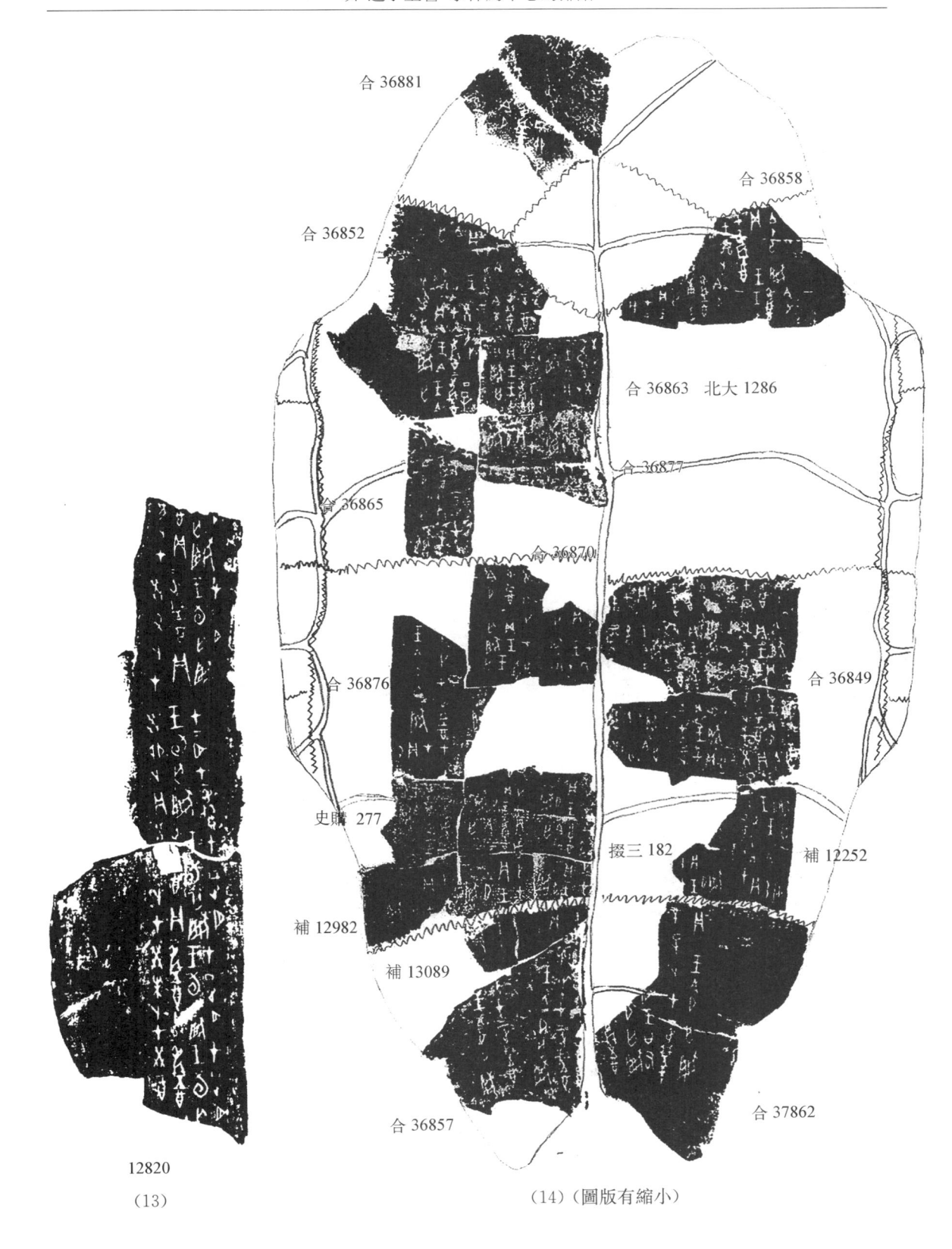

以"逐于上𦉰"事件爲中心的排譜 ·175·

合36881
合36858
合36852
合36863 北大1286
合36877
合36865
合36870
合36876
合36849
史購277
掇三182
補12252
補12982
補13089
合36857
合37862

12820
(13)   (14)（圖版有縮小）

2532
(15)

以"祕于上甗"事件爲中心的排譜

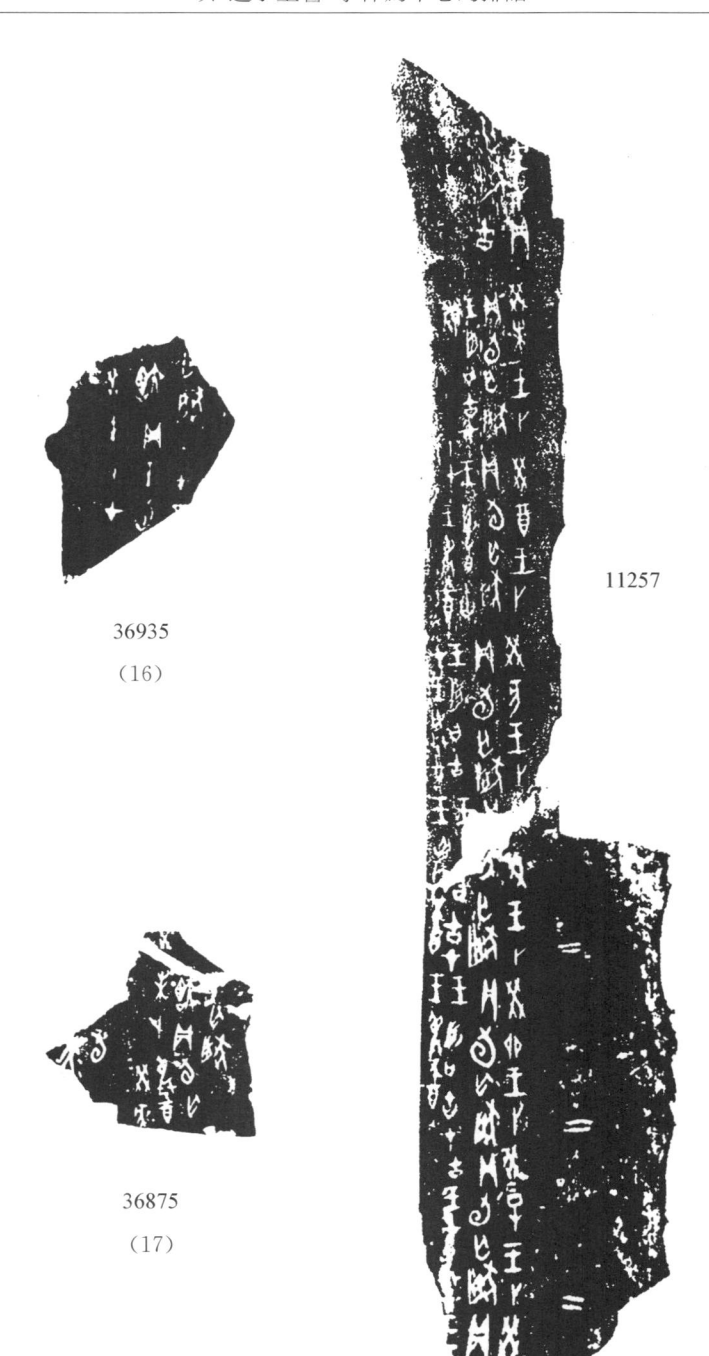

36935
(16)

36875
(17)

11257

(18)

清華簡《楚居》所見"盤"地望考

——兼談周代凡國的始封

王　玉

（菏澤市歷史與考古研究所）

《楚居》是《清華大學藏戰國竹簡》（壹）中的一篇，其內容大致敘述了自楚人先祖季連直至戰國時代"歷代楚君居處建都之地"，[1]對楚國史研究具有重要價值。尤其是開頭部分，在述及季連遷徙路綫時出現的一些地名，多爲傳世文獻所未載，故價值尤爲突出。

《楚居》開篇説：

> 季連初降於騩山，抵于穴窮。前出于喬山，宅處爰波。逆上汌水，見盤庚之子，處于方山，女曰妣隹，秉兹率相，詈冑四方。季連聞其有聘，從，及之盤（泮），爰生䋣伯、遠仲。[2]

其中提到的多個地名，如"騩山"、"穴窮"、"喬山"、"汌水"、"方山"等，大多爲之前所未見，許多學者也都注意到了它們的重要性，先後發表了一系列文章，希望通過這些地名地望的討論，還原楚人先祖的遷徙路綫，以期最終解决楚人起源這一重要問題。[3]

---

[1] 李學勤：《清華簡九篇綜述》，《文物》2010 年第 5 期。
[2] 清華大學出土文獻研究與保護中心編，李學勤主編：《清華大學藏戰國竹簡》（壹），上海：中西書局 2010 年版，頁 181。爲方便行文，釋文采用寬式。
[3] 相關研究可參見李學勤：《論清華簡〈楚居〉中的古史傳説》，《中國史研究》2011 年第 1 期；李守奎：《論〈楚居〉中季連與鬻熊事迹的傳説特徵》，《清華大學學報》2011 年第 4 期；高崇文：《清華簡〈楚居〉所載楚早期居地辨析》，《江漢考古》2011 年第 4 期；周宏偉：《楚人源於關中平原新證——以清華簡〈楚居〉相關地名的考釋爲中心》，《中國歷史地理論叢》2012 年第 2 期；杜勇：《清華簡〈楚居〉所見楚人早期居邑考》，《中國國家博物館館刊》2013 年第 11 期；鄭傑祥：《清華簡〈楚居〉所記楚族起源地的探討》，《中國國家博物館館刊》2015 年第 1 期；尹弘兵：《多維視野下的楚先祖季連居地》，《中國史研究》2017 年第 2 期等。

目前學界關於楚人起源的主流看法可分爲東來説、西來説、土著説、中原説等四種。①《楚居》問世之後,更多的學者開始將目光投到中原説上來。如李學勤就指出:"郪山應是《山海經·中山經》内《中次三經》的騩山……就是今河南新鄭、密縣一帶的具茨山。"②杜勇認爲:"從騩山、喬山、京宗等第一組地名所涉區域看,基本集中在今河南洛陽附近,此即季連部落早期活動的地方,亦即楚人的族源地。"③

雖然衆多學者都認識到了《楚居》中的這組地名的重要性,而且紛紛對其加以重點研究。但是,對於其中出現的"及之盤"的"盤"字,大部分學者並未將其看作是一個具體的地名,而是如整理者所指出的"盤,讀爲'泮',水涯,《易》'鴻漸于磐',《經義述聞》讀'磐'爲'泮'",④將之理解爲水濱,也即一個籠統的地點。

當然,也有一些學者對此提出了不同的看法,如守彬指出:"'盤'當讀如本字,與前文'盤庚'呼應。"⑤陳民鎮也認爲:"其作爲處所並無問題,且很可能是一個具體的地名。"⑥子居認爲"盤"是具體地名:"古有盤谷水,在今河南省鞏義市西南。"⑦趙平安也主張:"大約盤庚曾居於盤,故稱盤庚。殷墟卜辭中,盤用爲地名……在今山東樂陵西南。"⑧周宏偉指出:"蕃(番)、盤二字的古讀音幾無區别,應該是一地異寫……蕃邑在漢晉間的鄭縣之西。漢晉間的鄭縣即治今陝西華縣。"⑨

筆者認爲,趙平安"盤庚曾居於盤,故稱盤庚"的説法是可信的。但關於《楚居》之中盤地的具體地望,諸説歧異之處甚多,筆者均不敢苟同。故不揣譾陋,草就此文,以

---

① 各説具體代表學者及論著,囿于本文篇幅所限,不贅述,可參見黄瑩:《出土文獻與楚族起源研究》,《中原文物》2015年第4期。
② 李學勤:《論清華簡〈楚居〉中的古史傳説》,《中國史研究》2011年第1期。
③ 杜勇:《清華簡〈楚居〉所見楚人早期居邑考》,《中國國家博物館館刊》2013年第11期。
④ 清華大學出土文獻研究與保護中心編,李學勤主編:《清華大學藏戰國竹簡》(壹),頁183。
⑤ 守彬:《讀清華簡〈楚居〉季連故事》,武漢大學簡帛研究中心網站,http://www.bsm.org.cn/show_article.php?id=1382,2011年1月10日。
⑥ 陳民鎮:《清華簡〈楚居〉集釋》,復旦大學出土文獻與古文字研究中心網站,http://www.gwz.fudan.edu.cn/Web/Show/1663,2011年9月23日。
⑦ 子居:《清華簡〈楚居〉解析》,簡帛研究網,http://www.jianbo.org/admin3/2011/ziju001.html,2011年3月30日。
⑧ 趙平安:《〈楚居〉的性質、作者及寫作年代》,《清華大學學報》2011年第4期。
⑨ 周宏偉:《楚人源于關中平原新證——以清華簡〈楚居〉相關地名的考釋爲中心》,《中國歷史地理論叢》2012年第2期。

期對此問題能有一些新的認識。

一、商王名號中的地名區別字

趙平安將盤庚名號中之"盤"理解爲具體地名的觀點,實際上並非首創。張秉權在其《甲骨文所見人地同名考》①中率先指出了在甲骨文中存在大量人地同名的現象。張氏進而認爲:

> 在上甲以後,譬如:示壬、示癸的示,大乙的唐和咸,雍己(雍己)的雍,羌甲(沃甲)的羌,南庚的南,虎甲的虎,武丁、武乙的武,庚丁的庚,廩辛的廩等等,似乎也應是他們在未即王位以前的采邑之名,也就是他們在未即位前的因采地之名而得的名字。②

張秉權首先明確指出了商王名號與地名間可能存在的聯繫,首創之功固不可磨滅。但結合下面將提到的陳夢家的觀點,張氏之説似乎仍存在一些問題。比如,商王名號中的示、南、武、庚、廩等字,未必皆與地名有關。而般、戔等可能與地名有關的字,張氏却並未提到。而其所舉的一些具體的辭例,隨着釋字水平的提升,現在看來也存在問題。比如,張氏舉出的一條辭例:

(1) 甲午卜,韋貞:往羌? 　　　　　　(《粹》1135=《合集》515/1 典賓)

其中的所謂"往"字寫作 ,王子楊以胡厚宣、張桂光、趙平安等人的研究爲基礎,指出舊釋此字爲"往"的看法並不正確,此字應釋爲"逸",解作"逃逸"之意。③ 由之,此條卜辭也就應理解爲貞問羌人是否有逃亡,而非是否去往羌地了。

可見,隨着研究的推進,張氏的某些具體觀點還有進一步修正的必要。因此筆者試圖從商王名號中的區別字入手,④揭示出在商代存在一類特殊的地名區別字,盤庚之"盤"即屬此類。

對於區別字的性質,陳夢家在研究商王廟號時曾將其分爲四類,其中前兩類與此處要討論的問題無關,故不贅述。而第三、四類陳氏認爲分別乃商王之"王號或美稱"和

---

① 張秉權:《甲骨文所見人地同名考》,見《慶祝李濟先生七十歲論文集》下,臺北:清華學報社 1967 年版,又載氏著:《甲骨文與甲骨學》,臺北:"國立"編譯館 1988 年版,頁 301—350。
② 張秉權:《甲骨文與甲骨學》,頁 336。
③ 王子楊:《説甲骨文中的"逸"字》,《故宫博物院院刊》2011 年第 1 期。
④ 衆所周知,商人大都以天干爲其日名,而爲了區分日名相同的人物,商人往往在每人日名前冠以一兩個不同的字,學界通常把此字稱爲區別字。

"生稱或王號"。前者包括"文、武、文武、康",而後者包括"邕、戔、羌、豕、般、[禀]"等字。陳氏坦言兩者相近,但"三類可以省去主名,而且都是直系先王;四類都是旁系先王"。①我們認爲,陳氏的這一發現有助於我們解決第四類區別字,也即"般"的確切含義問題。

筆者發現,第四類的諸區別字,在卜辭中都可用爲地名。如下:

1. 邕,現多隸作"雝"。卜辭有"邕"(《合集》22815)字,吳其昌指出此字即雝己之合文,其所從之"口"即"雝"之初文,②郭沫若從其説。③ 卜辭中雝作爲地名多見,最常見是作爲田獵地名,如:

(2) 壬子卜,貞:王田雝往來亡災。吉。　　　　(《合集》37406/3 黄類)

(3) 丙戌王卜,在喜貞:田雝往來亡災。　　　　(《合集》37781/2 黄類)

卜辭中又有一些非田獵地的"雝"地。如:

(4) 貞:雝其受年。貞:雝不其受年。二告。　　(《合集》811 正/20、21 典賓)

(5) 戊午卜,雝受年。　　　　　　　　　　　　(《合集》9798 賓一)

(6) 己亥卜,至雝 ⌐ 母。己亥卜,不至雝。　　　(《合集》22045/14、15 午組)

雝地地望學界聚訟已久,④我們難以確指,但由上引諸辭例可知,雝地不僅位於商王的田獵區中,還是重要的農業區,受到商王重視。或有以滕州前掌大 M18 出土的一件銘文爲"奉擒人方濰伯"⑤的奉盉爲據,來申説雝乃人方部落者。⑥ 若如此,則雝地似乎並

---

① 參見陳夢家:《殷虚卜辭綜述》,北京:中華書局 1988 年版,頁 439。
② 吳其昌:《殷虚書契解詁》,太原:三晋出版社 2009 年版,頁 119。
③ 郭沫若:《殷契粹編》,北京:科學出版社 1965 年版,頁 410。
④ 雝地地望涉及商王田獵區的所在,是殷商史的大問題,聚訟紛紛。陳絜近年對此問題發表了一系列論文,指出商王田獵區不在沁陽,而在一個"以泰山爲中心"的範圍内。按:從考古學上來看,晚商時期商人雖然在魯北地區仍保持了強勢,但魯南地區的商文化遺存却"從殷墟文化三期開始遺址凋零,至殷墟文化四期已不屬商王朝的地界"(曹斌:《周文化統治的格局在"東土"的形成》,《考古》2017 年第 6 期),是以陳說雖新穎,但因與考古發現稍有不合,本文暫不取。對於田獵區的討論,可參見郭沫若:《卜辭通纂》,《郭沫若全集·考古編》第二卷,北京:科學出版社 1983 年版,序,頁 13—14;李學勤:《殷代地理簡論》,北京:科學出版社 1959 年版;董作賓:《殷曆譜》,《董作賓先全集乙編》,臺北:藝文印書館 1977 年版,頁 751—754;[日]島邦男著,濮茅左、顧傳良譯:《殷墟卜辭研究》,上海:上海古籍出版社 2007 年版,頁 714—719;陳絜、趙慶淼:《"泰山田獵區"與商末東土地理——以田獵卜辭"盂"、"쫭"諸地地望考察爲中心》,《歷史研究》2015 年第 5 期等。
⑤ 中國社會科學院考古研究所:《滕州前掌大墓地》上册,北京:文物出版社 2005 年版,頁 302—303。
⑥ 陳絜、趙慶淼:《"泰山田獵區"與商末東土地理——以田獵卜辭"盂"、"쫭"諸地地望考察爲中心》,《歷史研究》2015 年第 5 期。

不處於商王朝的管控之下。

事實可能並非如此。卜辭中有貴族名"子雗"者,此人不僅見於王卜辭,在子卜辭中也有反映。如:

(7)［丙］辰［卜］,貞:子雗不作艱不死。　　　　　　　(《合集》3122/1 師賓間 B)

(8)乙亥卜,貞子雗友敉又復,弗。　　　　　　　　　　(《花東》21/1)

卜辭中的這類"子某",目前學界一般認爲他們的身份爲商王之子,其稱名形式類似於春秋時代的"公子某"。他們有不少都"具有族長的身份,擁有一個同名號的、獨立的族氏與一塊同名的屬地"。① "子某"的這種人地同名現象,據宋鎮豪統計,在甲骨金文總計 156 名"子某"中,達 79 例之多。② 況且,這還是在商代史料並不很充足的基礎上,真實數字只會更多。考慮到雗爲田獵區、農業區的事實,故當時在人方範圍之外,還存在一個處於商王管控之下的雗地,當無太大問題。

2. 戔,河亶甲卜辭中作戔甲。作爲地名,戔多見於記事刻辭,也見於卜辭。如:

(9)戔來四十。　　　　　　　　　　　　　　　　　　(《合集》438/7 典賓)

(10)庚戌卜,爭貞:命戔歸罘屮示勿□。　　　　　　　(《合集》4759 賓三)

商代人名、地名、國族名多合而爲一,早已爲人所熟知,上引諸刻辭顯然是商代已有戔地的明證。但林歡曾引一版甲骨,其文作"貞呼從戔侯"(《合集》3331/1),林氏進而認爲"戔國"爲侯爵。③ 若如此,則戔地似乎爲商之方國,非商王朝直屬地。但我們核對原拓後發現,此字"▨"漫漶不清且不全,姚孝遂將其摹寫爲▨,④與常見的戔字▨(《合集》25339)有較大差異,實不知林氏釋"戔"何據。

3. 羌,沃甲於卜辭中作羌甲。于省吾認爲沃字乃羌之訛字。⑤ 羌爲地名極常見,但多指位於西北方的羌族與羌方。羌人始終與商人爲敵,其地商王自然無法控制。實際上,在商代疆域內,也有羌地。如:

(11)戊戌卜,王在一月,在師羌。　　　　　　　　　　(《合集》24281 出二)

(12)戊午王卜,在羌貞:田舊往來亡災。　　　　　　　(《合集》37434/2 黃類)

---

① 朱鳳瀚:《商周家族形態研究》,天津:天津古籍出版社 2004 年版,頁 57。
② 宋鎮豪:《夏商社會生活史》,北京:中國社會科學出版社 1994 年版,頁 185—186。
③ 孫亞冰、林歡:《商代地理與方國》,宋鎮豪主編:《商代史》卷十,北京:中國社會科學出版社 2010 年版,頁 458。
④ 姚孝遂:《殷墟甲骨刻辭摹釋總集》上,北京:中華書局 1988 年版,頁 94。
⑤ 于省吾:《雙劍誃殷契駢枝》,北京:中華書局 2009 年版,頁 58。

從上引第一版卜辭來看，商在羌地駐紮有軍隊，而下一版卜辭爲商王在羌地貞問田獵吉凶，兩例都可說明此地並非西北之羌方，兩者只是異地同名的關係。

4. 㲋，陽甲在卜辭中多作㲋甲（《合集》903 正/15）或㲋甲（《屯南》2091/4）。此字董作賓認爲乃虎，① 郭沫若釋爲嗥，② 唐蘭釋爲㲋，③ 陳夢家釋爲㲋，姚孝遂則將其隸定爲魯。④ 近來單育辰也對此字進行了研究，指出舊釋魯字上部所從當爲兔的異體，唐蘭説可從。⑤ 雖然甲骨文陽甲多作魯甲，但却仍有徑作兔甲者，如：

(13) □□卜，其㝨祖乙、南庚、㲋甲……　　　　　　　（《合集》27207/1 無名組）

(14) 饗㲋甲豕。　　　　　　　　　　　　　　　　　（《懷》1483）

我們可以看出以上兩字均不從口，無疑應隸爲兔。甲骨文中兔也可用爲人名和地名，如：

(15) 己卯卜，争貞：今㲋令兔田，從𢾿至于瀧，獲羌？　（《合集》201）

(16) 丙申卜，㱿貞：兔獲四羌，其至于㡭。　　　　　　（《合集》201/7 典賓）

(17) 兔以四十。　　　　　　　　　　　　　　　　　　（《合集》17397/3 典賓）

5. 廩，作爲廩辛的王號，此字是否應與上引諸字分爲一組，陳夢家在分類時也不十分確定，故在其外以方括號標明。究其原因，大概是由於廩辛之名並未見於卜辭，而在傳世文獻中他的名號其實也並不統一。如《殷本紀》作廩辛，《古本竹書紀年》和《漢書·古今人表》均作馮辛。我們實不敢遽斷廩辛在當時真正的王號區别字爲何字。而且，有些學者依據廩辛不入周祭祀譜的事實，推斷廩辛可能實際上並未繼位稱王。⑥ 這一説法是有道理的，故我們暫且不討論廩辛的問題。

由此，陳夢家所分第四類區别字，我們都作了分析（"般"字將在下節專門討論），除了可疑的廩字之外，我們都可於甲骨中找到一個地名與其對應，且此地名似乎皆處於商王的統轄之下，而非四土侯伯乃至方國，這應當不是偶然。

---

① 董作賓：《甲骨文斷代研究例》，《董作賓先生全集甲編》，臺北：藝文印書館 1977 年版，頁 374。
② 郭沫若：《卜辭通纂》，《郭沫若全集·考古編》第二卷，北京：科學出版社 1983 年版，頁 276—277。
③ 唐蘭：《天壤閣甲骨文存並考釋》，《唐蘭全集》第 6 册，上海：上海古籍出版社 2015 年版，頁 315—318。
④ 姚孝遂、肖丁：《小屯南地甲骨考釋》，北京：中華書局 1985 年版，頁 54。
⑤ 參見單育辰：《甲骨文中的動物之三——"熊"、"兔"》，復旦大學出土文獻與古文字研究中心編：《出土文獻與古文字研究》第六輯，上海：上海古籍出版社 2015 年版。
⑥ 韓江蘇、江林昌：《〈殷本紀〉訂補與商史人物徵》，宋鎮豪主編：《商代史》卷二，北京：中國社會科學出版社 2010 年版，頁 163。

而且，正如上文所言，陳氏指出"（第）四類都是旁系先王"。商代王子由王族獨立出去，自立族氏的時間，朱鳳瀚認爲有些王子"在其父王逝後，即從原來的王族中分化出去，成爲卜辭所見'子族'"。① 作爲旁系先王，第四類的幾位商王在其父王去世之後，本人即位之前——也即其兄長在位之時，顯然都經歷過這一階段。此時他們的身份，與卜辭中的"子某"是相合的。我們在前文便已經提到，"子某"們大多都有一塊"同名的屬地"。既然如此，他們在即位後便以自己原來屬地的地名作爲王號的區別字，便也不難理解了。

趙鵬曾指出商代人名存在"國族地名＋某"的形式，②這種形式實質上反映了殷商時期人們對於各自所出之地的重視，在這種觀念影響下，由外而內入繼大統的旁系商王們，其名號的構成也存在這種形式，絲毫不奇怪。那麼，《楚居》中的"盤"字，是否如盤庚之"盤"一樣，也是個具體的地名，甚至是同一地呢？

二、般庚之"般"應爲地名

盤與般爲古今字。西周時，在"般"字上加"皿"旁，才分化出了"盤"字，故甲骨中所見"盤"字皆作"般"。甲骨中般字字形作"𠬝"（《合集》31987）或"𠬝"（《合集》5566），從凡從攴。郭沫若指出："即後來之般字，字當作'𣪘'，訛變而爲從舟從殳。"③

《説文》曰："般，辟也，象舟之旋，从舟，从殳。"④往者多據《説文》從舟之説，以般爲會意字，但由甲骨字形來看，知《説文》不確。上文已提到，甲骨文中般字左部所從應爲"凡"，西周時始訛寫爲從舟。因此，即便此字確爲會意字，其造字本義也絕非"象舟之旋"，王樹明以爲乃"一手拿食匙，從盤中向外撥物"⑤之形，可備一説。從音韻上來看，凡屬並母侵部，般屬並母元部，兩字雙聲。又《周禮·秋官·士師》"若邦凶荒，則以荒辯之法治之"，鄭注："辯當爲貶，聲之誤也"，⑥是侵、元二部可通轉之證，故凡、般

---

① 朱鳳瀚：《商周家族形態研究》，頁 56。
② 趙鵬：《殷墟甲骨文人名與斷代的初步研究》，北京：綫裝書局 2007 年版，頁 57。
③ 郭沫若：《卜辭通纂》，《郭沫若全集·考古編》第二卷，頁 272。
④ （漢）許慎撰，（清）段玉裁注：《説文解字注》，上海：上海古籍出版社 1981 年版，頁 404。
⑤ 王樹明：《談陵陽河與大朱村出土的陶尊"文字"》，《山東史前文化論文集》，濟南：齊魯書社 1986 年版，頁 264。
⑥ 《周禮註疏》卷三十五，（清）阮元校刻：《十三經注疏》，臺北：藝文印書館 2007 年版，頁 527。

兩字古音必近。據"會意兼形聲"的規則,知"凡"在般字中又可兼作音符。

盤與凡二字在甲骨文中可通。凡,傳統看法多認爲其字形作"卄"(《合集》33146)或作"卄"(《合集》21054),"象高圈足盤,上象其盤,下象其圈足"。① 但近來王子楊撰文指出此字形實應釋爲"同",同、凡之別在於"'同'字左右豎筆對稱,要麼全部筆直等長,要麼全部外向彎曲且等長。……而'凡'字左右豎筆不對稱,左側豎筆筆直且短,右側豎筆外向彎曲且長"。②

甲骨中凡與盤相通之例,最直截的便是卜辭中常見"般庚"與"凡庚"混用。卜辭中常將盤庚作合文,寫法不一,有時作"般庚"合文之形,兩字位置不固定,或左或右。如:

(18) 庚辰卜,[行]貞:王[賓][般庚] 袝□卯二牢。　　(《合集》23106/1 出二)

(19) [庚]□卜,貞:[王賓][般庚] 祭[亡尤]。　　(《合集》35774 黃類)

有時又作"凡庚"合文之形,兩字位置亦不定。如:

(20) [庚]寅卜,貞[王]賓[凡庚] □亡尤。　　(《合集》35779 黃類)

(21) □戌卜,貞:[王]賓[凡庚] [劦]日[亡]。　　(《合補》11893/2 黃類)

(22) 庚申卜,貞王賓[凡庚] 劦日亡尤。　　(《合集》35775 黃類)

(23) 庚□[卜],貞[王]賓[凡庚] □亡[尤]。　　(《合集》35780/1 黃類)

以上所舉辭例應當足以説明,盤(般)與凡,在甲骨文中確是可以通假的。既然盤與凡可以相通,我們不妨重新審視盤庚之盤(般)是否爲地名的看法。

與前文討論的其他幾個區別字一樣,甲骨文中也屢見凡(般)地貢納龜版的記載:

(24) 凡入十。　　　　　　　　　　　　　(《合集》3990 反 典賓)
(25) 凡入十。　　　　　　　　　　　　　(《合集》6478 反 賓一)
(26) 般入十。　　　　　　　　　　　　　(《合集》7407 反乙 典賓)
(27) 般入四。　　　　　　　　　　　　　(《合集》9504 反 典賓)

貢納地或作凡,或作般,與甲骨文中般庚名號的不固定寫法暗合,爲凡、般相通增添了新的證據。同時,也進一步的證實了我們對這幾位商王名號中的區別字爲地名的看法。

---

① 徐中舒主編:《甲骨文字典》,成都:四川辭書出版社 2006 年版,頁 1450。
② 王子楊:《甲骨文舊釋"凡"之字絶大多數當釋爲"同"——兼談"凡"、"同"之別》,復旦大學出土文獻與古文字研究中心編:《出土文獻與古文字研究》第五輯,上海:上海古籍出版社 2013 年版,頁 27。

我們現在知道，陳夢家所分第四類區别字皆可用爲地名。或曰"般"可訓爲"大"，如此似乎般應被歸爲第三類區别字，也即美號中。考之文獻，盤的確可訓爲"大"。如《孟子・公孫丑上》有"般樂怠敖"之語，趙岐注曰"般，大也"。① 《廣雅・釋詁》也曰"般，大也"。② 但是，般字在甲骨文中只用作人名或地名，目前並無證據可表明般字在商代已有"大"的含義。

《楚居》中先後出現了兩個盤字，分别是"見盤庚之子"之盤與"及之盤"之盤。兩字字形分别作 ![字] 與 ![字]（字形采自《清華簡》（壹）字形表，第 223 頁），可知確爲同一字無疑。劉麗曾指出"及之盤"的"及"應訓爲"相嫁娶也"，但她却仍從整理者之説，將第二個盤字通作"泮"，解爲水涯之意。③ 筆者認爲，劉氏訓"及"爲"相嫁娶也"的看法是極有道理的。但整理者對於"盤"的解釋仍稍顯迂曲。依筆者淺見，不如直接將第二個盤理解爲地名，此句意爲季連在盤庚之居地迎娶妣隹。

三、多重證據下的凡地地望分析

周代有凡國，《春秋》經文有"天王使凡伯來聘"的記載。杜注："汲郡共縣東南有凡城。"④《水經注・清水注》注引《續漢書・郡國志》云："（共縣）有凡亭，周凡伯國。"⑤《路史・國名記》云："衛之共城西南二十二里，凡故城也。"⑥據此我們可知，在今天的輝縣境内，先秦時確有凡地，其遺迹魏晋時尚存。張富祥曾基於這些記載，猜測盤庚之"盤"即河南輝縣的凡城，但是並沒有給出過多證據。⑦ 下面我們就從文獻、出土材料以及考古資料出發，來考察張説是否合理。

除了上引貢納龜版的記事刻辭外，卜辭中也有凡地。王子楊雖撰文指出甲骨文中許多舊釋爲"凡"的字應當重新釋爲"同"，但他仍没有否認甲骨文中"凡"字的存在，

---

① （清）焦循：《孟子正義》，北京：中華書局 1987 年版，頁 224。
② （清）王念孫著，鍾宇訊點校：《廣雅疏證》，北京：中華書局 1983 年版，頁 5。
③ 劉麗：《談〈楚居〉中"及"字的一個特殊用法》，清華大學出土文獻研究與保護中心編：《出土文獻》第四輯，上海：中西書局 2013 年版，頁 49—55。
④ 《春秋左傳正義》卷四，（清）阮元校刻：《十三經注疏》，臺北：藝文印書館 2007 年版，頁 71。
⑤ （北魏）酈道元著，陳橋驛校證：《水經注校證》，北京：中華書局 2007 年版，頁 226。
⑥ （宋）羅泌：《路史》卷二十八《國名記戊》，文淵閣《四庫全書》第 383 册，上海：上海古籍出版社 1987 年版，頁 349。
⑦ 張富祥：《商王名號與上古日名制研究》，《歷史研究》2005 年第 2 期。

並指出"卜辭中的'凡'一般見於無名組卜辭,皆用爲地名"。① 他舉出以下辭例:

(28) 其乍龍于凡田,又雨。　　　　　　　　　　(《合集》29990/2 無名組)

(29) 王至[于]凡田,湄日亡𢦏。　　　　　　　　(《合集》29383/1 無名組)

(30) 戊寅[卜]貞王[其]田亡𢦏,才凡。　　　　　(《合集》33568/1 無名組)

上引三條卜辭中,(28)是於凡地舉行祈雨儀式,(29)是商王到達凡地,而(30)則是商王在凡地進行田獵活動。《合補》9009(即《合集》28945+29139)中,凡地與榆地、向地共見。對於榆地,陳夢家指出:"沁陽縣東南三十里沁水南岸有徐堡鎮……卜辭之㮨或在此。又《左傳》襄二十三'救晉次於雍榆',杜注云'雍榆,晉地,汲郡朝歌縣東有雍城'。"②鄭傑祥從其後說。而向地,郭沫若認爲"當是《小雅·十月》'作都于向'之向,在今河南省濟源縣南"。③ 鄭傑祥認爲在今滑縣。④ 由以上幾個地點之間的相互繫聯,我們可知作爲田獵地點的凡地,確應在今河南北部一帶。

我們回到《楚居》的文本,對騩山、穴窮、喬山、汌水、方山這組地名加以分析。由於季連曾"逆上汌水",進行過一次較遠的遷徙,故杜勇將這組地名又細分爲騩山、穴窮、喬山與汌水、方山兩組,分别考察了它們的地望。

"騩山",整理者認爲:"疑即騩山。《山海經》中有楚先世居騩山之說。"⑤論者也多認爲:"騩山應是《山海經·中山經》内《中次三經》的騩山,也即《中次七經》的大騩之山,就是今河南新鄭、密縣一帶的具茨山。"⑥而杜勇雖不贊同李學勤將《中次三經》的騩山與《中次七經》的大騩山等同的看法,但也承認騩山"在中原地區是可信的"⑦。

"穴窮"地望,整理者無說。杜勇認爲"'穴窮'是季連由降而抵之地,應即'騩山'的某個地方"。⑧ 陳民鎮疑其與窮谷有關,並指出窮谷可能在河南省孟州市西。⑨

---

① 王子楊:《甲骨文舊釋"凡"之字絶大多數當釋爲"同"——兼談"凡"、"同"之别》,復旦大學出土文獻與古文字研究中心編:《出土文獻與古文字研究》第五輯,頁 26。
② 陳夢家:《殷虚卜辭綜述》,頁 261—262。
③ 郭沫若:《卜辭通纂》,頁 141。
④ 鄭傑祥:《商代地理概論》,鄭州:中州古籍出版社 1994 年版,頁 141。
⑤ 清華大學出土文獻研究與保護中心編,李學勤主編:《清華大學藏戰國竹簡》(壹),頁 182。
⑥ 李學勤:《論清華簡〈楚居〉中的古史傳說》,《中國史研究》2011 年第 1 期。
⑦ 杜勇:《清華簡〈楚居〉所見楚人早期居邑考》,《中國國家博物館館刊》2013 年第 11 期。
⑧ 杜勇:《清華簡〈楚居〉所見楚人早期居邑考》,《中國國家博物館館刊》2013 年第 11 期。
⑨ 陳民鎮:《清華簡〈楚居〉集釋》,復旦大學出土文獻與古文字研究中心網站,http://www.gwz.fudan.edu.cn/Web/Show/1663,2011 年 9 月 23 日。

"喬山",整理者認爲"即《山海經》驕山",①李學勤指出其地"雖不易確指,總在漢水以南荆山一帶"。② 對於此説,學界頗多信從者。但是,正如杜勇所説:"其時季連部落尚未南下,喬山恐不致遠'在漢水以南荆山一帶'。"③杜勇又指出:

> 《山海經·中次三經》説:"又東十里,曰青要之山,實爲帝之密都。是多駕鳥。南望墠渚,禹父之所化。是多僕累、蒲盧。"其"青要"二字急讀即爲"喬",且"喬"與"要"上古音同爲宵部,音近可通。據《陳書·世祖本紀》載陳世祖説:"每車駕巡遊,眇瞻河洛之路,故喬山之祀。"是知後世河洛一帶猶有喬山。……喬山當即與驕山相距不遠的"青要之山"。④

由以上第一組的幾個地名,杜勇斷定它們"基本集中在今洛陽附近,此即季連部落早期活動的地方,亦即楚人的族源地。經過夏代和商代前期數百年的發展,季連部落日漸擴大,於是離開原來的活動區域,北渡黄河,向殷都方嚮靠近",⑤筆者認爲杜勇對於季連部落早期居地的分析是基本可信的。

而對於第二組地名中的"汌水"與"方山"。杜勇認爲"方山"即《水經注》所記清水流域的"方山",在今河南淇縣境内,而"汌水"即"清水"。據此我們知道,季連部落此時已遷徙至淇縣境内,而淇縣與輝縣接壤,距離相當近。若季連由方山趕到距離不遠的盤(凡)地,迎娶妣隹,也是極有可能的。又陳夢家曾據《春秋·隱公七年》經文"戎伐凡伯于楚丘以歸"⑥的記載,推斷"凡伯既在共縣東南,則戎所伐之凡伯楚丘應在輝縣附近"。⑦ 若陳説可信,那輝縣附近的這個楚丘,也許便是季連時代楚人在此活動的遺迹。⑧

從考古材料上來看,輝縣境内也是商文化遺存豐富的地區之一,而且不少遺址的年代都相當於殷墟一期或更早一些,這與盤庚曾居於此的觀點是相合的。

上世紀30年代和50年代,中研院和中科院考古所曾分别在輝縣進行過一系列發掘,其中最重要的發現是琉璃閣遺址。建國後在琉璃閣遺址共計發掘了四個商代灰

---

① 《清華大學藏戰國竹簡》(壹),上海:中西書局2010年版,頁182。
② 李學勤:《論清華簡〈楚居〉中的古史傳説》,《中國史研究》2011年第1期。
③ 杜勇:《清華簡〈楚居〉所見楚人早期居邑考》,《中國國家博物館館刊》2013年第11期。
④ 杜勇:《清華簡〈楚居〉所見楚人早期居邑考》,《中國國家博物館館刊》2013年第11期。
⑤ 杜勇:《清華簡〈楚居〉所見楚人早期居邑考》,《中國國家博物館館刊》2013年第11期。
⑥ 《春秋左傳正義》卷四,(清)阮元校刻:《十三經注疏》,頁71。
⑦ 陳夢家:《殷虚卜辭綜述》,頁268。
⑧ 雖然據《楚居》之下文所載,知楚族始得名於穴熊之時,季連時其族名尚不爲楚,但穴熊上距季連迎娶妣隹之時尚不遠,地名出於穴熊後之人追記亦未可知。

坑,發現商代墓葬53座,出土了陶器、石器、骨牙器、卜骨等遺物,其中有些物品與殷墟同類物品具有相似性。比如,琉璃閣出土了兩件敞口圓底過濾器,發掘者即指出:"其共同特徵是敞口、方唇,腹頸形狀與殷墟出土的將軍盔相似。"①又比如,對於出土的一種大口尊形器,整理者指出其"外表呈黑灰色,較光滑。内表面凹凸不平,有小石子錘擊的印迹,可能製造時是用石子做成模子壓印上去的。這種情形在殷墟的陶器内壁是很常見的一種做法"。②對於琉璃閣遺址中商代遺存的年代,發掘者指出:

> 遺物的一般特徵與安陽殷虚出土的基本上是相同的。毫無疑問,它們是同一文化系統的物質遺存。其中有些有些遺物如瓦鬲、卜骨等在形態或製作方面都較安陽殷虚發現的爲原始;也許這四座灰坑的時代比較它早些,但也不會太早。③

唐際根注意到琉璃閣與中商王都屢遷之間的聯繫。他指出殷墟一期早段與邢臺曹演莊、槀城臺西、琉璃閣等遺址間的緊密聯繫,並指出這些遺址實可構成"偃師商城或鄭州商城作爲王都被廢棄之後,殷墟辟爲都城之前"一個"相當長一段時間的商文化"。④

1992年開始發掘的孟莊遺址,還發現了殷墟時期城址的存在。發掘者指出:"殷代的夯土直接疊壓在二里崗的遺迹之上……我們認爲這是殷代又在二里頭城址的基礎上修築起了城牆,其面積形狀應同二里頭城址一樣。"⑤而孟莊二里頭城址"東牆長約375米,北牆約340米,西牆長約330米,南牆已被毀掉",⑥其面積當在13萬平方米以上,此城址的規模於此可見一斑。而孟莊商代城址的意義,正如整理者所説:

> 商代自中期(白家莊期)以後,整個商文化向北有一個大的收縮,以前分布於河南、山西等廣大地區的二里崗文化遺址,大部分已不復存在,一些重要的城址也隨之放棄,如偃師商城、鄭州商城、垣曲商城、焦作商城、東下馮商城等都是這一時期廢棄的,而與之相反的是冀南、豫北地區的商代晚期遺址的數量大增,目前在河北邢臺、安陽花園莊等地都發現大面積的這一時期的遺址或城址。孟莊此時出現這樣一座城址,其意義十分重大。⑦

---

① 中國科學院考古研究所編著:《輝縣發掘報告》,北京:科學出版社1956年版,頁9。
② 中國科學院考古研究所編著:《輝縣發掘報告》,頁9。
③ 中國科學院考古研究所編著:《輝縣發掘報告》,頁15。
④ 唐際根:《殷墟一期文化及其相關問題》,《考古》1993年第10期。
⑤ 河南省文物考古研究所編:《輝縣孟莊》,北京:科學出版社2003年版,頁388。
⑥ 河南省文物考古研究所編:《輝縣孟莊》,頁180。
⑦ 河南省文物考古研究所編:《輝縣孟莊》,頁388。

以上列舉的考古發現只是輝縣商代中後期遺存的一斑，但也足以證明約當盤庚遷殷之前，此處已是"當時的重鎮"。① 聯繫到盤、凡兩字間的通假關係，此處又是文獻中凡國之所在，《楚居》中季連活動的喬山距此也不遠，我們推測此處即商代盤地所在，絕不是空穴來風。大概盤庚即位爲王前，曾居於此，故稱盤庚，輝縣衆多的商代中期遺址，可能便有與盤庚相關者。

四、周代凡國的始封地

文獻中有關凡國的史料匱乏。《左傳》中富辰曾言："凡、蔣、邢、茅、胙、祭，周公之胤也。"②知凡國爲姬姓，周公之後。西周時凡伯曾於周王室擔任卿士，據《詩序》，《板》、《瞻卬》、《召旻》等詩皆爲凡伯所作。但《板》是爲"刺厲王"而作，③《瞻卬》與《召旻》則是"刺幽王大壞也"，④故這三首詩應當不是同一代凡伯所做，兩個凡伯應爲父子或祖孫關係。東周時，凡伯仍爲王室卿士，《春秋·隱公七年》記"天王使凡伯來聘"，⑤此後，凡國似即亡於戎狄之手，不復見於史料了。

往者多有以爲凡國乃畿內諸侯者，如孔穎達即認爲："(凡伯)世在王朝，蓋畿內之國。杜預云'汲郡共縣東南有凡城'，蓋在周東都之畿內也。"⑥筆者雖不敢斷言西周時成周王畿是否已將共縣（即今輝縣）包含在內，但無論如何孔氏確是認爲凡國西周時就在此地。

不過董珊提出了不同看法。董珊對它簋（《集成》4330）銘文進行考察，將銘文中舊釋爲"同"之字改釋爲"凡"，認爲它簋應爲凡國銅器，而非傳統觀點認爲的沈國銅器。董氏指出："根據散氏盤銘提到的'凡道'來看，西周時代的凡國在宗周地區有采邑。而周東都畿內之凡城，或可能不是最初封地，而是平王東遷以來的凡伯采邑所在。"⑦乍看之下，董説似乎極有道理。我們知道，兩周之際時有不少諸侯國曾從關中東遷，在此過程中將原居地的地名一併帶到東方也是常有之事，我們所熟知的鄭國與

---

① 中國科學院考古研究所編著：《輝縣發掘報告》，頁2。
② 《春秋左傳正義》卷十五，(清) 阮元校刻：《十三經注疏》，頁255。
③ 《毛詩正義》卷十七，(清) 阮元校刻：《十三經注疏》，臺北：藝文印書館2007年版，頁632。
④ 《毛詩正義》卷十八，(清) 阮元校刻：《十三經注疏》，頁697、694。
⑤ 《春秋左傳正義》卷四，(清) 阮元校刻：《十三經注疏》，頁71。
⑥ 《毛詩正義》卷十七，(清) 阮元校刻：《十三經注疏》，頁632。
⑦ 董珊：《它簋蓋銘文新釋——西周凡國銅器的重新發現》，復旦大學出土文獻與古文字研究中心編：《出土文獻與古文字研究》第六輯，上海：上海古籍出版社2015年版，頁175。

虢國的東遷便是極好的例子。

但問題在於，我們若從董珊之説，那麼也就説明商代、西周時，在今河南輝縣可能並不存在一個凡地，這勢必將極大地影響本文的論點是否能够成立。故筆者將會通過商代金文與卜辭的合證，證明董説存在問題，輝縣之凡地商代實已有之。

1952年，輝縣褚丘村曾出土過一組青銅器，其中包括一鼎、一簋、一尊、一卣、三爵，這七件銅器的銘文無論是風格還是内容皆一致，皆作"耶🫥婦婡"。

《殷周金文集成》也收録了這幾件銅器。以其中的一件卣爲例（圖一），這件卣中的🫥字，《集成》將之釋爲"髭"。①

圖一　耶🫥婦婡卣
（采自《銘圖》②23·12938）

事實上，卜辭中也有此字，如下：

　　　叀䚇髭令監凡。　　　　　　　　　　　　　　　　　　（《合集》27742 無名組）

後經黄天樹、蔣玉斌等學者的努力，③此版卜辭與《合補》10394綴合。其中與監凡之事相關的卜辭如下：

---

① 參見《集成》5098。
② 吴鎮烽主編：《商周青銅器銘文暨圖像集成》第23卷，上海：上海古籍出版社2012年版，頁368。
③ 參見黄天樹：《甲骨拼合集》，北京：學苑出版社2010年版，頁362；蔣玉斌：《新綴甲骨第1—4組》，中國社科院歷史研究所先秦史研究室網站，http://www.xianqin.org/blog/archives/2671.html，2012年5月4日。

叀瞽髟令監凡。

丁卯卜，叀瞽[令][監][凡]。

叀瞽𢦏令監凡。

[叀][瞽] 令監凡。

叀瞽髟令監凡。

叀瞽 監凡。

卜辭中的凡字，寫作 ，按王子楊的觀點，似應改釋爲同。但王氏同時也坦言此字若釋爲同，則"意義並不十分清楚"。① 我們認爲，此字應爲凡字。

王氏在其文中指出"考察全部甲骨卜辭，獨立使用的'凡'以及用爲偏旁的'凡'有訛混爲'同'之例，但數量極少"，他舉出的例子包括《合補》9009 與《合集》21565 的兩個凡（同）字，以及《合集》30233 、《合集》30261 的兩個從凡得聲的風字。在王氏看來，訛混的例子僅此四例。但除此之外，筆者却發現了較多的例子，似乎難以用"訛混"來一以括之。

我們在前文已經提到，般字雖然可能是個會意字，但其中的凡也充當了表音的功能。因此，當卜辭中出現商王般庚或凡庚時，其所從必爲凡而非同。我們在般庚的辭例中發現了這些凡形，其左右兩筆皆對稱等長，按王子楊的觀點，本應爲同：

《合》19798　《合》19916　《合》19917　《合》19918　《合》31987
《合》35773　《合》35774　《合》35778　《合》35779　《合》35780
《合》35783　《補》11007　《補》11893　《懷》1290　《屯南》738

另外，如《合集》21211、35726、35775、35776、35782與《合補》11204等一些字，因字迹漫漶，上文未列。但即便如此，我們也可看出，它們兩邊對稱等長，同樣不符王子楊所言的凡字寫法。

還有一些從凡得聲的字，如服、𠬝，其甲骨文字形分別作 （《合集》36924）、 （《合集》3207）、 （《合集》5769反）。這些字中所從之凡，寫法也不合王說。

必須指出的是，對於自己舉出的第二例"訛混"，也即《合集》21565（圖二）中的凡

---

① 王子楊：《甲骨文舊釋"凡"之字絕大多數當釋爲"同"——兼談"凡"、"同"之別》，復旦大學出土文獻與古文字研究中心編：《出土文獻與古文字研究》第五輯，頁18。

字，王氏解釋説：

> 此版卜辭上下皆殘，行款比較亂，卜辭不好通讀。學者一般把"同"看作是右側卜辭"田于"的地點，整條卜辭讀爲"貞：中子呼田于凡"。如果真是如此，則此"同"當看作是"凡"的訛混。但"同"字右上有"疾"，"同"也可能屬於上面一條卜辭，跟"肩興有疾"有關。如此則未必看作"凡"、"同"訛混。事實如何，有待綴合後解決。①

按王氏之意，此版甲骨爲殘片，故這裏的"同（凡）字"未必爲地名，也許與之前的"肩興有疾"有關。但是對照原拓（見圖二）之後，知此字必爲地名，與"肩興有疾"無關。根據原拓，我們可以清楚看到，雖然此版甲骨確爲殘片，但"呼田于"之下有空白之處甚多，並未受殘斷影響。若此字

圖二　《合集》21565

真與"肩興有疾"相關，那麼依照甲骨文書寫的一般規律，真正的田獵地點也應出現在圖中筆者框住的某一區域。既然這兩處均没有文字存在，那麼凡（同）無疑就應當是這條卜辭的田獵地。王子楊並不認爲"同"在甲骨文中可表示地點，而凡地又是商代習見的田獵地，可知此字應爲凡。

既然此字爲凡，再考慮到前文列舉的衆多例證，可知甲骨文中凡、同訛混的情況絕非祇有王氏所舉的四例。這種情況，在作地名理解時尤其常見。比如《合補》9009、《合集》21565皆爲田獵地，般庚名號中的凡（般）字，據前文的看法，無疑也有地名的含義。

我們再回到前文所引的卜辭文本中，裘錫圭認爲本條卜辭内容是在"卜問讓誰配合瞽去監凡的。監凡之事的性質待考"。② 對於監凡的含義，筆者贊同劉雨的看法，監凡"就是在凡地設監"，③與西周時代的監國制度有一定的相似性。我們既知道凡是一地名，考慮到我們關於"作地名的凡字多訛混爲同"的認識，則瞽所監之地似也爲凡。

卜辭中的"瞽"字字形作"𣦵"，與金文中字形基本相同，當是同一字。裘錫圭指

---

① 王子楊：《甲骨文舊釋"凡"之字絶大多數當釋爲"同"——兼談"凡"、"同"之别》，復旦大學出土文獻與古文字研究中心：《出土文獻與古文字研究》第五輯，頁27。
② 裘錫圭：《關于殷墟卜辭的"瞽"》，王宇信、宋鎮豪、孟憲武主編：《2004年安陽殷商文明國際學術研討會論文集》，北京：社會科學文獻出版社2004年版，頁4。
③ 劉雨：《西周的監察制度》，《古文字研究》第二十五輯，北京：中華書局2004年版，頁172。

出:"(此字)從文例看當是人名,商代人名往往即其族氏。"①而銅器銘文中的這個"髭"字,顯然也是族氏銘文,如陳絜所説:"可以肯定的是,其中的'聑斐'應該屬於族氏銘文,表示婦媒所適之族。"②對於這一複合族氏銘文,林澐認爲這屬於一種"地名複合現象",③反映了兩個地名、國族間的結合。卜辭中確有聑地(《合集》36943),或許也在輝縣附近。

結合銘文與卜辭我們知道,商王令髭監凡,而上述七件銅器又恰恰出土於輝縣,也即我們所認爲的商代凡地一帶,這實在很難説是巧合。另外,此版爲無名組卜辭,無名組卜辭的年代,一般認爲在康丁至文丁之世。而聑 婦媒卣則被認爲是比較典型的殷墟四期銅器,④從年代上來看,約當帝乙帝辛時期。銅器的時間恰在卜辭之後,這也能反映髭所率領的這支家族,前往位於今輝縣境内的凡地附近設監的史實。

由此可知,商代時,在今天的輝縣境内確有凡地的存在。董珊認爲輝縣的凡地之名是東遷時由陝西帶來的説法也就難以成立了。而其提到的散氏盤銘文中的"凡道",則應當與輝縣之凡國有共同的淵源。其實,類似情况在西周時並不少見。以邢國爲例,一般認爲金文中畿内的"井氏",與位於今邢臺的邢國間存在同源關係。周王先於殷商故地邢地分封了邢國,而後次子供職於王室,形成了畿内的"井氏"。⑤ 也正因此,我們完全有理由可以認爲"凡道"之名與"井"、"邢"類似,正源於東部的凡國。

最後,值得一提的是,故宫博物院藏有一件"京簋"(《集成》3975),⑥作器者京也爲聑 族之人。據銘文所記,他曾在享祭儀式中擔任商王的助手,受到賞賜。監凡的聑 族之人能擔任如此重要職務,不僅可見聑 族與商王室間的密切關係,也從側面反映了凡地在商代的重要性,這與盤庚曾居於此可能是有關的。

---

① 裘錫圭:《讀〈安陽新出土的牛胛骨及其刻辭〉》,《考古》1972 年第 5 期。
② 陳絜:《商周姓氏制度研究》,北京:商務印書館 2007 年版,頁 87。
③ 林澐:《對早期銅器銘文的幾點看法》,《古文字研究》第五輯,北京:中華書局 1981 年版,頁 46。
④ 嚴志斌:《商代青銅器銘文分期斷代研究》,北京:社會科學文獻出版社 2014 年版,頁 148。
⑤ 參見龐小霞:《商周之邢綜合研究》,北京:社會科學文獻出版社 2014 年版,頁 187—190。
⑥ 此簋定名有爭議,或稱其爲"遹簋"或"聽簋",此從韋心瀅説,見氏著:《關於故宫博物院所藏遹簋的定名及相關問題》,《故宫博物院院刊》2012 年第 5 期。

殷墟甲骨文"柚"地考

馬保春

（首都師範大學）

殷墟甲骨文所見的 ▨（《合集》8062 賓早兼類）、▨（《合集》8063 典賓）、▨（《合集》8064 典賓）、▨（《合集》8065 典賓）、▨（《合集》8066 賓出兼類）、▨（《合集》10950 自賓間類）及 ▨（《合集》8058 典賓）等形的字，從木，從 ▨ 或 ▨ 或 ▨，按甲骨文填實的形體與衹鉤輪廓的筆畫是可以通用的情況判斷，則 ▨ 與 ▨ 可看作一字。▨ 又可能是 ▨ 與 ▨ 的簡寫，因此上述下部皆從木的三種字形應該是同一個字，在甲骨文中多用作地名。

此外，《花東》36 有兩個与我們所討論字接近的字形，其中一個作 ▨，另一個拓本上不清晰，原摹本分別作 ▨、▨，劉一曼、曹定雲先生指出 ▨、▨ 同爲一地。[1] 魏慈德隸作癸，姚萱以爲實皆爲 ▨，兹從姚說。可見該字与上述《合集》所見是同一個字。

關於該字的考釋，饒宗頤先生曾釋爲"末"，[2]《甲骨文合集釋文》釋爲果，[3]《殷墟甲骨刻辭摹釋總集》、[4]《甲骨文校釋總集》、[5]《殷墟甲骨文摹釋全編》[6]均未釋。此後，王

---

[1] 劉一曼、曹定雲：《殷墟花園莊東地甲骨卜辭選釋与初步与研究》，《考古學報》1999 年第 3 期。
[2] 饒宗頤：《殷代貞卜人物通考》，香港：香港大學出版社 1959 年版。
[3] 胡厚宣主編，王宇信、楊升南總審校：《甲骨文合集釋文》，北京：中國社會科學出版社 1999 年版。
[4] 姚孝遂主編、肖丁副主編：《殷墟甲骨刻辭摹釋總集》，北京：中華書局 1988 年版，頁 259。
[5] 曹錦炎、沈建華編著：《甲骨文校釋總集》，上海：上海辭書出版社 2006 年版，頁 1319。
[6] 陳年福撰：《殷墟甲骨文摹釋全編》，北京：綫裝書局 2010 年版，頁 1045。

子楊先生參考了劉雲、①謝明文、時兵、②李家浩、③沈培、④李學勤、⑤陳劍⑥等人的意見和前期研究成果,從字形演變和字音諧聲、變形聲化、通轉等方面進行了全面考察后,認爲 ᛨ 爲柚字的象形初文,應該釋爲"柚"。今從王說。卜辭中從"ᛨ"的 ▨ (《合集》28164 無名三類)、▨ (《合集》8358 賓一類)、▨ (《合集》6477 賓早兼類)、▨ (《英藏》834)、▨ (《合集》8041 賓晚兼類)、▨ (《合集》28176 無名二類)、▨ (《合集》1089 賓早兼類)等也都作爲地名或人名。

正如王子楊先生所指出的,雖然柚常與嘼、敦、喪、榆、盂等地有同版的情況,但是后舉數地有的地理位置也還沒有坐實,⑦因此不好把它們作爲確定柚地相對地理位置的參考坐標。但《花東》36,爲我們提供了另外的一些綫索:

(1) 丁卜:在柚,其東狩。一
(2) 丁卜:其上。一
(3) 不其狩,入商。在 ᛨ。一
(4) 丁卜:其涉河狩。一二
(5) 丁卜:丁不狩。一二
(6) 其涿河狩,至于糞⑧。一
(7) 不其狩。　　　　　　　　　　　　　　　　　　(《花東》36)

鄭傑祥釋從饒宗頤之説,并認爲未与昧可通,昧与沫、妹古音同可相假借。古昧地也就是後世的沫地和妹地,即《詩經·衛風·桑中》"爰采唐矣,沫之鄉矣"之沫,在

---

① 劉雲:《利用上博簡文字考釋甲骨文一例》,張顯成主編:《簡帛語言文字研究》第五輯,成都:巴蜀書社 2010 年版,頁 142—143。
② 時兵:《釋殷墟卜辭中的枭字——兼論羑里》,《考古》2011 年第 6 期。
③ 李家浩:《戰國圷布考》,《古文字研究》第二十五輯,北京:中華書局 2004 年版,頁 392—393。
④ 沈培:《上博簡〈緇衣〉篇"恙"字解》,謝維揚、朱淵清主編:《新出土文獻與古代文明研究》,上海:上海大學出版社 2004 年版,頁 136。
⑤ 李學勤:《釋香港中華培先生所藏玉璧刻銘》,《文物中的古文明》,北京:商務印書館 2008 年版,頁 151—152 頁;李學勤:《續釋"尋"字》,《故宫博物院院刊》2006 年第 6 期。
⑥ 陳劍:《釋"出"》,《出土文獻与古文字研究》第三輯,上海:復旦大學出版社 2010 年版,頁 1—89。
⑦ 王子楊:《甲骨文字形類組差異現象研究》,上海:中西書局 2013 年版,頁 287—307。
⑧ ▨ 字原釋文作粪,鄭傑祥、常耀華、林歡等釋爲箕。裘錫圭先生釋爲"糞"字,姚萱從之,今從裘錫圭先生釋爲"糞"。見裘錫圭:《説玄衣朱襮袡》,《裘錫圭學術文集》第三卷,上海:復旦大學出版社 2012 年版,頁 5。

古代朝歌之北，朝歌即今河南淇縣，卜辭眛地當在今淇縣北，後世常稱作沬地。①

常耀華、林歡指出 🜨 離商不遠，且在"河"附近，是一重要的田獵區。卜辭的河恒指古黄河，在今安陽以東北流，《花東》36 的"東狩"當与"涉河狩"同意，🜨 可能在商都与古黄河之間。由"其涿河狩，至于糞？（原文釋箕，引者）"可知"糞"也離河不遠。🜨 地大約在糞地西南不遠。從 🜨 往東，離商不遠，且在河附近，花東主人子部族活動（居住）區域大致在安陽之西偏北，其田獵區域在商王常去的鄂、磬等地正北，大致在今山西太原之南地祁縣、平遥一帶，西南是𦵸方、基方，正北是危方，其東是商東北部（今邢台一帶）。② 其對《花東》卜辭子族田獵區的看法過於遼遠。

魏慈德釋 🜨 爲癸，并歸於其劃分的麗灘組地名中。認爲《花東》36 卜問是要在癸地東邊狩獵還是要一直渡河到糞，或者不狩而從癸地入商。表明癸地到糞地要渡河，且癸距商很近。③ 這与常耀華、林歡先生的意見近同。

李家浩先生指出，《左傳》昭公二十三年"二師圍郊。癸卯，郊、鄩潰"下杜注"河南鞏縣西南有地名鄩中。郊、鄩二邑，皆子朝所得"。其中的"鄩"可能就是甲骨文的 🜨 地。④ 此外，劉雲先生認爲《左傳》昭公二十三所見"郊、鄩"之"鄩"與"喪"、"雍"、"曹"等地相距太遠，所以劉氏又指出卜辭"🜨"地當是《禹貢》冀州"覃懷底績"之"覃"。⑤

我們認爲，🜨 地也是《花東》子族占卜的地點之一，應在其活動的範圍之內。花東 36 是同在丁日這一天占卜的，而内容也都是圍繞着要不要狩獵、在什麼地方去狩獵等問題展開的。仔細讀來，主要是花東卜辭的占卜主體子在柚地事先占卜然後行事的一個過程，而且有一個遞進的關係。第一步是貞問要不要從柚地出發去狩獵，如果去狩獵，是去"東"這個地方好還是去"上"這個地方好。如果不去，就從柚地入商，這個商可能是丘商，⑥非安陽殷都。當然，"東"和"上"也不一定就是兩個專有地名，東也可能是自柚以東的地區，東狩與後面的涉河對言，表明自柚地向東去不需要涉河，由此可知柚在河之東南，很可能在《尚書·禹貢》所載位於河、濟之間的兗州地區或其附

---

① 鄭傑祥：《殷墟新出卜辭中若干地名考釋》，《中州學刊》2003 年第 5 期。
② 常耀華、林歡：《試論花園莊東地甲骨所見地名》，王宇信、宋鎮豪、孟憲武主編：《夏商周文明研究》之六《2004 年安邑殷商文明國際學術研討會論文集》，北京：社會科學文獻出版社 2004 年版，頁 54—55。
③ 魏慈德：《殷墟花園莊東地甲骨卜辭的地名及詞語研究》，《中國歷史文物》2005 年第 6 期。
④ 李家浩：《戰國𠀠布考》，《古文字研究》第二十五輯，頁 392—393。
⑤ 劉雲：《利用上博簡文字考釋甲骨文一例》，張顯成主編：《簡帛語言文字研究》第五輯，頁 142—143。
⑥ 陳夢家：《殷虛卜辭綜述》，科學出版社 1956 年版，頁 255—258。

近。由於商代黃河下游在今新鄉、濮陽一帶更靠近太行山,則柚地並不一定在今黃河以西地區。所以,就當時而言,自柚地以東就遠離黃河了。"上"也可能就是在黃河以南地區沿着逆河的方嚮西去到河之上游地區,與地勢相對低下的東方相對。自今濮陽、封丘、原陽一綫以東至魯西、西南地區,地勢逐漸降低,這個地區古代有巨野澤,就是古濟水就勢而下積聚成湖的;今有南四湖,是汶、泗等水的行水通道,因此地勢最爲低下。

第一步占卜的結果是確定去狩獵、不入商。因此就有了第二步,即進一步確定去何處狩獵的問題。可能是對東和上兩個田獵去處不太滿意,於是尋求其他的田獵地,那就是要不要自東南向西北涉河進入武丁常去的田獵地進行田獵。這是需要前提的,即最好是在武丁不田獵的時候去,以免碰到,於是先占卜丁日武丁會不會去田獵,占卜的結果是"丁不狩",爲了謹慎起見,這個占卜進行了兩次。確定丁不狩後,再占卜渡河到糞地狩獵之事。從這版卜辭判斷,(1)柚地可能在當時黃河東南邊、且近河;(2)可從柚地入商;(3)糞地在黃河西北岸,亦近河。

雖然花東子族要到武丁常去地田獵地去狩獵會小心翼翼,事先占卜。但是武丁是可以隨意到子的地盤的。卜辭:

  貞:惠今日往于柚。   (《合集》8063 典賓)

  己巳卜:王獲在柚兕。允獲。

  己巳卜:王弗其獲在柚兕。   (《合集》10950 自賓間類)

看來柚地有兕,氣候可能較今溫暖。要確定柚地之所在,與其共版的糞地至關重要。糞亦多見於田獵卜辭,且捕獲的動物也多爲兕。

  貞:狩。勿至于糞。九月   (《合集》10956 賓出兼類)

  □□卜:王其毆糞☒   (《合集》30998 無名二類)

  ☒允禽☒百又六。在糞。   (《合集》33374 正歷草類)

  辛巳卜,在糞:今日王禽兕。禽。允禽七兕。 (《合集》33374 反)

  乙酉卜,在糞:丁亥王陷。允禽三百又四十八。

  丙戌卜,在糞:丁亥王陷。允禽三百又四十又八。 (《屯》663)

  乙酉卜,在糞:今日王逐兕。禽。允禽☒

  丙戌卜,在糞:今日王逐兕,禽。允☒   (《屯》664)

  癸酉貞:旬亡憂。

  □未貞:旬亡憂。糞   (《屯》2858)

  丙戌卜,在糞:丁亥王陷。禽。允三百又☒ (《懷》1626)

《懷》1626 和《屯》663、664 及《合集》33374 關係密切，都是在糞地占卜逐兕、陷兕和禽兕之事，表明糞地捕獵的對象主要是兕。《説文》無糞字，但《説文·芈部》收叢字："棄除也，从廾推芈，棄采也。"其字從芈正與甲骨文糞字從箕形義通，后訛爲從田。故叢、糞爲異體字，後世糞行而叢廢。段注云："古謂除穢曰糞，今人直謂穢曰糞。"《禮記·曲禮上》："凡爲長者糞之禮，必加帚於箕上。"《左傳·昭公三年》："小人糞除先人之敝盧。"皆爲掃除義。亦可引申爲施肥於田苗之義。《禮記·月令》："（夏季之月）可以糞田疇。"《周禮·地官·草人》："凡糞種，騂剛用牛。"

叢、糞兩形可能皆從"共"得聲。"共"上古音爲東部群紐，糞爲耕部見紐，耕東旁轉，群見皆爲牙音。《左傳·隱公元年》："五月辛丑，大叔出奔共。"杜預注："共國，今汲郡共縣。"楊伯峻《春秋左傳注》："共即閔二年'益之以共、滕之民'之共，本爲國，后爲衛之別邑，即今河南省輝縣。"①《讀史方輿紀要·歷代州域形勢一》："共，今衛輝府輝縣，即古共國。"河南省輝縣今稱輝縣市，地處太行山山前地帶，殷代這裏植被當嘉好，是田獵的好去處，所以商王曾去糞地田獵，并擒得數以百計的兕。糞地雖然緊靠太行山山前，但其南就是地勢平坦的河內之地，是殷人的耕種區。爲了不讓出山南來的兕毀壞莊稼，②商王似乎還組織人員驅趕糞地的野生兕。《合集》30998"毆糞☒"之殘辭中很可能就有兕字。

《屯》2858 是卜旬卜辭，糞又與 共版，則二者有相近的可能。 地是種植黍、米之地。農業種植區一般和居住地相去不遠，表明 地是一個商人居地。

戊寅卜，賓貞：王往以衆。黍于 。　　　　　　　（《合集》10 賓三類）
庚寅貞：王米于囧以祖乙。　　　　　　　　　　　　　（《合集》936 賓晚兼類）
☒爭貞：乙亥登黍祖乙。　　　　　　　　　　　　　　（《合集》1599 賓三類）
庚辰卜，賓貞：惠王 南 黍。十月　　　（《合集》9547 賓三類）
貞：尋不因。辛囧。壬午王☒　　　　　　　　　　　　（《合集》21374 子組二類）
己巳貞：王其登南 米。惠乙亥。
己巳貞：王米囧其登于祖乙　　　　　　　　　　　　　（《合集》34165 歷二類）
戊子，王卜貞：囧往來無災。王憂　　　　　　　　　　（《東京》864 自賓間類）
乙未貞：王米惠父丁以于 　　　　　　　　　（《合集》32034 歷組兼類）
己卯貞：在 ， 來告 。王弜黍。

---

① 楊伯峻：《春秋左傳注》，北京：中華書局 1990 年版，頁 13—14。
② 由《論語·季氏》"虎兕出柙，龜玉毀櫝中，是誰之過與？"可知，兕是可以爲患的。

庚辰貞：在⟨圖⟩，⟨圖⟩來告⟨圖⟩。王弜黍。　　　　　　　　（《合集》33225歷二類）

⟨圖⟩一般釋爲囧、冏，即炯。《說文·火部》："炯，光也。从火冋聲。"炯可與脛、耿相假。南朝宋顔延年《始安郡還都與張湘州登巴陵城樓》"存没竟何人，炯介在明淑"，注："炯與耿同。"①《說文·耳部》："杜林說，耿，光也。"《廣雅·釋詁四》："耿，明也。"都與《說文》對炯字的解釋相近。且炯、耿上古音均爲耕韻見母，因此我們懷疑卜辭⟨圖⟩可能就是《尚書·咸有一德》"祖乙圮于耿"之耿，僞孔傳"河水所毁曰圮"。耿是中商時期祖乙營建的一個都城，但不久耿都受到水患的毁壞，被迫遷離。由《合集》936、1599、34165來看，商王在耿地種黍或舉行登米、黍的祭祀每每都與祖乙有關，也反映了祖乙與耿地的特殊關係。關於耿地的地理位置有不同的説法，我們暫采今河南温縣東説，因爲這裏地近黄河，出現水患地可能性較大。糞與囧也就是耿有聯繫，可能都在河之西北邊的今安陽殷墟與温縣之間。位於禹貢兗州西南部的花東子族要到糞地去，必先向西北方嚮渡河。

《花東》36之(6)"其涿河狩，至于糞"表明由柚地到糞也就是我們所説的共（今輝縣市）是需要"涿河"的。涿是涿的異體字，《廣雅》："涿，漬也。"《方言》："瀧涿謂之霑漬。"《玉篇·水部》："漬，浸也。"則"涿河"亦可理解爲涉河，可能是渡河的一種方式。由此，推測柚地在當時黄河河道的東南邊。《山海經·大荒南經》："有國曰顓頊，生伯服，食黍。有鼬姓之國。"鼬字郭璞注："音如橘柚之柚。"鼬姓之國是顓頊帝活動區域內的一個小國，它可能與甲骨文柚地有一定的聯繫。其地理位置可據顓頊帝活動地域試作推測。《竹書紀年》："帝顓頊高陽氏，元年帝即位居濮。"②濮即濮州，今河南濮陽。《史記·五帝本紀》："帝顓頊高陽者，黄帝之孫而昌意之子也。"③集解引皇甫謐云："都帝丘，今東郡濮陽是也。"索隱引張晏云："高陽者，所興地名也。"三國西晋時期東郡轄今河南濮陽、滑縣、長垣、延津及山東省的鄄城、鄆城一帶。這裏正好位於商代該地區黄河河道的東南方位，也是我們推斷甲骨文柚地可能的位置範圍（下圖）。

《史記》所記顓頊的年代相當於考古學上的龍山文化時期。許順湛先生曾指出顓頊、帝嚳、堯、舜等新石器時代文化的下限大體在公元前2100年，這時期有河南、山西、陝西等地的中原龍山文化中晚期、山東龍山文化、湖北屈家嶺文化、石家河文化及

---

① （清）朱駿聲：《説文通訓定聲》，北京：中華書局1984年版。
② （清）洪頤煊校：《竹書紀年》，平津館刊藏，清嘉慶十一年（1806），頁1。
③ （漢）司馬遷：《史記》，北京：中華書局1956年版，頁11—12。

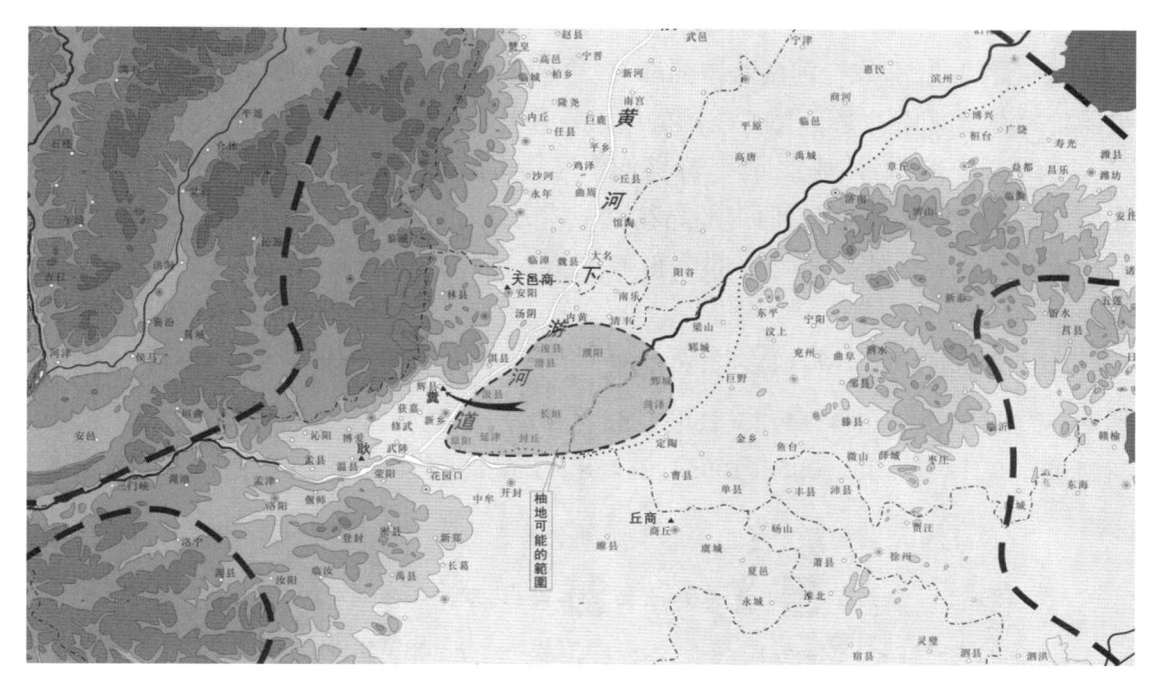

甲骨文柚地示意圖

長江下游的良渚中晚期文化等考古學文化。① 和前文我們推測顓頊帝活動區域相對應的是河南龍山文化中晚期及同時期分布於山東、安徽交界地帶的龍山文化。具體來說就是分布於今河南安陽、新鄉、濮陽及山東菏澤一帶的大寒南崗類型②龍山文化恰好與顓頊帝活動帝範圍相當。因此《大荒南經》所記顓頊活動範圍內的鼬姓小國，以及與它有關的甲骨文柚地應當在這個地域中尋找。我們推測當在商代黃河以東的今濮陽、浚縣、滑縣、延津、封丘、長垣、原陽及魯西一帶。從這個地區向東南可以入商，即丘商，向東北可涉河進入河內之地。

周客鼎銘文有"▨"字，③孫常敘釋爲鼬，亦作狖，讀爲鑄，④即"用鑄寶器"，似與國族名無涉。張亞初《商周金文姓氏通考》指出，金文鼶即鼬，鼬是傳説中的古國姓氏。金文鼬爲方國名，以國爲氏，始見於西周，似爲南淮夷中的一個國族名。⑤《左傳·定公四

---

① 許順湛：《三皇五帝解讀》，《重慶文理學院學報》（社會科學版）2011年第6期。
② 張國碩：《從河南龍山文化的幾個類型談夏文化的若干問題》，鄭傑祥主編：《夏文化論集》，北京：文物出版社2002年版，頁189—191。
③ （清）吳大澂輯：《恒軒所見所藏吉金録》，光緒十一年（1885）吳氏刻本，頁3。
④ 孫常敘：《周客鼎考釋》，《孫常敘古文字學論集》，長春：東北師範大學出版社1998年版。
⑤ 張亞初：《商周金文姓氏通考》，北京：中華書局2016年版，頁250—251。

年》:"(經)五月,公及諸侯盟于皋鼬。"杜注:"繁昌縣東南有城皋亭。"楊伯峻《春秋左傳注》:"鼬,音柚①。皋鼬今河南臨潁縣南。"②今河南臨潁縣距濮陽、原陽、菏澤一帶較遠,可能是經過夏商時代變遷,鼬姓之國的族人或有向西南方嚮遷徙的可能。

由《花東》36 看,柚地當近河,亦與商不遠。再據我們對花東卜辭占卜主體子活動範圍的推定,即《禹貢》兖州西南部爲花東子族大致的主體活動範圍來看,柚地當也在兖州或其附近,特別是其西南部魯豫皖交界一帶,亦在安陽殷墟與丘商之間的道路上。

此外,花東卜辭中還有 ▨ 形,可能是"▨京"的合文,即"柚京"。与地名"柚京"相關的卜辭還見於《花東》114、206、363、262、455 等,亦見於《合集》6477、7357 正、8042、8044 正、10912、10950、10953、10954、24458、9556、8054、14017 及《屯南》2305 等。

  (1) 己卯卜:在 ▨(▨京),子其入覓。若。   (《花東》114)

  (1) 丁丑卜:在 ▨(▨京),子其 ▨ 舞戉,若。不用。
  (2) 子弜(勿) ▨ 舞戉,于之若。用。多万有災,引 ▨(祁③?)。
                           (《花東》206)

  (1) 癸卜:丁步[今]戉。卯月,在 ▨。一
  (2) 母(毋)其步。一
  (3) 癸卜:子弜(勿)叔,燕受丁祼。一   (《花東》262)

  (1) □卜:在 ▨京,迄戣大獸□□。[用]。
  (2) □[迄]戣大獸□。
  (3) [辛][卜]:歲祖□牝,登自丁黍。在 ▨,祖甲延。一
  (4) 丁卯卜:自勞丁,禹鬯圭一,緄九。在 ▨,狩[自]▨。一
  (5) 丁卯卜:禹于丁,郝(厄)在庭迺禹,若。用。在 ▨。一一 (《花東》363)

  (1) 甲子卜:歲妣甲牝一,曹三小宰又鬯一。在 ▨(▨京)。一 (《花東》455)

魏慈德先生釋 ▨ 爲衆,④認爲柚京、爵和 ▨ 三地接近,且前兩地都有田獵地,柚京也与韋共版,柚京是商王、婦好、子經常往來之地。

---

① 柚可能是柚之誤。
② 楊伯峻:《春秋左傳注》,頁 1533。
③ 張亞初:《甲骨金文零釋》,《古文字研究》第六輯,北京:中華書局 1981 年版。
④ 魏慈德:《殷墟花園莊東地甲骨卜辭的地名及詞語研究》,《中國歷史文物》2005 年第 6 期。

京一般指人爲構建的高土堆,傳世文獻有"京觀",指的就是高土堆。《左傳》襄公二十三年:"齊侯遂伐晉,取朝歌爲二隊,入孟門,登太行,張武軍于熒庭,戍郫邵,封少水,以報平陰之役,乃還。"杜注:"封少水,封晉尸于少水以爲京觀。"即以土掩埋尸體達到了一個高臺。柚京表明柚地建有人工高臺之類的建築。甲骨文中還有"焱京"(《合集》8059)、"丮京"(《合集》5976)、"山京"(《合集》8057)、"大京"(《合集》28245)等合文形式等"某京",估計和柚京是同一類地名,它們共同的特徵就是都有高臺的建筑。

"德"字訓釋

——訓釋關鍵字義是詮解中國思想史的鑰匙(之一)

汪致正

(中國先秦史學會周公文化思想研究會)

在中國歷史上,"德"是極爲重要的關鍵字之一。可是,對"德"的字義如何解釋,却一直爭訟不斷。典型實例如老子講"報怨以德",[1]孔子由於對"德"有不同解釋,不同意老子的説法。《論語》有言,有人問孔子:"以德報怨,何如?"孔子回答:"何以報德? 以直報怨,以德報德。"[2]意思是:"那用什麽來回報恩德呢? 應該是用正直來回報怨恨,用恩德來回報恩德。"其實,此處老子的"德"的字義是指理性(哲學概念),而不是指恩德(社會學的倫理道德概念)。老子的"報怨以德"原意是"用理性回應非理性"。[3]

出現類似問題的重要原因之一是,商周時期的"德"字初義到了春秋戰國時期已有新的含義。不清楚關鍵字的初義時常會使得解讀先秦經典莫衷一是,漢代至清末的學者,尚未深入理解甲骨文字,金文文字也還沒有成熟的工具書,過於依賴《説文解字》系列的工具書或文本經典,難免會引起一系列誤釋。解讀先秦經典,不宜過多停留在漢之後的釋義,僅據此引經據典、以經解經。

有些學者認爲,從訓詁文字的根本做起,到詮釋經典這一過程過於艱難,但是作爲這一領域的學者,爲了探索和揭示文字和經典的真義,提出適用的訓釋方法和檢驗方法是不容推卸的責任。

---

[1] 《老子》第六十三章:"大小多少,報怨以德。"**怨**,非理性,不理智,無理。**德**,理性,理智。
[2] 孔子《論語·憲問》:"或曰:'以德報怨,何如?'子曰:'何以報德? 以直報怨,以德報德。'"
[3] **德**,**怨**。《賈誼新書·卷八·道術》:"施行得理,謂之德。反德爲怨。"

正確訓釋關鍵字的初義，可在運用主流訓詁方法的同時，結合"比較文字法"，先回到商周文字產生的時代語境，探究造字初衷，同時還要注意文字使用的層和域。

字義若不清，句義則不明，這是常理，也是常識。本文另辟蹊徑，經過系統、全面的考證和檢驗，訓釋的初步結論是：

商代甲骨文"德"的初義是"看清，看清方嚮；側重指認識，認識結果"。

周代金文"德"的字義既延續了商代的"認識，認識結果"，同時又增加了"德理性、德理性認識、德理性認識方法、德理性認識成果"的含義。①

春秋戰國時期"德"的字義更進一步增加了"德理性認識道、德理性認識並遵循道的成果（簡稱德循道成果）"的含義。此外，由於運用"理性認識"的方法指導各種認識和實踐，一般都會取得比較好的結果，由此便引申出了"德"的"合理的、好的、真的、善的、美的之類事物屬性"的字義，以及其他詞性的相應字義。這一時期，以儒家為主製定了一系列良好的認識規範和行為、品性規範，將其稱之為"德"。通用概念的"德理性認識並遵循道的成果"包含了儒家"德良好的認識和品行規範"的含義，後者的外延比前者的外延窄、內涵要豐富，影響要廣泛，漢代之後甚至淹沒了通用概念的"德理性認識並遵循道的成果"的含義。

訓釋"德"字的前提

本文側重運用"比較文字法"訓釋"德"的初義。訓釋前先要明確幾點：

首先，要明確作為使用頻率很高的關鍵字，商周時期的"德"應該是含義清晰的通用概念。因為如果當時的字義不清晰，那麼句義則不明，這樣便無法溝通，是很難傳遞和交流思想的，字義不清晰或產生歧義那是後來的事。有學者引經據典，證明"德"

---

① **德**理性有三種含義：1. 與"理智"相通，指辨別是非，並據以控制感情、行為的能力（運用德理性有利於避免非理性恣意妄為的破壞性）；2. 能夠識別、判斷、評估實際理由以及使其行為符合特定目的等方面的能力；3. 與"感性"相區別的認識方法的屬性詞。

德德性認識-理性認識是指內心思索活動。早期認識主要是信奉鬼神、感知現象，為了避免初級認識的局限性，世界多地幾乎在同一時期各自提出了高級認識方法。西方後期總結為概念、判斷、推理等高級認識活動；中國後期總結為定名、確認、對比、歸類、比附、類比推理、深入探究等高級認識活動，即高級內心活動，有時也包括"悟"這一類高級認識活動。《周易》提出"極深研幾，開物成務"，儒家提出"格物致知"等等，都是從不同側面對德理性認識方法的總結。根據語境，德德性認識相關的詞語有時可簡稱德認識。

字是"不能言説清楚"的。試想,周公那時會費心造出一個讓後人困惑的"德",讓他人不理解自己所要表達的意思嗎?

其次,經過多層面、多領域、多角度考證,"德"的初義應該是適用於整個基礎層面的通用概念,而不應該是僅僅局限於第二層面社會域的局部概念。

第四層								
第三層						**政治域**　**軍事域** 政治哲學　軍事哲學		
	生物		非生物	修身	齊家	治國	平天下	其他
第二層	**自然域** 自然哲學主要研究 自然界的本質與規律			**社會域** 社會哲學主要研究人類 社會(包含思維)的本質與規律				
基礎層	**萬事萬物域**　或　**宇宙域** 哲學是基礎學科,主要研究自然界和人類社會的本質與規律							

多數中國哲學研究者認爲,古漢語中不用"理性"這個概念,但詞義相當的詞是有的,他們認爲理性、感性是從外國引進的西方哲學概念,中國古代是另一套系統,比如心學、理學,這些才是中國古代哲學系統。事實上,心學、理學僅僅是社會學或社會哲學概念,並不是完整的哲學概念。就基礎層面的通用概念或含義而言,世界各地的概念都是大體相通的,並不存在系統差異,中西方早期都已有了與理性、理性認識類似的概念,德德性認識-理性認識的通用概念或含義在漢代之後被淹没而漏釋,這是一種遺憾(相關論述可見《訓釋關鍵字義是詮解中國思想史的鑰匙》)。筆者研究"德"字的結論證明,周公運用組織機構的力量,匯集多方的研究成果,第一次提出了哲學的認識方法,這比古希臘提出哲學的認識方法要早近五百年。

第三,要明確從周公至今,凡是具有實際治理或管理經驗者,正確評價社會活動的人和事時,應該是全面衡量當事人是否具有"較高的理性認識水平,較強的理性執行能力,良好的認識和品行規範",而不僅是過於注重是否具有"良好的認識和品行規範"。

第四,要認識從西周開始,"理性的認識和實踐"的含義已經通過"德行"一詞表達出來,並逐步指導社會生活的各個方面,近年一些論文從社會理性、歷史理性、政治理性、經濟理性、軍事理性、科技理性、文化理性、文學理性、藝術理性、宗教理性以及綜合論述認識等多領域正、反、合三方面論述了這一點。① 這些論文的論據說明，從西周開始，"理性的認識和實踐"逐步發展，當時應該已經造出了某一個適當的"字"，用來表述這一重要的事實。

第五，要認識到祇有通過理性認識而不僅僅停留在感性認識階段，運用德理性認識方法，才能真正認識並掌握老子提出的"道"和"自然而然、自然無爲"等一系

---

① 當今學界對於周朝許多領域的理性認識展開了論述，例如：

社會理性：宋鎮豪：《夏商社會生活史》，北京：中國社會科學出版社1994年版，頁1。（筆者，該書的緒論中指出了夏商時期已有理性實踐活動，但當時尚未明確提出理性認識概念。）

歷史理性：劉家和：《論歷史理性在古代中國的發生》，《史學理論研究》2003年第2期，頁18。

政治理性：張樹平：《理性政治知識與中國古代政治的現代化及其限度》，《人文雜誌》2007年第2期；王曉蒙：《試論中國古代官僚制度的理性》，吉林大學碩士論文，2011年10月，頁1—32；舒大清：《論中國古代政治童謠的發生機制及其理性精神》，《中國詩歌研究》2011年第8輯，111；張晉藩：《中國古代司法文化中的人文與理性》，《政法論壇》2013年第6期，頁3。

經濟理性：鍾祥財：《從收入分配看中國古代的經濟理性抑制》，《貴州財經大學學報》2003年第6期，頁85。

軍事理性：張文傑：《中國古代兵學的實用理性探析》，《孫子研究》2017年第3期，頁107。

科技理性：胡文：《開創與抑制——論中國古代科技發展中的實用理性》，《文化研究》2011年第3期，頁165。

藝術理性：高楠：《"天人合一"與中國古代藝術理性》，《社會科學輯刊》1997年第2期，頁122；高楠：《倫理的藝術與藝術的倫理——中國古代藝術理性的價值取向》，《社會科學輯刊》1995年第5期，頁141；黃莎：《老子美學思想："道"本體對古代社會倫理實用理性的超越》，《山東社會科學》2017年第2期，頁186。

宗教理性：吳保傳：《"信仰理性化"：中國古代宗教詮釋的新進路》，《西北大學學報》（哲學社會科學版）2010年第3期，頁173；遊斌：《中國古代宗教在儒家中的理性化及其限制》，《湖南社會科學》2002年第2期，頁18；吾淳：《軸心期哲人面對神的理性思考及其不同歸宿》，《南通大學學報》（社會科學版）2017年第1期，頁1。

文化、文學理性：楊國良：《失落的感性與理性：中國古代文學的文化批判》，《文學評論》1988年第4期，頁127；趙棟棟：《由交往理性看中國古代文論》，《太原師範學院學報》（社會科學版）2008年第3期，頁84；叶芳奇：《中國古代民俗風水文化理性元素探微》，《建築與文化》2017年第4期，頁57。

專論認識：金春峰：《先秦思想史論》，北京：東方出版社2015年，頁4、11、16、25；趙錫元、楊建華：《中國古代哲人認識世界的主要方式》，《吉林大學社會科學學報》1992年第1期，頁8；白奚：《先秦哲學沈思錄》，北京：中國社會科學出版社2007年版，頁15。闡述了"理性認識、理性思維"。鄭開：《德禮之間》，北京：三聯書店2009年版，頁14、18、22、23、32—36等。多處闡述了"理性認識、理性思維"。晁福林：《先秦時期"德"觀念的起源及其發展》，《中國社會科學》2005年第4期，頁198、頁204；李維香：《認識檢驗之旅——中國古代認識真理性檢驗標準思想探析》，《管子學刊》2006年第4期，頁79；王振紅：《中國軸心突破的發生脉絡與獨特創造——余英時中國軸心突破思想辨析》，《前沿》2017年第6期，頁103。

列道家思想精髓；①也衹有運用德理性認識方法，才能真正認識並掌握孔子提出的，經後人發展完善的五倫、五常、四維、八德等一系列儒家思想成果。

第六，要刨根問底、追根溯源。對"德"字構件的釋義要符合造字時代特徵，這是常理，也是常識。考釋"德"字，必須先考釋甲骨文"德"的部件。

如不綜合時代語境和甲骨文、金文時期的造字初衷，進行系統考證，常見的訓詁論述往往不知某些字的初義爲何。例如，甲骨文的 ㄓ 是構成德 㣙 字的重要部件。《甲骨文字典》："羅振玉曰：'ㄓ 象四達之衢，人所行也，石鼓文或增人作 ㄔ，其義甚明。許書作 ㄔ，形義全不可見。古從行之字，或省其右或左，作 ㄔ 及 ㄔ，許君釋行爲人之步趨，謂其字從彳從亍，蓋由字形傳寫失其初狀使然。'增訂殷虛書契考釋中 金文作 ㄓ 行父辛斝，與甲骨文同。"②需要指出的是，羅振玉雖然指出了許慎篆書使得形義全不可見，但考證可知，象"四達之衢"的 ㄓ，在商代也是没有時代語境事實證據的。

ㄓ 的省簡 ㄔ 作爲偏旁部首，到了東漢許慎的《説文解字》，變形爲 ㄔ。

清代段玉裁《説文解字注》：ㄔ，人之步趨也。步、行也。趨、走也。二者一徐一疾，皆謂之行，統言之也。爾雅：室中謂之時，堂上謂之行，堂下謂之步，門外謂之趨，中庭謂之走，大路謂之奔，析言之也。引申爲巡行、行列、行事、德行。从彳亍。彳、小步也。亍、步止也。……凡行之屬皆從行。③

段玉裁《説文解字注》：ㄔ，小步也，象人脛三屬相連也。三屬者：上爲股、中爲脛、下爲足也。單舉脛者，舉中以該上下也。脛動而股與足隨之。丑亦切。李斯作 ㄔ，筆迹小變也。凡彳之屬皆

---

① 中國哲學界多數認爲：老子本人是通過理性思維才超越時空發現他的大道的。可是他並不提倡人們進行理性思維。因爲大道的本性是自然無爲，天地萬物都須遵循大道的本性，自然無爲，不可以一己之臆想去猜度世界。所以，他主張"處無爲之事，行不言之教"，"虛其心，實其腹"，"弱其志，强其骨"，"常使民無知無欲，使夫智者不敢爲也"。也就是説，大家都不要瞎費心思，順自然而行就可以了。即使那些自以爲聰明的人，也不要按着一己之見去作爲。"自見者不明，自是者不彰"，"愛民治國，能無知乎"，"絶聖棄智，民利百倍"，雖然各種版本文字不一，但大旨不背。要説老子主張通過理性思維去認識大道，恐怕難以服人。
筆者：如何做到"自然無爲"，即"自然而然、不違背道而妄爲"？事實上，僅憑觀察現象的"感覺"或"感性認識"，僅能認識一些孤立、淺表的"自然而然"，而不能全面、深刻認識並遵循客觀存在的"自然而然"。通覽《老子》全書，老子正是在反復强調，衹有通過德理性認識或運用德理性認識的方法（定名、確認、對比、歸類、比附、類推、深究等），通過現象看本質、找規律，才能尋找到"自然而然"，掌握好"自然而然"，遵循好"自然而然"，才能避免以一己之臆想去猜度世界而違背"自然而然"，避免違背"道"而恣意妄爲。
② 徐中舒：《甲骨文字典》，成都：四川辭書出版社 1989 年版，頁 182。
③ （清）段玉裁：《説文解字注》，上海：上海古籍出版社 1981 年版，頁 78。

從彳。①

其餘文字工具書也可看出類似變形的注釋，如：《唐韻》、《集韻》"丑亦切,音敕"；《集韻》"彳亍,足之步也"；《元包經》"爪其血,趾彳亍"；《潘岳·射雉賦》"彳亍中輟"，《注》"徐爰曰：彳亍,止貌。張銑曰：行貌,中少留也"；又《集韻》"甫玉切,峰入聲。足下齊也"。

綜上所述，筆者的結論是：最初，甲古文 䒑 的初義爲"四方或四面八方"，其省簡爲 彳；其後，由"方嚮"引申出"行走"之義（演變爲篆字之 彳 後，"方嚮"的形義全無，變成了由"脛骨"引申出"行走"）；最後，才由"行走＋當時常見地貌"，引申出"道路"。甲骨文"德"的部件 䒑 含義清晰，是進一步訓釋甲骨文、金文"德"字的基礎。

訓釋"德"字的初義

秦漢之後，許多學者在注、疏中各抒己見，不同版本的先秦經文、工具書文字和經典内容不斷發散，再加上一些後人僞托先秦版本或想當然的版本，使得漢代之後，不少廣爲流傳的文本或碑刻經文本身就存在争訟不斷的情形，故這一部分，筆者采用多學科研究的"縱横比較法"，重點探究"德"字産生於商周的時代語境、造字初衷，以及出土的甲骨文、金文、簡文和帛書中已較確鑿的釋義。在明確"德"字在西周時應該具有基礎意義的通用概念或含義之後，儘量運用今人比較容易理解的當代語言，來定義或解釋原本明確的"德"字初義，嘗試避免過度使用目前訓詁時"引經據典"、"以經解經"、"堆砌章句"的做法，以免已經被搞複雜的問題進一步複雜化、瑣碎化、碎片化。

一、夏商時期

• 時代語境：

夏代已出現了簡單"理性實踐"的"禮、樂"。商代進一步沿用夏的"禮、樂"，仍處於初級"理性實踐"階段。這樣説，是因爲直至"西周初期的禮樂文化仍處在不確定的狀態下，主要表現爲雜用各種禮儀"。② 而商代"巫樂"是用於與上天、神靈溝通的宗教活動，"淫樂"則是用於統治者恣意享樂的活動。

在思想認識方面，夏商還只停留在以觀察事物現象爲主的感性認識的水平上，未

---

① （清）段玉裁：《説文解字注》，上海：上海古籍出版社1981年版，頁76。
② 過常寳：《制禮作樂與西周文獻的生成》，北京：中國社會科學出版社2015年版，頁41。

能擺脱表面的、籠統的、模糊的思維方式，對於自然界和人類社會的現象，主要認爲是上天或神靈意志的體現。

在統治實踐方面，殷商仍是政教合一的國家。即使到了末期，仍是施行巫政，遇到重大問題或疑難問題，往往由商王爲代表的巫覡與神靈溝通或占卜來决定。"商王即爲大巫，各級執事當然也以巫祭人員爲主"。①

在語言文字方面，商代甲古文已經有了表示具體方嚮的東◆、南◆、西◆、北◆，也造出了表示抽象方嚮、方位的四方◆，②省簡爲◆、◆。另外，由於夏商時期，人們是依照某個方嚮行走的，因此也使用◆來表示"行走"之義。同時商代甲古文已經有◆、◆，名詞字義是目、眼睛，動詞字義是看、觀察。

• 造字初衷：

社會的活動和治理都需要"觀察"和"認識"，起初是用眼睛觀察四面八方的現象來認識事物。因此造出顯示"觀察"和"認識"字義的字形如下：

◆ = ◆（四方）+ ◆（直接觀察），◆省簡爲◆、◆。

◆的初義大致有兩種：一是指看清，看清方嚮；二是指認識，認識結果。

二、西周時期

• 時代語境：

思想認識方面，周公總結歸納了夏商時期有意識無意識"理性實踐"的"禮、樂"，提出了"德性認識-理性認識"這一基本認識方法。③ 西周時期的"德行"之義即"理性認識與實踐"的結合。周公總結了夏商王朝"禮、樂"的作用，選官、做事任用親、貴的經驗教訓，以及商紂王雖然一邊改革，却一邊恣意妄爲、酗酒作樂、不顧民怨和不敬天命的教訓。周公提出了既要敬天命、信鬼神，也要發揮人的主觀作爲，④理性設定制度，依規處理事務。周公意識到，在觀察四方各種事物的表面現象之後，必須用"心"

---

① 過常寶：《制禮作樂與西周文獻的生成》，頁58。
② 在社會狀態方面，由於夏商時期控制和管理地域的不確定性，沿成形的"道路"行走，並不是夏商常見的時代特點，目前，除了由大型建築物開始向四方延伸的單條道路，似乎尚未發現夏商已有可以直觀顯示十字交叉的"道路"路口的證據，而且即使有，也並不會是常見的地貌。這一時期的"道路"再長，也只不過是人馬常年踩踏、牛車常年碾壓才形成的地貌，所以，用◆表示道路應是周代以後才常見的社會狀態。
③ 類似説法見，過常寶：《制禮作樂與西周文獻的生成》，頁55、57。
④ 過常寶：《制禮作樂與西周文獻的生成》，頁55。

思索、思考①事物現象背後起支配作用的東西。此處"德性認識-理性認識",是指觀察現象之後,用心思考的統稱,包括定名、確認、對比、歸類、比附、類推、深究等內心活動,是高級認識活動,其後再將合理的認識結果規範化、制度化,進行教化和約束。

　　需要說明的是,《周易》提出"極深研幾,開物成務",儒家經常論述"格物致知",都是中國古代思想家從不同側面提出的認知方法,而"格物致知"的真正意涵,爭論了一千多年仍無定論。明末劉宗周說:"格物之說,古今聚訟有七十二家!"至今更增加了許多不同見解,例如今人趙錫元、楊建華提出,中國古代哲人認識世界的主要方法是"格物致知"法,可以概括爲觀物取象、萬物交感、類比推理和靜觀玄覽四種形式。姑且不論這些見解提出的方法具體如何,其實說到底,都是"德性認識-理性認識"的方法。

　　政治實踐方面,周公用"德理性認識的方法、德理性認識的成果"指導實踐,既沿用夏商天命、宗教活動,完善"神道設交",同時又將"禮、樂"規範化、制度化。西周王朝在實現統治過程中所形成的種種原則或制度,例如分封制度、宗法制度和禮樂文明等都堪稱西周時期遺留給後世的政治遺產。② 周公所製定的"禮",從廣義上說,是一系列維護等級的政治準則、官制構架、各項典章的制度總稱和行爲規範,後來發展爲區分貴賤尊卑的規矩、等級等的教條;從狹義上說,主要指禮儀、禮節、禮俗之類。③ "樂"則是配合各貴族進行禮儀活動而製作的舞樂。舞樂的規模,必須同享受的級別保持一致。

　　政治理論方面,周公提出了"明德慎罰"等一系列"德治"的理念,以"德"作爲指導認識與實踐,以及任用及評價官僚的標準。這裏德理性認識並遵循道的成果的含義既包括了"符合當時標準的良好認識和行爲、品性規範",但又不局限於認識和行爲、品性規範。"明德"是指"明晰的理性認識[水平](包括理性認識符合當時標準的良好認識和行爲、品性規範,這些規範是根據合理的、明確的認識成果製定的)";"慎罰"是指"審慎的理性處分[能力]"。商代設官分職、評價官僚時,由於官僚體制尚不成熟,因而任用、評價標準不清晰、不明確,即便有時偶用名臣,但仍主要以親爲貴。周代根據"明德慎罰"的政治理念,理性製定標準,逐步改變了弊端。

　　社會狀態方面,西周前期單獨、完整、連成一片的王畿之地並不存在。周王所直

---

① 用心表示思考、思索是中國古代的重要認識成果。之所以選用"心"是因爲人們探求產生思索功能的内在器官時,發現所有臟器中,祇有心臟的形狀最適宜說通"入"和"出"的含義。在當時的時代語境下,造出 ♡、❤ 字。

② 黄愛梅:《西周史》,上海:上海人民出版社 2015 年版,導語,頁 2。

③ 黄愛梅:《西周史》,頁 108。

接占據和控制的僅是都城。都城内直觀的十字交叉的路口還未能够形成常見地貌。同時在宗周和成周之間，周王直接控制和管理的土地與諸侯封國本就已經毗連，甚至交錯分布，因而周王對卿大夫的田裏之賞，更加劇了這種相互分割的態勢。從金文看，周王賞賜的田裏，常是分散的，並不集中於一地。① 都市之間諸侯國和貴族的采田都很分散，尚無直接證據顯示後來孟子所説的井田。② 直至後來十字交叉的路口地貌不斷增多，已成爲社會生活中常見的狀態，才由 ✦ 的動詞"行走"字義，進一步引申出名詞"道路"的字義。同時還出現了顯示"人在四通八達的道路上"字義的 ✦、衍。

在語言文字方面，甲骨文已有 ♡，金文 ♡：心① 泵血器官；② 思維器官；③ 思索、思考。

• 造字初衷：

一方面，沿用商代甲骨文的字形 ✦，即"用眼睛觀察四方事物的現象，來認識事物"，金文字形如 ✦、✦、✦、✦ 等，表示"認識(感性認識)，認識成果"。

另一方面，在表示"感性認識"字義的 ✦ 基礎上，加上"心"，造出表示"觀察現象之後，用'心'加工、思索、思考的高級認識"的 ✦、✦、✦、✦、✦、✦、✦、✦、✦、✦、✦、✦，表示"理性認識、理性認識方法、理性認識成果，也表示理性"。

此外，由於運用"理性認識"的方法指導各類實踐，一般都會取得好的結果，由此引申出合理的、好的、真的、善的、美的之類事物屬性的字義，以及其他詞性的相應字義。

三、春秋戰國

• 時代語境：

道家的"德"，側重指"理性、理性認識、理性認識方法、理性認識成果，理性認識道，理性認識並遵循道的成果"。老子在周公提出的德德性認識-理性認識的基礎上，提出並命名了自然界和人類社會各類事物的現象背後，最初的本原和起支配作用的東西爲"道"。老子在運用德理性認識方法 認識道規律和本原的經典《老子》(《道德經》)中，系統地論述了"德"和"道"。③

---

① 黄愛梅：《西周史》，頁 93。
② 黄愛梅：《西周史》，頁 147。
③ 汪致正：《汪注老子》，北京：人民出版社 2016 年版，頁 1—48。

儒家的"德",主要是指好的、真的、善的、美的認識、行爲、品行規範或事物屬性等。孔子及弟子也是運用了周公的德德性認識-理性認識的方法,總結並提出了在社會的各領域中,都要明確認識和實踐的真假、善惡、優劣標準,以此規範個人、家庭、國家、天下等各類事物。

除此之外,春秋戰國時期的管仲、晏嬰、孫武、墨翟、孫臏、孟軻、莊周、荀況、韓非等都提出了各自的學說,這些學說無一不是在周公的德德性認識-理性認識的方法指導下完成的。

- 造字初衷：

自造字以來,爲便於書寫,一直存在省簡趨勢。周代逐步出現了部分省略了 [字形], 而祇有 [字形] ＋ [字形] 的"德"字,例如,金文中的 [字形],戰國清華簡中的 [字形],郭店楚簡中的 [字形]。這些字雖然省略了原字的某一部分,但仍明確地表示出"觀察現象＋用心思考",顯示出"理性認識"含義的最基本造字特點。

四、秦漢時期

- 時代語境：

先秦時期,哲學思想日趨成熟,商周所造文字有時不能滿足表達哲學思想的需求,於是造出了一些與甲骨文、金文既有關聯又能表達思想認識哲理或其他意思的創新文字。比較典型的文字演變過程可參見"无"字的演變：[1]

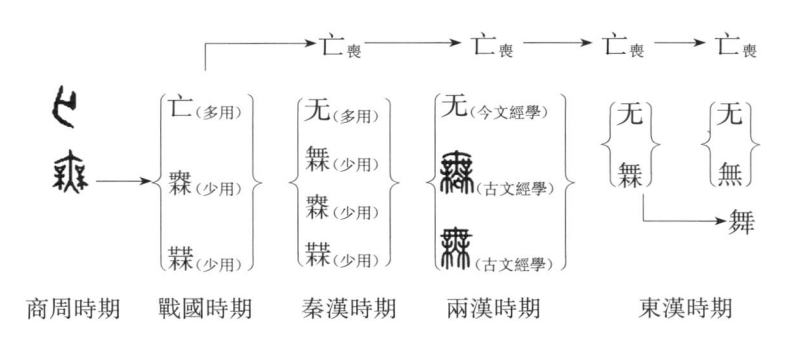

類似表達思想認識或其他想法的需求,引起了當時的文字演變,各種因素紛繁登場,五花八門,使文字變形時與原有字形出現偏差,發生畸變十分常見,字義也比較隨意。

- 文字演變：

秦漢時期,先是李斯領導修改文字統一爲篆字,後來爲便於書寫修改爲隸書,文

---

[1] 汪致正：《汪注老子》,頁 29—31。

字的修改使得不少在甲骨文、金文中通過字形構造可大致看出字義的文字發生了畸變。秦漢時期，文字的字形演變較爲頻繁。

綜上所述，"德"字初義的字形演變全過程大致如下：

造　字　初　衷	相　應　字　形
造字顯示"認識—感性認識"。使得該字可顯示用眼睛觀察四方的現象來初步認識事物。	早期甲骨文 ✦ ＝ ✦（四方）＋ ✦（直接觀察） 商代甲骨文 ✦，省簡：✦、✦ 周代金文 ✦、✦、✦、✦
造字顯示"德性認識—理性認識"。使得該字可顯示觀察現象後用"心"加工的高級内心活動。	周代金文：✦、✦、✦、✦、✦、✦、✦、✦、✦、✦ 戰國清華簡文 ✦，郭店簡文 ✦，漢初帛書周易 ✦，帛書老子甲 ✦，帛書老子乙 ✦，篆字 ✦、✦。
	商代甲骨文 ✦，省簡：✦、✦，後人有釋 ✦ 爲値。値，古通陟，登、升。
理性認識-德性認識是指觀察現象之後，用心思考的統稱，包括定名、確認、對比、歸類、比附、類推、深究等高級認識過程。高級内心活動後，將理性認識的結果標準化、規範化。	

要而述之，訓釋"德"字這一古典關鍵字的字義，是詮解中國思想史的一把鑰匙，[①] 大致涉及三個方面：1. 訓釋"德"字的初義，以甲骨文、金文作爲出發點，側重訓釋中國哲學史上，提出哲學含義的德理性認識的方法，指出了"德"的通用概念；2. 比對"德"字的故訓，在訓詁典籍對"德"字的注疏中進行比對；3. 檢驗"德"字的初義，用訓釋的"德"的初義，可對青銅器銘文、竹簡、帛書以及先秦有關文獻作出新的注釋或檢驗。總之，深究"德"字的初義，有助於將學術研究與實證檢驗兩方面相結合，展開進一步的探索。

[①] 初步檢驗：汪致正：《汪注老子》，頁 19—28。

安陽大司空村新出牛骨刻辭考釋與性質試探

張惟捷

(廈門大學人文學院)

壹、前　言

最近,何毓靈所著《河南安陽市殷墟大司空村出土刻辭牛骨》一文(以下簡稱《刻辭牛骨》),刊載了一版安陽新出土的牛胛骨殘片拓本與彩色照片(見圖一、二)並做了相關的研究。① 這版殘片寫滿文字,具有相當豐富的研究價值。《刻辭牛骨》的研究較爲細緻,已經取得一定的成果,例如在胛骨型態方面,《刻辭牛骨》針對實物做了觀察,指出:

> 本版刻辭是在廢棄的卜骨上刻寫而成。……從復原狀況看,本版爲右肩胛骨的一部分。與絕大多數卜骨刻辭不同的是,本版刻辭爲倒書,即從骨扇往骨臼方嚮書寫。如果刻辭之前牛肩胛骨完整,正面界格爲從骨扇到骨臼垂直延伸最合理。但此界格爲斜向。結合"倒書",説明這塊肩胛骨在刻辭之前已殘。②

何先生認爲此骨是重新取用的廢棄卜骨,這是非常可信的,這從反面"觸"字避開鑽鑿即可看出;不過推測這塊肩胛骨在刻辭之前已殘,至少由文辭殘斷位置所暗示的書寫

---

① 何毓靈:《河南安陽市殷墟大司空村出土刻辭牛骨》,《考古》2018 年第 3 期。
② 關於胛骨的左右判定,可以參考以下二著作。黃天樹:《關於卜骨的左右問題》,《紀念王懿榮發現甲骨文 110 周年國際學術研討會論文集》,北京:社會科學文獻出版社 2009 年版;劉影:《殷墟胛骨文例》,北京:首都師範大學出版社 2016 年版。此版胛骨乃倒反書寫,故鑽鑿應據照片倒反向右來判定。

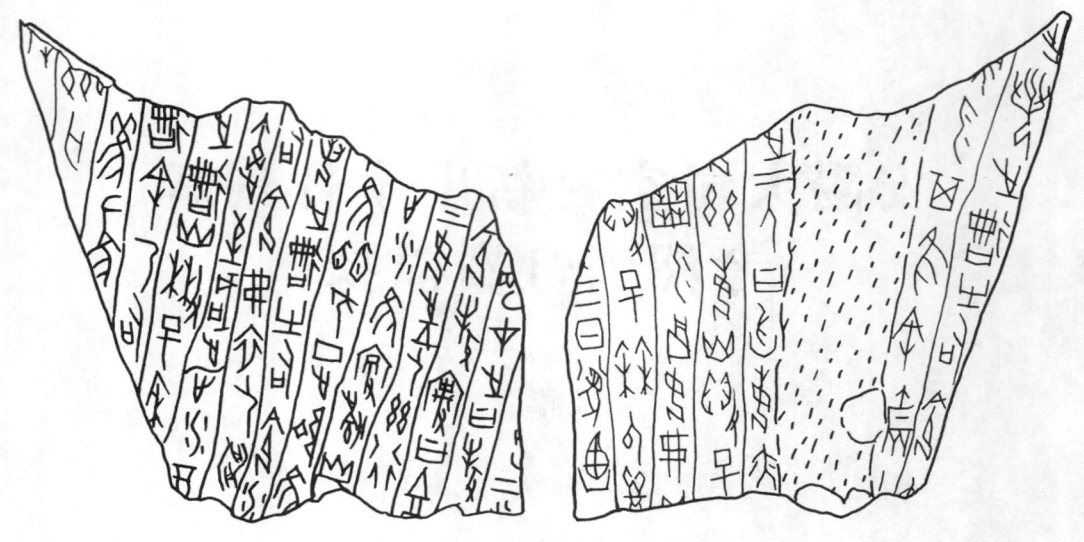

圖一　大司空村新出刻辭胛骨筆者摹本

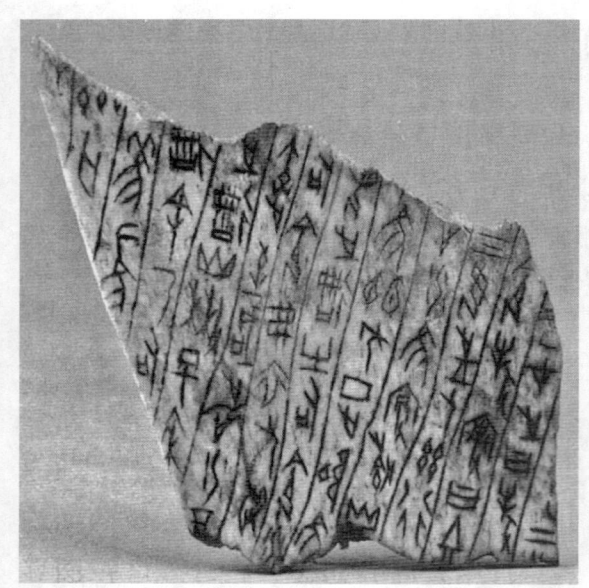

圖二　大司空村新出刻辭胛骨彩圖(引自《刻辭牛骨》)

連貫性上看不出這一點，正面界格也"不一定"從骨扇到骨臼垂直延伸最合理。①

---

① 此外我們注意到這版殘骨原邊在正面左側，此點亦經《刻辭牛骨》指出，正面的契刻字排角度自然而下，最左末五行看似截斷，其實各行末字均刻意配合原邊書寫；反面契刻亦基本沿着殘骨原邊而下，右側第一行明顯順着原邊書寫下來，顯然是遷就了角度，這顯示出原邊作爲正反左右的書寫底綫，是被刻手充分認識到的，刻手完全可以在完整胛骨上照此版的角度契刻文字，尤其是考量到契刻時稍微橫置胛骨較爲便利書寫的實際情況。

關於所謂"界格",這種在界劃內單行刻寫的例子較爲罕見,與家譜刻辭有關的《合》14925,以及自小字的《合》20338+21844,可以作爲類似型態的參照。[①] 前者不是卜辭,後者辭例非常特別,是否這種異於一般卜辭內容的刻辭才會如此書寫,抑或與竹簡文本有關,值得進一步研究。

此外,《刻辭牛骨》提出此版內容爲習刻的觀點,這應該也是沒問題的,詳見後述。總之,何先生已經有了較爲全面的分析,我們則試圖在其基礎上,考量語序結構,嘗試針對這些刻辭另外進行文字考釋以及斷句,並在第叁章對其使用性質做進一步的分析。以下,從自右而左的順序,以(一)(二)……作爲豎行標記,對骨版正反面刻辭進行釋文與考釋。

貳、正　　文

一、正面刻辭

(一) ☒二☒

辭殘。

(二) ☒罗(旬)在之。曰:牧☒

首字爲"罗",細辨彩照即可知,此字即習見的"旬"。陳夢家已指出"彡"即《説文》之"蟫",今之蚯蚓,彡象其形。其云:

(罗)此字孫詒讓以爲是蜀字而省虫(《舉例》下9)。我們以爲此字從目,從彡,彡即旬字。金文筍伯盨和博筍父鼎(盨、甗)的筍字從竹,從目,從彡,其音符即卜辭的罗字。卜辭先公高祖中的夠,或從彡(拾2.9,庫1644,摭續2),或從罗(下36.3),可證彡、罗是一。《説文》"旬,目摇也",義與瞚同;《説文》"蟫,側行蟲也",今之蚯蚓,彡象其形,加目爲罗。卜辭之罗是後世的筍國,史籍作荀。[②]

陳氏所引"夠"字之説解,出於于省吾的《殷契駢枝三編》,今已收入《甲骨文字釋林》"釋夠",其云:"甲骨文夠字作綠、夠、夠等形,舊不識。……夠字右從勹作彡,

---

① 《合》20338+21844漫漶不清,可參筆者目驗摹本:《史語所藏殷墟甲骨目驗校訂九則》,《甲骨文與殷商史》新七輯,上海:上海古籍出版社2017年版。
② 陳夢家:《殷虛卜辭綜述》,北京:中華書局2004年版,頁295。

即旬字,其作☐者變體也。"①裘錫圭也和于氏一樣提出相同的意見,補充陳説,其云:

> 旬寫作☐;但是第一期的一種比較特殊的卜辭——子組卜辭,却不卜"勹亡囚",而時常在癸日卜"至罒亡囚",……其意義當與卜"勹亡囚"相同,"罒"跟"勹"一樣也應讀爲"旬"。這可以作爲陳説的一個佐證。陳氏既説"勹、罒是一",又説"罒"是从"目"从"勹"的"旬"字,意見有些游移不定。我們認爲似乎還是把"罒"和"勹"看作一字的繁簡兩體爲妥。②

其説可信。值得注意的是,出土材料中確認的蜀字从☐从☐,結構上爲合體字,末筆没有内旋的例子,而卜辭☐皆爲獨體象形,末筆内旋,可知旬與蜀的差距還是比較明顯的。③ 總結上述觀點,我們可以嚴格隸定此字爲"罒",整行可讀爲"☐罒(旬)在之。曰:牧☐",這裏的旬存在氏族/地名、十日等兩種可能,考量"在之"一詞的處所屬性(見《合》7361、39502)與"牧"的地域性質,我們傾向氏族/地名的可能性大些。"牧"後殘字似即下行之"☐"。

(三)☐令牧☐。曰:[郭?]☐

從第七、八行來看,"令"前殘去的可能是有司二字。"牧"可以呼令,見《合》148"呼牧于朕芻"。"☐"字未見於《甲骨文字編》、《新甲骨文編》等工具書,屬新見字,鑒於卜辭"牧"連結處所名詞必加介詞之性質,☐在此當用爲受命之牧官私名。

末字殘斷,仍可看出主要結構,拓本未將"人"下橫畫拓出,辨認上亦忽略了下部方框左右兩豎未出頭,並非"口",以致誤釋爲"吉"。從結構看,此字有"☐郭"、"☐ 啚"、"☐ 敦"、"☐ 京"等多種可能性。全辭表達呼令牧☐去從事某事,並進一步補充叙述之意。

(四)☐乞(迄?)女(毋?)往勹(伏)。兹行☐

乞字在卜辭中一般有兩種主要用法,一是表收、受義的實詞用法,要看語境變化

---

① 于省吾:《甲骨文字釋林》,北京:中華書局1979年版,頁42—43。
② 裘錫圭:《殷墟甲骨文字考釋(七篇)"釋勹"》,《裘錫圭學術文集》(甲骨文卷),上海:復旦大學出版社2013年版,頁354—355。
③ 具體可參蔡哲茂:《甲骨文考釋兩則・説蟓、説云》,《第三届中國文字學國際學術研討會論文集》,臺北:輔仁大學出版社1992年版。

來作詞義判斷；一是表最終、竟止的虛詞用法，古書中往往用在否定句中，分化爲"迄"、"訖"，在卜辭中則肯定、否定兩見。① 下接"女"字，同樣也有兩種主要用法，作爲女子的實指以及否定副詞"毋"的兩類，這種否定詞同時具有主語能控制與否的主客觀情態。② "勹（伏）"字原形作"𠂆"字，《刻辭牛骨》的釋文是正確的，字象人伸手伏抱之形，其構字角度在古文字中變化稍多，可參于省吾、吳振武、李家浩、王子楊的相關研究。③ 此字重見於第八行。考量第八行"卒"前綴否定副詞"弗"，這種片語一般後加狩、歸、入等動詞，"勹（伏）"也有可能是某種與在外行動相關的活動，如此讀來也與本條末句"茲行"有較好的聯繫，付強已經點出可能與戰爭有關，似可信。④ 此條刻辭疑表達"……最終不要前去從事'伏'的軍事活動，此路途……"這樣的概念。

不過，如果跳出"卜辭"的語境去思考，將這些刻辭作爲一般文書來理解，或許有另一種可能性。王寧認爲：

> "气"通"汔"，幾也，"將"字之意。"女"同"汝"。"勹"即"伏"初文，此疑讀爲"服"，二字古通用，服行意，猶今言從事或執行。"汔汝服茲行"即"汝汔服茲行"，意思是你將要執行這趟出行的任務。此句當是王或有司冊告牧宰的話。⑤

筆者不認同"你將要執行這趟出行的任務"的說法，因爲商代文字材料中從未見"汔"的"將要"副詞用法，但王寧所根據的裴學海《古書虛字集釋》指出之"幾也，將字之意"值得重視，先秦文獻中"將"置於人名、人稱前，多有祈求、要求義，《詩》"將仲子"是個素爲人知的例子，此處不贅。從這一點來看，本辭或亦可理解爲"气（要求）女（汝）往（某處）伏"這樣的一種概念。

---

① 沈培：《說殷墟甲骨文"气"字的虛詞用法》，引自何景成編：《甲骨文字詁林補編》下冊，北京：中華書局2017年版，頁859。

② 張玉金：《甲骨文虛詞辭典》，北京：中華書局1994年版，頁213—217。

③ 于省吾：《釋勹、𪕾、匍》，《甲骨文字釋林》，北京：中華書局1979年版；吳振武：《説"苞""鬱"》，《中原文物》1990年第3期，頁32—36；李家浩：《甲骨文北方神名"勹"與戰國从"勹"之字——談古文字"勹"有讀如"宛"的音》，《文史》2012年第3輯，頁29—69。王子楊：《甲骨文"苞"的一種用法——論及殷代的伏擊戰》，《"出土文獻與學術新知"學術研討會暨出土文獻青年學者論壇論文集》，長春：吉林大學，2015年，頁19—29；王子楊：《甲骨文"芀（鬱）"的用法》，《文史》2016年第3輯，頁43—56。

④ 付強：《安陽殷墟大司空村出土牛骨刻辭再釋》，先秦史研究室網站，http://www.xianqin.org/blog/archives/10426.html，2018年5月2日。

⑤ 王寧：《大司空村出土牛骨刻辭釋文訂補及討論》，先秦史研究室網站，http://www.xianqin.org/blog/archives/10513.html，2018年5月5日。

（五）☐［涉？］水。隹（惟）▨ ▨（逾？）▨（山）☐

首字雖殘斷，然斷邊有殘筆，全字似爲"涉"，《刻辭牛骨》逕釋"止"不確。辭例"涉水"與第九行亦密合，只是第九行"涉"之水旁爲右上斜至左下，與本行首字相反，不過這並不影響對"涉"的釋讀，本版同一字契刻的朝嚮並不固定，例如正面的"隹"、"若"等字朝右，於反面則朝左。

"▨"字又見《合》8287，該版作▨，所持長條物兩旁有點畫，可惜殘斷過甚，文例已失，在此似作人/氏族名。"▨"字从俞从止，查目前各資料均未見，《刻辭牛骨》認爲即"逾"字，筆者贊同此説，"止"朝上出，似與▨（出）、▨（逸）、▨（往）構字同意，有脱出、超越之移動意涵。從文獻習見的用法來看，《説文》："逾，迖進也。从辵俞聲。《周書》曰：'無敢昏逾。'"段玉裁曰："迖進，有所超越而進也。""迖"今作"越"。其下"▨"即"山"，①"逾山"兩字應連讀，或指師旅越山移動的一種情形。《戰國策·魏策》"夫越山逾河，絕韓上黨而攻强趙"，《後漢書·儒林列傳》"踰越山河，沈淪荆楚"，是山河可"逾（踰）"的例證。

值得注意的是，"逾"（或渝、踰）亦存在一種較少見的古漢語用法，即表"順流而下"義，在清華簡《繫年》、上博簡《上博六·莊王既成》、《鄂君啓節》中都有這類用例。清華簡《越公其事》載："若明日，將舟戰于江。及昏，乃命左軍銜枚穌（泝）江五里以須。亦命右軍銜枚渝江五里以須。夜中乃命左軍、右軍涉江，鳴鼓中水以須。"此段記事亦見於《國語·吳語》："於是吳王起師，軍於江北，越王軍於江南。越王乃中分其師，以爲左右軍。以其私卒君子六千人爲中軍。明日將舟戰於江，及昏，乃令左軍銜枚泝江五里以須，亦令右軍銜枚踰江五里以須。"李守奎已明確指出：

  韋昭注："踰，度也。"其古義漢代學者已經不解。陳偉先生指出："'踰'與'泝'相對而言，並且左右軍是在後來（夜中）才'涉江'到'中水'（韋昭注：'中水，水中央也。'）。可見'踰'指沿'江'而下，與'泝'指溯'江'而上對應。"並進一步指出："此義未見於字書，但于鬯《香草校書·國語三》已經指出。"②

---

① 事實上，甲骨文山、火字構型上的區別並不嚴格，一般以平底爲山，尖底爲火，然而可確認的山字也有許多作尖底的構型，如▨（合 20271，師組）、▨（合 7860，賓組）、▨（合 34168，歷組）等；以山作爲偏旁的"岳"字有大量尖底的例子；反之火字平底如▨（合 17066，賓組）、▨（合 34797，歷組）、▨（合 10688，賓組）等亦然。根據一般認識，本文暫將此字釋爲山。

② 李守奎：《"俞"字的闡釋與考釋》，《首届新語文學與早期中國研究國際研討會論文集》，澳門大學、武漢大學、香港城市大學、佛羅里達大學合辦，2016 年 6 月，頁 173—174。李氏所引見陳偉：《楚簡册概論》，武漢：湖北教育出版社 2012 年版，頁 87。本文不同意李文對"俞"字的重新考釋結論，但其對俞的"順流"古義材料之分析是可信的。

由於本版此行中"涉水"與"逾"並見,或許釋讀上也存在"順流而下"的可能性,姑兩存之以待考。

(六) ☐佳(惟)齒、何正(征)✦,佳(惟)☐

齒,爲商王貞問帝是否"若"(《合》2273+2832,典賓)的對象,應爲人/氏族名,《合》13663亦有是否呼"宅"嚞的對貞,字體上屬於典賓類較早期的型態,此三覆重的嚞作爲地名,可能與齒是一事。

"何"亦爲卜辭習見人/氏族名,見《合》273、14912等。齒、何於賓組中均屬商人陣營,而✦作爲正(征)的受詞,應是氏族/地名,此字從阜從◇,◇,麥芒也,爲"齊"字主要部件。又見《合》18755✦,可惜辭殘。《合》31274另有✦字,從✦營聲,從無名組文例來看,其應該也是作爲地名/氏族名用。

全辭表示"讓齒、何二族去征討✦"這樣的意涵。

(七) ☐若之。䎽,㞢(侑)司。令水☐

"若",從殘字判斷應無問題,參反面第一行,表示比擬義。"之",代詞,"若之"疑與介賓短語"若茲"類似,表示"如此"、"像這樣"的意涵。① 前者用法僅見《合》5760正,後者屢見,如《合》94、975反、1611反、7153等等。

從彳之"䎽"未見著錄,從文例來看,應與冊、澅相類,作祭祀相關動詞用,于省吾認爲該字從冊,讀爲刪,可訓爲砍;此說較多學者信從。② 劉桓則以爲,

> 冊並非指用牲之法,只是一種禮儀性的告祭,由於殷代祭祀頻繁,用牲數量大,有時難免會出現用牲匱乏、供應不濟的情況;有時祭祀用牲多,祭罷食用不完,也會出現浪費的現象。殷代統治者面對這種情形,終於不得不想出變通辦法,對祭祀有所改革,在必須以用牲表達對祖先、親人的感激與敬意的前提之下,適當減少用牲數量,增加儀式上冊告用牲的數量,就成爲當時必須采取的一項措施。這種冊告之祭,重的是禮儀形式,實際上大多不殺牲,祭畢可將用牲撤回。冊告,不同於一般口頭的告,而是鄭重其事地將祭祀用牲情況記載於典冊上的告,冊與卜辭所見祭祀用冊是相關聯的。③

此說折中冊告與用牲,於義較勝,相同觀點亦見王玉哲說。④ 下面"㞢司"一詞似應與

---

① 見張玉金:《甲骨文虛詞辭典》,頁183—184"若茲"條。
② 于省吾:《釋冊》,載《甲骨文字釋林》,頁172—174。
③ 引自何景成編:《甲骨文字詁林補編》下冊,頁721。
④ 王玉哲:《陝西周原所出甲骨文的來源試探》,《社會科學戰綫》1982年第1期,頁103。

禘連讀,指禘、侑祭於司之意,禘、侑連用,見《合》2944"子商㞢(侑)酓于父乙,乎酒",是類似的辭例。"司"是女性年長尊者的稱呼,①"癸卯卜:今日㞢(侑)司。羌用。七月"(《合》19863)、"乙丑卜:其㞢(侑)歲于二司。一牝"(《合》27582)是祭祀這類人的辭例。至於"令水"一語,由於殘斷,不知其意。

(八) ☒司。令弗衣(卒)亻(伏) ☒

受到卜辭性質的限制,"衣"(卒)在辭例中若與否定副詞結合,絕大多數是表主觀的"弓衣"(卒)形式,但也有少數搭配"不"的例子,如《合》13958"婦妹娩惟卒",13959"婦妹娩,不惟卒",此類正反對貞的虛詞隹(惟)往往可以省略,如此便能形成不/弗卒的形式。

亻(伏)字見第四行說明。 字雖較模糊,細審之仍可摹出,其字象水中有舟之形,《刻辭牛骨》釋"涉"不確。《合》11477 有" "字,與 應屬一字,其辭例"甲戌卜,爭貞:來辛巳其毛 ",何琳儀先根據文獻證據指出卜辭 (《合》11478)、 (11479)等字應釋爲泲,讀爲盤桓舟旋之盤,再指出:

, 從"雙舟在水中"。古文字偏旁往往單複無別, 唯見一期卜辭,應是"泲"之初文。 或釋"旬",實應釋"毛"。"毛"、"拓"音近可通。《廣雅·釋詁》:"拓,大也。"拓盤,大事盤游。②

其説似可信。據此,本行内容大概與祭祀"司"之後,不停止"伏 (泲)"活動有關。

(九) ☒ (疾)至。咸涉,水[莫?] ☒

" "字从矢从止,其矢之尾端有特殊的卷起,在王卜辭中,這個字大都寫成矢頭朝下之形,如 (《合》18277)、 (296)、 (31792)、 (36824)、 (《屯》278)等,僅《合》29715 寫成 ,從辭例看,他們所表達的應該都是同一個詞。

關於此字的考釋,王襄在《簠室殷契類纂》2.8 隸定作遲,商承祚《殷虚文字類編》2.14、《甲骨文編》2.21 從之。唐蘭在《殷虛文字記》頁 47 釋 字作"徉"而無説。商承祚在《佚》292 片上也隸定作"徉",云:"當即彷徉之徉。"他另外在《佚》940 片隸定" "爲

---

① 引自何景成編:《甲骨文字詁林補編》下册,頁 551—557。
② 引自何景成編:《甲骨文字詁林補編》下册,頁 777—778。

"逯"而無釋。金祥恒同意🔲爲🔲字,釋上舉諸字爲"遷"字。于省吾參酌衆説,因釋此字爲"馹",認爲是古代的驛傳。裘錫圭發現多條卜辭中"遷"與"遲"的對貞現象,指出此字可能即"迅"字。蔡哲茂先生認同裘説,進一步指出文獻中與"遲"反義而相對的字是"速"而非"迅",並分析了字形演變,提出此字應釋爲"速"的看法。① 《刻辭牛骨》亦從此説。近來吴雪飛、顔世鉉根據此字結構進行重新分析,以爲當改釋"疾"爲佳,除了字形會意之外,顔先生另外提出古音上"箉(箭)—晋—疾"的通轉論證,是很有説服力的。②

"咸"在卜辭中若非作爲先王名,一般則作爲副詞,這裏無疑應該表副詞"既"義,修飾"涉"字。而且鑒於"水"字後還帶有殘字,張玉金認爲:

> 但是,由於"咸"所在的小句後還有表示另一件事情的小句,這種特定的客觀環境使"咸"臨時具有表示兩件事情先後相繼關係的作用。可以譯爲"……後,就……"、"……完,就……"。③

因此,從本版辭例來看,可能表示了"(某人)儘快到達某地,既已涉水而過,於是……"的相關意涵。

(十) ☐之。䄮。火㭰,子🔲(宋*)☐

"之"前殘一"若"字。㭰即"散"字所從,習見於畋獵、農業卜辭,裘錫圭認爲從字形上看,"㭰"跟"芟"同意,本義應該是芟除草木,傳世文獻訓"殺"的"散"即爲"㭰"的假借字。④ 雖然卜辭中"㭰"多與農業活動有關,但此條大概與軍事火攻關係密切。⑤ "火㭰"二字疑連讀,"火",《刻辭牛骨》釋山,其實與第五行"山"字比較可以清楚分辨此刻手書寫二者之别。"㭰",《刻辭牛骨》徑釋"散"。

子宋*,與反面之子㮺可能爲一人。此字未必與後世宋字有直接聯繫,暫隸定之。王卜辭中偶見子宋*此人,見《合》19921(師組肥筆)、20032(師歷間類)、20034(師組小字)"㞢子宋"等。《合》21481(《乙》56)有"宋家"一辭,《彙編》第531組有"令允比宋

---

① 以上諸説引自蔡哲茂:《釋殷卜辭的"速"字》,《第五届中國文字學會全國學術研討會論文集》,臺北:政治大學,1994年5月。蔡文有細緻的整理。
② 吴雪飛:《殷墟大司空村出土胛骨中的"從止從矢"之字》,武漢大學簡帛研究中心網站,http://www.bsm.org.cn/show_article.php? id=3079,2018年5月10日;顔世鉉:《説殷墟大司空村出土胛骨卜辭的"疾"字》,武漢大學簡帛研究中心網站,http://www.bsm.org.cn/show_article.php? id=3098,2018年5月16日。
③ 張玉金:《甲骨文虚詞辭典》,頁240—241。
④ 裘錫圭:《甲骨文中所見的商代農業》,《裘錫圭學術文集》第一卷《甲骨文卷》,頁251—252。
⑤ 商代已有確切的火攻記録,可參拙作:《略論我國火攻戰法的上古淵源——以甲骨文資料爲例》,《甲骨文與殷商史》新五輯,上海:上海古籍出版社2015年版。

家",與軍事有關。屈萬里曾指出"此言宋家,亦謂子宋之國",是可信的。① 此人活躍於師組卜辭的時間,後來死去,故受㞢祭,而限於辭例殘斷,不能確知本版這位子宋*生死與否,付強認爲本辭當讀"山散(殺)子宋",指山這個人殺了子宋*,②限於辭殘,姑置疑於此。

(十一) ☒ 禩。余乃司 ☒

"乃"在卜辭中有第三人稱代詞與副詞兩類用法,這裏置於"余"之後,難以想象能起代詞的作用。試推敲語意,作副詞用或許較爲可能,張玉金指出這類可譯爲"然後"、"就"的乃字：

> 出現在雙事句(表示了兩件事情的語句,一般都是複合句)後一個分句中的謂語中心詞前,表示兩件事情時間上的前後相接。③

倘若如此,則"司"只能視爲動詞,但這與我們一般對商代文字"司"的理解有抵觸,也無法據此解釋同版其他司字的用法,只能暫時闕疑待考。④

(十二) ☒ 雈(萑)鷹 ☒

《刻辭牛骨》釋 🔣 爲雈,恐值商榷,此字从乎(厥)不从升(斗),可徑釋"鷹"。⑤ 在賓組卜辭中,"鷹"所從"𠂇"口一般與鳥喙同一方嚮,此字也是如此。《合》8996"乎比鷹、郭",13523"將鷹、郭于京",郭是人/氏族名,《合》13731"郭其有疾"、《合》6"令郭叕在京奠",可見"鷹"是能與郭協作的人/氏族。⑥ 值得注意的是,武丁晚期"京"地是重要牧地,《合》32010"于京其奠勛叕"、《屯》1111"勛叕其奠于京",當卜一事。此地亦有"雈"事,《合》8080"☒于京雈",與農業用法有關,《合》6096"工方出,王雈(觀),五月",與軍事有關。

---

① 屈萬里：《殷虛文字甲編考釋》,臺北：中研院史語所1992年版,頁33。
② 付強：《説安陽殷墟大司空村出土牛骨刻辭的"散子宋"》。
③ 張玉金：《甲骨文虛詞辭典》,頁135—138。
④ 古文字"司"或从司之字多見與"始"通假之例,"乃始……"的用法亦習見文獻中,這裏是否可以如此理解,可待進一步考證。
⑤ 劉釗主編：《新甲骨文編》(增訂本),福州：福建人民出版社2014年版,頁251。升、斗二字在古文字中往往混同,見于省吾：《甲骨文字釋林》,頁37。但是他們的共同特徵：長柄上的橫畫一般不會被略去,而鷹所從之 𠂇 在可見諸例中,幾乎均作 𠂇、𠂇、𠂇、𠂇、𠂇 等形,僅有《合》10607一例有橫劃,似可存而不計。
⑥ "鷹"與"郭"可能都是武丁時期黃族族長,可參蔡哲茂：《説商王朝的統治集團——卜辭中的王族、多子族與多尹》,發表於中研院史語所主辦"第五屆古文字與古代史國際學術研討會",2016年1月25日。

此外我們知道舊釋"萑"有穫、灌、觀等說法，①《合》9596"尋姤年萑"、9608"在姤田萑"屬於農事，而近來陳劍根據常玉芝的看法，指出萑若用作"酒萑"，可能是某種祀典之名。② 不過鑒於本版整體內容來看，"☐萑（萑）鷹☐"或許與觀察"鷹"在某地進行軍事活動較爲有關。

（十三）☐ 𓏤。亡☐

𓏤，《刻辭牛骨》釋"齊"並加問號，筆者認爲此字當是"雨"字殘文。《合》14156有關於"不 𓏤"的貞問，此舊有釋"電"、"霽"者，李學勤認爲這是一種同辭同字異構的現象，以爲仍當釋"雨"爲是；③林宏明指出："今從此綴合可知，因'不 𓏤'而商人卜問是否爲帝所造成的（帝所降予我的災禍），可見此時商人是希望有' 𓏤 '的，那麼，釋爲'電'就不好解釋了。"④其説可從。

（十四）☐

已殘去，王寧認爲或爲"余"殘字，這是有可能的。⑤

二、反面刻辭

（一）☐ 乍若之。禮，㞢（侑）司。令☐

此行首字"乍"可訓"起"，或釋"營造"，也可釋"柞"，表達"伐除樹木開闢田地"概念，⑥在此未知孰是。"令"下該字僅存些許殘筆。"㞢司"，付强認爲"有武將職官名稱的這一含義"，這點僅體現在西周少數青銅器銘文上，然由於全辭語境未明，闕疑待考。⑦

（二）☐ 弓其隹（惟）余觴［亡］☐

"其隹（惟）"一語，卜辭中未見能與否定副詞搭配之例，此處待考。"其隹"若處在占辭之中，之後大多附加天干，指示推測的時間，這種例子最多；若處在命辭之中，可

---

① 于省吾主編：《甲骨文字詁林》第二册，北京：中華書局1999年版，頁1691—1696。
② 陳劍：《殷墟卜辭的分期分類對甲骨文字考釋的重要性》，《甲骨金文考釋論集》，北京：綫裝書局2007年版，頁383—384。
③ 李學勤：《甲骨文同辭同字異構例》，《江漢考古》2000年第1期。
④ 林宏明：《契合集》，臺北：萬卷樓2013年版，第34組，頁113。
⑤ 王寧：《大司空村出土牛骨刻辭釋文訂補及討論》。
⑥ 裘錫圭：《甲骨文中所見的商代農業》，《裘錫圭學術文集》第一卷《甲骨文卷》，頁250—251。
⑦ 付强：《説安陽殷墟大司空村出土牛骨刻辭的"有司"》。

附加人稱代詞如《合》3201 臣、《合》10422 王。本條屬於後面這類用法。

"🍶"字構形爲一種三足、有流有柱的酒器,是商至西周早期以前習見標準器,歷來大多釋"爵",今依李春桃意見改釋爲"觶"。① 其字中有點畫,象內含有物,有時內物爲方形,此類觶字後往往與生者名或祖先名形成動賓結構,前者如《合》22323"多子"、2863"竹妾"、3226"子𢓇",後者如《花東》449.3、449.4"祖乙"、《合》1895"司"、《屯》2118"南庚"等等。關於"觶+生者名"的問題,近來劉源有過很精闢的探討,可參看。② "余"字在此處應該是起主語的作用。

　　(三) ▢之二人。曰:罙每。亦▢

此字釋"罙"無誤,最早是吳大澂在《說文古籀補》將金文 🔲 字釋爲罙,其字象伸手探皿,結構正倒無別,甲骨文中兩種型態均存在,讀爲"探"或"深",具體可參蔡哲茂分析。③ 這裏試論幾種可能的解釋,首先,"每",卜辭中大多讀爲"悔","弗悔/其悔"是習語。整體來看,由於"罙"有用作人/氏族名的例子,如《合》8278"乎視于🔲。二月"、《明續》S0665"貞:令從🔲"、《合》13747"貞:🔲 其㞢疾"等,此行似表示有某兩人說道,關於"罙"的悔吝之事,後面"亦"字帶出下一分句,可惜細節已不可考。第二,"罙每"是否能讀爲"深悔"?"深"在東周以前古書大多作爲修飾實物的定語,但在晚商口語中是否已用來修飾情感,也不是全無可能,這點尚待更多證據以明之。第三種可能,"每"字從母,"每"在此疑當讀爲"謀",二字古音皆屬明母之部,從母與從某之字習見通假。④ "深謀"一詞見於不少戰國文獻,如《荀子·宥坐》"君子博學深謀,不遇時者多矣"、《逸周書·酆保解》"勿與深謀,命友人疑"、《國語·晉語》"衆不可弭,是以深謀"等。筆者認爲從下一句"每"的用法來看,這種釋法可能性較大,請參下則考釋。

　　另外從古漢語辭例來說,此行其"曰"的主語可能是"二人","之"作爲二人說話/行事前事件的賓語,《莊子·讓王》"血牲而埋之。二人相視而笑曰……"、《左傳·莊公八年》"襄公紲之,二人因之以作亂"是其例。然而也存在主語是前面殘去的某人,而非此"二人"的

---

① "爵"實爲一種斗形器,西周晚期伯公父勺即自名爲"爵",這有文字學上的堅實證據,可見嚴志斌:《薛國故城出土鳥形杯小議》,《考古》2018 年第 2 期;李春桃:《從斗形爵的稱謂談到三足爵的命名》,《中研院史語所集刊》第 89 本第 1 分,2018 年。

② 劉源:《殷墟卜辭"爵子𢓇"解釋》,《古文字研究》第三十輯,北京:中華書局 2014 年版,頁 80—83。

③ 蔡哲茂:《釋"🔲""🔲"》,《故宮學術季刊》第 5 卷第 3 期,1988 年春。付強認爲在此與軍事行動有關,有其可能性,見氏著:《安陽殷墟大司空村出土牛骨刻辭再釋》。

④ 白於藍:《簡帛古書通假字大系》,福州:福建人民出版社 2017 年版,頁 10—16。

可能，卜辭有"王大令衆人曰：劦田"（《合》1+《合補》657）的辭例，若是如此，此處標點就應該改成"……之二人，曰"，筆者認爲後者較爲符合語感，《合》39873 有辭："令戌來。曰：戌罙伐工方"，主語是商王，命令"戌"這名將領深入討伐工方，其用法與本條辭例似正契合，也就是説，本條可以語譯爲"……（命令）此二人，説：深入謀劃……"這樣的概念。

（四）☒［若（毋）？］兹。每火敗子☒

"敗"，見《合》17318"貞：亡敗"、2274"丙子卜，賓貞：父乙異惟敗王／父乙不異敗王"。黄天樹指出：

> 《説文》："敗，悔也，从攴貝。"《説文》認爲是會意字，其實"敗"字从"貝"，是有所選擇的，"貝"既是表示"被毀之物"的形（義）符，同時也標示"敗"字的讀音。"貝"是具有表音作用的。稽諸古音，"敗"在並母月部，"貝"在幫母月部。聲母衹有並幫濁清之異，韻部同屬月部。按敗應從攴從貝，貝亦聲。①

應當注意的是，本行内容與正面第十行似有某種關係，至少二者在語序結構與内容性質上頗爲近似，這體現在"若之／若兹"、"每火／㳄火"、"敗／㪤"、"子某／子宋＊"這四項的對比上，這種現象看來恐非巧合可以解釋，"若之／若兹"均表"如此、像這樣"的意思；从口之㗊、㳄在用牲法之外，能表示一種不順、不安之意，《合》6080"貞：王曰貴，工方其出，不㳄"、《合》15328"貞：若，不㗊"，㗊與"若"相對，且非占卜主語所能控制，而每讀爲"悔"，性質也與之近似。"敗／㪤"，如前所述，同樣表示毀傷、殘損的動詞概念。可見，此行體現出當時一種刻意的同形式書寫，其背後動機爲何，尚待進一步研究。

［若？］兹一詞，由於上字殘斷，所謂"若"也可能是"母"，如此則應釋爲"毋兹"。值得注意的是，古漢語中的"兹"存在一種較少見的用法，即訓爲致使之"使"，可參石小力《上古漢語"兹"用爲"使"説》，文中有很好的論證，例如《清華簡・越公其事》"邊人爲不道，或抗御寡人之辭，不兹（使）達氣"、"王並無好修于民三工之功，兹（使）民暇自相，農工得時，邦乃暇安，民乃蕃滋"等等。② 由此來看，牛骨此條"毋兹"，或可讀爲"勿使"也。

至於"每火"一詞，較爲難釋，則可依前條考釋，以"謀火"釋之，即"謀策焚燒"之意，《史記・晉世家》："乃欲與其徒謀燒公宫，殺文公。"放在戰爭上，則爲火攻。"毋使謀火"，即勿使其謀劃（從事）火燒之意。

（五）☒囤。弓肩女弗☒

---

① 黄天樹：《商代文字的構造與"二書"説》，《書譜》總第 96 期，香港：書譜出版社 2009 年版。
② 石小力：《上古漢語"兹"用爲"使"説》，《语言科學》2017 年第 6 期，頁 658—663。

"▨"即"囿"字,見《説文》囿字籀文重文與石鼓文,《刻辭牛骨》釋"圃"有誤。在卜辭中"囿"多作本義用,指農業種植之園囿,《合》9552 貞問在"龍囿"的農作是否受年。"肩"在此疑作氏族/地名,而非副詞義"克、能"、本義"肩胛骨"用。《合》98"侯以肩芻",肩是地名,則"肩女"當即肩人之女子,《合》671 有"以角女"。當然,此處的女也有可能作爲否定副詞"毋"用,如此,則連用兩個否定,加上前面弓字,全辭則不甚可知。

(六)☑敗子𣏟以黿☑

此行與反面第四行有關,"子𣏟以黿",似指子𣏟所致送來的"黿"。此字即蜘蛛的蛛字初文,可以附加音符"束"(晚商)、"朱"(西周以降)以表音,今隸定爲黿。李孝定、劉釗等學者已有很好的論述。① 在此處,根據其卜辭用法推測有兩種可能性:第一是讀爲"屬",表給予、交付義,"以黿"同意連文,賓語殘去;第二是讀爲"誅",表誅殺義,卜辭从戈的黿字均表此義,在此作名詞用,筆者以爲第二種用法較爲可取,簡述如下。

美國弗立爾美術館藏著名的西周早期"太保玉戈"有刻辭:"六月丙寅,王在豐,令太保省南國,帥漢,遂殷南,令屬侯辟,用黿走百人。"記載了召公南征的重要史實。② 陳夢家認爲"走百人"之"走"乃一種奴隸的身份名詞,而對"黿"字無説。③ 後來,龐懷靖在 1986 年發表的一篇文章中,對此字作了分析:

> 黿走:黿字見邿公華鐘、邿太宰鐘、邿有父鬲、朱討鼎等器銘,當即蛛之初文。蜘蛛善走,能張網以捕小蟲。衛護尊者出行的警蹕人員,必是捷足勇士,故得稱作蛛走。疑蛛走亦或可稱爲虎賁。……今召公以周室開國元臣,"作上公,爲二伯",銜命南巡,周王賜以虎賁百人,以備儀衛,辟除行人,以壯聲威而防不虞,是完全符合禮制而又非常需要的。④

今按,龐説以"黿"字本義説解銘文,雖缺乏文獻證據,不足取信,然而他將"黿"視作賓語名詞的觀點却是可取的,牛骨刻辭"黿"的詞位、用法均與卜辭中"伐"極爲相近,後者可置於祭祀動詞"又(侑)"(《合》41410)、"酒"(《合》30428)之後。"伐"是斬首祭祀,名動相因,亦可作名詞用,"某人以伐"一語屢見,例如"往西多紳其以伐"(《合》9472

---

① 李孝定:《甲骨文字集釋》,臺北:中研院史語所 1965 年版,頁 3949—3964;劉釗:《釋甲骨文𥾡、羲、蟺、敖、㦰諸字》,《古文字考釋叢稿》,長沙:嶽麓書社 2005 年版,頁 13—17;方稚松:《殷墟甲骨文五種記事刻辭研究》,北京:綫裝書局 2009 年版,頁 62。
② 陳夢家:《殷虚卜辭綜述》,北京:中華書局 2004 年版,頁 47。
③ 陳夢家:《殷虚卜辭綜述》,頁 48。
④ 龐懷靖:《跋太保玉戈——兼論召公奭的有關問題》,《考古與文物》1986 年第 1 期,頁 72。

正），即表示西方君長們所帶來的斬首人牲。由此看來，牛骨刻辭本行内容或大略可解釋爲"'傷毁'子宋*所帶來的這些人牲"。

（七）□三日𠤎，迺□

暫隸定爲"𠤎"，關於此字的考釋衆説紛紜，由於與本文論述無關，這裏不展開討論。① 其於卜辭中均位於"數日＋𠤎＋干支"的結構之中，見《合》8554、17055、18789等，例多不贅。從可見的材料來看，還没有確切一例是在𠤎字後省去干支的，因此本辭在這裏直接於"𠤎"字後接續下一分句，頗爲罕見；就一般古漢語語法而言，若"迺"位於後句之首，在"于……迺……"句式中表達"到某一時間才做某件事"的意思，例如九日廼至（《合》19449）、七日迺用（《合》22046）等。我們從這種用法來判斷，本辭的語序應該存在，只不過在以前辭例中未曾見到𠤎＋迺的搭配用例，這是此習語用在卜辭以外的口語格式變化的體現，值得注意。

如前所述，"數日＋𠤎＋干支"是賓三類—出一類的特色辭例，類似的辭例在典型賓組當中往往没有"𠤎"字，所表達則是一般的"幾日後的干支日"這樣的意涵，如果"數日＋𠤎＋干支"的性質與之没有差異，那麽可以推知"𠤎"字在語句中很可能起的是介（系）詞的作用。此外，由於賓三類—出一類使用時間可以限制在武丁晚期到祖甲中期以前，據此能掌握此版骨刻辭刻寫的大略時間區段，也與《刻辭牛骨》根據共出陶片特徵所提出的"殷墟第二期"時間段大致契合。

叁、刻辭内容性質探析

關於本版刻辭的性質，《刻辭牛骨》作者做了一些推測：

> 本版刻辭雖有鑽與灼，但未見卜辭常用的干支、卜、貞、占等字，刻寫順序也與一般的骨臼朝下的牛骨卜辭不同，其性質當非卜辭，而屬習刻刻辭。所記内容似乎與戰争有關。②

其論大致可信，筆者認爲，刻辭所記内容除了部分實不可解之處外，其餘無疑與軍事活動有較深的關係，而且刻手練習書寫當有所本，也就是説刻手應該取用了某類現成的文字材料作爲母本。下面，我們試將前章所做的考釋以語體文排列於下，以……表示殘斷，以（ ）標明擬補，以阿拉伯數字標明不同釋法，進行文意上的比較觀察：

---

① 諸説參于省吾主編：《甲骨文字詁林》第二册，頁1617—1619。

② 何毓靈：《河南安陽市殷墟大司空村出土刻辭牛骨》，頁119。

一、正面刻辭

（一）辭殘。

（二）……罰（旬）在此地。（王）呼令牧官某（從事某事）……

（三）……呼令牧󰀀去（從事某事）……

（四）1. ……最終不要前去從事"伏"的軍事活動，此路途……

　　　2. ……乞（要求）女（汝）往（某處）從事"伏"的軍事活動，此路途……

（五）1. ……（師旅）涉水而行，且越山移動……

　　　2. ……（師旅）涉水而行，且順流而下，山……

（六）……讓䛐、何二族去征討󰀀……

（七）……如此，衉、侑祭於"司"，然後呼令水……

（八）……（祭祀）"司"之後，不停止"伏󰀀（洀）"的軍事活動……

（九）……（某人）儘快到達某地，既已涉水而過，於是……

（十）……（施行）衉祭。然後進行與子宋*有關的火攻軍事活動……

（十一）……（施行）衉祭。我（商王）於是接着……

（十二）……觀察"鷹"在某地進行活動……

（十三）……下雨……

（十四）辭殘。

二、反面刻辭

（一）……作如此，衉、侑祭於"司"，然後呼令……

（二）……不要（勿）施行與我酒䲉相關的活動……

（三）1. ……此二人，説：深悔之，也……

　　　2. ……（命令）此二人，説：深入謀劃……

（四）……勿使其謀劃（從事）火燒，敗傷子（宋*）……

（五）……苑囿。不要（勿）肩人之女子……

（六）……傷毀子宋*所帶來的這些人牲……

（七）……三天後的一個時辰，於是……

分析整體的辭例，我們可以發現，牛骨正面的第（四）、（八）兩辭講到呼令某人前往"勹（伏）"，可能與所謂的伏擊戰有關，[①]接着正面第（五）、（六）、（七）、（八）、（九）諸

---

① 勹（伏）爲"鬱"字主要表意兼聲部件，在辭例中表潛伏、伏擊義沒有太大問題。

辭提到"涉水"的軍事活動,應承繼伏擊事宜,並與迅速移動作戰單位有關。關於這點,吳雪飛指出:

> 古代軍事與地形關係密切,如何利用地形布兵,以及如何克服地形因素等,成爲軍事中涉及較多的問題。卜辭中反復提及踰山涉水,大概與軍事有關。"伏"是一種帶有偷襲性質的戰術。《春秋公羊傳》僖公三十三年何休注:"輕行疾至,不戒以入,曰襲。"古代偷襲、伏擊講求"輕行疾至",即軍隊輕裝而行,快速行軍到達,出奇不意進行襲擊。卜辭中的"疾至"大概即文獻中的"輕行疾至",和"伏"的伏擊戰術有關。①

這是很好的分析,刻辭內容亦透露出軍情謀策的意味。正面第(七)、(八)的"司"是否牽涉到對所"逾"河、山的祭祀,值得推敲。正面第(十),反面第(三)、(四)、(五)、(六)則與火攻作戰有關,子宋*是主要角色,整版記事所涵蓋地點有 ⿰、肩等地。

從刻辭釋文可以清楚看出,整版牛骨所記述的應該是同一件事件的相關記錄,或至少是同一篇"母本"内的有機成分,而此事件與武丁中期偏早的某次戰爭關係密切,這能由"子宋*"、"䫀"、"何"、"鷹"等人/氏族的參與得到證明,這些人名均可見於師組、賓組,乃至出組卜辭之中。綜合言之,這版牛骨所記錄的刻辭內容頗爲詳細,屬於深入到細節的軍事活動實錄,並包括了若干對話與祭祀行爲。這些刻辭內容很可能來自竹簡的母本,王蘊智認爲:

> 書家在當時用過的卜骨上模仿簡牘的形式,利用豎條界劃好的骨面記錄了當時的情況。……當時最通行的書寫載體應該是用毛筆寫成的簡牘,大司空新出土刻辭牛骨正面界劃綫大致與骨條邊平行,反面界劃大致與白邊平行。如此界劃綫規整,將骨面界格成列,且行距大致相當,顯然是效仿了當時編連而成的典册模式。②

我們認爲,王先生所言大體符合情理,但如此格式的設計不應視作"模仿",契刻當下必有一簡册作爲範本,否則無法解釋爲何徑自於牛骨上歪斜地刻下如此重要的史事,如此歪斜導致每豎行最底參差不齊,尤以正面爲然,無視書寫對稱性的這個現象,僅能以習刻作爲解釋。進一步思考,倘若當時習刻的行爲偶然地保留下了母本的文

---

① 吳雪飛:《殷墟大司空村出土胛骨中的"從止從矢"之字》。
② 王蘊智:《試論大司空村出土牛骨刻辭的性質及幾處語詞的釋讀》,《紀念中國古文字研究會成立四十周年國際學術研討會會議論文集》,長春:吉林大學,2018 年 10 月 9 日—11 日,頁 70—72。

字,①則此處必須追問的,是這個竹簡母本的使用性質爲何?書寫者身份是誰?它有何種用途,以至於能夠較爲詳細地保存下包括對話與軍情細節的片段史事。

筆者認爲,由牛骨刻辭同時具有"記言"以及"記事"這兩種内容的情形來判斷,似乎應該放在與後世的史書相比較的框架下來看待,始較爲合適。也就是説,如果能將其置於中國史官傳統的書寫系統中來考察,我們對其内涵的理解應能得到進一步的提高。

有些學者以爲本版内容可以作爲《尚書》等"書類"文獻淵源的重要指標,②這是有道理的,然而"書類"文獻中記載有關戰爭史事之處,觀其細節之描寫,也很少如牛骨刻辭如此細緻,縱觀《尚書》、《逸周書》皆然。此類軍事細節的記録,傳世文獻上最早應該見於《左傳》、《國語》,其對細節的刻劃已經十分深入,反觀出土文字在殷商之後,最早應見於西周青銅器銘文,例如禹鼎、師同鼎等,但在細節描寫上却遠不如商代的牛骨刻辭來得細緻。以下試舉傳世文獻的相關内容,《孫子兵法·行軍》:"軍行有險阻、潢井、葭葦、山林、蘙薈者,必謹覆索之,此伏奸之所處也。"這是伏擊的背景;《左傳·定公四年》:"冬,蔡侯、吴子、唐侯伐楚,舍舟于淮汭,自豫章與楚夾漢,左司馬戌謂子常曰,子沿漢而與之上下,我悉方城外以毁其舟,還塞大隧、直轅、冥阨,子濟漢而伐之,我自後擊之,必大敗之。"《國語·卷十九吴語》:"於是越王句踐乃命范蠡、舌庸,率師沿海泝淮以絶吴路,敗王子友於姑熊夷。越王句踐乃率中軍泝江以襲吴,入其郛,焚其姑蘇,徙其大舟。"此二例是水陸合戰的實例;《左傳·昭公廿五年》:"壬申,尹文公涉于鞏,焚東訾,弗克。"這是火攻的例子,相關事類亦可參《孫子兵法·火攻》。春秋以後傳世文獻對戰爭史事的刻劃逐漸深入,看似文體自然的演進,然從牛骨刻辭來看,這種"書寫傳統"其實淵源已久,雖然占筮的卜辭中早有較爲詳細的戰爭史實記録,如《合》6057等版,③但是卜辭受卜筮性質與刻辭用途所制約,仍與"史録"有根本上的區别,不可率爾混同。至於本版内容是否與書類文獻有直接聯繫,這也是筆者原先的考量,但細審之,由於從中看不出典、謨、誥、誓之類道德教訓的存在迹象,而道德化、典範化恰是書類文獻的重要標誌,這是從牛骨刻辭所看不出來的,筆者認爲牛骨

---

① 此點由刻辭上下界劃,分出由右至左豎行直下的書寫情形,亦可作爲旁證。
② 王寧《大司空村出土牛骨刻辭釋文訂補及討論》已提到此版内容"和《逸周書·世俘》類同",認爲"殷商時期就有《書》類的記事作品完全有可能"。筆者認爲商代就有書類作品是可能的,具見上述,但牛骨刻辭内容偏向細節實録,與《世俘》等作品選録大事之本質仍有不同。
③ 事實上,已有學者認爲此類驗辭中較長篇幅的戰事記載,已經具有特意修辭的現象了,見黄天樹:《論字數最長的一篇甲骨卜辭》,《古文字研究》第三十一輯,北京:中華書局2016年版,頁18—22。

刻辭內容可能與左史記言、右史記事的上古史官傳統關係較爲接近。雖然不可諱言這類古史的早期書寫，與《尚書》類文書的淵源關係至爲密切，但仍應在性質上有所區別，所謂"國之大事，在祀與戎"，牛骨刻辭記事記言之細膩，促使我們不得不朝這方面來思考。

據此判斷，牛骨刻辭內容所根據的母本，應來自史官記言載事之簡冊，其內容並無一字涉及卜筮，且能夠記錄曾發生的戰事細節，以及可能來自商王的命令言辭、對軍情的通盤策劃，充分展現出中國上古史官傳統的成熟背景，其史料價值毋庸置疑。

肆、結　　語

通過對牛骨刻辭殘存內容的分析，我們發現，此刻辭屬於習刻性質，其書寫內容來自一個母本，其中記載了一段武丁中期偏早的戰爭史實。這個母本以王爲敘事主體，記錄了領導者的指派命令、軍事活動以及一些口語，似乎與史冊類文書關係密切，其所記載之軍事活動頗有可與《左傳》、《國語》合觀者，但行文、用字更顯簡單、古奧，我曾推測其母本來自廢棄的卜辭，現在看來有修正的必要。[①] "反面的鑿沒有打破刻辭，由此推斷，本版刻辭是在廢棄的卜骨上刻寫而成"。[②] 廢棄卜骨保存狀態不佳，導致本版面積不及原骨的四分之一，從竹簡字數比例來估算，筆者估計原有的刻辭至少殘去一半以上，[③]爲進一步通曉全文帶來了極大挑戰。希望往後的大司空村考古工作中能將殘缺的部分儘早尋回，關於此版內容仍存在太多疑難，補齊的刻辭將對殷商文化史、古文字學，乃至中國文獻源流的研究推進大有幫助。

[①] 張惟捷：《安陽大司空村新出刻辭胛骨補釋》，先秦史研究室網站，http://www.xianqin.org/blog/archives/10165.html，2018年5月1日。
[②] 何毓靈：《河南安陽市殷墟大司空村出土刻辭牛骨》，頁119。
[③] 這部分竹簡形制及書寫字數的推算，可參錢存訓的相關介紹，見氏著：《書於竹帛——中國古代的文字記錄》，上海：上海書店出版社2004年版，頁83—86。

試論"揚"的一種異體

——兼說"圭"字*

謝明文

（復旦大學出土文獻與古文字研究中心，
出土文獻與中國古代文明研究協同創新中心）

商代甲骨文與西周早期金文中有下揭字形：

A. ［《合》①15819（《合補》②4464 重）］

B. 冕簋（《銘圖》③04636）　　冕角（《銘圖》08789）

冕角（《銘圖》08790）　　冕觚（《銘圖》09853）

父乙尊（《銘圖》11545）　　卣蓋（《銘圖》13272）

A，舊或以爲字不識，或隸作"封"，或釋作"埶"。④ 陳劍先生認爲："此形象跪

---

* 本文得到國家社科基金青年項目"商代金文的全面整理與研究及資料庫建設"（項目編號16CYY031）、復旦大學"雙一流"建設人文社科一流創新團隊項目"出土文獻與古文字研究"子課題"商周金文拾遺——《集成》、《銘圖》、《銘續》未錄金文的整理與研究"（項目編號IDH3148004/005）的資助。
① 郭沫若主編：《甲骨文合集》，北京：中華書局1978—1982年版。
② 彭邦炯、謝濟、馬季凡：《甲骨文合集補編》，北京：語文出版社1999年版。
③ 吳鎮烽：《商周青銅器銘文暨圖像集成》，上海：上海古籍出版社2012年版。
④ 參看季旭昇：《甲骨文从"屮"之字及其相關意義之探討》，《出土材料與新視野》，臺北：中研院史語所2013年版，頁156—157。

坐人形兩手奉盛食之皀（簋），應該就是'飢'字之表意初文。"①《甲骨文字編》置於"飢"字頭下。②《新甲骨文編》置於"登"字頭下。③ 楊州先生把 A 左上看作"圭"，根據"圭"、"戈"關係密切，認爲它可能是"䂂"字異體，也可能是"登圭"合文。④

B，舊一般釋作"飢（即）"。《新金文編》把 [圖] 卣蓋（《銘圖》13272）之形收入附録一 0147 號。⑤

A、B 除去"廾"形後的部分彼此祇有勾勒與填實之别，實是同一形體（下文用 C 來表示這一部分）。A 所從"廾"的手形在 C 下方，B 所從"廾"的手形在 C 上方，但從偏旁組合來看，A、B 兩字應是一字異體。其中的 C 究竟是"埶"字所從，還是"皀"或"圭"呢？從字形看，"埶"字所從與 C 差别較大，可以不論。但"皀"、"圭"兩字皆有寫法與 C 相近同者，下面我們結合前人的研究成果略作論述。⑥ 商代族名金文中有如下字形：

[圖] 鄉丙乙鼎（《集成》⑦01699）　　　[圖] 鄉丙癸鼎（《集成》01701）

[圖] 鄉丙簋（《集成》10502）　　　　[圖] 鄉丙爵（《集成》08175）

聯繫金文中常見的復合族名"鄉丙"來看，上述字形中間部分必是"皀"形之變。與上引族名寫法相同者又見於《合》19851"[圖]"、"[圖]"，《合補》6733"[圖]"等，《花東》⑧3、14、16 等片的"[圖]"，《合集》19995 作"[圖]"。以上所論皆是"皀"形與 C 近同之例。商代甲骨文常見"[圖]"字，⑨它在族名金文中亦數見，如《銘圖》18729 作"[圖]"，《集成》08756—08759 作填實之形"[圖]"，這與 A、B 所從 C 的變化相同。近年已經有多位研究者主張將

---

① 陳劍：《釋山》，《出土文獻與古文字研究》第 3 輯，上海：復旦大學出版社 2010 年版，頁 8。
② 李宗焜：《甲骨文字編》下册，北京：中華書局 2012 年版，頁 1077。
③ 劉釗等：《新甲骨文編》（增訂本），福州：福建人民出版社 2014 年版，頁 87。
④ 楊州：《説殷墟甲骨文中的"圭"》，《山西檔案》2016 年第 3 期，頁 139。
⑤ 董蓮池：《新金文編》，北京：作家出版社 2011 年版，附録一，頁 69。
⑥ 參看沈培：《殷墟花園莊東地甲骨"皀"字用爲"登"證説》，《中國文字學報》第 1 輯，北京：商務印書館 2006 年版，頁 49—50。
⑦ 中國社會科學院考古研究所：《殷周金文集成》，北京：中華書局 1984—1994 年版。
⑧ 中國社會科學院考古研究所編：《殷墟花園莊東地甲骨》，昆明：雲南人民出版社 2003 年版。
⑨ 李宗焜：《甲骨文字編》中册，頁 750。

此字釋爲"圭"字,①可信。C 與作"△"類形的"圭"寫法相同。因此 A、B 既可能隸作"馘",也可能隸作"珪"。如果前者可信,那麼它們都當釋作"馘"字的表意初文,"馘"則是在"馘"的基礎上加注"才"聲而來。② 在商代文字中,從"皀"之字數量雖然非常多,但"皀"形省變作近似"△"形的例子實際上並不是很多見,③它們佔的比重非常低。此外,A 所屬的《合》15819 是一版賓組卜辭,A 所從 C 的上部作"△"形,底部是一橫筆,它與兩側斜筆相接成銳角。賓組卜辭中"皀"形雖有省變得與 C 相近者,但還是有細微區別的,如同屬賓組的《合》1963"▨(即)"、《合》14396"▨(既)"等,它們圈足上器腹部分的底部筆畫不作一橫筆而作一弧筆,它與兩側筆畫相接皆成圓角狀,還可明顯看出這部分是由簋體省變而來,這與 A 所從的"△"是有區別的。因此我們認爲 A、B 所從的 C 更宜看作是"圭"。如果此説可信,那麼 A、B 可能是"揚"字的一種異體(參看下文)。

《拾遺》647 有一人名用字作如下之形:④

D. ▨(▨)

宋鎮豪先生把此字隸作"叟"。⑤ 劉釗先生曾對此字作了詳細考釋,他説:

宋鎮豪先生的釋文將用爲小臣名字的"▨"字隸定爲"叟"並不合適,因爲該字雖然從"丮"沒有問題,但是却並不從"弋"。所謂的"弋"字還是以是"丰"字的可能性更大(所從之"丰"字部位的骨面似乎有擠壓,變得有些扁平)。焦智勤先生的釋文對該字用原形表示,未加以隸定,但是對原形摹寫不準,筆畫有遺漏,致使"丮"形

---

① 參看勞榦:《古文字試釋》,《中研院史語所集刊》第 40 本上冊,臺北:中研院史語所 1968 年版,頁 43—44;王輝:《殷墟玉璋朱書文字蠡測》,《文博》1996 年第 5 期;王輝:《殷墟玉璋朱書"戜"字解》,《于省吾教授百年誕辰紀念文集》,長春:吉林大學出版社 1996 年版,頁 64—67;李學勤:《從兩條〈花東〉卜辭看殷禮》,《吉林師範大學學報》(人文社會科學版)2004 年第 3 期,收入《文物中的古文明》,北京:商務印書館 2008 年版,頁 126—129;蔡哲茂:《説殷卜辭中的"圭"字》,《漢字研究》第 1 輯,北京:學苑出版社 2005 年版,頁 308—315;張玉金:《殷墟甲骨文"吉"字研究》,《古文字研究》第二十六輯,北京:中華書局 2006 年版,頁 70—75;王蘊智:《釋甲骨文▨字》,《古文字研究》第二十六輯,頁 76—79;陳劍:《説殷墟甲骨文中的"玉戚"》,《中研院史語所集刊》第 78 本第 2 分,2007 年,頁 407—427;董蓮池、畢秀潔:《商周"圭"字的構形演變及相關問題研究》,《中國文字研究》第十三輯,2010 年,頁 4—10。
② 參看陳劍:《釋▨》,《出土文獻與古文字研究》第 3 輯,頁 8。
③ 參看李宗焜:《甲骨文字編》下冊,頁 1073—1086。
④ 宋鎮豪、焦智勤、孫亞冰:《殷墟甲骨拾遺》,北京:中國社會科學出版社 2015 年版,頁 122、356。
⑤ 宋鎮豪:《商代社會生活與禮俗》,《商代史》第 7 卷,北京:中國社會科學出版社 2010 年版,頁 625。

兩手所捧的部分變得類似"屮"形,丟掉了下邊的另一個"屮"。該字所從的"又"旁是依附在人身體上的,而古文字中從人旁的字有時會綴加上一個"又"旁,反映的很可能只是這個字繁簡的不同,對該字的音義並無影響。如甲骨文枚字作"⿰"(《甲骨文合集補編》10290),又從"又"(引者按:原誤作"人")作"⿰"(《甲骨文合集補編》8734)便是。金文"奉"字從"廾"從"丰"("丰"旁同時兼聲符)①作"⿰",象雙手捧物形。古文字中從"廾"與從"𠬞"在用爲表意偏旁時可以通用,如"對"字既可以從"廾"作"⿰"(蠻簋),又可以從"𠬞"作"⿰"(柞鐘)可證。所以既然"⿰"字從"𠬞"從"丰",我們更傾向於將其視爲"奉"字的一種繁複的寫法從而暫釋爲"奉"。②

李發先生在一篇未刊稿中認爲劉釗先生釋"奉"的意見可從,但在字形分析上與劉先生有所不同。他認爲D中雙手所捧之形"⿱"與"丰"判然有別,它象"土"但非"土",而與"吉"字上部所從相類,又聯繫殷墟出土朱書玉璋上的"⿰"字,認爲"⿱"應是"圭"字。李先生還認爲"吉"字上部本應從"圭",同時更傾向把"吉"字上部看作勾兵之器,並指出從第三期開始"吉"作"⿱"、"⿱"等形,上部所從就與"土"、"圡"的形狀訛混了。③

甲骨文記事刻辭中常見"⿰"字,可隸作"㺨"。劉桓先生曾將它釋爲"揚",認爲金文中的"揚"(⿰)是在其基礎上加注聲符"昜"而成。④ 方稚松先生評論此說時說:

> 但金文中的揚字形中間所從乃是玉,並非爲王,金文中玉、王分別明顯,揚字中所從的玉字不可能是王的訛變,因此,劉先生對字形的繫聯不太可信。不過㺨讀爲揚的可能性還是有的,揚訓舉,與稱同義,而甲骨文中的爯就有表進獻之意,如《花東》363和480上均有"子勞辟,爯黹圭一、珥九"之辭,《合》32721中有"王其爯琮",⑤這幾條辭中的"爯"表示捧舉之義,在當時語境下表示的就是奉獻、進獻義。㺨字形中王可表示玉戉,正屬於金文揚字字形中所捧的玉類事物。⑥

方稚松先生在上引文中還認爲D除去字形右下方"又"形後的字形與"㺨"字右邊可看作一字,字形中的"王"晚期演變成了"土"。"㺨"在記事刻辭中應是奉納、進獻之

---

① 引者按:原注:關於"奉"字結構的解釋見裘錫圭:《文字學概要》,北京:商務印書館1988年版,頁159。
② 劉釗:《談新公布的牛距骨刻辭》,《書馨集》,上海:上海古籍出版社2013年版,頁60。
③ 李發:《釋⿰》(未刊稿)。2017年7月蒙李先生惠賜大作電子版,謹致謝忱。
④ 劉桓:《殷契新釋·釋㺨》,石家莊:河北教育出版社1989年版,頁121—127。
⑤ 引者按:原注:李學勤:《從兩條〈花東〉卜辭看殷禮》,《吉林師範大學學報》2004年第3期,收入氏著《文物中的古文明》,北京:商務印書館2008年版,頁126—129。
⑥ 方稚松:《釋甲骨文中的"⿰"》(未刊稿)。2017年9月蒙方先生惠賜大作電子版,謹致謝忱。

類含義。

　　商代甲骨文中的"吉"字有"[圖]"、"[圖]"、"[圖]"等寫法,第三形顯然是由第二形演變而來,後兩類寫法的"吉"即西周金文"吉"字所本。勞榦先生認爲"[圖]"類形的"吉"字上部是圭形,在解釋"吉"的不同異體時說:"金文之吉或作斧形,非如吳其昌所謂一斧一碪謂之吉也。夫一斧一碪,何吉之有?金文中之吉,誠有類斧者在其上,但決不可率然以斧碪釋之。按上世石斧石刀製作匪易,而其用甚廣,故石斧石刀可以代表權威,可以代表貴重,亦可以代表吉祥。從其形制而變者,在玉則有圭璋,在金則有句兵,則有矛鋋,則有斧戚。雖其用不同,而形制相關,仍一貫也。其在吉字上部所從,在甲骨者自以類似句兵之圭而有邸者爲主(引者按:指"[圖]"類形),再就各種變化及省略者言之,實亦兼具有圭之親屬中各種形制之器物。"① 殷墟出土玉璋朱書文字中有"[圖]"、"[圖]"、"[圖]"形,王輝先生分析爲從"戈"從"[圖]","[圖]"亦聲,認爲"[圖]"應爲"圭"之象形,是"圭"的本字,即西周金文"圭"作"[圖]"所從二"[圖]"之一,而"吉"字上部所從的"[圖]"、"[圖]"、"[圖]"爲一物,亦皆圭形。② 李學勤先生把"[圖]"隸作"我",認爲"'我'字所從的'玉'省去上一橫筆,當爲玉戈專字"。③ 何琳儀先生認爲"[圖]"即安徽省淮南市蔡家崗趙家孤堆出土的銅戈銘文中用作"癸亥"之"癸"的"或"字,前者所從"土"旁爲後者所從"圭"旁之省,"[圖]"中"戈"旁既可能是疊加聲符,也可能是"圭"旁的裝飾性部件,此字可讀作"圭"。④ 王蘊智先生對"吉"字的演變作了詳細分析,根據"吉"字在商代不同時期的變化,指出"吉"字上部所從的"[圖]"、"士"等形是由圭形"[圖]"演變而來,而不是由王字演變而來的,並進而認爲單獨的"士"也應是由圭形"[圖]"演變而來,"王"、"士"同源⑤的意見不可信,"士"應與"圭"是同源字。⑥ 丁軍偉先生根據同一類組甲骨卜辭中"王"與"吉"字上部所從並不相同以及"吉"字上部後來演變爲"士"的現象,認爲"王"、"士"同源說不

---

① 勞榦:《古文字試釋》,《中研院史語所集刊》第40本上册,頁43—44。
② 王輝:《殷墟玉璋朱書文字蠡測》,《文博》1996年第5期。
③ 李學勤:《説祼玉》,《重寫學術史》,石家莊:河北教育出版社2002年版,頁59。
④ 何琳儀:《釋圭》,《古籍研究2006》卷下,合肥:安徽大學出版社2006年版,頁48—52。"或"字又見於漢代的大利銅鼎,用作"圭"(鄒芙都、馬超:《大利銅鼎銘文"或"字考釋——兼論漢代的重量單位"圭"》,《文物》2019年第2期)。
⑤ "王"、"士"同源的相關意見參看林澐:《王、士同源及相關問題》,《林澐學術文集》,北京:中國大百科全書出版社1998年版,頁22—29。
⑥ 王蘊智:《釋甲骨文[圖]字》,《古文字研究》第二十六輯,頁76—79。

可靠，"士"、"圭"同源說比較可信。① 董蓮池先生、畢秀潔女士認爲商代的"圭"字當有二體，分別取象當時存在的兩種實物圭：一爲剡上形者，此即"⟨圖⟩"類形所從；一爲斧鉞形者，即"⟨圖⟩"類形所從。由於斧鉞形者與早期"王"字混同，通行剡上形者。到了西周，西周人使用斧鉞形者，由於與"士"字形體混同，遂采用上下相疊以相區別。"圭"字是由二"圭"相疊，與《説文》分析的"土"無關。② 研究者多已指出，表示"圭"的"⟨圖⟩"與"戈"形音關係非常密切，"⟨圖⟩"實即"戈"的"戈頭"部分。③ 高玉平、陳丹兩位女士據此認爲"⟨圖⟩"類形上部是源於兵器"戈"，而"⟨圖⟩"類形的上部"⟨圖⟩"是斧鉞形，"吉"由"⟨圖⟩"類形演變爲"⟨圖⟩"、"⟨圖⟩"類形，上部的變化屬於同意義的形符替換，並認爲這種替換産生了一個直接影響就是原本記録[圭]的"⟨圖⟩"，也就相應地變成了"士"，而如此則造成了記録禮器玉戈[圭]的字形與記録斧鉞[士]的字形相混淆。爲了將此二者進行區別，於是前者把字形進行重疊以與後者區別。④ 由以上論述可見，"⟨圖⟩"類形上部是"圭"，研究者基本上已取得共識。⑤ 但"⟨圖⟩"類形上部是否是"圭"以及"⟨圖⟩"與"⟨圖⟩"的

---

① 丁軍偉：《士、吉淺論》，《華夏考古》2018 年第 2 期。丁先生文蒙方稚松先生審閲拙文時告知，謹致謝忱。
② 董蓮池、畢秀潔：《商周"圭"字的構形演變及相關問題研究》，《中國文字研究》2010 年第十三輯，頁 4—10。
③ 孫慶偉：《周代用玉制度研究》，北京：上海古籍出版社 2008 年版，頁 197；陳劍：《説殷墟甲骨文中的"玉戚"》，《中研院史語所集刊》第 78 本第 2 分，2007 年，頁 407—427。
④ 高玉平、陳丹：《"吉""圭"蠡測》，《古漢語研究》2015 年第 4 期，頁 91—94。
⑤ 還有極少數研究者不贊同"⟨圖⟩"類形是"圭"，如王暉先生根據"⟨圖⟩"與考古出土的圭形制不合，"⟨圖⟩"象"戈頭"部分，又據"吉"字下部有省去"口"之例，認爲"⟨圖⟩"是"吉"的聲符，從而主張"⟨圖⟩"不是"圭"字而是《説文》訓作"戟"的"戞"，指戈頭，"⟨圖⟩"是象形字，"戞"則是會意字（王暉：《花園卜辭⟨圖⟩字音義與古戈頭名稱考》，王宇信、宋鎮豪、徐義華主編：《紀念王懿榮發現甲骨文 110 週年國際學術研討會論文集》，北京：社會科學文獻出版社 2009 年版，頁 148—151；王暉：《卜辭⟨圖⟩字與古戈頭名"戞"新考——兼論"⟨圖⟩"字非"圭"説》，《殷都學刊》2011 年第 2 期。此文蒙方稚松先生審閲拙文時告知，謹致謝忱）。"⟨圖⟩"與考古出土的圭形制不合，這並不是它釋"圭"的反證。這完全可能是我們之前對"圭"的形制不了解，把一些本不是圭的玉器稱作了"圭"，也就是説考古出土的所謂圭，也許有的應改叫別名，我們反而應該根據"⟨圖⟩"的字形來命名相應形制的玉器爲"圭"。周代金文中除了"吉"字，還有從"吉"的"姞"，都有"吉"形省去下部"口"形之例，但這種現象都出現得特別晚，主要出現在西周晚期和東周時期金文，因此不足以説明"吉"的上部是聲符[前人一般認爲"吉"是會意字，諸家之説可參看上引高玉平、陳丹《"吉""圭"蠡測》一文，其中裘錫圭先生贊同"吉"的上部是勾兵，認爲古人是在具有質地堅實這一特點的勾兵的象形符號上加上區別性意符"口"造成"吉"字來表示當堅實講的"吉"這個詞的（裘錫圭：《説字小記》，《裘錫圭學術文集》第三卷《金文及其他古文字卷》，上海：復旦大學出版社 2012 年版，頁 416—418）。張玉金先生根據"⟨圖⟩" （轉下頁）

關係，諸家分歧頗大，研究者還沒有達成比較一致的意見。在談論我們的看法之前，我們先將商周甲骨文中的"吉"字詳細分類揭示如下（有個別獨特寫法的字形，由於與本文討論主旨無關，下文未一一揭示）：

E1. [字形]《花東》228（花東子卜辭） [字形]《合》225（典賓） [字形]《合》28011（何組二類） [字形]《合》27863①（事何類） [字形]《乙》2297（《合》1793反）（典賓） [字形]《合》7715反+《合》562反②（典賓）

E2. [字形]《合》16313（典賓） [字形]《合》31225（何組二類） [字形]《花東》228（花東子卜辭）

E3. [字形]《花東》149（花東子卜辭） [字形]《合》24988（出組） [字形]《合》26967（何組二類） [字形]《合》27120（何組二類） [字形]《合》26967（何組二類） [字形]《合》26957（何組二類） [字形]《合》27871（何組二類） [字形]《合》30913（何組二類） [字形]《合補》9747（何組二類）

E4. [字形]《合》26088（何組二類）

E5. [字形]《合》26991（無名組） [字形]《屯》2665（無名組） [字形]《合》32983（無名組） [字形]《合》27057（無名組）

（接上頁）是"圭"的意見修正裘說，認爲"圭"也具有堅實的特點（甲骨文有"吉圭"一語），因此"吉"的本義仍應視爲堅實（《殷墟甲骨文"吉"字研究》，《古文字研究》第二十六輯，頁70）。"吉"的本義是堅實，下部"口"形是區別性意符這一意見較他說合理。]此外，"戛"，《說文》訓作"戟"，它並沒有用作"戈頭"的用例。因此把"[字形]"與"戛"相聯繫是不可靠的。聯繫"吉"字的變化以及玉璋"[字形]"、阿魰"圭"等字來看，"[字形]"釋作"圭"應該是沒有疑問的。

① 關於這一版的綴合情況，可參看連佳鵬：《甲骨試綴第四則》，先秦史網站，2013年11月13日。
② 劉影：《甲骨新綴第44組》，黃天樹主編：《甲骨拼合集》，北京：學苑出版社2010年版，頁153。

試論"揚"的一種異體　　・241・

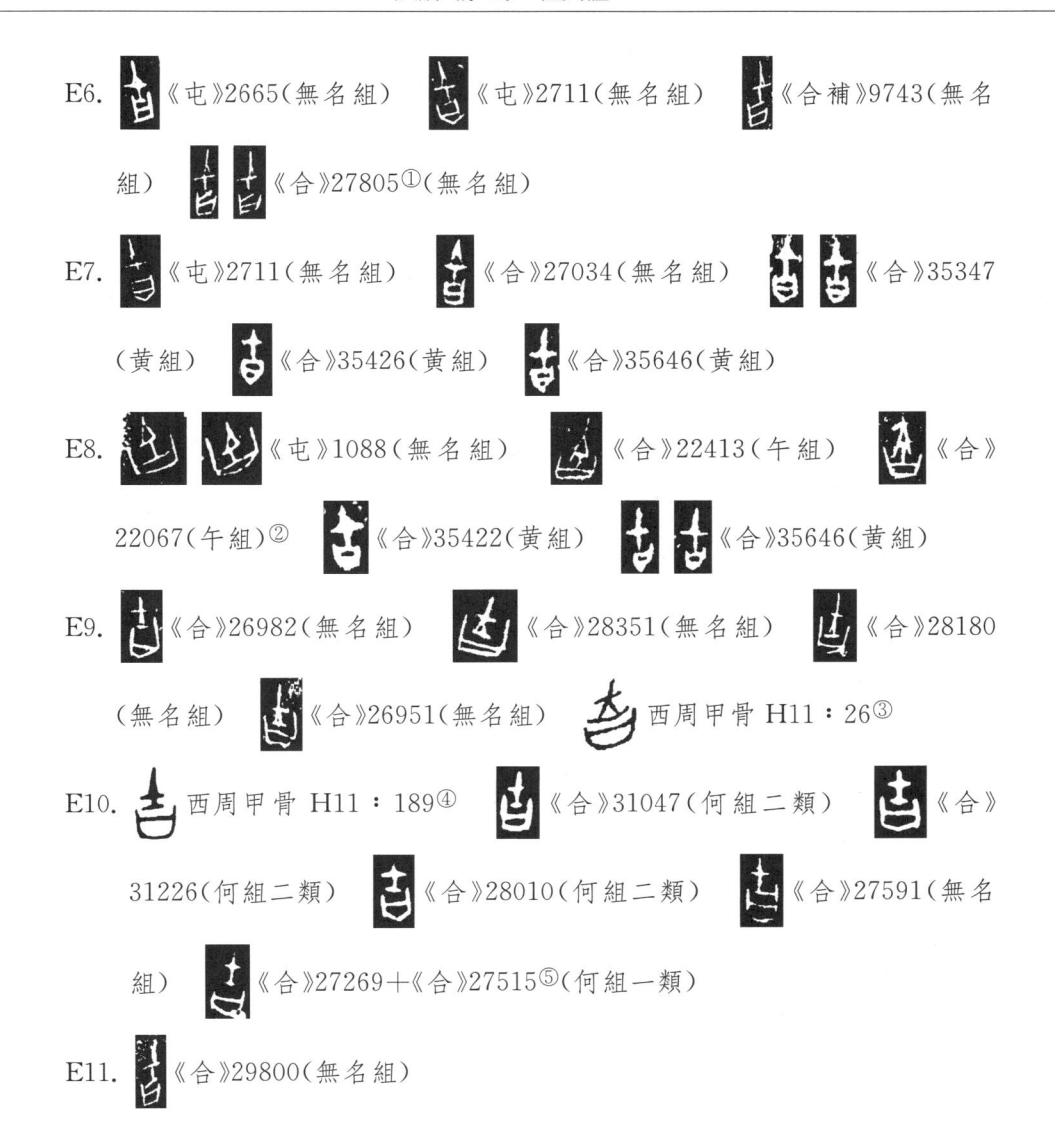

E6. [圖]《屯》2665（無名組）　[圖]《屯》2711（無名組）　[圖]《合補》9743（無名組）　[圖][圖]《合》27805①（無名組）

E7. [圖]《屯》2711（無名組）　[圖]《合》27034（無名組）　[圖]《合》35347（黃組）　[圖]《合》35426（黃組）　[圖]《合》35646（黃組）

E8. [圖][圖]《屯》1088（無名組）　[圖]《合》22413（午組）　[圖]《合》22067（午組）②　[圖]《合》35422（黃組）　[圖][圖]《合》35646（黃組）

E9. [圖]《合》26982（無名組）　[圖]《合》28351（無名組）　[圖]《合》28180（無名組）　[圖]《合》26951（無名組）　[圖]西周甲骨 H11：26③

E10. [圖]西周甲骨 H11：189④　[圖]《合》31047（何組二類）　[圖]《合》31226（何組二類）　[圖]《合》28010（何組二類）　[圖]《合》27591（無名組）　[圖]《合》27269＋《合》27515⑤（何組一類）

E11. [圖]《合》29800（無名組）

　　E1 後面兩形顯然是其前諸形把類似 △ 部分的下部橫筆斷開而來，E1 實可分析

---

① 蔡哲茂先生、劉影女士有加綴，參看劉影：《甲骨新綴第 79—82 組》第 80 組，黃天樹主編：《甲骨拼合集》，頁 194、440、441。
② 《村中南》453 是一版午組卜辭，其上有"[圖]"字，研究者或作爲不識字處理（中國社會科學院考古研究所：《殷墟小屯村中村南甲骨》上册頁 60、下册頁 727，昆明：雲南人民出版社 2012 年版；李霜潔：《殷墟小屯村中村南甲骨刻辭類纂》，北京：中華書局 2017 年版，頁 27），此字與 E8 午組"吉"字的寫法相近，也應是"吉"字。
③ 曹瑋：《周原甲骨文》，北京：世界圖書出版公司北京公司 2002 年版，頁 23。
④ 曹瑋：《周原甲骨文》，頁 108。
⑤ 張軍濤：《何組甲骨新綴十九組》第一組，先秦史網站，2009 年 4 月 22 日。

爲"口"與"圭"兩部分,而"圭"形即"圭"字。E2 前兩形是把"圭"形上面一橫筆左右延伸而來,第三形是把"圭"形上下兩橫筆皆左右延伸而來。E3 是在 E1、E2 基礎上,"圭"形下部受上部類化也變作"△"而來。E4 是在 E3 基礎上把下部"△"填實。E5 是把 E4 的填實部分寫作一豎筆而來,它也可看作是把 E3"圭"形下部的"∧"寫作一豎筆而來。① E6 是把 E5"圭"形的下部一橫筆其中一端與"口"形豎筆相接而來。E7 是把 E5"圭"形的下部一橫筆左右兩端皆與"口"形豎筆相接而來。E7 後面四形是在其前兩形的基礎上把上端填實而來,其中最後一形的上部填實部分已接近一豎筆。E8 則是在 E7 的基礎上把"圭"形下部一橫筆與"口"形橫筆共用筆畫而來。與 E3 所從"圭"形下部"∧"相當的部分,E5、E6、E7 皆演變作一豎筆。與 E3 所從"圭"形上部"∧"相當的部分,E7 後面一形、E8 後面兩形皆演變作近似一豎筆之形。因此 E9 顯然是由 E3 把所從"圭"形上部的"∧"變作一豎筆而來,E9 最後一例西周甲骨的"吉"字顯然是在其前形體的基礎上把"圭"形下部橫筆寫作弧筆,於是所從"圭"形訛變作斧鉞形,與"士"的寫法幾乎相同。E10 是在 E9 的基礎上把 E9 下部所從的"∧"變作一豎筆而來,其中 E10 西周甲骨之形,豎筆上端較粗,還可以看出它是從 E5 這類字形上部演變而來的。E9、E10 兩類字形上部與"士"寫法差不多,此即商周金文"吉"字所本。由此可見"吉"字上部作斧鉞形的部分實即"圭"形的訛變,上引王輝先生認爲"吉"字上部所從的"圭"、"古"、"士"皆是圭形,王蘊智先生認爲"吉"字上部所從的"古"、"士"等形是由圭形"圭"演變而來,李發先生認爲"吉"字上部本應從"圭",演變作"㐭"、"古"等形,上部所從就與"士"、"士"相混,這些意見都是可信的。而勞榦先生關於"吉"上部不同的變體實亦兼具有圭之親屬中各種形制之器物,董蓮池先生、畢秀潔女士認爲"古"類形上部所從爲斧鉞形圭,高玉平、陳丹兩位女士認爲"吉"由"圭"類形演變爲"古"、"吉"類形屬於同意義的形符替換這些意見都是不正確的。"王"、"士"同源說在字形方面的證據基本上是建立在"吉"從"士"以及把"圭"、"古"類形上部當作斧鉞形的基礎上的。根據"古"類形上部類似斧鉞形的部分是由"圭"形訛變而來以及研究者指出的同一類組甲骨卜辭中"王"與"吉"字上部所從並不相同,可知"王"、"士"同源說明顯缺乏證據。"士"、"圭"同源說的根據是"吉"字上部的圭形後來演變作"士",但此說仍證據不足,因爲沒有找到早期寫法的圭,如"圭"等形單用作

---

① 《合》29117"𠮷"則是在 E5 的基礎上把豎筆向上延伸而來。

"士"的例子,"士"完全可能另有來源,只是在某一發展階段,"吉"字演變爲"[圖]"、"[圖]"、"[圖]"等形之後,"圭"形才開始與"士"字相混。事實究竟如何,需待將來的新資料作進一步的研究。

E11則是在E3的基礎上把上下兩重"[圖]"皆變作近似一豎筆之形而來。商代晚期的叴①觥(《出土文獻與古文字研究》第6輯②第134、135頁,《銘圖續》③0893)"圭"作"[圖]"、"[圖]",這與E10所從"圭"形的變化基本相同。作"[圖]"類寫法的"圭"字可能如研究者所言是因爲"圭"由"[圖]"演變作"[圖]"以後,容易與"士"相混,於是把"[圖]"上下相疊以相區別。但由E11所從"圭"形變作"[圖]"來看,我們認爲"[圖]"類寫法的"圭"也可能是在其上下類似豎筆的部分上同時添加橫筆演變而來。"土"由"[圖]"類形演變作"[圖]"類形即是在類似豎筆上添加橫筆之例。金文中𨟃公盨(《銘圖》05677)"[圖]"字,楚王鼎(《銘圖續》0210)"鹽"所從偏旁作"[圖]"。不其簋、蓋(《集成》04328、04329)"[圖]"字,《上博簡(九)·陳公治兵》簡19作"[圖]"。它們上下兩重"[圖]"形的變化皆可證"[圖]"類形演變作"[圖]"是完全可能的。如果這種意見可信的話,我們認爲"圭"字在商末周初應該同時有"[圖]"、"[圖]"兩種變體,由於前者易與"士"、"土"等字相混,所以前者最終被淘汰而後者得以保留下來。

通過以上論證,可知"圭"作爲偏旁或單字,皆有由"[圖]"演變作與"士"相近同之例,這亦可證"[圖]"、"[圖]"、"[圖]"所從之"[圖]"是"圭"的意見應是可信的。④ 根據D([圖])所從"[圖]"形上部豎筆較粗而與E7"[圖]"、E10"[圖]"、"[圖]"等形所從相同來看,我們贊成"[圖]"是"圭"演變而來,而不贊成它是由甲骨文記事刻辭中"[圖]"所從"王"形演變而來。D除去下部"又"形後的部分作"[圖]",象雙手奉圭形,而A、B亦可看作雙手奉圭形,"[圖]"與A、B實是一字異體。B中諸形雖屬於西周早期,但它們所從"圭"形仍作比較原始之形,這是因爲它們皆用作族名,而族名之字象形意味往往比較濃厚的緣故。

---

① 鄔可晶先生《説古文字裏舊釋"陶"之字》(《文史》2018年第3期,頁5—20)一文對此字有考釋,可參看。
② 復旦大學出土文獻與古文字研究中心編:《出土文獻與古文字研究》第六輯上册,上海:上海古籍出版社2015年版。
③ 吴鎮烽:《商周青銅器銘文暨圖像集成續編》,上海:上海古籍出版社2016年版。
④ 朱書玉璋上的"[圖]"應該是自名,也就是説這些所謂玉璋在當時應是稱作"圭"的。

金文中"揚"字較早寫法作"㊤"類形，本是一個表意字，表示雙手奉"玉"之形，後來又在表意字的基礎上加注了"昜"聲，作"㊤"、"㊤"、"㊤"等形。① "㊤"與 A、B 象雙手奉"圭"形，造字意圖與"㊤（揚）"相類，而"圭"屬於玉器，我們認爲它們也可能是"揚"字異體。

西周早期前段的寓鼎（《集成》02718，《銘圖》02327）有銘文作"王奴錫寓曼絲，對△王奴休，用作父壬寶尊鼎"，其中"△"原作"㊤"，《殷周金文集成引得》釋爲"昜（揚）圭（挂）"二字，②《集成》修訂增補本釋法相同。③《四版〈金文編〉校補》把其下部分釋作"圭"。④ 孫稚雛先生指出它是"揚"字分書，⑤《殷周金文集成釋文》、《銘圖》等釋爲"揚"。⑥

根據"對揚"的文例，"△"釋作"揚"可從，但它與從"玉"的"揚"寫法不同，此字左下明顯是"圭"而非"玉"，它除去"昜"旁後的"㊤"與"㊤"、A、B 顯然是一字異體。

裘錫圭先生在《釋殷墟甲骨文裏的"遠""𢓇"（邇）及有關諸字》一文中曾指出：

> 在古文字裏，形聲字一般由一個意符（形）和一個音符（聲）組成。凡是形旁包含兩個以上意符，可以當作會意字來看的形聲字，其聲旁絶大多數是追加的。也就是說，這種形聲字的形旁通常是形聲字的初文。⑦

"㊤"、"㊤"、A、B 皆表示雙手奉"圭"形，我們認爲這是"揚"字初文的一種異體，"㊤"是在它們的基礎上加注"昜"聲而來，這與"㊤"加注"昜"聲作"㊤"類形同例。由寓鼎"揚"字，可證"㊤"、A、B 是"揚"的一種異體。⑧

---

① 參看容庚編著，張振林、馬國權摹補：《金文編》，北京：中華書局 1985 年版，頁 778—782。
② 張亞初：《殷周金文集成引得》，北京：中華書局 2001 年版，頁 45。
③ 中國社會科學院考古研究所：《殷周金文集成（修訂增補本）》第 2 册，北京：中華書局 2007 年版，頁 1395。
④ 嚴志斌：《四版〈金文編〉校補》，長春：吉林大學出版社 2001 年版，頁 31。
⑤ 孫稚雛：《金文釋讀中一些問題的探討》（續），《古文字研究》第九輯，北京：中華書局 1984 年版，頁 410。
⑥ 中國社會科學院考古研究所：《殷周金文集成釋文》第 2 卷，香港：香港中文大學出版社 2001 年版，頁 327；吳鎮烽：《商周青銅器銘文暨圖像集成》第 5 卷，頁 90。
⑦ 裘錫圭：《古文字論集》，北京：中華書局 1992 年版，頁 3；裘錫圭：《裘錫圭學術文集》第一卷《甲骨文卷》，上海：復旦大學出版社 2012 年版，頁 170。
⑧ 陽飤生匜（《集成》10227）"㊤"字，其左側乍看似可看作早期寫法的"圭"字，其字可分析作從"廾"奉"圭"、"昜"聲之形省去了"廾"形。但聯繫同出的兩件同器主的陽飤生簋蓋（《集成》03984、03985）相應之字皆作從"𠂤"從"土"、"昜"聲以及陽飤生諸器的時代屬於西周晚期來看，匜銘之字還應從一般的意見看作相疊的兩土形，與從"𠂤"從"土"同義。

商代文字中有"![図]"及从它之字,根據相關資料,它應與"廾"讀音相近。① 而"廾"、"昜"兩系字有相通之例。② 我們認爲"D"應該就是在"![図]"類形的基礎上把其下部變形聲化作"![図]"而來,D 應該也是"揚"字異體。由 D 是在"![図]"類形的基礎上把其下部人形變形聲化作與"廾"讀音相近的"![図]"(變形聲化往往要將就已有字形,因此對兩者語音的要求遠不如通假、假借之類嚴格),這亦可證把 A、B、D 釋作"揚"字異體是合理的。③

羊己爵(《集成》08796,《銘圖》08047)銘文中有"![図]"字,左上"士"形部分亦當是由"圭"變來,其形象一女子奉"圭"之形,舊或缺釋,或釋作"妊(姃)"。商周文字中常見"戕"字,象雙手奉"戈"形。《英藏》1291、《前》6.26.7 有"妖"字,分別作"![図]"、"![図]",象一女子奉"戈"之形,陳劍先生根據字形與辭例指出它與"戕"很可能當爲同一字。④ 根據"妖"與"戕"的關係,我們認爲"![図]"與 D 所從之"![図]"是一字異體,亦是"揚"字。⑤

最後,我們歸納一下本文的主要結論。A、B、D 與羊己爵"![図]"皆應釋作"揚"字,

---

① 商代甲骨文與族名金文中多見从"![図]"的"![図]"字,它在《合》3249、3250 中用作樂歌或樂舞名,與黃組卜辭中數見的用作樂歌或樂舞名的"![図]"表示的應是同一個詞,A 所表之詞與它們是否相關,待考(王子楊先生 2015 年 11 月 30 日惠贈給筆者的未刊稿《從卜辭"武湯"說到商代的樂歌樂舞》一文對黃組卜辭中的樂歌或樂舞名"![図]"有討論,當時尚未聯繫《合》3249、《合》3250 中的"![図]"及金文相關諸字。方稚松先生審閱拙文時,告知王先生後來與他討論時也聯繫上了賓組的"![図]",亦認爲它與黃組的"![図]"表示同一個詞)。族名金文中有"![図]"、"![図]"等字,最自然直接的分析應是从"樂"、"廾"聲。黃組卜辭中有"![図]"、"![図]"形,"樂"形有所省略,它們與族名金文"![図]"顯然是一字異體,後者只不過是把"人"旁換作"女"旁而已,它們應看作是"![図]"、"![図]"、"![図]"三者因音近而糅合之形。結合"![図]"的字形以及以上諸字的關係來看,"![図]"應是一個表意字,它與相關諸字的讀音應與"廾"相近,見另文詳述。
② 張儒、劉毓慶:《漢字通用聲素研究》,太原:山西古籍出版社 2002 年版,頁 458。
③ 前文所引"鄉"字,其中"皀+其右側部分"與 B 類寫法的"揚"形體相近,不知是否含有變形聲化的因素,待考。《合》34596"![図]"、"![図]"中所捧之物究竟是"圭",還是"皀",有待進一步研究。《集成》07458"![図]"究竟是"鄉"字省體還是"揚"字異體,也有待進一步研究。
④ 陳劍:《說殷墟甲骨文中的"玉戚"》,《中研院史語所集刊》第 78 本第 2 分,2007 年;又載復旦大學出土文獻與古文字研究中心網站,2009 年 9 月 11 日,http://www.guwenzi.com/srcshow.asp?src_id=902。
⑤ 《集成》00568"![図]",研究者一般隸作"坄"。沈寶春女士認爲"字當从工从廾,銘拓混雜,故成士耳。字即《說文》訓襃之'巩',孳乳爲'鞏',用爲方國之名或族稱"(沈寶春:《商周金文錄遺考釋》,臺灣師範大學碩士學位論文,1983 年,頁 289)。李發先生在前引《釋![図]》一文中讚同沈說。如隸作"坄"可信,則亦是"揚"的異體。"![図]"是"戈"的"戈頭"部分,古文字中的"戕"與本文所論雙手奉"圭"形之字是否有關係,待考。

即"揚"字有一種異體作雙手奉"圭"形,寓鼎"揚"字則是在它們的基礎上加注"昜"聲而來。"吉"字上部應從"圭",上部作斧鉞形一類的形體是"￼"的訛體。作"￼"類寫法的"圭"字既可能如研究者所言是由作"￼"類形的"圭"上下相疊而來,但也可能是在作"￼"類形的"圭"字上下豎筆上同時添加橫筆演變而來。

拙文蒙方稚松先生指正,謹致謝忱!

校補記:小文於 2018 年 1 月初稿,2019 年 3 月修改,且於 2019 年 3 月 30 日電郵給宋鎮豪先生,投刊於《甲骨文與殷商史》新九輯。在小文待刊期間,我於 6 月 6 日讀到裘錫圭先生《談談編纂古漢語大型辭書時如何對待不同於傳統說法的新說》(《辭書研究》2019 年第 3 期)一文,其中也對"圭"、"吉"兩字作了詳細討論,請讀者參看。

香港大唐國際 2019 年春季拍賣會拍賣了一件鴞卣,蓋、器同銘,其中有一人名用字與甲骨文 D 寫法相同(項立平:《青銅之光揭開神秘的商王朝之門》,"大象世界"公眾號,2019 年 5 月 11 日),付強先生把它們都釋作"獻"(付強:《子獻鴞卣考釋》,"古文字強刊"公眾號,2019 年 5 月 13 日),與我們觀點不同。從字形看,卣銘可疑,其真偽有待進一步研究。

甲骨文釋讀札記（三則）[*]

袁倫强　李　發

（首都師範大學甲骨文研究中心，
西南大學漢語言文獻研究所）

一、釋　"犬"

《乙》3709 又被著録爲合補 8584，其上殘存兩字，其中一字是"叀"，另一字作如下形體：

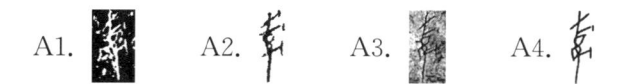

A1. ▢　　A2. ▢　　A3. ▢　　A4. ▢

《合補》與《摹釋全編》的釋文闕如未釋，《校釋總集》釋爲"叐"，《新甲骨文編》（增訂本）收爲附録 1207 號（其他字編似未收），字形處理作 A2。[①] 拓本不清，就此很難準確辨識字形，更難以正確釋讀。根據史語所"考古資料數位典藏資料庫"提供的彩照 A3，我們重新將此字摹寫作 A4，如果摹寫無誤，應是一個新見字形，值得注意。資料庫也將此字釋作"叐"，不確，字當從犬從幺，嚴格隸定可作"犾"，象犬被繩索捆縛之形，應該就是"犬"的繁寫。甲骨文"係"字寫作 ▢（《合》1100 正），象以繩索繫於人的頸部，與"A"字構形相類。又如寫作 ▢（合 32159）的"羌"字，於羌人頸部增加繩索之形，與不從"幺"的"羌"用法往往無別。再如"執"字也可寫作 ▢（《合》804），於人形頸部加

---

[*] 本文爲國家社科基金項目"基於數據庫的商代祭祀資料的搜集、整理與研究"（18BZS031）、中央高校基本科研業務費創新團隊項目"文字學"（SWU1709128）及中央高校基本科研業務費重大培育項目"甲骨文字釋總覽暨數據庫建設"（SWU1909208）之階段性成果。

[①] 參《甲骨文合集補編·釋文》，頁 1809；《殷墟甲骨文摹釋全編》，頁 4286；《甲骨文校釋總集》，頁 5522；《新甲骨文編》（增訂本），頁 1051。

繩索繁化,增強表意。"A"與"犬"或即此類繁簡之關係。

此字所在卜辭前後皆殘,用法難以確斷,據卜辭常見"叀犬"的辭例,用作祭牲的可能性最大,此類用法可參以下卜辭:

(1) 尞于出水叀犬。　　　　　　　　　　　　　(《合》10151 正,典賓)
(2) 壬申卜:其剛叀犬。　　　　　　　　　　　　(《合》31138,無名組)
(3) 叀犬百,卯十牛。　　　　　　　　　　　　　(《屯》204,歷二)
(4) 叀犬三,豚三。　　　　　　　　　　　　　　(合 30510,無名組)
(5) 叀犬三。　　　　　　　　　　　　　　　　　(合補 9684,無名組)

細審拓本,"A"下似還有殘筆,可能是"一"到"五"幾個數目字的上部橫筆,用於記錄祭牲的數量,辭例類似上揭(3)、(4)、(5)辭。由是推知,"A"所在卜辭大概是講進行某種祭祀而用犬作爲祭牲,爲避免祭牲逃跑而以繩索束縛。甲骨文刻寫有時也伴隨着刻手的創造性,爲使表意更加準確而對字形進行個性的改造,這也是甲骨文還保留有原始文字痕迹的表現。"A"表示繩索捆縛的犬,卜辭中所記錄的還是"犬"這個詞。

如果以上論述可信,則對於豐富甲骨文"犬"的形體以及觀察商人祭祀都有一點意義。

二、釋 "黍"

甲骨文子組卜辭中有如下兩個字形:

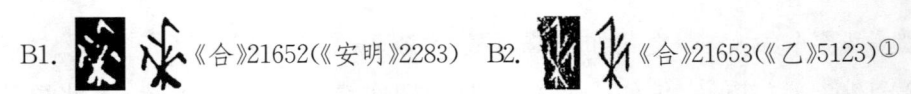

B1. 《合》21652(《安明》2283)　B2. 《合》21653(《乙》5123)①

此二形是一字,毫無疑問。其中,B1 的筆畫拓寫不完全清晰,但不影響判斷。《安明》釋文將 B1 釋爲"來",學者一般也將"B"釋爲"來",②没有異議。《甲骨文字編》1804 號

---

① 此片可與《合》21804(《乙》5985+《乙》4911)、《乙》5725、《乙補》4838、《乙》5203、《乙》5731 綴合,由張秉權、魏慈德、蔡哲茂與蔣玉斌幾位先生綴合,參蔣玉斌:《〈甲骨文合集〉綴合拾遺》第五十七組,中國社會科學院歷史研究所先秦史研究室網站,http://www.xianqin.org/blog/archives/1970.html,2010 年 7 月 6 日。
② 如《殷墟甲骨刻辭摹釋總集》、《甲骨文合集釋文》、《甲骨文校釋總集》、《殷墟甲骨文摹釋全編》與"漢達文庫",均釋爲"來"字。張玉金、陳年福、朱鳳瀚、常耀華、陳絜、王子楊、齊航福等先生在引及"B"所在卜辭時,也均釋爲"來"字,參張玉金:《甲骨文語法學》,上海:學林出版社 2001 年版,頁 249;陳年福:《甲骨文動詞詞彙研究》,成都:巴蜀書社 2001 年版,頁 78;朱鳳瀚:《商周家族形態研究》,天津:天津古籍出版社 2004 年版,頁 166;常耀華:《殷墟甲骨非王卜辭研究》,北京:綫裝書局 2006 年版,頁 28、67;陳絜:《商周姓氏制度研究》,北京:商務印書館 2007 年版,頁 56、112;王子楊:《甲骨文字形類組差異現象研究》,上海:中西書局 2013 年版,頁 52;齊航福:《殷墟甲骨文賓語語序研究》,上海:中西書局 2015 年版,頁 250。

"來"字頭下將 B2 收作 ■，①字形摹寫不準確，失誤的原因應是未參照拓本更清晰的舊著錄。就字形而言，"B"與"來"字的某些寫法的確相近，若不細審字形便容易與"來"混淆。按：釋"來"字可疑。

子組卜辭中"來"字一般寫作如下形體：

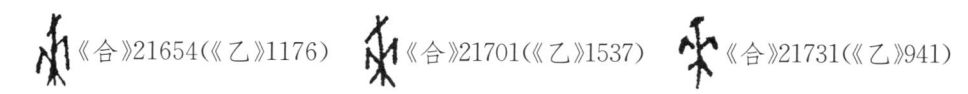

■《合》21654(《乙》1176)　　■《合》21701(《乙》1537)　　■《合》21731(《乙》941)

這也是甲骨文"來"字最爲常見的一種寫法。一般認爲"來"本指小麥，字形象一株小麥之形，麥穗挺立，莖稈頂端加一斜筆或用以強調麥穗所在(或以爲沒有實質意義)，中部兩側爲麥葉，下部爲根。對照字形可知，雖然"B"與"來"字的寫法部分相同，但仍有明顯區別。"B"的主體爲禾，禾穗下垂，這是與"來"字寫法最顯著的區別。其他區別，"B"除莖稈 M 形筆畫外，還有表示葉的短筆。關於"禾"與"來"在甲骨文字形上的區別，裘錫圭先生有精彩的論述：

> 穀子的穗是聚而下垂的，黍子的穗是散的，麥子的穗是直上的。所以甲骨文把"禾"字寫作■，"黍"字寫作■，"來"字寫作■("來"的本義是麥)，主要依靠穗形的不同來區別它們。②

前已說明，"B"與"來"寫法有區別，置之同一組類比較也是如此。那麼，釋"來"就存在疑問。我們認爲，"B"當釋爲"黍"字。

《合》32572 正(《粹》908 甲)有一字形作■，有學者釋爲"來"，裘先生根據字形特點強調應釋爲"黍"，無疑是可信的。裘先生指出：

> 甲骨文"來"字，第一期多作■，二期以後多作■，頂上所加短畫似乎沒有多大意義。晚期甲骨文"來"字往往作■，中豎上端略斜。這跟"戈"字由■變■一樣，純粹是筆勢上的一種變化。祇有少數"來"字由於頂端短畫偏在一方而作■，才容易跟 1c(引按：即合 32572 正之■)相混。《粹》887【《合》33260】"乙亥卜受■禾"一辭中的■字，《粹編考釋》和胡文(引按：即胡厚宣先生《卜辭中所見之殷代農業》)都釋爲"黍"。這是正確的。③

---

① 李宗焜編著：《甲骨文字編》，北京：中華書局 2012 年版，頁 530。
② 裘錫圭：《甲骨文中所見的商代農業》，《裘錫圭學術文集》(甲骨文卷)，上海：復旦大學出版社 2012 年版，頁 233。
③ 裘錫圭：《甲骨文中所見的商代農業》，《裘錫圭學術文集》(甲骨文卷)，頁 235。

與《合》32572 正寫法相同的"黍",還見於《合》28208、①32534、34107、34515 等。甲骨文"黍"字異體頗多,還有一類形體也可舉出與"B"對照,如 ※(《合》232 正)形,與 ※ 寫法相較僅多出兩小點。此兩類"黍"字的寫法,陳劍先生也有申論:

  上引"黍"字 3c ※ 形中表示散穗的黍子形的部分作 ※,1c ※ 與之相同。跟 3a ※ 比較,表示三個下垂的穗的部分有所省略。如果 4a ※ 也作這樣的省略,就成爲 4b ※ 形了;2c ※ 跟 2a ※ 比較,除掉"水"形,剩下的散穗的黍子形省作普通的"禾"。如果 4a ※ 也作這樣的省略,就成爲 4e ※ 形了。可見,1c、4b、4e 諸形及其異體,即使單從字形看,儘管變化頗多,實際也都應是"黍"字異體。②

將此兩類寫法的"黍"與"B"對照,不難得出"B"也應是"黍"字的結論。尤其與"黍"的 ※ 類寫法比較,"B"僅多出表示葉的短筆,是稍繁化的寫法。而莖稈上 M 形筆畫,裘先生也已經指出:

  它(引按:即合 32572 正之 ※)的中段左右兩筆跟頂上的一筆一樣,也都代表穗,跟"來"字、"禾"字中段左右兩筆代表禾葉的情況不同。③

所以,從字形特點看,"B"應當釋爲"黍"。驗之於其所在卜辭,又是否成立呢? 其辭分別作:

  (1) ☐ 于翌癸丑婦 B1 歸。   (《合》21652,子組)
  (2) 丁卯卜,㑋貞:汲五月呼婦 B2 歸。   (《合》21653,子組)

《安明》2283 號的考釋指出:

  帚:爲盟國之某種身份的稱呼,此處省略其私名或國名。來歸是表示原來的出發點是中央,如來征是回程,征是去程。④

陳年福先生説:

  "來"、"歸"都有回來的意思,"來歸"是同義連用。"來歸"相當於"歸來"。……

---

① 字形作 ※,許多學者將其釋爲"來",不確。此形穗下垂,應是"黍"字。學者釋"來",還受其後"歲"的影響,以爲"來歲"。考慮到"歲"後還有犧牲"一豕","歲"更可能爲祭祀動詞,而所謂"來歲"之"來"實際應是"黍",爲祭品,其前面動詞殘。
② 陳劍:《殷墟卜辭的分期分類對甲骨文字考釋的重要性》,《甲骨金文考釋論集》,北京:綫裝書局 2007 年版,頁 368。
③ 裘錫圭:《甲骨文中所見的商代農業》,《裘錫圭學術文集》(甲骨文卷),頁 235。
④ 許進雄:《明義士收藏甲骨》,加拿大多倫多皇家安略博物館 1972 年版,頁 175。

"呼婦來歸"或即叫出嫁的婦女回娘家的意思。①

《綴續》408組的考釋指出：

> 叔即及字，"呼帚來歸"即呼帚歸來。②

可以看出，學者將"B"釋爲"來"連後讀爲"來歸"，以爲用作動詞，張玉金、齊航福先生也認爲此處"來歸"爲動詞。③ 卜辭多見"來歸"之辭，如《合》4079正、4418等，"來歸"即歸來，釋"來"置之卜辭十分順適，這也是學者將"B"釋爲"來"的重要原因。但是，正如《安明》考釋所言，這樣釋讀卜辭則只能認爲"婦"省略其私名或國名。如此一來，單就卜辭看，呼的對象就很不明確，"婦"具體所指何人不知。實際上，此處並非省略其私名，而是釋讀有誤。所謂"婦來歸"應釋爲"婦黍歸"，"黍"爲私名，其辭皆貞問婦黍何時歸來之事。常耀華、陳絜先生也將"B"釋爲來，但與前連讀爲"婦來"，以爲婦名。④ 雖然釋"B"爲"來"是我們所不同意的，但將"B"視爲人名却可從。

《合補》6822(《乙》4504)也是一版子組卜辭，有一字作 ，从三禾，舊一般釋爲"桑"，王子楊先生後改釋爲"黍"。⑤ 這是正確的，《新甲骨文編》(增訂本)也吸收了這個意見。⑥《合補》6822有三條完整的卜辭：

> (3) 戊子卜，貞：婦㛋有子。
> 　　戊子貞：婦黍有子。
> 　　戊子貞：婦壴有子。

分別貞問"婦㛋"、"婦黍"、"婦壴"是否"有子"。我們認爲此"婦黍"即前文所論《合》21652、21653之"婦黍"，"B"很可能即 之簡省形式。

此處將兩版子組卜辭中舊釋爲"來"之字改釋爲"黍"，是新發現的"黍"的一種異體，對認識"黍"字的類組差異也有一定的積極意義。

三、釋"嬄"

《合》22301(《乙》4677)是一版龜腹甲，首甲、中甲殘，前甲上部亦殘，其餘完整。

---

① 陳年福：《甲骨文動詞詞彙研究》，頁78。
② 蔡哲茂：《甲骨綴合續集》，臺北：文津出版社2004年版，頁178。
③ 張玉金：《甲骨文語法學》，上海：學林出版社2001年版，頁249；齊航福：《殷墟甲骨文賓語語序研究》，頁250。
④ 常耀華：《殷墟甲骨非王卜辭研究》，頁28、92；陳絜：《商周姓氏制度研究》，頁56—57、112。
⑤ 王子楊：《甲骨文字形類組差異現象研究》，頁333—335。
⑥ 劉釗主編：《新甲骨文編》(增訂本)，福州：福建人民出版社2014年版，頁436。

據《乙》4677 拓本,字迹清晰,存 14 辭,諸家釋文略有出入,亦有不確之處,①現將其辭錄如下:

  (1) 辛丑卜,酚壬寅。三
  (2) 辛丑卜,酚禱壬寅。四
  (3) 妣辛妣。一
  (4) 妣乙C。一
  (5) 妣戊妣。一
  (6) 妣辛嫦。一
  (7) 妣癸蠅。一
  (8) 妣戊媞。一
  (9) 妣戊婭。一
  (10) 母庚七羖。
  (11) 母庚六羖。
  (12) 母庚三牢。
  (13) 〔己〕酉卜,亞俌其唯臣。四 五
  (14) 己酉卜,亞賓其唯臣。□?月。四 五

根據字體及内容可分爲兩類,(1)至(12)辭是一類,屬婦女卜辭,(13)、(14)辭是一類,屬亞卜辭。婦女卜辭分布在第三道盾紋以下的前甲、後下、尾甲,亞卜辭位於前甲第三道盾紋上千里路兩側,此二類中間有界劃隔開。(13)、(14)辭是兩條選貞卜辭,辭例完整,也有學者認爲是正反對貞之辭,有字殘去,②與我們的看法不同。(1)至(12)辭又可分爲三組:(1)、(2)辭貞問是否在壬寅日舉行祭祀,(3)至(9)辭十分簡略,(10)至(12)辭是關於祭祀母庚選用犧牲數量的記録。

  關於(3)至(9)辭,陳夢家先生認爲:

    婭、妾等字應讀作"亞母"、"它母",也是先妣的私名。③

把此處妣某之後的字當作先妣的私名。《甲骨文編》將其釋爲"母某"之合文,④也應是將除女旁的部分作爲私名看待。于省吾先生不同意這個觀點,認爲:

---

① 如《甲骨文合集釋文》所釋(10)、(11)辭脱"羖"數字。
② 如《甲骨文合集釋文》、《甲骨文校釋總集》、《殷墟甲骨文摹釋全編》與"漢達文庫"等。
③ 陳夢家:《殷虚卜辭綜述》,北京:中華書局 1988 年版,頁 491。
④ 中國科學院考古研究所:《甲骨文編》,北京:中華書局 1965 年版,頁 604。

這些从女的字都是女奴隸的女字,也就是女奴隸之名。這是用女奴隸作爲人牲以祭祀諸妣。因爲母庚豕、母庚三牢和妣乙致、妣辛妾、妣辛戯……等句例完全相同,不過有物牲和人牲之別罷了。①

姚孝遂先生從此説,指出:

同版又有"妣戊歔"、"妣戊娅"、"妣戊[字]"、"妣乙娅"、"妣辛嬅",是足以證明"先妣私名"之説不可據。"妣戊"不可能同時名"歔"、名"娅"、名"[字]"。而"娅"不可能同時爲"妣戊"及"妣乙"之私名。②

李學勤先生認爲是"妣名","是整個的稱謂",③舉出兩條非常有力的證據:

(15) ☒ 其禱妣癸娛、妣甲孃,惠 ☒　　　　　(《英》2271=《庫》1716,無名組)
(16) 王其又妣戊妍汎羊,王受佑。
　　　汎小宰,王受佑。
　　　惠妣戊妍小宰,王受佑。　　　　　　　　　(《屯》4023,無名組)

(15)辭前後皆殘,但中間部分完整,辭意比較明確,是向二位先妣進行禱祭的相關占卜。其中,"妣癸娛"、"妣甲孃"與《合》22301之"妣辛妯"等結構相同,此處"娛"、"孃"只能視爲先妣之名。(16)辭"'妣戊'和'妍'不能分開讀,是很清楚的。既然'妣戊妍'即'婦妍',不妨類推上面的九妣在生時也可稱爲'婦孃'、'婦娅'等等。'孃'、'娅'等都是女子的名"。④ 故(3)至(9)辭妣某之後的字也宜視作先妣的私名,皆是壬寅日"酌禱"的對象。

此處我們主要討論對(4)辭中"C"字的一點認識,原篆作:

此字僅一見,陳夢家、于省吾先生皆隸定作从亞,⑤《甲骨文編》釋爲"母亞"合文,⑥學者

---

① 于省吾:《甲骨文字釋林·釋用作人牲的女奴隸》,北京:中華書局1979年版,頁212。
② 姚孝遂:《商代的俘虜》,《古文字研究》第一輯,北京:中華書局1979年版,頁356—357。
③ 李學勤:《考古發現與古代姓氏制度》,《考古》1987年第3期。趙鵬先生也讚同李先生的説法,參趙鵬:《殷墟甲骨文人名與斷代的初步研究》,北京:綫裝書局2007年版,頁128。
④ 李學勤:《考古發現與古代姓氏制度》,《考古》1987年第3期。
⑤ 參《殷虛卜辭綜述》,頁491;《甲骨文字釋林》,頁211。
⑥ 中國科學院考古研究所:《甲骨文編》,頁604。

一般也釋爲"婭"字，①也有部分學者當作未識字處理。② 丁驌先生將 ▨、▨、▨ 一併釋爲"婭"。③ 其中，第一形應取自《合》22247，一般皆處理作从亞，如《新甲骨文編》（增訂本）處理爲 ▨，隸定作"姻"，《甲骨文字編》亦同。④ 據舊著録《乙》8990 拓本 ▨，當處理作 ▨，左側囗內所从爲戚，⑤ ▨ 的構形與"坎"相類，或即表示掘地而埋戚，可隸定作"姻"。後兩字形應即《合》22301 之 ▨、▨，摹寫與原形略有出入。我們認爲，將"C"釋爲"婭"可商。此字左側部件非"亞"，與"亞"常寫作 ✚（《合》22138）區別甚明，⑥無需多説。同版(9)辭"妣戊婭"之"婭"作 ▨，左側部件的主體是"亞"，⑦ 與 ✚ 對照亦可知"C"左側部件非"亞"。由此，"C"釋"婭"則不可信。

我們認爲要正確認識"C"字，需借助甲骨文另一字。經蔣玉斌先生綴合發現，甲骨文有如下之字：

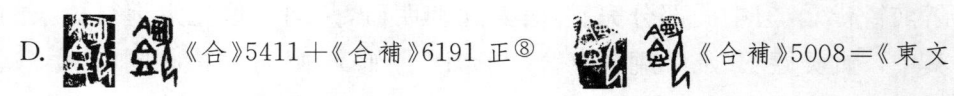

D. ▨ 《合》5411＋《合補》6191 正⑧   ▨ 《合補》5008＝《東文研》1005

此字舊多釋爲"饗"、"鄉"、"即"等，蔣先生綴合後據完整字形釋爲"饐"字，對字形的分析主要如下：

（一）該字右側从 ▨。西周金文的"懿"，如果不計"心"旁，有 a) ▨、b) ▨ 兩種寫法。于省吾先生説"象人張口就飲於壺側，懿美之義自見"。林澐先生進一步指出"該字所从之壺，實均無蓋……這種特殊的去了蓋的壺，正是表示人飲的會意字所專用"，而 a 種寫法中"頸部有糸的欠，應該是表示人飲酒的一個特殊符號"。

---

① 如《甲骨文合集釋文》、《甲骨文校釋總集》、《殷墟甲骨文摹釋全編》、《甲骨文字編》、《新甲骨文編》（增訂本）等。當然，也不排除有的學者將此字處理作"婭"僅是權宜之計，並非認爲字从亞。
② 如《殷墟甲骨刻辭摹釋總集》、"漢達文庫"等。
③ 于省吾主編：《甲骨文字詁林》，頁 515。
④ 參《新甲骨文編》（增訂本），頁 714；《甲骨文字編》，頁 164。
⑤ 關於"戚"字，參陳劍：《説殷墟甲骨文中的"玉戚"》，《中研院史語所集刊》第 78 本第 2 分，2007 年。
⑥ "亞"也有一種異體寫作"亜"，見《宋元以來俗字譜》，時代已晚至宋元，屬於由書寫變異造成的。
⑦ 合 4889 有一字作 ▨，與之寫法相類，學者一般釋爲"亞"。
⑧ 蔣玉斌：《〈甲骨文合集〉綴合拾遺（第九十組）》，中國社會科學院歷史研究所先秦史研究室網站，http://www.xianqin.org/blog/archives/2202.html，2010 年 12 月 17 日。

▨與金文 b 種寫法▨近同,只不過是將表示無蓋之壺的▨寫到了張大的口形中。……▨無疑也是"懿"之初文,可隸釋爲"歖"。

(二)▨將▨寫到口中,大概也有兼表品味美酒於口中的意圖。這種寫法壓縮了無蓋的壺形與"欠"所佔的空間,使其與"食"旁的組合時更爲協調美觀。因此,也不能完全排除契刻者照顧到文字結構而稍作調整的可能性。

總之,▨字可分析爲從"食"從"歖"。它應該就是後世的"饐"字。①

蔣先生的分析細緻,與金文"懿"相聯繫也十分可信。有學者將"D"徑釋爲"噎"字,②我們更讚同,可以説是"噎"的本字。

《説文·口部》云:"噎,飯窒也。从口壹聲。"甲骨文字形即象人跪坐就食之形,突出張大口形中塞有一物表示食噎。傳抄古文"噎"有寫作▨(海 5.19)、▨(海 5.19)、▨(海 5.10)等形體,③據字形當即"飴"和"饐",可證"噎"字本可从食作,而"饐"則可能是"噎"的分化字。"飴"、"饐"本是"噎"字異體,"飴"應即甲骨"D"之變體,主體尚存,欠旁被訛作勹形,又以"吉"作爲聲符,"饐"則省去"欠"旁。《説文·食部》:"饐,飯傷溼也。"此非本義。《漢書·賈山傳》:"祝飴在前,祝鯁在後。"顔師古注:"飴,古饐字,謂食不下也。"

金文中常見"懿"字,此字的釋讀没有問題,一般寫作▨(《集成》4341)、▨(《集成》10175)等形體。《説文·壹部》云:"懿,專久而美也。从壹,从恣省聲。"金文中"懿"也常用美、美德義。"从壹,从恣省聲"是據小篆字形所作分析,受所見字形材料局限,現參之金文字形可知此説不確。段玉裁注:"'从恣省聲'四字,蓋或淺人所改竄,當作从心,从欠,壹亦聲。"其説亦不甚準確。于省吾先生認爲:

> 懿字初文从壺从欠,本爲會意字。……古文欠字但象人之張口形,壺以貯酒。是懿字本義,象人張口就飲於壺側,而歖美之義自見。自小篆訛壺爲壹,許意爲从恣省聲,段改爲壹亦聲,易會意爲形聲,殊誤。④

---

① 蔣玉斌:《甲骨綴合所得新字新形研究》,《古文字學青年論壇會議論文集》,臺北:中研院史語所,2013 年 11 月 25—26 日,頁 90—91。
② 劉釗主編:《新甲骨文編》(增訂本),頁 59。陳劍先生也認爲:"又説爲'飯傷溼也'之'饐',不如徑説爲'噎'之古字。"(《古文字基礎形體源流研究》課程,西南大學漢語言文獻研究所,2018 年 5 月 21—25 日)
③ 徐在國:《傳抄古文字編》,北京:綫裝書局 2006 年版,頁 116。
④ 古文字詁林編纂委員會:《古文字詁林》,上海:上海教育出版社 1999 年版,頁 849。

《古文字譜系疏證》從此説。① 張世超先生説：

  金文从壺从欠，或增从心。初文當爲从欠壺聲，"壺"、"壹"古同字。"懿"从"壺"聲猶秦簡及秦瓦書以"壺"爲"壹"也。②

張先生所説部分可從，但仍有部分説法我們不同意。"懿"字所从心旁是後增的表意偏旁，與"德"的字形變化相同。"壺"、"壹"並非同字，後文再作論述。郭沫若先生曾指出：

  歔王即恭王之子懿王也。懿字彝銘多作懿，單伯鐘、禾殷、吳仲壺等皆是，而本器與沈子殷、班殷、瀘父鼎則均省心作歔。字殆噎之古文，叚借爲懿也。③

現據甲骨文"噎"字看，郭説"噎"假借爲"懿"當更可信。金文 🗝 即"噎"字省體，省甲骨文表意之食旁，假借作"懿"，後累增心旁表意。"懿"的金文字形當分析爲从心噎聲。金文中 🗝 旁從口中移出，表意功能減弱，又在所从欠旁的頸部加糸形，象食在喉中不下，突出食噎，借以增强表意。④

上文討論了甲骨文"D"即"噎"的本字，金文"懿"是假借"噎"又加心旁而來，再回過頭看前引"C"字當怎麽分析。

甲骨文"嗽"作 🗝（合 34072）形，"噎"與之構形相類。陳劍先生説：

  我們看上舉兩形（引按：即合 34072、34073 之"嗽"）都將"欠"形的口寫得特別大，又將"束"形的一部分寫入口中，似乎也有讓這部分形體兼起一定的指事作用的意圖。⑤

同理，"噎"字口中所从部件在構形中很可能也起到兼表音義的作用。陳劍先生認爲 🗝 自有"壹"音，本與"壺"無關，⑥可信。"C"在卜辭中用作先妣名，所从女旁標明性別。前已論述"C"所从之 🗝 非"亞"，我們認爲與"噎"、"懿"所从 🗝 爲同一部件，則

---

① 黃德寬主編：《古文字譜系疏證》，北京：商務印書館 2007 年版，頁 3303。
② 張世超、孫淩安、金國泰、馬如森：《金文形義通解》，（日）中文出版社 1996 年版，頁 2485。
③ 郭沫若：《兩周金文辭大系圖録考釋》，北京：科學出版社 1957 年版，第 82 頁。
④ 林澐先生認爲："頸部有糸的欠，應該是表示人飲酒的一個特殊符號。"林澐：《説厚》，《簡帛》第 5 輯，上海：上海古籍出版社 2010 年版，頁 99—107。
⑤ 陳劍：《説花園莊東地甲骨卜辭的"丁"——附：釋"速"》，《甲骨金文考釋論集》，北京：綫裝書局 2007 年版，頁 967。
⑥ 陳劍：《古文字基礎形體源流研究》課程。

"C"讀音自當與"壹"同,據此可直接釋作"嬯"字。① 當然,此處所釋"嬯"字與《玉篇》、《集韻》所載"嬯厥"之"嬯"非一字。李學勤先生早已將此字釋爲"嬯",②但無具體論述,未受到學者注意,此處可視爲對李先生釋"嬯"之說的補充論述。

根據字形的構形規律及"噎"、"懿"二字,從已知推未知,可以得出 ▢ 有"壹"音的認識,但這個字形是否即後來的"壹"字,以及與"壺"之間有何形體糾葛,這些還需釐清。

《說文·壹部》:"壹,專壹也。从壺吉聲。"《說文新證》引諸家云:

> 《說文·壺部》"壺"下云:"壹壺,《易》曰:'天地壹壺。'"徐鍇注云:"气壅塞也。今《易》作'絪緼'。"張舜徽《說文解字約注》謂"壹本爲物在壺中閉塞之名,閉塞則不分散,故引申爲專壹之稱"(册四卷二十 2706 頁)。陳獨秀《文字新詮》以爲壹乃"六國時於壺上加花紋以代'一'字,以杜而亂"(237 頁);何琳儀謂壹與壺爲一字分化,說皆可參。③

可以說對"壹"的認識並不一致,衆多說法中也可能還沒有正確的認識。目前,多數學者都認同"壹"與"壺"爲一字之分化,如《金文形義通解》、《新見金文字編》、《戰國古文字典》、《古文字譜系疏證》等。④ 這是看到"壹"與"壺"古文字形的混用關係而得出的結論,考慮到語音關係,說二者一字分化恐有不妥,還應該只是形體訛混造成的。

關於"壺"字的釋讀,學界一般沒有異議,甲骨文作 ▢(《合》18560)、▢(《合》18559)等,金文作 ▢(《集成》9705)、▢(《集成》9528.1)等,象壺之形,上爲蓋,中爲壺身,下爲圈足,頸部有耳。目前所見"壹"字時代較早的形體是戰國時期的,如 ▢(《清七·越公》19)、▢(詛楚文)、▢(《睡·日甲》59 背)、▢(商鞅方升)等,已經與"壺"的寫法相混。陳昭容先生指出:

> 在秦文字資料中却多作 ▢,如秦封宗邑瓦書兩見"十壹月"皆作 ▢,商鞅方升"積十六尊(寸)五分尊壹爲升"之"壹"亦作 ▢,《睡虎地秦簡·秦律十八種·工律》"毋過歲壹"也作 ▢,《倉律》"駕縣馬勞,又益壹禾之"(再加喂一次糧食)亦同。這個寫法與"壺"字的省體相同,如東周盛季壺作 ▢,秦簡"賜田嗇夫壹酒束脯"之

---

① 白玉崢先生將 ▢(娘)釋爲"嬯",非是。參《古文字詁林》,上海:上海教育出版社 1999 年版,頁 849。
② 李學勤:《考古發現與古代姓氏制度》,《考古》1987 年第 3 期。
③ 季旭昇:《說文新證》,臺北:藝文印書館 2014 年版,頁 772。
④ 參《金文形義通解》,頁 2485;《新見金文字編》,頁 310;《戰國古文字典》,頁 1079;《古文字譜系疏證》,頁 3304。

"壺"字亦作 ▢。壹與壺寫法無別。始皇詔中的"皆明壹之"之"壹",有作規整小篆的,也有簡率作 ▢ 者,但與 ▢ 字有別。小篆以後,這種壹壺同形的情況就不見了。……壹壺的關係待考,而《詛楚文》"兩邦若壹"的壹字正作"▢",與戰國時期秦系文字之其他材料寫法正同,這無疑是很具有時代及地域特色的。①

由於没見到更早的"壹"的字形,學者還難以確定"壹""壺"二者之間的關係。

從"嘖"、"懿"的形體演進上溯,很可能甲金文中所從 ▢ 即"壹"字初文,準此,則"壹"、"壺"本非同源分化,僅是後期形體的訛混。陳劍先生認爲:

> 據卜辭"饇"字及金文"懿"字,"壹"應本與"壺"形有别,後始受"壺"字類化影響而上加"大形/蓋形",致有部分形體混同。②

這是可信的。試比較:

	嘖/懿		壺	
甲骨文	《合》5411+《合補》6191 正		《合》18560	《合》18559
西周金文	《集成》4330	《集成》10175	《集成》9528.1	《集成》9661

雖然甲骨文、西周金文中不見獨立使用的"壹"字,但作爲構字部件還保留在"嘖"、"懿"當中。同時期的"壹"與"壺"寫法分明,但也確有形近之處,尤其"壺"的 ▢(《集成》9661)、▢(《集成》9598)、▢(《集成》95991.1)類形體,壺身的弧筆寫作豎筆與圈足相接,若除去壺蓋則與"壹"的寫法極近。這促成了在字形演變過程中"壹"訛變作"壺"形,二者形體出現混同,這種混同至少在戰國時期已經普遍存在。因爲"壹"訛寫作"壺"形,難以區别,故又在"壹"上增加聲符"吉",既提示"壹"的讀音,也與"壺"相區别。有學者認爲"秦統一之後始疊加吉爲聲符",③這也是不正確的,因爲清華簡中"壹"已有聲符"吉"作 ▢(《清七·越公》19)。所以,"壹"與"壺"自有别,並非許多學

---

① 古文字詁林編纂委員會:《古文字詁林》,頁 847—848。
② 陳劍:《古文字基礎形體源流研究》課程。
③ 黄德寬主編:《古文字譜系疏證》,頁 3303。

者所認識的是一字分化，二者的糾葛完全是字形訛混造成的。

　　按照古文字發展的一般規律，"壹"字最初當取象於某種實物，可能是個象物字。文獻中"壹"表示"專一"、"統一"、"均衡"或數詞等，應是其假借用法，皆非本義。由於材料所限，早期文字中不見用本義的例子，很難確定其本義。我們懷疑"壹"可能是"醩"的本字，也沒有確鑿證據。

　　本文草成後請王子楊先生、李曉曉女士審閱，提出了有價值的意見，作者非常感謝！

再論甲骨文"奭"的字形演變及用法

王晶晶

(華東師範大學中國語言文學系)

甲骨文"奭"字形象一人兩手各拿一器配對,在卜辭中表示匹配。張政烺先生認爲此字讀"仇"訓"匹",對字形的分析較可信服。① 現在多從于省吾先生的意見隸定作"奭",② 只是權宜之計,與字形並不完全貼合。下面對其字形演變和用法做一梳理。

序號	兩側	兩臂和器皿相連	兩臂和器皿不相連
A	口形	a. (《合》409 典賓)、(《合》418 正 典賓) b. (《合》1051 正 典賓)、(《合》13936 正 典賓)	(《合》33273 歷二)
B	皿形③	(《合》27502 何二)、(《合》27503 無名)、(《合》32162 無名)、(《合》32744 無名)、(《合》35226 無名)、(《德》208 無名)	(《合》30908 何二)、(《合》27519 無名)、(《合》35361 黃類)、(《合》36183 黃類)、(《合》36292 黃類)、(《合》38254 黃類)、(《合補》10633 歷二)

---

① 張政烺:《奭字說》,《中研院史語所集刊》第 13 本,1948 年,頁 165—171。
② 于省吾:《甲骨文字釋林》,北京:中華書局 2009 年版,頁 45—47。
③ 此類人形兩側器物不都是"皿",有些如《合》27502 、《合》27519 類似豆或簋,有些如《合》27503 、《合》35226 左右兩側繁簡不一,還有如《合》32162 、《合補》10633 器物變形嚴重,無法一一說明,姑以"皿"概之。

續　表

序號	兩側	兩臂和器皿相連	兩臂和器皿不相連
C	从酉	（《合》17991 典賓）、（《合》20097 自歷）、（《合》21417 自小）	
D	火形		（《合》23304 出二）、（《合》27177 何一）、（《合》27513 無名）、（《輯佚》530 正 黃類）
E	圈形	a. （《合》20106 自小）、（《合》28269 歷無名）、（《屯南》183 歷一） b. （《屯南》783 歷二）、（《屯南》2842 歷二）	（《懷特》1636 歷一）①
F	訛變	a. （《合補》9568 何二） b. （《合》36195 黃類）、（《合》36226 乙 黃類）、（《合》36237 黃類）	

　　從表中可見：早期的自、賓組人形兩側所从多是口或酉形，中期的出組、何組開始出現从皿的形體，到晚期的無名類、黃類依然大量沿用，這些無疑是最能反映"奭"字本義的形體。人形兩臂和所持器皿或相連或不相連，相連者有些以器皿與手臂直接相連，如《合》27503 　、　；有些故意刻寫一些類似提繩的筆道，从口或酉形的自、賓組最爲典型，又如《合》35226 　、《德》208 　。歷組字形自成一體，人形兩側之物多抽象成兩個圈，但也偶有例外，如《合》33273 　从口形，《合補》10633 　所从的"皿"變形嚴重，《屯南》783 　，2842 　、　器皿和提繩刻寫得更爲樸拙，均不失本義。

　　从皿形的形體雖然自出組、何組開始出現，但較少見，多數還是从火形，這種演變有兩個可能的途徑。首先是口形的訛變：中期和稍後的出組、何組與早期自、賓組同屬村北一系，字形前後相承的痕跡比較明顯，自、賓組絕大多數从有提繩的口形，提繩

---

① 此形少見，《新甲骨文編（增訂本）》將其列於"奭"字頭下。附文例以參："壬午卜，鼎（貞）：曰［以］从立于河。""……河　吕（以）丙（兩）衣，丿（奇）［衣］"，釋讀參見王子楊：《甲骨文字形類組差異現象研究》，上海：中西書局 2013 年版，第 101 頁注②。

加口形上部一橫極易演變成∧形，口形和"火"底部類似"山"和"火"，只是平與不平的區別，如 A 類 b 組典賓兩個形體 [圖]、[圖] 左側的口形底部都寫成了一弧筆，F 類何組的《合補》9568 [圖] 兩側已經難分是口形還是"火"了。其次是皿形省去圈足：從火形的形體不見於出組之前，且和從皿形的形體同期存在，這應該不是偶然。大多數帶有提繩又寫得比較標準的皿形，皿形上部一弧筆加上提繩就和"火"十分接近，如《合》27502 [圖]、《德》208 [圖]、《合》38254 [圖]，若省去這些器物的圈足，剩下的部分即是從火形的"奭"了。也就是說，那些大量所謂從火形的形體，也許所從並非真正的"火"，而是省去圈足的皿形和提繩，後來因為形近訛混，才出現真正從火的形體，如《合》27513 [圖]、《輯佚》530 正 [圖]，但數量並不多。

晚期的無名類、黃類同屬村南一系，字形相承性很強。多數從皿形，這和無名類、黃類整體趨於復古的文字風格十分吻合；其次從火形，有可能是受到了村北出組、何組的影響，也有可能是皿形自身的訛變。黃類獨有兩側是叉形的，數量較少，在《合集》裏片號比較集中，可能和刻手習慣有關；這些字形即是于省吾先生釋"奭"的來源。叉形明顯從皿形訛變而來，雖然僅見於黃類，但在無名類中已有端倪：刻手為求簡便，有時會把皿形上部一弧筆和圈足連成兩道交叉的斜筆，《合》27519 [圖] 的皿形已經有這種趨勢，明顯的如《合》27503 [圖]、[圖] 前一字左右兩側還是標準的器形，後一字右側的器物便簡化成了類似甲骨文"五"的樣子，《合》32162 [圖]、35226 [圖] 也是如此；《合》32744 [圖]、[圖] 的簡化更徹底，如果去掉提繩，便是《合》36183 [圖] 的樣子。加上黃類字體筆畫多短小細密，在此基礎上再省去底部一橫便成了 F 類 b 組中的叉形。

所以，無論是火形還是叉形，其實絕大多數都是由帶提繩的口形或皿形訛變而來，真正從"火"者是帶提繩的皿形省去圈足的訛變，數量並不多，這是符合"奭"字形本義和文字訛變規律的。

歷組雖然也屬村南一系，但字形整體風格和其他類組均不相同，不過也偶然可見一些相承性，如《合》32162 [圖] 是無名類，但右側器物的刻寫方式就很類似歷組的《屯南》783 [圖]、2842 [圖]。

綜上所述，"奭"字形演變過程可以歸結成下圖：

圈形：[圖]、[圖]、[圖]

從西：[圖]

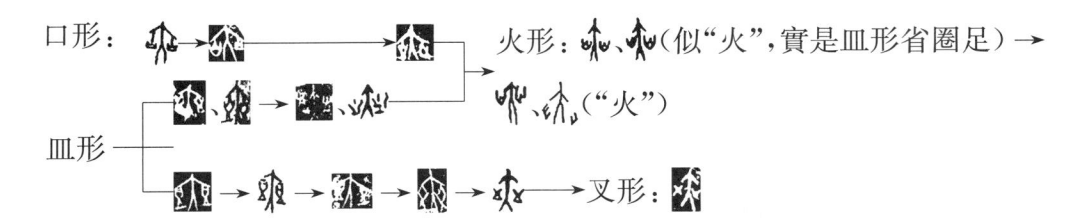

口形：[字形] → [字形] → [字形] 　火形：[字形]、[字形]（似"火"，實是皿形省圈足）→

皿形 ┬ [字形]、[字形] → [字形] → [字形]、[字形]（"火"）
　　 └ [字形] → [字形] → [字形] → [字形] → [字形] ── 叉形：[字形]

"奭"字在卜辭中的用法一般認爲是記錄某位先公先王的配偶，又可以根據字形分成兩種。

1. 伊尹配偶：伊尹又稱黄尹，是歷事商湯、外丙、仲壬、太甲、沃丁的五朝重臣。其配偶在賓組中稱爲"黄奭"，使用 A 類 a、b 兩組字形，如：

　　丙寅卜，争鼎（貞）：屮（侑）于黄奭二羌。　　　　　　　　　　　（《合》409 典賓）
　　屮（侑）于父乙。
　　㞢于黄奭。　　　　　　　　　　　　　　　　　　　　　　　　（《合》1051 正 典賓）

在歷組中稱爲"伊奭"，使用 E 類 a 組字形，A 類《合》33273 僅一見，如：

　　壬申鼎（貞）：桒（禱）禾（年）于夒。
　　壬申鼎（貞）：桒（禱）禾（年）于河。
　　壬申：剛于伊奭。　　　　　　　　　　　　　　　　　　　　　（《合》33273 歷二）
　　……[鳳（風）]于伊奭。
　　……伊奭犬……　　　　　　　　　　　　　　　　　　　　　（《屯南》1007 歷二）

張政烺先生認爲因伊尹地位很高，經常配祭祖先，所以"伊奭"、"黄奭"是伊尹别稱。所舉辭例中有如下一條：

　　丙寅鼎（貞）：又（侑）升歲于伊尹二牢。
　　壬申：剛于伊奭。　　　　　　　　　　　　　　　　　　　　（《卜辭通纂》259 歷二）

張氏認爲"伊奭與伊尹同見於一片，自是一人"，[①]這似乎很有説服力，其實不然。《卜辭通纂》259 即《合》33273，綴合後收入《綴彙》4，閱讀綴合後的骨片可以發現，"伊尹"和"伊奭"雖然見於同版，但明顯分屬兩組異日占卜。一組刻於牛胛骨右側靠下邊緣處：

　　丙寅鼎（貞）：又（侑）于稷[②]，袞（燎）小宰，卯牛一。兹用。不雨。
　　丙寅鼎（貞）：袞（燎）三小宰，卯牛三于稷。

[①] 張政烺：《奭字説》，《中研院史語所集刊》第 13 本，頁 167—169。
[②] 蔡哲茂《從戰國簡牘的"稷"字論殷卜辭的"兇"即是"稷"》，先秦史研究室，http://www.xianqin.org/blog/archives/2944.html，2013 年 4 月 23 日。

丙寅鼎(貞)：又(侑)升歲于伊尹二牢。

一組刻於左側靠上邊緣處：

壬申鼎(貞)：桒(禱)禾(年)于夒。

壬申鼎(貞)：桒(禱)禾(年)于河。

壬申：剮于伊奭。

占卜日期、内容和祭祀對象、方式等均不相同，可見把"伊尹"和"伊奭"區別開來更合適。另外，伊尹除在賓組中被稱爲"黃尹"外，還可稱爲"伊"、"尹"或"伊尹"，如：

甲寅鼎(貞)：伊歲，冓(遘)匚(報)丁日。

甲寅鼎(貞)：伊歲，冓(遘)大丁日。　　　　　　　　　　(《屯南》1110 歷二)

癸亥鼎(貞)：其又(侑)匚(報)于伊尹，叀(惠)今丁卯酚三牛。兹用。

……夸伊尹眔酚十宰。　　　　　　　　　　　　　　(《屯南》1122 歷二)

……[庚戌]向辛亥王夢我大……

辛亥向壬子王亦夢尹，㞢(勿)屮(有)若……于父乙示，余見虫(害)才(在)之。

　　　　　　　　　　　　　　　　　　　　　　　　(《合》17375 賓一)

癸丑卜：上甲歲，伊宐(儐)。吉。

弜(勿)宐(儐)。　　　　　　　　　　　　　　　　　(《合》27057 無名)

丁子(巳)卜：升歲其至于伊尹日。吉。　　　　　　　(《合》27654 無名)

這些都是明確指稱伊尹的，從不見有"伊奭"、"黃奭"的用法。又有如下卜辭：

乙未卜：其今伐伊司(姒)，叀(惠)……兹。　　　　　(《屯南》768 歷二)

其中"司"作名詞，裘錫圭先生讀"姒"，解釋爲"女子年長者"。① 此處要伐祭的"伊司(姒)"即是伊尹配偶，可見她和殷人祖先配偶一樣是有資格進入祭祀名列的，"伊奭"、"黃奭"和"伊司(姒)"組詞結構相同，理解爲伊尹配偶比較妥當。

2. 某祖先配偶：A—F類字形均有使用。其中A—D類見於除歷組以外的其他各組類，放在某祖先後，如：

庚辰卜，鼎(貞)：王宐(儐)示壬奭匕(妣)庚翼(翌)日，亡(無)尤。

　　　　　　　　　　　　　　　　　　　　　　　　(《合》36183 黃類)

甲午卜：舌(祰)其至匕(妣)己且(祖)乙奭，又(有)正。吉。

弜(勿)至。

---

① 裘錫圭：《説"姒"(提綱)》，《裘錫圭學術文集(甲骨文卷)》，上海：復旦大學出版社2012年版，頁523—526。

　　　　其舌(祰)匕(妣)甲且(祖)辛奭，又(有)正。　　　　　　　　　(《合》27503 無名)

　　E類字形爲歷組獨有，類組差異明顯。用法也比較特殊，大多數單獨使用，不像其他類組一樣專門指出是哪位祖先的配偶，也許歷組中這些單獨使用的"奭"是對某位或某些位固定祖先配偶的特指。如：

　　　　奭二羊。　　　　　　　　　　　　　　　　　　　　　(《合》33654 歷二)
　　　　……牢又(有)奭歲……　　　　　　　　　　　　　　　　(《合》34322 歷二)
　　　　辛亥鼎(貞)：又(侑)于二示。
　　　　弜(勿)又(侑)。
　　　　眔奭。
　　　　弜(勿)眔奭。
　　　　一牛奭。
　　　　一牢，奭羊。
　　　　二牢，奭羊。
　　　　三牢，奭羊。　　　　　　　　　　　　　　　　　　　　　　(《綴彙》1 歷二)

《綴彙》1 文例比較完整。先貞問是否侑祭二示，由此可知中間"眔奭"、"弜(勿)眔奭"的"奭"應該是二示的配偶，下面四條貞問重點是分別對二示及其配偶用何種祭牲：是用一牛祭祀配偶，還是用一牢、二牢或三牢祭祀二示，用羊祭祀其配偶？

　　　　弜(勿)又(侑)。
　　　　㠯(以)又(侑)奭。
　　　　弜(勿)㠯(以)奭。
　　　　奭二羊。
　　　　三牛。　　　　　　　　　　　　　　　　　　　　　　　　(《屯南》183 歷二)

"㠯(以)又(侑)奭"、"弜(勿)㠯(以)奭"句法類似上文的"眔奭"、"弜(勿)眔奭"，下面兩條也是貞問用何種、多少祭牲祭祀配偶。此片胛骨殘斷，"弜(勿)又(侑)"前面肯定還有刻辭，整版胛骨的貞卜內容、順序應該和《綴彙》1 是一樣的。

　　　　甲辰卜：奭叀(惠)戚、三牛。兹用。
　　　　甲辰卜：叀(惠)戈。兹用。　　　　　　　　　　　　　　　(《屯南》783 歷一)
　　　　[甲]辰卜：[奭]叀(惠)[戚]。
　　　　乙子(巳)卜：五小宰奭。
　　　　丙午卜：……升……　　　　　　　　　　　　　　　　　(《屯南》2842 歷二)

這幾條卜辭同樣是貞問用什麼祭品祭祀配偶：《屯南》783 在戚、三牛和戈之間選貞，

《屯南》2842 在戚和五小宰之間選貞，其中"五小宰奭"的句法和上文"一牛奭"是相同的。

結合上文對"奭"字形演變和用法的分析，可以梳理出如下規律：①

類　組	伊　尹　配　偶	某　祖　先　配　偶
自小		从圈形（《合》20106）
自歷		从酉（《合》20097）
賓組	从口形 > 从酉	从口形 > 从酉
出組		从火形
何組		从火形 > 从皿形
歷組	从圈形 > 从口形（《合》33273）	从圈形
歷無名		从圈形
無名類		从皿形 > 从火形
黃類		从皿形 > 从叉形 > 从火形

附帶一提，金文中也有"奭"字。如肄簋"遘于匕（妣）戊，武乙奭"字形作 ，表示武乙的配偶妣戊，構形理據和用法同甲骨文"奭"；二祀邲其卣"遘䇂（于）匕（妣）丙，彡（肜）日，大乙奭"字形作 ，依然表示大乙的配偶妣丙，金文字形多涉繁複，此處重疊的叉形顯然來源於甲骨文晚期黃類的叉形，隸釋作"爽"顯然不合適；矢令尊"迺令曰：今我隹（唯）令女（汝）二人亢眔矢，奭䇂（左）右于乃寮㠯（以）乃友事"字形作 ，明顯來源於《合》32744 、 一類，但詞義已經有些拓寬。至於班簋、散氏盤的"奭"，因爲字形、用法都已變異，此處不論。

此文蒙黃天樹師、趙鵬、王子楊、方稚松、謝明文諸位先生審閱並提出修改意見，特此致謝！

---

① 表中"＞"表示數量多少，括號中片號表示此形體僅此一例。

《殷墟文字丙編》同版異文現象續探

——兼論《丙編》與《花東》同版異文的差異

胡雲鳳

(臺灣海洋大學共同教育中心)

壹、前　　言

"同版異文"乃指同一個字在同一版甲骨(包含正反面)上不同寫法的異體字。筆者曾經通盤檢視《殷墟花園莊東地甲骨》561版甲骨卜辭,共整理出156字,總490組的同版異文字例。並將異文分爲五種類型:一、筆畫異寫互見例,共10字;二、構形繁省互見例,共41字;三、構形異嚮互見例,共48字;四、構形異位互見例,共52字;五、構形異構互見例,共5字。通過各類異文的變化規律,具體揭示花束甲骨字形的書寫仍處於一個多變而不穩定的階段。①

在花束卜辭異文研究的基礎上,進一步檢視張秉權先生的《殷墟文字丙編》(以下簡稱《丙編》)632版甲骨,②掌握賓組卜辭同版異文類型及變化規律,從而對比殷墟王

---

① 詳見《論花束卜辭同版異文——繁省互見現象》一文,發表於《漢字文化圈各表意文字類型調查整理研究報告》,國際學術研討會——世界漢字學會第五屆年會,湖北三峽大學,2017年9月15—18日;《論花束卜辭同版異文——異嚮、異位、異構現象》一文,發表於第29屆中國文字學會國際學術研討會,臺灣桃園,2018年5月18—19日。
② 選擇《丙編》作爲研究對象的原因有二:一是《丙編》所收甲骨基本是拼兑復原的完整甲骨,而且拓片均是"復原甲骨的重拓本,百分之百地可靠與可信"(張秉權《〈丙編〉序言》),因其資料完整而可靠,故而適合進行同版異文的整理與研究;二是《丙編》所收甲骨絕大多數都屬於第一期,與花束卜辭的時代相近;二批材料的數量,一有561版,一有632版,數量相近,正可觀察比較二者異體字的構形規律及特點。

卜辭及花東子卜辭在同版異文上的異同。希望通過此研究初步揭示王卜辭及非王卜辭異體字構形規律及特徵。

去年 10 月，筆者於"世界漢字學會第六屆年會"上發表《〈殷墟文字丙編〉同版異文現象研究》①（以下簡稱《研究》），此文初步整理了《丙編》上輯所收 196 版甲骨卜辭的同版異文字例，共梳理出 158 字，314 組異文。依變異方式初步歸納爲五種類型——筆畫異寫異文、構形繁省異文、構形異嚮異文、構形異位異文、構形異構異文，並討論各類異文的變化規律及特殊現象。

在上文的基礎上，筆者繼續檢視《丙編》中、下輯所收 436 版甲骨的同版異文，增補《研究》各異文類型的字例，同時增加了"輪廓及綫條繁省互見"一類。在完整揭示《丙編》同版異文類型後，進一步與花東卜辭進行比較，探討王卜辭及子卜辭異體字的構形規律及變異特點。

貳、《丙編》同版異文類型

《丙編》632 版甲骨中，②一共整理出 327 字、776 組③的同版異文。相較《研究》已提出的 158 字，新增加了 169 個新異文字例，而這些新增的異文變化類型大體並未跳脫《研究》一文所提出的五種類型，僅於"構形繁省異文"的大類下新增一"輪廓與綫條繁省互見"小類。現將各類異文的字例、數量以及新增的特殊異文現象作重點說明。

一、筆畫異寫互見

所謂"筆畫異寫"是指同版異文的差異僅在筆畫上的延伸、粘連、分離、貫穿、位移、異嚮、異序等變化，在字形結構上並未產生大的變異。《丙編》同版筆畫異寫異文共 27 字、53 組，可再細分爲 4 小類，列表說明如下：

---

① "漢字認知工具與表意文字歷史研究"國際學術研討會——世界漢字學會第六屆年會，德國紐倫堡，2018 年 10 月 5—8 日。
② 數字 632 爲《丙編》甲骨版的總編號，張秉權先生將綴合較前更完整之甲骨版，重編於後，因此在《丙編》甲骨 632 版甲骨中有重復出現的情形，扣除重復的甲骨，實爲 614 版。
③ 極少部分的異文字例會分別歸屬於兩種，例如：丙521：10、丙521：11，既可歸於繁省互見例，亦可歸入構形異位例，此類異文在統計上會以兩字計算。

《殷墟文字丙編》同版異文現象續探

小　　類	字例數	字　　例	異　文　舉　例
筆畫連筆與分書互見	2	酉、殼	丙485：7　丙485：11
筆畫出頭與不出頭互見	10	貞、䵼、其、陜、屮、酌、酉、告、子、㠯	丙542：2　丙542：3
筆畫平直與曲折互見	9	其、牟、希、爭、子、申、雷、弗、陜	丙515：2　丙515：1
筆畫位置變異互見	7	衣、用、易、係、蠱、好、甗	丙354：1　丙354：2

這類異文的產生原因除了字形本身不固定、異體多之外，也與刻手的書寫態度及習慣有關。

二、構形繁省互見

《丙編》構形繁省互見異文極爲習見，共整理出 128 字、221 組異文例，可細分爲筆畫繁省、部件繁省及輪廓與綫條繁省互見三小類。列表舉例說明：

小　類	字例數	字　　　例	異　文　例
筆畫繁省互見	102	宙、西、翌、用、囚、固、贏、自、基、武、殷、祖、酌、登、受、齋、往、㝵、商、亙、辛、告、余、衛、奉、娥、姐、🈺、𢎸、䵼、黃、令、屮、尋、子、玉、伐、犀、麤、祏、籠、丁、不、齒、弗、方、骨、獸、夢、酓、疾、囚、沚、牛、🈺、勿、戬、𩁹、宼、🈺、母、蒥、巳、亥、㫃、伸、得、舁、斎、🈺、盡、孫、風、🈺、宰、宿、魯、羲、獸、黍、隹、雀、旅、族、史、束、圀、易、貞、亡、丙、兕、衣、陜、奚、悟、🈺、屯、其、麋、中	丙221：4　丙221：3 丙235：10　丙235：11 丙617：1　丙617：13 丙559：2　丙559：4
部件繁省互見	16	伐、𡧊、窒、妸、衛、澧、酓、鏞、🈺、鼻、齒、祏、🈺、昔、妾、鹿	丙217：2　丙217：1 丙342：6　丙342：7 丙394：1　丙394：2

小 類	字例數	字　　例	異 文 例
輪廓與綫條繁省互見	8	降、鹿、伇、殻、獸、龍、戍、雁	丙360∶2　丙360∶1 丙323∶1　丙323∶10

續　表

就筆畫繁省異文而言，《研究》已初步提出以下三點論述：

1.《丙編》所收甲骨的刻手對筆畫的繁省主要體現於字形中的重復筆畫，或不影響整體構形的附加筆畫所進行或繁或省的書寫變化。重復筆畫的繁省如"玉"字作 丙317∶1、 丙317∶2 二形，横畫有五筆與四筆之異；附加筆畫的繁省，則如尋字作 丙513∶4、 丙513∶3 二形，中間横筆繁省之別。此一論述目前看來是可信的。需要補充説明的是102個繁省異文中，就常態字例爲基準，絶大部分的異文字例均屬由繁而省的變化，例如 丙313∶4、 丙313∶2； 丙302∶4、 丙302∶8； 丙275∶2、 丙275∶4； 丙309∶5、 丙309∶4等。但也有少數是由省而繁的變化，例如 丙559∶4、 丙559∶2； 丙452∶1、 丙452∶2（祖丁之丁）； 丙235∶10、 丙235∶11等。這三組異文皆屬僅見，推測三組繁化異文應爲刻手一時疏忽所致。然而"令"字增横筆作 ，上方部件變爲"今"字，令、今二字古音前者屬來母耕部，後者爲見母侵部，①來、見二母相通，②侵耕旁轉，③二字上古音相近。由此觀之，此版 字寫作 亦可能是屬變形音化④所形成的一種嘗試性的異寫。

2.《丙編》筆畫繁省異文，省略横畫的字例數均遠多於省略其他筆形者。例如 丙392∶3、 丙392∶4， 丙92∶7、 丙92∶6，是省横畫例； 丙525∶9、 丙525∶10，是省斜畫

---

① 郭錫良：《漢字古音手册》，北京：北京大學出版社1986年版，頁279、236。
② 來、見二母在諧聲字中常有相通情形，例如監（見母）/藍（來母），兼（見母）/廉（來母），京（見母）/涼、諒（來母）等。
③ 陳新雄：《古音學發微》，臺北：文史哲出版社1983年版，頁1074。
④ "變形音化"劉釗認爲是古文字的一種構形特點："文字受逐漸增强的音化趨勢的影響，將一個字的形體的一部分，人爲地改造成與之相接近的可以代表這個字字音的形體，以爲了更清楚表示這個字的字音，其舉了甲骨文的'良'字作 、金文作 、 本爲象形字或會意字，因其下部與'亡'字接近，故又將其改寫爲與其形體接近並可代表良字讀音的'亡'字。如戰國文字'良'字作 （侯馬盟書）。"見劉釗：《古文字構形學》，福州：福建人民出版社2006年版，頁109—110。

例；[字]丙182∶1、[字]丙182∶11，則是省豎畫例。此種橫畫的繁省變化多於其他筆形的現象在本文所增加的異文中更爲突出，現將《丙編》完整的各種筆畫繁省異文字例數，重新統計如下：

1. 橫畫　　46字　　　103組
2. 豎畫　　10字　　　13組
3. 點畫　　13字　　　17組
4. 斜畫　　28字　　　33組
5. 其他　　8字①　　　8組

以上的統計，顯示此批甲骨的刻手對於橫畫的書寫存在一定程度的隨意性。此外，也揭示了這些異文字形中橫畫的多少並不影響字形的整體結構及辨識，換句話說，這些橫畫在文字構形中的重要性相對較低。

3. 筆畫繁省異文產生的原因，除了因爲字形本身的不固定外，有一部分應是刻手一時疏忽缺刻筆畫所致。此現象在完全檢視所有異文後更爲顯著，現將《丙編》同版同字因刻手缺刻筆畫而造成繁省異文的字例整理如下：

編號	楷書	《丙編》缺刻筆畫造成繁省異文例	編號	楷書	《丙編》缺刻筆畫造成繁省異文例
(1)	次	[字]丙3∶20　[字]丙3∶19	(5)	亐	[字]丙349∶26　[字]丙349∶27 [字]丙102∶15　[字]丙102∶9 [字]丙217∶2　[字]丙217∶1
(2)	基	[字]丙171∶3　[字]丙171∶4	(6)	弖	[字]丙155∶7　[字]丙155∶8
(3)	武	[字]丙106∶8　[字]丙106∶9	(7)	子	[字]丙257∶3　[字]丙257∶4
(4)	爵	[字]丙30∶3　[字]丙30∶4　[字]丙31∶2(丙30反)			

---

① 此處總字數爲105字，與前述此類共102字的數目不同，原因是部分筆畫繁省異文同時存在二種筆形的繁省，例如"方"字，既有省豎畫的異文作[字]丙201∶2－[字]丙201∶21，亦有省橫畫的作[字]丙440∶7－[字]丙440∶6。此類異文會於各筆形各統計一次，故而造成此處數字總和多於102字。

續　表

編號	楷書	《丙編》缺刻筆畫造成繁省異文例	編號	楷書	《丙編》缺刻筆畫造成繁省異文例
(8)	弗	丙81：6　丙81：4　丙317：2　丙317：10	(16)	亡	丙517：3　丙517：4
(9)	方	丙440：6　丙440：7	(17)	丙	丙529：16　丙529：17
(10)	勿	丙37：6　丙37：1	(18)	殻	丙529：4　丙529：15
(11)	孚	丙108：5　丙108：6	(19)	固	丙606：5　丙606：7
(12)	宰	丙203：11　丙203：8　丙617：1　丙617：13	(20)	受	丙20：1　丙20：2
(13)	黍	丙280：1　丙280：2	(21)	戠	丙16：6　丙16：3　丙276：2　丙276：5
(14)	束	丙351：1　丙351：1	(22)	屮	丙237：1　丙237：5
(15)	貞	丙134：1　丙134：2　丙165：1　丙165：5　丙313：1　丙313：2　丙316：5　丙316：6	(23)	伐	丙617：10　丙617：14
			(24)	偁	丙63：4　丙63：5
			(25)	姐	丙381：3　丙381：6

由上表可以清楚看出《丙編》刻手在書寫時，因疏忽粗心大意而缺刻筆畫的情形有些嚴重。

就部件繁省異文觀之，本文較《研究》一文新增加了 9 個異文字例，分別爲銜（止旁繁省）、窒（万旁繁省）、晋（口旁繁省）、𡣫（口旁繁省）、禗（示旁繁省）、⿰（⼁旁繁省）、昔（日旁繁省）、妾（又旁繁省）、鹿（鹿角形單雙繁省）。這類異文所繁省的部件有戈、止、万、口、山、又、牙齒形、示、日、⼁、鹿角形等。伐、齒、賓三字各 3 見，如字 2 見之外，其餘諸字均僅一見，異文字例數遠低於筆畫繁省類，顯示刻手深知部件繁省會影響字形結構及辨識度，進而抱持相對比較謹慎的態度。

"輪廓與綫條繁省異文"乃本文新增的異文類型，是指同一個字在同版卜辭中兼有輪廓狀及綫條狀的寫法，例如《丙編》326 的 ▨、▨ 二形的"阜"旁，一作輪廓狀勾勒書寫，圖像意味較濃，一作綫條狀書寫，構形較簡練。這類異文也見於花東子卜辭，例如《花東》295 的鹿字分別作 ▨、▨ 二形，前一字鹿首部位即是圖像化較濃的輪廓狀書體，而後者則是簡練的綫條構形。此類具輪廓形的異文應是較爲正規且時間較早的寫法，書寫時也較綫條形繁複，而綫條形異文的產生應與刻手趨簡的心理有關。

三、構形異嚮互見

"構形異嚮"乃是由甲骨文常見的"反書"所造成的字形方嚮的變化。①《丙編》構形異嚮異文共整理出 93 字、311 組異文字例，②依其變化方嚮，可以分爲左右異嚮及上下異嚮。現將二類異文字例數及特殊字例整理成下表：

類別	字例數	字　　例	新增異文字例
左右異向異文	89 字	卜、戈、我、戊、戌、戉、弗、𢦏、月、夕、羌、望、比、年、妣、以、身、兌、人、若、女、聞、印、𣥏、隹、蚰、亥、辰、丑、又、乙、父、肘、臣、目、骨、龍、巍、兒、逐、麋、龜、貍、翌、不、亡、黍、肜、勿、尋、乍、亡、亙、馬、虎、多、贏、屯、中、方、己、弓、罘、胸、奚、衛、降、斬、▨、囚、固、▨、定、𢆉、邑、令、賓、𤇯、咎、往、韋、雀、歸、出、㞢、死、兇、允、先	▨ 丙273：1　 ▨ 丙273：3（案：肉旁左右異嚮）

---

① 甲骨文中的"反書"會造成構形方嚮及位置的兩種變化。造成方嚮變異的即"構形異嚮"，例如"我"字在同版中有寫作 ▨ 丙104：3、▨ 丙104：4 二形，左右方嚮相反。造成位置變化的即"構形異位"，例如"咸"字的 ▨ 丙39：2、▨ 丙39：4 二形，左右異位。

② 《研究》一文則有 56 字、154 組異文字例，本文共新增 36 字、156 組異文。

類別	字例數	字　　例	新增異文字例
上下異向異文	4字	壱、帚、正、亙	▨ 丙53：11、▨ 丙53：6 ▨ 丙269：4、▨ 丙269：5

　　本文對於構形異嚮異文的整理，相較於《研究》一文補充新增了不少異文，對於這類異文的討論則與《研究》一文基本一致。《研究》對於構形異嚮異文有以下三點討論：

　　1. 左右異嚮異文可以再細分爲整字異嚮及部分結構異嚮，前者如戈、我、弓、馬、虎等，後者如羌、衍、▨、宜、允等。整字異嚮多爲獨體字，部分結構異嚮則多屬上下結構的合體字。

　　2. 絕大部分的左右異嚮異文多分別刻寫在左、右甲上，此現象揭示刻手在左、右甲刻寫同一個字時，習慣性地左右反書，改變構形的方嚮。但此一書寫習慣亦存在不少例外。

　　3. 對上下異嚮異文的形成原因，是刻手單純地爲了避複，或有意識的創新寫法，或隨意爲之，尚難確知。本文在《丙編》中、下輯的整理中又發現一上下異嚮的特殊異文字例，即《丙編》269的正字分別作 ▨、▨ 二形，出現在二組對貞卜辭中，辭例見下：

　　　　《丙編》269：3. 貞：▨ ▨ 化亡囚，叶王事？二（右甲）
　　　　　　　　　　4. 貞：▨ ▨ 化其虫囚？二（左甲）
　　　　　　　　　　5. 貞：▨ ▨ 化亡囚？叶王事？十月三（右甲）
　　　　　　　　　　6. ▨ ▨ 化其虫囚？三（左甲）

　　二組異文皆出現於成套卜辭的對貞卜辭中，明顯爲同一刻手所爲。甲骨文"▨正化"一辭的"正"，常態而正規的寫法作"▨"，"▨"則屬於變異寫法。① 同版尚有（1）、（2）兩辭應爲此成套卜辭的第一次貞問，但第（2）辭"正"字殘缺，不知是否也與（4）、（6）辭的正字寫法相同，如是則形成右甲三條卜辭

---

① 字形可參劉釗、洪颺、張新俊：《新甲骨文編》，福州：福建人民出版社2009年版，頁80—81。

的"止"字均倒書作"⌂",而左甲三辭"止"字皆正書爲⌂。由此觀之,如説"⌂"爲刻手隨意書寫而就,恐不可信。此版刻手將"⌂"倒書作"⌂"形應是有意爲之。

四、構形異位互見

"構形異位"指字形的部件產生位移的變化。《丙編》構形異位異文共有73字,181組異文①。73字分別爲:殼、乘、戒、伐、受、咸、成、𤔲、卯、埶、即、帚、卯、舛、奴、酭、降、陝、石、夢、攺、將、媒、狀、疾、尹、父、事、隻、聝、職、剌、般、刍、雍、雇、攱、祉、狄、劦、妌、妎、妥、姐、好、保、取、啓、簋、野、酉、歸、戟、爭、河、尋、得、爲、妻、禹、飲、侯、歙、獸、毓、殷、龐、☒、☒、韋、固、化、寇。《研究》一文提出因左右反書而形成的左右異位異文是此類異文的主要內容,此與左右異嚮異文相同,皆與刻手在左右甲刻寫同一字時習慣於左右反書的書寫對應形式有關,這些左右異嚮及異位的異文反映了刻手書寫時的避複心態,以及追求左右對稱的心理需求。在構形異位的異文中,也有少部分異文的部件位移情況較爲獨特,例如:

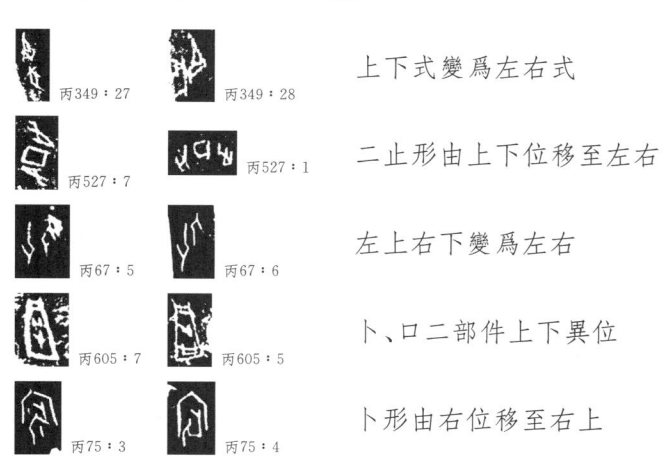

上下式變爲左右式
（丙349:27　丙349:28）

二止形由上下位移至左右
（丙527:7　丙527:1）

左上右下變爲左右
（丙67:5　丙67:6）

卜、口二部件上下異位
（丙605:7　丙605:5）

卜形由右位移至右上
（丙75:3　丙75:4）

上引"韋"字的位移方式十分特別而罕見,《丙編》527一版即黄天樹先生討論賓組☒類與賓組一類同見一版的範例。②☒爲賓一類字體,☒則爲稀有的賓組☒類字形。二種異寫應爲不同刻手所寫。

---

① 較《研究》一文的33字、61組,新增加了40字、120組。
② 黄天樹:《殷墟王卜辭的分類與斷代》,北京:科學出版社2007年版,頁48—49。

五、構形異構① 互見

"異構"指字形結構的變異,可依變異範圍分爲整字異構及部件異構。②《丙編》構形異構僅見部件異構,共整理出 7 字、10 組異文。③ 7 字字例分別爲宜、安、焚、𣅊、禹、妥、帝。其中安、妥爲新增異文,引之於下:

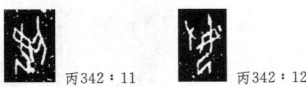

丙257：3　　丙257：4

丙342：11　　丙342：12

異構的部件分別是 ✦-✦、✦-✦,④均屬於近義偏旁的通用。

叁、《丙編》及《花東》同版異文比較研究

《丙編》及《花東》兩批甲骨的時代均屬於武丁時期,且絕大部分皆爲大而完整的龜腹甲。這些相同的屬性十分有利於進行不同課題的對比分析研究,研究結論能更客觀地展現殷商甲骨文同一時期不同空間、不同組織在内容、字形、語法、文例、行款、占卜習慣等等的異同。本節即在完成兩批甲骨同版異文研究後,試圖對比二者在同版上的異體字形,討論二者在異體字的構形及刻手書寫習慣上的異同。下面針對二者同版異文類型的字例數量及個別異文字例的差異展開討論。

一、《丙編》及《花東》同版異文類型及字例數量的比較

此處針對《丙編》、《花東》二批甲骨同版異文的類型、字例數量及内容進行對比分析,爲方便討論,現將二者同版異文的類型及字例列表於下:

---

① 《研究》一文此類定名爲"部件異形",爲了方便與花東卜辭進行比較,本文改爲"構形異構"。
② 説見拙著《論花東卜辭同版異文——異嚮、異位、異構現象》。
③ 《研究》一文有 5 字、5 組,本文新增加 2 字、5 組異文。
④ 《研究》一文尚有 ✦/✦、✦/✦ 二組。

異文類型		《丙編》同版異文例		《花東》同版異文例	
		字例數	字　　例	字例數	字　　例
筆畫異寫異文	筆畫連筆與分書異文	2	酉、殸	4	子、其、令、卯
	筆畫出頭與不出頭異文	10	貞、戜、其、陝、㞢、酨、酉、告、子、𢆶	3	戉、歲、其
	筆畫平直與曲折異文	9	其、卒、斎、争、子、申、雷、弗、陝	0	
	筆畫位置變異異文	7	衣、用、易、係、籠、好、鼏	3	莫、用、黑
構形繁省異文	筆畫繁省	102	宙、西、翌、用、囚、固、羸、危、自、基、武、殸、祖、酨、登、受、爵、往、方、商、亘、辛、告、余、衛、奉、嬉、姐、𦥑、㠯、戜、黃、令、㞢、帚、子、玉、伐、㹑、鳧、酒、籠、丁、不、齒、弗、方、骨、猒、夢、曹、疾、囚、沚、牛、𩰬、勿、戠、雩、寇、𠂤、母、媇、巳、亥、咅、伟、得、異、斎、𠱾、盡、孜、風、𥀳、宰、宿、魯、戠、獻、黍、隹、雀、旅、族、史、束、國、易、貞、匚、丙、兄、衣、陝、奚、梧、𣥺、屯、其、麋、中	28	西、庚、羊、牝、各、出、囚、子（地支）、好、姜、卷、告、配、會、𠂤、翌、勿、𠩺、郯、𪊶、允、馬、車、玫、亡、𩰬、驪、魚
	部件繁省	16	伐、定、妠、室、衛、潢、曹、爁、𣥺、𦥑、齒、酒、𥀳、昔、姜、鹿	8	宁、蓋、于、射、韖、貞、疾、翌
	輪廓與綫條繁省	8	降、鹿、攺、殸、猒、龍、戊、雖	5	弓、子（地支）、逐、鹿、猒
構形異嚮	左右異嚮	87	卜、戈、我、戊、戌、戈、弗、斎、月、夕、羌、望、比、年、妣、以、身、㞢、人、若、女、聞、卬、沚、隹、蚰、亥、辰、丑、又、乙、父、肘、臣、目、骨、龍、𠩺、兄、逐、麋、貍、翌、不、亡、黍、彤、勿、帚、乍、匚、亘、馬、虎、多、屯、中、方、己、弓、罙、雖、奚、衛、降、𣥺、𧥺、囚、固、𥀳、定、幣、邑、令、賓、焱、咎、往、韋、雀、歸、出、巷、死、兄、允、先	45	卜、𢎨、見（獻）、令、馬、隹、歲、固、鬼、母、從、若、見、允、戌、戉、丑、辰、申、旬、以、彈、射、㞢、中、夕、亡、仄、耳、弗、帚、乍、弔、亥、乃、戠、巷、各、出、往、季、黍、死、罙、黹、固
	上下異嚮	4	巷、帚、正、亘	3	且（祖）、至、攺

續表

異文類型		《丙編》同版異文例 字例數	《丙編》同版異文例 字例	《花東》同版異文例 字例數	《花東》同版異文例 字例
構形異位		73	殼、乘、戡、伐、受、咸、成、孽、卪、藝、即、帚、加、豕、奴、酌、降、陞、石、夢、攸、將、娛、歔、疾、尹、父、事、隻、聑、職、剌、般、叙、雍、雇、鼓、征、材、劦、娍、奴、妥、姐、好、保、取、啓、彝、䰩、禍、歸、戠、爭、河、尋、得、爲、妻、禹、飮、侯、飲、獻、毓、殷、龐、䡇、爐、韋、固、化、宼	52	狼、酌、祝、卪、印、卲、𠂤、魃、羌、𦍋、牝、牡、好、死、夢、疾、妝、妃、伐、或、狀、徂、巠、利、㳄、旋、勾、障、睢、裸、新、永、離、取、攸、敦、㱃、刿、艱、狿、獻、侯、𢼊、𢼊、妻、从、隻、駸、陷、𢍜、睦、璧
構形異構	整字異構	0		2	子（專名）、寮
	部件異構	8	冟、安、焚、畚、甬、妥、帝、莧	3	鬯、𡕥、牝
小計		326		156	

根據上表我們有以下幾點討論：

（一）《丙編》及《花東》甲骨同版異文的類型基本一致，筆畫異寫、構形繁省、構形異嚮、構形異位、構形異構五大類型，二者皆有，僅在細類上有別，例如《花東》甲骨不見"筆畫平直與曲折互見"的同版異文例，《丙編》則無整字異構的同版異文。

（二）就二批甲骨異文字數來看，《丙編》共 326 字，《花東》則有 156 字，《丙編》異文字例較《花東》整整多出了一倍以上。再就各類數量觀之，其中繁省、異嚮及異位三類異文字數《丙編》遠遠多於《花東》。進一步觀察二者的異文字例，除了左右異嚮類有較多的相同異文字例外，[①]其餘諸類相同異文字例則甚爲少見。以構形繁省互見爲例，二批甲骨皆有之異文僅筆畫繁省的西、翌、囧、告、勿五字，輪廓與綫條繁省互見的鹿、獸二字。綜合而論，《丙編》及《花東》二批甲骨同版異文雖然在類型上大致相同，但在異文字例數量及内容上却有着巨大的差別。筆者認爲造成上述差異的原因主要有二：

1. 二批甲骨在占卜事類上比重不同，《花東》甲骨的占卜事類集中於祭祀一類，内容單一，用字範圍較窄；而《丙編》占卜事類則包括戰爭、祭祀、疾病、農事、氣象、生育、災咎等，内容繁雜，用字範圍較寬，對應出來的異體字概率也理應較高。因此，二批甲

---

① 24 字相同，分别是卜、戊、戌、弗、夕、以、若、隹、亥、辰、丑、巍、黍、尋、乍、馬、中、罘、固、令、往、出、耂、死。

骨在使用字集中的範圍多寡不均,應是造成二者同版異文在字例數量及內容上懸殊差異的原因。

2.《丙編》及《花東》是不同階級的兩批甲骨,分屬於王卜辭及子卜辭,二者階級不同,各有自己的占卜集團,占卜主體、貞人及刻手皆各自有別,其所掌握的行政資源也勢必有異。因此,二者的占卜集團規模自然有大小之分。也就是説,王卜辭的貞人與刻手數量必定遠遠多於《花東》子卜辭,刻手人數多,刻寫異文的概率就相對高,這或許是造成《丙編》同版異文字數遠較《花東》甲骨爲多的另一原因。

(三) 就筆畫繁省異文來看,《丙編》與《花東》皆以"横畫"繁省爲多,所繁省之筆畫亦多屬重複筆畫及不影響構形的附加筆畫;再就部件繁省異文觀之,《丙編》與《花東》的繁省異文字例皆不相同,所繁省之部件也完全有別,如《丙編》繁省部件有戈、止、丂、口、山、又、示、日、牙齒形、鹿角形、ᐳ 等 11 部件,《花東》繁省部件則僅有貝、中、弓、収、口形、卜等 6 部件。

(四) 在上下異嚮一類的異文中,《丙編》有旹、亘、帚、正四字,《花東》有且(祖)、至、攺三字,字例均異。《丙編》的旹、亘屬部分結構的上下異嚮,帚、正則爲整字上下異嚮。《花東》的且(祖)、至、攺皆屬整字上下異嚮。整體言之,"上下異嚮"異文在王室卜辭及非王室卜辭中均屬罕見。

(五) 在部件異構類的異文中,《丙編》有宜、安、焚、齋、甹、妥、帝 7 字;《花東》則僅有邕、靁、牝 3 字,字例全異,所混用的部件亦各有特色,《丙編》混用的部件有 㞢-止、彳-辶、林/卝、囗/冂 等 4 組部件;《花東》則是 十-U、木-屮、亻-刂 等 3 組部件。《丙編》所混用的部件均爲近義偏旁的通用,而《花東》除了 木-屮 爲近義偏旁之外,十-U 是"邕"字 <花東34:3>、<花東34:6> 二種異體並行造成的異構;亻-刂 則是牝字的"亻"形與刀形"刂"形近混用而形成之異文。

二、《丙編》及《花東》同版異文構形特點及差異

本節主要討論《丙編》及《花東》二批甲骨同版異文的個別字例的構形特點,以及特殊的異文現象。通過兩批甲骨同版異文的整理,發現某些異文字例習見而且僅見於某一批甲骨,成爲此批甲骨特色字例。此外,"卜"字的書寫方嚮,在這二批甲骨中也存在顯著的差異。現將這些差異現象討論如下:

(一) 在筆畫繁省一類的異文中,習見於《花東》而不見於《丙編》的同版異文有庚、羊二字,二字的同版異文在《花東》甲骨上極爲常見,"庚"字異文有 <花東247:3>、

等繁省寫法，《丙編》"庚"字則僅一種寫法，作 ⊕，不見任何繁省變化的異文。又如"羊"字有 [花東409：12]、[花東409：15] 二形習見於同版，① 而《丙編》"羊"均作 ❦，不見 ❦ 形，只見缺刻筆畫造成的 ❦、❦ 二異文。② "庚"、"羊"二字異文構形可視爲《花東》甲骨字形的特點。

（二）在筆畫繁省一類的異文中，習見於《丙編》而不見於《花東》的異文有翌、囚、殻、且（祖）、受等 5 字。5 字在《丙編》的異文字形引之如下：

翌	丙1：12、丙47：1、丙37：4、丙257：9、丙349：21、丙433：1、丙433：3
囚	丙442：2、丙442：3
殻	丙155：1、丙155：2、丙306：11、丙306：6、丙403：2、丙529：15、丙302：4
且（祖）	丙313：4、丙313：2、丙335：8
受	丙18：1、丙167：12、丙332：7(R)、丙20：2、丙55：6、丙169：5

以上諸字異文在同版甲骨上交錯互見，寫法多變，均不見於《花東》，應屬《丙編》甲骨的異文構形特點。

（三）在筆畫異嚮異文中，筆者發現"卜"字的書寫方嚮在二批甲骨上有著明顯的差異。甲骨"卜"字的刻寫方嚮分爲順兆（即與卜兆兆枝同一方嚮）及逆兆（即與卜兆兆枝反方嚮）二種。而《花東》甲骨"卜"字均爲順兆書寫，符合陳夢家先生所言的"此兆的卜辭，若兆是向左的，則卜辭中的'卜'字的橫枝刻向左，反之向右"。③ 我們知道龜甲右甲的卜兆基本向左，故"卜"字橫枝向左，作"丫"，而左甲卜兆多向右，"卜"字橫枝則向右，作"卜"，因此《花東》甲骨"卜"字，因皆順兆刻寫，故而"卜"字同版左右異嚮異文多達 134 見。④ 然而屬於王室賓組卜辭的《丙編》甲骨的"卜"字方嚮，却並未完全依照此現象書寫。在《丙編》632 版甲骨上"卜"字順兆刻寫而形成同版左右異嚮異文

---

① 二字異文字形可參拙著《論花東卜辭同版異文——繁省互見現象》一文。
② 如《丙編》617 的"宰"字作 [圖]、[圖] 二形。
③ 陳夢家：《殷虛卜辭綜述》，北京：中華書局 1988 年版，頁 13。
④ 參拙著《論花東卜辭同版異文——異嚮、異位、異構現象》一文。

僅 36 見，遠少於《花東》的 134 見。而逆兆刻寫的"卜"字却高達 156 例，見於 105 版，①其中左甲"卜"字逆兆書寫較右甲更頻繁，《丙編》左右甲"卜"字逆兆刻寫的比例爲 149∶7，數量相差懸殊，而此種差異的形成原因尚難確知。但是《丙編》的賓組卜辭的"卜"字方嚮既能順兆刻寫，亦可逆兆書寫是客觀存在的事實，也就是説上述陳夢家所提出甲骨卜辭"卜"字方嚮皆順兆書寫的現象在賓組部分卜辭中尚未形成，却在《花東》子卜辭出現而無例外。兩批材料對於"卜"書寫方嚮的歧異現象應該如何解釋呢？筆者擬測可能原因有二：

1.《丙編》這批"卜"字逆兆書寫的賓組卜辭，時間可能早於《花東》卜辭，"卜"字順兆刻寫的習慣尚未建立，因此"卜"字的刻寫方嚮有一定的隨意性。而《花東》卜辭的時間則是在"卜"字順兆書寫習慣形成後，故而"卜"字皆遵守該習慣順兆刻寫。

2.《丙編》及《花東》分別爲王卜辭及非王子卜辭，"卜"字方嚮刻寫規律的差異，或許正是因爲兩批卜辭分屬於不同的行政組織，出自兩個不同的占卜機構的緣故。"卜"字順兆刻寫的習慣則屬於非王子卜辭的書寫特點，而這樣的習慣並未見於《丙編》所收的王室卜辭中。②

綜上所述，《丙編》與《花東》卜辭同版異文雖然在異文類型上並無明顯差別，但在異文數量、字例及構形上却有著巨大的差異，這似乎説明《丙編》及《花東》兩批材料雖然出土位置相距不遠，時代亦相近，却是兩批各自獨立而相互不受對方影響的卜辭。

肆、結　　語

本文針對《丙編》632 版甲骨拓本歸納同版異文的構形規律及種類，並進一步對比《丙編》及《花東》兩批甲骨的同版異文，討論二者在異體字構形的差異及特點。現將本文研究成果重點總結如下：

---

① 版號依次爲《丙編》8、14、16、27、30、34、35、36、37、41、53、55、57、61、63、76、80、88、90、93、96、104、106、107、114、116、117、119、122、124、126、134、139、155、159、171、177、197、203、306、216、217、235、243、245、247、249、251、257、621、261、263、264、276、291、302、304、309、311、315、317、318、320、323、328、329、330、333、334、336、344、354、366、368、370、375、377、381、394、400、402、403、408、411、425、432、433、449、452、461、485、488、491、494、498、516、521、522、527、529、533、546＋221、552、558、605。
② 本文於今年 5 月 25 日於臺灣成功大學舉辦的"第 30 屆中國文字學會國際學術研討會"上宣讀，會上張惟捷先生對二批甲骨"卜"字書寫方嚮差異提出看法，他認爲花東子卜辭屬賓組王卜辭的下級單位，其所刻寫之卜辭可能受王室單位的嚴格檢視，這或許是造成花東子卜辭在刻寫"卜"字時嚴謹遵守順兆刻寫規律的一個原因。附註備參。

一、《丙編》同版異文共有 326 字、776 組,可以分爲五種類型:一是筆畫異寫異文,共 28 字;二是構形繁省異文,共 126 字;三是構形異嚮異文,共 91 字;四是構形異位異文,共 73 字;五是構形異構異文,共 8 字。

二、構形繁省異文是《丙編》同版異文中數量最多的一類,而其中又以"筆畫繁省異文"的 102 個字例高於所有異文類別,變異情形最爲複雜。在這批繁省異文中,所繁省之筆畫多屬構形中重復的筆畫,或不影響整體構形的附加筆畫;其次在繁省的筆形上,"橫畫"的繁省遠高於其他的筆形,顯示出甲骨文字形中"橫畫"在整體構形中的重要性可能相對較低些;再者,繁省異文較多的是由繁而省的簡化異寫,極少出現由省而繁的繁化異文;最後,有許多繁省異文是因刻手一時疏忽缺刻筆畫所造成的。

三、《丙編》及《花東》兩批異文材料在異文類型上基本一致,皆可分爲五種類型。二者的主要差異呈現在異文數量及字例內容上,在異文字數上《丙編》的 327 字遠多於《花東》的 156 字,且相同的異文字例極少,造成如此懸殊差異的原因,推測與兩批甲骨在占卜事類方面各有着重,《花東》占卜事類集中祭祀一類,《丙編》占卜事類則較爲多元。其次,兩批甲骨出自不同占卜集團,《丙編》屬王室卜辭,集團規模大,刻手多;《花東》屬子卜辭,集團規模小,刻手少。刻手人多,異文出現的頻率自然增高。以上兩點應是造成兩批異文材料在字數及內容上差異巨大的因素。

四、《丙編》及《花東》兩批異文材料的構形特點,《花東》的異文字例中以庚、羊二字變化最多最爲頻繁,爲《花東》異文特色字形;《丙編》異文字例中以翌、囚、殷、且(祖)、受五字變化多樣且習見,可視作《丙編》賓組卜辭的特有異文字例。

五、《丙編》及《花東》二異文材料最特殊的區別,體現在"卜"字書寫方嚮的差異上,《花東》卜辭"卜"字皆順兆刻寫,《丙編》賓組卜辭"卜"字則可順兆刻寫,亦可逆兆刻寫,並沒有一定的規律。造成此歧異現象,有兩個可能的原因:一爲兩批材料時間不同,《丙編》王室賓組卜辭可能早於《花東》子卜辭,因兩批材料時間不同,致使"卜"字方嚮的刻寫習慣不同;一爲兩批材料的占卜機構不同,《丙編》爲王卜辭,而《花東》屬非王卜辭。因占卜機構不同,所以造成"卜"字刻寫規律的差異。

殷墟卜辭"同版避複"現象研究

——以龜腹甲卜辭爲例

吴盛亞

(首都師範大學文學院)

在同一條殷墟卜辭中,同一個字有時會用不同的寫法來表示,這一現象學者多有留意。裘錫圭先生曾指出:"在一條卜辭中,重見的字由於有兩種用途而寫成兩種形式的現象,是的確存在的。"① 李學勤先生認爲師同鼎中兩個"車"字寫法不同的動機在於書法藝術的變化,並將甲骨文中"一辭中同一字有不同寫法"的現象稱作"同辭同字異構"。② 黄天樹先生在討論卜辭中特殊的"省形"時,揭示了 15 例由於省形造成的同辭同字異構現象。③ 劉志基先生曾對《合集》④中的同辭同字異構現象進行了搜集整理,主要分析了 74 例"鏡像式異構"與 60 例"一般性異構",將二者看成"甲骨文字書寫避複的不同類型"。⑤ 劉先生還以《花東》作爲樣本,進行了抽樣定量調查,認爲"殷商文字方嚮不定的構形特點與同語境重見字鏡像式避複異寫具有因果關係"。⑥ 劉艷娟女士專門對貞卜辭中同字異形現象進行了較系統的整理與研究。⑦

---

① 裘錫圭:《釋"勿""發"》,《裘錫圭學術文集》(甲骨文卷),上海:復旦大學出版社 2012 年版,頁 146—147。
② 李學勤:《甲骨文同辭同字異構例》,《江漢考古》2000 年第 1 期。
③ 黄天樹:《説殷墟卜辭中一種特殊的"省形"》,《古漢語研究》2009 年第 2 期。
④ 本文引用甲骨著録書用簡稱:《合集》——《甲骨文合集》;《花東》——《殷墟花園莊東地甲骨》。
⑤ 劉志基:《甲骨文同辭同字鏡像式異構研究》,《中國文字研究》第十七輯,上海:上海人民出版社 2013 年版。
⑥ 劉志基:《殷商文字方嚮不定與同辭重見字鏡像式異寫》,《中國文字研究》第二十三輯,上海:上海人民出版社 2016 年版。
⑦ 劉艷娟:《對貞卜辭同字異形現象整理與研究》,西南大學碩士學位論文,2016 年。

上述幾位學者的討論都是集中在同一條卜辭(包括對貞卜辭)中,並未擴大到整版卜辭。甲骨文中的避複現象與青銅器銘文中的避複現象①不同,對此劉志基先生在理論上作了很好的解釋:

> 就避複異寫而言,甲骨文的同語境判斷與金文有所不同,不能簡單以是否同一載體爲依據。同片之上,並非都是同一書寫過程中留下的字迹。即使爲同一事而作的卜辭,也可能出自不盡相同的書寫時間。因此,甲骨文的同語境重見字判斷,只能以同條重見,或者具有"對貞"等明確同時同事之卜關係的非同條重見爲依據。

可見劉先生對"同語境重見字"的判斷十分審慎。但當具體判斷時,又殊爲不易。他説:"當然,'同時'這個條件也不是絕對只能限定於同日。"並舉《花東》400 爲例,其中四條卜辭隔了兩日:"但明顯均爲雨事而卜,字迹也分明出於同一人手筆,故 2、4 條之'子'也視爲同語境重見字。"又如他曾舉《合集》22246 中"卩"與"午"二字,認爲二者皆指禦祭,是同辭同字的"一般性異構"。但二者的辭例分別爲"夕制卩史受"、"惠午三宰",亦非劉先生所謂的"同語境重見字"。我們現在很難確知同一版龜甲或獸骨之上,不同卜辭的刻寫時間。在沒有新的材料以及證據的情況下,實無必要糾纏於嚴格的"同時"與"同事"。劉先生通過"事類相同"與"字迹一致"兩個角度對《花東》400 中"子"字進行判斷是十分合理的。

"避複"與幾位學者所說的"異構"、"異寫"或"異形"也有所不同(爲了行文方便,如無必要區分時,將"異構"、"異寫"或"異形"統稱爲"異體")。避複是同版卜辭中出現異體的原因,刻手有意改變字形,具有求異性。但同版異體的出現並不僅僅是因爲避複。如有的筆畫減少是由於"缺刻"造成的,是刻手無意間的疏漏,具有偶然性、隨意性。具體判斷某個字的筆畫是有意"簡省"還是無意"缺刻",需聯繫整條卜辭甚至同版卜辭。試舉一例(圖一),以作說明。

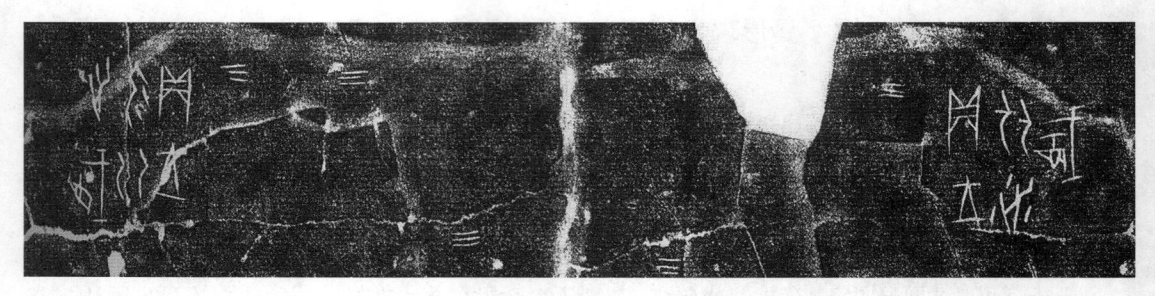

圖一 《合集》6484(《乙編》6700)

---

① 參徐寶貴:《商周青銅器銘文避複研究》,《考古學報》2002 年第 3 期。徐先生將"同時同地所鑄所刻的同一篇銘文中,一些重復出現的字就有各種各樣的變化",稱之爲"重出字的變形避複"。

這是一則對貞卜辭，反面貞卜中的"比沚戓"三字分別作"▨"、"▨"、①"▨"，這種筆畫減少並非刻手偶然或無意的疏漏，應當是一種有意的避複現象。

劉志基先生已對同辭同字"鏡像式異構"作了全面且深入的考察，但其對於"一般性異構"涉及較少。結合上文的討論，本文所說的"同版避複"是指：同版之上，事類相同且字迹風格一致的卜辭中，刻手有意將一些重複的字用非鏡像式異體表現出來的現象。

一、"同版避複"現象的分類

下文主要從"異構"與"異寫"兩個角度，將"同版避複"現象進一步細分成"增加部件"、"省略部件"、"替換部件"、"部件移位"、"整字倒書"、"改變部件方嚮"（以上"異構"層面）、"筆畫平直與彎曲"、"筆畫重復與省略"、"筆畫增減"、"筆畫收縮與延伸"、"勾廓與綫條化"、"改變筆勢"（以上"異寫"層面），以及"借筆"、"單字避複"等十四小類。將字例依次羅列於下，稍作説解。②

1. 異構

（1）增加部件

① 賓 ▨ - ▨《合集》905 正兩見（同事類）③

後者增加"口"旁。

② ▨ - ▨《合集》945（同事類）

前者在頸項處增加了"▨"形的部件。

③ 賓 ▨ - ▨《合集》1248 正反兩見（同事類）

後者增加"万"旁。

④ 祼 ▨ - ▨《合集》1901 正（對貞）

前者增加"示"旁。

---

① "止"形左上的一點，結合同版卜辭來看，應當是泐痕而非筆畫。
② 需要説明的是：較完整的龜腹甲卜辭上信息更爲完備，這有助於我們判斷卜辭事類與字迹是否一致，同時也提供了更多的語料。本文所調查的材料爲《合集》與《花東》中較完整的龜腹甲卜辭。
③ 字例依次呈現以下信息：序號、字頭、先出現的字形-後出現的字形、《合集》編號、（ ）中爲二者出現句子的關係，若此現象還出現在其他卜辭中，該版卜辭信息附記於後。同一類別下，字例按其所在《合集》的號碼排序。

⑤ 賓 [字]-[字]《合集》3333（對貞）

⑥ 賓 [字]-[字]《合集》9520（對貞），又見於《合集》9523（對貞）

⑦ 屮 [字]-[字]《合集》22246（同事類）

以上四例增加"止"旁。

⑧ 賈 [字]-[字]《花東》7（對貞）

⑨ 賈 [字]-[字]《花東》352（對貞），又見於《花東》367（對貞）

以上三例增加"貝"旁。

（2）省略部件

⑩ 史 [字]-[字]《合集》822（對貞）

⑪ 奏 [字]-[字]《合集》9177（同事類），又見於《合集》10171（對貞）

以上三例省略"又"旁。

⑫ 畫 [字]-[字]《合集》822（對貞）

前者省略"聿"旁。

⑬ 昔 [字]-[字]《合集》1772（對貞）

後者省略"日"旁。

⑭ 姼 [字]-[字]《合集》22246（同事類）

後者省略"肉"旁。

⑮ 姼 [字]-[字]《合集》22246（同事類），又見於《合集》22247（同事類）

以上兩例省略"女"旁。

⑯ 禦 [字]-[字]《合集》22226（同事類）

前者省略"卩"旁。

（3）替換部件

⑰ 帝 [字]-[字]《合集》418（對貞）

前者从"冂"，學者或稱爲"冂形帝"，後者从"丁"，可稱爲"丁形帝"。此條卜辭中，一作"方[字]"，一作"勿方[字]"，均表示"禘祭"之"禘"。但在賓組卜辭中，前者一般表示至高神的"帝"，後者一般表示"禘"。此版是極少有的例外。① 刻手在知道二者區別的情況下，仍然使用"冂形帝"來表示"禘"是爲了與"丁形帝"避複。

---

① 參王子楊：《甲骨文字形類組差異現象研究》，上海：中西書局 2013 年版，頁 152—153。

⑱ 殺 ▨-▨《合集》438（對貞）

前者從"攴"，後者從"殳"。

⑲ 賓 ▨-▨《醉古集》32（同事類）

前者從"女"，後者從"卩"。

⑳ 陕 ▨-▨《合集》10613 正反（同辭）

前者從"夷"，後者從"矢"。

㉑ 鬻 ▨-▨《合集》4855（對貞）

前者從"木"，後者從"中"。

㉒ 各 ▨-▨《花東》34（同事類），又見於《花東》475（同事類）

以上兩例從"凵"與從"口"替換。

㉓ 肇 ▨-▨《花東》63（選貞）

前者從"攴"，後者從"戈"。①

（4）部件移位

㉔ 弘② ▨-▨《合集》667 兩見（同事類）

㉕ 牝 ▨-▨《合集》795（對貞）

㉖ 古 ▨-▨《合集》1086（同事類）

㉗ 正 ▨-▨《合集》5440（對貞）

㉘ 化 ▨-▨《合集》5440（對貞）

㉙ 娥 ▨-▨《合集》22246（同事類）

（5）整字倒書

㉚ 正 ▨-▨《合集》5439 兩見（對貞）

前者皆見於右腹甲的三條卜辭，後者皆見於左腹甲的兩條卜辭（左首甲的卜辭缺失）。此五條卜辭字迹與事類均同，乃同一刻手同時之作。該刻手有意將右腹甲的正字刻成前者，左腹甲的正字刻成後者。

㉛ 殺 ▨-▨《花東》276（對貞）

前者較爲殘缺，但仍可判斷二者爲倒書。

---

① 參方稚松：《殷墟甲骨文五種記事刻辭研究》，北京：綫裝書局 2009 年版，頁 47—48。
② 參裘錫圭：《裘錫圭學術文集》（甲骨文卷），頁 184—189。

(6) 改變部件方嚮

㉜ 韋 ▨-▨《合集》634（對貞）

㉝ 蚩 ▨-▨《合集》766（同辭），又見於《合集》767（同事類）、《醉古集》61（對貞）、《合集》6037（對貞）、《合集》8969（對貞）、《合集》10137（對貞）、《合集》14787（對貞），凡七見。

㉞ 癸 ▨-▨《合集》2953（對貞）

㉟ 防 ▨-▨《合集》3482（對貞）

㊱ 韋 ▨-▨《合集》6033（對貞）

前者兩個"止"方嚮相同，後者兩個"止"方嚮相反。

㊲ 受 ▨-▨《合集》6460（對貞），又見於《合集》9741（四見•同事類）、《合集》9774（對貞），凡六見。

此小類主要通過改變"又"與"止"的方嚮，以達到避複的目的。

2. 異寫

(1) 筆畫的平直與彎曲

㊳ 爭 ▨-▨《合集》667（對貞）

㊴ 祭 ▨-▨《合集》1051（對貞）

㊵ 妞 ▨-▨《合集》3481（對貞）

㊶ 擒 ▨-▨《合集》10656（對貞）

(2) 筆畫的重復與省略

㊷ 貞 ▨-▨《合集》946（對貞）

㊸ 盡 ▨-▨《合集》3521（對貞）

㊹ 卻 ▨-▨《花束》226（同事類）

㊺ 兂 ▨-▨《花束》464（同事類）

(3) 筆畫增減

㊻ 擇 ▨-▨《合集》122（同事類）

前者兩見，當不是無意缺刻"牵"中的一筆。

㊼ 逸 ▨-▨《醉古集》31（同事類）

此版殘缺。前者五見，後者三見。後者乃有意簡省"牵"中的一筆。

㊽ 囗 －《合集》914(對貞)，又見於《合集》5439(對貞)、《合集》5637 兩見(對貞)

以上三版卜辭中，後者均不止一見，並非缺刻。

㊾ 帚 －《契合集》238(對貞)

後者添加了“”形的飾筆。

㊿ 賓 －《醉古集》260(同事類)

二者辭例一致，均爲某位祖先賓於上帝，字迹亦相同。刻手通過增加一斜筆以達到避複的目的。

(51) 賓 －《合集》1901(對貞)

(52) 母 －《合集》2530 兩見(對貞)

此版與例㉚類似，前者見於右側的兩條卜辭，後者見於左側的兩條卜辭。後者並非無意缺刻兩點而成。

(53) 子 －《合集》5440(對貞)

(54) 史 －《合集》5440(對貞)，又見於《合集》9472(對貞)

《合集》9472 中後者三見，當是有意省略上部的“V”形筆畫。

(55) 助 －《合集》5532(對貞)

後者增加了表示圈足的筆畫。

(56) 比 －《合集》6484(對貞)

(57) 沚 －《合集》6484(對貞)

(58) 戠 －《合集》6484(對貞)

(59) 逸 －《合集》6664(對貞)

比對例㊻、㊼，可知“夲”形的避複方式是簡省或增加中間的横筆。

(60) 方 －《合集》9472(對貞)

聯繫例(54)《合集》9472 中“史”字的避複現象，前者與有“V”的“史”字在正面貞卜中，後者與無“V”的“史”字在反面貞卜中。後者當也是該刻手有意簡省而來。

(61) 岳 －《合集》12842(對貞)

後者省寫上部“”形筆畫，並且“山”形的寫法也略有不同。

(4) 筆畫的延伸與收縮

(62) 易 －《合集》655(同辭)

㊌ 來 ▨－▨《合集》914（對貞）

㉞ 婡 ▨－▨《合集》13716（對貞）

前兩例均是通過收縮"來"中間的豎筆，造成"來"下部三歧與二歧的區別。

㊄ 㫃① ▨－▨《合集》1532（對貞）

二者表示旗杆的筆畫均貫穿下部的形體，唯後者下部形體中旗杆的筆畫未刻出。

㊅ 父 ▨－▨《合集》1901（對貞）

前者"又"的斜筆穿過右側的豎筆。

㊆ 由 ▨－▨《合集》5440（對貞）

㊇ 由 ▨－▨《合集》5480 兩見（對貞）

右側二字均作前者，左側二字均作前者。

㊈ 酉 ▨－▨《合集》6483（對貞）

後者中間的橫筆貫穿"酉"形。

（5）勾廓與綫條化

⑦ 逐 ▨－▨《花東》108（對貞）

㋆ 剢 ▨－▨《合集》117（對貞）

上兩例中，前者動物的身體均以勾廓表示，後者則以綫條來表示。

㋇ 毃② ▨－▨《合集》902（對貞）

後者與盾紋重疊，但"殳"形上部尚存。前者以勾廓的形式避複。

（6）改變筆勢

㋈ 往 ▨－▨《合集》635（對貞）

二者所在卜辭的其他内容字迹一致，當是同一刻手所刻寫。唯"往"字寫法差別極大（參圖二：1）。

㋉ 孔 ▨－▨《合集》734（對貞）

前者的手形呈向上的曲筆，後者向前平伸。

---

① 參張惟捷：《說殷卜辭的"㫃"字》，中國社會科學院歷史研究所先秦史研究室網：http://www.xianqin.org/blog/archives/8726.html。

② 此字舊多釋"殼"，本文從釋"毃"之說。參白於藍：《拾遺錄——出土文獻研究》，北京：科學出版社 2017 年版。

图二

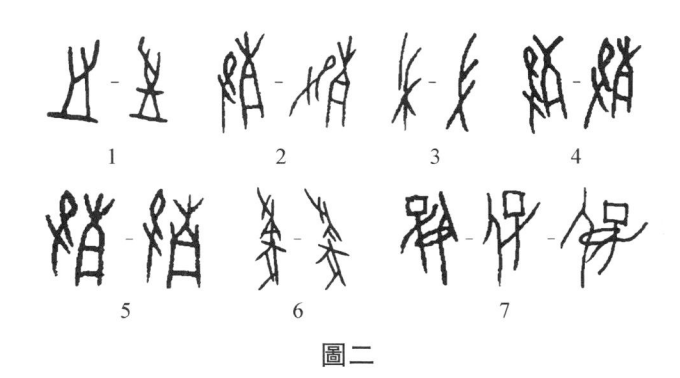

⑦⑤ 殼 [字]-[字]《合集》776（對貞）

二者所在的卜辭上部殘缺，但根據位置與前辭中的"午"字仍可判斷爲對貞卜辭。但"殼"字所從的"南"與"殳"寫法均不同。

⑦⑥ 賓 [字]-[字]《合集》1100（對貞），又見於《合集》2388（對貞）

二者所從的"宀"寫法不同。

⑦⑦ 殼 [字]-[字]《合集》1107（對貞），又見於《醉古集》260（同事類）、《合集》6483（對貞）、《合集》6486（對貞）、《合集》9950（對貞）

二者中"南"的寫法相同。但"殳"的寫法不同（參圖二：2）。

⑦⑧ 子 [字]-[字]《合集》1901（對貞），又見於《合集》905（對貞）

刻手通過改變"子"字中間橫筆的傾斜度以避複。

⑦⑨ 帚 [字]-[字]《合集》2652（對貞），又見於《合集》13716（對貞）

二者下部由於寫法不同造成三歧與二歧的區別。此外《合集》2652的前者與"帚"字常見的寫法不同，第一筆僅刻出了第一道弧筆，未延伸刻出中間的豎筆。這種現象僅此一見，似乎是刻手在刻寫時運刀有所失誤（參圖二：3）。

⑧⑩ 殼 [字]-[字]《合集》5440（對貞）

後者是常見的寫法。前者所從的"南"字省去了兩筆，"殳"字寫法不同（參圖二：4）。

⑧① 舂 [字]-[字]《合集》5440（對貞）

二者所從的"臼"寫法不同。

⑧② 殼 [字]-[字]《合集》5447（同事類）

二者所在的卜辭内容相關，字體風格一致，當源自同一刻手。但"殼"字所從的"南"寫法不同（參圖二：5）。

⑧③ 敢 [字]-[字]《合集》7352（對貞）

前者寫法較爲常見,後者表示手持網罩的"畢"形寫法略爲奇特(參圖二:6)。

㉘ 保 [字形]-[字形]-[字形]《合集》10133(對貞)

此版"保"字三見,依次出現在正貞命辭、反貞命辭與占辭中,寫法均不同。第二個字形較爲常見。第一個字形中,所從"子"的手臂寫法有所不同,並且"人"與"子"字之間有表示繩索的圈形筆畫,此筆畫位於"子"字手的下方。第三個字形表示繩索的筆畫位於"子"字手的上方(參圖二:7)。

㉟ 束 [字形]-[字形]《合集》22226(對貞)

前者下部呈交叉的弧筆,後者呈三歧狀。

㊱ 先 [字形]-[字形]《合集》22246(對貞)

二者下部的"人"寫法不同。前者似歷組卜辭"人"的寫法,後者似賓組卜辭"人"的寫法。

3. 其他

(1) 借筆

㊲ 王亥 [字形]《合集》14735

此版卜辭"王亥"三見。唯此形中"亥"的橫筆借用了"王"下橫筆,刻手采用"借筆"的方式避複。

(2) 單字中重複部件的避複

㊳ 爽 [字形]《合集》13936

此字一般的寫法多爲左右對稱。而此形(較清晰的拓本見於《乙編》2510)較爲特殊,兩側"手"下的形體在筆勢、結構上都有明顯差異。右側的形體較爲常見,五道均爲直筆,較容易刻寫。左側形體除中間的短橫爲直筆,其餘四筆均略呈弧筆,且用兩歧的弧筆道代替了前者中間的一道豎筆。後者應當不是刻手無意刻出,而是刻手在刻到左側時有意作出的改變,以求與右側不同。近年來出版的文字編、字形表等工具書,對此形的處理多有失真,《新甲骨文》(增訂本)與《商代文字字形表》均采用《合集》13936 中並不清晰的拓本,筆道粘連在一起,呈墨團狀。《殷墟甲骨文編》摹作[字形],亦不準確。[1] 唯《甲骨文字編》[2]摹作[字形],較爲準確。這種單字避複的例子甲骨文中應

---

[1] 劉釗:《新甲骨文編》(修訂本),福州:福建人民出版社 2014 年版,頁 216;夏大兆:《商代文字字形表》,上海:上海古籍出版社 2017 年版,頁 136;韓江蘇、石福金:《殷墟甲骨文編》,北京:中國社會科學出版社 2017 年版,頁 63。

[2] 李宗焜:《甲骨文字編》,北京:中華書局 2012 年版,頁 73。

該還有一些。

根據上文共 121 則同版避複的例子，現將統計數字與百分比列表如下：

異構 57 例 (47.11%)	增加部件	13 例	約 10.74%
	省略部件	9 例	約 7.44%
	替換部件	8 例	約 6.61%
	部件移位	7 例	約 5.79%
	整字倒書	3 例	約 2.48%
	改變部件方嚮	17 例	約 14.05%
異寫 62 例 (51.24%)	筆畫的平直與彎曲	4 例	約 3.31%
	筆畫的重復與省略	4 例	約 3.31%
	筆畫增減	21 例	約 17.36%
	筆畫的延伸與收縮	9 例	約 7.44%
	勾廓與綫條化	3 例	約 2.48%
	改變筆勢	21 例	約 17.36%
其他 2 例 (1.65%)	借筆	1 例	約 0.83%
	單字避複	1 例	約 0.83%

從上表可以看出，龜腹甲的"同版避複"現象中，"異寫"與"異構"的比例相差不大。刻手主要采用"增加部件"、"改變部件方嚮"、"筆畫增減"、"改變筆勢"四種方式以達到"避複"的目的。

二、研究甲骨文中"同版避複"的意義

1. 對分類與斷代的意義

試舉一例以作說明，《合集》1100 與《合集》2388 中的"賓"字避複現象作：

前者"宀"頂部突起，是賓一類卜辭中"賓"的典型寫法。後者則是典賓類卜辭中"賓"的典型寫法。再結合同版的其他卜辭，如《合集》1100 的"亥"作 ，是典賓類卜辭中"亥"的典型寫法，《合集》2388 的" "，是賓一類"不"的典型寫法。同版上的對

貞卜辭中同時出現了賓一類與典賓類的不同寫法，可以判斷出這兩版卜辭的時代應當是武丁中期偏晚。

崎川隆先生認爲這兩版卜辭的字體分類是賓一類向典賓類過渡的類型，稱之爲過渡②類，①是十分精準的。

當同版的重出字以不同組類的典型寫法進行避複時，提醒我們要考慮其字體是否屬於過渡的類型，再結合整版的其他卜辭，對其時代作出判斷。

2. 對字形與詞義理解上的意義

《合集》9177 與《合集》10171 中的 ▨，由辭例可知是"奏"的簡省。此字形並未引起學者的注意，僅《甲骨文字編》收錄了《合集》10171 的該字形。② 近年來出版的《新甲骨文》（增訂本）、《商代文字字形表》、《殷墟甲骨文編》均未收錄。省略一個"手"形的"奏"字僅見於這兩版卜辭，可見避複會增加新的異體字形。

從甲骨文字詞關係的角度，避複也造成了一詞多用字的現象，如：（昔）——昔、巛；（妙）——妙、敝、多；（御）——卸、午等。

又如《花東》63 有這樣一則選貞卜辭：

辛亥卜：子其以婦好入于狀，子呼多御正見于婦好，▨ 紉十，往縣。

辛亥卜：發 ▨ 婦好紉三，壴 ▨ 婦好紉二。用。往縣。

結合《花東》的彩色照片（▨）以及孫亞冰女士觀察甲骨實物後繪製的摹本，③ ▨（下以 A 代表）的拓本當是準確的。"支"上並没有一斜筆，與 ▨（下以 B 代表）不同。《新甲骨文編》（修訂本）將 A 列入附録，且並未收録《花東》的該字形。④ 方稚松先生在討論這兩個字形時，曾將《花東》63 中的 A 誤認成了 B。但方先生結合相關字形與辭例，認爲此二字乃"肇"之初文。A 從"支"，B 從"戈"，二者在字形上相通。詞義上都表示奉納、送致之義。⑤ 這都是十分正確的。從"同版避複"的角度來看，也應將 A 與 B 認同爲一個字。此外《花東》288 中的"肇（▨）"似乎也作 A 形。

注意"同版避複"的現象，有助於辨析字形與了解字用，以及推動甲骨文的釋讀

---

① 崎川隆：《賓組甲骨文分類研究》，上海：上海人民出版社 2011 年版，頁 232、269。
② 李宗焜：《甲骨文字編》，頁 536。
③ 孫亞冰：《殷墟花園莊東地甲骨文例研究》，上海：上海古籍出版社 2014 年版，頁 319。
④ 劉釗：《新甲骨文編》（修訂本），頁 931。
⑤ 方稚松：《殷墟甲骨文五種記事刻辭研究》，頁 45—61。

研究。

3. 刻手的審美意識與書法研究上的意義

"同版避複"很少出現在程式化較高的前辭之中。上揭 121 個字例中僅有 20 例（地支 3 例，"貞"字 1 例，貞人名 16 例）。劉志基先生說："對於那些幾乎每片、每條刻辭中都會出現的程式性用字，刻辭者似乎抱着一種較爲淡漠的態度，只以常規書寫應付之。"① 這種分析是有道理的。刻手在學習刻寫甲骨文時，往往先從干支練起。干支刻辭中有很多干支習刻，都是刻手練習的作品。這種程式化較高的內容，刻手最爲熟練，刻寫起來一氣呵成，不會作過多改變。

我們注意到在一些龜腹甲卜辭中，"同版避複"現象往往不止一見。如前文提到的《合集》6484 的反面貞卜中"比沚䖵"三字都有筆畫簡省。《合集》5439 中右腹甲的三個"正"字均刻成倒書。《合集》2530 中左腹甲的兩個"母"字均刻成"女"字。下面再舉幾個例子：

(1A) 貞：⌧ ⌧ 人。

(1B) 貞：⌧ 不其 ⌧ 人。　　　　　　　　　　　　　　　（《合集》822）

(2A) 乙⌧卜，⌧貞：勿卒止⌧于⌧乙。

(2B) 乙⌧卜，⌧貞：⌧于⌧乙。　　　　　　　　　　　　（《合集》1901）

(3A) 乙⌧卜，⌧貞：⌧⌧⌧王⌧。

(3B) 乙⌧卜，⌧貞：⌧⌧⌧弗其⌧王⌧。　　　　　　　　（《合集》5440）

(4A) 丁巳卜，賓貞：⌧ 不汏疾。

(4B) 貞：⌧ 其汏疾。　　　　　　　　　　　　　　　　（《合集》13716）

(1) 中重複出現的 8 個字中，共 2 對（4 字）避複，采用的是省略部件的方法。(2) 中重複出現的 18 個字中，共 4 對（8 字）避複，采用了改變筆勢、省略筆畫、增加部件、筆畫延伸四種方法。(3) 中重複出現的 22 個字中，共 7 對（14 字）避複，采用了省

---

① 劉志基：《甲骨文同辭同字鏡像式異構研究》，《中國文字研究》第十七輯，頁 7。

略筆畫、改變筆勢、部件移位、筆畫收縮四種方法。(4A)中的"帚姘"二字下部均成二歧,(4B)則作三歧,判然有別。"帚"字是改變筆勢造成,"姘"字則是收縮中間的豎筆造成。可以看出這幾版的刻手,求異的主觀審美意識很強,在短短的幾個字中綜合運用了多種方法以達到避複的目的。他們的刻寫水平應該是當時契刻集團中的佼佼者,已經不滿足於簡單的記錄,在刻寫的過程中注入了個人的審美情趣。

三、小　　結

　　本文對龜腹甲卜辭中的"同版避複"現象進行了分類整理與研究。共揭示 121 個字例,並進行了定量分析。指出刻手主要采用"增加部件"、"改變部件方嚮"、"筆畫增減"、"改變筆勢"這四種方式以達到"避複"的目的。"避複"現象往往出自刻寫水平較高的契刻者之手,他們擁有較強的求變意識,在刻寫卜辭的過程中融入了自己的書法審美情趣。對"避複"現象的研究,還有利於細化卜辭的分類斷代以及加深對甲骨文字詞的理解。

　　本文寫作時曾向黃天樹師、陳英傑師、王子楊先生請教相關問題,又與李曉曉師妹多有討論。文成後蒙黃天樹師、陳英傑師、王子楊先生、李曉曉師妹審閱並提出寶貴修改意見,謹此致謝。文中錯謬,概由本人負責。

談甲骨文的"䚘"字

陳 健

（寧波圖書館）

殷墟甲骨文有"䚘"字兩見，字形作：

《合集》30947　　《屯南》622

其辭例如下：

(1) ……[岳]，辛丑[其]䚘，酒①，又大[雨]。　　（《合集》30947，無名組）

(2) ……燎岳，辛丑其䚘，酒，又大雨。　　（《屯南》622，無名組）

學者多認爲䚘在卜辭中用作祭名。② 金祥恒根據于省吾的意見，將䚘讀爲"复"："其䚘雖爲初見，然從 䚘 畐聲，非常明顯，其義於此當與复同。如小屯甲編 2094 片：……貞：勿复酒？一月。"③可見金先生認爲《甲編》2094（《合集》557）的"复酒"與(1)、(2)兩辭中的"䚘酒"可以對讀。但審原拓，所謂"复"字作 ，從皿從夂，實當釋爲"退"，所以"复酒"的辭例證據恐怕是靠不住的。黃天樹又據金先生說將䚘看作甲骨文中的頻率副詞，讀爲"複"，訓爲"再"，自然也有待商榷。④ 本文對䚘字的用法有一些新的看法，在此提出，求教方家。

---

① 此字從彡從酉，爲行文方便，暫隸定爲"酒"。
② 諸說請參看于省吾主編：《甲骨文字詁林》，北京：中華書局 1996 年版，頁 2135。
③ 金祥恒：《甲骨文字考釋三則・釋䚘》，《金祥恒先生全集》，臺北：藝文印書館 1990 年版，頁 1725。
④ 黃天樹：《甲骨文中的頻率副詞》，《首都師範大學學報》（社會科學版）2015 年第 1 期。

一、"畐""葍"的音義聯繫

䨲字構形从"畐"从"𠚍"。𠚍,甲骨文或作𠚍,是"箙"的初文,後來字形訛變作"葍"。《古文字譜系疏證》分析"䨲,疑从畐,葍聲。甲骨文䨲,用爲祈雨之祭名"。① 也有學者認爲䨲是一個兩聲字,如陳偉武説:"畐、葍皆聲,古音甚近。"② 黄天樹説:"古音畐、葍均爲並紐職部,聲韻全同,可看作兩聲字,畐、葍皆聲。"③

"畐"、"葍"作爲偏旁在語音上的密切關係也在典籍用字中有所體現,如:

《禮記·祭統》:"福者備也,備者百順之名也,無所不順者謂之備,言内盡於己,而外順於道也。"

《禮記·郊特牲》:"富也者福也。"鄭注:"福也者,備也。"

《禮記·禮運》:"是謂承天之祜。"鄭注:"祜,福也,福之言備也。"

《詩·大雅·既醉》:"介爾景福。"鄭箋:"福者,備也。"

《廣雅·釋詁》:"福,備也。"

《説文解字》:"富,備也。"

《説文解字》對"福"的訓釋有不同版本。大徐本:"福,祐④也。从示,畐聲。"小徐本:"福,備也。"惠棟《惠氏讀〈説文〉記》:"祜當作備。"王筠《説文繫傳校録》:"備也。大徐祜也,非是。"段玉裁《説文解字注》説:"按福、備古音皆在第一部,迭韻也。鉉本作祜也,非。祜正世所謂福也。"⑤徐鍇及清人諸説大抵是承襲《祭統》與鄭玄注來的,原本《説文》是何面貌,殊難定奪。有一種可能是許慎著《説文》很重視鄭玄意見,常徑引之爲説。原本《説文》或作"備也",是許氏直接采納了鄭注的觀點。而後人又根據字義發展的實際狀況易"備"爲"祜",並遷其次序於"祐"字頭之前以合《説文》體例。許氏解字通常只采一家之言,後人或有疑慮之處,常囿於材料而闕疑。如《説文·广部》有"廞"字,訓"陳輿服於庭也",段玉裁説:"《周禮》故書'廞'爲'淫',鄭司農云:'淫讀爲廞。廞,陳也。'許説同先鄭。《釋詁》曰:'廞,興也。'後鄭注《周禮》云:'廞,興也。'"興""作"之説同《爾雅》。按易'淫'爲'廞',古音同在七部也;釋'廞'爲'興',古

---

① 黄德寬等編著:《古文字譜系疏證》,北京:商務印書館 2008 年版,頁 305。
② 陳偉武:《雙聲符字綜論》,《中國古文字研究》第一輯,長春:吉林大學出版社 1999 年版,頁 331。
③ 黄天樹:《殷墟甲骨文"有聲字"的構造》,《黄天樹古文字論集》,北京:學苑出版社 2006 年版,頁 276。
④ 一本又作"祜"。
⑤ 諸説請參看丁福保主編:《説文解字詁林》,北京:中華書局 1988 年版。

六部七部合音也。"可見段氏此處也無法對先鄭與後鄭的説法給出斷言。總之，從文本上不能輕易排除原本《説文》訓"福"爲"備"的可能性。

文獻中還有"福"、"備"相涉的情況，《詩經·周頌·執競》"降福穰穰"，毛傳："穰穰，衆也。"《爾雅·釋訓》："穰穰，福也。"郭璞注："言饒多。"郝懿行《爾雅義疏》："按'福'之言'富'，故《祭統》云'福者備也'。"我們認爲這裏《爾雅》和《執競》中的兩個"福"字不可等量齊觀。《執競》中的"福"是"福祐"之義，整句話是説"上天降下了衆多福祉"。而《爾雅》中作爲"穰穰"訓釋字的"福"，可讀爲"富"或者"備"，乃"衆多"之義。《爾雅》在綴集故訓時有時會直接挪用典籍裏的原文作爲材料，有些其實不是本訓，而是特殊語境下的訓釋，這需要我們去甄別，如：

《詩經·周頌·載芟》："厭厭其苗，綿綿其麃。"《爾雅·釋訓》作："綿綿，穰也。"

《詩經·周頌·良耜》："穫之挃挃，積之栗栗。"《爾雅·釋訓》作："挃挃，穫也。"

《詩經·小雅·伐木》："伐木丁丁，鳥鳴嚶嚶。"《爾雅·釋訓》作："丁丁、嚶嚶，相切直也。"

《包山楚簡》205號的"邵吉爲位，既禱至福"，連劭名認爲"福、備同義"。① 甲骨文有字作 ▨ (《合集》8529)、▨ (《合集》8935 正)等形，即《説文》的"䐹"字。《説文》："䐹，以火乾肉，从火稫聲。"《方言》卷七作："𤎅，火乾也。"錢繹《方言箋疏》："《周官·籩人》注云：鮑者於楅室中糗乾之。《漢書·貨殖傳》注引作'煏'，並與'𤎅'同。"楊樹達《積微居小學金石論叢》説："按畐聲葡聲古音同在德部，以火乾肉謂之䐹，以火乾五穀謂之𤎅，音同，義相近。"

以上這些都是从"畐"、"葡"之字在音義上相聯繫的情況。

"福"、"富"、"備"等字音相通，且都有"多"、"滿"的意思。《説文解字注》説："富與福音義皆同。《釋名》曰：'福，富也。'"《廣雅疏證》也説："福、富、備古聲義具同。""多"、"滿"的意思很大程度上也由"畐"和"葡"的本義引申而來。

《説文》："畐，滿也。"桂馥《説文解字義證》："滿也者，福從此。福，備也，備則充實而滿矣。"从"畐"聲的字多有類似意義，如"幅"可訓"廣"，"愊""偪"等可訓"滿"等。

"備"字的情況稍微複雜一點。《説文》訓"慎也"，其實訓釋"福"、"富"等字的"備"，本字應該是"葡"。《説文》："葡，具也。"《説文解字注》："或疑'備'訓'慎'未盡其義，不知用部曰'葡，具也'。此今之'備'字，'備'行而'葡'廢矣。'葡'廢而'備'訓'具'，鮮知其古訓'慎'者，今義行而古義廢矣。凡許之書所以存古形、古音、古義也。"

---

① 連劭名：《包山簡所見楚地巫禱活動中的神靈》，《考古》2001年第6期。

《方言》曰:'備,咸也。'此'具'之義也。又曰:'蕆、敕、戒,備也。'此'慎'之義也。"段氏說得很清楚,"葡"本義"具備、完備",而"備"本義"謹慎、防備"。因此從字用上嚴格區分,福、富之本訓應爲"葡也"。

二、䆜 的 造 意

姚孝遂說:"甲骨文 ⿱ 字象盛矢於器中之形,或作 ⿱。自其形體而言,《說文》訛變作 ⿱;自其意義而言,《說文》孳乳爲箙。"① ⿱ 乃"箙"之初文,字形又發展爲"⿱",但《說文》分"箙"、"⿱"兩字,分訓"弩矢箙也"和"具也",姚先生認爲是字形與字義的分向發展,實際上其内在聯繫還是有迹可循的。

弓箭在古人心目中具有崇高地位,先民對弓箭的依賴甚至崇拜感是十分强烈的。無論戰争、狩獵或生產生活,弓箭都扮演了重要的角色,這在漢字的造字意圖裏常有體現。劉志基師曾分析漢字構形中所體現的漢先民弓箭崇拜心理,兹引其論:

> 我們已經發現的古人關於弓箭的觀念,儘管各有其不同的表現形式,但是,從對弓箭的敬畏到以弓箭爲有靈,從弓箭有靈到操弓射箭的神奇功效,其間的邏輯聯繫是顯而易見的。它們的源頭與核心,便是對弓箭的崇拜。再者,這些觀念既然見諸漢字的構形,表明它們在文字既興之後依然存在,因而去弓箭崇拜發端的原始狩獵時代當有相當長的時間距離,而其遞相引申的相互關係,則揭示了它們不是同一時間層次的產物,這又表明,弓箭崇拜乃是漢先民的一種具有悠久歷史的民族心態。②

可見,雖然漢字發展到殷商時期已經頗爲成熟,距離漁獵時代的原始社會相去已遠,然弓箭這種物象對古人的思想觀念影響可謂根深蒂固。可以想見,弓箭提高了先民狩獵的效率,同時能使其保護自己在野外不被野獸所傷害。氏族部落戰争中,弓箭又是戰争利器。因此,有箭矢裝備在身,無疑是"有備無患"。所以"⿱(箙)"之字義發展大抵經歷了這樣一個過程:盛箭器——裝備(弓箭)——具備、完備。《尚書·費誓》說:"備乃弓矢,鍛乃戈矛,礪乃鋒刃,無敢不善。"這充分體現了"弓箭"與"裝備"在古人心目中内在的聯繫。總之,這是由弓箭給先民帶來的莫大心理慰藉和安全感所反

---

① 《甲骨文字詁林》,頁2558。
② 劉志基:《從若干以弓箭形象構形的漢字看先民的弓箭崇拜》,《鐵硯齋學字雜綴》,北京:中華書局2006年版,頁158。

映出來的字義。因此作爲龖字聲旁的"葍",和"畐"一樣同時承擔"多"、"滿"的意思也就可以理解了。

綜上所論,我們認爲甲骨文龖可以看作是一個"兩聲兩意字"。"畐"和"葍"各自兼有聲符和意符的功能。

三、龖在卜辭裏的用法

除了本文開頭所引兩例外,《合集》30065 有辭作:

(3) 其畐,禱雨在盂,又[1]大雨。　　　　　　　　　　　　　　　(無名組)

龖和"畐"都用在卜雨辭中,"畐"可以看作龖的省形,這種用聲符代用整字是古文字構形的一種特色。[2]

卜辭在祭祀"夒"、"岳"時,祭名通常是放在這兩者前面。從前引(1)(2)的相關殘缺辭例判斷,"夒""岳"前應該還有真正與之相關的祭名。所以龖大概不會是部分學者所認爲的"祭名"。

"酒"卜辭習見,並且它的用法有一個值得注意的地方,姚志豪説:

> 我們可以瞭解:"酒"與其執行的時間、日期有密切的關聯,這是掌握"酒"字用的中心傾向,這是早期、晚期卜辭都沒有的特徵。因此,作句讀之前,要先觀察"酒"字與句中時間副詞的關聯。
>
> ……表面上的"酒-先祖""酒-祭牲"實際上只是省略句而已。這種特徵也使得"酒"字必須成爲獨立執行的儀式,無法與其他祭祀動詞連綴使用,或者修飾其他動詞。[3]

姚先生的意思是"酒"祭十分講究時間次序,卜辭中多見"先酒"、"迺酒"之語,就體現了這種規則性。"酒"在語義指向上並不與祭祀對象或祭牲直接發生關係,也不與其他祭名連綴使用,所以本文所引的(1)、(2)應該也不是龖、酒連祭。作爲祭名,應認識到"酒"的相對獨立性。

我們在前面提出龖是一個"兩聲兩意字",將龖解爲"完備",可以恰當通讀相關卜

---

[1] 黃天樹在《甲骨文中的頻率副詞》一文中釋此字爲"亡(無)",看拓片應該是"又"字。
[2] 董蓮池:《"寶"字聲符的構形研究及相關古文字考釋的反思》,《何琳儀先生誕辰 70 周年古文字學學術研討會文集》,2014 年。
[3] 姚志豪:《小屯南地甲骨句法斷代研究》,逢甲大學 2008 年博士論文(指導教師:朱歧祥教授),頁 175。

辭。(1)、(2)最前面的殘辭顯然是對"夒""岳"的祭祀：辛丑這一天，確認前期的祭祀儀式已經"完備"，再舉行"酒"祭。這樣，在萬事俱備的情況下，自然能"又（有）大雨"，這恰恰也體現了"酒"祭強調的次序規範性。(3)辭亦當理解爲"在前面工作完備的情況下，在盂地求雨，有大雨"。

《詩·小雅·楚茨》是一篇描寫貴族祭典的詩歌，其中有"禮儀既備，鐘鼓既戒，孝孫徂位。工祝致告，神具醉止，皇尸載起"一段，馬瑞辰《毛詩傳箋通釋》："備者，葡之假借。"這段詩是說：各種禮節已然完備，鐘鼓就位，主祭者方與神靈溝通，神靈才會享用美酒，最終達到"醉止"的境界，完成整個祀典。① "酒"字从"酉"，本指一種與酒有關的祭祀，要讓先祖神靈享用到這種美酒，前提就是之前的儀式完備。因此卜辭中的"其𪔣/畐"，就是《楚茨》的"禮儀既備"。

總之，將甲骨文𪔣字與典籍"畐""葡"聲字的關係結合起來考察，能夠幫助我們正確理解相關卜辭。

四、餘　論

卜辭另有"備"字，見於《合集》565，姚孝遂認爲"可能是地名"，②該條卜辭爲"貞，隹備犬寇"，解作地名似乎難以疏通。"犬"本是商王朝的諸侯國或盟國，但是卜辭中有武丁討伐"犬"的記載，大概是時敵時友的狀態。

《合集》6979有辭作"己酉卜，貞，雀往圍犬，弗其擒"。林小安先生指出，卜辭中大量出現的"雀"，就是文獻中常見的武丁重臣傅說，他參與領導了武丁時期的衆多對外戰役，包括對"犬"的這一征伐。③《合集》565和《合集》6979分別是典賓類和賓三類卜辭，時代上看在武丁中期以後有交叉。"隹備犬寇"的意思是說"要防備犬方來侵擾我地"，此處的"備"應該就是《說文》訓爲"慎"的"備"字，不必看作地名。

文獻裏"備"的這種用法就不勝枚舉了，如《逸周書·芮良夫》"不懋德以備難"、《戰國策·東周策》"不如備兩周辯知之士"、《國語·吳語》"審備則可以戰乎"等等。

如此我們可以大致理清"葡""備""𪔣"三字的本義及其在卜辭裏的用法："葡"的本義是弓矢箙，在卜辭中或讀爲"䵼"；"備"的本義是防備，卜辭用法亦然；而𪔣的本義是完備，卜辭用法特指在求雨祭中，各式祭禮已經完備，再舉行"酒"祭，會有大雨。

---

① 金啓華：《詩經全譯》，南京：江蘇古籍出版社1984年版，頁528。
② 《甲骨文字詁林》，頁204。
③ 林小安：《殷王卜辭傅說考芻議》，《古文字研究》第二十九輯，北京：中華書局2012年版，頁113。

甲骨文"桒"字補釋*

李 聰

(清華大學出土文獻研究與保護中心)

一

甲骨文中有一隸定爲"桒"之字作如下諸形:

A1: 《合集》695　　《合集》15267　　《合集》12858 反

A2: 《合集》36506　《合集》38684　《合集》22184

《合集》26854

A3: 《合集》12859　《乙編》5405　《合集》34390

《合集》32663

此字舊有釋"祈"、"求"、"芰"、"漆"等諸說。① 冀小軍受孫詒讓之說啓發,在《說甲骨金文中表祈求義的桒字——兼談桒字在金文車飾名稱中的用法》一文中(以下簡稱爲"冀文")將上舉諸字與金文中用作邿國曹姓的" "、" "、" "等字繫聯,認爲此類字當從"女"从"桒"得声。"桒"當与"曹"音近,故《說文》所載"桒,疾也。从夲卉聲"

---

* 本文爲國家社科基金重大委托項目"清華大學藏甲骨的綜合整理與研究"(16@ZH017A4)階段性成果。
① 于省吾主編、姚孝遂按語編撰:《甲骨文詁林》,北京:中華書局1996年版,頁1474—1477。

之説實有誤，"𡘇"的小篆本當从"本"得声。"本"、"禱"音近，"𡘇"在卜辭中可讀爲"禱"。① 此説信者頗多，主要原因在於"𡘇"在相關辭例中多表"祈求"之義，驗之辭例，將其讀爲"禱"可謂文義通暢。

亦有學者不同意釋"禱"之説，相繼提出了讀"祓"、②釋"黍"讀爲"祈"、③釋"本"、④釋"求"⑤等説。釋"禱"説有如此多反對意見的主要原因當如董蓮池所言，其主要缺陷有兩點：一是《説文》小篆之前的漢字構形系統中並不存在"本"這一構件；二是邾國曹姓之 ▨、▨、▨ 等字實爲从"棗"而非从"𡘇"。⑥

關於第一點，《説文》"本"部下列有"𡘇"、"暴"、"皋"、"奏"、"皋"五字，董先生文中列舉了大量字形例證，以證明此五字之古文字字形皆不从"本"。陳英傑亦認爲："所謂的'本'部原本是不存在的，是許慎就已經訛變了的小篆歸納出的。"⑦這種意見當是可信的。奏，古文字中本从"𡘇"从"廾"，春秋晚期的秦景公石磬中"奏"作"▨"形，還保持早期甲骨金文的寫法，然而秦簡中"奏"字已訛作如下諸形：

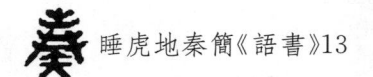

▨ 睡虎地秦簡《語書》13   ▨ 關沮秦簡 47

---

① 冀小軍：《説甲骨金文中表祈求義的𡘇字——兼談𡘇字在金文車飾名稱中的用法》，《湖北大學學報》（哲學社會科學版）1991 年第 1 期。
② 董蓮池：《"𡘇"字釋禱説的幾點疑惑》，《古文字研究》第二十七輯，北京：中華書局 2008 年版，頁 117—122。
③ 劉桓：《釋黍》，《甲骨徵史》，哈爾濱：黑龍江教育出版社 2002 年版，頁 398—403。
④ 張振林：《釋"朱 𣏟（本）𡘇 𣎵（拔）"之我見》，《古文字研究》第三十輯，北京：中華書局 2014 年版，頁 468—473。
⑤ 李零：《郭店楚簡校讀記》，北京：北京大學出版社 2002 年版，頁 76—77；孟蓬生：《釋"𡘇"》，《古文字研究》第二十五輯，北京：中華書局 2004 年版，頁 267—272；單育辰：《楚地戰國簡帛與傳世文獻對讀之研究》，北京：中華書局 2014 年版，頁 61—64。按：讚同釋"求"之説的學者頗多，此説影響很大，但其關鍵的缺陷在於甲骨文中本就有"求"字，且"求"與"𡘇"還有同見於一條卜辭的情況（參裘錫圭：《釋"求"》，《裘錫圭學術文集》（甲骨文卷），上海：復旦大學出版社 2012 年版，頁 274—284）。此外，"𡘇""求"二字還有同見一版卜辭且皆處於"～年"辭例的情況（《合集》10082+《合集》10127，李愛輝：《甲骨拼合第 310—311 則》，先秦史研究室網站，http://www.xianqin.org/blog/archives/5520.html)，二字所處語法位置相同，用法也相同，顯然不能理解爲由"異體分工"造成的"同字異形"，而應理解爲處於避複目的而換用同義或近義字的現象。
⑥ 董蓮池：《"𡘇"字釋禱説的幾點疑惑》。
⑦ 陳英傑：《西周金文作器用途銘辭研究》，北京：綫裝書局 2008 年版，頁 465—473。

甲骨文"桒"字補釋 · 305 ·

里耶秦簡 8－1447 正　　嶽麓書院藏秦簡（叁）169

上舉諸"奏"字中所從的"桒"形體上下部分已割裂，上部訛爲"中"，下部訛爲近似於"矢"之形，"奏"《說文》小篆作"　"，中間筆畫業已割裂，當是源自秦簡中這種字形。《說文》分析"奏"與"桒"字皆爲"从夲"，"夲"《說文》小篆作"　"，很可能即由秦簡中這種已經訛變的"桒"的下半部分近似於"矢"之形演變而來，可見，實際上"夲"、"桒"二字確實關係密切，如果僅聚焦於《說文》小篆字形系統，將"夲"理解爲"桒"的分化字也未嘗不可，冀文中將二者相繫聯亦不無道理。

關於第二點，金文中用作邾國曹姓之字多作如下諸形：

邾友父鬲（《集成》717）　　伯氏鼎（《集成》2443）

杞伯每亡鼎（《集成》2495）　　杞伯每亡簋（《集成》3897）

杞伯每亡簋蓋（《集成》3900）　　杞伯每亡壺（《集成》9688）

上舉諸形中以西周晚期邾友父鬲中的"　"時代最早。郭沫若認爲此字"即邾姓曹之本字也，以棗爲聲，它器嫊字所從棗旁頗與桒字相近，舊誤釋爲嫊，故不得其解"。① 孟蓬生、董蓮池皆引此說以否定釋"禱"之說。② 古文字中"棗"字多作如下諸形：③

宜乘戟（《銘圖》16745）　　酸棗戈（《集成》10922）

（曑字所从）中山王嚳鼎（《銘圖》2517）　　《睡虎地・日甲》簡 14

"棗"與"　"之類字形右旁中部皆有从一橫畫或二橫畫的顯著特點，確與獨體之

---

① 轉引自周法高主編：《金文詁林》，香港：香港中文大學出版社 1975 年版，頁 6842。
② 董蓮池：《"桒"字釋禱說的幾點疑惑》；孟蓬生：《釋"桒"》。
③ 劉釗認爲戰國文字中此類"棗"或是由甲骨文中　（《合集》17444）　（《合集》17445）演變而來，二者字形上確有一定相似，但以目前的材料來看，二者中間缺少西周金文中的字形演變例證，難以構成完整的字形演變序列。姑附於此處，存疑待之。詳見劉釗：《釋甲骨文中的"秉棘"》，《故宫博物院院刊》2009 年第 2 期。

"奉"有所不同。針對這種現象，讚成釋"禱"説的陳劍認爲"棗"是由"奉"分化出的一個字。邾友父鬲中的"▨"正是"奉"演變爲"棗"在字形上的連鎖，①其説可從。新造跟母字僅有筆畫上有細微差別的分化字，是文字分化過程中一種常見現象。②"▨"這類字形右旁中部所從一橫畫或二橫畫很可能即是分化字的一種區別符號，以用於區別"奉"與"棗"。陳英傑認爲"▨"這類字形右旁與"棗"相像是"由於文字偏旁内部類化造成的"，亦有一定道理。③ 此外值得注意的是，"▨"這類字形右旁也有無一橫畫或二橫畫的情況，如"▨"(《杞伯每亡鼎》集成 2642)。簡而言之，通過排比字形，可見"▨"這類字形右旁與"奉"的聯繫是顯而易見的，二者當是由一系演變而來的。

借由上述分析，可見冀小軍的釋"禱"之説確有其合理之處，此外，釋"禱"之説也可由甲骨文中其他相關字形的證據得到證實，這也是我們之所以讚成其説的關鍵所在。

二

甲骨文中有字作如下諸形：

B： ▨《合集》8064　▨《合集》8065　▨《合集》8063　▨《合集》24458

B 式字作爲偏旁還見於下類 C1 式字中：

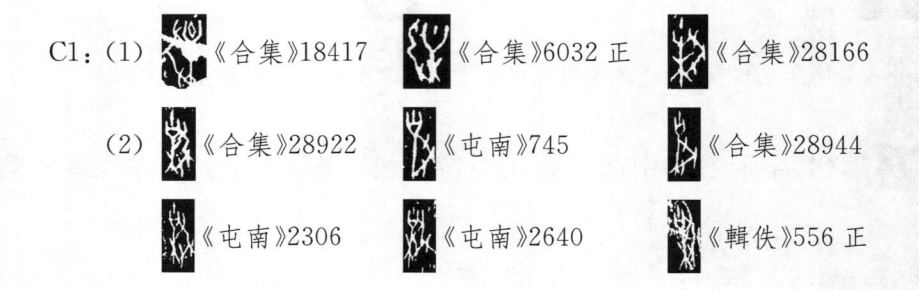

C1：(1)　▨《合集》18417　▨《合集》6032 正　▨《合集》28166

　　(2)　▨《合集》28922　▨《屯南》745　▨《合集》28944

　　　　▨《屯南》2306　▨《屯南》2640　▨《輯佚》556 正

---

① 陳劍：《據郭店簡郭店簡釋讀金文一例》，《北京大學中國古文獻研究中心集刊》2，北京：燕山出版社 2001 年版，頁 378—396；又載氏著《甲骨金文考釋論集》，北京：綫裝書局 2007 年版，頁 20—38。
② 裘錫圭：《文字學概要》(修訂本)，北京：商務印書館 2013 年版，頁 217。
③ 陳英傑：《西周金文作器用途銘辭研究》，頁 469。

新出楚簡材料使 C1 式字釋讀出現了新進展，上博簡《孔子詩論》簡 16 有一字作"🀄"，其所處辭例爲：

孔子曰："吾以《葛～》得氏初之詩。"

黃德寬、徐在國將此字隸定爲"䚡"，並指出其從"尋"聲，在簡文中可讀爲"覃"。"由"、"覃"亦音近，故又疑其所從的"由"乃是贅加的聲符，簡文"葛䚡"實即今本《詩經》篇名《葛覃》。① 沈培討論此字時，認爲"尋""由"皆表聲，而"尋""由"音近正反映了幽侵對轉的現象。② 上述諸説皆正確可信。劉雲則敏鋭地指出"🀄"即由甲骨文中 C 式諸字演變而來，C 亦可隸定爲"䚡"，並構擬了其字形演進序列：③

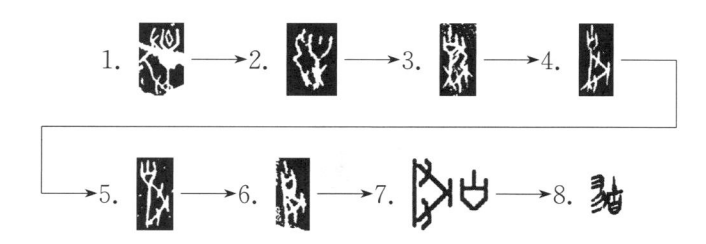

1. [圖] → 2. [圖] → 3. [圖] → 4. [圖]
→ 5. [圖] → 6. [圖] → 7. [圖] → 8. [圖]

在此基礎上，王子楊對 C1 式諸字做出了正確的考釋，他排比相關辭例，指出甲骨文中的 C1 爲一雙聲字，其所從的 B 在字形結構中也作聲符使用，結合 🀄 爲雙聲字這一情況，可知 B 當與"由"音近，B 中的"[圖]"、"[圖]"、"[圖]"後來"變形音化"爲"由"。因而，B 可直接分析爲從"木""由"聲，隸定爲"柚"，即"柚"字的表義初文，至戰國時代的"🀄"中，B 減省爲"由"，與"尋"皆作"🀄"的聲符。④ 通過劉、王二位的努力，B、C1 的字形結構基本得到了合理的解釋。

值得注意的是，C1 式字又有異體作如下之形：

C2：(1) [圖] 《合集》28165   [圖] 《合集》36675

① 黃德寬、徐在國：《〈上海博物館藏戰國楚竹書（一）孔子詩論〉釋文補正》，《安徽大學學報》（哲學社會科學版）2002 年第 2 期；又載《新出楚簡文字考》，合肥：安徽大學出版社 2007 年版，頁 99—100。
② 沈培：《上博簡〈緇衣〉篇"愻"字解》，《新出土文獻與古代文明研究》，上海：上海大學出版社 2004 年版，頁 136。
③ 劉雲：《利用上博簡文字考釋甲骨文一例》，《簡帛語言文字研究》第五輯，成都：巴蜀書社 2010 年版，頁 133—154。
④ 王子楊：《釋甲骨文中的"柚"》，《甲骨文字形類組差異現象研究》，上海：中西書局 2013 年版，頁 287—307。

（2）　［图］《合集》36574　　［图］《合集》27816　　［图］《合集》36573

［图］《合集》36578

劉雲認爲 C2 是由 C1"［图］"這類字形演變而來，王子楊亦同意其說，故王文中未對 C2 的字形來源多作解釋。實際上，排比字形，可見 C2 中的"［图］""［图］""［图］""［图］"等形即上文所討論的甲骨文中的"桒"字：

C2 字形	甲骨文中"桒"字字形
［图］《合集》28165	［图］《合集》30506　［图］《合集》38684
［图］《合集》36675	［图］《合集》27080　［图］《合集》22828 ［图］《合集》27236
［图］《合集》27816　［图］《合集》36574 ［图］《合集》36573　［图］《合集》36578	［图］《合集》34390　［图］《合集》32663 ［图］《合集》12859　［图］《乙編》5405

這裏需要說的一個問題是 C2(2)這類主流寫法的字形多見於黃組卜辭中，黃組卜辭中"桒"多作"［图］"、"［图］"之形（分別見於《合集》35803、38683），與 C2(2)所從"桒"的形體有所不同。實際上，同組類卜辭一字使用多種異體的情況也頗爲常見，以"桒"爲例，在典賓類中就有"［图］"、"［图］"、"［图］"三種形體（分別見於《合集》10112 正、1439、1190）。又如"遠"，無名組卜辭中有"［图］"、"［图］"、"［图］"等形（分別見於《合集》30085、27756，《屯南》3759）。再如"登"，何組一類卜辭中有"［图］"、"［图］"兩種異體（分別見於《合集》27221、27220）。C2(2)所從的"桒"與黃組卜辭中"桒"字形略有不同應該也是同類情況。此外，我們猜想產生這種情況的原因可能還出於變形音化的需要（"桒""尋"音近，詳後文），《合集》36573（=北圖 2481）中的"馘"字分別作"［图］""［图］"，前者左部所從爲 B 式字，後者左部所從爲"桒"。黃組卜辭中這種左部所從爲 B 的"馘"字尚有"［图］"（《合集》35744）。"［图］"、"［图］"這種字形所從的"［图］"、"［图］"上部的小點與下部豎筆相

連，即與"[圖]"、"[圖]"這類"秦"字十分相近了，在文字的變形音化過程中，改造後的新形體往往與被改造的舊形體字形相近、相似，故刻手可能故意選擇了將 B 變形音化爲"[圖]"、"[圖]"這類與"[圖]"、"[圖]"字體相近的"秦"字作爲"䢼"的音符，而未選擇黃組卜辭中多見作"[圖]"、"[圖]"形的"秦"字。

C2 所從的"秦"這類字形在金文中更爲常見：

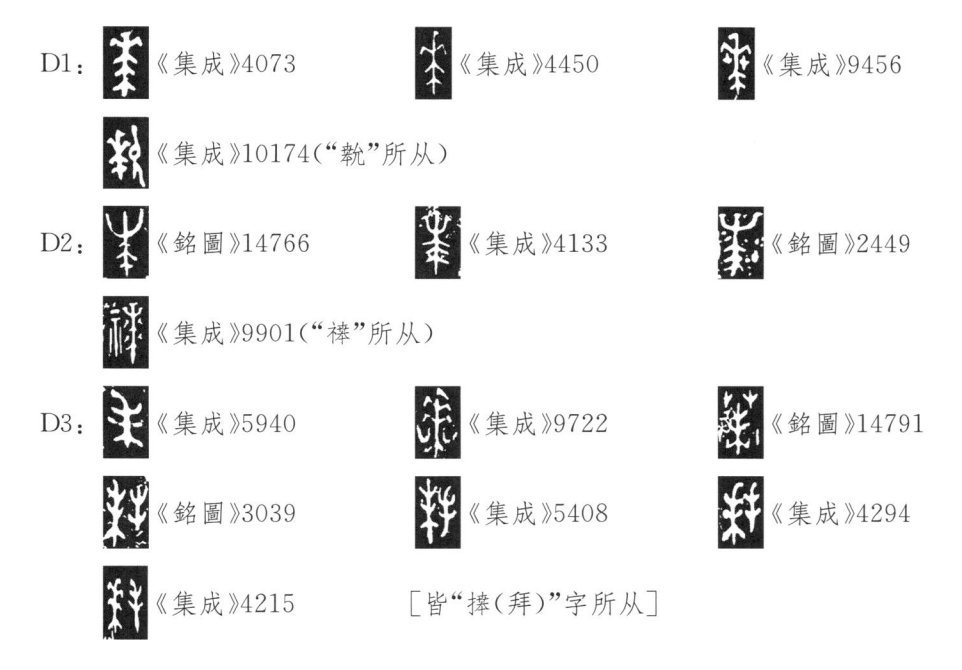

D1：[圖]《集成》4073　　[圖]《集成》4450　　[圖]《集成》9456

[圖]《集成》10174（"靱"所從）

D2：[圖]《銘圖》14766　　[圖]《集成》4133　　[圖]《銘圖》2449

[圖]《集成》9901（"裱"所從）

D3：[圖]《集成》5940　　[圖]《集成》9722　　[圖]《銘圖》14791

[圖]《銘圖》3039　　[圖]《集成》5408　　[圖]《集成》4294

[圖]《集成》4215　　　　　　［皆"捧（拜）"字所從］

D1 可與 [圖]（《合集》28165）所從的"秦"相繫聯，其上部皆作 [圖] 這類斜筆下延之狀，D2 可與 [圖]（《合集》36675）這類字形繫聯，其上部皆作近似"凵"形之狀，D3 可與 C2（2）這種主流寫法相繫聯，上部皆作二層"∨"字形斜筆，下部皆作單層倒"v"狀。楚系文字中亦保留有 C2（2）這類字形，《清華簡·子儀》簡 5 有一字作"[圖]"形，整理者釋爲"奏"，其說可從。① 甲骨金文中的"奏"皆從"収"從"秦"，此字亦是。"[圖]"所從之"[圖]"顯然與 C2（2）所從"[圖]"、"[圖]"、"[圖]"爲一系演變而來，只是上部多出一橫畫的飾筆而已。

通過上述分析，可見 C2 中的"[圖]"、"[圖]"、"[圖]"、"[圖]"等形即甲骨文中的"秦"，C 式

---

① 清華大學出土文獻研究與保護中心編，李學勤主編：《清華大學藏戰國竹簡（陸）》，上海：中西書局 2016 年版，頁 131。

字以作"▨"、"▨"形的 C1(2)最爲常見,其左部所從之"柚"之初文上部已徹底聲化爲"由",這類字形多見於無名組、無名黃間類,而 C2 式字形則多見於何組、黃組。二者呈現較爲明顯的組類差異。顯然在何組、黃組卜辭中,卜辭刻手已將 C 所從的"柚"字替換爲"桒",這種替換很可能是出於"變形音化"的需要。除上文提及的"▨"、"▨"這類字形外,何組卜辭中的"▨"(《合集》27816)可能也是 C1 這種字形所從的"柚"替換或"變形音化"爲"桒"的中間環節,▨ 所從的"▨"顯然已不似"柚",但其上部外層保留有類似 B、C1(1)這類"柚"字上部 ▨、▨、▨ 形的半弧形筆勢,不過其上部的 ▨ 形顯然已開上部作二層"∨"字形斜筆這類 C2 字形的先河。

  結合 C 爲一雙聲字的事實,可知"桒"必然與"柚""尋"音近。巧合的是,將"桒"讀爲"禱",與"柚"、"尋"在音韻上頗爲密合。"柚"從"由"聲,其爲喻紐幽部字,"禱"爲端紐幽部字。二者韻部相同,聲紐皆爲舌音。"由"聲字與端紐字相通之例亦有見,《吕氏春秋·孟冬紀·節喪》:"民之於利也,犯流矢,蹈白刃,涉血嗸肝以求之。"高誘注:"嗸,古抽字。""嗸"即爲端紐幽部字。又,卜辭中屢見"由王事"之辭,陳劍曾指出,此類文例中的"由"當讀爲"湛",從"甚"聲之字有音爲端紐者,如"湛"、"椹"、"媅"。[①] "禱"與"尋"亦音近可通,衆所周知,"尋"聲字常與"覃"聲字相通。[②] "覃"爲定紐侵部字,"禱"爲端紐幽部字。幽侵對轉之例頗多,學者多有論證,茲不贅述。[③] "覃"聲字與端紐字相通之例亦見,《漢書·賈誼傳》:"横江湖之鱣鯨兮。"顔師古注:"鱣,字或作鱏。""鱏"從"𧶠"聲,爲端紐字。又,《楚辭·九懷》:"鯨鱏兮幽潛。"洪興祖《楚辭補注》:"鱏,一作鱓。""鱓"從"單"聲,爲端紐字。

  綜上可見,"䌈"字由甲骨至戰國文字一脉相承皆爲雙聲字,甲骨文中的"䌈"字又有一異體從"桒",故"桒"與"由""尋"必然聲近。復驗釋"桒"諸説,冀小軍釋"禱"之説於字形、音韻上最爲密合,故"桒"讀爲"禱"這一結論當可成立。

  本文蒙趙平安師及石小力、王挺斌、吴麗婉諸位師友審閲指正,謹致謝忱!

[①] 陳劍:《釋"山"》,《出土文獻與古文字研究》第三輯,上海:復旦大學出版社 2010 年版,頁 13—14。
[②] 二字相通之例,徐在國、黄德寬多有論述,可參見黄德寬、徐在國:《〈上海博物館藏戰國楚竹書(一)孔子詩論〉釋文補正》,又載於《新出楚簡文字考》,頁 92。
[③] 參見李新魁:《漢語音韻學》,北京:北京出版社 1986 年版,頁 343—344;施向東:《試論上古音幽宵二部與侵緝談盍四部的通轉》,《天津大學學報》1999 年第 1 期。

甲骨卜辭中"多馬羌"補論*

蔣艾君　鄧　飛

（西南大學漢語言文獻研究所）

　　商代甲骨卜辭中有"多馬羌"一詞，在討論甲骨文中"馬"或是與"羌"人身份的有關文章中常論及，但並未有專文對其進行論述。"多馬羌"一詞在卜辭中用例較少，但有不少與之相關的辭例，如"小多馬羌臣"、"多馬羌臣"、"馬羌"等。對"多馬羌"的重新思考與討論，有利於我們對這一組詞獲得新的理解。關於"多馬羌"的身份衆說不一，各家解釋也多有不同。

　　于省吾先生認爲"多馬羌"是羌族的一種。他在《釋小臣的職別》一文中提到辭例"丁亥卜，宁貞，叀溷乎小多馬羌臣。十月（陳一一六）"時認爲：

　　　　小多馬羌臣即主管多馬羌的小臣。多馬羌是羌族的一種，甲骨文屢見。這是
　　　　説，由溷傳呼主管多馬羌的小臣以從事某項工作。①

孟世凱先生在《甲骨學辭典》中對"多馬羌"一詞有單獨解釋：

　　　　多馬羌：兵種名。以羌人組成的隊伍。②

楊升南、馬季凡先生認爲"多馬羌"和"多馬羌臣"爲兩種官名，在《商代經濟與科技》一書中提及：

　　　　甲骨文中還有"多馬羌"和"多馬羌臣"兩種官名。羌是商代畜牧業生産的芻牧

---

* 論文寫作得到國家社會科學基金項目"以甲金文樹庫建構爲基礎的商代漢語句法體系的描寫與闡釋"（18BYY164）、中央高校基本科研業務費重大項目"嚴可均輯《全上古三代文》之青銅器銘文的校理和注譯"（SWU1809008）、中央高校基本科研業務費創新團隊項目"文字學"（SWU1709128）的支持，特致謝忱。

① 于省吾：《甲骨文字釋林·釋小臣的職別》，北京：中華書局 2009 年版，頁 332。

② 孟世凱：《甲骨學辭典》，上海：上海人民出版社 2009 年版，頁 266。

勞動者。"馬羌"是馬的飼養者羌人之意。作爲一種職官名,意爲管理養馬的羌人①。

王宇信、徐義華先生則認爲:

> 羌人剽悍,經訓練後即成爲馬兵,組成"多馬羌"的專門騎兵隊伍。由多馬羌組成的騎兵部隊,在商王的調遣之下,投入征伐戰爭……"小多馬羌臣"即"多馬羌小臣",是專門負責多馬羌這支特殊騎兵隊管理和監督事物的低級官吏。②

造成分歧的原因主要在於"多馬羌"結構的複雜性,以上各家在解釋"多馬羌"時,由於分析的側重點不同,導致對其結構的劃分和單個成分的理解上有偏差。于省吾將"多馬羌"看作一個整體爲羌族的一種,但並未詳細説明其身份;楊升南、馬季凡側重"馬"的釋義,旨在説明畜牧業的管理體制下"多馬羌"作爲牧官之一,但並未考慮到"多馬羌"在卜辭中的整體用法;王宇信、徐義華和孟世凱將其理解爲騎兵隊伍也缺乏實際的考據。

我們在考察"多馬羌"卜辭時,對該詞及其相關的詞彙進行梳理後做出具體分析,力求在卜辭的整體語言環境中確定其身份。我們認爲"多馬羌"一詞應看作"多+馬羌"的結構,"多"爲衆多義,作定語修飾"馬羌";"馬羌"是羌族的一種,其身份爲奴隸。"多馬羌"應理解爲"衆多的馬羌奴隸"更爲合理。

一、"多+成分"的卜辭並不是職官名的固定結構

在卜辭中有一部分職官名前常加"多"字,如"多犬"、"多射"、"多亞"、"多賈"、"多奠"、"多尹"、"多馬"等。這種"多+成分"的結構形式表示官名,導致長久以來我們存在一種誤區:在卜辭中遇到"多+成分"的結構就會推測其是否可能爲職官名。但我們在梳理"多"結構的職官名時發現,能夠表示職官名的"多+成分"結構,其"成分"本身就可以作爲職官名。如:

【犬】犬在卜辭中除用作獵犬和祭祀用牲以外,還可以指犬這類職官。楊樹達說:"余謂殷人犬職蓋與《周禮·地官》之迹人相當。《迹人》職云:'掌邦田之地政,爲之厲

---

① 宋鎮豪主編,楊升南、馬季凡著:《商代史》卷六《商代經濟與科技》,北京:中國社會科學出版社 2011 年版,頁 231—232。

② 宋鎮豪主編,王宇信、徐義華著:《商代史》卷四《商代國家與社會》,頁 249—250。

禁而守之,凡田獵者受令焉。禁麛卵者,與其毒矢射者。'據此知迹人與犬名號雖異,職掌實同……鄭注《地官·序官》迹人云:'迹人言迹,知禽獸處。'《説文》十篇上犬部云:'臭,禽走,臭而知其迹者,犬也。'犬知禽獸之迹,故狩必以犬,狩初文之獸,後起之狩,字皆从犬,是其義也。①"由此可知,犬官管轄各田獵區域,並實時向商王報告野獸情況,爲商王田獵提供情報。職官名後常跟私名,卜辭有"犬口"、"犬壬"、"犬登"、"犬戈"、"犬畢"等諸多有名諱的犬官人員:

(1) 其比犬口擒有狐。兹用,允擒。　　　　　　　　(《合集》28316,無名組)
(2) 惠在裏犬壬比,無災,擒。吉。　　　　　　　　(《屯南》00625,無名組)
(3) 甲寅卜,亘[貞]:呼犬登執豖,執。　　　　　　(《懷》00452,典賓)
(4) 惠濇犬戈比,無災。擒。　　　　　　　　　　　(《合集》29207,無名組)
(5) 惠成犬畢比,無災。擒。弘吉。　　　　　　　　(《屯南》02329,無名組)

以上各名犬職官所從之事皆與田獵有關,我們可以推測"多犬"這一稱謂並不是職官名稱,而是指"衆多的犬職官人員"。肖楠也認爲:"卜辭的'多'字,一般謂衆多之義。如多羌、多🀄、多臣、多屯、多尹、多射、多馬、多亞、多白、多公、多父等等。"②並且,其中一部分職官名理解爲"官員團體"更爲合理,即"多"作定語表示數量衆多。除此之外還有官員團體,如:

【多尹】卜辭中大量關於尹與多尹的記載,都可以看出其身份的多樣性,執掌工作的複雜性。如:

(6) 多尹以于商。　　　　　　　　　　　　　　　　(《合集》20357,師小字)
(7) 勿巿饗,惠多尹饗。　　　　　　　　　　　　　(《合集》27894,無名組)
(8) 呼多尹往甾。　　　　　　　　　　　　　　　　(《合集》31981,歷二)
(9) 甲午貞:其令多尹作王寑。　　　　　　　　　　(《合集》32980,歷二)
(10) 癸亥貞:王令多尹堅田于西,受禾。　　　　　　(《合集》33209,歷二)
(11) 丙卜貞:多尹亡憂。　　　　　　　　　　　　　(《花東》00113)

多尹承擔的事務多樣複雜,商王派遣多尹前往各地,多尹也可從事農耕工作。同時,多尹享受祭祀,商王對多尹有無災害進行卜問,可見商王對其十分關心。《商代國家與社會》中提出"多尹集團"這一概念,認爲:"一部分多尹與多君進入商王朝,還有

---

① 楊樹達:《積微居甲文説》卷上《釋犬》,北京:中國科學院1954年版,頁18。
② 肖楠:《試論卜辭中的"工"與"百工"》,《考古》1981年第3期。

眾多的尹官組成了負責處理多種具體王室政務和事物的集團。"① 范毓周先生也認爲尹是"一種主管王的行政事務的行政官",多尹是行政官的團體:"西周金文《令方彝》中地位僅次於'卿事寮'的'諸尹'可能就是這種'多尹'發展而來。"② 因此,卜辭中"多尹"之"多"應理解爲數量上的眾多更爲合理,即眾多尹類官職的合稱。

【多亞】卜辭中的亞作爲職官,所涉及的職責也十分廣泛,亞參與征伐、射獵、祭祀等職務。如:

(12) 庚辰卜:令多亞斯犬。　　　　　　　　　　　　(《合集》05677,賓出)

(13) 乙岀在多亞。　　　　　　　　　　　　　　　　(《合集》20349,刀卜辭)

(14) 甲申,余卜,子□商言多亞。　　　　(《合集》21631,非王圓體類和劣體類)

(15) [貞]:……我作多亞。　　　　　　　(《合集》21707,非王圓體類和劣體類)

(16) 丁丑卜:其祝王入于多亞。　　　　　　　　　　(《合集》30296,無名組)

《商代國家與社會》中同樣提及亞除作爲一種特定的職官外,很可能還是某類官員的通稱。並舉出以下幾點:①《尚書·牧誓》"友邦冢君、御事:司徒、司馬、司空;亞旅:師氏、千夫長、百夫長",其中御事是司徒、司馬、司空的總稱,亞旅是師氏、千夫長、百夫長的總稱,所以亞很可能是對於某類職官的泛稱。② 從甲骨文看,稱亞某者特別多,有亞雀(《合集》22029)、亞禽(《合集》33114)、亞旁(《合集》26953)、亞般(《合集》27938)、亞旒(《合集》28011)、亞雀(《屯南》1057)等。③ 商代青銅器,亞形銘文特別多,僅亞銘的器就達200多件。這些說明,亞非常可能是某類職官的稱呼,而不是一種固定的職官。③ 多亞同樣可以看作眾多亞職官的群體。

因此,楊升南、馬季凡等先生將"多馬羌"看作職官名,在卜辭中"多"應取何義,應從具體卜辭中作分析。在解釋"多馬羌"時,我們也應從用例本身探索。以下是與"多馬羌"有關的卜辭:

(17) □寅卜,賓貞:令多馬羌御方……　　　　　　　(《合集》06761,典賓)

(18) 丁亥卜,賓貞:叀彗呼小多馬羌臣。十月。　　　(《合集》05717正,典賓)

(19) 貞:令多馬羌。　　　　　　　　　　　　　　　(《合集》06763,典賓)

(20) 貞:勿令多馬羌。　　　　　　　　　　　　　　(《合集》06763,典賓)

和"多馬羌"有關的卜辭並不多,但商王常對多馬羌發號施令。《合集》05717正

---

① 宋鎮豪主編,王宇信、徐義華著:《商代史》卷四《商代國家與社會》,頁452。
② 范毓周:《甲骨文中的"尹"與"工"》,《史學月刊》1995年第1期。
③ 宋鎮豪主編,王宇信、徐義華著:《商代史》卷四《商代國家與社會》,頁471。

"惠彗呼小多馬羌臣",我們認爲是"惠彗呼多馬羌小臣"的倒句。卜辭中的臣和小臣承擔諸多職能,小臣職官分工更爲明細。在梳理和"小臣"有關的卜辭時,我們發現了以下與"小多馬羌臣"類似的結構:

(21) 乙亥卜,貞令吴小藉臣。　　　　　　　　　　　(《合集》05603,賓出)
(22) 貞:惠吴呼小衆人臣。　　　　　　　　　　　　(《合集》05977,賓出)
(23) ……小丘臣……　　　　　　　　　　　　　　(《合集》05602,典賓)
(24) ……唐……小夙臣……殟。　　　　　　　　　(《合集》21386,師小字)
(25) 丁亥卜,賓貞:惠彗呼小多馬羌臣。十月。　　　(《合集》05717 正,典賓)

甲骨文和商代金文每用倒句,例如"又于十立伊又九",即"又于伊十立又九"的倒句。商器宰椃角的"隹王廿祀翌又五",即"隹王廿又五祀"的倒句。[①] 我們可以解釋以上卜辭:"藉"象人持耒耜而耕作之形,小藉臣爲主管農事的職官。小衆人臣即主管衆人的官職。衆人在卜辭中的身份不同於奴隸,他們從事農業生產,也參加戰爭,同時從事田獵或者其他工作。彭邦炯先生認爲他們不是奴隸,也不是自由民,而是奴隸制下處於奴隸主和奴隸之間的半自由的農業生產者,除自耕而食外,還要負擔兵役和勞役。[②]

從"小衆人臣"可以看出商王還專門設立管理衆人的職官。于省吾先生認爲小丘臣即丘小臣的倒句。丘小臣是主管丘居小臣。古代丘居以防外侵和水患,故甲骨文的地名每以丘某或某丘爲言。[③] 小夙臣應是小臣夙的倒句,官名之後常加私名,夙在卜辭中也可爲人名,這裏應是指名爲夙的小臣。

以此觀之,我們可以判斷"小多馬羌臣"應爲小臣職官的一種,這種小臣的職能是對"多馬羌"進行管理。所以,我們可以排除"多馬羌"作爲職官名的可能性,而"多"應作定語,表示"衆多"義。

二、關於"馬羌"的身份

在對"多馬羌"進行釋義時,前人多將"馬"和"羌"分開理解,看作牧馬的羌奴或者是由羌人組成的騎兵隊伍。但以上說法並未提出確切證據,而我們在梳理與"馬羌"有關的卜辭時發現,在卜辭中"馬羌"用作一個整體的結構:

---

① 于省吾:《甲骨文字釋林》,頁 331。
② 彭邦炯:《釋卜辭"衆人聲……"及相關問題》,《殷都學刊》1989 年第 2 期。
③ 于省吾:《甲骨文字釋林》,頁 332。

(26) 乙卯卜,爭貞:王伐馬羌。　　　　　　　　　　　《合集》06624,典賓)

(27) 乙卯卜,爭貞:王㞢伐馬羌。　　　　　　　　　《東文研》00117 正,典賓)

(26)辭貞問:王征伐馬羌嗎?(27)辭貞問:王爲了征伐馬羌而舉行侑祭嗎?以上兩條卜辭可以看出,商王曾對是否征伐"馬羌"而占卜。"馬羌"應是一個部族,曾和商王室發生戰爭。劉新民在其論文《甲骨刻辭羌人暨相關族群研究》第二章"羌人的族群種類"中將"馬羌"歸爲羌人族群的一種。[①] 他舉出羌人族群還有"白羌"、"北羌"、"竹黽羌"、"焱羌"等:

(28) 丁亥卜,王:子白羌毓,不□白。　　　　　　　《合集》03410,師賓間)

(29) 貞:北羌有告曰戎。　　　　　　　　　　　　《合集》06625,典賓)

(30) 貞:其用竹黽羌,惠酒彡用。　　　　　　　　《合集》00451,典賓)

(31) 妣庚用焱羌。　　　　　　　　　　　　　　　《合集》22130)

王貴民在論及甲骨文中的"馬"時,也認爲"馬方、馬羌和多馬羌是指某種異族部落";[②]卜辭中"馬"主要來源於被征服的外族,"羌"是卜辭中最多見的外族名稱。羌民族以遊牧爲主,《説文》:"羌,西戎牧羊人也。"因此,我們將"馬羌"看作一個族群:商王對馬羌部族進行征伐後將其俘獲作爲奴隸,"多馬羌"即指衆多的馬羌奴隸,並且商王設立管理這類奴隸的小臣職官,即"小多馬羌臣"。所以,商王可以對"多馬羌"或"小多馬羌臣"施加命令。

在卜辭中"多+奴隸"的結構不在少數,都可表示數量衆多的該種奴隸。如:

【多羌】

(32) [貞]:多羌不獲鹿。　　　　　　　　　　　　《合集》00153,典賓)

(33) 辛卯卜,貞:呼多羌逐兔,獲。　　　　　　　　《合集》00154,典賓)

(34) 貞:多羌獲。　　　　　　　　　　　　　　　《合集》00158,典賓)

(35) 貞:兔不其多獲羌。　　　　　　　　　　　　《合集》00202,典賓)

通過卜辭我們可以看出,多羌經常參與田獵。(32)辭貞問:衆多的羌俘不會捕獲鹿嗎?(33)辭貞問:命衆多的羌俘追逐兔,會有捕獲嗎?姚孝遂認爲:"'多羌'乃是殷人所虜獲的羌方人員,而役使其從事狩獵者。其身份應該是奴隸。"[③]羌在卜辭中的用法複雜多樣,羌人除部分用於勞作成爲奴隸外,多用作祭祀時之祭牲而加以殺戮。

[①] 劉新民:《甲骨刻辭羌人暨相關族群研究》,西南大學博士學位論文,2012 年,頁 19。
[②] 王貴民:《商朝官制及其歷史特點》,《歷史研究》1986 年第 4 期。
[③] 姚孝遂:《甲骨刻辭狩獵考》,《古文字研究》第六輯,北京:中華書局 1981 年版,頁 55。

"多羌"即衆多的羌人奴隸。

【多寇】

  (36) 癸酉卜，殼貞：呼多寇伐舌方，受有祐。   （B01805，典賓）

  (37) 甲午卜，貞：戠多寇。二月。   （《合集》00564 正，賓出）

  (38) 丁巳卜：羗多寇于✶。   （《合集》00585 正，賓一）

  寇字字形爲 ▨，郭沫若釋爲"宰"；[1]張政烺釋"隸"，謂"是人執尾在室内作掃除工作"；[2]葉玉森釋"寇"，謂"象盜寇手執干挺入室抨擊，小點或象室中什物狼藉形"。[3] 從卜辭實際用例來看，"寇"的地位更接近於奴隸，在被殷人俘獲後，商王多次命令"多寇"征伐舌方，讓其參加軍旅以事征伐。寇也用爲祭牲，如(37)"戠多寇"，"戠"爲用牲之法，在甲午日卜，貞問：用戠的方式殺衆多的寇嗎？因此，"多寇"也應理解爲衆多的奴隸。

  綜上所述，卜辭中的"多"用作定語修飾其後成分，"多＋成分"結構的詞並不是職官名的固定格式。其"成分"本身可作職官名，加上"多"修飾表示衆多義，可以指數量衆多的該類職官或是該類職官組成的職官團體。通過分析"多馬羌"在卜辭中的用例判斷其結構，我們認爲"多"應作定語，爲"數量衆多"之義。"馬羌"爲羌族的一種，"多馬羌"並不是職官名，而是指"衆多的馬羌奴隸"，"小多馬羌臣"爲管理衆多馬羌奴隸的小臣。

---

[1] 郭沫若：《甲骨文字研究》，北京：人民文學出版社 1952 年版，頁 5—6。
[2] 張政烺：《釋甲骨文俄、隸、蘊三字》，《中國語文》1965 年第 4 期，頁 297。
[3] 葉玉森：《殷虛書契前編輯釋》卷四，上海：大東書局 1934 年版，頁 31。

姒鼎、姒爵"在寢"與版方鼎"王賓文武帝乙肜日"

黃錦前

（河南大學黃河文明與可持續發展中心暨
黃河文明省部共建協同創新中心）

一

《殷周金文集成》著録有一件乙未鼎，①係吳大澂舊藏（《愙齋先生所藏古器物目》），現下落不明，亦無器物圖像傳世。目前所見其銘文拓本部分文字皆漫漶不清，張亞初釋作：②

乙未，王〔賜〕貝，釾〔賜〕巾，在寢，用作〔寶〕彝。

《集成》（修訂增補本）此器及下述姒爵釋文均照録張釋。③ 吳鎮烽沿襲之，但指出"巾"亦有可能爲"帛"。④ 據上下文和同類銘文來看，其説當是。

同銘之器，又見於《集成》著録的姒󰀀爵，⑤爵銘張亞初釋作：⑥

---

① 《殷周金文集成》（中國社會科學院考古研究所：《殷周金文集成》，北京：中華書局1984—1994年版；《殷周金文集成》（修訂增補本），北京：中華書局2007年版。以下或簡稱"集成"）4.2425；吳鎮烽編著：《商周青銅器銘文暨圖像集成》第4卷，上海：上海古籍出版社2012年版（以下或簡稱"銘圖"），頁57，第01896號。
② 張亞初：《殷周金文集成引得》，北京：中華書局2001年版，頁38。
③ 中國社會科學院考古研究所：《殷周金文集成》（修訂增補本），北京：中華書局2007年版，頁1226、4836。
④ 《銘圖》第4卷，頁57，第01896號。
⑤ 集成14.9098；《銘圖》第17卷，頁130，第08581號。
⑥ 張亞初：《殷周金文集成引得》，頁137。

乙未,王賞釤(姒)瓦在寢,用作尊彝。

吳鎮烽改釋作：①

乙未,王賞釤(姒)丩,在寢,用作尊彝。

除將張釋"瓦"之字改釋作"丩"並於其下斷句外,餘皆沿襲張釋。二器年代,《集成》分別定爲殷或西周早期、②殷,③吳鎮烽分別定爲商代晚期或西周早期、商代晚期。④ 結合上述吳鎮烽對乙未鼎的釋文仍沿襲張釋來看,同之前的張亞初一樣,吳氏亦未發現二器同銘。不過如上所述,吳氏指出乙未鼎銘的"巾"亦有可能爲"帛",在姒🙋爵銘的"丩"下斷句,這些意見無疑皆較張釋有所改進。

裘錫圭曾指出,乙未鼎銘不清之字,可據同人所作的姒爵《集成》9098)補全,⑤其說是。謝明文在此基礎上將二器器名及釋文分別改作：⑥

姒丩鼎：乙未,王賞姒[丩]帛,在寢,用作尊彝。
姒丩爵：乙未,王賞姒丩,在寢,用作尊彝。

較上述張、吳二位先生的釋文來講,無疑已有很大改進。不過據其對器物的命名和所作釋文可推知,他認爲王賞賜的對象和作器者是"姒丩",鼎銘有"丩"字,但拓本不清晰,故擬補;鼎銘的賞賜物是"帛",爵銘則省去而未具;"丩"字從吳鎮烽釋。其實這幾點都是似是而非的誤解,下面加以分析。

首先,謝明文認爲鼎銘"姒"與"帛"之間有一個字的空位置,補爲"丩"字,作人名,或認爲這種可能性較大。鼎銘"姒"所從之"女"下半部殘損,作🗿,對照爵銘完整字形作🗿來看,拓本其下空白位置應係"女"旁下部之表示人腿部分,筆畫下拉較長,隱約有部分殘畫,據爵銘將其補全後,"姒"與下一字"帛"之間空隙十分有限,幾無可能再容下一🗿字。因而此說實似是而非。

上述爵銘張亞初釋作"瓦"、吳鎮烽釋作"丩"之字,其原篆作🗿,從字形看,該字顯

---

① 《銘圖》第17卷,頁130,第08581號。
② 中國社會科學院考古研究所：《殷周金文集成》第四冊,"銘文說明",頁106。
③ 中國社會科學院考古研究所：《殷周金文集成》第十四冊,"銘文說明",頁87。
④ 《銘圖》第4卷,頁57,第01896號；第17卷,頁130,第08581號。
⑤ 裘錫圭：《說"姰"》,載《古文字與古代史》第二輯,臺北：中研院史語所2009年版,頁117—122。
⑥ 謝明文：《商代金文的整理與研究》,上海：復旦大學博士學位論文(指導教師：裘錫圭),2012年,頁162、475。

非"瓦",但亦非"丩",①而應係"白"字。

《說文》:"白,西方色也。陰用事,物色白。从入合二,二,陰數。凡白之屬皆从白。㿟,古文白。"《說文》所保存的"白"字古文即戰國時期的寫法,與上述爵銘的 ◎ 字形體近似,爲此字的確釋搭建了橋梁。檢《汗簡》、《古文四聲韻》等歷代保存下來的傳抄古文的"白"字,與此形體近似者有:②

㿟 汗3·41說　㿟 汗3·41石(亦伯字)　㿟 四5·19老　㿟 四5·19老

㿟 海5·26　㿟 海5·26

其中又以 㿟、㿟 及 㿟 等與 ◎ 字形體最爲接近。所不同者,傳抄古文的寫法在圓圈形中間增加了兩短横,這種增加飾筆和增繁的現象在古文字中很常見,其實二者並無實質性的差別。因此,從字形上可以確定,爵銘的 ◎ 字應即"白"字,商代金文與戰國文字及傳抄古文關於"白"字的寫法遙相呼應。又《合集》32330的 ◎ 字,③過去有學者釋作"白"("白殻"),④甚是。

《說文》除上引關於"白"字的解釋外,又曰:"白,此亦自字也。省自者,詞言之气,从鼻出,與口相助也。凡白之屬皆从白。"據有關古文字字形來看,《說文》的這兩種解釋,皆與"白"字構形本義不合,顯係穿鑿附會之言。商代金文及戰國文字中的"白"字爲何會有如此寫法,暫不能詳知。

"白"在爵銘中當讀作"帛"。《詩·小雅·六月》:"織文鳥章,白斾央央。"孔穎達疏:"言白斾者,謂絳帛。"陳奐傳疏:"白斾,《正義》本作'帛茷'。"《禮記·玉藻》:"大帛不緌。"鄭玄注:"帛,當爲白,聲之誤也。大帛謂白布冠也。"《管子·輕重戊》:"民被白布。"戴望校正:"白,帛假字。"因此,從文義的角度看,將 ◎ 釋作"白",也吻合無間。

總之,將該字釋作"白",在爵銘中讀作"帛",當確定無疑。爵銘當釋作"乙未,王賞姒白,在寢,用作尊彝",與鼎銘"乙未,王賞姒帛,在寢,用作尊彝"相同,唯"白"與

---

① 有關"丩"的字形可參看高明、涂白奎:《古文字類編》(增訂本),上海:上海古籍出版社2008年版,頁8;董蓮池:《新金文編》,北京:作家出版社2011年版,頁241。

② 徐在國:《傳抄古文字編》,北京:綫裝書局2006年版,頁764—765。

③ 郭沫若主編:《甲骨文合集》第十册,北京:中華書局1982年版,頁3949。

④ 孫海波:《甲骨文編》,北京:科學出版社1965年版,頁337。

"帛"用字有別。鼎過去有乙未鼎、妌鼎、釓鼎及上揭謝文的妌凵鼎等各種稱謂,爵有婤[]爵、媃[]爵及妌凵爵等名稱,二器的作器者係妌,按照名從主人的原則,應分別稱作妌鼎、妌爵為是。

妌鼎現已佚,器形未知。妌爵現存日本東京書道博物館,窄流尖尾,長卵形杯體,內側有一獸首鋬,三錐足外撇。頸部及流、尾飾三角雲紋和仰葉紋,腹飾獸面紋。從器形、紋飾及銘文來看,應係商末器。鼎的年代當與爵同,亦應係商末器。

據鼎、爵銘文可知,作器者係妌,因受王賞賜而作器。裘錫圭曾指出,商王之配偶中,其尊者當可稱"妌",其他貴族配偶之尊者應亦可稱"妌"。① 從上下文看,作器者妌應即商王的配偶。

二

妌為何會在乙未這一天受到商王的賞賜呢?這個問題也值得進一步探究。下面再看相關銅器銘文:

(1) 臣高鼎:乙未,王賞臣高貝十朋,用作文父丁寶尊彝,子。②
(2) 豐鼎:乙未,王賞宗庚豐貝二朋,肜日乙,豐用作父丁鼎,亞齨。③
(3) 瘢方鼎:乙未,王賓文武帝乙,肜日,自闌俎,王返入闌,王賞瘢貝,用作父丁寶尊彝,在五月,唯王廿祀又二。魚。④

(1) 臣高鼎係西安市大白楊廢品庫揀選,窄沿方唇,立耳,腹微鼓,分襠,三款足。腹飾獸面紋。其年代過去一般定為西周早期前段。⑤ 其形制、紋飾與安陽殷墟大司空 M303 出土的馬危鼎⑥及安陽劉家莊北地 M1046 出土的亞胭鼎⑦均近,這兩件鼎的年代皆為殷墟四期,可見臣高鼎亦應係商末而非周初器。(2) 豐鼎係端方舊藏,下落不

---

① 裘錫圭:《說"婤"》,載《古文字與古代史》第二輯,頁 117—122。
② 王長啓:《西安市文物中心收藏的商周青銅器》,《考古與文物》1990 年第 5 期,頁 25—43;《銘圖》第 4 卷,頁 185,第 02020 號。
③ 《集成》5.2625;《銘圖》第 4 卷,頁 405,第 02200 號。
④ 李學勤:《試論新發現的瘢方鼎和榮仲方鼎》,《文物》2005 年第 9 期,封面,頁 60 圖一,頁 61 圖三;《銘圖》第 5 卷,頁 162,第 02377 號。
⑤ 王長啓:《西安市文物中心收藏的商周青銅器》,《考古與文物》1990 年第 5 期;《銘圖》第 4 卷,頁 185。
⑥ 中國社會科學院考古研究所、安陽市文物考古研究所:《殷墟新出土青銅器》166,昆明:雲南人民出版社 2008 年版,頁 316—317。
⑦ 中國社會科學院考古研究所、安陽市文物考古研究所:《殷墟新出土青銅器》205,頁 380。

明。窄沿方唇,索狀立耳,深腹圜底,三柱足。頸部飾浮雕圓渦紋間夔紋,雲雷紋填地,足上部飾浮雕獸面。(3)版方鼎現藏保利藝術博物館,長方體,立耳,窄口沿,淺腹直壁,平底,四柱足細高,四隅有平直扉棱。口沿下飾雲雷紋填地的一首二身龍紋(或稱肥遺紋),龍身彎曲處填以渦紋,四壁三邊環以乳丁紋框,足上部飾浮雕牛首。此二鼎係典型的商末器,皆無異議。

版方鼎銘曰"乙未,王賓文武帝乙,肜日,自闌僂,王返入闌,王賞版貝",即乙未日,王肜祀文武帝乙,王賞賜版貝。可知鼎銘的"王"當指商紂王帝辛,這與上述此鼎係商末器吻合。豐鼎銘云"乙未,王賞宗庚豐貝二朋,肜日乙",對照上述版方鼎銘來看,二者所記應係一事,即乙未日肜祀乙。豐鼎的"乙"應即版方鼎的"文武帝乙",即帝辛之父帝乙,"乙"係其日名。版方鼎云"在五月,唯王廿祀又二",可見"肜日乙"的時間是在紂王二十二年的五月乙未日。臣高鼎銘曰"乙未,王賞臣高貝十朋,用作文父丁寶尊彝,子",對照上述有關分析來看,"王賞臣高貝十朋"的緣由,亦當係因其參加紂王肜祀文武帝乙的祀典,因而得到賞賜。銘末的"子"應係其族屬,即殷商甲骨、金文中常見的"子族"、"多子族",器主係商王宗室,因而參與商王肜祀祖先的祀典,這與銘文內容也相吻合。

姒鼎、爵銘云"乙未,王賞姒帛",與上述諸器相同,王賞賜姒的時間也在乙未日,這很自然地就使我們將其與上述版方鼎、豐鼎及臣高鼎等所記有關內容聯繫起來。比照可知,姒鼎、爵銘所記,亦當係王肜祀文武帝乙後,賞賜姒以帛。換言之,上揭諸器的作器背景皆相同,即紂王在肜祀文武帝乙後,賞賜群臣及王妃,受賜者因而作器以誌之。

李學勤曾指出:[1]

> 敔方鼎說"王賓文武帝乙肜日,自闌僂",事後又說"王返入闌",可知這次祭祀不在闌地。據後崗鼎銘(引案:即戍嗣子鼎,[2]鼎銘作:"丙午,王賞戍嗣子貝廿朋,在闌宗,用作父癸寶餗,唯王饗闌大室,在九月,犬魚。"),闌有大室,而肜日祀典並未在那裏舉行,不難推想,帝辛是前往其父宗廟親行典禮。這便表明,闌這個地方距帝乙宗廟(即周原卜甲的"文武帝乙宗")不遠,纔能於當日之內往返。

其說是。

姒鼎、爵銘云"乙未,王賞姒帛,在寢","寢"又見於下述商末諸器銘文:

---

[1] 李學勤:《試論新發現的敔方鼎和榮仲方鼎》,《文物》2005年第9期;後輯入氏著《文物中的古文明》,北京:商務印書館2008年版,頁236—243。

[2] 集成5.2708;中國青銅器全集編輯委員會:《中國美術分類全集 中國青銅器全集》第5卷,北京:文物出版社1996年版,五三。

(4) 鄧貝鬲：亞沚，庚寅，鄧萃庚，在寢，王光賞鄧貝，用作父乙彝。①
(5) 寢孜簋：辛亥，王在寢，賞寢孜□貝二朋，用作祖癸寶尊。②
(6) 小臣系卣：王錫小臣系，錫金，在寢，用作祖乙尊，夊𢔶。③

其中鄧鬲銘云"庚寅，鄧萃庚，在寢"，據上下文可知，"寢"應係寢廟。《禮記·月令》："寢廟畢備。"鄭玄注："凡廟，前曰廟，後曰寢。"孔穎達疏："廟是接神之處，其處尊，故在前，寢，衣冠所藏之處，對廟為卑，故在後。但廟制有東西廂，有序牆，寢制唯室而已。故《釋宮》云'室有東西廂曰廟，無東西廂有室曰寢'是也。"對照可知，姒鼎、爵的"寢"亦應指寢廟。小臣𩰚瓚④"乙亥，王錫小臣𩰚瓚，在太室"亦可佐證。將姒鼎、爵與版方鼎銘文結合起來看，這次祭祀的地點應在帝乙的寢廟。

傳出安陽的卭其壺（四祀卭其卣、四祀邲其卣）⑤銘曰：

　　乙巳，王曰：尊文武帝乙，宜，在召大廳，遘乙，翌日。丙午，䏍。丁未，𩰚。己酉，王在梌，卭其賜貝，在四月，唯王四祀，翌日。

銘文所記同樣也是帝辛肜祀文武帝乙即其父帝乙之事，但這次祭祀的時間是在"唯王四祀"，即紂王四年，要早於上述諸器。值得注意的是，銘文說"尊文武帝乙，宜，在召大廳"，即祭祀文武帝乙的地點是在"召大廳"，對照上揭戍嗣子鼎"在闌宗……唯王饔闌大室"來看，"召大廳"應即位於召地的太室。太室即太廟中央之室，亦指太廟。《書·洛誥》："王入太室裸。"偽孔傳："太室，清廟。"孔穎達疏："太室，室之大者，故為清廟。廟有五室，中央曰太室。"《春秋》文公十三年："大室屋壞。"杜預注："大廟之室。"因此，此次帝辛肜祀帝乙的地點是在"召大廳"即召地的太室，亦即位於召地的太廟，可知帝乙的宗廟即在此。反過來再看版方鼎與姒鼎、爵等所記帝辛二十二年這次對帝乙的肜祀，其地點亦應在此。召的確切位置，暫不可確知，但據上述分析來看，應該就在殷都即今安陽或附近不遠處。

上述由版方鼎的"唯王廿祀又二"可知，諸器作器時間皆在商紂王二十二年，據

---

① 集成 3.741；《銘圖》第 6 卷，頁 430，第 02994 號。
② 集成 7.3941；《銘圖》第 10 卷，頁 173，第 04864 號。
③ 集成 10.5378，5379；周亞：《〈窻圖集古圖〉箋注》，上海：上海古籍出版社 2012 年版，頁 86；《銘圖》第 24 卷，頁 210—212，第 13284、13285 號。
④ 《文物天地》2009 年第 12 期。
⑤ 集成 10.5413；故宮博物院：《故宮青銅器》，65，北京：紫禁城出版社 1999 年版，頁 91；中國青銅器全集編輯委員會：《中國美術分類全集　中國青銅器全集》第 3 卷，北京：文物出版社 1997 年版，一二九。

"夏商周斷代工程"年表,帝辛二十二年即公元前 1054 年,[①]因而這組器物可作爲商末的標準器。

　　總之,將㚸鼎、爵與臣高鼎、豐鼎、版方鼎及卻其壺等銘文互相參證,可全面把握和深入理解相關銘文的內容;可互爲補充和互相發明,揭示銘文所隱含的內在歷史信息,形成相對完整的史料鏈條;可明確諸器的製作年代,作爲商末帝辛時的標準器。

　　綜上,從字形和辭例出發,確定㚸爵銘的 ▨ 應係"白"字,讀作"帛";㚸鼎、㚸爵同銘,其作器者爲㚸,係商王配偶,按照名從主人的原則,應分別稱作㚸鼎、㚸爵;其年代應爲商末。通過與版方鼎、豐鼎及臣高鼎等銘文的繫聯可知,諸器的作器背景皆同,即紂王在肜祀文武帝乙後,賞賜群臣及王妃,受賜者因而作器以誌之;肜祀的地點"在寢"即"召大廳"亦即帝乙的寢廟;此組器物製作時間皆在商紂王二十二年,即公元前 1054 年,可作爲商末帝辛時期的標準器。

　　補記:拙文《釋商代銅器銘文和甲骨文中的"帛"與"布"字初文》(未刊稿)又據以字形、文例、古文字構形的規律,並參照相關文字的構形理據,指出商代銅器銘文中的 ▨ 及殷墟甲骨文的 ▨ 應即"帛"之初文,《説文》等所録"白"字的傳抄古文如 ▨、▨、▨ 及 ▨ 等亦應是"帛",係借"帛"爲"白",爲假借字,而非"白"之本字。

[①] 參見夏商周斷代工程專家組:《夏商周斷代工程 1996—2000 年階段成果報告·簡本》,北京:世界圖書出版公司北京公司 2000 年版,"夏商周年表",頁 88。

殷墟甲骨文"步"字句的句法分析[*]

張玉金

（華南師範大學）

殷墟甲骨文中的"步"有步行、行走的意義，也有使/令……步行、行走的意義。以這種意義的動詞"步"作謂語的句子叫"步"字句。本文對這種句子的句法結構加以分析，並對相關問題進行探討。

據筆者的研究，在殷墟甲骨文中，"步"主要有三個義項：一是步行、行走；二是令/使……步行、行走；三是作人名、方國名。"步"沒有用作祭名的用法。

前兩個義項的"步"是動詞。動詞"步"可以作謂語的核心或核心之一。以動詞"步"爲核心或核心之一的句子，筆者稱之爲"步"字句。

據筆者所見，以往未有學者對甲骨卜辭的"步"字句進行句法分析。"步"爲典型的位移動詞，對"步"字句進行句法分析是很有必要的。

步行、行走意義的"步"常見，令/使……步行、行走意義的"步"少見。本文先分析前一種意義的"步"字句，再分析後一種意義的"步"字句。

一、"步"作謂語或謂語中心

這裏的"步"是指意義爲步行、行走意義的"步"。

（一）單獨作謂語

這種意義的"步"可以單獨作小句（單句或分句）的謂語。小句的主語可以出現，

---

[*] 本文是筆者 2017 年獲批的國家社會科學基金重大項目《殷墟甲骨文譯註與語法分析及數據庫建設》（批準號 17ZDA299）的階段成果。

也可以省略。例如：

(1) 壬午貞：王步？

癸未貞：王步？

丁亥貞：王步？ （《屯》734）

(2) 戊辰卜，貞：王步，亡災？

丙申卜，貞：王步，亡災？

庚子卜，貞：王步，亡災？ （《合》36377）

(3) 貞：貯步，若？ （《合》4705）

(二)"步"前有狀語

在"步"字句中，"步"前可以出現狀語。根據出現在主語前後的不同，狀語可以分爲句首狀語和句中狀語兩種。"步"前出現的狀語有三種情況：

1. "步"前出現句首狀語

所謂句首狀語，即當"步"字句的主語出現時，這種狀語仍出現在語句之首、主語之前。從語用的角度看，它是全句的主題。這有兩種情況：

一是多音節時間名詞語，包括雙音節的時間名詞和多音節時間名詞短語。例如：

(1) 戊寅卜：庚辰王步？ （《合》32946）

(2) 癸酉卜：𣪘貞：今日王步？ （《合》180）

(3) 貞：今壬寅王步，不雨？ （《合》12043）

(4) 貞：翌丁未王步？ （《合》6948 正）

(5) 貞：今日步？ （《合》458）

上引例(1)至例(4)，"步"字句的主語"王"都出現了；在例(5)中，"步"字句的主語省略了，不過由例(2)來看，例(5)中的"今日"應是句首狀語，若補出主語，應在"今日"之後補出。

之所以強調是多音節的，是因爲如果是單音節的時間名詞，則通常出現在語句主語之後作句中狀語，例如：

(1) 戊申貞：王己步于合？ （《合》27435）

(2) 今辛未王夕步？ （《合》7772 正）

但也有例外，如：

甲王不步？ （《屯》2224）

有時候,表時間的介賓短語可以作句首狀語,不過這樣的例子很少見,在目前所能見到的甲骨文資料中,只找到一個例子:

(1) 于乙王步,若? 　　　　　　　　　　　　　　　　　　　　(《合》32725)

2. "步"前出現句中狀語

所謂句中狀語,即當"步"字句的主語出現時,這種狀語出現在動詞"步"之前、語句主語之後。這有四種情況:

一是副詞作狀語,都是句中狀語。能在"步"字句中作句中狀語的副詞,常是"其""勿"和"先"。例如:

(1) 己酉卜,□[貞]:王其步□不□?　　　　　　　　　　　　(《合》5209)
(2) 丁巳卜,古貞:王勿步?　　　　　　　　　　　　　　　　(《合》5217 正)
(3) 癸巳貞:子效先步?在尤。一月。　　　　　　　　　　　(《合》32782)
(4) 乙巳貞:其步?　　　　　　　　　　　　　　　　　　　　(《合》35315)
(5) 己卯卜,□貞:勿步,戠?　　　　　　　　　　　　　　　(《合》16230 正)

上引例(1)至例(3),"步"字句中的主語都出現了;在例(4)至例(5)中,"步"字句的主語都省略了。但是,由例(1)至例(2)來看,例(4)中的"其"、例(5)中的"勿"都應是句中狀語。當"步"字句中的主語出現時,"其""勿"等副詞從未作過句首狀語。

二是"副詞+介賓短語",都是句中狀語。這裏的介賓短語都表示時間。例如:

(1) 王勿于辛亥步?　　　　　　　　　　　　　　　　　　　　(《合》5223)

三是"副詞+時間名詞語",也都是名中狀語。這裏的副詞,一般是語氣副詞"惠"或否定副詞"勿"+語氣副詞"唯"。"惠"和"唯"都是語句的焦點標記。這裏的時間名詞語,可以是雙音節的時間名詞,也可以是多音節的時間名詞短語。由此可以看出一個規律,即當多音節時間名詞語作語句主題時,則要作語句首狀語;當多音節時間名詞語作語句焦點時,則要作句中狀語,並在其前加上焦點標記"惠"或唯。例如:

(1) 乙卯卜:王惠丁巳步?　　　　　　　　　　　　　　　　　(《合》908)
(2) 貞:王惠翌乙巳步?　　　　　　　　　　　　　　　　　　(《合》6949)
(3) 王惠今辛未步?　　　　　　　　　　　　　　　　　　　　(《合》14149 正)
(4) 壬戌卜,□貞:惠甲子步?　　　　　　　　　　　　　　　(《合》495)
(5) 貞:翌甲申步?
　　 貞:勿唯甲申步?　　　　　　　　　　　　　　　　　　(《合》4284)

上引例(1)至例(3),"步"字句的主語都出現了,在例(4)至例(5)中,語句主語都省略了。但是由例(1)至例(3)來看,例(4)中的主語若不出現,應出現在"惠"之前。甲骨文中"惠"和"勿唯"常構成正反對貞,語法位置相同,所以例(5)中的主語若不省略,也應出現在"勿唯"之前。

四是介賓短語常作句中狀語。這種介賓短語都表示時間,介詞通常是"于"(一般可譯爲"到"),其賓語一般是時間名詞語。例如:

(1) 壬辰貞:王于癸巳步?　　　　　　　　　　　　　　　(《合》32947)
(2) 甲申貞:王于丁步?
　　　乙未貞:王于丁酉步?　　　　　　　　　　　　　　(《英》2435)
(3) 王于乙步?　　　　　　　　　　　　　　　　　　　　(《屯》2177)
(4) 貞:于甲子步?　　　　　　　　　　　　　　　　　　(《合》67 正)
(5) 翌癸亥王步?
　　　于翌甲子步?　　　　　　　　　　　　　　　　　　(《合》5203)

上引例(1)至例(3),"步"字句的主語都出現了;在例(4)至例(5)中,"步"字句的主語都省略了。但是由例(1)至例(3)來看,例(4)至例(5)中的介賓短語應是作句中狀語的。

前面說過,表示時間的介賓短語也可以出現在語句之首作句首狀語,但是這種例子很少見,在我們使用的語料中僅一見,而作句中狀語的卻常見,所以把例(4)至例(5)中的介賓短語分析爲句中狀語,是依據這種介賓短語通常出現的位置而作出的分析。

3. "步"前同時出現句首狀語和句中狀語

這時,也遵循上述規律,即作句首狀語的,一般是雙音節的時間名詞和多音節時間名詞短語;作句中狀語的,一般是"副詞"、"單音節時間名詞"或"副詞+單音節時間名詞"。例如:

(1) 辛丑卜,㱿貞:翌乙巳王勿步?　　　　　　　　　　　(《合》180)
(2) 今辛未王夕步?
　　　今未勿夕步?　　　　　　　　　　　　　　　　　　(《合》7772 正)
(3) 貞:翌丁未勿步?　　　　　　　　　　　　　　　　　(《合》458 正)
(4) 貞:今己酉夕步?　　　　　　　　　　　　　　　　　(《合》19250)

上引例(1)至例(2),"步"字句主語前出現句首狀語,主語後出現句中狀語;例(3)、例(4)"步"字句的主語都省略了,但是由例(1)至例(2)來看,例(3)中的"翌丁未"是句首狀語,"勿"是句中狀語;例(4)中的"今己酉"是句首狀語,"夕"是句中狀語。

(三)"步"後有補語

"步"字句中的動詞"步"後可以出現補語。這有三種情況,一是介賓短語作補語;二是名詞作補語;三是"名詞+介賓短語"作補語。

1. 介賓短語作補語

在"步"字句中的動詞"步"之後作補語的介賓短語,都表示處所。介詞是"于"和"自","自"引介"步"的位移起點,"于"引介"步"的位移終點,其賓語都是處所名詞。"自"字介賓短語、"于"字介賓短語都可以單獨出現在"步"之後,也可以構成聯合介賓短語,一起出現在"步"字之後,這時總是"自"字介賓短語在前、"于"字介賓短語在後。

介賓短語單用的例子如:

(1) 庚子貞:王步自壹? 　　　　　　　　　　　　　　　　　　　　(《屯》2100)

(2) 辛酉卜,尹貞:王步自商,亡災? 　　　　　　　　　　　　　　　(《合》24228)

(3) 辛酉貞:王步于鳴? 　　　　　　　　　　　　　　　　　　　　(《合》32839)

(4) ☐雀步于✡? 　　　　　　　　　　　　　　　　　　　　　　　(《合》13514)

例(1)中的"王步自壹"是問王應該從壹地開始行走嗎?例(2)類此。例(3)中的"王步于鳴"是問王應該行走到鳴地嗎?例(4)類此。

介賓短語合用的例子如:

(1) 壬寅貞:王步自斁于夒? 　　　　　　　　　　　　　　　　　　(《屯》2100)

(2) 丁巳貞:王步自✡于繼,若?

　　　乙醜貞:王步自繼于裴? 　　　　　　　　　　　　　　　　　(《合》33147)

(3) 己酉卜,行貞:王其步自嘉于麥,亡災? 　　　　　　　　　　　　(《合》24347)

例(1)卜問:王應該從斁地行走到夒地嗎?例(2)、例(3)類此。值得注意的是,上引三例中的"自"字短語雖然表示"步"的位移起點,但從不出現在"步"之前,"自"字短語單用時也是這樣。

2. 名詞作補語

名詞作補語有兩種情況,一是雙音節時間名詞可以置於動詞"步"之後,表示時間,例如:

(1) 癸丑貞:王步乙卯? 　　　　　　　　　　　　　　　　　　　　(《合》32727)

(2) 乙卯卜:王步丁巳,易日? 　　　　　　　　　　　　　　　　　(《合》32941)

(3) 癸卯卜:王步甲辰,易日? 　　　　　　　　　　　　　　　　　(《合》34114)

(4) 辛亥卜：步今日，若？

　　［壬］子卜：今日步，若？　　　　　　　　　　　　　　　　（《合》21125）

上引例(2)、例(3)，都應該在"易日"前加標點，也就是說，其前的雙音節時間名詞是屬於上一小句的，作"步"的補語。這樣斷句的理由是：一是存在例(1)這樣的例子，證明動詞"步"後可以出現雙音節時間名詞；二是當"王步"前出現多音節時間名詞語時，則"易日"之前不再出現雙音節時間名詞，這說明雙音節時間名詞是圍遶"王步"前後移動的，而不會是"易日"的修飾語。例如：

(1) 丙子卜，內：翌丁卯王步，易日？

　　翌丁卯王步，不其易日？

　　貞：翌戊辰王步，易日？

　　翌戊辰勿步？　　　　　　　　　　　　　　　　　　　　　（《合》11274 正）

(2) 甲辰卜：王于己酉步，易日？　　　　　　　　　　　　　　（《合》20264）

第二種情況是表示處所的名詞，可以出現在動詞"步"之後，表示處所。例如：

(1) 壬辰卜，㱿貞：步🈯？　　　　　　　　　　　　　　　　　（《合》1708）

(2) 丙辰卜，在𦳝貞：今日王步羌，亡災？　　　　　　　　　　（《合》36772）

當處所名詞出現在"步"之後時，通常要在其前加上介詞"自"或"于"，表示位移的起點或終點。但是有時候也可以不用介詞，這時往往是表示位移終點的。

3. "名詞＋介賓短語"作補語

"名詞＋介賓短語"中的名詞，都是表示時間的雙音節名詞，而介賓短語則是表示處所的介賓短語，或者是"自"字介賓短語，表示位移的處所起點；或者是"于"字介賓短語，表示位移的處所終點。例如：

(1) 丙申貞：王步丁酉自㝜？　　　　　　　　　　　　　　　　（《屯》2100）

(2) 丙辰貞：王步丁巳于春？　　　　　　　　　　　　　　　　（《合》32727）

例(1)中的"㝜"是地名，他辭或言"癸巳卜，行貞：王賓叙，亡尤？在師㝜"（《合》24252），可以爲證。上引例(1)，孟世凱（2009：458）在"步"後加標點，斷句爲："丙申貞：王步，丁酉自㝜。"不可從。前面說過，雙音節時間名詞是可以出現在"步"後作補語的；表所處起點的"自"字介賓短語也可以出現在"步"後作補語，只不過在例(1)中這兩種補語同時出現罷了。卜辭中是可以有兩種補語同時出現的，如"于"字介賓短語可以單獨出現在"步"後作補語，"自"字介賓短語亦然；這兩種介賓短語也可以同時出現在"步"後作補語。例(2)中的"春"不是時間名詞，而是地名。他辭或言"己亥王卜,在春師貞：今日步于淩,亡灾？"(英 2563),可以爲證。這種地名"春",孫海波認爲即後世頓國之頓,在今汝陽陰南頓縣(見《誠齋殷墟文字考釋》頁 22)。對於例(2),孟世凱(2009：387)也在"步"後加標點,斷句爲："丙辰卜：王步,丁巳于春。"不確。跟例(2)同版的卜辭還有："癸丑貞：王步乙卯？"很明顯,"乙卯"是作"步"的補語；同樣例(2)中的"丁巳"也是作"步"的補語,"于春"亦然。

(四)"步"前有狀語後有補語

"步"字句中動詞"步"的前面出現狀語,同時在"步"後出現補語。這時"步"前的狀語要遵循"步"之狀語的五條語法規律；"步"後的補語要遵循"步"之補語的四條語法規律,没有例外。例如：

(1) 丙子卜,内貞：翌丁丑王步于豐？
　　丙子卜,内貞：翌丁丑王勿步？　　　　　　　　　　　　　(《合》14732)
(2) 丙午卜,在商貞：今日步于樂,亡灾？
　　己酉卜,在樂貞：今日王步于喪,亡灾？　　　　　　　　　(《合》36501)
(3) □□貞：今日㞢步自京？　　　　　　　　　　　　　　　(《合》32864)
(4) 壬戌貞：乙丑王步自繰？　　　　　　　　　　　　　　　(《合》33147)
(5) □□卜,貞：今四月多子步妻？　　　　　　　　　　　　　(《合》3246)
(6) 貞：王勿步于🔲京？　　　　　　　　　　　　　　　　　(《合》6477 正)
(7) 癸未卜,□貞：王其步自尋,亡灾？　　　　　　　　　　　(《合》24399)
(8) 癸醜卜,行貞：王其步自良于🔲,亡灾？　　　　　　　　　(《合》24248)
(9) 辛巳貞：王叀癸未步自果陸？　　　　　　　　　　　　　(《合》33150)
(10) 己醜貞：王于庚寅步自🔲？　　　　　　　　　　　　　　(《合》32947)
(11) 貞：于庚午步于卒？　　　　　　　　　　　　　　　　　(《合》11274 正)
(12) 王夕步自果三陸？　　　　　　　　　　　　　　　　　(《合》33149)
(13) 戊申貞：王己步于合？　　　　　　　　　　　　　　　(《合》27435)
(14) 乙卯卜,王曰貞：翌丙辰王其步自隻？　　　　　　　　(《合》24346)
(15) 貞：今日勿步于奠？　　　　　　　　　　　　　　　　(《合》7876)

上引 15 個例子,都是以動詞"步"爲謂語中心的"步"字句。例(1)至例(5),都是雙音節時間名詞和多音節時間名詞短語作句首狀語,只是例(2)第一條卜辭主語省略了。例(6)至例(8)是副詞(勿、其)作句中狀語。例(9)是"叀＋雙音節時間名詞"作句中狀語,例(10)是表時間的介賓短語作句中狀語,例(11)中的主語省略了。例(12)、例(13)都是單音節時間名詞作句中狀語。例(14)是多音節時間名詞短語作句首狀語、副詞(其)作句中狀語,例(15)是在"今日"和"勿"之間省去了主語。

上引例(1)、(2)、(6)、(11)、(13)、(15)都是表處所的"于"字介賓短語作補語,表示"步"的處所終點。上引例(3)、(4)、(7)、(9)、(10)、(12)、(14)都是表處所的"自"字介賓短語作補語,表示"步"的處所終點。上引例(8)則是"自"字介賓短語和"于"字介賓短語同時出現在"步"字之後。上引例(5)則是處所名詞出現在"步"字之後作補語。

二、"步"作謂語中心之一

當動詞"步"與其他動詞語構成兼語短語、連謂短語、動詞性聯合短語作謂語時,動詞"步"只是謂語中心之一。

(一) 兼語句

動詞"步"可作兼語句謂語的一部分。這時動詞"步"前要有使令動詞,使令動詞後是兼語,兼語後是"步"。"步"是兼語發出的動作行爲。"步"前的使令動詞常是"令""乎",有時是"曰"。例如:

(1) 己卯卜,貞:令沚馘步? 　　　　　　　　　　　(《合》25)
(2) 辛亥貞:生月令皋步? 　　　　　　　　　　　　(《屯》599)
(3) 丙[寅]貞:翌丁卯令子蔓步?
　　　貞:于辛未令子蔓步? 　　　　　　　　　　(《英》130)
(4) 貞:勿令我史步? 　　　　　　　　　　　　　(《合》6226)
(5) 庚寅貞:王令中翌己卯步? 　　　　　　　　　(《合》32939)
(6) 翌丁卯令步? 　　　　　　　　　　　　　　　(《合》6236)
(7) ☑今五月乎衆人步? 　　　　　　　　　　　　(《合》37)
(8) 丁未卜,亘貞:今日乎步? 　　　　　　　　　(《合》19253 正)
(9) 貞:曰倉侯出步? 　　　　　　　　　　　　　(《合》6083)

上引例(1)至例(6),其中的使令動詞是"令",前五個例子,使令動詞後的兼語都出現了,它們分別是"沚馘、皋、子蔓、我史、中"等,後一個例子,使令動詞後的兼語省略了。例(5)比較特別,表時間的名詞短語出現在了兼語之後、動詞"步"之前。

上引例(7)至例(8),使令動詞是"乎",例(7)後使令動詞後的兼語出現了,是"衆人"。例(8)中使令動詞後的兼語省略了。

上引例(9)中的"曰"應該是使令動詞,其後的"倉侯"應該是兼語。"曰"有這樣的義項,他辭或言"曰雀取？／勿曰雀取？"(合 190)、"辛未卜貞：曰𡊊各化來？／貞：勿曰𡊊各化來？"(《合丙》137),可以爲證。

(二) 連謂句

"步"在兼語句中的位置固定,都是出現在使令動詞之後,但是在連謂句中位置不固定,或者出現在前邊,或者出現在後邊。

"步"出現在別的動詞語前面的例子如：

(1) 庚寅卜,□貞：今者王其步伐尸？
　　庚寅卜,□貞：今者王勿步伐尸？　　　　　　　　　　　　(《合》6461 正)
(2) 甲午王卜貞：𢀛余酒,朕幸酉,余步比侯喜征人方,上下敫示受余有祐,不𦥑𢦏,囚告于大邑商,[亡徉]在狀？
(3) 戊辰卜：己巳步省？　　　　　　　　　　　　　　　　　　(《屯》412)
(4) 庚戌卜,㚸：惠翌步射兕于⊠？　　　　　　　　　　　　　(《合》20731)

上引四例,"步"後是表示征伐、省視、狩獵義的動詞,"步"用於其前,表行走義。"步"與其後的動詞之間有先後關係,也有行爲與目的關係,行走的目的是去征伐、省視、狩獵。

"步"出現在別的動詞語後面的例子如：

(1) 丁未貞：惠亞以衆人步？　　　　　　　　　　　　　　　(《合》35)
(2) 以人步？　　　　　　　　　　　　　　　　　　　　　　(《合》1024)

"以"是動詞,有帶領、率領之義,"以"後一般是表人名詞語,"步"用於其後。例(1)中的"以衆人步"是說率領衆人行走,例(2)類此。

(三) 並列句

"步"在並列句中,可與別的動詞構成聯合關係。例如：

(1) 丙寅卜：王己巳步往迺易日？　　　　　　　　　　　　　(《合》21079)
(2) 辛丑卜,貞：王往步來,麗不⊠？　　　　　　　　　　　　(《合》13568)

"步"的意思是步行、行走,"往"的意思是前去、前往,兩者意思相近,構成聯合關係。正因如此,"步"和"往"的位置可以前後互換,在例(1)中"步"在"往"前,在例(2)中,"往"在"步"前,這顯示出"步"和"往"之間的並列關係。

三、"步"字動詞語作賓語

"步"字動詞語，是指以"步"爲核心的動詞語。"步"動詞語可以作謂語，表陳述。也可以在一個小句中作賓語，表指稱。

能以"步"字動詞語爲賓語的動詞，主要有"告""禱""奏""延"等。

1. 動詞"告"帶"步"字動詞語爲賓語的例子如：

  （1）辛未貞：今日告其步于父丁一牛？在祭卜。　　　　　　　　　　（《合》32677）
  （2）☒貞：燎告衆步于丁？　　　　　　　　　　　　　　　　　　　（《合》39）
  （3）癸午貞：告霎其步祖乙？
    甲午貞：于□告[霎]其步？
    甲午貞：于父丁告霎其步？
    弜告霎其步？　　　　　　　　　　　　　　　　　　　　　　（《屯》866）
  （4）弜告霎其步？　　　　　　　　　　　　　　　　　　　　　　　（《合》32856）

上引例（1）中的"其步"作"告"的賓語，"其步"的主語未出現。例（1）是卜問：今天用一頭牛把（某人）將要外出行走一事禀告父丁好不好。例（2）中的"衆步"作"告"的賓語，這例是卜問：舉行燎祭以便把衆人行走一事向丁禀告好不好。例（3）中的"霎"是人名。"霎其步"是告的賓語。這四條卜辭卜問的是：把霎這個人將要行走一事禀告祖乙好不好？是應該向父丁禀告霎這個人將要出行呢，還是不宜禀告霎將要出行呢？例（4）中的"霎其步"也是作"告"的賓語。

如果對"步"字動詞語可作賓語這種語法現象沒有正確認識，則可能導致對這類卜辭詞語訓釋和斷句的錯誤。如對於例（1）中的"步"，孟世凱（2009：288）解釋爲祭名，讀爲"酺"，認爲是禳除災害之祭。其實這種"步"也是步行、行走之義。又如對於例（3）中的"步"，《小屯南地甲骨》（下册第一分册）認爲是祭名。對於例（3）第 3、4 條卜辭，他們是這樣斷句的："甲午貞：于父丁告霎，其步？／弜告霎，其步？"這種標點並不正確，在"霎"後不應加標點。

2. 動詞"禱"帶"步"字動詞語爲賓語的例子如：

  （1）丁卯卜：禱于亯京亞旲其步一牛？　　　　　　　　　　　　　　（《合》32987）
  （2）丁酉卜：王禱其步？　　　　　　　　　　　　　　　　　　　　（《屯》422）

"禱"的意思是事神求福消災，與"告"的意義相近，所以在古文獻中兩者常連用。例（1）中"亞旲其步"作"禱"的賓語，例（1）是卜問：用一頭牛爲亞旲將要出行一事到亯京進行祈禱好不好？例(2)中的"其步"作"禱"的賓語，例(2)是卜問：王爲某人將要出行一事進行祈禱好不好？《小屯南地甲骨》一書在"其步"之前加標點，這是不正確的。

3. 動詞"奏"帶"步"字動詞語爲賓語的例子如：

(1) 戊申卜，□貞：奏步于戔□？
　　　貞：勿奏步于戔，不其□？ （《合》973 正）

對於上引這個例子，孟世凱(2009：386)在"奏"後加逗號，把其中的"奏"讀爲"湊"，解釋爲聚會衆多樂舞人參與活動或會祀。這種標點和訓釋可能都值得商榷。"奏"在卜辭中可用作祭祀動詞，可能是進、進獻之義。例如："甲午卜，殷貞：王奏兹玉，咸左？／甲午卜，殷貞：王奏兹玉，咸弗左？"(合 6653)這是卜問：王進獻這塊玉，咸是否會添麻煩。

上引例(1)中的"步于戔"是"奏"的爲動賓語，這對卜辭卜問：爲(某人)出行到戔地進行祭祀好呢，還是不這樣好？

4. 動詞"延"帶"步"字動詞語爲賓語的例子如：

(1) 丁丑卜，殷貞：王延步？ （《合》5213 正）
(2) 貞：勿往田，延步？ （《合》10536）

"延"在卜辭中是一個謂賓動詞，可以帶動詞語爲賓語，是繼續進行的意思。例如："戊辰卜：其延兄己兄庚歲？"(合 27617)這是卜問：繼續舉行對兄己和兄庚的歲祭好不好。

上引例(1)中的"延步"是動賓短語，"步"是"延"的賓語。例(1)是卜問：王繼續出行好不好？例(2)中的"延步"意思相同。

四、動詞"步"的使動用法

動詞"步"的意思是步行、行走，它是不及物動詞。這種"步"可以有使動用法，這時它是使/令……步行、行走之義，是及物動詞，以稱人名詞爲賓語。這種"步"可以單獨作謂語中心，也可與別的動詞一起構成複雜謂語。

(一) 使動用法的"步"單獨作謂語中心

(1) 于翌日丁丑步旨？ （《合》33055）
(2) 丙[子]□今日[步]旨？ （《合》33055）
(3) 壬子卜，貞：步自，亡囚？ （《合》33069）
(4) 壬子卜，貞：步自，亡囚？

出田？ 《屯》4516）

(5) 己亥卜，□貞：翌庚子步戈人，不囏？

辛丑卜，□貞：惠羽令以戈人伐方，钺？ 《英》564正）

例(1)中的"嬰"是人名，"步嬰"是使嬰步、令嬰步的意思，"嬰"是步的使動賓語。例(2)中的"步嬰"同義。例(3)中的"自"是軍旅的意思，"步"就是使自步、令自步的意思。例(3)中的"戈人"，應該是指戈族之人，"步戈人"是使戈人步、令戈人步的意思。

（二）使動用法的"步"構成複雜謂語

(1) 辛丑卜：步豩伐芐？ 《合》20400）

例(1)中的"豩"是人名，"芐"是方國名。"步豩"是使豩步、令豩步的意思。"步豩伐芐"是連謂短語，意思令豩這個人出行去征伐芐方。

結　語

甲骨卜辭中的"步"有步行、行走之義，也有令/使……步行、行走之義，以這種意義的動詞"步"作謂語中心或中心之一的句子，本文稱之爲"步"字句；以動詞"步"爲核心的動詞性短語，本文稱之爲"步"字動詞語。

步行、行走意義的動詞"步"，應該是一價動詞。這種"步"可以作謂語或謂語中心之一，也可以與其他動詞構成複雜謂語。

這種"步"作謂語中心時，它的前面可以出現狀語；後面可以出現補語；或者前有狀語後有補語。動詞"步"前出現狀語的語法規律，可以總結如下：

一是雙音節的時間名詞和多音節的時間名詞短語，都是作句首狀語的，作"步"字句的主題。

二是副詞作狀語，都是句中狀語。

三是"副詞＋表時間的介賓短語"作狀語，都是句中狀語。

四是"副詞＋時間名詞語"作狀語，也都是句中狀語。這時副詞通常是"惠"或"唯"。它們是語氣副詞，是語句焦點的標記，標誌其後的時間名詞語是語句的焦點。

五是表時間的介賓短語，通常是作句中狀語，偶爾作句首狀語，作句首狀語時是全句的主題。

動詞"步"後出現補語的語法規律，可以總結如下：

一是表處所的介賓短語，都是作"步"的補語。這種介賓短語主要有"自"字介賓短語和"于"字介賓短語，它們可以各自單獨出現在動詞"步"之後，也可以聯合在一起出現在動詞"步"之後，這時總是"自"字介賓短語在前，表示"步"的起點；"于"字介賓短語在後，表示"步"的終點。

二是處所名詞有時單獨出現在動詞"步"字之後，表示"步"的處所，這時可以視爲處所名詞前省略了介詞。

三是雙音節時間名詞除了可以出現在"步"字句之首、作句首狀語之外，也可以移到動詞"步"之後作補語，表示時間。

四是雙音節時間名詞和表示處所的介賓短語可以同時出現在動詞"步"之後作補語，這時雙音節時間名詞在前，表處所的介賓短語在後；表處所的介賓短語要單用，不聯合使用。

當動詞"步"前有狀語、後有補語時，分布的規律是副詞和表示時間的詞語在前作狀語，而表示處所的詞語在後作補語，没有例外。

雙音節時間名詞，一般出現在語句之首作句首狀語的，有時可以出現在動詞"步"之後作補語，但這是有條件的，即動詞"步"之前没有表示時間的狀語，而且這種用例限於個別組類的卜辭。

動詞"步"還可以與其他動詞一起構成複雜謂語，這種複雜謂語可以是兼語短語、連謂短語，也可以是動詞性聯合短語。由這種兼語短語充當謂語的句子叫兼語句，由這種連謂短語充當謂語的句子叫連謂句，由動詞性聯合短語充當謂語的句子叫並列句。

"步"字動詞語可以作賓語。能以"步"字動詞語爲賓語的動詞，可以分爲三類：一類是"告"這類言語動詞，"步"字動詞語是説出來的内容，是受事；二類是祭祀動詞，如"禱""奏"，"步"字動詞語是這種動詞的爲動賓語；三是形式動詞，如"延"，這種動詞可以帶謂詞性賓語。

使/令……步行、行走義的動詞"步"是二價動詞，這種動詞"步"必須帶賓語，以稱人名詞爲賓語。這種"步"可以單獨作謂語中心，也可以與其他動詞一起構成複雜謂語作"步"字句的謂語。這種"步"即步行、行走意義的動詞"步"的使動用法，由於這種用法的"步"比較常見，所以可以不視爲活用，而視爲兼類，即認爲使/令……步行、行走義已是動詞"步"的語言意義。

參考文獻

劉釗等：《新甲骨文編》（增訂本），福州：福建人民出版社 2014 年版。

于省吾主編：《甲骨文字詁林》第一册，北京：中華書局 1996 年版。

温少峰、袁庭棟：《殷墟卜辭研究——科學技術篇》，成都：四川省社會科學院出版社1983年版。

徐中舒：《甲骨文字典》，成都：四川辭書出版社1988年版。

趙誠：《甲骨文簡明詞典——卜辭分類讀本》，北京：中華書局1988年版。

崔恒昇：《簡明甲骨文詞典》，合肥：安徽教育出版社2001年版。

劉興隆：《新編甲骨文字典》，北京：國際文化出版公司2005年版。

孟世凱：《甲骨學辭典》，上海：上海人民出版社2009年版。

漢語大字典編輯委員會：《漢語大字典》第二版，成都：四川辭書出版社、崇文書局2018年版。

王力等：《王力古漢語字典》，北京：中華書局2000年版。

張玉金：《論殷代的祰祭》，《中國文字》新三十期，臺北：藝文印書館2005年版。

張玉金：《關於甲骨文中的"往"是否用作祭名的考察》，待刊。

曹錦炎、沈建華：《甲骨文校釋總集》卷十，上海：上海辭書出版社2006年版。

裘錫圭：《釋求》，《古文字研究》第十五輯，北京：中華書局1986年版。

甲骨卜辭"有"的代詞用法補議

——從"受㞢佑"談起

武亞帥

（首都師範大學甲骨文研究中心）

"有"的代詞用法可以上溯至殷商甲骨時期，對於這一問題前修時賢頗多論及。但對"有"作代詞的具體語法功能還有不同認識，多數學者認爲用作指示代詞，也有學者提出"有"可以用作第三人稱代詞。本文以甲骨卜辭"受㞢佑"[①]爲研究對象，從否定句中代詞賓語前置的語法規則、"有"的指代意義以及相關卜辭的類型化分析三個方面，考察"有"在卜辭中的代詞用法。

"有"在古漢語中的代詞用法學界早有論及，劉淇的《助字辨略》在"有"字頭下有如下論述："《後漢書·二王仲長統傳·論》：'或推前王之風，可行於當年；有引舊弊之規，宜流於長世。'此'有'字猶云'或'也。"在"或"字頭下指出："《詩經·豳風》'今此下民，或敢侮予'，此'或'字猶云'誰'也，不定其誰何，故云或也。"[②]馬建忠《馬氏文通》（實字卷之四）："凡記人物之有無，惟有止詞而無起詞，約指代字篇内，'有'、'無'兩字或以爲代字者，以其隱指某人故耳。"[③]他們已經將"有"看作不定代詞。

對卜辭中"有"的代詞用法最早論及的應是吳其昌先生，他在《殷虛書契解詁》中指出"㞢"用作"此"，在卜辭中如云"受㞢佑""受㞢年"謂"受此佑""受此年"也；如云"擒㞢犬"、"獲㞢魚"謂"擒此犬"、"獲此魚"也。[④] 同樣認爲"有"在卜辭中用作指示代

---

① 卜辭中的"㞢"可隸定作"有"、"侑"、"又"，在第二期之後逐漸被"ㄟ"代替。本文所討論的"受㞢佑"中的"㞢"應隸定作"有"，爲行文方便，在文中徑直隸定作"有"，列舉辭例時按原字形隸定。
② 劉淇著，章錫琛校注：《助字辨略》，北京：中華書局 2004 年版，頁 175、279。
③ 馬建忠：《馬氏文通》，北京：商務印書館 1983 年版，頁 179。
④ 吳其昌：《殷虛書契解詁》，武漢：武漢大學出版社 2008 年版，頁 10。

詞的還有倪德衛先生，他在《早期上古漢語中動詞"有"的代詞性用法》中指出：在名詞性短語"有X"中，動詞"有"具有代詞性或指詞性的形容詞用法。田獵卜辭"擒有鹿"、"擒有豕"中的"有鹿"、"有豕"指存在於某地亦即某地所有之鹿或豕；"射有豕"、"射有鹿"即射某地之鹿或豕。"受有年"、"受有佑"等中"有"的性質相似，在所有者或所存在之處不必指出或無法指出時，"有X"之"有"幾乎可以説等於 This/That。① 陳夢家先生在分析卜辭中的人稱代詞時指出："'㞢'可能是第三人稱，相當於《周書》之'厥'，西周金文之'氒'。"② 裘燮君先生對"有"的代詞用法進行了系統研究，認爲在先秦漢語中"有"可以用作第三人稱代詞和指示代詞③；至於卜辭中的"受有佑"，裘燮君先生認爲若"受"字或表示得到、接受的意義，"有"字就代表授佑者；若"受"字表示授予的意義，"有"字就代表受佑者。無論哪種情況，"有"字都用爲第三人稱代詞，"受有佑"表示授他佑，或表示受他佑。④ 近年來，袁金平先生和蔣玉斌先生對商周文獻中"有"的代詞用法也有論及。⑤ 綜合以上各家觀點，"有"在卜辭中用作指示代詞當無異議，但是"有"是否可以用作第三人稱代詞還有進一步研究的必要。由於提出"有"有第三人稱代詞用法的學者往往以"受㞢佑"爲例，下面我們就以此爲對象進行探討。

一、從否定句中代詞賓語前置的語法規則看"有"的語法功能

否定句中代詞賓語前置是古漢語的一個重要語法規則，在殷商甲骨刻辭中也是如此，例如：

(1a) 乙巳卜（以上在反面），貞：禱⑥于上甲，受我佑。

---

① 轉引自裘錫圭《説"ᄆ凡有疾"》。參見裘錫圭：《裘錫圭學術文集》（甲骨文卷），上海：復旦大學出版社 2012 年版，頁 383—384。
② 陳夢家：《殷虛卜辭綜述》，北京：中華書局 1988 年版，頁 97。
③ 裘燮君：《先秦早期文獻中"有"字的代詞性》，《紀念王力先生九十誕辰文集》，濟南：山東教育出版社 1992 年版，頁 304。
④ 裘燮君：《商周虛詞研究》，北京：中華書局 2008 年版，頁 19。
⑤ 袁金平：《新蔡葛陵楚簡"大川有"一語試解——兼論上古漢語中"有"的特殊用法》，《語言學論叢》第四十二輯，北京：商務印書館 2010 年版，頁 367；蔣玉斌：《從卜辭"有某"諸稱看"子某"與商王的關係》，《第二届古文字學青年論壇論文集》，臺北：中研院史語所，2016 年 1 月，頁 175。
⑥ 此字從冀小軍先生釋。參見冀小軍：《説甲骨金文中表祈求義的𡘓字——兼談𡘓字在金文車飾名稱中的用法》，《湖北大學學報》1991 年第 1 期，頁 35。

(1b) 勿禱于上甲,不我其[受佑]。　　　　　　　　　　　　　(《合》1171 正反 典賓)

(2a) 貞:王叀沚馘比伐巴方,帝受我佑。

(2b) 王勿隹沚馘比伐巴方,帝不我其受佑。

　　　王占曰:吉,其受。(反面)　　　　　　　　　　　　　(《合》6473 正反 典賓)

(3) 貞:舌方不我㞢(捷)①。　　　　　　　　　　　　　　　(《東洋》113 典賓)

(4a) 貞:祖辛不我害。

(4b) 貞:祖辛害我。　　　　　　　　　　　　　　　　　　　(《合》95 典賓)

(5a) 己未卜,雀貞:缶其薔我旅

(5b) 己未卜,雀貞:缶不我薔旅。　　　　　　(《合》1027 正+《乙補》4919② 賓一)

(6a) 己未卜,争貞:王亥夅我。

(6b) 王亥不我夅。　　　　　　　　　　　　　　　　　　　(《合》7352 正 典賓)

(7) 方不我圍。　　　　　　　　　　　　　　　　　　　　　(《合》6680 典賓)

(8a) 戊申卜,争貞:帝其降我艱。

(8b) 戊申卜,争貞:帝不我降艱。

　　　　　　　　　　　　　　　　　(《合》10171 正+《合》14293+《乙補》6530③)

以上否定句中,代詞賓語"我"均置於動詞之前。關於否定句中代詞賓語前置這一語法規則,管燮初先生認爲在刻辭中是正例,沒有例外。④ 楊樹達先生也曾指出"句中有否定副詞而賓語前置";⑤陳夢家先生則認爲:"不是一切附有否定詞者皆可以先置賓語,而在此等句中賓語之先置尚有其他條件,易言之,在兩種條件下才可以先置賓語,即 1. 祇有在否定詞是'不'之句中;2. 祇有在有人稱代詞'我'的句中。"⑥沈培先生對這一觀點進行了糾正,指出代詞賓語前置的否定句並不限於"不我"句,否定詞也可以是"勿",代詞賓語也可以是"余"、"爾"。⑦ 後來,又有學者提出代詞賓語除了"我"、"余"、"爾"之外,還有"汝"⑧。例如:

---

① 此字從李學勤先生釋。參見李學勤:《再談甲骨金文中的"㞢"字》,《湖南博物館館刊》(第六輯),2009 年,頁 119。

② 林宏明:《醉古集——甲骨的綴合與研究》(第 350 組),臺北:萬卷樓 2011 年版,頁 425。

③ 蔡哲茂:《〈殷虛文字丙編〉新綴第二則》,中國社會科學院歷史研究所先秦史研究室網站 2007 年 5 月 17 日(http://www.xianqin.org/blog/archives/1561.html)。

④ 管燮初:《殷虛甲骨刻辭的語法研究》,北京:中國社會科學院出版社 1953 年版,頁 16。

⑤ 楊樹達:《積微居甲文説》,《楊樹達文集》,上海:上海古籍出版社 2013 年版,頁 89。

⑥ 陳夢家:《殷虛卜辭綜述》,頁 102。

⑦ 沈培:《殷墟甲骨卜辭語序研究》,臺北:文津出版社 1992 年版,頁 22。

⑧ 張玉金、楊逢彬均將"女"讀爲"汝",看作第二人稱代詞。參見張玉金:《甲骨文語法學》,上海:學林出版社 2001 年版,頁 26;楊逢彬:《殷墟甲骨刻辭詞類研究》,廣州:花城出版社 2003 年版,頁 201。

（9）己酉卜，王貞：師不余其見。　　　　　　　　　　（《合》20391 師小字）

（10）王占曰：吉，黽勿余害。　　　　　　　　　　　　（《合》809 正 典賓）

（11a）貞：祖乙害王。

（11b）［祖乙］弗害王。王占曰：吉，勿余害。（《合》13750 反＋《乙》886① 典賓）

（12）戊戌卜，雀貞：王曰侯豹：逸②，余不爾其合，以乃史歸。③

　　　　　　　　　　　　　　　　　　　　　　　　　　（《合》3297 正 典賓）

（13）癸卯卜，貞：不汝得。　　　　　　　　（《合》439＋《合》21791④ 賓三）

　　在以上否定句中代詞賓語"我""余"、"爾"、"汝"等均置於動詞之前。看來，否定句中代詞賓語前置的語法規則不限於"不我"句，應該是一個通律。但是也有學者指出否定句中有代詞賓語後置的情況。管燮初先生便對原有觀點做了修正，認爲："上古漢語中用代詞作賓語的否定式動賓結構，賓語先置，這是一條規律，但是賓語不先置的例外情況在殷墟甲骨刻辭中就出現了。"⑤唐鈺明先生在談及這一問題時指出："古代漢語否定句代詞賓語前置並非一成不變的鐵則，它只不過是一種處於流變狀態的歷史語言現象罷了，拿甲骨文來説，前置者雖然是絶大多數，但後置現象也已出現。"⑥後來，喻遂生先生和齊航福先生也分别舉出一些代詞賓語後置的例子⑦，我們略舉其中幾例：

（14）我家舊〓⑧臣亡害我。　　　　　　　　　　　　（《合》3522 正 典賓）

（15）貞：曰師毋在兹延。　　　　　　　　　（《合》5808＋《合》1298⑨ 典賓）

---

① 林宏明：《醉古集——甲骨的綴合與研究》（第 248 組），頁 283。
② 王子楊先生認爲這裏的"逸"作語氣詞，相當於"俞"。參見王子楊：《説甲骨文中的"逸"字》，《故宫博物院院刊》2011 年第 1 期，頁 48。
③ 此條卜辭的斷句參考方稚松先生意見，方先生對其辭義也有詳細説解。參見方稚松：《甲骨綴合十組》，《北方論叢》2006 年第 3 期，頁 4。
④ 黄天樹：《甲骨拼合集》（第 48 組），北京：學苑出版社 2010 年版，頁 52。
⑤ 管燮初：《西周金文語法研究》，北京：商務印書館 1981 年版，頁 73。
⑥ 唐鈺明：《定量方法與古文字資料的詞彙語法研究》，《唐鈺明自選集》，合肥：安徽教育出版社 2001 年版，頁 26。
⑦ 喻遂生：《甲金語法札記三則》，《甲金語言文字研究論集》，成都：巴蜀書社 2002 年版，頁 47；齊航福：《殷墟甲骨文賓語語序研究》，上海：中西書局 2015 年版，頁 45—47。
⑧ 此字過去多釋爲"老"，近來吴雪飛先生釋此字爲"癳"，讀爲"彌"，"彌臣"謂"久遠之臣"。參見吴雪飛：《説卜辭中的"我家舊彌臣"》，《"新史料與古史書寫——40 年探索歷程的回顧與思考"學術研討會論文集》，華東師範大學，2018 年 10 月，第 104 頁。
⑨ 蔡哲茂：《甲骨綴合集》（第 211 組），臺北：樂學書局 1999 年版，頁 235。

(16) 貞：茲雨不唯憂我。　　　　　　　　　　　　（12889＝《旅順》579 正 賓三）

(17) ☐弗左我。　　　　　　　　　　　　　　　　（《合》16432＋《合》19359①典賓）

(18) 貞：舌方出，不唯🈳②我在憂。　　　　　　　　　　　　（《合》6088 典賓）

(19a) 壬申卜，☐貞：興方來唯🈳余在憂。

(19b) 貞：興方來，不唯🈳余在憂。

　　　　　　　　　　　　　　　　（《合》6530 正＋《乙》5426＋《乙補》4256③典賓）

關於例(14)，沈培先生指出否定詞"亡"用作動詞，動賓結構"害我"作了動詞"亡"的賓語④；關於例(15)，張玉金先生認爲"在兹"是介賓結構作動詞"延"的定語⑤；沈、張二氏説法可從，因而前兩例不能作爲代詞賓語後置的例證。還有一些有爭議的例子，沈培、齊航福先生已作討論，⑥此不贅述。至於後四例，我們認爲應該看作代詞賓語後置例，但這樣的例子所見不多，正如齊航福先生所言，在卜辭否定句中，代詞作賓語多數前置，尤其是人稱代詞作賓語時絕大多數是以前置爲常。因此，我們可以説，否定句代詞賓語前置雖然不是"鐵則"，但是一個常例，我們可以以此爲參照來判斷否定句中賓語的詞性。

就"受㞢佑"而言，其否定形式均爲"弗其受㞢佑"，從未見"㞢"（有）前置的情況，例如：

(20a) 丁巳卜，㱿貞：王學衆伐于𢀛方，受㞢佑。

(20b) 丁巳卜，㱿貞：王勿學衆𢀛方，弗其受㞢佑。

　　　　　　　　　　　　　　　　（《合》32＋《乙補》6022＋《乙補》1653⑦典賓）

(21a) 貞：其受舌方[佑]。

(21b) 弗其受㞢[佑]。　　　　　　　　　　　　　　　　　　（《合》8515 典賓）

前面我們已經指出"受我佑"的否定形式是"不我其受佑"，代詞賓語"我"前置。這説明"㞢"（有）和"我"的語法功能並不一致，"㞢"（有）並非人稱代詞作賓語。

---

① 黃天樹：《甲骨拼合集》(第 298 組)，頁 327。

② 此字具有災咎之義，這裏用作動詞。關於各家考釋意見，參見于省吾主編、姚孝遂按語：《甲骨文字詁林》，北京：中華書局 1996 年版，頁 2152—2158。

③ 林宏明：《醉古集——甲骨的綴合與研究》(第 343 組)，頁 404。

④ 沈培：《殷墟甲骨卜辭語序研究》，頁 24。

⑤ 張玉金：《甲骨文語法學》，頁 212。

⑥ 沈培：《殷墟甲骨卜辭語序研究》，頁 25—26；齊航福：《殷墟甲骨文賓語語序研究》，頁 48。

⑦ 林宏明：《醉古集——甲骨的綴合與研究》(第 35 組)，頁 37。

二、代詞"有"的具體指代對象

認爲"有"有代詞用法的學者往往以下列卜辭作爲例證：

(22a) 貞：弗其受㞢佑。
(22b) 貞：我受舌方佑。
(22c) ［貞］：弗［其］受［舌］方［佑］。　　　　　　　　　　（《合》8502 典賓）
(23a) 貞：其受舌方［佑］。
(23b) 弗其受㞢［佑］。　　　　　　　　　　　　　　　　　　（《合》8515 典賓）

通過這些辭例可以看出"㞢"（有）和"舌方"處於相同的語法位置，容易使人認爲這裏的"有"指代"舌方"。在弄清楚"有"的具體指代對象之前我們有必要搞清楚"受舌方佑"的具體含義。由例（22）來看，"受舌方佑"的主語是"我"（關於"受佑"卜辭的主語下文還會論及），動詞"受"表示"接受、承受"之義，由於"舌方"是敵對方國，辭義不可能是"我受到舌方的福佑"。陳夢家先生曾指出："'受舌方又'、'受馬方又'者，伐舌方、馬方而受佑於帝。"[①]也就是說這裏的"舌方"、"馬方"表示征伐"舌方"、"馬方"之事。陳先生所言可從。下面這條卜辭更能說明陳先生觀點的正確性：

(24) 貞：帝不我其畀[②]土方佑。　　　　　　　　　　　　　（《合》40033 典賓）

該卜辭命辭是否定句，代詞賓語"我"置於動詞之前，辭義是"上帝不會給予我攻打土方的福佑"。"土方"表示征伐土方之事，是"佑"的修飾性定語。因此，把"受舌方佑"理解爲"受到攻打舌方的福佑"無疑是正確的。同時，我們還可以看到"受㞢佑"常出現在複句的結果分句中，例如：

(25) 王［伐］土方，弗其受㞢佑。　　　　　　　　　　　　　（《合》8474 典賓）
(26) 丙戌卜，貞：今春［伐］舌方，受㞢佑。　　　　　　　　（《合》8525 賓出）
(27) 貞：☒土方，受㞢［佑］。　　　　　　　　　　　　　　（《合》8475 典賓）
(28) ☒舌方，受㞢佑。　　　　　　　　　　　　　　　　　　（《合》8519 典賓）
(29) ☒土方，弗其受㞢［佑］。　　　　　　　　　　　　　　（《合》8476 典賓）
(30) 貞：今早伐舌方，受㞢佑。　　　　　　　　　　　　　　（《合》6276 典賓）

[①] 陳夢家：《殷虛卜辭綜述》，頁 96。
[②] 此字從裘錫圭先生意見釋爲"畀"，具有"付與"義。參見裘錫圭：《"畀"字補釋》，《裘錫圭學術文集》（甲骨文卷），頁 31。

(31) 貞：伐舌方，受㞢佑。　　　　　　　　　　　　　　（《合》6278 典賓）

(32) 丁未卜，賓貞：勿令畢伐舌方，弗其受㞢佑。　　　　（《合》6297 典賓）

(33) 貞：乎伐舌方，受㞢佑。　　　　　　　　　　　　　（《合》6236 典賓）

(34) 貞：乎伐舌，弗其受㞢佑。　　　　　　　　　　　　（《合》6241 典賓）

(35) 貞：勿乎伐舌，弗其受㞢佑。　　　　　　　　　　　（《合》6257 典賓）

(36) 甲辰卜，賓貞：勿乎伐舌，弗其受㞢佑。　　　　　　（《合》6259 典賓）

　　在上述命辭當中，前一分句先言征伐方國之事，後一分句貞問是否會受到福佑。結合這些辭例來看，"伐舌方，受㞢佑"應該是"受舌方佑"的複句表達方式。後一分句中的"㞢"（有）用來指代前一個分句所述的征伐之事。郭錫良先生在討論漢語第三人稱代詞的起源時指出，殷商時代第三人稱代詞還沒產生；從先秦流傳下來的古籍來看，指示代詞"之"和"其"已經逐漸向第三人稱代詞轉化，但還處在孕育階段；並認爲代詞"之"作賓語時，經常用來指示抽象事物，意思比較空泛，例如：

　　(37) 戰于長勺。公將鼓之。（《左傳·莊公十年》）

　　(38) 齊師敗績。公將馳之。（《左傳·莊公十年》）

　　例①[引者按：即上引第(37)例]，"鼓之"是"擊鼓進攻齊"，還是"擊鼓激勵將士"呢？莫衷一是，其實"之"就是指示"發動進攻"這件事。……例②[引者按：即上引第(38)例]，"馳之"不是"趕著兵車"，而是"趕著兵車追擊齊軍"這件事。①

　　我們認爲"受有佑"中的"有"應該和郭錫良先生分析的"之"相似，用作指示代詞，指代抽象事物，即征伐之事。"受有佑"理解爲"受到攻伐某方國的福佑"。

三、關於"受有佑"主語的進一步考察

　　林義光先生在《文源》中指出："授、受二字古皆作受，《盂鼎》'今余其遹循先王，授民授疆土'，授皆作受。"②楊樹達先生也指出古人以一字兼授受二義。③關於"受佑"卜辭，除一部分出現了主語之外，很大一部分省去了主語只作"受佑"、"受有佑"或"弗其受有佑"。由於主語的缺失，再加上"受"字一形兼二義，對辭義的理解很容易產生分

---

① 郭錫良：《漢語第三人稱代詞的起源和發展》，《漢語史論集》（增補本），北京：商務印書館 2005 年版，頁 1—3。

② 林義光：《文源》，上海：中西書局 2012 年版，頁 188。

③ 楊樹達：《卜辭瑣記》，《楊樹達文集》，頁 19。

歧。就目前學界看法而言，"受有佑"的主語既可以是帝之類的授佑者，也可以是"我"或王之類的受佑者，也就是裘錫圭先生所說的"受有佑"表示授他佑，或表示受他佑。下面我們對出現主語的"受佑"刻辭進行類型化分析，從而試圖對那些被省去的主語做一推測。

首先，我們來看以"帝"或其他神祇爲主語的"授佑"刻辭：

(39) 貞：勿伐舌方，帝不我其授佑。　　　　　　　　　　（《合》6272 典賓）
(40) 貞：乎伐☒，帝授我佑。　　　（《合補》2117＋《合補》4064① 典賓）
(41a) 辛亥卜，㱿貞：伐舌方，帝授［我佑］。
(41b) 貞：帝不［我］其［授佑］。　　　　　　　　　　（《合》6270 正 典賓）
(42a) 辛亥卜，㱿貞：伐舌方，帝授［我佑］。
(42b) 貞：帝不［我］其授［佑］。　　　　　　　　　　（《合》6271 典賓）
(43) 伐舌方，帝授我佑。　　　　　　　　　　　　　　（《合》6273 典賓）
(44a) 王叀沚馘比伐巴方，帝授我佑。
(44b) 王勿隹沚馘比伐巴方，帝不我其授佑。　　　　　（《合》6473 正 典賓）
(45) 今旱王偵方，帝［授］我佑。　　　　　　　　　　（《合》6736 典賓）
(46) □午卜，㱿貞：今旱王偵方，帝授我［佑］。　　　（《合》6737 典賓）
(47) 甲辰卜，爭貞：我伐馬方，帝授我佑。　　　　　　（《合》6664 賓一）
(48) □午卜，㱿貞：王伐🐾，帝授我佑。　　　　　　　（《合》6543 典賓）
(49) ☒伐🐾方，帝授我［佑］。　　　　　　　　　　　（《合》6542 典賓）
(50) 貞：帝不我其授佑。　　　　　　　　　　　　　　（《合》14190 典賓）
(51) 貞：帝不我其授佑。　　　　　　　　　　　　　　（《合》14191 典賓）
(52a) 丁未卜，賓貞：成授王佑。
(52b) 貞：成弗其受授［王］佑。
(52c) 大丁授王佑。
(52d) ［大丁］弗其授王佑。
(52e) 貞：大甲授王佑。
(52f) 貞：大甲弗其授王佑。
　　　　　　　（《合》5381＋《合》1410＋《合》1463 正甲＋《合》1364② 典賓）

---

① 宋雅萍：《背甲新綴第三十六、三十七則》（三十七則），中國社會科學院歷史研究所先秦史研究室網站，2012 年 7 月 19 日，http://www.xianqin.org/blog/archives/2740.html。
② 蔡哲茂：《史語所考古資料數位典藏系統漏綴一則補綴》，中國社會科學院歷史研究所先秦史研究室網站，2007 年 10 月 9 日，http://www.xianqin.org/blog/archives/1578.html。

(53) 貞：唐不我[其]授[佑]。　　　　　　　　　　　　　　（《合》1316 典賓）

(54a) 貞：上子授我佑。

(54b) 貞：上子不我其授[佑]。

(54c) 貞：上子授我佑。

(54d) 貞：上子不我其授佑。　　　　　　（《合》14257＋《合》14258①典賓）

(55) 貞：上子不我其授佑。　　　　　　　　　　　　　　（《合》14259 典賓）

(56a) 貞：上子授我佑。

(56b) 貞：上子不我其授[佑]。

(56c) [貞]：上子授我佑。

(56d) 貞：上子不我其授[佑]。　　　　　　（《合》14260＋《合》40446②典賓）

(57a) 甲子卜：千授王佑。

(57b) 乙丑卜：示授王佑。　　　　　　　　　　　　（《合》19946 師肥筆）

　　除上列辭例之外，還有一些先言"帝若"或者"帝不若"，再言"受我佑"或"不我其受佑"的卜辭。這些"受佑"卜辭的主語應該也是神祇之類。略舉幾例如下：

(58a) 己酉卜，□貞：王征舌方，下上若，授我[佑]。

(58b) 貞：勿征舌方，下上弗若，不我其授佑。　　　　　（《合》6322 典賓）

(59a) 丙辰卜，爭貞：沚馘啓，王比，帝若，授我佑。

(59b) 貞：沚馘啓，王勿比，帝弗若，不我其授佑。

　　　　　　　　　　　　　　（《合》7440 正＋《乙》3076＋《乙補》1765③典賓）

(60a) 己未卜，亘貞：今早④王作⑤比望乘伐下危，下上若，授我[佑]。

(60b) 貞：今早王勿作比望乘伐下危，下上弗若，不我其[授佑]。

　　　　　　　　　　　　　　　　　　　　　　　　（《英藏》587 典賓）

(61a) 癸丑卜，殼貞：勿唯王征舌方，下上弗若，不我其授佑。

(61b) 貞：勿唯王征舌方，下上弗若，不我其授佑。　　　（《合》6317 典賓）

---

① 張宇衛：《甲骨綴合第八則》，中國社會科學院歷史研究所先秦史研究室網站，2011 年 12 月 10 日，http://www.xianqin.org/blog/archives/2517.html。

② 趙鵬：《胛骨試綴一則》，中國社會科學院歷史研究所先秦史研究室網站，2016 年 10 月 12 日，http://www.xianqin.org/blog/archives/6972.html。

③ 楊熠：《甲骨試綴第 48—55 則》（第 51 則），中國社會科學院歷史研究所先秦史研究室網站，2018 年 11 月 8 日，http://www.xianqin.org/blog/archives/11023.html。

④ 此字從陳劍先生釋。參見陳劍：《釋造》，《甲骨金文考釋論集》，北京：綫裝書局 2007 年版，頁 127—176。

⑤ 李發先生認爲這裏的"作"是虛義動詞。參見李發：《殷墟卜辭中動詞"作"帶賓語現象——兼談"作"的詞彙意義虛化問題》，《古漢語語法研究新論》，重慶：西南師範大學出版社 2015 年版，頁 88。

上述辭例當中"授佑"的主語都是帝或其他神祇，動詞"受"當隸定爲"授"。通過分析我們發現這些卜辭往往會出現間接賓語"我"或者"王"。否定句中的代詞賓語"我"需要前置且否定詞用"不"；如果賓語是名詞"王"則無需前置，否定詞用"弗"。另外，這些辭例當中從不見"佑"之前有任何的修飾性定語，也不見"㞢"（有）的出現。

下面，我們再來看以"我"爲主語的"受佑"刻辭：

(62) 貞：沚馘尋稱册土方，我受㞢［佑］。　　　　　　　　　《合》6406 典賓

(63) 丙戌卜，爭貞：今早王比望乘伐下危，我受㞢佑。　　　《合》6496 典賓

(64a) 辛酉卜，㱿貞：我受舌方佑。

(64b) □□卜，爭貞：我受舌方［佑］。

(64c) ☒ ☒，其唯庚，我受㞢佑，其唯☒。（《合》8501 正反＋《合》18925① 典賓）

(65) 今早勿伐下危，我弗其受㞢佑。（《合》6501＋《合》6914＋《合補》5356② 典賓）

(66a) ［貞］：王伐土方，受㞢佑。

(66b) 貞：我受舌方佑。　　　　　　　　　　　　　　　　　《東洋》363 典賓

(67a) 貞：弗其受㞢佑。

(67b) 貞：我受舌方佑。　　　　　　　　　　　　　　　　　《合》8502 典賓

(68) 貞：我受舌方佑。　　　　　　　　　　　　　　　　　　《合》8503 典賓

(69) 庚午卜，爭貞：我受舌方［佑］。　　　　　　　　　　　《合》8504 典賓

(70a) 貞：我弗其受舌方佑。

(70b) 我受舌方佑。　　　　　　　　　　　　　　　　　　　《合》8505 典賓

(71) □□［卜］，賓貞：我弗［其受］舌方佑。　　　　　　　《合》8506 典賓

(72) 貞：我弗其受舌［方佑］。　　　　　　　　　　　　　　《合》8507 典賓

(73) 貞：我弗其受舌方［佑］。　　　　　　　　　　　　　　《合》8514 典賓

(74a) 貞：弗其受舌方佑。

(74b) 我受舌方佑。　　　　　　　　　　　　　　　　　　　《英藏》551 典賓

(75a) 貞：弗其受舌方佑。

(75b) 我受舌方佑。　　　　　　　　　　　　　　　　　　　《英藏》552 典賓

(76) 貞：我受舌方佑。　　　　　　　　　　　　　　　　　　《合》6431 典賓

---

① 林宏明：《甲骨新綴第五十一例》，中國社會科學院歷史研究所先秦史研究室網站，2009 年 11 月 12 日，http://www.xianqin.org/blog/archives/1776.html。

② 李愛輝：《牛胛骨新綴一則：〈合〉6501＋〈合〉6914＋〈合補〉5356》，中國社會科學院歷史研究所先秦史研究室網站，2009 年 9 月 5 日，http://www.xianqin.org/blog/archives/1621.html。

(77) 貞：我受土方佑。 （《合》8478 典賓）

(78) 貞：我受土方佑。 （《合》8479 典賓）

(79) 丁亥卜，爭貞：我受土方[佑]。 （《合》8480 典賓）

(80) 貞：我弗其受土方佑。 （《合》8484 正 典賓）

(81) 甲午卜，古貞：王伐𠮷方，我受佑。 （《合》6223 典賓）

上述辭例當中除例(81)之外，動詞"受"和賓語"佑"之間往往出現定語"㞢"（有）、"𠮷方"、"土方"等。並且在這些以"我"爲主語的"受佑"卜辭中，否定副詞均用"弗"，這與前面我們列舉的主語爲神祇且代詞賓語前置時否定詞用"不"不同。關於否定詞之間的差異，學界已有深入討論，裘錫圭先生指出否定詞"不、弗"與"勿、弜"之間有明顯區別，前者表示可能性和事實，後者表示意願。①這一結論已經得到學界普遍認可。在此基礎上，有學者進一步注意到"不"和"弗"之間的區別，張玉金先生指出"不"可以出現在前置代詞賓語之前，"弗"無此用法。②楊逢彬先生認爲"不"否定的句子中的賓語若是人稱代詞"我"和"余"則賓語一般應前置，但是未見到"弗"否定的句子中有人稱代詞前置的例子。③張桂光先生指出當謂語動詞帶指人名詞賓語時，對這個動詞的否定一般用"弗"不用"不"；當謂語動詞帶人稱代詞賓語時，對這個動詞的否定一般用"不"不用"弗"。④從我們上面列舉的辭例來看，以上學者的觀點無疑是正確的。這說明代詞賓語前置的否定句對否定詞具有選擇性。

通過對"受佑"卜辭的分析，我們發現當主語是神祇時，動詞"授"之後往往會出現間接賓語"我"或者"王"；當主語爲"我"時，動詞"受"和"佑"之間往往出現"有"或者方國名。通過這樣的類型化分析，我們可以作出這樣的推測："受㞢佑"的主語均是"我"或者"王"之類的受佑者。這一結論正好與常見於無名組、何組和黃組的慣用語"王受有又"一致，只是在這些類組中代詞"㞢"被"㞢"代替，常寫作"王受又又"或者是合文形式的"王受㞢"。

爲了表述清晰，下面我們以表格形式對"受佑"卜辭的表達方式進行類型化分析：

---

① 裘錫圭：《說"弜"》，《裘錫圭學術文集》（甲骨文卷），頁 15。
② 張玉金：《甲骨文"不""弗"異同論》，《甲骨文語法學》，頁 44。
③ 楊逢彬：《殷墟甲骨刻辭詞類研究》，頁 259。
④ 張桂光：《"受""㞢"類卜辭否定句中賓語對"不""弗"選擇的考察》，《華南師範大學學報》2002 年第 4 期，頁 61。

主語	謂語	間接賓語	定　語	賓語	否定詞	語　　序
神祇	授	我	—	佑	不	代詞性間接賓語前置
		王			弗	名詞性間接賓語後置
我	受	—	方國名/有		弗	

結論如下：

1. 當主語是神祇時，動詞"受"表示授予義，動詞之後出現間接賓語"我"或者"王"，但並未見"有"或者方國名作爲賓語"佑"的修飾性定語。否定貞問時，代詞性賓語要前置，否定詞用"不"；名詞性賓語後置，否定詞用"弗"。

2. 當主語是"我"時，動詞"受"表接受義，其後不出現間接賓語，且動詞和賓語"佑"之間往往出現"有"或者方國名作爲定語（"有"和方國名呈互補分布）；否定形式只用否定詞"弗"。

綜上所述，我們從"受有佑"的否定形式，"有"的指代對象及相關卜辭的類型化分析三個方面進行論證，最終得出結論認爲"受有佑"的主語只能是"我"或者"王"之類的受佑者，動詞"受"表示接受義，"有"在這裏用爲指示代詞作定語。

拙文草成之後蒙李發老師、王子楊老師、吳盛亞博士、李曉曉博士以及孔德超博士審閱，並提出寶貴修改意見，在此表示感謝！

殷墟人頭骨刻辭再研究*

方稚松

（北京外國語大學中文學院）

    1932年，吴其昌先生在《殷代人祭考》一文中依據甲骨卜辭所記載的内容，指出殷代使用人祭這一史實。[①] 其後學者注意到在殷墟出土的甲骨材料中有一類"人頭骨刻辭"，所謂"人頭骨刻辭"是指："商人把俘獲的異族酋長當作人牲斬首致祭祖先以後，在其頭蓋骨上刻上記事的文字，作爲戰勝的紀念。"[②]這類材料正是商代使用人祭的直接實物性證據。胡厚宣先生在1953年所寫的《戰後京津新獲甲骨集》的序要中，提到書中收録的《京津》5281（參文後附圖二）、5282（附圖五）"兩片人頭骨刻辭，所記皆殺用戰俘以祭祖之事。……此種人頭骨刻辭，曩聞加拿大明義士曾獲有一片，合此已共有三版"。1955年，胡先生在《甲骨續存》中又輯録一版（圖三），序中介紹到"原物經吴定良教授鑒别，定爲人的右顱骨"。1954年，陳夢家先生在《解放後甲骨的新資料和整理研究》一文中公布有三塊人頭骨刻辭（附圖二、四、十三），其中有兩塊爲劉體智所收藏（附圖二、四），一塊爲陳先生自己所藏（附圖十三）。後在1956年出版的《殷虚卜辭綜述》中又增加四片（附圖一、三、五、七），共輯録有七片[③]。1974年，胡厚宣先生在《中國奴隸社會的人殉和人祭》（下篇）一文中列舉有11片：《續補》9067（附圖八）、《京津》5281（附圖

---

* 本文寫作得到國家社科基金項目"甲骨文字字形義的整理與研究"（批准號：19BYY170）的資助。

① 吴其昌：《殷代人祭考》，《清華周刊》第37卷9、10期，1932年，收入吴令華主編：《吴其昌文集·史學論叢上》，太原：三晋出版社2009年版，頁300—307。

② 黄天樹：《甲骨文有關獵首風俗的記載》，《中國文化研究》2005年夏之卷，總48期，收入《黄天樹古文字論集》，北京：學苑出版社2006年版，頁412—421。

③ 《殷虚卜辭綜述》正文326—327頁列有六片（分别爲本文附圖5、1、13、4、7、3），後面附圖中有"方白用"（附圖2）一版，加在一起共七片。

二)、《續補》9068(附圖一)、《京津》5282(附圖五)、《續補》10572(附圖四)、《續存上》2358(附圖三)、《續補》9069(附圖十四)、《續補》10573(附圖十三)、《掇二》87(附圖七)、《日彙》180(附圖十一)、《續補》9070(附圖十五)。① 1986年,李棪先生在《殷墟斫頭坑髑髏與人頭骨刻辭》一文在胡先生所輯11片基礎上又增加一片(即附圖十),並謂:

> 此片舊爲英國劍橋大學葉慈教授所藏,我既得之後,嘗攜至美國哈佛大學請教於洪煨蓮教授。他找了幾位人類學者鑒定,均認爲是人類近上半中央部分的人頭枕骨。一九六五年,我復攜之至臺灣,出示李濟博士及石璋如、屈萬里、李孝定、張秉權、楊希枚諸公,亦皆以爲然。②

1994年,荒木日吕子女士在《東京國立博物館保管的甲骨片——有關人頭骨刻字的考察》一文中對人頭骨刻辭也有輯録,共列有13片,增補的是日本東京大學東洋文化研究所藏的一版(即附圖十二);並提供了《日彙》180(附圖十一)的照片,對原來的釋文作了校訂。③ 1998年,李學勤先生在《殷墟人頭骨刻辭研究》一文的正文中也增加了東京大學東洋文化研究所所藏(附圖十二)的一片,在文後的後記中又提到張秉權先生《甲骨文與甲骨學》中所提及殷墟考古發掘出土所得一片(附圖八)。這樣,人頭骨刻辭達到14片。④ 1999年出版的《甲骨學一百年》在對人頭骨刻辭進行統計時,計有15片,⑤增加的一片爲《龜》2.26.5(《珠》298=《合》38763),文中提到此片爲日本河井荃廬舊藏,河井荃廬原藏2片,一片歸東京大學東洋文化研究所,另一片下落不明,可能毀於1945年的戰火中。《甲骨文合集》編撰時已將此版與其他人頭骨刻辭放在一起,説明已辨認出該版爲人頭骨刻辭。這從字體書寫來看,應是可信的。2015年出版的《殷墟甲骨拾遺》中又公布有一版人頭骨刻辭(附圖十六),宋鎮豪先生在書前序言中提及:加上新出這版,迄今爲止,人

---

① 胡厚宣:《中國奴隸社會的人殉和人祭(下篇)》,《文物》1974年第8期。
② 李棪:《殷墟斫頭坑髑髏與人頭骨刻辭》,《中國語文研究》1986年第8期。
③ 荒木日吕子:《東京國立博物館保管的甲骨片——有關人頭骨刻字的考察》,《南方文物》1994年第1期。
④ 李學勤:《殷墟人頭骨刻辭研究》,李學勤、吴中傑、祝敏申主編:《海上論叢(二)》,上海:復旦大學出版社1998年版,頁1—7。下引李先生觀點皆出自此文。
⑤ 王宇信、楊升南主編:《甲骨學一百年》,北京:社會科學文獻出版社1999年版。書中此部分章節由宋鎮豪先生撰寫,後宋先生在《中國風俗通史·夏商卷》(上海:上海文藝出版社2001年版)和《商代社會生活禮俗》(《商代史》第七卷,北京:中國社會科學出版社2010年版)亦有同樣的內容,後《商代社會生活禮俗》一書中數字誤爲14,實際片數爲15。

頭骨刻辭共發現有16版。① 這16版中胡厚宣先生提到的《續補》9069、9070一直未見到圖片，②其他14片都有拓片。

我們首先對這批人頭骨刻辭的收藏情況做一介紹，《甲骨學一百年》中曾對《殷墟甲骨拾遺》之外的其他15版人頭骨刻辭的收藏情況做過統計：國家圖書館藏4片（附圖五、二、四、八）；故宮博物院1片（附圖一）；中國社會科學院歷史所1片（附圖三）；臺灣中研院史語所1片（附圖九）；日本河井荃廬藏2片，其中一片歸東京大學東洋文化研究所（附圖十二），一片下落不明（附圖六）；東京國立博物館藏小倉武之助1片（附圖十一）；加拿大安大略博物館藏1片（附圖十）；原骨不知何處3片（附圖十三、十四、十五）。

經我們核查，《甲骨學一百年》一書中對有關國圖藏的幾片信息記載有誤：其中第8片有關"白閟"的那版，因文章中誤將該片片號看成《合》3435（《善齋》23929），以爲是劉體智的善齋藏物，故認爲藏於國圖。其實該片來源爲《文捃》304（《合補》11099），實物現藏故宮博物院，宋鎮豪先生新著《夏商風俗》一書已將該版收藏地修正爲故宮所藏，但片號仍誤爲《善齋》23929、《合》3435。故宮博物院在2017年3月舉辦的"大隱於朝——故宮博物院藏品三年清理核對成果展"曾展出過該版，收錄在其後出版的《大隱於朝——故宮博物院藏品三年清理核對成果展》一書中，③書中對該版的收藏信息介紹說是"明義士舊藏"。但《文捃》中編號282—356這部分甲骨實爲馬衡先生舊藏，④這究竟是其中有誤記還是該片曾由明義士先生轉贈馬衡先生，目前我們還不太清楚。因爲若據下引胡厚宣先生文章，故宮所藏明義士先生甲骨中是有兩片人頭骨刻辭的，若胡先生所說可信，不排除上面這片確是明義士舊藏之可能性，馬衡先生只是收錄其拓本。故宮所藏的明義士另一版人頭骨即上表中的第1版《合》38758（附圖一）。對於《合》38758的收藏地點在此需多費筆墨特別說明一下，該版在上引李棪先生的文章中曾提及收藏情況：

> 此片今藏臺灣中研院史語所。1956年，高去尋先生出示此片及第六片（松按：即《合》38762 圖5），云已不記是誰人所贈，但決非考古發掘之所得。

---

① 宋鎮豪、焦智勤、孫亞冰編著：《殷墟甲骨拾遺》，北京：中國社會科學出版社2010年版。宋鎮豪先生《夏商風俗》一書對目前所見的16版甲骨重新作了梳理（上海文藝出版社2018年版，頁765—768）。本文寫作時未留意到宋先生新著，後蒙宋先生告知，謹致謝忱。

② 從釋文看，《續補》9069與《合》38760內容相同，不知兩者是否有重片之可能，因未能見到圖片，不敢確定，此處暫按不同兩片來計。

③ 故宮博物院編：《大隱于朝——故宮博物院藏品三年清理核對成果展》，北京：故宮出版社2017年版，圖20。

④ 郆麗梅：《〈甲骨文捃〉的初步復原》，《南方文物》2015年第3期。

上引荒木日吕子和李學勤兩位先生的文章都采用了李棪觀點,認爲現藏臺灣歷史語言研究所。此外,我們注意到"臺灣中研院史語所考古資料數位典藏資料庫"在人頭骨刻辭《甲》3739 的形制描述中有這樣一段話:

> 除本件外,本所原藏有兩片人頭骨,一件已佚,刻辭爲"□方伯□且乙伐"(《甲骨文合集》38758),記錄"以某方首領伐祭祖乙"之事;另一件爲購藏品,PR09326,刻辭爲"□丑用□義友"(《甲骨文合集》38762),具體意義不詳。

其中也提到《合》38758 曾藏在歷史語言研究所,但現在已佚。但我們查《甲骨文合集材料來源表》說這版現藏故宫,故宮編號 286。上引《大隱於朝——故宮博物院藏品三年清理核對成果展》也介紹說其收藏有兩片人頭骨刻辭,可見,這件現藏地確實是在故宮博物院。那是否存在先藏在臺灣,後回到大陸的可能性呢? 我們認爲這種可能性是不存在的。

陳夢家先生的《殷虚卜辭綜述》明確說明該版是明義士所藏人頭骨刻辭,李學勤先生文中指出該片最早著錄於《齊大季刊》2 卷 2 期。而明義士有一部分藏品正是收藏在故宫博物院裏,對此,胡厚宣先生曾有過介紹,爲將這一問題說清楚,此處不憚其煩,將胡先生的介紹詳細引用如下:

> 明氏舊藏甲骨,現留在國内的第二批,是北京故宫博物院所藏。故宫博物院所藏又分爲兩部分,一部分爲故宫博物院原藏,3 匣 17 屉,除一屉爲陶丸陶餅小螺貝殼等 164 件之外,甲骨共計 870 片。1965 年,爲編輯《甲骨文合集》,我們去故宫博物院選拓甲骨,見明義士甲骨中,混有 1924 年 2 月 18 日發自天津寄往北京明義士的信封一個,封面寫:
>
> J.M. MenziesB.D.
>
> N.C.U. Language School
>
> PeKing
>
> 知那時明義士曾在北京華語學校教書,所以甲骨就存在華語學校内。
>
> 故宫博物院所藏明義士舊藏甲骨的第二部分是 1974 年在故宫倉庫中清出,計 10 匣 25 屉又 167 包共 19 494 片。箱子上邊都有明義士親筆寫的封條。這部分甲骨,原來也是有在華語學校圖書館内,由中央文化部文物局清出,交由故宫博物院保存。
>
> 這兩部分甲骨,原來都存在華語學校,應該是一批東西。870 加 19 494,合共 20 364 片。①

---

① 胡厚宣:《關於劉體智、羅振玉、明義士舊藏甲骨現狀的說明》,《殷都學刊》1985 年第 1 期。

胡先生的文中還特意提到"這批甲骨有兩片極重要的人頭骨刻辭"。[1] 2014 年，國家社科基金重大項目"故宫博物院藏殷墟甲骨文整理與研究"立項，王素先生對故宫博物院的甲骨收藏情況進行了詳細介紹，他指出"故宫博物院藏殷墟甲骨來源有三：一是公家調撥，二是私人捐贈，三是院方收購（含没收）。公家調撥主要爲明義士舊藏於北平華北聯合語言學校（簡稱華語學校）的甲骨，私人捐贈包括馬衡、李紹白、夏錫忠和薛貴笙等捐贈的甲骨，院方收購（含没收）包括收購上海謝伯殳舊藏甲骨和没收倪玉書、陳鑒塘文物中的甲骨。其中，明義士舊藏甲骨有 2 萬多片，構成本院的主要收藏"。[2]

由上面胡先生和王先生的介紹可知，故宫博物院收藏的明義士甲骨原是藏在華語學校的，這部分甲骨由國家撥給故宫博物院，其流出外面的可能性極小，況且未曾見到明義士甲骨流傳到臺灣那邊的記録。因此，有關臺灣歷史語言研究所曾收藏該片的信息有誤。

對於第 5 版即《合》38762 的收藏點，各家説明也有不同，宋鎮豪先生原本認爲藏在國圖，在新著《夏商風俗》一書中則認爲藏於清華大學，但注明"未落實"；而李棪等先生認爲藏在臺灣歷史語言研究所。這中間究竟怎麽回事？原物究竟在何處？也需要説清楚。

此片最早著録於胡厚宣先生的《戰後京津新獲甲骨集》中，該書收有兩片人頭骨刻辭，即《京津》5281、5282，本片爲《京津》5282。胡先生在《我這麽蒐集的這一批材料》（1946 年 4 月 20 日成都新中國日報專刊）和《五十年甲骨文發現的總結》中都有介紹《京津》一書所藏甲骨的經過。我們查閱《五十年甲骨文發現的總結》，裏面提道："慶雲堂碑帖鋪有一千多片甲骨，假的占一多半，索價奇昂。我因其中有一片'人頭骨刻辭'，一片'牛肋骨刻辭'，相當重要。……思之再三，終不願把機會放過。……商談多次，結果是出高價錢，許我選擇五百片。"[3]由此可知，《京津》所收録的兩片人頭骨刻辭中有一片即來自慶雲堂，但胡先生並未説明慶雲堂的這塊究竟是《京津》兩片中的哪一片。《京津》5282 後又著録於郭若愚先生 1955 年出版的《殷契拾掇二編》中，郭先生在書前的自序中根據胡先生前面的那段話認爲該片就是慶雲堂的那片，並提到這批材料後歸北京圖書館（即現在的國家圖書館）保存，故郭先生文中是將這片列爲北京圖書館收藏。但他在文中提道："1950 年的十月裏，我到北京圖書館參觀時，却找不

---

[1] 這兩片應就是本文所提到的《合補》11099 和《合》38758。
[2] 王素：《故宫博物院藏殷墟甲骨文整理與研究項目緣起》，《故宫博物院院刊》2016 年第 3 期。
[3] 胡厚宣：《五十年甲骨文發現的總結》，上海：商務印書館 1952 年版，頁 48—49。

到這片東西,大概當時不知被分售到那裏去了。"①而宋鎮豪先生在《中國社會科學院歷史研究所藏甲骨集》的前言中又認爲目前社科院歷史所藏的《合》38760(即《甲骨續存》那版,附圖三)來自慶雲堂②。慶雲堂的那片人頭骨刻辭究竟是哪版呢? 我們認爲宋先生的理解可能有誤。其實胡厚宣先生在《大陸現藏之甲骨文字》一文"甲骨拓本要目"下的"中國社會科學院歷史研究所所集甲骨拓片"中有兩處提到人頭骨刻辭:一處是"胡厚宣捐贈甲骨文字拓片,185 片"條目下的説明:"大片係在上海所購,小片爲鐵雲舊藏,另有一片人頭骨刻辭,比較重要,皆在上海所購,贈歷史所。"另一處是"甲骨留影拓本,三册,798 片"條目下的説明:"此乃從慶雲堂所購,乃早期所得,僞片較多。但有人頭骨刻辭,比較重要。"③由這兩處記録可知,現藏在社科院歷史所的是從上海所購,與慶雲堂的没有關係。其實,胡先生所説的慶雲堂那版應是指收藏在《京津》中的兩版中的一版。我們若根據上引陳夢家先生《解放後甲骨的新資料和整理研究》一文,也可推出慶雲堂的那版確如郭若愚所説爲《京津》5282,因爲《京津》5281 爲劉體智舊藏。不過,郭若愚先生對慶雲堂這版的收藏情況也弄錯了,郭先生之所以在國圖未能找到這版,實際上是因爲該版根本不在國圖,而是在臺灣歷史語言研究所,張秉權先生在《甲骨文與甲骨學》一書中引到此條刻辭時註明有"胡厚宣贈史語所藏"。④ 前所引"臺灣歷史語言研究所考古資料數位典藏資料庫"網站那段話中亦明確説明該版現藏歷史語言研究所,還註明了編號 PR09326。趙鵬女士給我們提供了這一版的彩色照片,其背面有"李濟之先生轉來胡厚宣先生所贈人頭骨刻辭一片",落款時間爲 1946 年 12 月 19 日,這更能確認該版現藏臺灣歷史語言研究所了。至此,慶雲堂的這片人頭骨刻辭才算水落石出,原來胡厚宣先生早在 1946 年就將這版轉贈給了中研院史語所,在其轉給國家圖書館的那批慶雲堂材料中並不包括這版,所以郭若愚先生未能見到實物。

綜合上述信息,可知目前藏在國家圖書館的人頭骨刻辭有《合》38759、《合》38761 兩版,⑤其中《合》38759(《京津》5281)在 2015 年在國家圖書館國家典籍博物館舉辦的

---

① 郭若愚:《殷契拾掇》,上海:上海古籍出版社 2005 年版,頁 113。
② 宋鎮豪、趙鵬、馬季凡編著:《中國社會科學院歷史研究所藏甲骨集》前言,上海:上海古籍出版社 2011 年版,頁 5。
③ 胡厚宣:《大陸現藏之甲骨文字》,《中研院史語所集刊》第 67 本 4 分,1996 年,頁 853、855。
④ 張秉權:《甲骨文與甲骨學》,臺北,1988 年,頁 196。
⑤ 宋鎮豪先生在 2010 年的《商代社會生活禮俗》中將原不知何處的三片也列在國家圖書館的收藏中,2018 年的《夏商風俗》一書中認爲原骨下落不明。其中的《綜述》13.2,爲陳夢家先生收藏,根據陳先生文後附録這部分甲骨今歸考古所(見《殷虚卜辭綜述》,頁 673),其他兩片是否藏國圖也存疑。

"甲骨文記憶展"中展出，筆者曾目驗過。

關於加拿大安大略博物館所藏的那片人頭骨刻辭，根據前引李棪先生文，該片曾由英國劍橋大學葉慈(W.P.Yetts)教授所藏，後歸李棪，1966年曾在香港展出，饒宗頤先生在《歐美亞所見甲骨錄存》所附《李棪齋所藏甲骨簡介》曾介紹有此片："此爲男性人頭枕骨，近上半中央部分，鐫有先公'大甲'之名，可能即俘虜頭骨。傳世頭骨上刻邦方君長之名，致祭於先公先王，若此類可考知者，寥寥無幾，此即其中之一。"1980年，許進雄先生編撰的《懷特氏等收藏甲骨文字》一書收錄此版，説明這時該版已歸加拿大安大略博物館，博物館官方網頁上公布有該版照片。這中間具體的收藏過程則不太清楚。

下面我們將目前所見16版人頭骨刻辭收藏情況整理列表如下：

編號	著錄情況	刻辭内容	現藏地及來源
1	《合》38758=《綜述》圖版13.下=《存補》卷一.26.1=《續補》9068	☐尸方白☐祖乙伐	故宫博物院（明義士舊藏）
2	《合》38759=《京津》5281	☐方白用☐	國家圖書館（劉體智舊藏）
3	《合》38760=《續存》上2358=《存補》卷五.6=《歷拓》1507=《中歷藏》1904	☐白☐	中國社會科學院歷史研究所（胡厚宣購自上海）
4	《合》38761=《綜述》14上	☐又姓☐	國家圖書館（劉體智舊藏）
5	《合》38762=《京津》5282=《掇二》49	囗丑用于☐義友☐	臺灣中研院史語所（胡厚宣贈史語所）
6	《合》38763=《龜》2.26.5=《珠》298	☐盧☐伐☐	下落不明（河井荃廬舊藏）
7	《合》38764=《掇二》87=《上博》2426.341	隹☐	上海博物館（原孔德研究所藏）
8	《合補》11099=《文捃》304	☐白囟☐	故宫博物院（明義士舊藏）
9	《甲》3739	☐武☐	臺灣中研院史語所（1933年12月14日小屯出土）
10	《懷特》1914	☐大甲☐	加拿大安大略博物館
11	《合》40701=《日彙》180	☐邦尚☐五邦☐	東京國立博物館（小倉武之助舊藏）
12	《合補》13169=《東文研》972	☐中☐	東京大學東洋文化研究所（河井荃廬舊藏）
13	《綜述》13.2	☐用☐	中國社會科學院考古研究所（陳夢家舊藏）

續　表

編號	著　録　情　況	刻辭内容	現藏地及來源
14	《續補》9069	☐白☐	不詳
15	《續補》9070	☐囟☐	不詳
16	《拾遺》646	☐武乙祼	安陽民間所藏

　　在討論完人頭骨刻辭的收藏情況後，下面我們再來談人頭骨刻辭的內容。因這些人頭骨都是殘片，上面的文辭也都殘缺不完整。內容較多的是《合》38758 和《合》38762 兩版，這兩版殘存的刻辭分兩行書寫。關於《合》38762 的釋文，有學者是從左往右讀，釋爲"☐義友☐口丑用于☐"，有學者是從右往左讀，作"口丑用于☐ 義友☐"。我們認爲當從右往左讀，因爲這是古代書寫的正常順序，甲骨文中的記事性文字除虎骨刻辭外基本都是遵循這一刻寫順序，且干支詞放在句首也符合甲骨文的文例。但之所以大家會從左往右讀，應是受同類刻辭中的"方伯用"及卜辭中常見的"三羌用于祖乙"這類"祭牲＋用于＋祖先"辭例的影響，但是甲骨文中"V＋于＋O神＋O牲"的句式也是極爲常見的，故此處的"義友"作爲人牲出現在祭祀對象後也很正常。"義友"可以理解爲"義"方的首領名"友"，也可能是指"義"的僚友，因文辭殘缺，不易確定。

　　《合》38758 中的"☐尸方白☐祖乙伐"，其中"伐"字作" [字] "寫成了"戌"，李宗焜先生《甲骨文字編》和劉釗先生的《新甲骨文編》都將該字放在"戌"字頭下，但研究人頭骨刻辭的學者基本都將各字釋爲"伐"。從辭意看，此處的" [字] "確應理解爲"伐"，應看作是"伐"之訛，類似例子還見於西周金文繡簋（《集成》3732）中的 [字]，其内容作"繡從王 [字] 荆"，學者已指出 [字] 是"伐"之訛。[①] 同爲人頭骨刻辭的《合》38763 中的 [字]，應也是伐（舊或隸定爲戔，不確），中間一橫隱約可見。不過，對於這類刻辭中的"伐"怎麽理解其含義，也不好把握。李學勤先生文中在解釋該刻辭時提出：第一，是頭骨屬於夷方伯；第二，是夷方伯被"伐"即斬首，用於祭祀；第三，是祭祀的對象是商王祖乙。李先生對文意的理解可能是對的，不過，這類句子的結構關係值得關注。卜辭中常見"祭祀動詞＋祖先＋伐"或"祭祀動詞＋伐＋（于）＋祖先"這樣的辭例，如"又于祖乙五伐"

[①] 田煒：《西周金文字詞關係研究》，上海：上海古籍出版社 2016 年版，頁 97。

(《合》923)、"又伐于上甲羌一"(《合》32113)。這裏的"伐"學者已指出當理解爲名詞，①特別是"又伐于上甲羌一"這一句子結構，其中的"伐"亦爲名詞，"羌一"是補充說明"伐"的類型和數量。人頭刻辭中的"祖乙伐"亦當理解爲名詞，若"伐"的對象就是"夷方伯"，則此處的"夷方伯"與"祖乙伐"似爲同位語關係，這使得我們猜想這類人頭骨上面刻寫的不一定是完整的句子，可能就是一種摘要性的記錄。如此處可能就是"夷方伯"與"祖乙伐"兩個短語，很難連讀在一起。其他人頭骨刻辭可能也存在這一現象，有時上面就單獨刻寫一方伯名或祭祀對象名，不一定都要連讀成句。像"義友"那條，也可能右邊的"干支用于祖先"是單獨一句話，左邊的"義友"是單獨一短語，兩者不一定要連讀。

《合》38761 中的"☐又姓☐"一辭，其中"又"的用法與小臣墻刻辭中的"又白麇"之"又"用法相同，表用牲動詞，一般讀作"侑"。"姓"又見於下列卜辭中，是商代晚期征伐的一個對象。

　　乙巳王卜貞：毀(册)𢼛侯[發，曾]☒白文罘二姓，余其比發齿戈，亡左自上下
　　于猷，余受又＝[，不𧆞捷。王占曰："吉"。在二？月，在尋彝。]
　　　　　　　　　　　　　　　　　　　　　(《合》36347＋36355＋36747 黄組)

　　丁丑王卜貞：舍巫九备，毀(册)𢼛侯發，曾[☒白]文罘二姓，余其比[發齿]戈，
　　亡左自上下[于猷，余]受又＝，不𧆞捷。肩[告于大]邑商，亡害在[憂]☐。
　　　　　　　　　　　　　　　　　　　　　　　　　　　(《合》36344 黄組)

東京國立博物館所藏的"☐封嵩☐五封☐"，最早著錄於松丸道雄先生的《日本散見甲骨文字蒐彙(二)》中，②但爲摹本，荒木日吕子女士的文章提供了拓本與照片。文中已指出其中的"封"表示方國之意，《合》32287"甲申貞：其執三封白于父丁"，其中的"三封白"與"三方白"相同。其實，這裏的"封"我們可直接讀爲"邦"，"五封"就是"五邦"。左邊"邦"下殘字"☒"看作"嵩"之殘文亦可信，甲骨文"嵩"字作☒、☒，見於下列卜辭：

　　貞：嵩邑受☐。　　　　　　　　　　　　　　　　　(《合》8266 自賓)
　　癸卯卜：王曰"嵩其☒"，貞：余弓呼延韜。由曰：其呼韜。　(《合》20070 自小)

---

① 沈培：《殷墟甲骨卜辭語序研究》，臺北：文津出版社 1992 年版，頁 110—111；劉海琴：《殷墟甲骨祭祀卜辭中"伐"之詞性考》，華東師範大學博士學位論文(指導教師：詹鄞鑫教授)，2006 年。
② 松丸道雄：《日本散見甲骨文字蒐彙(二)》，《甲骨學》第八號，1960 年，又見《散見於日本各地的甲骨文字》，《古文字研究》第三輯，北京：中華書局 1980 年版。

癸卯卜，王曰"甾其✶"，余呼延。九月。不。　　　　　　　　（《合》21386 自小）
甲申卜，王貞：侯其捷甾。
☐ 戎大敦甾。　　　　　　　　　　　　　　　　　　　　　（《合》6843 自賓）
貞：伐甾。　　　　　　　　　　　　　　　　　　　　　　（《合》6844 自賓）

上面卜辭中的"甾其✶"是説甾是否投降一事，①是屬於整條卜辭中特殊的敘辭。② 後面幾條卜辭都是説伐甾之事，可知甾是商代的一敵對方國。

關於《合補》11099"伯㕣"和《合》38763"☐盧☐伐☐"中的"㕣"和"盧"都可作國族名，"伯㕣"又見《合》3418；"盧"爲方國名，卜辭中有"盧伯㵒"（《屯南》667、《合》28095）。《合補》13169 中的"中"下一字舊多釋爲"凡"，字形與"凡"有别，辭意不清。

《拾遺》646 上"武乙祼"，"祼"爲宗廟類的建築，内容應是在武乙的祼裏祭祀武乙。

至於這些人頭骨刻辭的時代，前引李學勤先生文中已下了很好的結論："由於人頭骨刻辭都是殘文，字數較少，根據字體判斷時期不很容易，但從能够看到的因素來説，應該都屬商末。"

本文在寫作過程中曾蒙趙鵬女士惠賜資料，投稿後又蒙宋鎮豪先生提供重要參考資料，在此一併致謝！

附圖一　故宫博物院藏

---

① ✶表投降義，參伍士謙：《甲骨文考釋六則》，《古文字研究論文集》，《四川大學學報》叢刊第十輯，1982 年；廣瀬薰雄：《説俞玉戈銘文中的"才林田俞觇"》，《出土文獻與古文字研究》第六輯，上海：上海古籍出版社 2015 年版。
② 蔣玉斌：《説殷墟卜辭的特殊敘辭》，《出土文獻與古文字研究》第四輯，上海：上海古籍出版社 2011 年版。

附圖二　國家圖書館藏（照片引自陳夢家《殷虛卜辭綜述》圖版 13 上）

附圖三　社科院歷史研究所藏（照片引自《中國社會科學院歷史研究所藏甲骨集》中册 225 頁）

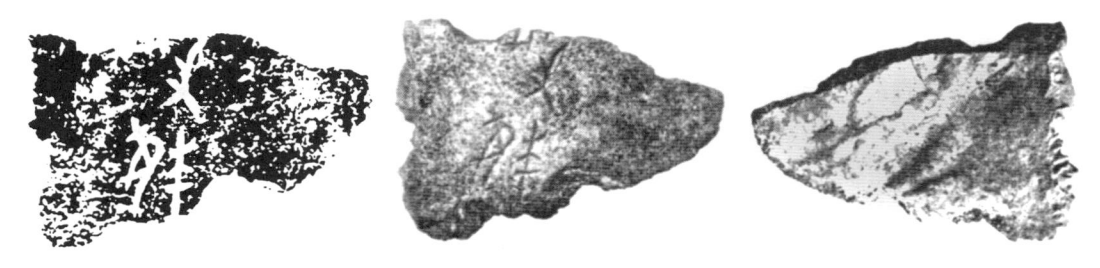

附圖四　國家圖書館藏（照片引自陳夢家《殷虛卜辭綜述》圖版 14）

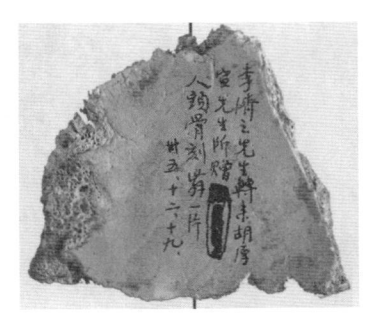

附圖五　臺灣中研院史語所藏（照片蒙趙鵬女士提供）

附圖六　日本河井荃廬舊藏 　　　附圖七　上海博物館藏

附圖八　故宮博物院藏（照片引自《大隱于朝——故宮博物院藏品三年清理核對成果展》圖 20）

附圖九　臺灣中研院史語所藏（照片引自臺灣史語所考古資料數位典藏資料庫）

附圖十　加拿大安大略博物館藏（照片引自加拿大安大略博物館官網，https://collections.rom.on.ca/objects/365206/oracle-bone-fragment? ctx = 199b2171-855d-4e0d-9104-0e99d4d2bf4b&idx=4）

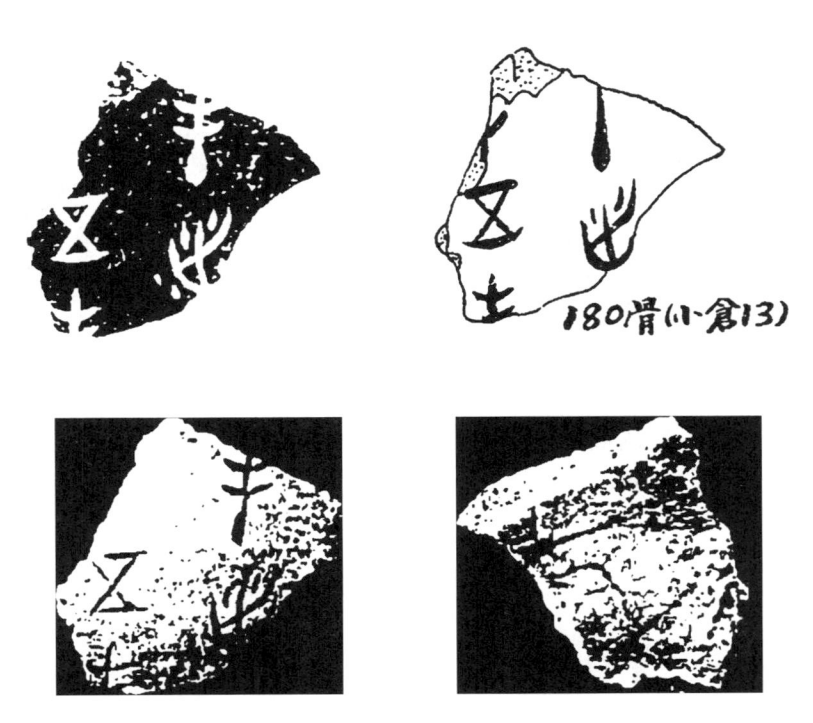

附圖十一　日本國立博物館藏（圖片引自荒木日吕子《東京國立博物館保管的甲骨片——有關人頭骨刻字的考察》）

B. 0972a　　　　　　　　B. 0972b

B. 0972b
（反面の 3 字は近人の仿刻）

附圖十二　東京大學東洋文化研究所藏（圖片引自松丸道雄
《東京大學東洋文化研究所藏甲骨文字》）

附圖十三　陳夢家舊藏（照片引自陳夢家《殷虛卜辭綜述》圖版 13 中）

附圖十四　白　《續補》9069　未見圖片

附圖十五　囪　《續補》9070　未見圖片

附圖十六　《殷墟甲骨拾遺》第 646 片

淺析甲骨文中的兆辭[*]

李愛輝

(首都師範大學甲骨文研究中心)

2017年,甲骨文成功入選《世界記憶名録》,其文化和歷史意義可見一斑。故宫博物院、國家圖書館、山東博物館等諸家單位也緊鑼密鼓地對館藏甲骨進行整理,這些甲骨的重新著録,其學術意義不亞於新甲骨的發掘。然而由現已出版的新著録書來看,如《中國社會科學院歷史研究所藏甲骨》、《旅順博物館所藏甲骨》、《笏之甲骨拓本集》,其中小碎片的數量要多於大版甲骨,而小碎片中序辭、兆辭所占比重又相對較高。與命辭、占辭、驗辭等相比,兆辭的内容較爲單一,且爲"占卜術語",語義難考,故著録時多只著録正面。最近我們通過對兆辭的梳理發現,雖然兆辭的語用義難於識别,但它在甲骨上的契刻具有較强的規律性,這些規律恰可解决甲骨學研究中的一些問題。

一、利用兆辭擬補殘辭、綴合甲骨

兆辭的契刻規律可用於擬補殘辭,限縮綴合範圍。下面以筆者新綴合的兩組甲骨爲例,簡述之。

1. 有兆辭必有序辭

在甲骨上,同屬一個卜兆(鑽鑿)的兆辭與序辭,兆辭契刻在兆枝下方,序辭契刻在兆枝上方。一個卜兆如果契刻有兆辭,就會有與之對應的序辭(刮削情况不在討論

---

* 本文爲2018年北京社會科學基金青年項目《甲骨背面刻辭的整理與研究》(18YYC017)的階段性成果。

範圍内），即在甲骨上不存在有兆辭無序辭的卜兆。① 以筆者新綴合的甲骨《合集》2387 正＋《史購》180 正（見文末附圖一）爲例，談一下如何利用這一規律擬補殘辭，綴合甲骨。

《史購》180 正面祇有兆辭"二告"和序辭"一"、"二"。諸如此類的甲骨，在已出土的甲骨中佔有很大的比重（如《合集》4041、《合集》4047、《合集》4105、《合集》4286、《合集》4361、《合集》4502 等）。與契刻有豐富卜辭的甲骨不同，這類甲骨斷邊多不見殘字，且可供參考的釋文較少。這時就需要憑藉上文所述規律，對殘失部分的内容、形態進行擬補。《史購》180 正的兆辭"二告"契刻在甲骨斷邊邊緣，無與之對應的序辭，結合上述"有兆辭必有序辭"可知，殘失甲骨上斷邊附近應有序辭，或序辭＋兆辭，一定不會是兆辭。《史購》180 正上序辭"二"和"一"刻寫的位置也提示我們，綴在其上方的甲骨序辭應不會大於"二"，結合反面卜辭"占曰"，很快即可找到符合上述推論的甲骨《合集》2387。綴合後的釋文如下：

(1a) 貞：㞢妣甲。一
(1b) 一
(1c) 一
(1d) 一
(1e) 貞：宜㞢追。二　二告
(1f) 二　二告

2. 兆辭和卜辭筆畫相應

一條卜辭有時只對應一個鑽鑿，即對應一組兆辭和序辭（或僅刻寫序辭）；有時則對應多個鑽鑿，即對應多個兆辭和序辭（或僅刻寫序辭）。但不論一條卜辭對應幾個鑽鑿，這些鑽鑿所屬的兆辭和序辭的筆畫粗細，與其對應的卜辭應是一致的。② 以筆者新綴合的甲骨《合集》16943 正＋《英藏》1590 正③＋《合集》16945 正爲例（見附圖二）。

《合集》16943＋《英藏》1590 乃蔡哲茂先生綴合，爲一組典賓類卜旬辭的骨條（右胛骨，臼角在左）。這版甲骨上共有六條卜辭，它們刻字的筆畫略有差異：癸酉、癸未、癸丑的筆畫較細，癸亥、癸巳、癸卯的筆畫則較粗。通過這些卜辭刻字變化可以推斷出，《合集》16943 正＋《英藏》1590 正左側殘失的甲骨上兆序辭筆畫的變化

---

① 李愛輝：《甲骨綴合方法研究》，中國社會科學院歷史研究所博士後出站報告（合作導師：宋鎮豪），2016 年 5 月，頁 156—173。
② 李愛輝：《甲骨綴合方法研究》。
③ 蔡哲茂：《甲骨綴合續集》第 428 組，臺北：文津出版社 2004 年版。

規律應是：細-粗-粗-細-粗-細。結合反面鑽鑿我們找到了《合集》16945。綴合後的釋文如下：

(2a) 癸丑卜，爭貞：旬亡田。
(2b) 癸卯。二
(2c) 癸未。二
(2d) 癸巳。二　二告
(2e) 癸亥卜，爭貞：旬亡田。
(2f) 癸酉卜，爭貞：旬亡田。

典賓類卜旬辭多附有内容豐富的占辭和驗辭，但這些内容多出現在骨首、骨扇和甲骨反面，骨條正面多契刻文辭簡單的前辭、命辭，或僅有干支。我們對這版甲骨加綴合後，甲骨形態已延伸到骨扇處，這爲骨扇的進一步復原提供了參考依據。

二、利用兆辭定位甲骨殘片

一些碎小的甲骨殘片，或是缺少反面拓本的甲骨碎片，仰或是難以確定部位的甲骨斷片（如骨面），可借助兆辭與序辭的位置關係加以定位。下面分三種情况討論：

1. 兆辭垂直契刻在序辭上方

第一例：《合集》39521 正（《英藏》149 正）

這是一版左胛骨（臼角在右）的殘片，胛骨下方"不玄黽"垂直契刻於序辭"二"上方，"不玄黽"順兆契刻。

第二例：《合集》40086 正（《英藏》796 正）

這是一版右胛骨（臼角在左）殘片，胛骨左側斷邊上方"不玄黽"垂直契刻於序辭"二"上方，"不玄黽"順兆契刻。

2. 兆辭斜刻於序辭上方

第一例：《合集》19386 正

這是一版左胛骨（臼角在右）的殘片，斷邊上方的"不玄黽"刻在序辭"三"的右上方，且爲順兆契刻，與兆幹的關係是：兆幹-序辭-兆辭。

第二例：《合集》14314

這是一版右胛骨（臼角在左）的殘片。以兆幹爲參照，臼邊上方"二　不玄黽　三告"的排列順序爲：序辭"二"在兆幹的左側，"不玄黽"在序辭"二"的左側，"三告"在

"不玄黿"的左側,即兆幹-序辭-兆辭。

第三例:《合集》1305＋1506①＋14431②

這是一版右胛骨(臼角在左)的殘片,其上有三組序辭和兆辭:"一　二告"、"二　不玄黿"、"四　二告",它們在兆幹旁的排列依次爲:序辭契刻於兆幹的左側,兆辭契刻在序辭的左側,即兆幹-序辭-兆辭。

3. 兆辭和序辭平行契刻

第一例:《合集》870 正＋6232 正③

這是一版右胛骨(臼角在左)的骨首。"貞:不亦雨"左側的"一"和"二告"平行契刻。它們和兆幹的關係是:序辭"一"刻在兆幹的左側,"二告"刻在序辭"一"的左側,即兆幹-序辭-兆辭。

第二例:《合集》19062 正

這是一版右胛骨(臼角在左)的臼邊骨條。骨條下方序辭"三"和"二告"平行契刻。它們和兆幹的關係是:序辭"三"在兆幹左側,"二告"在序辭"三"左側,即兆幹-序辭-兆辭。

第三例:《合集》5760 正＋11574④

這是一版左胛骨(臼角在右)的殘片。由臼邊向對邊數,第二排鑽鑿有"三　不玄黿　二告",它們的排列順序爲:序辭"三"在兆幹的右側,"不玄黿"在序辭"三"的右側,"二告"在"不玄黿"的右側,即兆幹-序辭-兆辭。

第四例:《合集》9789

這是一版右胛骨(臼角在左)的殘片。臼邊上方"四　不玄黿　□告",它們在兆幹旁的排列順序爲:序辭"四"在兆幹的左側,"不玄黿"在序辭"四"的左側,"□告"在"不玄黿"的左側,即兆幹-序辭-兆辭。

綜上所述,以兆枝方嚮爲參照物,相鄰契刻的序辭和兆辭在兆幹旁的排列順序多爲:兆幹-序辭-兆辭。也就是説,如果"序辭-兆辭"這樣的組合是向右分布的,則爲左胛骨(臼角在右);如果是向左的,則爲右胛骨(臼角在左)。龜甲與胛骨相同。

---

① 蔡哲茂:《甲骨綴合集》第 27 組,臺北:樂學書局 1999 年版。
② 黃天樹主編:《甲骨拼合集》第 293 組,北京:學苑出版社 2010 年版。
③ 蔡哲茂:《甲骨綴合集》第 21 組,臺北:樂學書局 1999 年版。
④ 李愛輝:《甲骨拼合第 312 則》,中國社會科學院歷史研究所先秦史研究室網站,http://www.xianqin.org/blog/archives/5532.html,2015 年 10 月 17 日。

甲骨文由於其契刻載體的特殊性，卜辭在契刻時往往比我們所述的靈活，所以上文只是總結了"一般"情況，在一般之外也總是有例外的存在。如《合集》17065 正，自上向下數第三組"二　二告"的契刻順序就是兆幹-兆辭-序辭。

兆辭雖然內容單一，但在甲骨學研究中却有不可或缺的作用。最近國內各大科研機構、博物館都在對所藏甲骨進行整理，希望通過本文對兆辭的簡述，能引起整理者對這部分材料的重視。

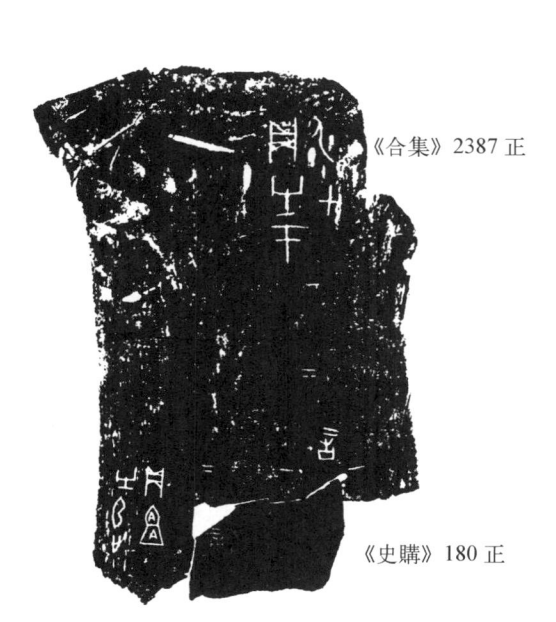

《合集》16943 正

《合集》2387 正

《合集》16945 正

《英藏》1590 正

《史購》180 正

附圖一　《合集》2387 正＋《史購》180 正

附圖二　《合集》16943 正＋《合集》16945 正＋《英藏》1590 正

殷墟卜骨的雙兆幹現象

孫亞冰

（中國社會科學院歷史研究所）

殷商時代，人們利用甲骨進行熱占卜，步驟一般是：整治甲骨，做鑽鑿，在鑽鑿處灼燒，據卜兆判斷吉凶，刻寫卜辭。卜兆是占卜的依據，甲骨材質、鑽鑿形態、灼燒力度等的不同，就會造成卜兆形態的差別，今人已無法洞悉商代占者判斷吉凶的標準，唯有根據兆幹、兆枝的類型，對其進行分類研究。劉一曼先生據前人的研究和她多年收集的資料，將卜兆形態分爲以下十類：

1. 兆枝橫直。即兆幹與兆枝夾角呈90度，或近於90度。
2. 兆枝上仰。兆幹與兆枝之夾角以70度至90度爲多。
3. 兆枝下俯。
4. 兆枝中部彎折後上仰。
5. 兆枝中部彎折後下俯。
6. 兆枝末端分叉。（下略）
7. 在兆幹的左、右各出一枝。此類兆，有一些是由於反面相應的位置鑿之兩側各有一灼而形成的。
8. 二幹一枝。即兩個豎的兆幹之中部與一橫兆枝相連接，其形狀似較寬的H形。
9. 二幹二枝。兩個兆幹，各出一兆枝。8、9兩類，其反面相應的位置只一鑿、灼，但灼的尺寸較大，灼痕深黑。
10. 只見兆幹，未見橫的兆枝，也可以說是不完全的卜兆。此種兆，其反面的灼痕顏色較淺、灼的溫度不大高。

以上1—7類卜兆，見於殷墟的卜甲與卜骨上，8—10類卜兆，主要見於卜骨，卜甲上未見或罕見。[1]

---

[1] 劉一曼：《論殷墟甲骨整治與占卜的幾個問題》，《古文字與古代史》第四輯，臺北：中研院史語所，2015年。

劉先生總結的十類中，第8、9類的"二幹"，就是本文所說的"雙兆幹"，卜骨上的"雙兆幹"現象是劉先生的一大發現，劉先生已經對其特徵做了精彩的總結，如"反面相應的位置祇有一鑿、灼，但灼的尺寸較大，灼痕深黑"等，本文只是根據新發現的"雙兆幹"現象，對劉文略作補充。

一般情況下，殷商時期的卜兆祇有一個兆幹，兆幹是長鑿或圓鑽（指祇有鑽、沒有鑿的情況）燒灼後形成的縱向裂紋，"雙兆幹"有兩個兆幹，可祇有一個鑿，那麼它是怎麼形成的？先將"雙兆幹"區分爲"第一兆幹"、"第二兆幹"，兆枝區分爲"第一兆枝"、"第二兆枝"（圖一，本圖兆枝朝右，若兆枝朝左，"第一兆幹"、"第一兆枝"在右邊，"第二兆幹"、"第二兆枝"在左邊）。一般情況下，卜兆祇有"第一兆幹"和"第一兆枝"，"第一兆幹"對應長鑿或圓鑽（指祇有鑽、沒有鑿的情況），"第一兆枝"對應灼點。而"第二兆幹"和"第二兆枝"對應的也是灼點，也就是説，"第二兆幹"和"第二兆枝"都出現在灼點所在方嚮，它們的形成應該是灼燒力度大造成的。"雙兆幹"必須有兩個兆幹，根據兆枝有無，可將其分爲四個類型：

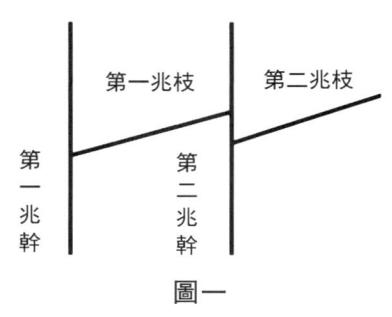

（一）"第一兆枝"、"第二兆枝"都有，此類即劉一曼先生的第9類；

（二）祇有"第一兆枝"，此類即劉先生的第8類；

（三）祇有"第二兆枝"；

（四）祇有兆幹，沒有兆枝，劉先生的第10類中包含此類。

由於卜兆和其他裂紋容易混淆，在判斷是否爲"雙兆幹"時，就必須依據可靠的資料。2017年殷墟大司空發掘了一坑無字甲骨（H279），這坑甲骨以卜骨爲主，時代在帝乙和帝辛早期。卜骨多數保存完好，上面有很多確定無疑的"雙兆幹"，其中有一版（編號156），上面的四個"雙兆幹"正好對應我們劃分的四個類型（圖二左），而其反面祇有長鑿，灼痕顏色也確實明顯比另外兩個單兆幹的灼痕深黑些（圖二右）。

劉一曼先生舉了一些"雙兆幹"的例子，即出土於小屯村以外的白家墳東，編號分別爲98ABDH18：14（圖三）和99ABDH17：12（圖四）的卜骨。第一例卜骨上有兩個"雙兆幹"，分屬第（一）、（二）類；第二例卜骨上有一個"雙兆幹"，屬於第（四）類。

《張世放所藏殷墟甲骨集》[①]"無字甲骨"部分019號卜骨上的雙兆幹（自上而下數第三個卜兆）當屬第（二）類型。

---

① 宋鎮豪主編：《張世放所藏殷墟甲骨集》，北京：綫裝書局2009年版。

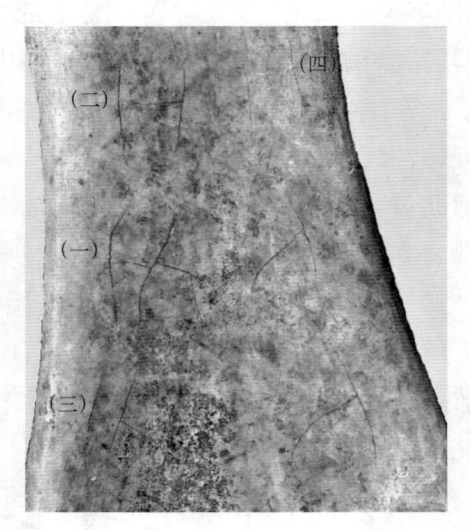

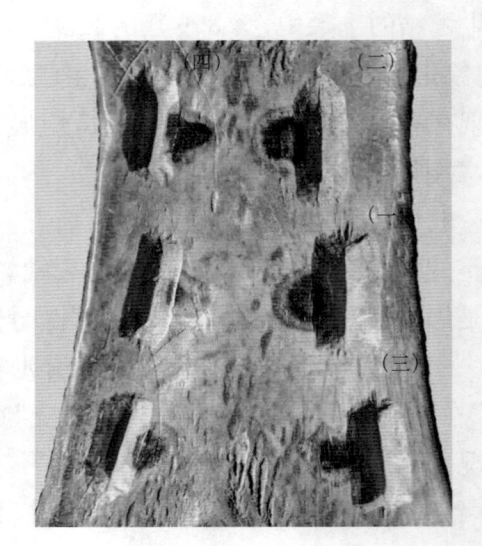

圖二

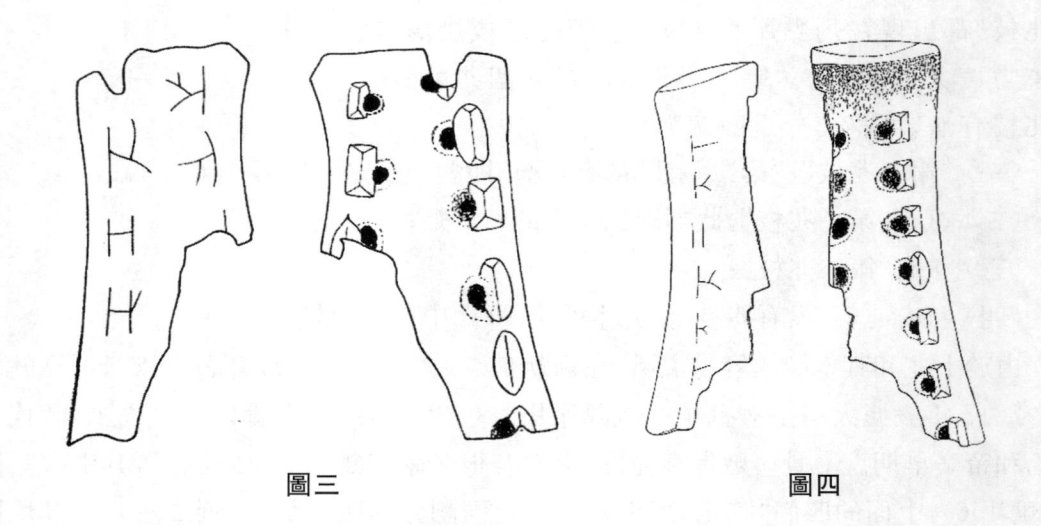

圖三　　　　　　　　圖四

　　下面,再舉一些帶刻辭的"雙兆幹"的例子:
　　過去,因爲没有發現"雙兆幹"現象,摹寫者一般都會忽略它們,不過有些摹本可能已經把它摹出來了,例如《京人》1863、2065(圖五,即《合集》30832、29105)。[①] 這兩版甲骨都屬於無名類卜辭,時代屬於廩辛、康丁、武乙時期,"雙兆幹"有第(一)、(二)兩種類型。

---

① 《京人》拓本看不清卜兆,這兩版摹寫是否準確,還有待核對。

殷墟卜骨的雙兆幹現象 · 373 ·

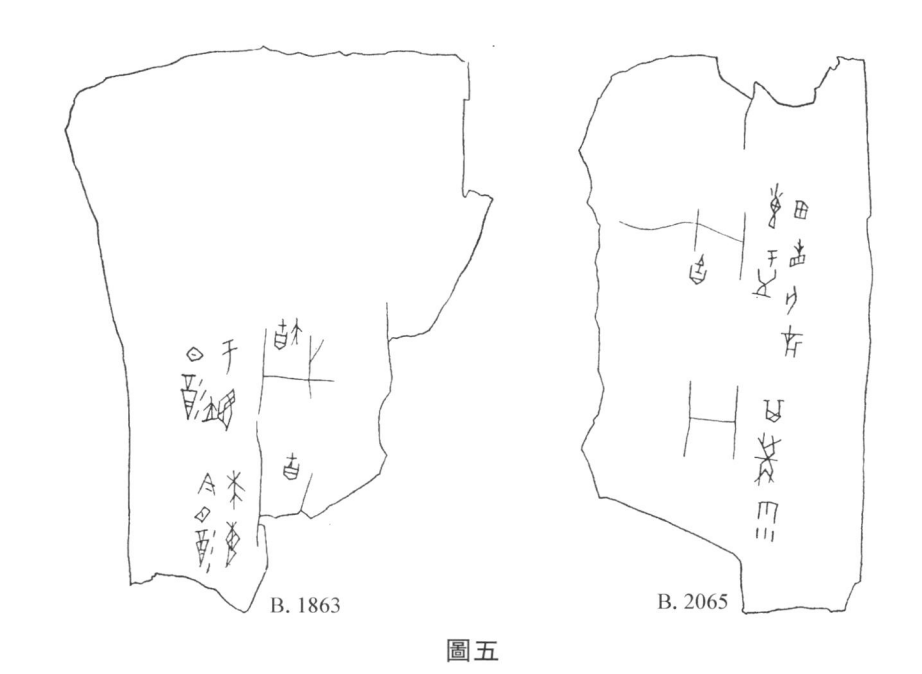

圖五

《合集》9680（即國圖1348，圖六），爲典賓類卜辭，時代爲武丁、祖庚時期，背面爲小圓鑽。序數爲"四"的卜兆是"雙兆幹"，屬於第（一）類型，從照片看，此兆應該被刻劃過。序數自上而下分別是"三"、"四"、"五"、"三"、"五"在一條直綫上，"四"則偏向左邊，這顯然是爲了避開"第二兆幹"。兆辭"不玄"刻在"第一兆幹"下端兩側，與通常刻在兆枝下方或兆幹外側的情況也有差異。

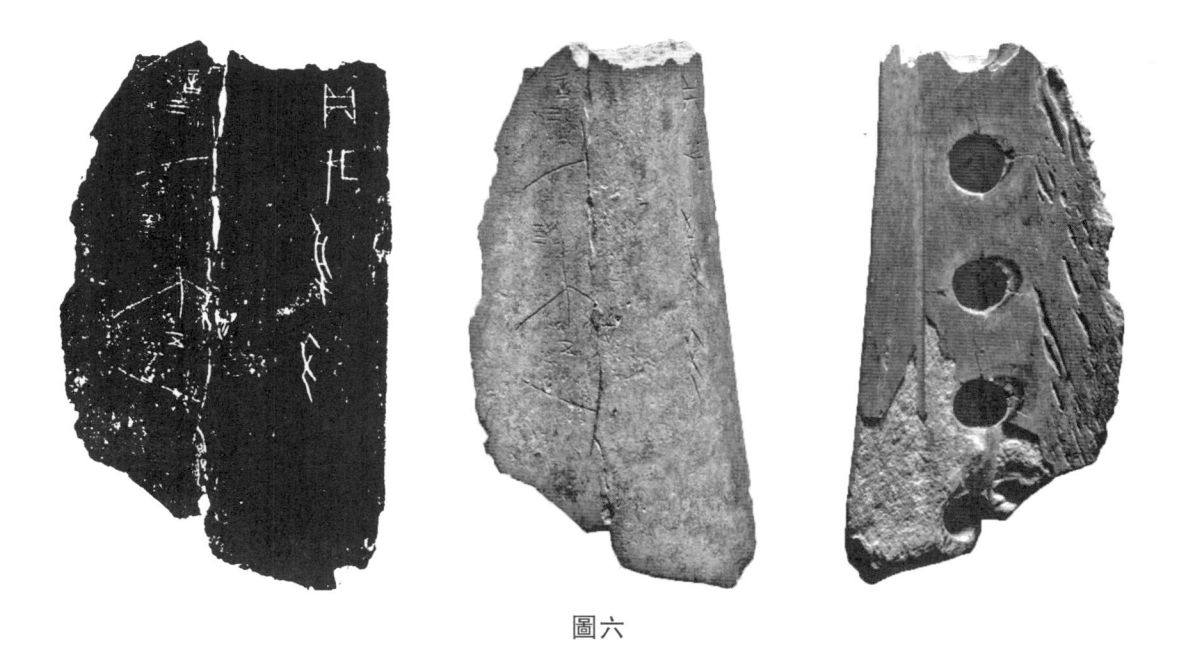

圖六

合集11955(即《山珍》1204,圖七)爲賓一類卜辭,時代爲武丁時期,背面祇有長鑿。中間的卜兆是明顯的第(一)類"雙兆幹",序數"一"在"第一兆幹"頂端。與上例(《合集》9680)不同的是,"第一兆幹"和"第一兆枝"沒有被刻劃,祇有"第二兆幹"和"第二兆枝"被有意刻劃過。此例既把序數刻在"第一兆幹"頂端,又有意刻劃"第二兆幹"和"第二兆枝",説明商人對"雙兆幹"並不是用此廢彼,而是都視作有意義的兆紋。上例(《合集》9680)兆紋都被刻劃,刻序數"四"時,又專門避開"第二兆幹",也是出土同樣的理由。

圖七

以上例子雖然都屬於傳世品,但應該都出自小屯村周圍。

現根據上述例證以及安陽大司空 H279 其他"雙兆幹"的例子,總結其特徵如下:

(1) "雙兆幹"只出現在卜骨上,分布位置骨頸處較多,骨扇處較少;
(2) "雙兆幹"的背面祇有單個長鑿或圓鑽,有關灼痕顔色相對要深黑一些;
(3) 從武丁到帝辛時期的卜骨上都發現了"雙兆幹";
(4) "雙兆幹"卜骨的出土範圍包括小屯及小屯以外地點;
(5) 商人已經認識到了"雙兆幹"現象,並將其視作判斷吉凶的依據。

當然,這些特徵只是依據目前筆者看到的有限例子總結出來的,以後擴大觀察範圍,增加例子,再進行總結,將會更加全面準確。

最後,還要順帶提一下一種特殊的"單兆幹",此類"單兆幹"是"雙兆幹"的"第一兆幹"沒有顯現形成的,如果不結合背面鑽鑿,很容易與普通的"單兆幹"混淆。以大司空 H279:55(圖八)爲例,中間那個卜兆紋就屬於此類"單兆幹",觀其背面長鑿可知,鑿底對應處未形成豎兆幹,祇有分叉的兆枝,反而是灼燒點的對應處形成了一條筆直的兆幹,不過這個灼點的顔色明顯要淺一些,説明灼燒力度不如上、下那兩個長鑿，長鑿左邊外側還有刀削痕迹，這兩點很可能是此例"單兆幹"形成的原因。

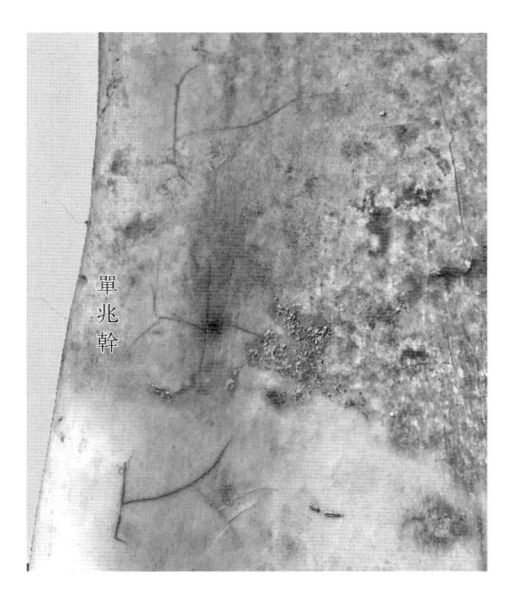

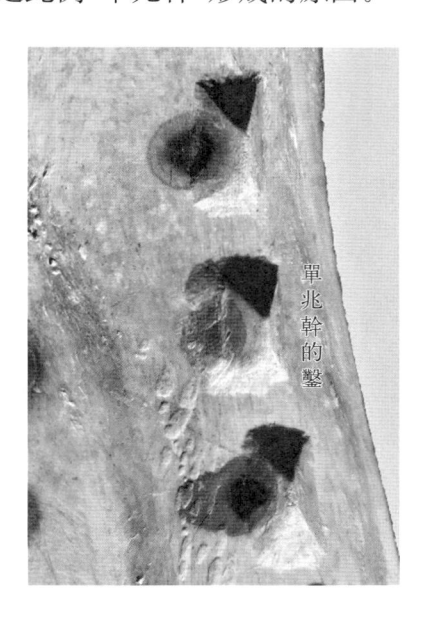

圖八

又如大司空 H279：146（圖九），中間卜兆的兆幹與其上、下卜兆兆幹不在一條綫上，位置偏右，但背面長鑿鑿底是在一條綫上的，説明此卜兆是祇有"第二兆幹"、"第二兆枝"的特殊"單兆幹"，"第一兆幹"、"第一兆枝"均未顯現。

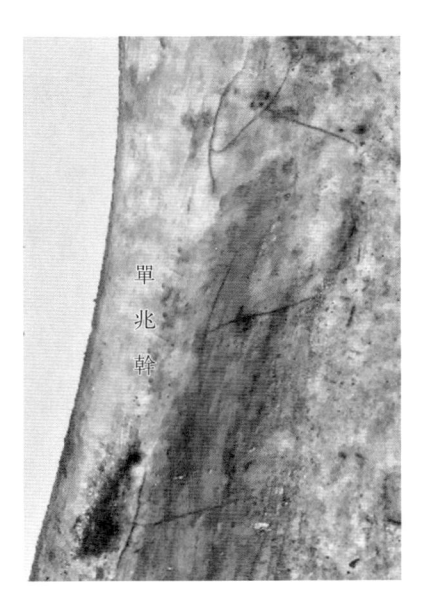

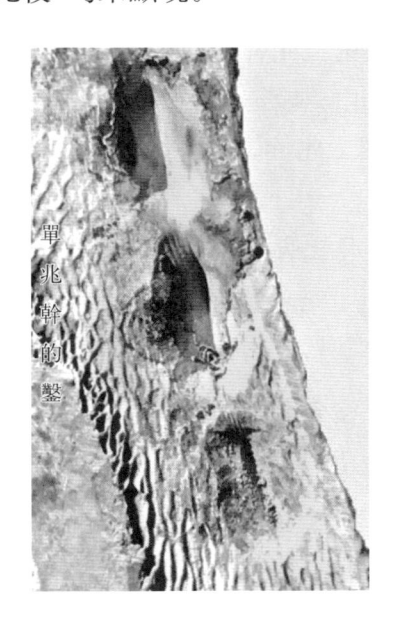

圖九

《張世放所藏殷墟甲骨集》"無字甲骨"部分 041 號卜骨上也有特殊的單兆幹（圖十）：

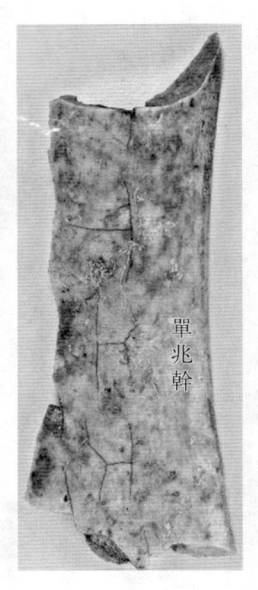

圖十

　　上舉合集 11955（圖七）下端殘餘的兆幹，是"第二兆幹"，被刻劃過，"第一兆幹"很可能也沒有顯現。

　　這種特殊的"單兆幹"，目前所見例子不多，它們對應的也衹有單獨的長鑿。它既然是在"双兆幹"的基礎上發生的變化，其時代也應該自武丁到帝辛，也應該有四種類型：（一）有第二兆幹、第一兆枝、第二兆枝，如上舉第一例（圖八）；（二）有第二兆幹、第一兆枝，如上舉第三例（圖十）；（三）有第二兆幹、第二兆枝，如上舉第二例（圖九）；（四）衹有第二兆幹。

　　本文采用殷墟大司空 H279 的甲骨，得到了發掘者牛世山先生的准許，特致謝意！

賓組龜腹甲首刻卜辭契刻位置研究*

何　會

（山東師範大學文學院）

　　釋讀和研究卜辭時，卜辭在甲骨上排列分布的先後次序，往往是我們首先要解决的問題。然而殷墟賓組甲骨卜辭不僅數量大，内容豐富，且龜骨並用，卜辭文例也十分複雜多變，尤其是一版多卜的龜腹甲上更是如此。在賓組龜腹甲上，同卜一事的卜辭，除常見的左右對稱外，還有上下對稱、斜向對稱、三角對稱等多種契刻方式，另外，同一版龜腹甲在使用時又存在反復、多次利用的情况，正如李達良在《龜版文例研究》中指出的卜龜"每次承用前次之餘位，往往後刻之辭跨於先刻者之上"，[①]這些因素往往使賓組龜腹甲卜辭看上去較爲"混亂"。因此，對於一版多卜的賓組腹甲上的卜辭來説，目前很難找到統一的釋讀規律，要進一步探討殷人的契刻習慣、用龜原則以及占卜制度等方面的問題，找到一版龜腹甲上卜問時間最早的那條卜辭，即我們這裏所謂"首刻卜辭"的契刻位置，弄清龜腹甲最先啓用的部位和啓用時間，就顯得尤爲重要。

　　首刻卜辭，是林宏明在其博士論文《小屯南地甲骨研究》中首先提出的概念，他説：

　　　　甲骨卜辭經常需要，針對一件事情正反對貞、選貞、多次卜問，很多卜辭因爲内

---

* 本文爲山東省社會科學規劃一般項目"殷墟賓組甲骨卜辭文例研究"（16CZWJ37）和山東省高校人文社科研究計劃資助經費項目"殷墟賓組甲骨綴合整理與研究"（J16YC04）階段性成果。

① 李達良：《龜版文例研究》，《香港中文大學聯合書院文史叢刊乙種之二》，香港中文大學聯合書院中國語言文學系，1972年，頁87—88，又收入宋鎮豪、段志洪主編：《甲骨文獻集成》第17册，成都：四川大學出版社2001年版。

容和之前卜問的内容相關,爲了避免重復而以較省簡的形式出現。在這種情況下,可以發現有些卜辭顯然就是某一群卜辭中較早卜問的句子,它的刻辭比較完整,對於理解一組卜辭來説,它起着帶領的作用,筆者把它稱爲"領句"。由"領句"所帶領的卜辭稱爲"附屬卜辭","附屬卜辭"的形式經常比較省略。①

同時,林文還指出:

具有領句性質的卜辭中,有一種比較特別,它應該是這版胛骨中最早契刻的卜辭,它在被契刻時通常全版還尚未契刻其他的卜辭,所以它的契刻位置比較固定。②

我們這裏所説的首刻卜辭,不一定具有領屬的性質,只要是這版龜腹甲上最早契刻的卜辭即可,也就是説,它在被契刻時通常全版還尚未契刻其他的卜辭。然而首刻卜辭在賓組腹甲上的具體契刻位置却不固定,考慮到賓組腹甲的實際使用情況,我們以甲橋上下兩端爲界將腹甲的刻辭區域大致劃分爲上、中、下三部分(見下圖),並按類組③的不同分別加以討論。

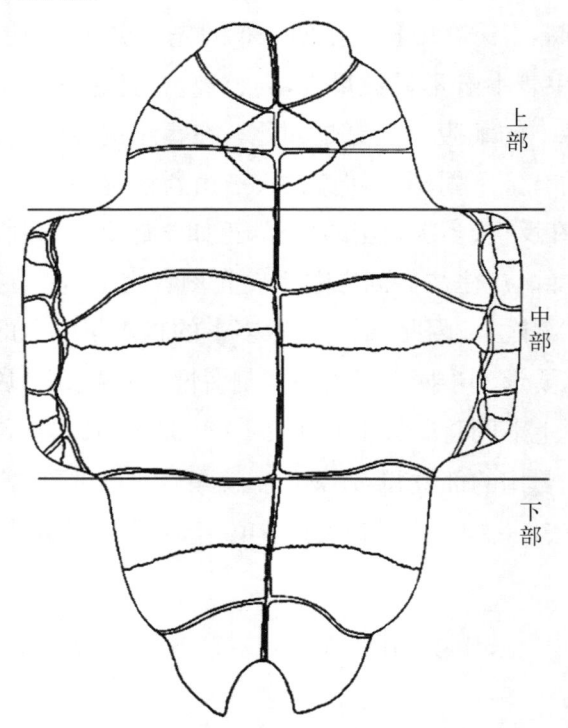

---

① 林宏明:《小屯南地甲骨研究》,臺灣政治大學中國文學系博士學位論文,2003年,頁103。
② 林宏明:《小屯南地甲骨研究》,頁115。
③ 文中賓組卜辭類組的劃分主要依據黄天樹先生的分類標準。參見黄天樹:《殷墟王卜辭的分類與斷代》,臺北:文津出版社1991年版;北京:科學出版社2007年版。

一、賓 組 一 類

賓組一類腹甲上的首刻卜辭，一般位於腹甲近邊緣處，但具體位置不固定。下面以幾版較完整且先後次序較明晰的龜腹甲爲例，來探討首刻卜辭的具體位置，從而爲那些一版雜卜或殘缺不全的腹甲上卜辭次序的排列提供一定的參考。如：

(1a) 壬戌卜，爭貞：翌乙丑㞢伐于唐，用。

(1b) 貞：翌乙丑勿叀㞢伐于唐。一

(1c) 貞：翌乙丑亦禦于唐，用。一

(1d) 翌乙丑勿酒。一

(1e) 貞：㞢咸戊。

(1f) 勿㞢。一

(1g) 貞：㞢學戊。

(1h) 勿㞢。一

(1i) 翌乙丑其雨。

(1j) 翌乙丑不雨。

(《合集》[①]952 正)

由卜辭間的邏輯關係看，此版是"自上而下"依次卜問的。首刻卜辭位於右前甲，即本版最早啓用的部位。從內容上看，應該都是"壬戌"日的卜問。卜辭首先卜問是否要對唐舉行㞢祭和伐祭，接着再卜問是否還要對其施行禦祭、酒祭，然後卜問是否對咸戊和學戊舉行㞢祭，最後因要舉行祭祀活動，所以關心當時的天氣狀況，故連帶卜問是否會下雨。

(2a) 乙卯卜，爭貞：旨戔瞿。一 二 三

(2b) 貞：旨弗其戔瞿。一 二 三

(2c) 辛酉卜，內貞：往西多紲其以王伐。一

(2d) 貞：往西多紲不其以伐。一

(2e) 貞：往西多紲其以王[伐]。二 三

(2f) 往西多紲不其以伐。二 三

(2g) 甲戌卜，內(反面)貞：祖乙孽王。一 二

[①] 爲行文簡便，文中出現的著錄書及工具書一律用簡稱。《甲骨文合集》簡稱《合集》，《甲骨文合集補編》簡稱《合補》，《殷虛文字乙編》簡稱《乙》，《殷虛文字乙編補遺》簡稱《乙補》，《山東博物館珍藏甲骨墨拓集》簡稱《山東》，《甲骨文合集釋文》簡稱《合集釋文》，《醉古集——甲骨的綴合與研究》簡稱《醉古集》等。

(2h) 祖乙弗其孽王。一　二告　二

(2i) 貞：祖乙孽王。一　二　三

(2j) 翌乙亥喪乎(呼)子商飮(歠)。一

(2k) 貞：專。　　　　　　　　　　　　　　　　　　　　　（《合集》880 正）

由卜日干支"乙卯→辛酉→甲戌"可知，此龜版最先啓用的部位爲中部的右甲橋下端，然後再轉而"自上而下，先外後内"依次遞用。

(3a) 丙申卜，㱿貞：婦好孕，弗以婦丗(殞)。二

(3b) 貞：婦孕，其以婦丗(殞)。二

(3c) 己亥卜，爭貞：在姤田，㞢(有)正雨。一

(3d) 㞢于妣己白，卯牝。一

(3e) 壬寅卜，㱿貞：㞢于父乙牢曰：勿卯鼎。一

(3f) 貞：勿㞢于父乙牢，子狄嬴。一　　　　　　　　（《合集》10136 正）

從卜辭的干支次序來看，此版的首刻卜辭位於腹甲下部，但整版卜辭的問卜次序並非"自下而上"依次進行，而是"先用下，次用上，再用中"。

再舉以下諸例：

《合集》203 正、《合集》5439 正，由序數"一　二"的位置可知，首刻卜辭位於右前甲上端，腹甲是"自上而下"依次遞用的。

《合集》904 按卜日干支排列，次序爲"辛巳→癸未→甲申→丙戌(反面)→戊子(反面)"，"辛巳卜，㱿貞：酒我報大甲祖乙十伐十牢"一辭，即首刻卜辭位於腹甲上部，右前甲上端，整版的使用次序爲"先用上部，次用下部，再用中部"。

《合集》945 干支先後爲"癸未→癸巳→丁酉→辛亥"，首刻卜辭"癸未卜，㱿(反面)貞：翌甲申㞢伐自上甲"，位於腹甲下部，右後甲下端近邊緣處。整版"先用外，後用内"。

《合集》6571 正干支先後次序爲"辛丑→壬寅→甲辰"，首刻卜辭"辛丑卜，㱿貞：今日子商其敢基方缶，戈。五月"，位於腹甲上部，右首甲至前甲處。

《合集》6647 正干支次序爲"壬申(反面)→甲戌→乙亥→戊戌"，可知首刻卜辭位爲"壬申卜，爭(反面)貞：王夕出"，位於右後甲上端近千里路處。

《合集》6834 正干支次序爲"壬子→癸丑→庚申→辛酉→癸亥→乙丑→丙寅"，首刻卜辭"壬子卜，爭貞：自今日我戈　"，位於右首甲。

《合集》11893 干支爲"乙未→丙申→辛亥→壬子"，此版上的卜辭均位於腹甲下部，其首刻卜辭"乙未卜，永：其雨"，位於右尾甲上。

《合集》12973 爲整版卜雨之辭，除《合集》所綴外，之後鍾柏生在《臺灣地區所藏甲骨概況及合集 12973 之新綴合》中又加綴了臺灣某收藏家所藏的甲骨，在丙篇補遺中張秉權又加綴了乙 621、乙補 5318、乙補 229，①至此腹甲基本完整。卜辭的干支次序爲"辛酉→壬戌→癸亥→甲子→乙丑→丙寅→丁卯→戊辰→己巳→壬申→癸酉→乙亥→丙子→丁丑"，首刻卜辭"辛酉卜，㱿貞：翌壬戌不雨，之日夕，雨，不延"，位於右首甲上。因卜問內容一致，卜甲的使用次序也十分清晰，"先外後內，先疏後密，自上而下或自下而上"依次而進。

《合集》14153 正雖有殘缺，但仍可知也是整版卜雨。干支次序爲"丙寅→丁卯→戊辰→己巳→辛未→壬申→甲戌→乙亥→丙子"，首刻卜辭"丙寅卜，〔㱿：翌丁〕卯帝其令雨"，位於右首甲。整版也因內容一致，次序清晰，"先外後內，先疏後密，外部自上而下，內部自下而上"依次而進。

《合集》13505 正上有三組成套卜辭，它們的干支次序爲"丁酉→戊戌→己亥"。這三組卜辭分別按照"自上而下"的次序卜問。由干支和序數的位置可知首刻卜辭"丁酉卜，爭貞：乎（呼）甫秪于妣，受有年。一"，位於右前甲等。

由此可見，賓組一類龜腹甲上的首刻卜辭，多位於腹甲上部近邊緣處，即貞人拿到一版腹甲後，一般先從這一部位開始使用。但同時腹甲的使用又是比較靈活的，既可以先用上部，也可以先用中部，還可以先用下部。就整版而言，腹甲的使用又具有跳躍性，存在"先上，次下，再中"或"先下，次上，再中"等用例。因此，有些釋文不顧客觀實際，徑直"自上而下"或"自下而上"來釋讀此類卜辭的做法是極不可取的。

二、典 賓 類

典賓類龜腹甲上的首刻卜辭，位置與賓組一類相似，多位於腹甲上部近邊緣處，如《合集》466、《合集》1657 正、《合集》4855、《合集》5637 正、《合集》18800 等腹甲上僅有一組成套卜辭，由它們序數的先後次序可知，首刻卜辭位於右前甲上，整版"自上而下"依次遞用。但多數卜甲上的卜辭內容駁雜，首刻卜辭雖位於腹甲上部，但並不等於整版便"自上而下"刻寫，如：

(4a) 乙卯卜，㱿貞：王比望乘伐下危，受㞢（有）又。 四

(4b) 乙卯卜，㱿貞：王勿比望乘伐下危，弗其受又。 四

---

① 魏慈德：《殷墟 YH 一二七坑甲骨卜辭研究》，臺北政治大學中國文學系博士學位論文，2001 年，頁 44。

(4c) 貞：王比望乘。四

(4d) 貞：王勿比望乘。四

(4e) 丁巳卜，㱿貞：王學衆伐于🀄方，受㞢（有）又。四

(4f) 丁巳卜，㱿貞：王勿學衆🀄方，弗其受㞢（有）又。四

(4g) 王惠出徝。四

(4h) 王勿隹（唯）出徝。四

(4i) 庚申卜，㱿貞：乍（作）賓。四

(4j) 庚申卜，㱿貞：勿乍（作）賓。四

(4k) 貞：王惠沚䚂比伐［巴方］。四

(4l) 貞：王勿比沚䚂伐巴方。四

(4m) 惠䚂比。四

(4n) 勿隹（唯）比䚂。四

（《合集》32 正＋《乙補》1653＋《乙補》6022＝《醉古集》33）

此版從卜日干支"乙卯→丁巳→庚申"次序來看，刻辭時應先用上部，次用下部，最後用中部。首刻卜辭雖位於龜版上部的右首甲處，但整版並未按照"自上而下"的次序依次卜問。

(5a) 庚辰卜，賓貞：朕芻于鬥。一

(5b) 貞：朕芻于丘剢。一

(5c) 貞：朕芻于鬥。二

(5d) 貞：朕芻于丘剢。二

(5e) 辛巳卜，内貞：殷往來亡囚（憂）。一

(5f) 貞：往來亡囚（憂）。一

(5g) ［其㞢（有）］ 囚（憂）。［一］

(5h) 殷其㞢（有）囚（憂）。一

(5i) 壬辰卜，爭（反面）貞：翌乙未其燎。一 二

(5j) 翌乙未勿卒燎。一 二

（《合集》152 正）

由干支"庚辰→辛巳→壬辰"和序數的位置可知，首刻卜辭位於右前甲，即腹甲上部，就目前此腹甲上殘存的卜辭來看，整版卜問次序應爲"先外後内"，外部"自上而下"依次遞用。

(6a) 辛卯卜，㱿貞：王往延魚，若。一

(6b) 辛卯卜，㱿貞：王勿延魚，不若。一

(6c) 貞：翌壬辰不其雨。一

(6d) 壬辰卜，殼貞：虫祖辛二牛。一

(6e) 虫祖辛二牛。一

(6f) 貞☒祖☒。

(6g) 辛丑卜，賓貞：翌壬寅其雨。一　　　　　　　　　　　　　　（《合集》12921 正）

由卜日干支"辛卯→壬辰→辛丑"可知，首刻卜辭位於右前甲上，即腹甲上部最先啓用。但整版也並未按照"自上而下"的次序依次卜問。

也有先用中部的，如：

(7a) 壬午卜，殼貞：虫伐上甲十虫五，卯十小牢。三

(7b) 虫伐于上甲十虫五，卯十小牢虫五。三

(7c) 勿卒虫虫。三　　　　　　　　　　　　　　　　　　　　　　（《合集》901）

這是一版近乎完整的大龜腹甲，但其上僅有三條卜辭，分別位於左右甲橋下端和右尾甲近千里路處。從卜辭内容的關聯來看，位於右甲橋下端的"壬午卜，殼貞：虫伐上甲十虫五，卯十小牢"大概是首刻卜辭，所以，此版最先啓用的部位爲中部。

(8a) 壬寅卜，殼貞：興方以羌，用自上甲至下乙。一　二　三　四　五　六

(8b) ☒九☒，不潜。一　二　三　四　五　六　七　八　九　（《合集》270）

(9a) 己卯卜，爭貞：王乍(作)邑，帝若。我从之唐。一　二　三　二告　四　五　六　[七]　八　九　十　一　二　三　二告　四　五　六　[七]　八　九　十　一　二

(9b) ☒邑，帝弗若。[一　二]　三　四　五　六　七　[八]　九　二告　十　一　二　三　四　五　六　[七]　八　九　二告　十　一　二

　　　　　　　　　　　　　　　　　　　　　　　　　　　　　　　（《合集》14200 正）

(10a) 貞：王曰之舌。一　二

(10b) 勿曰之。一　二

(10c) 勿龠曰之舌，若。三　四

(10d) 惠幽牛又黄牛。一　二告　二　　　　　　　　　　　　　（《合集》14951 正）

這三版都是僅甲橋處刻有卜辭，可確證典賓類腹甲也有先用中部的情況存在。

此外，還有先用下部的，如：

(11a) 貞：其㘱于妵。一　二　三　四

(11b) 庚子卜，内：勿于妵。一　二　[三]　四　二告

(11c) 庚戌卜，殼貞：于河出報。一　二　三　四

(11d) 庚戌卜，殼貞：勿于河业報。三月。　一　二　三　四　五　六
(11e) 庚申卜，殼貞：燎于🐂。
(11f) 貞：于黄奭燎。　一　二　二告
(11g) 貞：方帝一羌二犬，卯牛。　一
(11h) 貞：勿方帝。　一　二告
(11i) 壬戌卜，争（反面）貞：王祼鼎业伐。　一　二　二告
(11j) 王祼勿业伐。　一　二　　　　　　　　　　　　　　（《合集》418 正）

李達良將此例列爲第七式"由下逆行而上，左右對稱，平行逆上"，①但他忽略了刻於背面的"壬戌卜，争"這一前辭，將與其相承的刻於千里路兩側的命辭"貞：王祼鼎业伐/王祼勿业伐"置於"庚戌"卜之後，是不可取的。由卜日干支"庚子→庚戌→庚申→壬戌"繫聯可知首刻卜辭雖位於腹甲下部，但整版卜問次序應爲"先外後内"，外部"自下而上"依次遞用。又如：

《合集》914 正由卜日干支"癸丑→壬戌（反面）→癸亥→丙子（反面）"可知，首刻卜辭位於尾甲上，整版使用次序爲"先用下，次用上，再用中"。

《合集》10408 正據干支次序"癸卯→甲辰→戊午→己未"可知，首刻卜辭爲"翌癸卯其焚□擒。癸卯允焚，獲兕十一、豕十五、虎□兔廿"，位於右尾甲上，即腹甲下部。

《合集》14128 正依干支次序"癸未→丙戌→庚子"可知，首刻卜辭"癸未卜，争貞：生一月帝其强令雷"，位於腹甲下部，整版基本是"先用下，次用上，再用中"。

由此可見，典賓類卜人在用龜時也具有一定的靈活性，既可以先用上部，也可以先用下部，還可以先用中部。同時，就整版而言，卜辭契刻也較爲靈活，並不一定均按照"自上而下"或"自下而上"的原則依次遞用。

三、賓組三類

賓組三類腹甲完整的不多，其問卜次序，董作賓在《大龜四版考釋》②中已作了很好的總結，我們不再贅述。現在主要討論一下首刻卜辭的情況，因此類腹甲少有完整者，所以只能從殘缺不全的甲骨來推測，先看腹甲中部和下部卜辭的

---

① 李達良：《龜版文例研究》，《香港中文大學聯合書院文史叢刊乙種之二》，頁 21，又收入宋鎮豪、段志洪主編：《甲骨文獻集成》第 17 册。
② 董作賓：《大龜四版考釋》，《安陽發掘報告》1931 年第 3 期。

情況：

(12a) 己酉卜，爭貞：奴衆人乎（呼）从受，㞢（堪）王事。五月。

(12b) 甲子卜，❐貞：令受㞷（雍）①田于☐，㞢（堪）王事。一

(12c) 丁亥卜，爭貞：王往于田。七月。一

(12d) 庚寅卜，爭貞：翌丁酉禱于丁三牛。一

(12e) 癸卯卜，貞：今日令卓取黄丁人。七月。一

(12f) 戊申卜，爭貞：王往休。一　　　　　（《合集》22＋《合集》10520②）

此版綴合後，爲完整的右後甲殘片，從卜辭的卜日干支和月份來看，最先卜問的是甲橋下端的"己酉"一辭，即此版最先啟用的部位爲腹甲中部。

(13a) 丁卯卜，貞：望❐多方一示㞢乍大☐。七月。

(13b) 戊寅卜，貞：彈延夷。七月。二

(13c) ☐延夷。

(13d) 己卯卜，貞：令沚馘步。七月。二

(13e) 辛巳卜，貞：令衆禦事。二

(13f) 貞：翌癸未令共☐。

(13g) 癸未卜，貞：今日令馘步。二

(13h) 甲申卜，貞：翌乙酉㞢于祖乙牢又一牛，㞢青。二

(13i) 貞：翌丁亥易日。

(13j) 丁亥卜，貞：王賓祼亡尤（害）。

(13k) 壬辰卜，貞：叀❐妾昇。二

(13l) ☐馘步。

(13m) 癸巳卜，貞：㞢于母庚。

(13n) ☐寅☐于☐辰☐夷☐。

　　　　　（《合集》25＋《合集》15165＋《合集》18003＋《合集》2551）

此片先由蔣玉斌綴合，③後李愛輝加綴《合集》2551④。據卜日干支"丁卯→戊

---

① "雍"字從裘錫圭先生釋。參見裘錫圭：《古文字論集》，北京：中華書局1992年版，頁180—181。
② 黄天樹先生綴合，參見氏主編：《甲骨拼合續集》，北京：學苑出版社2011年版，第327則。
③ 蔣玉斌：《蔣玉斌甲骨綴合總表（300組）》，第176組，先秦史研究室網站，http://www.xianqin.org/blog/archives/2305.html，2011年3月20日。
④ 黄天樹主編：《甲骨拼合四集》，北京：學苑出版社2016年版，第956則。

寅→己卯→辛巳→癸未→甲申→丁亥→壬辰→癸巳"的次序和月份可知，"丁卯卜，貞：望🜚多方一示㞢乍☐。七月"爲較早卜問的，位於腹甲下部，右後甲下端近邊緣處。

(14a) 丁酉卜，賓貞：大☐大示百☐。
(14b) 己亥卜，貞：其㞢升伐，今日日酒。八月。二
(14c) 癸卯卜，貞：翌丁未延㞢示。八月。一
(14d) 乙巳卜，賓貞：告于大甲亦于丁羌卅，卯十宰，用。
(14e) 乙巳卜，貞：告于大甲亦于丁羌卅，卯宰五，用。
(14f) 丙午卜，貞：䒥尊歲羌十，卯十牢于喜，用。八月。二
(14g) 三百羌用于丁。三
(14h) ☐☐卜，貞：☐巳㞢于☐牢㞢一牛。
　　　　　　　(《合集》295+《合集》340+《合補》4469+《山東》197)

《合集》295+《合集》340 由蔡哲茂綴合，①後林宏明加綴《合補》4469，②李愛輝又加綴《山東》197，③綴合後可得一較爲完整的右後甲。從卜日干支及月份可知，"丁酉"條爲最先卜問的卜辭，位於腹甲下部，右後甲底端近邊緣處。

(15a) 己卯卜，賓貞：今日䇹、䒥令葬我于㞢自。乃收㞢☐。
(15b) 貞：勿收㞢示，既葬，迅來歸。
(15c) 壬午卜，賓貞：翌丁亥乎（呼）姿彈。一
(15d) 甲申卜，賓貞：其隹（唯）䵼年受。
(15e) 乙酉卜，貞：惠罙令弋䒥。十一月。
(15f) 丁亥卜，貞：取祖乙禝。
(15g) 貞：勿取祖乙禝。
(15h) 戊子卜，貞：翌庚寅延吾䒤。十二月。一
(15i) 壬辰卜，賓貞：王取祖乙禝。一
(15j) 四白羌于☐。
(15k) 貞：令䒥以麦◇。
(15l) 貞：☐商☐。　　　(《合集》296+《合集》10048+《合集》7836)

---

① 蔡哲茂：《甲骨綴合集》，臺北：樂學書局 1999 年版，第 354 組。
② 林宏明：《契合集》，臺北：萬卷樓 2013 年版，第 100 組。
③ 李愛輝：《甲骨拼合第 352—353 則》第 353 則，先秦史研究室網站，http://www.xianqin.org/blog/archives/6439.html，2016 年 7 月 6 日。

《合集》296+《合集》10048 由蔡哲茂遥綴,①後李愛輝又加綴《合集》7836。② 由卜日干支次序"己卯→壬午→甲申→乙酉→丁亥→戊子→壬辰"可知,最先卜問的内容位於腹甲中部,右後甲近甲橋處。

　　(16a) 己巳卜,貞:令吴省在南廩。十月。一
　　(16b) 庚寅卜,[貞:令]郭☒。
　　(16c) 己酉卜,☒旆☒出。二　　　　　　　　　　　　(《合集》9638)

　　由三辭的干支次序可知,位於腹甲中部,右後甲近甲橋處的"己巳卜,貞:令吴省在南廩。十月"是先於它辭卜問的。

　　(17a) 乙☒。
　　(17b) 乙亥卜,争貞:惠邑、並令葬我于出自。[十]一月。
　　(17c) 丙子卜,賓貞:令吴葬我于出自,肩告,不艱(殞)。
　　(17d) 貞:吴不其肩告,其艱(殞)。十一月。
　　(17e) ☒貞:戕☒方☒至☒涂,菶(邁)。
　　(17f) ☒。十二月。　　(《合集》17168+《合集》17171+《合集》17170)

　　《合集》17168 與《合集》17171 爲林宏明綴合,③後黄天樹、李延彦加綴《合集》17170④。綴合後可知"乙亥卜,争貞:惠邑、並令𦶢(葬)我于出自。[十]一月"條是較早占卜的内容,位於腹甲中部,右前甲下端近甲橋處。

　　再看上部和中部卜辭的情况：

　　(18a) 甲子卜,賓貞:皋酒(?)在疾,不從王古。二
　　(18b) 貞:其從王古。
　　(18c) 己丑卜,賓貞:今早⑤商秭。二
　　(18d) 貞:今早不秭。二
　　(18e) 甲午卜,賓貞:燎于岳三小宰,卯二宰。二
　　(18f) 貞:燎于岳三小宰,卯三宰。二
　　(18g) 丁巳卜,賓貞:令𥄎易𠂤食,乃西史。三月。二

---

① 蔡哲茂:《甲骨綴合集》,第 312 組。
② 黄天樹主編:《甲骨拼合四集》,第 951 則。
③ 林宏明:《醉古集——甲骨的綴合與研究》,第 208 組。
④ 黄天樹主編:《甲骨拼合續集》,第 328 則。
⑤ "早"字從陳劍釋,見陳劍:《釋造》,《甲骨金文考釋論集》,北京:綫裝書局 2007 年版,頁 150—162。

(18h) □□[卜],□貞□于□。
(18i) 壬午卜,賓貞：禦㚔于日。三
(18j) 貞：婦禦㚔。三月。三　　　　　　[《合集》9560(大龜四版之一)]

　　這版腹甲的後甲和尾甲已缺失。《合集釋文》簡單地按照"甲子→壬午→己丑→甲午→丁巳"的次序釋讀卜辭,忽略了"壬午"和"丁巳"同在三月的事實。從"壬午到丁巳"有三十六日之久,這是不符合殷代曆法的,"丁巳到壬午"總共二十六天,可以安排在一個月内。因此,我們對卜辭的釋讀次序作了相應的調整。從卜日干支來看,位於腹甲中部,右前甲近甲橋處的"甲子卜,賓貞：㚔酒(?)在疾,不从王古"是現存卜辭中較早卜問的。

　　類似的《合集》339 與《合集》6 僅尾甲殘缺,其最先卜問的卜辭也都位於腹甲中部近邊緣處。此外,賓組三類腹甲的首甲已基本成爲獨立的刻辭區,上面經常會刻有卜辭,但它們的卜問時間却相對較晚,如：

(19a) 癸亥卜,賓貞：王🈯,若。十三月。一
(19b) 辛未□屎□單□。
(19c) 丙子卜,賓貞：🈯隹(唯)孽。一
(19d) 貞：不[隹(唯)]孽。十三月。
(19e) 庚辰[卜],□貞：翌癸未屎西單田,受㞢(有)年。十三月。一
(19f) 癸未□貞：□于□。一
(19g) □亡旬。
(19h) □十三月。一
(19i) 戊子卜,賓貞：王往逐🈯于汕亡災。之日王往逐🈯于汕,允亡災,獲🈯八。一
(19j) 貞：其㞢(有)。一月。一
(19k) 癸巳卜,貞：王往于剌。一

(《合集》5080+《合集》9572+《合集》16399+
《合集》17331+《合集》17464+《合集》9583)

　　《合集》5080 與《合集》17331、《合集》9572 爲林宏明綴合,[①]後筆者加綴《合集》

---

① 林宏明：《契合集》,第84組。

16399 與《合集》17464 兩片，[①]蔣玉斌又加綴《合集》9583。[②] 其中"戊子卜，賓貞：王往逐󰀀 于汕亡災。之日王往逐󰀀 于汕，允亡災，獲󰀀 八"是首甲上的卜辭。辭例較爲完整，記有驗辭，周圍有界劃綫。但從卜日干支、月份以及與它辭的關係來看，它的卜問時間相對較晚。

(20a) 癸亥卜，爭貞：翌辛未王其酒河，不雨。一

(20b) 乙亥卜，爭貞：其奏曷卒至于亘，不冓雨。十一月在甫魚。一

(20c) 貞：今日其雨。十一月在甫魚。一

(20d) 貞：其㞢災。一

(20e) 貞☒。一　　　　　　（《合集》7897＋《合集》14591＋《合集》16021）

此版由林宏明綴合。[③] 記有卜日干支的兩條卜辭貞問的焦點都與天氣有關，關心是否會下雨。這大概與當時天氣狀況不太好有關，這種情況只能是短暫的，不會持續太久，因此，兩次占卜不應相距太遠，應是"癸亥"日的卜問先於"乙亥"日，而非"乙亥"日先於"癸亥"日，即首甲上卜辭的卜問時間要晚於前甲上的卜問時間。

(21a) 癸丑卜，賓貞：翌乙卯易日。之日，允易日。二

(21b) 乙卯卜，賓貞：三卜，王往迍于阞京，若。六月。

(21c) 貞：毋往，不若。一

(21d) 戊☒貞☒母☒夫☒。

（《合集》8039＋《合集》13308＋《合集》16353）

《合集》8039 與《合集》13308 爲李延彥綴合，[④]後蔣玉斌又加綴《合集》16353。[⑤] 從卜日干支可以確知"乙卯"日的卜問晚於"癸亥"日。而"乙卯"日的卜問也恰恰位於首甲上。類似的又如大龜四版之一的《合集》557，它的首甲上也刻有卜辭，由卜辭的干支和月份可知，卜問的時間也較晚。可惜的是，腹甲中部近邊緣的卜辭均已缺失，我

[①] 黃天樹主編：《甲骨拼合續集》，第 459 組。

[②] 蔣玉斌：《蔣玉斌甲骨綴合總表》第 287 組，先秦史研究室網站，http://www.xianqin.org/blog/archives/2305.html，2011 年 3 月 20 日。

[③] 林宏明先將《合集》7897 與《合集》14591 綴合，見林宏明：《契合集》，第 195 組；後又加綴《合集》16021，見林宏明：《甲骨新綴第 429 例》，先秦史研究室網站，http://www.xianqin.org/blog/archives/3245.html，2013 年 9 月 5 日。

[④] 黃天樹主編：《甲骨拼合續集》，第 574 則。

[⑤] 蔣玉斌：《甲骨舊綴之新加綴》第 12 組，先秦史研究室網站，http://www.xianqin.org/blog/archives/4887.html，2014 年 12 月 25 日。

們無法斷定首刻卜辭的具體位置。

最後,我們來看《合集》11546,這是一版接近完整的大龜腹甲,整版均爲卜旬之辭。董作賓對卜辭月份做了如下安排:①

十月			癸酉
十一月	[癸未]	癸巳	癸卯
十二月	癸丑	[癸亥]	癸酉
十三月	[癸未]	癸巳	[癸卯]
一月	[癸丑]	[癸亥]	
二月	癸酉	癸未	[癸巳]
三月	[癸卯]	癸丑	[癸亥]
四月	癸酉	[癸未]	癸巳
五月	癸卯	癸丑	癸亥

可見,此版的首刻卜辭爲十月"癸酉"日的占卜,位於右後甲下端近邊緣處,即本版最早啓用的是腹甲下部。

綜上所述,我們有理由相信,賓組三類腹甲的首刻卜辭一般位於腹甲中部或下部近邊緣處。也就是說賓組三類的卜人在用龜時,一般最先啓用中部或下部,極少先用上部,這與賓組一類和典賓類卜辭的情況有所不同。

四、結　　語

本文主要研究了賓組腹甲刻辭文例的一個小問題——不同類組首刻卜辭的分布情況。經過本文的討論,我們得出以下三點認識:

首先,賓組卜人在用龜時,呈現出由初期先用上部爲主到後期先用下部、中部爲主的演變趨勢,這符合殷人用龜的總體發展趨勢,爲腹甲最終形成"自下而上"的刻寫規律奠定了基礎。

其次,賓組卜人用龜靈活多變,腹甲最先啓用的部位不固定。但通過上文的討論我們不難發現,同一占卜主題的卜辭,在契刻時,規律性往往較強。這就要求我們在釋讀卜辭時,必須以卜辭的內容爲依據,先將同一占卜主題的卜辭按先後次序排列在一起,然後再看它們在腹甲上的分布情況。這樣才能更合理、科學地釋讀卜辭,避免

---

① 董作賓:《大龜四版考釋》,《安陽發掘報告》第 3 期,1931 年,又宋鎮豪、段志洪主編:《甲骨文獻集成》第 6 冊,成都:四川大學出版社 2001 年版,頁 100。

出現因果顛倒、事件相混、關係不明的情況。此外，賓組還有較爲特殊的一個群體——賓組㞢類。此類卜辭數量不多，内容簡單，多爲卜雨之辭，雖書體風格別具特色，但在腹甲上的占卜次序却十分清晰，多先外後内，自上而下，或自下而上依次卜問。這大概與卜辭的占卜内容較單一有關，它們"很可能是當時和天氣關係密切職司的專門問卜，由專人刻辭而和其他賓組的刻工不同"。① 這也從一個側面說明同一占卜主題的卜辭，在腹甲上的問卜次序是比較規律的，體現了殷人事事分明、有條不紊的占卜原則。因此，對於一版雜卜（占卜主題不同）的卜辭，應根據其占卜主題的不同及卜辭間的内在邏輯來排列釋讀次序，不能整版而論。

最後，明確賓組首刻卜辭在腹甲上的分布情況，對卜辭的理解顯然有實質性幫助，也有助於學者進一步探討殷商時期的占卜制度，並利用這些材料來研究當時的歷史與文化。

---

① 林宏明：《醉古集——甲骨的綴合與研究》，頁 517。

殷墟甲骨文所見書與契關係補論

趙孝龍

（中國社會科學院歷史研究所）

甲骨文字被發現已整整一百二十載，在這兩個甲子裏，甲骨學從產生到蓬勃發展，各分支領域都取得了很多的成就。書與契的關係研究是甲骨學的重要分支，許多學者都對其進行了探討，也產生了許多優秀的研究成果，目前學術界在這一領域主要存在三種觀點。

第一種觀點認爲，甲骨文字是先用毛筆書寫，然後再進行契刻的。這一觀點的主要代表人物是董作賓，他認爲書與契是分工的，"卜辭有僅用毛筆書寫而未刻的，又有全體僅刻直畫的，可見是先書後刻"。隨後他又解釋説，"如果不寫而刻，那末在每個字的結構上，稍繁的便不容易刻，何况每一筆畫又須刻兩面刀鋒？一個字猶難先直後橫，何况全行？何况全版"？[1] 董作賓的公子董敏亦持相同觀點。[2] 屈萬里從《殷虛文字甲編》中爲"先寫後刻"找到了一個證據，他指出，"申字缺刻末畫，此末畫書寫之迹，尚隱約可辨，此乃卜辭先書後刻之的證"。[3] 第二種觀點認爲，甲骨文字是直接契刻而成的。陳夢家在《殷虛卜辭綜述》中指出，"刻辭有小如蠅頭的，不容易先書後刻，况且卜辭所常用的字並不多，刻慣了自然先直後橫，本無需乎先寫了作底子"。[4] 郭沫若認爲"甲骨文是信手刻上去的，而不是先寫後刻"。[5] 趙銓等學者認爲，在甲骨上刻字是

---

* 本文爲教育部、國家語委甲骨文研究應用專項"甲骨文契刻工藝三維微痕觀察及文化内涵研究"（項目批准號 YWZ-J008）階段性成果。

[1] 董作賓：《甲骨文斷代研究例》，《董作賓先生全集》，臺北：藝文印書館 1977 年版。
[2] 董作賓、董敏：《甲骨文的故事》，海口：海南出版社 2015 年版。
[3] 屈萬里：《殷虛文字甲編考釋》，臺北：中研院史語所，1961 年。
[4] 陳夢家：《殷虛卜辭綜述》，北京：中華書局 1988 年版。
[5] 郭沫若：《古文字之辯證的發展》，《考古》1972 第 3 期。

依靠熟練的技藝,以刀爲筆信手刻成,並推測在書刻細小文字時,可能先在甲骨上塗色,以便於字劃的觀察與掌握。① 艾蘭在對英國所藏甲骨文字進行顯微分析後,提出在英藏甲骨中没有發現毛筆書寫的痕迹,不過,有證據表明刻手是在抄寫一種底本。② 第三種觀點對前兩種觀點進行了綜合,認爲甲骨文字有先用毛筆書寫再進行契刻的,也有直接進行契刻的。例如,胡厚宣先生曾提出:"卜辭文字,先寫後刻。惟習之既久,或不經書寫,而直用刀焉。卜辭中之大字者,因須刻多次,始能完成,故必先寫而後刻之。至其小字者,則往往隨刀一刻,即可成文。"③孟世凱、④陳煒湛⑤兩位學者也持相似觀點。此外,吴浩坤、潘悠在其著作中提出,甲骨文或先書後刻,或不書徑刻。⑥范毓周認爲,甲骨文一般是先用朱砂或黑墨寫在甲骨上,然後用刀刻出綫槽,但也有不少是直接刻成的。⑦ 劉一曼先生在研究書辭的同時對書與契的關係做了一番總結,她認爲先寫後刻與直接刻寫都存在,但先寫後刻屬於少數。⑧

以上三種觀點各有論據,爲推動這一領域的研究做出了很大的貢獻。但是,隨着甲骨材料的不斷整理出版以及新的研究方法的使用,這一領域的研究還存在進一步完善與發展的空間。本文將嘗試運用近些年出版發表的甲骨材料以及利用超景深數碼顯微鏡所獲取得的甲骨文字信息,輔之以甲骨高清數碼照片,來對書與契的關係進行補充梳理,以期使這一領域的研究更加完善。

我們認爲書與契的關係大致可分爲三類,即只書不契、先書後契和直接契刻,而先書後契又可以分爲用毛筆在甲骨上書寫後再進行契刻和用鋭器在甲骨上"書寫"後再進行契刻兩類。具體分析如下:

1. 只書不契

甲骨文字中有"聿"字,其字形作以手抓筆狀,爲"筆"字的初文。因此,雖然考古發掘還未發現商代的毛筆,但是學術界還是相信它在殷商時期便已存在了。在甲骨文字中,有一類是用毛筆書寫的,並且没有經過契刻,這類文字被稱作"書辭"。"書辭"是極爲特殊的一類文字,它分爲朱書(圖一)和墨書(圖二)兩種,多出現在甲骨的

---

① 趙銓、鍾少林、白榮金:《甲骨文字契刻初探》,《考古》1982 年第 1 期。
② 艾蘭:《論甲骨文的契刻》,《英國所藏甲骨集》下編上册,北京:中華書局 1985 年版。
③ 胡厚宣:《卜辭雜例》,《歷史語言研究所集刊》第 8 本第 3 分,中研院史語所,1939 年。
④ 孟世凱:《殷墟甲骨文簡述》,北京:文物出版社 1980 年版。
⑤ 陳煒湛:《甲骨文簡論》,上海:上海古籍出版社 1987 年版。
⑥ 吴浩坤、潘悠:《中國甲骨學史》,上海:上海人民出版社 1985 年版。
⑦ 范毓周:《甲骨文》,北京:人民出版社 1986 年版。
⑧ 劉一曼:《試論殷墟甲骨書辭》,《考古》1991 年第 6 期。

背面,是研究商代軟筆書法的直接史料。這類特殊的甲骨文字很早便受到了學者們的關注,董作賓、①胡厚宣、②陳夢家、③劉一曼④等先生都對此做過精彩的研究和論述。因此,我們在此不再對其做詳細的討論。"書辭"並非書寫後忘記契刻的文字,作爲一類特殊的文字,它爲甲骨研究提供了珍貴的素材。同時,它也向世人證明,殷商先民並不是以刀爲筆,筆與刀是兩種功能不同的工具。"書辭"雖然數量不多,但它却是書與契的關係中非常重要的一類。

圖一　朱書甲骨文字(引自《當甲骨遇上考古》)　　圖二　墨書甲骨文字(引自《當甲骨遇上考古》)

2. 先書後契

關於"先書後契",學術界經常討論的是先用毛筆書寫然後再進行契刻的情況。然而,甲骨文字中還有另外一種"先書後契"的方式,即先用銳器在甲骨上將文字"寫"好,然後再進行正式契刻。嚴格來講這種"先書"並不能稱之爲"書寫",而應該是"刻劃",但是考慮到這與用毛筆預先書寫的功能相似,我們暫且將其歸爲"書寫"那一類。由此可見,根據"先書"方式的不同,"先書後契"可以分爲用毛筆書寫後再刻和用銳器書寫後再刻兩類。

先用毛筆書寫然後再進行契刻的甲骨文字,早已有學者進行了討論。除了上文

---

① 董作賓:《殷虛文字甲編》,北京:商務印書館1948年版。
② 胡厚宣:《戰後殷墟出土的新大龜七版》,上海:《中央日報·文物周刊》1947年第30期。
③ 陳夢家:《殷虛卜辭綜述》。
④ 劉一曼:《試論殷墟甲骨書辭》。

中所提到的董作賓先生外，還有張秉權、劉一曼等。尤其是劉一曼先生，她在《試論殷墟甲骨書辭》一文中列舉了許多實例來對此類文字進行詳細論述，取得了很好的效果。除劉先生所列舉的甲骨材料之外，《殷虛文字乙編》中的 5867 號甲骨也是用毛筆書寫然後再進行契刻的，只因《殷虛文字乙編》是拓本，所以不能將 5867 號甲骨的信息完整的展現出來。此版甲骨出土於著名的 Y127 坑，現藏於臺北歷史語言研究所，通過甲骨的彩色照片可以清晰地看到在甲骨背面有朱書"丁未卜，永"四個字，寫好之後又用刀刻過，"寫"與"刻"的痕迹清晰可見（圖三）。這條卜辭較爲特殊，背面四個字"丁未卜，永"與正面八個字"貞，自今至於辛亥雨"合爲一條完整的卜辭，背面的文字先寫後刻，正面的字則應該是直接契刻而成。這是一例標準的先寫後刻的卜辭，爲"先用毛筆書寫再進行契刻"的觀點提供了很好的證據。但是，這種契刻方法並非是一種主流的方法，原因之一可能是用毛筆書寫的文字過於肥大，與契刻的文字兼容度不高，從而導致它的實用性並不強。關於這類文字出現的原因還有待進一步的分析。

先用銳器書寫再進行契刻的甲骨文字，艾蘭和李鍾淑兩位先生皆有所提及[①]，但沒有進行深入的研究。我們在對花園莊東地遺址出土的部分甲骨進行顯微分析時，很意外的在 H3：7+34+94+269+1559 號龜甲（圖四）上發現了這種契刻方法。

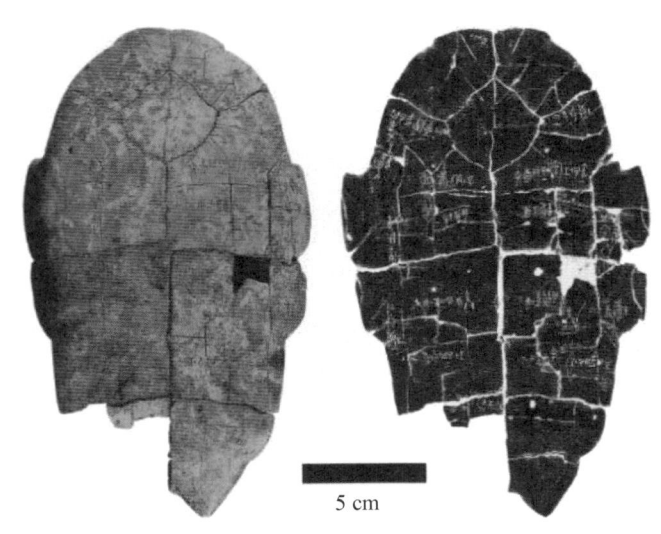

圖三　臺灣歷史語言研究所藏甲骨　　圖四　《花東》H3：7+34+94+269+1559 號甲骨

[①] 艾蘭：《論甲骨文的契刻》；李鍾淑：《殷墟甲骨文字的書刻工具和書刻技法》，《慶祝殷墟"申遺"成功暨紀念 127 坑發現 70 周年國際學術研討會論文集》，河南安陽，2006 年。

H3∶7+34+94+269+1559號龜甲雖然有少量缺損，但是它的保存狀況較好，卜辭數量多，內容也很重要，因此是甲骨中的精品。龜甲上的那些用銳器刻劃的文字底稿綫條纖細，用肉眼很難看清楚，這可能與甲骨在地下埋藏時間長，受到了一定的侵蝕有關。而借助顯微鏡來對其進行觀察，便可清晰地看到這些文字的狀態。在正式契刻的過程中，有的筆畫是在預先"寫"好的綫條上直接將原筆畫繼續加粗加深，有的筆畫則不受"底稿"的束縛而"另起爐灶"（圖五）。此版龜甲上的文字體積不大，筆畫較細，通過顯微測量可知多數文字的字口寬度在 300—500 μm 左右，深度在 100 μm 左右。由此可見，契刻者在刻體形較小的文字時，如需打"底稿"，則使用銳器來進行。與毛筆相比，用銳器來打"底稿"的方法要實用的多，因爲這種方法可以刻大字也可以刻小字，非常靈活。至於打"底稿"所使用的銳器，或許是青銅錐抑或是刻刀的刀尖等，目前還不能確定，需要做進一步的探討。

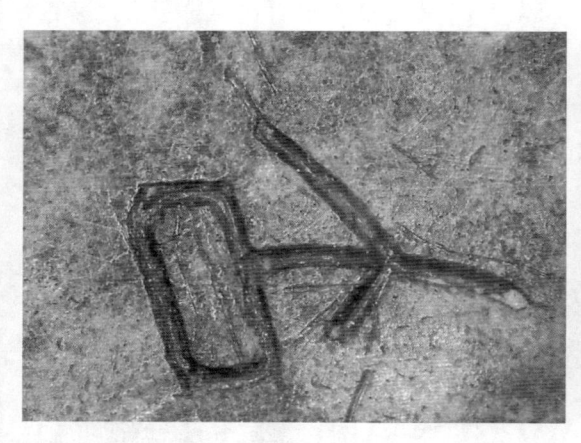

圖五　銳器先書後刻　　　　　　　圖六　筆畫末端延伸的劃綫

　　此外，還有另外一類文字需要引起注意。如圖六所示，幾乎在所有筆畫的末端都存在延伸出來的一段劃綫，對於這段延伸出來的細綫條，艾蘭先生也提到過，她認爲有兩種可能：一是填朱所用工具留下的痕迹；二是像《英藏》1800那樣輕劃，然後再作契刻，在有些情況下契刻短了一點，把原來的細劃留下一部分。[①] 我們也認爲這種現象可以有兩種解釋：一是刻手在契刻筆畫時，用餘力劃出去造成的；第二種解釋，是預先用銳器打的"底稿"，而在正式契刻時並沒有完全將底稿的綫條覆蓋，最終留下了一小段劃綫，這與艾蘭先生的第二種解釋相似。如果這些小段的劃綫真是先寫後刻所遺留的痕迹，那麼先寫後刻的文字數量將會有一定程度的增加。但是由於缺乏充分

---

① 艾蘭：《論甲骨文的契刻》。

的證據，這些小段劃綫的性質暫時還無法確定，只能期待後續研究來解開這個謎團。

根據現有的研究結果可知，用鋭器打底稿再進行契刻的文字數量也不多。到目前爲止，能够確定是用這種方法進行契刻的甲骨僅有幾版而已。由於甲骨資料數量龐大且分散在世界各地，要想統計此類甲骨的確切數字實屬不易，只能通過對某些收藏單位的甲骨進行分析統計以獲取此類甲骨所占的大致比例。據此，我們對中國社會科學院歷史研究所和旅順博物館所收藏的甲骨分别進行了統計，結果顯示，這兩家單位每家各有一例，分别爲旅順博物館的 300 號甲骨（圖七）和中國社會科學院歷史研究所的 552 號甲骨（圖八）。中國社會科學院歷史研究所和旅順博物館都是國内大宗甲骨的收藏單位，所藏甲骨數量分别爲 1912 版和 1961 版（僞片和無字骨除外），這樣的比例可見一斑。此外，國家圖書館是全國收藏甲骨最多的單位，其所藏的甲骨還没有完全公布，已知的此類甲骨也僅有三例。由此不難發現，用鋭器在甲骨上先寫然後再進行契刻的文字與用毛筆書寫然後再刻的文字一樣，都屬於數量較小的一部分。但是，此類文字的發現爲學術界提供了一類别樣的材料，豐富了"先寫後刻"的甲骨文字資料，也讓我們領略到甲骨文字契刻方法的多樣性。

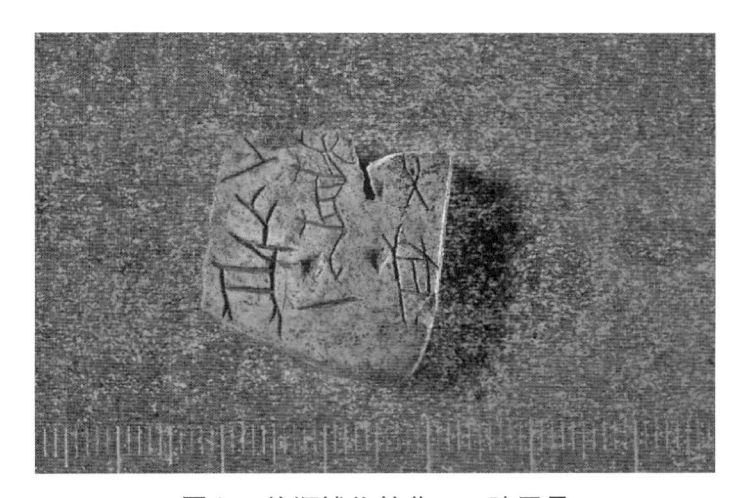

圖七　旅順博物館藏 300 號甲骨

圖八　中國社會科學院歷史研究所藏 552 號甲骨局部放大照片

3. 直接契刻

直接契刻即没有預先用毛筆或鋭器在甲骨上打"底稿"，而是直接用刻刀將文字契刻到甲骨上。從目前的研究結果來看，直接契刻的甲骨文字數量最多，當然這些文字也最爲大家所熟悉。殷商時期，占卜與契刻應該是分工的，貞人負責占卜，刻手負責將占卜的文字契刻到甲骨上。根據文字筆畫内部的顯微照片可知，多數文字的筆畫内部都非常整潔（圖九），僅有少數筆畫内部凌亂，且筆畫的横截面極不規則。此外，肥筆筆畫多是兩刀契刻而成，較細的筆畫多爲一刀成形。以上這些契刻特徵表明，刻手的契刻技術已經非常成熟，並且他們所使用的刻刀也應該非常鋒利。因爲如果没有先進的工具，僅僅依靠熟練的契刻技術根本無法刻出如此成熟的筆畫。這也反映出殷商時期的科技已經達到了較高的水準，能够製造出非常鋒利的契刻工具。

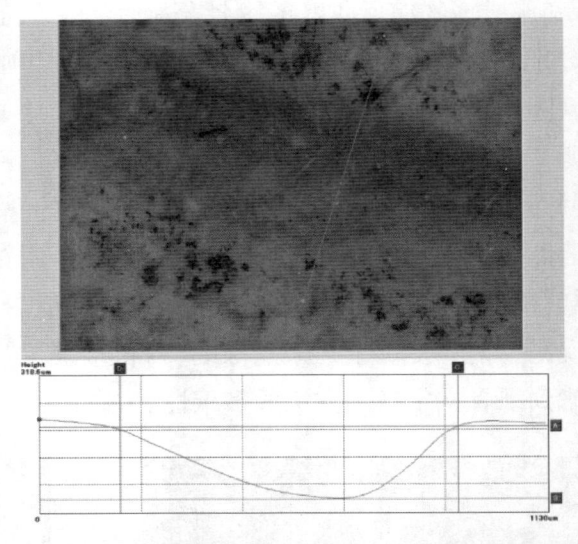

圖九　歷史所藏 204 號甲骨"祖"字下横及其縱截面

結論

本文對書與契之間的關係進行了材料補充和討論，並得出以下結論：

首先，甲骨文字可以分爲只書不契、先書後契、直接契刻三類；

其次，先書後契的文字又可以分爲用毛筆書寫後再進行契刻和用鋭器書寫後再進行契刻兩類。先書後契的文字數量很少，但是它們可能代表着某種文化含義，其出現的原因還有待於進一步的探討；

最後，根據目前的研究，直接契刻的甲骨文字所占的比例最大，這説明契刻者擁有熟練的契刻技術和鋒利的契刻工具。

卜辭翌、來再論[*]

丁軍偉

（鹽城師範學院文學院）

  對於殷墟卜辭表示將來時間的指示詞"翌"、"來"之間的異同，董作賓、[①]吳其昌、[②]丁嘯、[③]常玉芝、[④]苗利娟、[⑤]鄧飛、[⑥]吳琪[⑦]等學者多有論述，諸家所得結論大多是可信的。近年來隨着新材料、[⑧]綴合成果的不斷公布，以及對卜辭類組認識的不斷深入，對二者在卜辭中的差異仍有繼續探討的必要。本文在充分吸收學界成果的基礎上對卜辭中"翌（日）"、"來（日）"前後干支明確的辭例進行了梳理，對二者之間的差異作了進一步論述。

---

[*] 本文爲國家社科基金重點項目"殷墟甲骨文分類與繫聯整理研究"（項目號：16AKG003）的階段性成果。
[①] 董作賓：《卜辭中所見之殷曆》，《安陽發掘報告》1931年第3期。
[②] 吳其昌：《殷墟書契解詁》，臺北：藝文印書館1959年版。
[③] 丁嘯：《今來翌之疑》，《殷都學刊》1994年第2期。
[④] 常玉芝：《殷商曆法研究》，長春：吉林文史出版社1998年版。
[⑤] 苗利娟：《略論甲骨卜辭中的"翌"與"來"的時間差異》，《中國語文》2012年第3期。
[⑥] 鄧飛：《商代甲金文時間範疇研究》，北京：人民出版社2013年版。
[⑦] 吳琪：《卜辭"來"、"翌"辨》，《鹽城工學院學報》2014年第1期。
[⑧] 本文引用新著錄書主要指《殷契拾掇》（2005年）、《北京大學珍藏甲骨文文字》（2009年）、《上海博物館藏甲骨文字》（2009年）、《殷墟甲骨輯佚》（2008年）、《中國社會科學院歷史語言研究所藏甲骨集》（2011年）、《殷墟小屯村中村南甲骨》（2012年）、《旅順博物館所藏甲骨》（2014年）、《俄羅斯國立愛米塔什博物館所藏殷墟甲骨》（2013年）、《重慶三峽博物館藏甲骨集》（2016年）、《卡内基博物館所藏甲骨研究》（2015年）、《史語所購藏甲骨集》（2010年）。

一、翌（翌日）

卜辭中表示未來時稱時，常在干支前加"翌（翌日）"，通過對卜辭中"翌（日）"前後干支明確的卜辭進行整理，共統計有 541 例，[①]其所指日數及在各組卜辭中出現情況如表一。

表一　"翌"所指日數及組類分布表

組類＼辭例日數	2	3	4	5	6	7	8	9	10	12	13	22	33	34	49	52	55	61	總計
自小一	6	2																	8
自小二	3	1		1															5
自小三B		1																	1
自賓間	8	1	2							1									12
賓一A	55	8	6	1	2	1													73
賓一B	72	25	12	8	1	1							1	1	1			1	123
賓二	60	18	8	5	3		5	3		1						1			104
出一	14	9	2	2	1		8			1									34
出二A	34	2	1	2					1										40
出二B	94	4	1	2						1									102
何一	1																		1
何二	8											1							9
何三A	1	1																	2
歷一A	2		1																3
歷一B		1																	1
歷二B甲	3	2																	5

[①] 統計數字不包含祇有天干或地支的卜辭，另重片及綴合片均未重復統計。文中《甲骨文合集》簡稱"合"，《甲骨文合集補編》簡稱"合補"。

續　表

組類 辭例日數 \ 辭數日數	2	3	4	5	6	7	8	9	10	12	13	22	33	34	49	52	55	61	總計
歷二B乙	1																		1
歷二B丙		1																	1
歷二C甲	2																		2
歷二C乙	1	1																	2
無二	1																		1
黃一	2																		2
黃二B														1		1			2
黃二C	1	1		2															4
花東	1																		1
午組			1															1	2
總計	370	78	33	22	9	2	10	3	1	2	2	1	1	2	1	1	1	2	541

注：本表及下文諸表卜辭類組主要參考李學勤、彭裕商①；徐明波②；蔣玉斌③。另文中所有日數均從占卜之日計算。

由表一可知，"翌"指次日的最多，占 68%，指第 3 日的占 14%，指第 4 日的占 6%，指第 5 日的占 4%，其餘所指則比例很少，其中自小字、自賓間、何組、歷組等卜辭基本表示未來 2—4 日。"翌"指 9 日之内的辭例占全部辭例的 97%，從早期的自組卜辭至晚期的黃組卜辭均有出現，但主要集中在賓組、出組卜辭中。李學勤、彭裕商認爲自組卜辭時代爲武丁早期，賓組卜辭時代爲武丁中、晚期，出組卜辭時代大致爲祖庚、祖甲時期，黃組卜辭晚至帝辛時期，④由此來看，"翌"指未來 9 日之内從武丁早期至帝辛時期均有出現，但主要出現於武丁中期至祖庚、祖甲時期。

常玉芝指出卜辭中未見"翌"指第 10 日的，表 10 日及其倍數時多用"旬"。⑤ 苗利

---

① 李學勤、彭裕商：《殷墟甲骨分期研究》，上海：上海古籍出版社 1996 年版。
② 徐明波：《殷墟黃組卜辭斷代研究》，四川大學博士論文，2007 年。
③ 蔣玉斌：《殷墟子卜辭的整理與研究》，吉林大學博士論文，2006 年。
④ 李學勤、彭裕商：《殷墟甲骨分期研究》，頁 91、125—126。
⑤ 常玉芝：《殷商曆法研究》，頁 242。

娟指出二 A《合》25622"翌"即指第 10 日。① 據我們統計,卜辭中用"旬"表示 10 日及其倍數的共 12 例,均出現在早期的卜辭中,其中賓一 B10 例、歷一 A1 例(《合補》6622)、午組 1 例(《村中南》320)。但亦有"旬"並不表示 10 日的,如自小一《合》21021"癸未……旬甲申……"、自小二《合》20922"癸卯……旬甲辰……",以上兩例的"旬"均表示下一旬之義,此種用法與卜辭中常見的卜旬辭中"旬"的用法一致。

值得注意的是,同版的幾條卜辭中"翌"所指日數有相同的,如賓一 A《合》13074、《合》13109,但亦有部分所指日數不同,苗利娟認爲同版所見的"翌(日)"卜辭中,"翌(日)"時間跨度較大,且不限於旬內。通過對相關卜辭的梳理,我們共整理出 11 版 22 條卜辭,如自賓間卜辭《合》12459"翌"分別指第 3 日(戊子至庚寅)、第 4 日(庚寅至癸巳);賓一 A 卜辭《合》4141"翌"分別指第 3 日(己亥至辛丑)、第 4 日(壬寅至乙巳),《合》5828"翌"分別指第 4 日(甲戌至丁丑)、第 6 日(乙亥至庚辰),《合》7996"翌"分別指第 3 日(乙未至丁酉)、第 6 日(乙未至庚子);賓一 B 卜辭《合》6172"翌"分別指第 4 日(丁卯至辛未)、第 2 日(丙午至丁未),《合》8398"翌"分別指第 3 日(乙酉至丁亥)、第 2 日(己丑至庚寅),《合》13557"翌"分別指第 33 日(癸卯至乙亥)、第 34 日(癸卯至丙子);賓二卜辭《合》557"翌"分別指第 2 日(甲戌至乙亥)、第 6 日(癸未至戊子),《合》1520②"翌"分別指第 2 日(甲戌至乙亥)、第 8 日(丁丑至甲申);出一卜辭《合》26763"翌"分別指第 2 日(丙寅至丁卯)、第 4 日(甲子至丁卯);何二卜辭《合》27456"翌"分別指第 2 日(庚戌至辛亥)、第 22 日(癸酉至甲午)。

以上 11 版卜辭中"翌"的時間跨度小於 3 日的有 8 版,占 73%,且均出現在自賓間、賓一 A、賓一 B 卜辭中。時間跨度大於 3 日的有 3 版,占 27%,其中時間跨度爲 4 日的一例,出現在賓二卜辭中;時間跨度爲 6 日的一例,出現在出一卜辭中;時間跨度爲 20 日的一例,出現在何二卜辭中。由李學勤、彭裕商二位先生的研究可知,自賓間、賓一 A、賓一 B 的時代大致爲武丁中期,何二卜辭的時期大致爲廩辛時期。據此可以認爲大多同版卜辭中"翌"日時間跨度較小,且主要出現在武丁中期,時間跨度最大的出現在廩辛時期,且衹有 1 版,故苗利娟所言與實際並不相符。

董作賓認爲卜辭中稱"翌"之日皆在一旬之內,③丁驌認爲一期卜辭翌大都指旬內

---

① 苗利娟:《略論甲骨卜辭中的"翌"與"來"的時間差異》,《中國語文》2012 年第 3 期,頁 277。
② 此版趙鵬、蔡哲茂、蔣玉斌有綴合,可參中國社會科學院先秦史研究所網站,2011 年 3 月 10 日;又蔣玉斌:《蔣玉斌甲骨綴合總表》270 組。
③ 董作賓:《卜辭中所見之殷曆》,《安陽發掘報告》1931 年第 3 期,頁 491。

之日，並不限於次日，遇到祭祀之卜，往往超越一旬。① 雖然常玉芝已指出董氏、丁氏之誤，但遺憾的是其並未對卜辭中"翌"前後干支是否同旬進行全面整理。② 經過梳理，卜辭中"翌"前後干支是否同旬的情況如表二：

表二 "翌"前後干支是否同旬統計表

是否同旬 組類	是	否	總計	是否同旬 組類	是	否	總計
自小一	8		8	歷一B		1	1
自小二	3	2	5	歷二B甲	3	2	5
自小三B	1		1	歷二B乙		1	1
自賓間	11	1	12	歷二B丙		1	1
賓一A	56	17	73	歷二C甲		2	2
賓一B	88	35	123	歷二C乙		2	2
賓二	72	32	104	無二	1		1
出一	24	10	34	黃一	2		2
出二A	31	9	40	黃二B	1	1	2
出二B	78	24	102	黃二C	3	1	4
何一	1		1	花東	1		1
何二	6	3	9	午組	1	1	2
何三A	1	1	2	總計	392	149	541
歷一A	1	2	3				

由表二可知，"翌"前後干支同旬的占72%，不同旬的占28%。除無二、花東、午組的卜辭較少不做統計外，自組卜辭同旬與不同旬的比例爲6∶1；賓組卜辭同旬與不同旬的比例爲2.6∶1；出組卜辭同旬與不同旬的比例爲3∶1；何組卜辭同旬與不同旬的比例爲2.7∶1；歷組卜辭同旬與不同旬的比例爲0.4∶1；黃組卜辭同旬與不同旬的比例爲3∶1。自組卜辭村南、村北均有出土，不易說明問題，就村北系卜辭來看，賓組、出組、何組、黃組卜辭中同旬與不同旬的比例基本在3∶1左右，而村南系歷組卜辭同

---

① 丁驌：《今來翌之疑》，《殷都學刊》1994年第2期，頁6。
② 常玉芝：《殷商曆法研究》，頁243。

旬與不同旬的比例爲0.4：1,這種情況説明南北兩系在"翌"日前後干支是否同旬中可能亦存在差異。

綜上所述,"翌"在卜辭中主要指自占卜之日起9日之内的時間,占全部卜辭的97%,尤以2、3日爲多。其辭例分布從武丁早期的自組卜辭至帝辛時期的黄組卜辭均有出現,但主要集中在武丁中、晚期的賓組和祖庚、祖甲時期的出組卜辭。在此9日的時間内,"翌(日)"前後干支同旬的占74%,非同旬的占26%。用"翌"表示10日的僅一例,賓組卜辭中多用"旬"表示10日及其倍數,但自組小字卜辭中"旬"則表示下旬之義。大多同版卜辭中"翌"前後干支時間跨度較小,且主要出現在武丁中期,時間跨度最大的出現在廩辛時期。另就全部辭例來看,"翌(日)"前後干支同旬的占72%,不同旬的占28%,其中村北系賓組、出組、何組、黄組卜辭中同旬與不同旬的比例基本爲3：1左右,村南系歷組卜辭同旬與不同旬的比例則爲0.4：1,説明村南、村北兩系除出土地點、用龜或骨等方面有别外,"翌(日)"前後干支是否同旬亦可能存在差異。

二、來

"來"表示未來時間指示詞,常與"來日干支"、"來干支"連用,通過對卜辭中"來"前後干支明確的卜辭進行梳理,其在各組卜辭中表示的日數見表三:

表三 "來"所指日數及組類分布表

組類辭例日數 辭數日數	4	5	6	7	8	9	10	11	12	13	14	15	16	17	18	19	20	21	22	23	24	27	28	32	38	43	總計
自大																					1						1
自歷間							1	1																			2
自賓間		2					1	3																	1		8
賓一A	1	2			2	3		2					2	2								1					15
賓一B			3	2	3	4	2		2	1		2					1	1		2							23
賓二					2	2		1	4					1											1		11
出一					3			1		2											1	1					8

續　表

組類辭例日數 \ 辭數日數	4	5	6	7	8	9	10	11	12	13	14	15	16	17	18	19	20	21	22	23	24	27	28	32	38	43	總計
何二									1																		1
歷一A						1		2		1		1			2								1				8
歷一B			1		1			1		1													1				5
歷一C																		2									2
歷二B甲	2			1								1															4
歷二B乙			1	1		1	1	1														1					6
歷二B丙		1								1										1	1						4
丙種子卜辭							1																				1
亞卜辭		1																									1
午組							1																				1
總計	5	4	5	4	11	11	6	13	7	5	2	3	3	3	1	3	3	1	2	4	1	1	1	1	2	101

　　由表三可知，卜辭中用"來"指稱未來時間主要出現在自賓間、賓組、出組、歷組卜辭中，尤其是賓組與歷組卜辭，其中賓組49例，歷組29例，二者占全部辭例的77%。常玉芝指出用"來"指稱日期主要出現在早期卜辭中，是可信的。① 據上表可知其主要出現在武丁時期，晚期僅見廩辛時期的何二卜辭1例。

　　"來"表示未來時間，主要出現在自占卜之日算起的4—43天之内，其中以4—13天居多，占70%，且多集中在占卜之日之後的第二旬或第三旬。董作賓認爲"來某某"沒有表示同旬的，②丁驌認爲用"來"表示本旬的日子是後期卜辭的事。③爲了對此問題有清晰的認識，我們對卜辭中"來"所指旬數進行了統計，其分布情況見表四：

---

① 常玉芝：《殷商曆法研究》，頁249。
② 董作賓：《卜辭中所見之殷曆》，《安陽發掘報告》1931年第3期，頁491。
③ 丁驌：《今來翌之疑》，《殷都學刊》1994年第2期，頁6。

表四 "來"所指旬數及類組分布表

組類辭例旬數 \ 辭數日數	1	2	3	4	5	總計
自大			1			1
自歷間		2				2
自賓間		6			1	7
賓一 A	2	9	3	1		15
賓一 B	2	14	7			23
賓二	1	6	3		1	11
出一		6	1	1		8
何二		2				2
歷一 A		4	3		1	8
歷一 B		4	1			5
歷一 C			2			2
歷二 B 甲	2	2				4
歷二 B 乙		5		1		6
歷二 B 丙		2	1	2		5
亞卜辭		1				1
丙種子卜辭			1			1
午組		1				1
總計	7	63	23	5	3	101

由表四可知,"來"表同旬的出現在賓組、歷組卜辭中,雖然歷組卜辭的時代現在學者仍有爭議,但賓組卜辭爲武丁時期學者則無異議,故上文董氏、丁氏之説並不正確。常玉芝、苗利娟二位對董氏、丁氏之誤已有指正,常玉芝認爲"來"指本旬主要出現在早期的賓組卜辭,後期的何組卜辭有一條,另外歷組卜辭亦有一條。據我們統計,"來"指本旬的共 7 例,占全部辭例 7%,且主要出現在賓組、歷組卜辭中,其餘類組卜辭未見,其中賓一 A2 例(《合》1144、《合》14733);賓一 B2 例(《合》369、《合》15724);賓二 1 例(《合》11477);歷二 B 甲 2 例(《合》32125、《合》32694)。李學勤、彭裕商二位先生指出賓組卜辭大致時代爲武丁中、晚期,歷組二 B 類時代大致爲祖庚時期。由此

可知,"來"指本句内未來某日的辭例主要出現在武丁中、晚期及祖庚時期。

　　同版幾條卜辭中,"翌"所指日數既有相同的,亦有不同的,而有關"來"的四條同版卜辭中,未見有所指日數相同的,如賓一A《合》7795分别指第11日(辛卯至辛丑)、第16日(庚寅至乙巳)、第17日(己丑至乙巳),《合補》2221分别指第11日(辛卯至辛丑)、第16日(庚寅至乙巳);賓一B《合》11497分别指第9日(丙午至甲寅)、第10日(丙申至乙巳);歷一A《屯》313分别指第16日(庚申至乙亥)、第19日(丁巳至乙亥)。以上四版中賓一A《合》7795如以第11日爲基準來看,其同版時間跨度分别爲5日、6日,《合補》2221時間跨度爲5日;賓一B《合》11497時間跨度爲1日;歷一A《屯》313時間跨度爲3日。由此來看,賓一A同版時間跨度最大,賓一B時間跨度最小。與"翌"同版時間跨度相比,賓一B卜辭中二者時間相同,均爲1日,但賓一A卜辭中"翌"同版時間跨度爲1日、3日,而"來"同版時間跨度則爲5日、6日,由此可見賓一A卜辭中二者時間跨度還是有一定差異的。

　　前文已指出,卜辭中"翌"指第10天,僅出現在出二A《合》25622一例,而"來"指第10日共計6例,分别爲自賓間《合》12463(癸未……來壬辰……),自歷間《屯》940(乙亥……來甲申……),午組《合》22441(己亥……戊申……),賓一B《合》1336(壬子……來辛酉……)、《合》11497(丙申……來乙巳……),歷二B乙《合》32212(乙亥……甲申……)。通過梳理可知卜辭中"來"表第10日的情况較"翌"多,且二者組類分布亦不相同。

　　綜上可知,"來"在卜辭中主要指自占卜之日起的第4—13日,占全部辭例的70%,且多集中在占卜之日的第二旬、第三旬,從武丁早期的自組大字卜辭至廩辛時期的何二卜辭均有出現,但主要出現在武丁時期的賓組、歷組中,同旬的7例亦均出現在此二類卜辭中。同版的幾條卜辭中"來"所表示的時間跨度未有相同的,以賓一A的6天爲最大。卜辭中"來"亦表第10日,其辭例主要分布在武丁時期的賓組、自賓間、自歷間、午組以及祖庚時期的歷二B卜辭中。

三、結　　語

　　通過上文的梳理可以發現,在表示未來時間時"翌"主要以同句的2—9日爲主,其辭例從武丁早期的自組卜辭至帝辛時期的黄組卜辭均有出現。"來"主要以第二旬、第三旬的4—13日爲主,同句的較少,其辭例從武丁早期的自組大字卜辭至廩辛時期的何二卜辭均有出現;在表示同句的卜辭中"翌"從武丁時期的自組卜辭至帝辛時期的黄組均有出現,而"來"則出現在武丁中、晚期的賓組卜辭及祖庚時期的歷二B

甲卜辭;同版卜辭中"翌"所指時間跨度既有相同亦有不同的,總的來説其時間跨度較小,僅有個別跨度較大,其辭例從武丁時期的賓組至廩辛時期的何組均有出現,而同版卜辭中"來"所指時間跨度均不相同,且均出現在武丁時期的賓組、歷組卜辭中。卜辭中"翌"祇有一例是表示第 10 日的,"來"則有 6 例表示第 10 日,且辭例較"翌"分布廣,但未見同類組中分別用"翌"、"來"表示第 10 日的。

對甲骨坑位分期斷代作用的再認識

禹 劍

(天津師範大學文學院)

甲骨坑位,是1928年殷墟科學發掘之後出現的概念,是田野考古術語與甲骨學相結合的產物。董作賓先生最早提出這一概念,但是對其理解並不準確,後經陳夢家先生和中國社會科學院考古研究所諸位學者的不斷修正,最終形成了比較科學的甲骨坑位概念。

我們認爲,所謂甲骨坑位,就是埋藏甲骨灰坑的位置,這個位置既可以指空間上的即在地層中的位置(籠統一些也可稱爲"出土地點"),也可以指時間上的即由地層關係或坑內遺物所體現的時代。學界一般認爲的甲骨坑位是指後者,即由地層關係或坑內遺物所體現的時代。甲骨坑位是考古地層學和類型學在甲骨學分期斷代中的具體運用,因此可以稱其爲考古學與甲骨學發生關係的橋梁和紐帶。

一、科學甲骨坑位觀的形成

由考古地層學和類型學確定的甲骨坑位,在經過大量考古發掘事實檢驗之後,就可以成爲甲骨文分期斷代的考古學依據。那麼,甲骨坑位如何在甲骨文分期斷代中發揮作用或者能夠發揮多大作用呢?關於這個問題,學術界的認識有一個逐漸深化的過程,大體可以分爲三個階段:

第一個階段以董作賓先生爲代表,把甲骨坑位的作用絕對化。董氏在其《甲骨文斷代研究例》[1]中,確定了甲骨文分期斷代"十項標準",其中就有"坑位"。但是,董氏所謂"坑位",指的是早年甲骨發掘時人爲劃定的"發掘區",與一般認爲的"坑位"不是

---

[1] 董作賓:《甲骨文斷代研究例》,《慶祝蔡元培先生六十五歲論文集》,中研院史語所,1933年。

一回事，大體相當於我們所說的"空間"上的位置。另外，董氏認爲只要知道某片卜辭出土的地點就可以據此判定其時代，這種觀點雖然也適用於部分卜辭，但是過於絶對化，對此陳夢家、劉一曼等均有論述。① 而且，董氏對自己創造的"坑位"說並没有嚴格執行，在處理所謂"文武丁"卜辭的年代時，就無視了"坑位"，而另創立了"文武丁復古說"。正是由於這些原因，後來學者對董氏的"坑位"標準多有詬病。

第二個階段以陳夢家先生爲代表，把甲骨坑位的作用弱小化。陳氏率先對董氏的"坑位"標準提出了質疑，除了指出"坑位"應當與"區"分别之外，還闡述了"坑位"對於分期斷代的作用及其局限性：

> 第一，所謂坑位應該和"區"分别，A、B、C、D、E 等區是爲發掘與記録方便起見在地面上所作認爲的分界（引者按：即在小屯村及其北地曾劃分的五個發掘區），並非根據了地下遺物的構成年代而劃分的。必須是某些獨立的儲積甲骨的窖穴才有可能定這個坑包含某個或某些朝代的卜辭；或者某一臨近地帶所發掘出來的甲骨，可能同屬於某一段時期的卜辭；第二，即使如上所述，那些坑穴必須是屬於有意的儲藏或堆積甲骨所用的，才有作爲斷代的可能；然而也有限度，一個只包含武丁卜辭的坑穴最早是武丁時代的儲積，也一樣可能是武丁以後的儲積。第三，某坑若只出武丁卜辭，則同坑出土的其他實物不一定是武丁時代的，可能是以後的；因此，不可以某坑的甲骨年代來拘束同坑的其他實物的年代，反之其他實物的花紋形制足以決定此坑堆積中的實物的最晚時期，而不是堆積的最晚時限。第四，坑以外我們自得注意層次。第五，我們説某坑出土的甲骨屬於某期，必須根據了卜辭本身的斷代標準，如卜人、稱謂、字體、文例等等；這些斷代標準必須嚴格而準確，才能定出土某坑甲骨的時期。
>
> 由上所述，坑位只能供給我們以有限度的斷代啓示，而在應用它斷代時需要十分的謹慎。一個獨立的有意儲積的穴窖，就其實物本身的斷代可知此窖所包含實物的最早與最晚的期限，而實物的最晚期限乃是此窖停止堆積的最早期限。②

陳氏把"坑位"與"區"分别是非常正確的，但是他把可資斷代的灰坑限定爲"獨立的儲積甲骨的穴窖"或"屬於有意的儲藏或堆積甲骨所用的"，則大大削弱了"坑位"在甲骨分期斷代中的作用，是從一個極端走向了另一個極端。另外，陳氏所謂的"坑位"類似於我們所說的"時間"上的位置，但又有較大不同，最主要是缺少了地層的時代因

---

① 陳夢家：《殷虛卜辭綜述》，北京：中華書局 1988 年版，頁 141—145；劉一曼、郭振禄、温明榮：《考古發掘與卜辭斷代》，《考古》1986 年第 6 期。
② 陳夢家：《殷虛卜辭綜述》，頁 140—141。

素,仍然不是一般意義上的"坑位"。

第三個階段以劉一曼先生等爲代表,提出了科學的甲骨坑位觀點。劉氏在總結前人的基礎上,分析了甲骨坑位在甲骨文分期斷代中的作用:

> ……在研究卜辭分期的時候,坑位固然應該注意,而層位(地層)則更應該注意,同時應該將二者結合起來。根據地層學的觀點,對儲存甲骨的灰坑,還應該從縱的方面加以區別。即:早期坑,坑内的甲骨和其他遺物均屬早期;中期坑,坑内有中期的甲骨及其他遺物,還可能有部分早期甲骨和其他遺物;晚期坑,坑内有晚期的甲骨和其他遺物,但也常有部分早、中期的甲骨及其他遺物。第一種坑,對斷定甲骨的時代有重要價值,因爲中、晚期之遺物不會出現於早期坑中。……第二種坑對於中期卜辭,第三種坑對於晚期卜辭時代的斷定也有一定意義,但前者對早期卜辭,後者對中期和早期卜辭時代的斷定則無意義,可見中、晚期灰坑在斷代上是有其局限性的。[①]

劉氏正確指出了甲骨坑及坑内遺物和地層在甲骨文分期斷代中均起作用,可以說綜合了前兩階段意見的優點,又指出地層更應該得到重視,符合了考古學的基本原理,因此是對甲骨坑位觀科學的論述。需要說明的是,劉氏所謂"坑位"與陳夢家相同,所謂"層位(地層)"指的是地層反映出的時代因素,她的"坑位"和"層位(地層)"結合起來就是一般意義上的甲骨坑位。與我們所說的甲骨坑位比較,劉氏缺少了甲骨坑的"空間"位置因素,但這不影響劉氏觀點的科學性,因爲在甲骨文分期斷代中,主要運用的是一般意義上的甲骨坑位,即劉氏的"坑位"加"層位(地層)"。

二、對甲骨坑位分期斷代作用的再認識

我們認爲,劉氏的甲骨坑位觀符合了考古學的基本原理,而且經過了甲骨文分期斷代實踐的檢驗,[②]也得到了越來越多學者的認可,是十分可信的。綜合以上意見,我們根據考古學原理對甲骨坑位的分期斷代作用談幾點看法,不足之處,還請方家指正。

第一,甲骨坑位不等於甲骨文時代。首先,甲骨文屬於甲骨坑内遺物,根據我們

---

① 劉一曼、郭振禄、温明榮:《考古發掘與卜辭斷代》,《考古》1986 年第 6 期。
② 蕭楠:《論武乙、文丁卜辭》,《古文字研究》第三輯,北京:中華書局 1980 年版;肖楠:《再論武乙、文丁卜辭》,《古文字研究》第九輯,北京:中華書局 1984 年版;劉一曼、曹定雲:《三論武乙、文丁卜辭》,《考古學報》2011 年第 4 期。

的甲骨坑位概念,甲骨文的時代只是甲骨坑位的一部分,還有一部分是甲骨坑的地層關係,所以甲骨坑位與甲骨文時代是不同的兩個概念,二者不能混爲一談。其次,甲骨坑位所能確定的只是甲骨文的埋藏時代,不是製造時代,而甲骨文的時代指的是甲骨文的製造時代,也就是占卜時代。從絕對意義來講,出土遺物的埋藏時間要晚於製造時間,但是如果僅僅是時間的差別而不是時代的差別,一般也可以認爲時代相同。對於甲骨文來說,一般占卜完畢後不會馬上埋藏,而是會保存一段時間,[①]所以,甲骨坑位一般要晚於或者不早於坑内甲骨文時代,二者在時代上沒有重疊關係。

第二,甲骨坑位只能推斷甲骨文時代的下限。根據考古學原理,早期的甲骨坑只能出早期的甲骨文而不能出中期或晚期的甲骨文;中期的甲骨坑既可以出早期的甲骨文,也可以出中期的甲骨文,但不能出晚期的甲骨文;晚期的甲骨坑則早期、中期、晚期的甲骨文都可以出,但是不能出比甲骨坑時代更晚的甲骨文。所以,甲骨坑位確定之後,坑内甲骨文時代的下限就可以確定了,早期甲骨坑的甲骨文時代下限可以確定爲早期;中期甲骨坑的甲骨文時代下限可以確定爲中期;晚期甲骨坑的甲骨文時代下限可以確定爲晚期。但是,無論早期、中期還是晚期甲骨坑,它們均無法確定坑内甲骨文時代的上限,這是甲骨坑位最大的局限性,前文談到劉氏雖然指出了中期和晚期坑的局限性,但是並沒有認識到早期坑其實也有局限性。這是因爲甲骨坑位確定的只是甲骨文的埋藏時代,不是製造時代,而製造時代一般不晚於或早於埋藏時代。

舉例來說,一個殷墟文化第二期偏早階段的甲骨坑即相當於武丁後期,[②]坑内的甲骨文時代最晚屬於武丁後期,不會出現武丁之後的甲骨文,但是有可能會出現殷墟文化第一期偏晚階段即武丁前期的甲骨文,甚至早於武丁的甲骨文。[③] 這是因爲,甲骨占卜之後要集中保存一段時間,之後才會埋藏於甲骨坑,而保存的時間可長可短。如 YH127 坑内甲骨是集中存儲之後一次性傾入的,劉學順認爲其時間跨度爲 30 年左右,[④]説明這坑甲骨最早的甲骨要比埋藏的時間早約 30 年。《屯南》2384 上部是典型的出組卜辭,而下部則是典型的曆組父丁類卜辭,小屯南地甲骨的整理者認爲此卜骨是"武乙時期利用了庚、甲時期的卜骨的空隙而形成的",[⑤]已經跨越了三世五王,按

[①] 我們把這一時期稱爲甲骨"檔案期",甲骨卜後有專人分門別類管理,以備隨時查驗和再次利用,此問題擬另文論述。

[②] 有關殷墟文化分期以及與甲骨文分期的對應關係,我們采用中國社會科學院考古研究所的觀點。

[③] 關於是否存在武丁之前的甲骨文,學界目前仍有分歧,我們認爲不能排除存在的可能性,此問題擬另文論述。

[④] 劉學順:《YH127 坑賓組卜辭研究》,中國社會科學院研究生院博士學位論文,1998 年,頁 17。

[⑤] 中國社會科學院考古研究所:《小屯南地甲骨・釋文》,北京:中華書局 1983 年版,頁 1010。

照陳夢家的說法,時間跨度至少也在 40 年以上。① 再回到上述例中,武丁在位 59 年,前後期各不到 30 年,那麼武丁晚期的甲骨坑出現武丁早期的甲骨文是完全有可能的。如果存在盤庚、小辛、小乙時代甚至更早的甲骨文,也很有可能會保存到武丁後期,然後與當時的甲骨文一同埋藏,這樣一來,雖然埋藏時代相同,但是製造時代却相差甚遠。所以,上例中的情況是很有可能存在的,雖然可以根據甲骨坑位確定坑内甲骨文的下限,但是究竟坑内最早的甲骨文時代能有多早,僅憑甲骨坑位是無法判斷的,這就是我們所説的甲骨坑位的局限性。

　　第三,甲骨文的時代與其他同出遺物(主要指陶器)的時代没有必然聯繫。根據考古學原理,"出土於同一地層單位(同一文化層、同一灰坑或同一墓葬等)的遺物構成共存關係,它們的年代應視爲同時的",但是這種同時代"指的是它們的埋藏時間",事實上,"即使有共存關係的器物,它們各自的製造年代也可能會有差異,有時還會有很大的差異",因爲"同時製造的不一定同時廢棄,同時廢棄的不一定同時製造"。② 甲骨坑内的甲骨文與陶器構成了共存關係,大體可以視爲同一時代,但是這種同時代指的是二者的埋藏時代,不是二者的製造時代,甲骨文的時代與其他同出遺物(主要指陶器)的時代没有必然聯繫,陳夢家所説的"不可以某坑的甲骨年代來拘束同坑的其他實物的年代,反之其他實物的花紋形制足以决定此坑堆積中的實物的最晚時期,而不是堆積的最晚時限",其實也是這個意思。

　　第四,甲骨坑内出土遺物(主要指陶器)的時代能够模糊地推斷甲骨文的時代。我們之所以説是"模糊",是由於第三條"甲骨文的時代與其他同出遺物(主要指陶器)的時代没有必然聯繫",偶然的共存説明不了問題,但是如果偶然的次數越來越多,那麼這種偶然也就逐漸形成了必然。如果某些甲骨文大多數情況與某時代的陶器共存,那麼可以模糊地認爲這些甲骨文的時代與這些陶器相同。具體來説,如果某些甲骨文總是與早期的陶器共存,較少或没有與中晚期的陶器共存,那麼可以模糊地認爲這些甲骨文的時代與早期陶器的時代同屬早期;反之,如果某些甲骨文總是與中晚期的陶器共存,没有與早期的陶器共存,那麼可以模糊地認爲這些甲骨文的時代與中晚期陶器的時代同屬中晚期。

　　當然,這些判斷是建立在地層學和類型學基礎上的,即已經確定了出土陶器在各個時代的發展變化序列,確定了甲骨文的各種類别,這樣才能進行比對。但是,從目前的情況來看,這些基礎性的工作仍有待進一步完善,比如,由於早於武丁時代的陶

---

① 陳夢家:《殷虛卜辭綜述》,北京:中華書局 1988 年版,頁 210。
② 張宏彦:《中國考古學十八講》,西安:陝西人民出版社 2008 年版,頁 32—33。

器資料匱乏,導致陶器的類型序列不够完整,所以大多數情況下選擇的可資比對的"典型器物"都是武丁早期之後的,①那麽在利用這些"典型器物"分期斷代時,就會影響結果的準確性。另外,學界對甲骨文分類的意見目前也没有統一,主要原因在於分類的標準不同,而且無論是以董作賓爲代表的以"貞人"爲基礎的傳統分類標準,還是以李學勤爲代表的以"字體"爲基礎的新派分類標準,都還存在一些問題,所以雙方至今争執不下。我們認爲,上述問題的解決,仍然需要考古學進一步的發展以及考古學在甲骨學中的進一步運用。一方面要通過考古發掘不斷豐富殷墟文化各期的資料,尤其是早期的資料,從而完善以陶器爲主的"典型器物"的發展演變序列,爲分期斷代提供可靠的標準;另一方面,要進一步加强甲骨文的考古學研究,尤其是要利用地層學原理,先釐清甲骨文的相對年代早晚,在此基礎上,運用類型學分析早晚甲骨文在字體、稱謂、世系等方面的特點,從而確定一個科學的甲骨文分類標準。兩套標準相互參照,相互印證,對我國考古學和甲骨學的發展都將大有裨益。

第五,甲骨坑内的堆積情況也具有推斷時代的作用。有些甲骨坑内堆積可以根據填土和遺物情況明顯區别層次,如花東 H3、屯北 H251、花南 H103② 等,這就可以説明坑内的堆積不是一次形成的,那麽各層出土遺物的時代也就可能有早晚之分,處於下層的遺物年代很可能要早於上層。如果甲骨坑内的甲骨文處於不同的層次,那麽處於下層的甲骨文時代可能要早於上層。當然,我們所説的這種情況是灰坑使用了很長的時間,而且坑内的堆積大部分或全部是自然形成,如果在很短時間内的人爲堆積,情況就可能不一樣了。

即使是處於同一層次的甲骨文,或者説一次性埋入灰坑的甲骨文,也很可能有時代早晚之分。因爲同時埋入,僅僅説明它們的埋藏時間一致,而製造時間仍然可以存在早晚。這種情況如同墓葬一樣,内部的遺物時代早晚也有可能不一樣。所以,我們在分析同坑不同類别甲骨文的時代時,不能簡單因爲同坑就視爲時代相同,還需要大量的發掘事實去驗證,有一個量變到質變的過程。在分析同坑同類别甲骨文的時代時,也需要考慮時代先後的問題,因爲甲骨文是伴隨占卜主體的,如果占卜主體活動時間較長,如武丁在位 59 年,那麽即使坑内的甲骨文全是武丁卜辭,也會有時代早晚的問題。

---

① 中國社會科學院考古研究所編著:《殷墟的發現與研究》,北京:科學出版社 1994 年版。
② 劉一曼:《論殷墟甲骨的埋藏狀况及相關問題》,《揖芬集——張政烺先生九十華誕紀念文集》,北京:社會科學出版社 2002 年版,又中國社會科學院考古研究所夏商周考古研究室編:《三代考古》(一),北京:科學出版社 2004 年版。

試析侯南卜辭的年代問題*

韓文博

（四川大學歷史文化學院古文字與先秦史研究中心）

一、已有研究的簡要回顧

　　1934年，侯家莊南地發現了有字甲骨，隨即由董作賓率隊進行了科學發掘，獲得許多有字甲骨。除此之外，董先生從村民手中亦購得許多有字甲骨。綜合兩處所得共計四十餘片（件），即爲今所稱之侯南卜辭。

　　關於侯南卜辭，由於片數有限，研究的學者很少。1936年董作賓先生首次公布了這一批甲骨，共計42片（件），其中1—7爲學界所稱之"大龜七版"，8爲一塊出土於H.S.20大圓坑中的腹甲殘片，23、25出土於H.S.31A井中，其餘均出於H.S.57小圓坑中。關於這一批甲骨的年代，董作賓先生將1—18定爲第三期，即廩辛、康丁時卜辭；19—26定爲第三或第五期，尚有疑問；27—42爲第五期，即帝乙、帝辛時卜辭。① 李學勤先生認爲1—8"與小屯所出廩辛卜辭並無二致"，9—42"它們的字體，特別是侯37、40等片的'貞'字和廩辛卜辭一致，侯10、12有'父己'當是廩辛對祖己的稱呼，所以它們都是廩辛時代的卜辭"。② 另外，李先生還認爲H.S.31A井中所出兩片（23、25）屬於文武丁時代。由此可見，正如蔣玉斌指出的那樣，"該類（侯南卜辭）的屬性、斷代問題仍有待進一步研究"。③

---

* 本文係國家社科基金重點項目"殷墟甲骨文分類與繫聯整理研究"（項目號：16AKG003）階段性成果之一。
① 董作賓：《安陽侯家莊出土之甲骨文字》，《中國考古學報》第一册，上海：商務印書館1936年版，頁141。
② 李學勤：《談安陽小屯以外出土的有字甲骨》，《文物參考資料》1956年第11期。
③ 蔣玉斌：《殷墟子卜辭的整理與研究》，吉林大學博士學位論文，2005年，頁137。

通過以上簡要回顧，我們可以瞭解到對侯家莊卜辭的年代仍然存在分歧，這嚴重影響了它史料價值的發揮。基於近年來我們對殷墟甲骨全面整理與分類繫聯工作的開展，對各類卜辭字形結構、書體風格、內容、文例及組類關係等較以前有了更加深刻的認識，故而我們草就此文，期望能對侯南卜辭的年代問題有所建樹，不當之處，望方家批評指正。

二、侯南卜辭的出土與年代

因甲骨卜辭本身的特殊性，對其年代的研究大致可以分爲兩個方面：首先，甲骨卜辭是科學發掘所得，適合用考古學的方法進行研究。其次，甲骨卜辭又是一種古文字材料，同樣也適合用古文字學的方法分期斷代。前者可以確定其相對年代，後者則可定其絕對王年，故而在對具有明確出土層位的甲骨進行斷代研究時必須兩者綜合使用。

（一）侯南卜辭的出土及來源

董作賓先生在《安陽侯家莊出土之甲骨文字》（後簡稱《文字》）一文中，對侯家莊卜辭的來源作了詳細敘述，我們據引如下表一。

表一　侯南類卜辭來源表①

出　土　地	甲骨數	拓　　本	時　期	備　註
H.S.20 大圓坑	甲 8	1 至 8	第三期	掘獲
H.S.57 小圓坑	甲 1 骨 30（合 4）	10 至 17、19 至 22、24、26 至 30、32、33、35 至 38、40 至 41	第三、五期	購得
	骨 6（合 2）	9、18、31、34、39	第三、五期	檢出（擾土中）
	骨 1	42		掘獲
H.S.31A 井中	骨 2	23、25		掘獲

由上表可知，這一批甲骨獲得方式主要有三種：掘獲、購得和從擾土中檢出。出土地點也有三處：大龜七版及侯 8 出土於小圓坑 H.S.20 中，23、25 出土於 H.S.31A 井中，其餘均出於小圓坑 H.S.57 中。以上大龜七版、侯 8 及檢出的 9、18、31、34、39 後來均被收入董作賓先生主編的《殷墟文字甲編》之中，再後來又被收入《合集》。儘管

---

① 董作賓：《安陽侯家莊出土之甲骨文字》，《中國考古學報》第一冊，頁 101。

董作賓先生本人已經確定其餘 26 片(件)與擾土中所檢出的爲同一批東西,但在《甲編》中仍未予收録,《合集》、《合補》同樣也未收録,正如蔣玉斌所言"這就是審慎過度了"。① 因爲除了本身出土地點相同外,董先生本人也曾說"其中二版,可與侯新文以前交到之骨版,文字銜接(34 與 35,9 與 10)"。② 而且李學勤先生後來又指出"侯 31 與侯 20 可以綴合",③這一點已經得到了實物驗證,④完全吻合。綜上,從卜辭本身之間存在的緊密聯繫,可以肯定從村民手中購得的 26 片(件)與擾土中檢出的 5 片(件)屬同一類卜辭,而且與科學挖掘所得之侯 42 聯繫也十分緊密。至於其出土環境,董作賓先生有較爲詳細的描述,分述如下。

首先,就相對距離而言。董作賓先生在論及甲骨在東部基址中的分布時說:"基之北偏西,約去十七公尺,有大灰土坑,即出土大龜七版處。灰土坑之北約六公尺,即村人挖得甲骨文字處。"⑤可知出土甲骨的兩處灰坑相距很近,其地層堆積應大體相同。董作賓先生以"侯新文掘甲骨文字(按:即從村民手中所購 26 片)"作爲推斷出土大龜七版灰土坑"第二層堆積年代"的旁證即基於此。

其次,內容及字體方面,此 26 片與董作賓先生檢出的 9、18、31、34、39 及科學挖掘所獲之侯 42 聯繫十分緊密,其中 31 辭與 20 辭(購得)可以綴合,9 辭與 10 辭(購得)可以綴合;侯 42 卜骨上的字體"貞"與 21、37、40 諸辭之"貞"相同,"余"與 29、31、36 諸辭之"余"相同,"辛"、"酉"與 40 辭之"辛、酉"相同,因此它們爲同一類卜辭當毋庸置疑。關於 9、18、31、34、39 諸片(件)之出土環境,董作賓先生說:"這天下午,我又約了侯新文到南地去找他發現甲骨文字的老坑,居然找到了,坑在我們所挖 H.S.3 坑之東約數公尺(在 H.S.57坑中)。將虛土掏出,於虛土中復檢得有字骨六版(圖 34 二版,31,9,18,39),其中二版,可與侯新文以前交到之骨版,文字銜接(34 與 35,9 與 10)。可以實際上證明侯君所言非妄,而此一批材料之出土地,確切即是此坑了。坑爲不規則圓形,直徑約一公尺許,深至一公尺四寸五,其中爲灰黃雜土,周圍皆至生黃土牆。"⑥又據同文"編號記載對照表"可知科學挖掘所獲之侯42,出土於0.8 m深的灰土層中。綜合董氏前後敘述,我們可以獲得以下兩點十分重要的信息:第一,老坑(H.S.57)中,灰土、灰黃土在生黃土(按,

---

① 蔣玉斌:《殷墟子卜辭的整理與研究》,頁 133。
② 董作賓:《安陽侯家莊出土之甲骨文字》,《中國考古學報》第一册,頁 95。
③ 李學勤:《談安陽小屯以外出土的有字甲骨》,《文物參考資料》1956 年第 11 期。
④ 參見《史語所購藏甲骨集》,臺北:中研院史語所,2010 年,頁 112,綴合 7。
⑤ 董作賓:《安陽侯家莊出土之甲骨文字》,《中國考古學報》第一册,頁 100。
⑥ 董作賓:《安陽侯家莊出土之甲骨文字》,《中國考古學報》第一册,頁 95。

當指石璋如所說之黃硬土)之上；第二，因侯 42 與擾土中檢出之 9、18、31、34、39 等諸片同屬一類，因此董氏所說灰黃雜土當爲灰土與黃土擾亂所致，而這批卜辭真正的出土環境應爲灰土層。以上小圓坑 H.S.57 中的堆積與相隔數公尺大圓坑 H.S.20 中的堆積層次大體相同，因此，若要判斷侯南卜辭之年代，必然首先要確定侯南地層堆積中灰土層所在的年代，而這則有待於 H.S.20 大圓坑中各堆積層次年代的確定。

H.S.20 大圓坑中的堆積據石璋如先生所繪甲骨文出土坑位圖可知，從上至下依次爲耕土、淺灰土、黃灰土、黃硬土、雜淤土，後又將其歸併爲三大層，即雜灰土、灰土、硬黃淤土。然而在以上地層中，以第二層及第三層所出遺物最爲豐富，爲推斷其年代提供了十分有利的條件，更爲重要的是第三層中不僅有大量的器物，而且還有完整的有字龜版——即後來所謂"大龜七版"，這便成爲推斷年代的可靠證據。關於"大龜七版"的出土，石璋如先生言道："四月十一日下午五時，已經是該要收工的時候了。在 H.S.20 大灰土坑的東北域，深一公尺五寸的黃硬土中，發現了卜用過的大龜版。"①綜上可知，"大龜七版"出土於黃硬土層中，即石氏所劃大圓坑第三層。關於硬黃土層（第三層）的年代由於有"大龜七版"出土，可知爲甲骨第三期，即廩辛康丁時期，那麼灰土層（第二層）的堆積年代必然要晚於廩辛康丁，董作賓先生認爲是"第五期帝乙帝辛時期"。然而，通過對第二層中伴出器物及其組合等方面的對比分析可知，其與殷墟三期的特徵十分吻合，尚不至晚到殷墟四期。

（二） H.S.20 大圓坑中堆積層次的年代

石璋如先生對 H.S.20 大圓坑中的堆積情形及出土遺物等作了交代，現轉引如下表二。

表二　大圓坑堆積、遺物表②

層　　次	深　　度	土　色	遺　　　物
第一層	0.20—2.0 公尺	雜灰土	瓦鬲
第二層	0.60—2.40 公尺	灰土	灰繩紋陶，瓦鬲，灰素陶，紅繩陶，刻紋陶，帶釉陶，陶磲，骨，蚌，卜用龜版，石卵
第三層	1.00—4.40 公尺	硬黃淤土	灰繩紋陶，瓦灰，鬲，素陶，紅繩陶，骨，蚌，有字龜版，鹿角，石卵

---

① 董作賓：《安陽侯家莊出土之甲骨文字》，《中國考古學報》第一册，頁 96。
② 董作賓：《安陽侯家莊出土之甲骨文字》，《中國考古學報》第一册，頁 98。

由於這一批陶器未見發表，具體器形未知。儘管如此，我們仍可從中得到十分重要的信息。首先，第二、三層中共有的是繩紋灰陶、繩紋紅陶、素陶及陶鬲。鬲在殷墟文化中分布較爲廣泛，一至四期均有，且器形變化明顯，是分期斷代的重要依據。其次，第二層與第三層的區別在於第三層中不見刻紋陶、帶釉陶，第二層中不見鹿角。據同文董作賓先生敘述，石璋如先生曾將侯家莊南地遺物與小屯進行比較，現節錄其重要者列爲表三。

表三　小屯、侯南出土遺物對照表[①]

遺物種類	小屯村	侯家莊	備　　註
鬲	有	多	
甗	有	有	
甑	多	無	
皿	多	無	
獸頭陶器	有	多	數量多者曰"多" 常見者曰"有" 絕不見者曰"無" 不常見者曰"少"
紅色繩紋陶尊	有	多	
刻紋陶片	有	多	
帶釉薄陶片	有	多	
白陶	有	無	
"將軍盔式"陶器	多	無	

儘管具體器物形制尚不可知，但就器類組合而言，與殷墟文化三期的相同。同樣，上表可以得到以下兩點十分重要的信息。第一，**鬲、尊**在侯南遺址中數量多，**甗**比較常見，**不見甑**。第二，侯南遺物中**帶獸頭陶器、刻紋陶片、帶釉薄陶片**多見。此外，據石璋如先生敘述侯南重要遺物中"帶精美獸頭耳之盆罐等陶器爲其他遺址中所罕見"，[②]此說足有見地。

雖然石璋如先生所列以上器物難以與大圓坑中的第二層、第三層一一對應，但由其敘述來看，即爲此兩層中所出應大體不差。下面我們將從已知殷墟文化三期典型器類組合、紋飾、陶質、裝飾等特徵入手，就侯南大圓坑最下層（二、三層）的年代試作

---

① 董作賓：《安陽侯家莊出土之甲骨文字》，《中國考古學報》第一冊，頁101。
② 石璋如：《殷墟最近之重要發現——附論小屯地層》，《中國考古學報》第二冊，上海：商務印書館1937年版，頁74。

分析。

早在20世紀60年代，鄒衡先生、鄭振香先生就分别提出了殷墟文化分期問題，儘管在某些細節上兩者有一定的差異，但他們均將殷墟文化分爲四期却是一致的，這一分期體系一直沿用至今。70、80年代以來，隨着殷墟考古工作的繼續推進，一大批遺址和墓葬被發現，其中不僅出土了大量珍貴文物，而且還有一些新的重大發現，這對殷墟的全面、深入研究意義非凡。基於這些新的發現和材料，鄭振香先生及社科院考古所的學者們補充和修正了以前分期中的不足和缺環，使得殷墟文化分期體系更加準確、全面。爲更直觀進行對比分析，現就殷墟文化各期陶器器類組合、陶質、紋飾演變情形列爲表四：

表四　殷墟文化陶器器類組合、陶質、紋飾演變表

期段比例		器類組合(%)			陶質(%)				紋飾(%)							
		炊器	食器	盛貯器	泥質灰陶	泥質紅陶	夾砂灰陶	夾砂紅陶	繩紋	弦紋	附加堆紋	饕餮紋	大三角紋	三角劃紋	三角繩紋	其他
殷墟一期	早段				68%	1%	30%	1%								
	晚段	40%	20%	40%	73%	3%		3%	80%	17%	2%	1%		無	無	
殷墟二期	早段	36%	15%	49%	72%	6%	20%	1%—2%	近一期晚段							
	晚段								近一期晚段	罕見	無	少量	無			
殷墟三期		24%	15%	60%	75%	13%	10%	少見	82%	10%				3%	5%	
殷墟四期		20%	15%	65%	75%	17%	8%	少見	近三期					普遍	斜方格、直綫紋	

首先，就器類組合方面，鄭振香先生指出："日用陶器按其用途不同，可分炊器、食器、盛貯器等三大類……第三期鬲、甗約占16%，甑占8%，食器約占15%，盛貯器約占60%；第四期鬲、甗約占12%，甑占8%，食器占15%，盛貯器占65%。炊、煮用的鬲、甗所占比例不斷下降，甑所占比例略有上升，食器所占比例變化不大，盛貯器所占比例不斷上升。"[1]綜合表二、表三，侯南遺址中鬲尊（盛貯器）數量衆多、甑較常見、不見甗這一現象，恰與以上鄭先生所論殷墟文化三期器類組合演變趨勢相吻合。

其次，就陶質方面，鄭先生指出："第三期泥質灰陶約占75%，泥質紅陶約占13%，夾砂灰陶約占10%，夾砂紅陶少見；第四期泥質灰陶約占75%，泥質紅陶約占17%，

---

[1] 中國社會科學院考古研究所：《殷墟的發現與研究》，北京：科學出版社1994年版，頁27。

夾砂灰陶約占 8％，夾砂紅陶少見。其演變規律是夾砂灰陶的比例不斷下降，泥質灰陶和紅陶的比例不斷上升。第三、四期泥質紅陶的數量增多是一顯著特點。"①據上表二、表三可知，侯南遺址中紅陶數量衆多，同樣，這也是"三、四期的顯著特點"。

再次，就紋飾而言，鄭先生指出："陶器的紋飾以繩紋爲主，弦紋次之。但各期紋飾類別與所占比例有所變化。第一期……第二期晚段出現少量三角劃紋，饕餮紋已罕見；第三期繩紋約占 82％，弦紋占 10％，三角劃紋約占 3％，三角繩紋約占 5％；第四期紋飾類別與第三期接近，但劃紋更爲普遍。"②可見劃紋比重的消長亦具時代意義。由上表二、三可知，侯南遺址中劃紋已較普遍，因此其年代當屬三期或四期。

最後，就器物裝飾方面。鄭先生在談到第三期簋的形制演變時指出："另一種是第三期新出現的，形體較大（T250⑤：42）……口沿下飾獸頭三個，製作比較精緻。"③在分析第三期罍的型式時亦指出："另一件口沿殘，肩略鼓……肩部兩面各飾一突起的獸頭（64H3：1）。"④可見，裝飾獸頭在器物的口沿或肩部應爲殷墟文化三期較爲流行的做法。關於此，石璋如先生也曾指出："其中帶精美獸頭耳之盆罐等陶器爲其他遺址中所罕見。"⑤據上表三，侯南遺址中帶獸頭陶器比較多見，這又是侯南遺物與殷墟三期遺物特徵相符之處。

此外，關於釉陶，鄭先生指出："據現有資料，釉陶見於第四期的居住遺址和墓葬内。"⑥綜上所述，侯南遺址大圓坑中所出遺物特徵與殷墟文化三、四期完全一致，因此其年代也應在三、四期以内。然而，總的來看，侯南遺址整體文化面貌較爲接近，考慮到其"居住時間較短，遺物亦較單純"⑦這一特點，我們認爲其整體年代應在殷墟三期。那麽大圓坑中二、三層是否均屬三期呢？我們認爲它們雖同屬三期，却略有早晚。

除本身的疊壓關係表明第二層要晚於第三層外，各層所出遺物也能爲此提供可靠佐證。首先，第二層出土有帶釉陶器，而第三層未見。鄭振香先生指出釉陶"大多數見於第四期居住遺址和墓内"。⑧ 其次，第二層有刻紋陶，即劃紋。前文引鄭先生的觀點，劃紋少量出現於殷墟文化二期晚段，到第三期逐漸增多，第四期時則更爲普遍。

---

① 中國社會科學院考古研究所：《殷墟的發現與研究》，頁 27。
② 中國社會科學院考古研究所：《殷墟的發現與研究》，頁 27—28。
③ 中國社會科學院考古研究所：《殷墟的發現與研究》，頁 30。
④ 中國社會科學院考古研究所：《殷墟的發現與研究》，頁 219。
⑤ 石璋如：《殷墟最近之重要發現——附論小屯地層》，《中國考古學報》第二册，頁 74。
⑥ 中國社會科學院考古研究所：《殷墟的發現與研究》，頁 240。
⑦ 鄭振香、陳志達：《殷墟青銅器的分期與年代》，《殷墟青銅器》，北京：文物出版社 1985 年版，頁 38。
⑧ 中國社會科學院考古研究所：《殷墟的發現與研究》，頁 238。

以上第三層未發現刻紋陶,一定程度上説明這一時段刻紋陶數量稀少,而第二層已有刻紋陶説明這一時段刻紋陶數量較多。因此,這也表明第二層的年代要晚於第三層。具體而言,第三層的年代約相當於殷墟三期前段,第二層約相當於殷墟三期後段。以上依據地層關係確定了出土侯南卜辭灰土層的年代爲殷墟三期後段,然而要確定其究竟屬於哪一王世之遺物,則有待卜辭本身的記載。

三、侯南卜辭的絶對年代

(一) 稱謂反映的年代信息

稱謂上,侯南類卜辭兩見"父己(10、12)"、一見"乙(27)"可能爲父乙。李學勤先生指出"侯10、12 有'父己',當是廩辛對祖己的稱呼,所以它們都是廩辛時代的卜辭"。[①] 在何組卜辭中,三 A 類"父己"兩見(《合》26899、27407),三 B 類"父己"三見(《合》27400、27414、30302)。此外無名組一、二類卜辭中也有大量的"父己"稱謂。李學勤、彭裕商二先生也指出,何組三 A 類的重要稱謂主要有"祖丁(《合》27302)、父庚(《合》30345)、父甲(《合》30345)、父己(《合》26899)"。[②] 何組三 B 類的重要稱謂主要有"祖丁(《合》30353)、父庚(《合》27423)、父甲(《合》27468)、父己(《合》27400)、母戊(《合》27585)"。[③] 接着在分析何組三 A 類卜辭的年代時説:"本類在稱謂上大致屬廩康之世,與二類緊密銜接,其上限應到廩辛。横向上與無名組聯繫,稱謂中已開始出現祖己、父辛,其下限已延及武乙早年。"[④]在分析何組三 B 類卜辭的年代時指出:"祖丁即武丁,母戊爲商王祖甲之配,這些都是廩辛康丁時的稱呼。"[⑤]經過與無名組卜辭的横向比較後更加具體地説:"本類上承三 A 類,其上限當在廩辛之世。在卜辭發展序列上,本類是何組中最晚的,横向上與無名組有很多聯繫,占卜事類、字體、地層等也都有一些較晚的迹象,但其占辭尚未出現'引吉',故其下限當在武乙中期以前。"[⑥] 在何組卜辭中,"父丁"三見,即《合》27148、30615、27734,前兩辭爲三 A 類,後一辭爲

---

① 李學勤:《談安陽小屯以外出土的有字甲骨》,《文物參考資料》1956 年第 11 期。
② 李學勤、彭裕商:《殷墟甲骨分期研究》,上海:上海古籍出版社 1996 年版,頁 148。
③ 李學勤、彭裕商:《殷墟甲骨分期研究》,頁 151。
④ 李學勤、彭裕商:《殷墟甲骨分期研究》,頁 159。
⑤ 李學勤、彭裕商:《殷墟甲骨分期研究》,頁 160。
⑥ 李學勤、彭裕商:《殷墟甲骨分期研究》,頁 168—169。

三 B 類。而且值得注意的是，《合》27734 爲"教"所卜，何組中凡"教"所卜，字體風格極具晚期特點，有些已十分接近黃組，因此以上"父丁"可能爲武乙對康丁之稱。

此外，侯南類 27 辭記載"用牛於乙，用"。董作賓先生認爲："此僅稱乙，當是帝辛祭帝乙之卜辭。因此可證殷墟卜辭，確曾至帝辛之世。帝辛稱帝乙本當曰父乙，但殷人常有對最切近之人，僅舉忌日，不加稱謂者。如大龜四版之一（按《合》339），載祭丁之辭十三，皆但稱丁，不加祖或父之稱謂。同版有祖乙（27—28）之祀，若祖乙爲小乙，則此丁即父丁，武丁了。"①除《合》339 外，還有許多祭祀"丁"之卜辭，如《合》6、《合》1906—1935 均是出祭"丁"者，而且"丁"常與"祖乙"同版。根據字體，這些卜辭大多爲賓組二類，關於其年代，李學勤、彭裕商二先生指出"大致屬武丁晚期，下限可延及祖庚之世"。② 因此，我們認爲這裏的"祖乙"當爲祖庚稱小乙，丁爲父丁之省，當爲祖庚稱武丁。故以上董作賓先生釋"丁"爲父丁（即武丁）的說法是可信的。因此侯南 27 辭之"乙"釋作"父乙"可從，然而此"父乙"所指爲誰？董作賓先生認爲"即帝辛對帝乙之稱"。然而我們認爲這裏的"父乙"也有可能是文丁對武乙之稱，因爲從字體上分析，本類卜辭明顯早於黃組，僅與黃組一類字體接近，與典型的黃組卜辭差距較大，因此其年代不至晚到帝辛時期，故我們更傾向於將"父乙"解釋爲文丁稱武乙。

（二）字體、内容及辭例等反映的年代信息

首先，就字體而言，侯南類卜辭除一部分與何組三類、黃組一類完全相同或完全不同外，其餘絶大多數介於兩者之間，但值得注意的是這些相同或介於兩者之間的卜辭在何組三類、黃組一類中絶大多數均非各自典型字體。換言之，侯南類的很多字體在何組三類中只是零星地出現，到侯南類全部出現且已成爲典型字體，到黃組一類僅有一部分被繼承下來，其餘均被新的字體所取代。最關鍵的是，與侯南類卜辭字體相同的那些何組三類卜辭基本都是本類中最晚的，很多已極其接近黃組。因此，從字體發展演變的趨勢分析，侯南類卜辭上承何組三類最晚，下接黃組一類。關於黃組一類的年代，徐明波等認爲"上限可到文丁之世"。③

其次，就卜辭内容及文例方面，侯南類"陟帝"卜辭不見於其他任何組類，但却與無名組二、三類卜辭不僅内容相關，字體也很接近。關於無名組二、三類卜辭的年代，李學勤、彭裕商二先生認爲前者"大多爲康丁時遺物，有一小部分已延及武乙，其下限

---

① 董作賓：《安陽侯家莊出土之甲骨文字》，《中國考古學報》第一册。
② 李學勤、彭裕商：《殷墟甲骨分期研究》，頁 126。
③ 徐明波、彭裕商：《殷墟黃組卜辭的斷代研究》，《中國史研究》2007 年第 2 期。

不晚於武乙中期"，[1]後者"基本上都是武乙時期的遺物，大致處於武乙中晚期"。[2] 因此，我們認爲與無名組内容和字體接近的這批侯南類卜辭的年代也應是較晚的，而且"在正月"、"干支卜貞"的記月方式和前辭形式也與黄組相同。然而，侯南類卜辭中"夕、月"尚未固定，占卜習語有"肆螯"，"肆螯"黄組一類僅一見（《合》36974），而且《合》36974 爲黄組一類與侯南類同版卜辭，因此，侯南類卜辭的時代下限當不晚於黄組一類。

綜上所述，地層關係上，出土侯南類卜辭的灰土層的年代晚於出"大龜七版"的硬黄土層；稱謂系統上，侯南類卜辭兩見"父己"，一見"乙"，前者是康丁對祖己之稱，後者爲文丁對武乙之稱；字體上，侯南類卜辭上承何組三類最晚，下接黄組一類；内容及文例上，侯南類卜辭與無名組晚期和黄組一類有一定的聯繫。

相比殷墟文化其他各期，殷墟三期陶器與甲骨卜辭共存的資料比較多見，如小屯東南 55H1、小屯南地 73H50 等均爲陶器與卜辭共出的單位。李學勤、彭裕商二先生結合以上兩處灰坑中出土的陶器、銅器、甲骨卜辭，將殷墟三期的絶對年代考定爲"廩辛-文丁時期"。[3] 這恰與侯南卜辭本身所反映的年代信息一致。

總之，地層關係、稱謂系統、字體、内容、文例等多個方面的證據表明，侯南類卜辭爲殷墟三期之遺物。具體而言，其年代上限爲康丁晚末至武乙之初，下限至文丁時期。

我們相信，隨着以前未公布卜辭的不斷公布和殷墟考古工作的繼續深入，可能還會有屬於本類的一些卜辭見之於世。爲今後研究的方便，最後對侯南類卜辭的著録及綴合情況略作交代。

四、侯南卜辭的著録及綴合

侯南卜辭最早的著録是董作賓先生 1936 年發表的《安陽侯家莊出土之甲骨文字》一文，爾後對其專門著録的書很少。然而，同是侯南卜辭，其著録情形也是大不相同的，其中"大龜七版"和"9、18、31、34、39、42"後來被收入董作賓先生所著《殷虚文字甲編》之中，其餘諸片則被擱置於外。20 世紀 70、80 年代編著的《甲骨文合集》仍只收録了《甲編》所刊布的諸片，其餘仍未被收録，此後的《甲骨文合集補編》仍然如此，唯

---

[1] 李學勤、彭裕商：《殷墟甲骨分期研究》，頁 304。
[2] 李學勤、彭裕商：《殷墟甲骨分期研究》，頁 304。
[3] 李學勤、彭裕商：《殷墟甲骨分期研究》，頁 54。

一不同的是將《合集》未收之"侯 8(甲編 3929)"補收其中。因此,對侯南類卜辭著錄最全的仍然祇有《文字》一文。由此可見,侯南卜辭的著錄情形,正如蔣玉斌所言:"對於這批卜辭的研究是很不利的。"① 直至 2010 年,臺灣史語所② 才對以上《合集》、《合補》未收的甲骨進行了著錄,此次著錄不僅有照片、拓本,而且還附有綴合情況,極大改善了侯南卜辭著錄稀少的情形。

侯南卜辭集中出土,内容上的聯繫也較爲緊密,這便增加了綴合的可能。董作賓先生於 1936 年發表的《文字》一文中第 34 片就是兩版的綴合,此後曾毅公、李學勤先生又綴合了兩例,即侯 20 綴合侯 31、侯 32 綴合侯 35。另外,蔣玉斌又指出一例,即侯 10 綴合侯 21。這些綴合對研究卜辭内容具有重要意義。關於侯南卜辭著錄、綴合情況詳見文末附表。

最後,就董作賓先生釋文中的兩處錯誤加以補正。首先,侯 19 董作賓先生釋爲"仔十年",《史語所購藏甲骨集》(後文簡稱《購藏》)一書仍之。但通過觀察《購藏》84 頁照片,"十"作 ,與黄組、何組三類"害"字較爲接近,黄組"害"作 (《合》36529),何三類"害"作 (《合》31930),故我們認爲"十"應爲"害"之誤,當作"仔害年"。"仔"作爲先公見於《合》26826(師小字)、4126(師賓間)、18722(賓二)、40455(賓出間)、24945(出一)、25038(出一)、25039(出一)等,以上皆爲對"仔"進行坐祭者。其次,侯 33、34、35 中之"侃(原文作泳)"董作賓先生認爲是"辭末署名",然而這幾條卜辭中的"侃"置於文辭之末而不是骨版之末,因此它並非署名,而且通過與何組、無名組等卜辭的對比,我們認爲"侃"字上讀,作"王侃"也是講得通的。若將其解釋爲"署名",這種署名方式也是非常奇怪的,與已知的骨面刻辭、骨臼刻辭都不同。

附表 侯南卜辭著錄、綴合情況

片號	《甲編》	《合集》	《合補》	《購藏》	綴合情況	綴合來源
侯 1	3913	28011				
侯 2	3914	27146				
侯 3	3915	30757				
侯 4	3916	30439				
侯 5	3917	31549				

---

① 蔣玉斌:《殷墟子卜辭的整理與研究》,頁 133。
② 中研院史語所:《史語所購藏甲骨集》。

續 表

片號	《甲編》	《合集》	《合補》	《購藏》	綴合情況	綴 合 來 源
侯 6	3918	27459				
侯 7	3919	29084				
侯 8	3929		8932			
侯 9	3936	15376				
侯 10				313	+21	蔣玉斌《殷墟子卜辭的整理與研究》,頁 13
侯 11				314		
侯 12				315		
侯 13				316		
侯 14				317		
侯 15				318		
侯 16				319		
侯 17				320		
侯 18	3935					
侯 19				321		
侯 20				322	+31	李學勤《談安陽小屯以外出土的有字甲骨》
侯 21				323		
侯 22				324		
侯 23						
侯 24				325		
侯 25						
侯 26				326		
侯 27				327		
侯 28				328		
侯 29				329		
侯 30				330		

續　表

片號	《甲編》	《合集》	《合補》	《購藏》	綴合情況	綴　合　來　源
侯31	3934	39444				
侯32				331	＋35	李學勤《談安陽小屯以外出土的有字甲骨》
侯33				332		
侯34	3933	35362				
侯35				333		
侯36				334		
侯37				335		
侯38				336		
侯39	3937	15797				
侯40				337		
侯41				338		
侯42	3938	39456				

　　本文在寫作過程中，導師彭裕商教授給予了悉心指導，且提出了良好的修改意見，另外課題組成員對本文的寫成也給予了極大的支持，在此一併致以謝忱！

殷墟甲骨鑽鑿研究述評

趙 鵬

（中國社會科學院歷史研究所）

以往對於甲骨鑽鑿研究主要有單個鑽鑿形態研究和鑽鑿整體布局研究兩個方面。以下從這兩個方面對其研究情況進行簡要述評。

一、單個鑽鑿形態研究述評

1910 年羅振玉的《殷商貞卜文字考》，[1]在書中第三部分卜法中論及占卜的第二個程序爲鑽鑿，"鑽形圓，鑿形橢圓"；第三個程序爲灼。1929 年董作賓的《商代龜卜之推測》[2]將甲骨上的鑽鑿與《周禮》鄭注、《荀子·王制篇》、《韓非子·飾邪說篇》等傳世文獻中的"鑽"、"鑿"相聯繫，對其進行命名。指出兩者形狀不同："鑽之迹圓，鑿之迹略似橢圓而尖長。"同時指出施加鑽鑿的目的在於成兆："鑿之，所以使正面（腹甲外面）易於直裂也。鑽之，所以使正面易於橫裂也。鑽鑿之後，灼於鑽處，即可使正面見縱橫之坼文，所謂卜兆者也。"指出製作順序爲先鑿後鑽，並結合《周禮·春官》及《史記·龜策列傳》解釋了"灼"："灼龜，蓋即以荊支然火，而燒所鑽之中，以見兆文也。"指出鑽鑿是占卜前事先製作好的，具有非臨時性。

---

[1] 羅振玉：《殷商貞卜文字考》，玉簡齋石印本，1910 年，又收入《羅雪堂先生全集三編》第 1 册，臺北：大通書局影印本 1970 年版，又收入《殷虛書契考釋三種》上册，北京：中華書局 2006 年版，又北京圖書館甲骨文研究資料編委會編《甲骨文研究資料彙編》，北京：北京圖書館出版社 2000 年版，又宋鎮豪、段志宏主編《甲骨文獻集成》第七册，成都：四川大學出版社 2001 年版。
[2] 董作賓：《商代龜卜之推測》"鑽鑿第六"，《安陽發掘報告》第一册，中研院史語所刊行，1929 年，又收入《中國現代學術經典·董作賓卷》，石家莊：河北教育出版社 1996 年版，又宋鎮豪、段志洪主編：《甲骨文獻集成》第十七册，成都：四川大學出版社 2001 年版，頁 1—19。

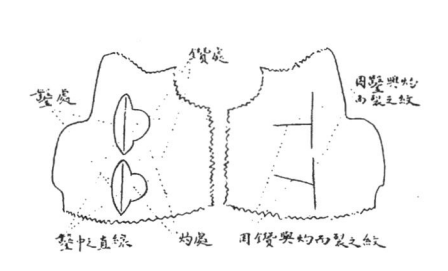

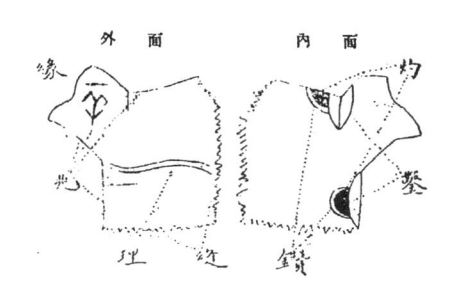

1936 年董作賓在《骨文例》①中發現了長鑿旁有灼無鑽的現象。

1953 年郭若愚在《殷契拾掇第二編》②中附有側面和反面祇有卜兆鑽灼而沒有文字的拓片，指出側面表示龜甲的厚度和鋸痕，反面表示鑽灼的形式。並說明"我覺得做學術工作是嚴肅的，精密的，因此亦必須是負責的，根本不能忽視一點現象，而且要立刻說明，以供大家研究"。這是甲骨著錄史上第一次著錄反面鑽鑿。

1954 年張秉權在《殷虛卜龜之卜兆及其有關問題》③中轉引李濟的觀點，認爲鑽鑿有控制卜兆的功用。把鑽鑿命名爲"雙聯凹穴"，對其形態進行了如下描寫："它是由一個較深的形似縱剖的棗核狀凹穴與一個較淺的形似大拇指甲狀凹穴相交聯套而組成的……一個雙聯凹穴便是一次占卜單位，即可供灼卜一次，灼就灼在形似大拇指甲狀的凹穴之內。"張秉權不使用"鑽鑿"這一名稱的原因是他發現這些凹穴的製作方法"大都是鑿成的，而不是鑽成的"。1967 年張秉權在《甲骨文的發現與骨卜習慣的考證》一文中基本持相同觀點。④

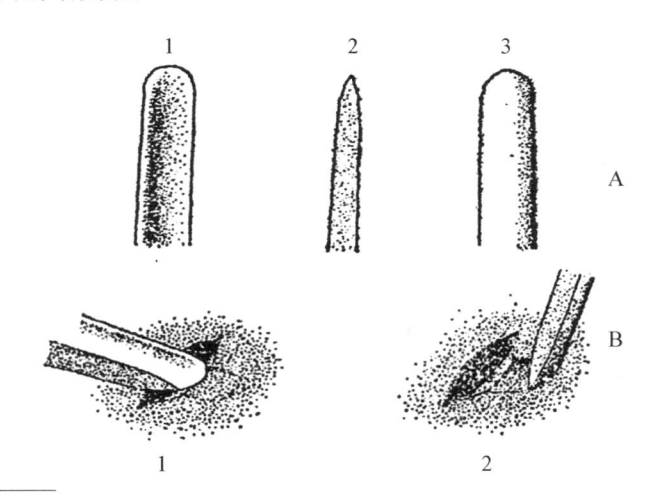

---

① 《中研院歷史語言所集刊》第 7 本第 1 分，1936 年，頁 7。
② 《殷契拾掇第二編》序，上海：來薰閣書店 1953 年版，頁 8。
③ 《中研院院刊》第 1 輯，1954 年。
④ 《中研院史語所集刊》第 37 本下冊，1967 年。

1960年貝塚茂樹在《京都大學人文科學研究所藏甲骨文字·正文篇》①中以鑽鑿形態論證王族卜辭與第一期同時代。

　　1961年饒宗頤在《由卜兆記數推究殷人對於數的觀念——象卜象數論》②一文中指出鑽鑿、卜兆、兆序與卜辭具有連帶關係：“龜甲上有四件東西，保持着連帶的關係，即是龜背的鑽鑿孔，和經燒灼之後，腹面所呈的兆象，及刻在兆位的數字，與契刻在腹或背面的卜事記録的卜辭或紀事别辭。”

　　1973年許進雄《卜骨上的鑽鑿形態》③是比較系統地按殷墟甲骨五期分法進行鑽鑿形態研究的第一部著作，爲甲骨研究開闢了一個新的領域。文中指出鑽鑿命名的依據“通常所謂的鑽鑿，是因挖刻的工具和挖出的形態的不同而命名的”。隨着學術的發展，今天我們知道這個説法並不準確。把鑽鑿命名爲“長鑿”、“圓鑽”，又因長鑿旁的圓洞大多數是挖成的，或因燒灼的火力過强而燒毁剥裂而成，所以將之前學者命名爲“鑽”的部位命名爲“圓鑿”。該文指出的“鑽”有一些是因燒灼剥裂而成是正確的。該文把鑽鑿分爲：單獨的長鑿型，圓鑿包攝長鑿型，小圓鑽型，長鑿旁有圓鑿型，於骨正面中下部位施鑿型等五種形態。其中“於骨正面中下部位施鑿”屬於鑽鑿施加的部位，不應該作爲鑽鑿形態的類型。該文指出鑽鑿的長度與施加的位置有關，鑽鑿形態與材質有關。按五期分類法梳理了各期鑽鑿形態，指出鑽鑿長度隨五期而變化，用尖圓頭、平圓頭、三角頭、直肩、微曲肩、彎曲肩描寫鑽鑿輪廓，指出鑽鑿形態的發展序列爲：直肩尖頭—微曲肩平圓頭—彎曲肩尖圓頭；指出圓鑿包攝長鑿比一期一般刻辭要早。文中認爲小圓鑿出現在一期和四期，其中出現在四期是不正確的，指出長鑿旁的圓鑿是由刀刮削出的。注意到圓鑿與剥裂面的灼燒面積不同。從貞人、鑽鑿尺寸、辭例、灼燒方式、鑽鑿排列、田獵刻辭等角度論證鑽鑿對於斷代的重要意義。這篇論文有很多新的有價值的觀點，創獲良多。

　　1974年劉淵臨在《卜骨的攻治技術演進過程之探討》④一文中梳理了從城子崖到商代甲骨鑽鑿形態的發展序列，即從無到有、從鑽到鑿。這個發展序列是正確的。

---

① 京都大學人文科學研究所1960年版，頁117—122。
② 《中研院史語所集刊外編》第四種，《慶祝董作賓先生六十五歲論文集》下册，1961年。
③ 臺北：藝文印書館1973年版；許進雄：《鑽鑿對卜辭斷代的重要性》，《中國文字》第三十七册，1970年，《甲骨文獻集成》第十五册，頁309—322；許進雄：《從長鑿的配置試分第三與第四期的卜骨》，《中國文字》第四十八册，1973年，《甲骨文獻集成》第十五册，頁328—331；許進雄：《鑽鑿研究略述》，《屈萬里先生七秩榮慶論文集》，臺北：聯經出版事業公司1978年版，《甲骨文獻集成》第十七册，頁96—101。
④ 《中研院史語所集刊》第46本1分，1974年。

1979 年許進雄的《甲骨上鑽鑿形態的研究》①在之前研究的基礎上，明確了鑽鑿各部位名稱。明確了鑽鑿形態要從長度、外形、內壁結構三個方面進行分析。從橫剖角度研究灼燒形態，從縱剖角度研究弧底、平底的鑽鑿形態。論證了貞人、刻手、鑽鑿工匠多期供職的現象。從橫剖面的角度分析骨沿與鑿壁的接續關係。該文亦頗多創獲。

長鑿是本書討論的重心，其比較常提到的相關部位分別稱之爲①頭、②肩、③中線和④內壁如圖所示。

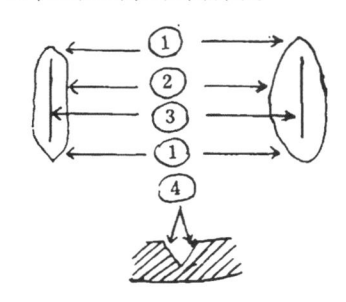

1983 年《屯南》"鑽鑿"②部分沿用了鑽鑿灼的概念。把單個鑽鑿的輪廓分爲頭、腹、尾三個部分。實際上"尾"這個部位在描寫鑽鑿形態時，並沒有起到什麼作用。指出長鑿有刀挖和輪開槽兩種製作方法，並進一步指明，輪開槽的鑽鑿縱剖面爲弧底，刀挖的鑽鑿縱剖面爲平底。《屯南》首次發現了輪開槽的鑽鑿方法，③這一點是《屯南》對於鑽鑿研究最大的貢獻。鑽的製作方法有三種——鑽、輪開槽、刀挖，明確了"鑽鑿"這一名稱與製作工具及製作方法沒有太大關係。把鑽鑿分爲弧型（武丁、輪開槽）、尖頭直腹鑿（武丁）、圓鑽包含長鑿（武丁）、長方型鑿（康丁武乙、刀挖）、鼓腹鑿（康丁、刀挖）、不規則弧形鑿（文丁、輪開槽、刀挖）等六種形態；指出各型的特徵、製作方法及流行時期。一些型下又依長度分式。對骨沿與鑿壁的位置關係做了更爲細緻的分類。該文對鑽鑿類型、時代、製作方法的排列並不清晰。

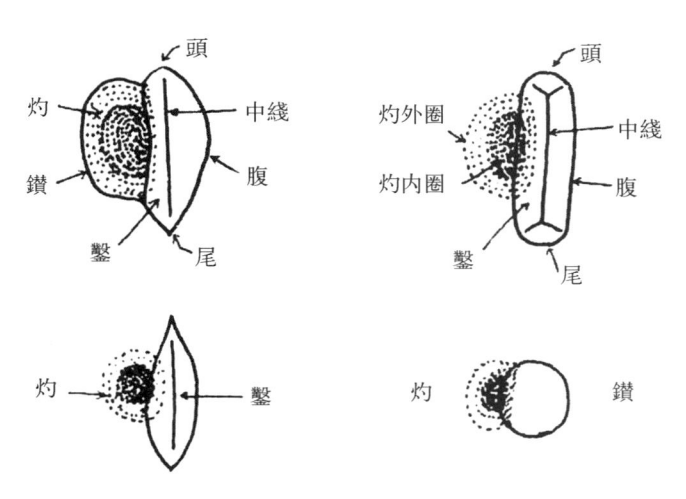

2003 年《花東》④一書對所錄甲骨做了鑽鑿研究，指出花東甲骨的鑿和鑽都是輪開槽製作的。將鑽鑿分爲四型：尖頭弧形鑿、尖頭長形鑿、圓頭弧形鑿、圓頭長形鑿。

---

① 臺北：藝文印書館 1979 年版。
② 中國社會科學院考古研究所編著：《小屯南地甲骨》下冊第三分冊"鑽鑿"，北京：中華書局 1983 年版。
③ 周忠兵：《甲骨鑽鑿形態研究》，《考古學報》2013 年第 2 期。
④ 中國社會科學院考古研究所編著：《殷墟花園莊東地甲骨》第六分冊"殷墟花園莊東地甲骨鑽鑿形態研究"，昆明：雲南人民出版社 2003 年版。

在每一型中又按照 2 mm 的間隔分式，這是没有必要的。該文的貢獻在於發現輪開槽製作出的鑽鑿可以呈現不同的鑽鑿形態，①指出與 YH 127 坑時代較早的那部分卜甲時代相當。但從花東用骨切骨臼來看，有一些時代也不會過早。該文還研究了甲橋型式和甲橋鑽鑿形態，其中甲橋部位鑽鑿形態的單列似無必要。

2012 年《村中南》②將鑿分爲六型：尖頭弧形鑿、圓頭弧形鑿、圓鑽中的鑿、長方形鑿、鼓腹鑿、不規則的弧形鑿。型下按長度分式。把鑽分爲圓鑽和鑿旁之鑽兩種，指出鑿旁鑽有輪開槽、鑽、刀挖三種形式。該書出版時没有將周忠兵鑽鑿形態的研究成果很好地吸納進來。

以上研究的不足主要有兩點：第一，鑽鑿形態的分類依據是鑽鑿的外形輪廓，甲骨鑽鑿形態的實際情況是在不同組類、不同時期會有相同的外形輪廓，因此這一標準分出的類别不容易建立類型學序列；第二，由於研究的理論前提是五期分類法，把歷組放在四期，所以建立的鑽鑿形態序列到了四期便呈現出紛雜的狀態。

2009 年周忠兵的《甲骨鑽鑿形態研究》③一文是在殷墟甲骨分期兩系説的理論框架下，按組類進行甲骨鑽鑿形態研究的代表作，是目前鑽鑿形態研究最前沿的一篇學術論文。全文分爲"引言"、"以往研究的簡評"、"相關術語的界定"、"各類甲骨鑽鑿形態舉例"、"鑽鑿形態類型的歸納"、"鑽鑿形態發展序列和規律的總結"以及"餘論"七個部分。

"引言"闡述了鑽鑿研究逐漸成爲研究對象的過程，指出了對鑽鑿做全面系統研究的必要性，表達了對甲骨著録可以公布反面鑽鑿信息的希冀以及建立鑽鑿類型序列的思想。"以往研究的簡評"簡要評價了許進雄、《屯南》、《花東》對於甲骨鑽鑿形態研究的成果，恰當地分析其中的不足之處。指出了許進雄鑽鑿研究的幾點不足，如"骨面中下施鑿"不應該作爲一種鑽鑿類型，二期長鑿旁是有凹面的，兆側刻辭不只見於一期，貞人"師"屬於一期，一種鑽鑿形態往往對應多個甲骨類别等。同時也肯定了許進雄在甲骨鑽鑿形態研究方面的貢獻，如指出長鑿的長度常因挖刻位置而有所差異，指出有將燒灼剥落面誤當成攻治凹面的現象。《屯南》對於鑽鑿的研究貢獻有：發現了輪開槽的鑽鑿製作方法；將鑽鑿形態分爲六類，凸顯了鑽鑿對於斷代的意義；對

---

① 周忠兵：《甲骨鑽鑿形態研究》，《考古學報》2013 年第 2 期。
② 中國社會科學院考古研究所編著：《小屯村中村南甲骨》下册"小屯村中村南甲骨鑽鑿形態"，昆明：雲南人民出版社 2012 年版。
③ 《考古學報》2013 年第 2 期。《卡内基博物館所藏甲骨研究》，吉林大學博士學位論文（指導教師：林澐），2009 年 5 月，又上海：上海人民出版社 2015 年版，頁 587—624。

鑽鑿的排列方式、骨沿的形態、骨面施鑿等可能對甲骨斷代有益的方面進行了研究。《屯南》研究存在兩點不足：對鑽鑿型式演變描述得不夠準確，單獨的小圓鑽未列鑽鑿型式。《花東》鑽鑿研究的貢獻在於發現輪開槽製作出的鑽鑿可以呈現不同的鑽鑿形態，不足在於以 0.2 cm 在型下分式的意義不大。

　　本文在"相關術語的界定"中把單獨的圓形凹面分為三種類型：單獨的小圓鑽（Ⅰ型）、圓鑽包攝長凹槽（Ⅱ型）、直接挖製的圓形凹面"圓鑿"（Ⅲ型）。"圓鑿"是本文新發現的一種鑽鑿類型並依其製作方法進行命名。界定了長鑿的概念，從製作方法的角度描寫了其共同特徵，對於長鑿的形態描寫采用許進雄的頭部、肩部等部位名稱。因鑿旁的凹面從早期到晚期都存在，將其歸入"灼燒方式"。把傳統認為的"鑽"歸入灼燒方式，更便於鑽鑿形態的分析以及序列的建立。將灼燒分為直接燒灼和攻治後燒灼兩種形式，又對兩種形式進行了細緻的分類與研究。

　　"各類甲骨鑽鑿形態舉例"根據可見材料按照師組大字、師組小字、婦女、午組、子組、花束、師賓間、師歷間、賓一、歷一、典賓、歷二、賓三、出組、歷無、何組、無名組、無名黃、黃組等 20 個甲骨類別的相應順序，分析了各類甲骨中存在的鑽鑿類型以及特徵。"鑽鑿形態類型的歸納"部分歸納為小圓鑽、圓鑽包攝長鑿、圓鑿、輪開槽長鑿、挖製長鑿五種類型。又根據頭部與肩部的形態對長鑿進行了再分類。根據分期標準將輪開槽的鑿按 1.2、1.5、2 cm 為界點分為四式，將挖製長鑿按 1.5、2、2.5、3 為界點分為五式。"鑽鑿形態發展序列和規律的總結"建立了鑽鑿形態從Ⅰ（Ⅱ）、Ⅳ1 到Ⅴ1、Ⅴ2 再到Ⅴ4、Ⅴ5，即從小圓鑽和輪開槽弧形長鑿再到挖製長鑿，輪開槽從弧肩到直肩，挖製長鑿再由直肩到曲肩的發展序列；鑽鑿長度上從 1.5 cm—2 cm—2.5 cm—3 cm—2.2 cm的序列。並指出圓鑽包攝長鑿基本出現在師賓間類，兩系同時期甲骨類別的鑽鑿形態、長度、製作方法上基本平行，有些又有各自特色。"餘論"中對依據鑽鑿形態進行組類及分期判定進行了闡述，又補充了鑿壁、灼燒方嚮、灼燒痕大小、灼燒前攻治方式等有宜參照。

　　本文的四至七部分，在殷墟甲骨分析兩系說的框架下，按組類對各類甲骨鑽鑿的形態進行了描寫、分類及特徵總結，並在此基礎上建立了較為完善的鑽鑿發展序列，又將其再應用於甲骨分期。這部分的學術貢獻在於建立了更為科學的鑽鑿演進序列，其合理性表現在以正確科學的分類為研究基礎。第一，把鑽鑿的製作方式作為第一級分類標準，體現了從鑽到鑿，長鑿從輪開槽到挖製的發展序列。第二，把鑽鑿的外部輪廓作為第二級分類標準，輪開槽長鑿從弧肩到直肩，又從尖頭到平圓頭，挖製長鑿從直肩到弧肩甚至鼓肩，又從尖頭到平圓頭的發展序列。第三，把鑽鑿長度與製作方式和外形輪廓有機結合。正確的分類是建立類型序列的必要前提。文中指出的圓鑽包攝長鑿屬於師賓間類,相對灼燒、骨沿與鑿壁相接見於無名組,這對於根據鑽鑿形態判定甲骨組類及分期具有積極意義。

對於該文的意見是可以考慮把"無名黃間類"甲骨鑽鑿形態作爲村南系的下限,不必再合流到黃組。①

以上是對單個甲骨鑽鑿形態研究的簡要述評,鑽鑿形態研究的發展可以帶來以下三點思考:第一,科學準確的考古類型序列的建立,要以科學的材料研究與分析爲基礎前提。對於鑽鑿問題的研究集中體現在歷組及師組、子組甲骨的時代判定上。歷組放在四期是無法建立一個科學的甲骨鑽鑿形態發展序列的。第二,分類的意義在於説明問題。分類可大可小,但分類的目的最終是要把有共同特質的研究對象放在一起,説明某個問題或某種現象,而不是越細越好。對於鑽鑿問題的研究集中體現在《花東》鑽鑿類型下面按2 mm 分式上。2 mm 長度的分式對於鑽鑿形態的描寫以及類別特徵的研究没有太大意義。第三,甲骨著録書的編纂者要關注甲骨研究的最新進展。1973 年許進雄發表《卜骨上的鑽鑿形態》一文以後,甲骨著録書就應該吸收這一最新學術成果,著録時應該公布甲骨的反面情況,如果没有照相的條件,拓本也行,可實際情况是甲骨反面著録却遲到了近四十年。

二、甲骨鑽鑿布局研究述評

甲骨鑽鑿布局研究的成果並不多。

1929 年董作賓《商代龜卜之推測》一文認爲鑽鑿的數目是由龜版的大小決定的。左右對稱的龜腹甲鑽鑿布局具有對稱性,前後甲鑽鑿數目相同,間有前少於後一鑽的情况。首甲、中甲不施鑽鑿的情况很多。該文指出了龜腹甲鑽鑿布局的部分情况。

1954 年張秉權在《殷虛卜龜之卜兆及其有關問題》一文中指出龜腹甲上的雙聯凹穴的數目多寡與龜版的大小並無一定的關係且數目的確定應該是在攻治的時候。這些觀點是正確的。

1979 年許進雄在《甲骨上鑽鑿形態的研究》中最早注意到了骨首骨頸部位的鑽鑿排列布局,依此論定時代。

1983 年《屯南》一書對所録胛骨反面及正面中下部的鑽鑿布局做了整理研究,將骨首骨頸部位的鑽鑿分爲一列、兩列、三列三種類型,將正面骨扇部位分爲一排、兩排、三排、四排四種類型。2003 年《花東》一書研究了不包括甲橋和中甲部位的龜腹甲

---

① 李學勤:《帝辛征夷方卜辭的擴大》,《中國史研究》2008 年第 1 期。

上的鑽鑿排列型式，將其分爲九類。實際上甲橋與中甲部分的鑽鑿排列也應該納入其中。2012年《村中南》將骨面下部鑽鑿布局分爲一列、兩列、三列、四列、六列五種。這些鑽鑿布局分類都没有與卜辭布局相結合，對於探索占卜制度的意義不大。

　　2011年張惟捷《殷墟YH127坑賓組甲骨新研》[①]一文界定了鑽鑿排列布局的概念：“所謂鑽鑿的排列布局，所指的是複數鑽鑿在腹甲反面特定部位形成的一種固定型態。”鑽鑿布局還是應該從占卜載體的材質及整版情況來考慮，不必只看特定部位。該文認爲同類型的鑽鑿排列布局反映了該批尺寸相近的腹甲具有高度同質性。指出對比相同形態的排列布局有助於聯繫異版之間的關聯，也就是時間區段的重疊。這個觀點具有一定的合理性。在研究中采取單側'後甲'反面鑽鑿排列布局確定類型，指出鑽鑿排列布局對甲骨學分類具有輔助作用。實際上整版甲骨的鑽鑿布局對於探討甲骨的占卜方式、占卜的演變都具有一定意義，應該綜合整版的鑽鑿布局進行研究。典型的鑽鑿布局也確實可以佐助判定甲骨組類及分期。

　　2015年劉一曼《論殷墟甲骨整治與占卜的幾個問題》[②]對卜甲與卜骨上鑽鑿灼的排列進行研究，將小屯腹甲的鑽鑿分爲一列、兩列、三列、四列、五列五種類型，將《屯南》卜骨反面的鑽鑿排列分爲一列、兩列、三列三種類型，並進一步指出“屯南甲骨同嚮灼約占90%，相嚮灼[③]約占10%”。這種分類的優勢是布局類型一目瞭然，問題是不利於確定鑽鑿布局類別及發展序列，不利於發現每一鑽鑿布局類別所特有的卜辭布局及兆序排列現象，不利於占卜方式的進一步研究。

　　鑽鑿布局研究逐漸爲學者關注，但鑽鑿布局還没有與甲骨組類相結合的研究，鑽鑿布局與卜辭、兆序及占卜形式的結合也很緊密，隨着鑽鑿布局的發展演進，占卜方式也在隨之發生變化。這也是鑽鑿布局今後研究的一個方嚮。

　　通過對單個甲骨鑽鑿形態研究以及整版甲骨鑽鑿布局研究的簡要介紹，可以清楚甲骨鑽鑿研究的發展脈絡。有效地將鑽鑿形態與鑽鑿布局結合會建立更爲科學的鑽鑿發展序列，將鑽鑿布局與卜辭、兆序相聯繫對探討卜法具有一定意義，對甲骨組類的判定及分期也具有積極意義。

---

① 輔仁大學博士學位論文（指導教師：蔡哲茂），2011年，又臺北：萬卷樓2013年版。
② 劉一曼：《論殷墟甲骨整治與占卜的幾個問題》，《古文字與古代史》第四輯，中研院史語所2015年版。
③ 相向灼屬於康丁。曹定雲：《殷墟四盤磨"易卦"卜骨研究》，《考古》1989年第7期，頁640。

内藤湖南舊藏甲骨整理札記五種

蔣玉斌

(復旦大學出土文獻與古文字研究中心,
出土文獻與中國古代文明研究協同創新中心)

內藤湖南(1866—1934)本名虎次郎,字炳卿,號湖南,是日本著名的中國史學家。他在 20 世紀初就與中國甲骨學者有較密切的交流,見證了早期甲骨學的材料搜集和研究情況,向日本學者介紹了甲骨文和殷墟,還發表了一些利用甲骨文研究古史的論著。內藤氏自己也曾收藏少量甲骨。茲就內藤氏甲骨的收藏、著錄、整理等寫爲札記五種,供大家參考。

一、內藤湖南接觸、收藏甲骨的基本情況

據內藤湖南自述,1902 年他就在劉鶚處見到甲骨:

> 明治三十五年(1902),朝日新聞派我到中國去。⋯⋯當時在北京遇見了一個名叫劉鐵雲的人。⋯⋯當時他在几案上擺着些古怪物件,正在製作拓片。問他這是什麽?回答説,是最近河南挖出來的龜甲,上邊刻着文字。當時我因爲是報社派去出差的,並没打算研究這些空閒問題,所以僅僅是覺得很稀罕而已,没有對此作出任何研究。[1]

內藤湖南可能是"世界上第一個親見甲骨文的外國文人"。[2]
1910 年 9—10 月,京都帝國大學文科大學(後稱學部)派遣小川琢治、狩野直喜、

---

[1] 內藤湖南著,林曉光譯:《東洋文化史研究》,上海:復旦大學出版社 2016 年版,頁 3。
[2] 嚴紹璗:《日本中國學史稿》,北京:學苑出版社 2009 年版,頁 174—175。

内藤湖南三教授及富岡謙藏、濱田耕作二講師，赴北京作學術調查。調查內容包含河南出土殷代龜卜文字的研究，調查報告説："此行在北京得到了 200 片這樣的實物帶了回來。"①這也是內藤氏直接接觸甲骨實物的較早記載。

1917 年 1 月 25 日，內藤氏在大阪朝日新聞社作了題爲《中國上古的社會形態》（譯名）的演講。前引內藤湖南親見劉鶚椎拓甲骨的自述，即出於此。本次演講時，內藤氏還帶去了一些自己收藏的甲骨標本，可從以下話語看出：

> 我今天帶來了一些參考用的東西。這些參考物的發現並不很久。説起來那是在明治三十二年（1899），我第一次到中國去，在中國是清光緒二十五年，在河南省彰德府發現的東西。
>
> ············
>
> 在安陽縣發掘龜甲的同時，除了龜甲之外，還有牛、羊、鹿等的骨頭，或者大小不等的各種東西，不過我因爲並不是這方面的專家，手上這些不同種類的東西就不是太多。羅振玉氏那裏龜甲和其他種類都有很多。今天帶來的只不過是些標本，一會大家可以看看。②

根據各種資料，內藤湖南舊藏有甲骨二十多片，③學者多認爲來自羅振玉藏品。④內藤氏與羅氏自 1899 年於上海結識，學術友誼深厚。辛亥革命爆發後，羅氏東渡扶桑，定居京都，一直到 1919 年才回國。羅振玉此行曾受內藤湖南等力邀，同時也帶去了包含殷墟甲骨在內的大量古物、珍籍。⑤ 內藤甲骨源出羅藏的可能性很大，但這些

---

① 《京都大學教授赴清國學術考察報告》，原載《大阪朝日新聞》1911 年 2 月 5 日；內藤湖南等著，錢婉約、宋炎輯譯《日本學人中國訪書記》，北京：中華書局 2006 年版，頁 3—4、11—12。

② 內藤湖南著，林曉光譯：《東洋文化史研究》，頁 2、3。

③ 具體的片數，郭沫若《卜辭通纂·序》説是"廿餘片"（東京：文求堂書店 1933 年版；北京：科學出版社 1983 年版，頁 7）；胡厚宣《甲骨文發現之歷史及其材料之統計》記爲"約二五片"（《甲骨學殷商史論叢初集》，石家莊：河北教育出版社 2002 年版，頁 582），《五十年甲骨文發現的總結》記爲"二五片"（上海：商務印書館 1951 年版，頁 64）；董作賓《甲骨學六十年》同爲"二五片"（劉夢溪主編，裘錫圭、胡振宇編校：《中國現代學術經典·董作賓卷》，石家莊：河北教育出版社 1996 年版，頁 273）；松丸道雄著，宋鎮豪譯《日本收藏的殷墟甲骨》歸入"未證實部分"，記爲"25 片(?)"（《人文雜誌》1988 年第 4 期，頁 86；原文刊《東洋文化研究所紀要》第 86 册，1981 年）。

④ 胡厚宣：《關於劉體智、羅振玉、明義士三家舊藏甲骨現狀的説明》，《殷都學刊》1985 年第 1 期，收入《殷都學刊》編輯部選編《甲骨文與殷商文化研究》，鄭州：中州古籍出版社 1992 年版，頁 6；玉田繼雄：《甲骨關係文獻序跋集成》（第二輯），宋鎮豪、段志洪主編：《甲骨文獻集成》第 39 册，成都：四川大學出版社 2001 年版，頁 372（原書頁 118—119）注[十一]。

⑤ 參錢婉約《內藤湖南研究》（北京：中華書局 2004 年版，頁 83—86）等。

甲骨是何時如何入手的,現在尚不清楚。①

內藤氏收藏後來分爲兩部分,先有兩片於 1918 年 1 月 23 日寄贈京都大學文學院考古學研究室;②另外二十片餘,後來轉屬長子內藤乾吉。乾吉去世之後,關西大學從 1984 年開始購入內藤氏恭仁山莊及書庫內藏書、物品,並在圖書館專辟"內藤文庫"加以庋藏,其中就包含甲骨片。③

根據關西大學圖書館"內藤文庫"目錄,文庫中有"[甲骨片]16 片　3 箱"(請求記號：CL21＊＊7＊15－1 資料 ID：210875968—210875984)。④ 在 1985 年《內藤文庫展觀目錄》的"甲骨片"解題中,伊藤道治先生還提到另有 4 片僞刻。⑤ 文庫目錄中登記的 16 片加上被判爲僞刻的 4 片,大致符合前引"二十片餘"之數。

二、內藤湖南舊藏甲骨的著録情況

內藤氏舊藏甲骨的著録情況也比較複雜：

1. 1918 年寄贈京大的兩片,後由松丸道雄先生摹録發表,即《日彙》438、439,《合集》收爲 39660、41734。

2. 另二十片餘,主要有三次著録。

(1) 郭沫若先生曾於 1932 年 11 月見到實物("十一月初旬,攜子祥次子震二君赴京都,復見……內藤湖南博士二十餘片"),並選擇 4 片編爲《卜辭通纂》別録之二"日本所藏甲骨擇尤"的第十二項(《通別二》12.1—12.4。其中 12.1 與 12.2 兩片爲拓影,12.3 與 12.4 爲照片)。《合集》編纂時對這 4 片均據《通》之拓、照收録。

(2) 另一次重要著録是在貝塚茂樹、伊藤道治先生共著的《甲骨文字研究》中。大家知道,貝塚、伊藤兩位在 1959 年出版過《京人》一書,公布的是日本京都大學人文科

---

① 《內藤文庫展觀目録》,"31 甲骨片"解題,大阪：關西大學圖書館 1985 年版,第 27 頁。
② 松丸道雄著,劉明輝譯,東由校：《散見於日本各地的甲骨文字》,《古文字研究》第三輯,北京：中華書局 1980 年版,頁 222—223。
③ 參前引玉田継雄書;松丸道雄著,王巍譯：《最近 10 多年來日本的甲骨文、金文研究》,《中國考古學年鑒》,北京：文物出版社 1997 年版,頁 105;關西大學圖書館"內藤文庫"網頁,http://opac.lib.kansai-u.ac.jp/?page_id=17372。
④ 關西大學圖書館"內藤文庫"網頁,內藤文庫各種資料・25：各種關係資料,https://kuir.jm.kansai-u.ac.jp/dspace/bitstream/10112/10444/1/KU－0100－2013－03.pdf。
⑤ 《內藤文庫展觀目録》,"31 甲骨片"解題,頁 27。

學研究所收藏的殷墟甲骨文字。該書後經增補，易名爲《甲骨文字研究》（下簡稱"《甲研》"）於 1980 年出版。在《甲研》中，伊藤道治先生又增補了少許甲骨資料，其中就包括内藤湖南舊藏甲骨 14 片的拓影（編號 3257—3270）。① 這 14 張拓片爲貝塚茂樹早年手拓（據該書 3257 號釋文前的説明，頁 757），拓印質量較高。其中有 4 片是經《卜辭通纂》著録過的，但兩次著録情況有很大不同。詳下"三"。

（3）1985 年的《内藤文庫展觀目録》中"甲骨片"一項，印出了勾畫原骨輪廓的釋文摹本 5 幅，每幅下注明整理番號。② 其中 4 片均經貝塚茂樹手拓並在《甲研》公布，祇有標爲"整理番號四"、刻有賓三類貞旬辭的一片卜骨爲首次發表（圖一）。該片不見於貝塚茂樹很早前所作的拓本，其與另外 4 片僞刻可能是後來一起得到的；卜辭中三位賓組貞人同版，内容比較重要（並參伊藤道治"解題"）。

此外，内藤文庫現藏的商代甲骨，據目録爲 16 片，其中貝塚茂樹早年拓過的共 14 片，此次新發表 1 片（整理番號 4），可知還有 1 片是從未發表過的。

三、《卜通》與《甲研》共有之 4 片的著録比較

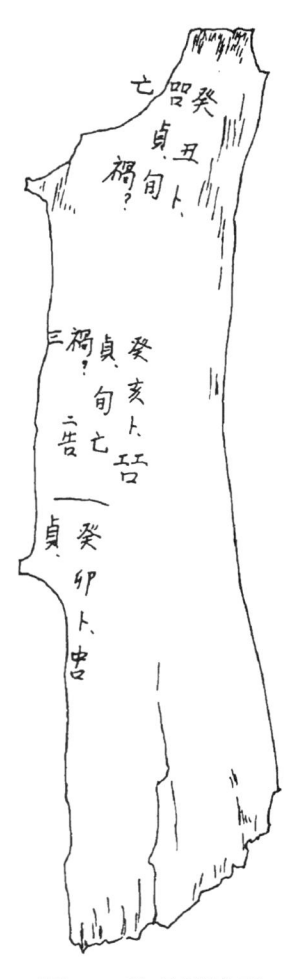

圖一　整理番號四

將《通》與《甲研》共有之 4 片相對照，可以看到著録效果上有較大差別：

通別二、合		甲研（拓）	著　　録　　比　　較
12.1 拓	33192	B.3269	下"貞"字舊未拓出；《甲研》整版較清晰
12.2 拓	33217	B.3270	拓片方嚮相反，其中一種誤被水平翻轉
12.3 照	23313	S.3260	背甲，《甲研》拓片較《通》照片清晰
12.4 照	13507	B.3257	《甲研》拓片可見全版文字，《通》多字不可見③

---

① 貝塚茂樹、伊藤道治共著：《甲骨文字研究》，京都：同朋舍 1980 年版，PLATE 251。
② 《内藤文庫展觀目録》，第 28 頁。
③ 由《甲研》拓影可驗證《通》釋無誤，新版《通》別二後的"新附摹本"亦正確無誤。

總體來説,《甲研》的著録清晰度比《通》(當然也包括《合集》)好很多。例如表中第一片,蔡哲茂先生《綴集》88組(加合32896,收爲合補10484)就使用了《甲研》較好的拓影。

另外,《甲研》3270與《通別二》12.2著録同一片胛骨,方嚮却恰恰相反(圖二)。孰是孰非,值得一辨。

通別二 12.2/
合 33217

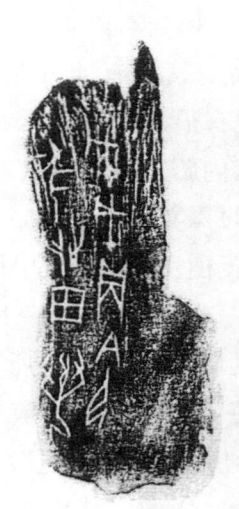

甲研 3270

圖二

該片係胛骨骨首靠近邊緣的局部,上方可能是臼角。但是憑此不足以判定兩種著録何者爲是,因爲它們都是由内向外(由胛骨内側向骨邊)契刻;"貞"字旁邊的殘斷處,應該就是這條卜辭所對應的鑽鑿和卜兆所在,它們無論在哪種圖像中都不與刻辭行款矛盾。

由於僅有拓本可據,目前唯一可用來評判的似乎衹有字體特徵,主要是文字的朝嚮。甲骨文雖然大體處於"正反無別"的狀態,但一方面"需要指出的是,所謂'正反無別'是就甲骨文字的共性特徵説的,就一個個的書寫個體來説,某一種字迹中字形的方嚮是反映了書寫者的習慣的";[①]另一方面,文字的發展本身也會造成規範化,在更多使用者傾向於正反兩種寫法的一種時,另一種就處於被淘汰的地位。事實上,在有些字體類型中,一部分甲骨文字的朝向已經相對固定,借此可以判斷拓影的反正。

上面這條卜辭中,除了形體對稱的"貞、田","戊、戌、令、犬、延、若"諸字都有明顯的朝向,關鍵是找到朝向已形成規律的單字。該辭字體屬於歷二類,其中多數字在契

---

① 張世超:《殷墟甲骨字迹研究——自組卜辭篇》,長春:東北師範大學出版社2002年版,頁110。

刻時"正反無別",①有助於我們判斷的是"犬"字。師類、子卜辭、賓類卜辭的"犬"字多爲正反互見,但在歷類、無名類等刻辭中則已經固定爲胸足向左的寫法。檢索《類纂》"犬"條,除我們要討論的《合》33217一片外,歷類、無名類辭例中"犬"字幾乎均作左嚮。② 似乎衹有《明後》2524(《歐美亞》77)、《合》33359的"犬"字例外地朝右。從總體上看,這兩類的"犬"字已漸趨固定爲胸足向左的寫法。如依此判斷,《通》書拓影或許是對的,《甲研》3270圖版可能誤將拓片作了水平翻轉。

　　以上是根據一般情況作出的推斷。甲骨文字本身是複雜的,我們的推斷也可能是完全弄反了,或者該片的"犬"字方嚮正好是例外。期望學者能有機會驗證實物或原拓,以徹底釐清此一問題。

四、《甲研》著録內藤湖南舊藏甲骨新綴兩組

這批甲骨中,有可以自相綴合的兩組:③
第1組　《甲研》3258＋3259(圖三)

A 甲研 3258

B 甲研 3259

圖三

---

① 在歷二類中,"戊、戌"之鋒刃、"令、若"之人面所向均以朝左爲常,但也不乏向右者,參看《懷》1654戊、戌、令,《合》32939戊、令,《合》32863與《合》33218兩種令,《屯南》395若等;"延"以"彳"旁在左爲常,但也有在右者,如《合》34442。
② 《類纂》頁605—610。按,其中"白犬"目下4條,均爲"白豧"之誤釋,應予移除。
③ 這兩組綴合的號碼和圖版曾發表於中國社會科學院歷史研究所先秦史研究室網站,2012年2月22日,http://www.xianqin.org/blog/archives/2576.html。

該組爲龜腹甲之左後甲。《甲研》3258一片，原書誤標材質爲"B"，非是。綴合後益知其非。綴合版上刻師賓間類卜辭：

(1) ……于🀄子羌。二(?)月。　一

(2) □□卜……惠……冓。

(3) 己丑卜：今[日]弗其獲。　一　二
　二

辭1"于"下一字原作 🀄 ，爲 🀄 字較省簡的寫法。《合》6639—6643爲同套卜辭，貞問"呼伐🀄方"事，其中《合》6641即作省簡的 🀄 ，可證。卜辭有言"🀄子"作害者：

　　貞：🀄子害我。　　　　　　　　　　　　　　　（《合》3273正）

　　貞：🀄子害……　　　　　　　　　　　　　　　（《合》3276、3278）

可見"🀄子"是殷人眼中會作祟的先人。辭1"……于🀄子羌"，正是貞問向該人祭祀用羌的記錄。

辭3"今"字拓片看不太清楚，"今[日]"據伊藤道治先生釋文（《甲研》頁761）。

第2組　《甲研》3263＋3265（圖四）

A 甲研3263

B 甲研3265

圖四

該組爲龜腹甲之右後甲。上刻出二類貞旬辭：

(1) [癸□卜，旅]貞：[旬亡]憂。　三

(2) 癸□[卜，旅貞：旬亡憂。] 三
(3) [癸]□卜，旅[貞：旬]亡憂。 三
(4) 癸丑卜，旅貞：旬亡憂。六月。 三

五、内藤湖南舊藏甲骨總著錄表

綜合上述整理工作，可比列内藤氏舊藏甲骨著錄情况如下（主要以《甲研》號碼爲序）：

通別二/日彙	合	甲研(拓)	内藤文庫(釋摹)	綴合	現藏
日彙 438 京大49	合 39660				京大 2 片
日彙 439 京大50	合 41734				
通別二 12.4 照	合 13507	B.3257	整理番號一		關西大學圖書館内藤文庫 16＋4＝20 片
		S.3258		第 1 組	
		S.3259	整理番號三	第 1 組	
通別二 12.3 照	合 23313	S.3260			
		S.3261			
		S.3262			
		S.3263	整理番號九	第 2 組	
		S.3264			
		S.3265		第 2 組	
		B.3266			
		B.3267			
		B.3268			
通別二 12.1 拓	合 33192	B.3269	整理番號一五	＋合 32896	
通別二 12.2 拓	合 33217	B.3270			
			整理番號四		
			（未發表過的 1 片）		
			僞刻 4 片		
					總計：22 片

注：[1] 甲研 3258、3261 爲甲，原書誤標"B"，表中徑改爲"S"。
　　[2] 甲研 3269＋合 32896（南明 499 綴附 39＋粹 506、綴 334）＝綴集 88＝合補 10484。

總之，内藤湖南舊藏二十餘片甲骨中，現藏京都大學考古學研究室 2 片，現藏關西大學圖書館内藤文庫 16 片（另有僞刻 4 片）。已著錄的商代甲骨 17 片，其中 14 片發表過拓本，2 片僅發表過摹本，1 片僅發表過釋文摹本，還有 1 片從未發表過。

　　因當時材料發表不全，這批甲骨《合集》僅能收入 6 片。《甲研》中有 10 片係首次發表，《合補》亦失收，也没有爲《合集》取自《通》書 4 片更換較好的拓影。①《合補》收入了蔡哲茂先生對《合》33192 的綴合（即《綴集》88），却没有像《綴集》88 那樣用更清晰的《甲研》3269 替换《合》33192。内藤文庫中標爲"整理番號四"的一片雖僅有釋文摹本發表，但内容重要。希望學者在進行甲骨研究以及編纂甲骨著錄書、工具書時，對内藤湖南舊藏甲骨中的這些資料有所留意。

　　本文爲教育部、國家語委甲骨文等古文字研究與應用專項重點項目"甲骨文字詞合編（未識字部分）"（YWZ-J017）、貴州省哲學社會科學規劃國學單列課題"殷墟甲骨王卜辭綴合及研究"（17GZGX26）的階段性成果。寫作過程中得到吴佩軍先生的幫助，謹致謝忱。

---

① 附帶糾正《合補》來源表中一處小錯誤：該書頁 2168、2348 都將《合補》7890 的來源號誤爲"京人 3395"，實際上 1959 年版的《京人》最大著錄號是 3246；1980 年改名《甲骨文字研究》，增補後的最大號是 3316，都没有"京人 3395"這樣的號碼。這個來源號中的"京人"實爲"京"之誤。《京》3395 跟《京》3394 是重片，但《京》3395 拓得較好，《合補》選用此號拓影是對的。

《甲骨文字編》校讀札記 37 則*

喬雁群

(安陽師範學院計算機與信息工程學院
甲骨文信息處理教育部重點實驗室)

  李宗焜先生《甲骨文字編》①(下文簡稱《字編》),不僅是近年來出版的甲骨文字書中收字最多的,且摹寫嚴謹,字形大小、結構位置都較爲真實地反映出原字情狀,利於讀者學習和研究。書中對早先一些資料中出現的不少摹寫錯誤也都予以糾正,尤其對於一些僅有一見却又模糊不清的字形,以往各家摹寫各有所失,《字編》的摹寫可以看出作者對其理解多有真知灼見。不過書中仍存在一些不足,例如有些字形摹寫與實際狀況有誤差,個別因爲單字摹寫的失誤,導致影響了字頭的確立,另外還有誤收、重復收字等情況。筆者在研讀過程中將所見一些問題以札記形式記錄下來,並選取其中部分字例整理成文,以期得到學者方家們指正。

  爲明確問題所在,筆者將所選字例歸納爲誤摹例、誤收例、重收例、可增補例、可合併字頭例、宜分立字頭例、隸定不當例、單字或多字拆合不當例、殘字處理不當例等幾種情形。有的字例或爲幾種情況兼存,下文不予嚴格區分,而只大致歸爲上述某種類別。另,本文各則依序爲:所涉及字頭在《字編》中的標號;該字頭下所涉及字形在書中位置的截圖(圖注標明分册及頁碼);存在問題及相關情形描述;所涉字形出處拓片(小片可爲整片,較大片則只取相關局部;個別拓片考慮爲節約篇幅版面則與《字編》截圖並置)。

---

* 本文爲教育部、國家語委甲骨文等古文字研究與應用專項重點項目"甲骨文文獻數字化及智能知識服務平臺"(YWZ-J023)之階段性成果。
① 李宗焜:《甲骨文字編》,北京:中華書局 2012 年版。

1.【842】誤摹例

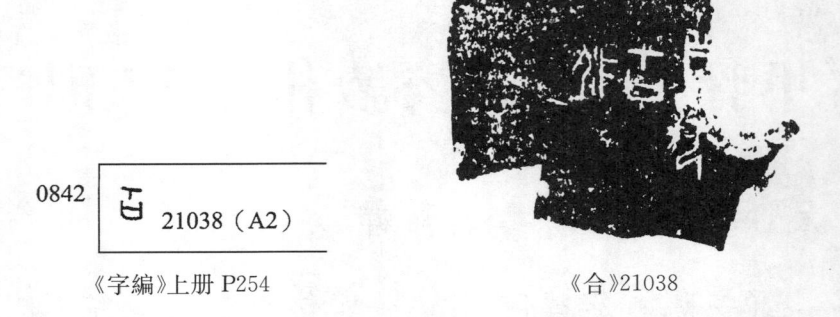

《字編》842 只收一個字形，來自《合集》21038，摹寫作 ，《殷墟甲骨文摹釋全編》①（下文簡稱《摹釋》）、《殷墟甲骨刻辭類纂》②（下文簡稱《類纂》）與此同，《甲骨文合集釋文》（下文簡稱《釋文》）則釋爲工。檢其原拓，細審可見上部一豎是出頭的，結合文例來看，該字應爲从毛从口，即用爲祭名的舌字。卜辭大意爲黄昏上燈時是否舉行舌祭祛除疾病。

2.【2427】袁　誤摹例

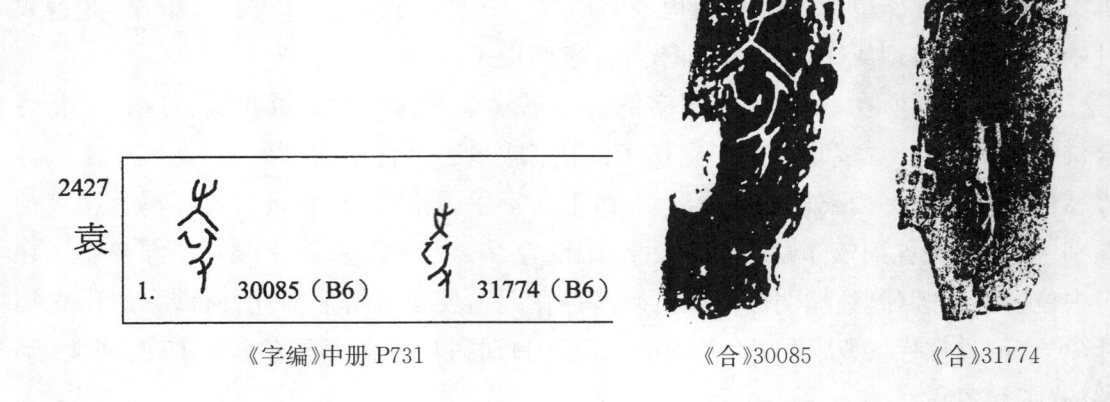

《字編》2427 共收兩字，其中第一字來自《合集》30085。核對拓片，該字的上部實爲止形，只是止形左下筆畫不清，但細審起止痕跡，應是止字，原字應與所收的第二字

---

① 陳年福：《殷墟甲骨文摹釋全編》，北京：綫裝書局 2010 年版。
② 姚孝遂主編：《殷墟甲骨刻辭類纂》，北京：中華書局 1989 年版。

即《合集》31774字形同構,而對於所殘斷的部分《字編》未摹寫出來,因此所摹字形上部看起來像是从中。

　　《字編》的摹寫宗旨之一是忠實於原拓真實情況,筆畫如有斷裂等即依其情狀摹寫,這是一種很嚴謹的態度,可以避免主觀判斷可能造成的誤差,但太過"忠實"於原狀,所呈現出的字形亦容易給讀者造成誤解,因此筆者以爲甲骨文字的摹寫,除了忠實原貌以外,亦需考慮不失字理,盡可能展示字形原始形態。

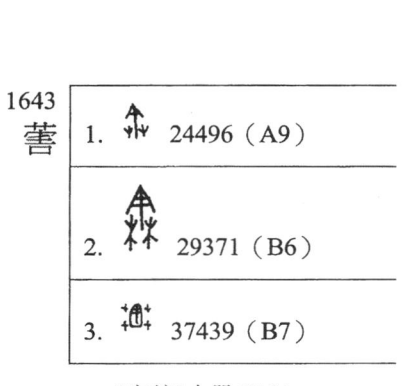

3.【1643】菁　　誤摹例

《字編》中册 P484　　　　　　　　　《合》37439 局部

　　《字編》1643-3 所收《合集》37439 一形,摹寫有誤,原字中部應是兩個構件,兩側筆畫不相連,全形應爲 ,《字編》摹寫作 ,中部成爲一個構件。

4.【2199】鱟　　誤摹例

《字編》中册 P660　　　　　　　　　《合》18359

　　《字編》2199 只收有一個字形,來自《合集》18359。核對該片,魚形兩側應各有二鰭,《字編》摹寫有失。

5.【3108】亡　誤收例

| 3108 亡 | 1. ⇗ 20351（A1）　⇖ 20634（A1）　⇗ 21422（A1） |

《字編》下册 P933

| 2. ⇗ 21051（A2）　⇖ 英1792（A2）　⇖ 05475（A7） |
| 3. ⇖ 20743（AS） |

《字編》下册 P935

《合》5475 局部 1　　《合》5475 局部 2　　《合》5475 局部 3

《合》21051　　《英》1792　　《合》20743

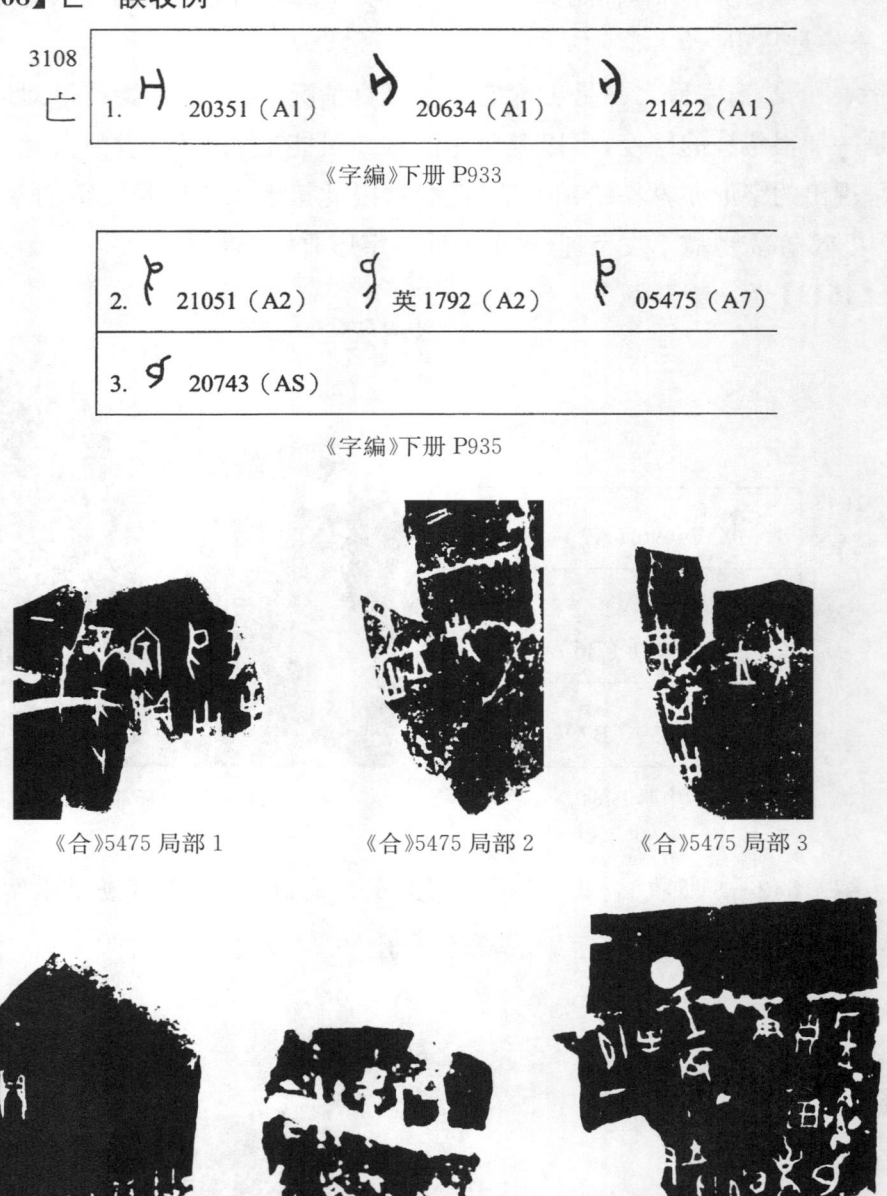

　　《字編》3108 亡字後附列兩組字形，其中第二組字从刀，並在"刀柄"處加半圈環形，《摹釋》釋刃，《釋文》未釋；第三組只一個字形，或爲第二組字形的不規範刻寫。今檢其出處，《合集》5475 中該字三見，均用於"卩出王事"句式；《合集》21051 爲"卩不其 ⊞卩……"，系"某某 ⊞卩 有疾"句式的完整或省簡形式；《合集》20743 則是"令

某……"句式。由此可見該字在卜辭中皆用爲人名,收在"亡"字下是不合適,可考慮在刀部單獨立字頭。

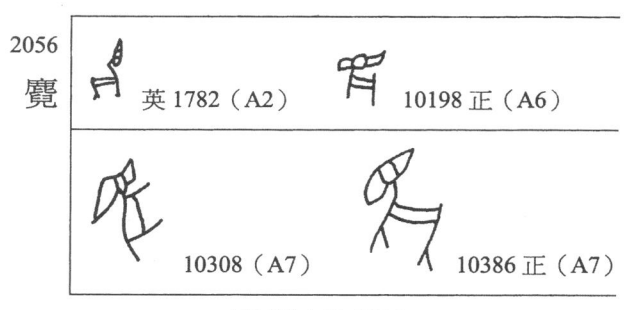

6.【2056】麑　誤收例

2056 麑

英1782（A2）　　10198正（A6）

10308（A7）　　10386正（A7）

《字編》中册 P606

《合》10308　　《合》1538 局部

　　《字編》2056 所收《合集》10308（該片與《合集》13331 綴合後爲《合補》2591）一字,《合集》釋文作"麐",《合補》改釋爲"兕";《摹釋》《新甲骨文編》①（下文簡稱《新編》）亦收爲"兕",沈建華釋兔。按麑字卜辭所見其身形幾乎毫無例外爲橫嚮,而兕字則一律爲豎立側形,另外該字角形先寬大而後呈長而尖狀,並順背部方嚮下垂,口部略呈方形,這些均較符合卜辭中"兕"字的特徵。"兕"字尾部多分叉,該字尾巴則未分叉,但如同"象"字,

---

① 劉釗主編:《新甲骨文編》(增訂本),福州:福建人民出版社 2014 年版,頁 222。

尾部多爲分叉,但亦有少數不分叉。此外從辭例來看,殷人一次獵獲兕的數量往往不多,偶爾亦有十只左右算數量較多的,如《合集》1538 即有一辭爲"獲兕十一",正與此片同。綜上考慮,該字合補釋文與《摹釋》釋"兕"應是,故可考慮將該字收入"兕"中。

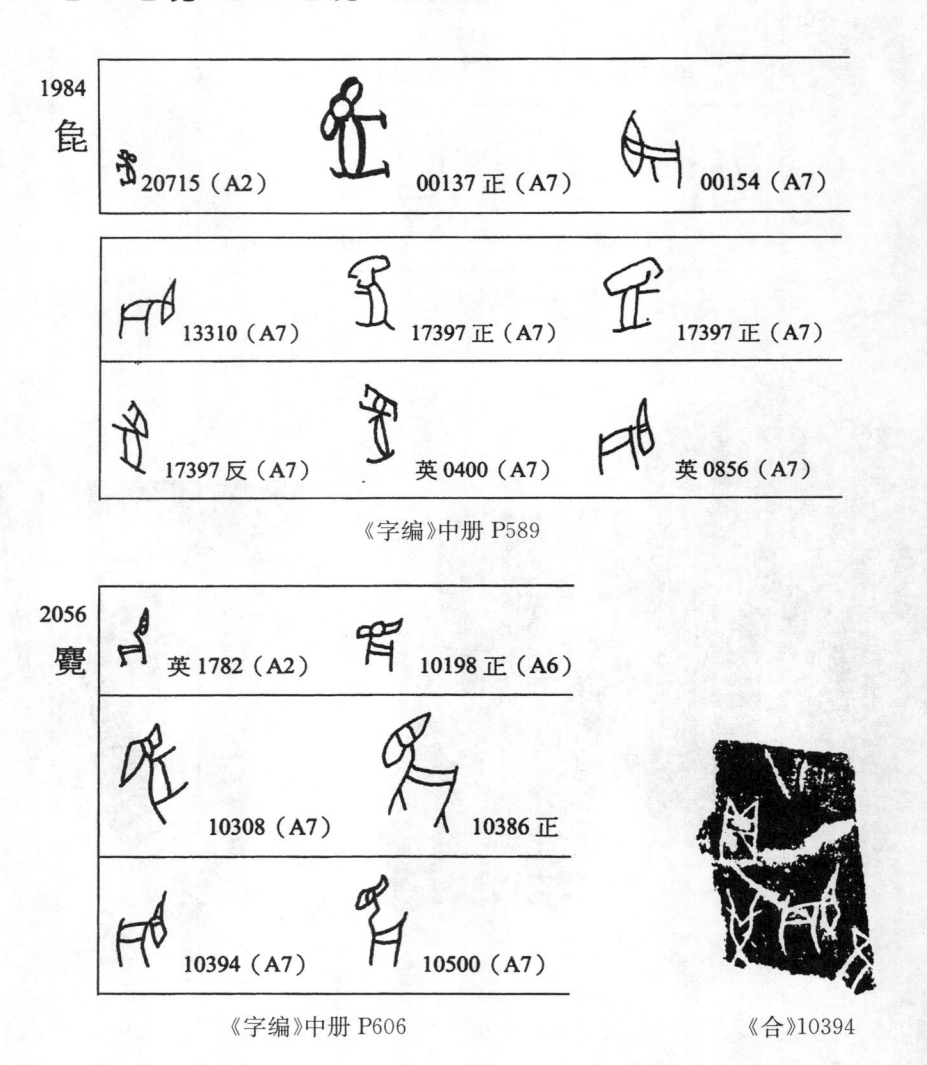

7.【1984】兕 【2056】麋 誤收例

1984 兕

20715（A2）　　00137 正（A7）　　00154（A7）

13310（A7）　　17397 正（A7）　　17397 正（A7）

17397 反（A7）　　英 0400（A7）　　英 0856（A7）

《字編》中冊 P589

2056 麋

英 1782（A2）　　10198 正（A6）

10308（A7）　　10386 正

10394（A7）　　10500（A7）

《字編》中冊 P606　　《合》10394

《字編》1984 兕字所收《合集》13310 字形,查該片無此字,當爲《合集》13331 之誤(《合補》2591 爲《合集》10308＋13331,因此《合補》2591 亦含此字)。另有《合集》10394、10408 正、《英》856 等,均有此字,而《字編》將《合集》13331 與《英》856 收在 1984 兕字下,《合集》10394 收在《字編》2056 麋字下,屬同字異收。按甲骨文有關動物的字,身形、尾形、角形及其方嚮都是分別判定的重要因素,從這些特徵來看,該字與兩組字特徵均有不同,可考慮另立字頭單收。

8.【1967】象　誤收例

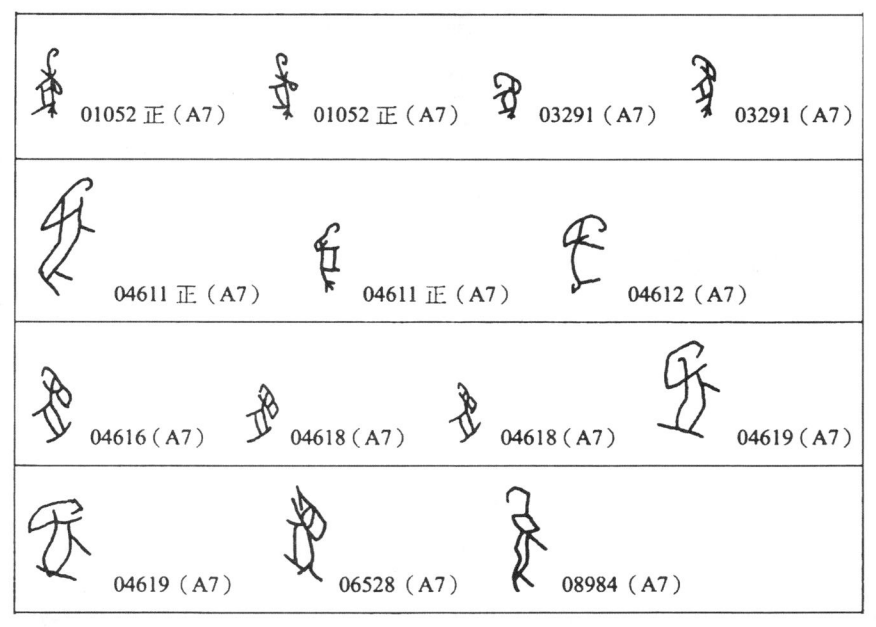

01052 正（A7）	01052 正（A7）	03291（A7）	03291（A7）
04611 正（A7）	04611 正（A7）	04612（A7）	
04616（A7）	04618（A7）	04618（A7）	04619（A7）
04619（A7）	06528（A7）	08984（A7）	

《字編》中册 P584,1967（象）

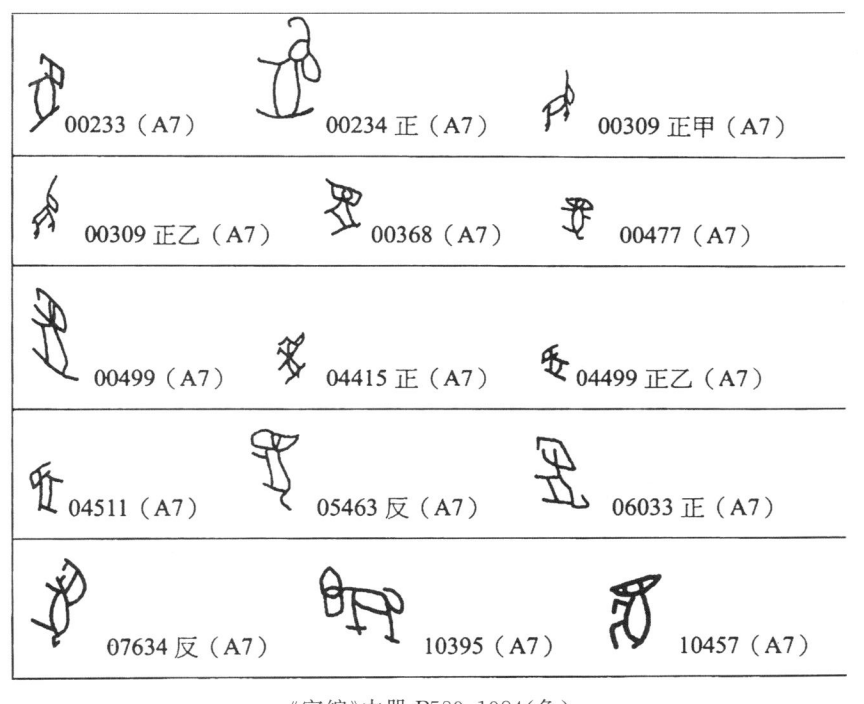

00233（A7）	00234 正（A7）	00309 正甲（A7）
00309 正乙（A7）	00368（A7）	00477（A7）
00499（A7）	04415 正（A7）	04499 正乙（A7）
04511（A7）	05463 反（A7）	06033 正（A7）
07634 反（A7）	10395（A7）	10457（A7）

《字編》中册 P589,1984（龜）

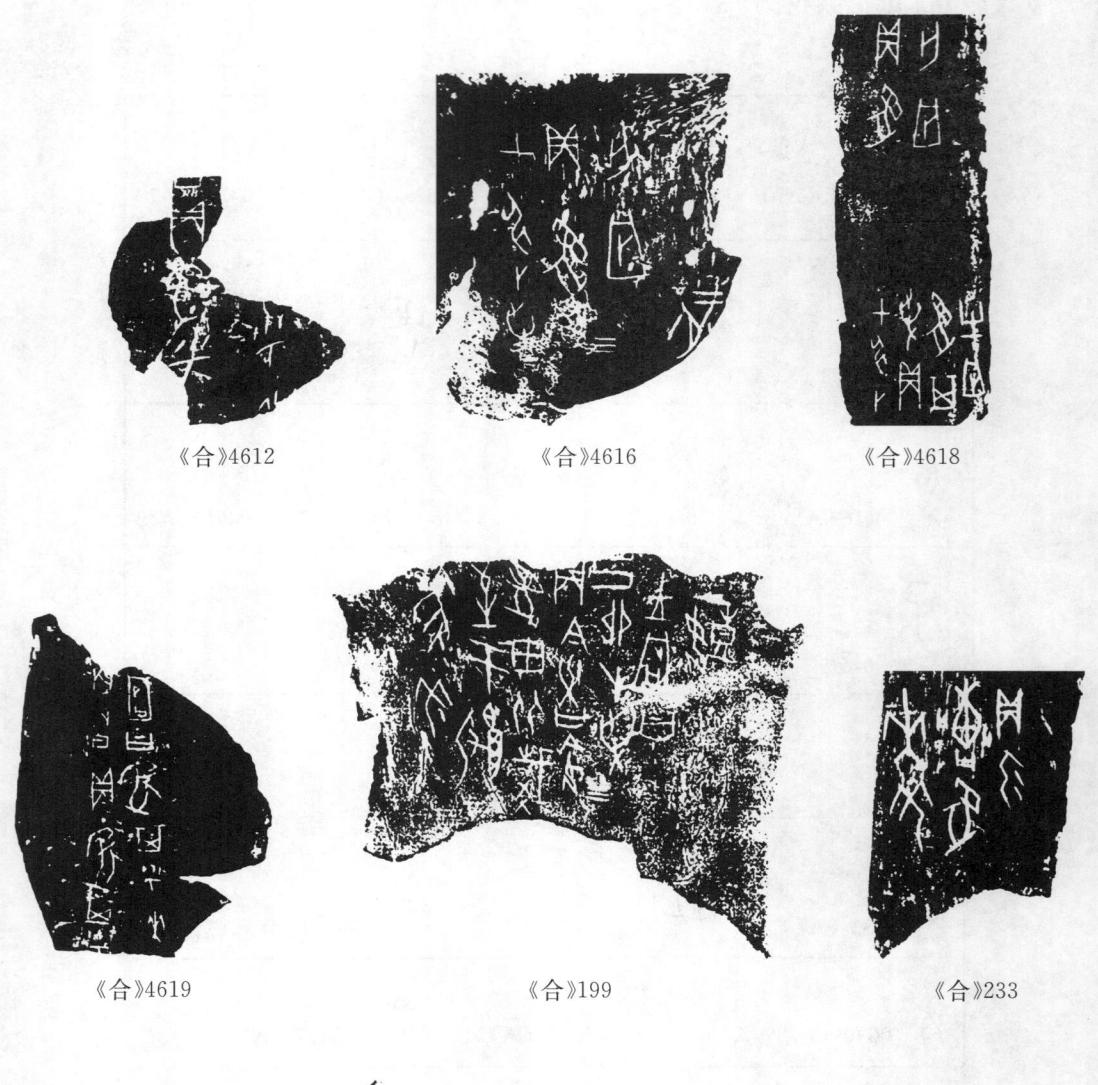

《合》4612　　　　　《合》4616　　　　　《合》4618

《合》4619　　　　　《合》199　　　　　《合》233

《合》234 正　　　　《合》499

《合補》2591＝《合》10308＋13331　　　　　　　　　《英》856

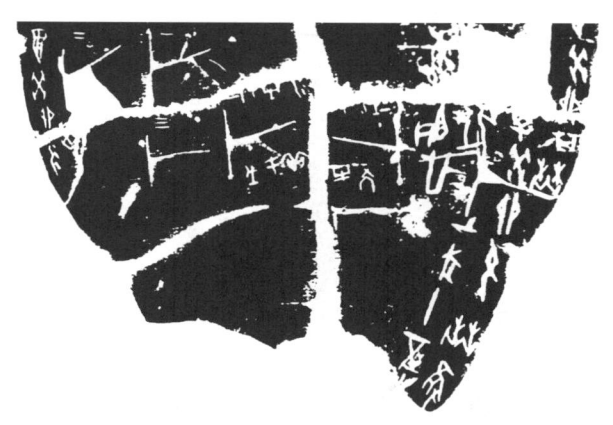

《合》10408 正　局部

　　《字編》1967"象"字頭下，收有《合集》4616 一形、4618 兩形、4619 兩形、6528 一形。此數個字形，形似有曲鼻狀，但一則非長鼻，二則尾部上翹，與象（象字尾部一律作下垂狀）不同，並非象字，當屬誤收。

　　考察《合集》4616、4618、4619 等，其辭與《字編》1984 所收《合集》199、233、234、499 等片的龜字用法一致，辭中均爲占卜名龜之人有關"獲羌"、"來羌"及是否"亡禍"等事項，由此可知《合集》4616、4618、4619 中的 ❀ 字與合集 199、233、234 等實爲同一字，應歸入《字編》1984 龜字頭下。另，《字編》1967 所收《合集》4612、6528 中字形，疑亦爲龜字。

9.【1888】豕　誤收例

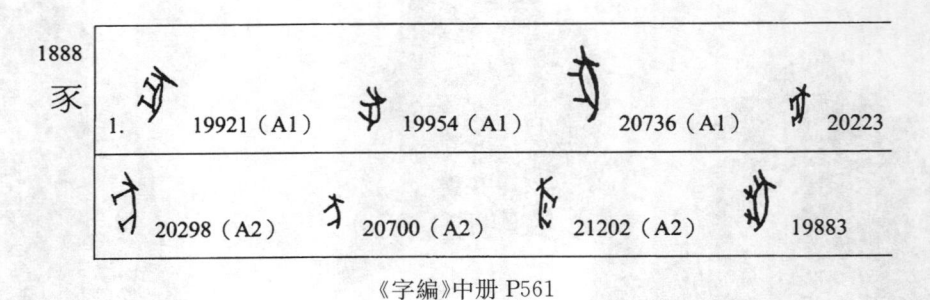

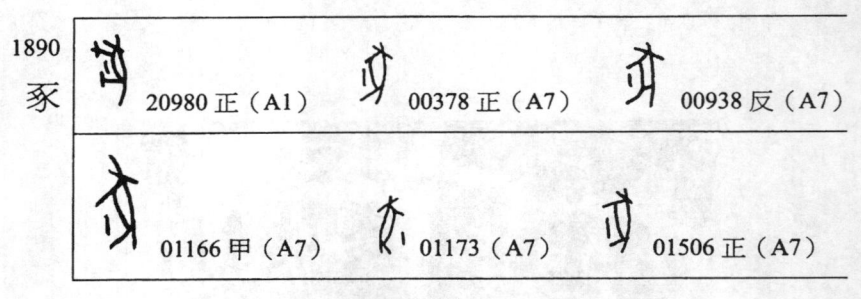

1888 豕
1. 　19921（A1）　　19954（A1）　　20736（A1）　　20223
　20298（A2）　　20700（A2）　　21202（A2）　　19883

《字編》中冊 P561

1890 豖
　20980 正（A1）　　00378 正（A7）　　00938 反（A7）
　01166 甲（A7）　　01173（A7）　　01506 正（A7）

《字編》中冊 P563

《合》21202

　　《字編》1888 第 7 形，來源是《合集》21202。核對該片中至少有三形（《字編》所收應爲拓片右下部一形），皆是豕腹下有一短畫，應釋爲豖，合集釋文釋爲豕，《摹釋》已糾正，《字編》當歸入 1890 中。

10.【2012】誤收例

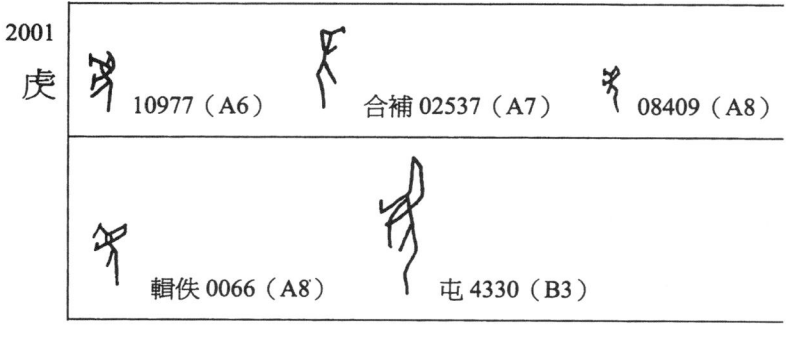

2001 虎

10977（A6）	合補02537（A7）	08409（A8）
輯佚0066（A8）	屯4330（B3）	

《字編》中册 P597

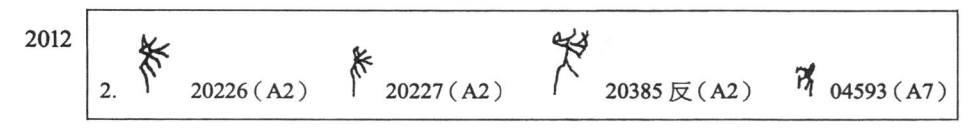

2012
2. 20226（A2）　20227（A2）　20385反（A2）　04593（A7）

《字編》中册 P598

《合》4593

　　《字編》2012-2所收第4形，出自《合集》4593，該字从虍从人，應歸入《字編》2001虎字頭下。

11.【1798-7】【1804-3】誤收例

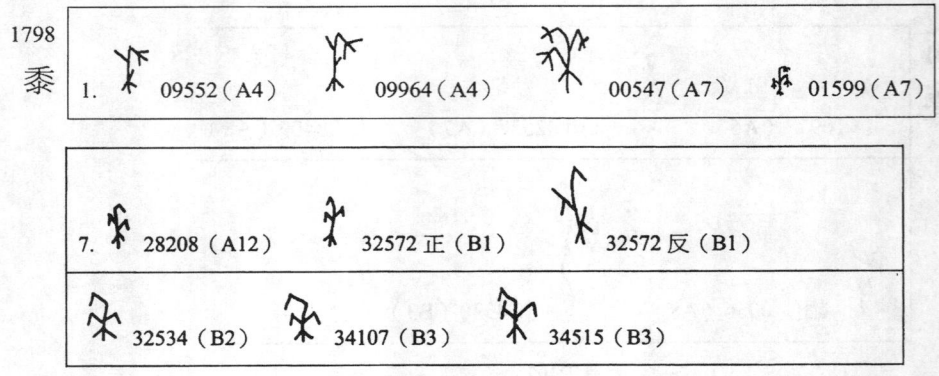

1798
黍
1. 09552（A4）　09964（A4）　00547（A7）　01599（A7）

7. 28208（A12）　32572正（B1）　32572反（B1）

32534（B2）　34107（B3）　34515（B3）

《字編》中冊 P524—527

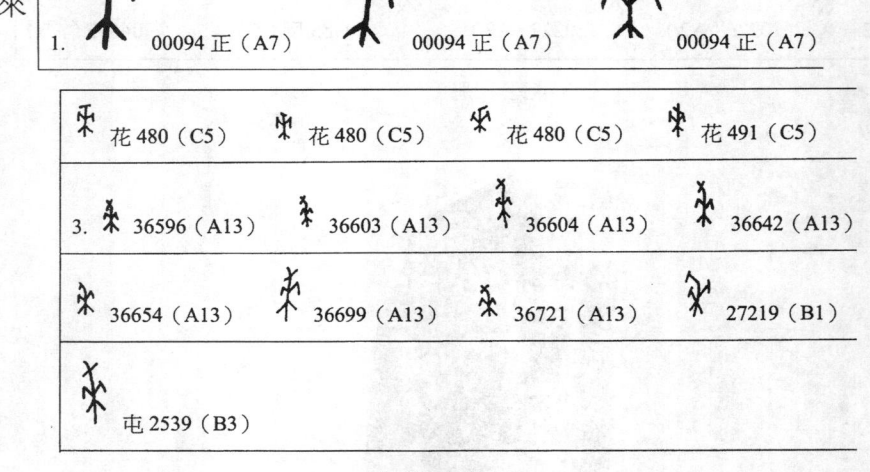

1804
來
1. 00094正（A7）　00094正（A7）　00094正（A7）

花480（C5）　花480（C5）　花480（C5）　花491（C5）

3. 36596（A13）　36603（A13）　36604（A13）　36642（A13）

36654（A13）　36699（A13）　36721（A13）　27219（B1）

屯2539（B3）

《字編》中冊 P528—530

《合》32534　　《合》27219　　《合》28208

《字編》1798-7(黍)與1804-3(來)所收兩批字很接近,字形都似"來"字,可從辭例用法來辨其異同。前者用爲黍或粟類農作物(裘錫圭先生認爲是黍之異形,宋鎮豪先生認爲是粟類作物,可釋爲粱或秋,見《夏商社會生活史》[①]),後者則是來麥之來,假借爲來去、來年之來。來字最常見的寫法中豎是直的,第五期則有的中豎的上部略彎曲,這樣字形便與上述前者的字形極易混同。《字編》所收兩組字區分合理,不過其中還是有錯收之例。1804-3中第8形即合集27219中該字從辭例看,"酌來登祖乙",與1798-7一組中的大部分字用法一致(如《合集》32534),應歸到1798-7中去;1798-7一組中第1形來自《合集》28208,該字從用法看則應爲"來歲"、"來年"之"來"字,應歸到1804-3中去。

12.【1675】燎　誤收例

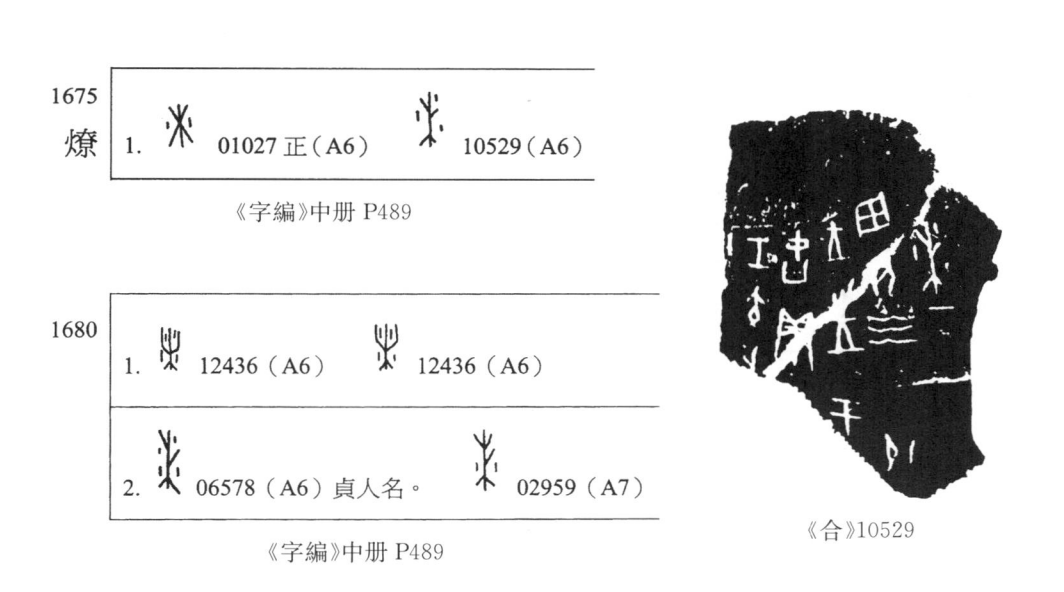

《字編》1675-1燎字所收第2形,出自《合集》10529。該字《摹釋》釋"黍",《合集釋文》釋"沐",按燎字賓組常規寫法是三直綫交叉以示積薪狀,而10529基本形是木字,下像根,上像木枝錯節而生,非數木交叉之積薪狀,且從原片內容看亦非用爲燎,應是用爲田獵卜辭後的一個地名,因此該字可歸入《字編》1680-2中。

---

① 宋鎮豪:《夏商生活生活史》(上),中國社會科學出版社2005年版,頁356—358。

13.【3993】橐　誤收例

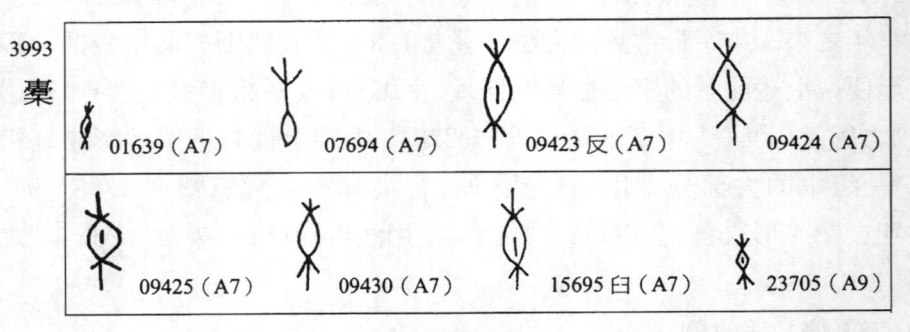

3993
橐

| 01639（A7） | 07694（A7） | 09423 反（A7） | 09424（A7） |
| 09425（A7） | 09430（A7） | 15695 臼（A7） | 23705（A9） |

《字編》下册 P1262

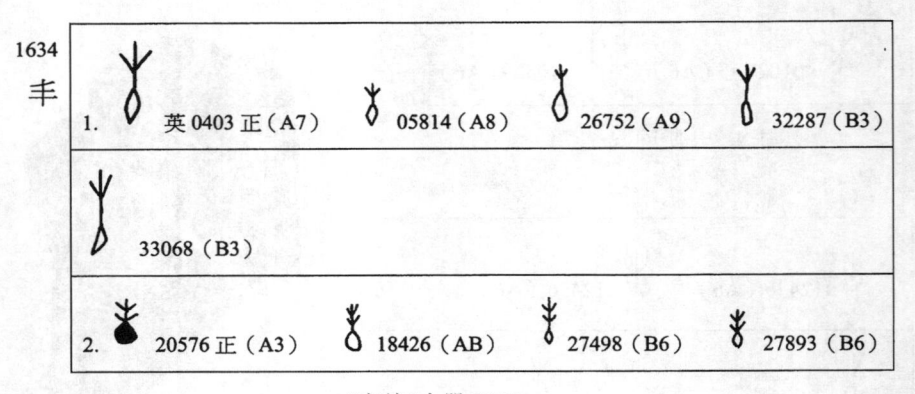

1634
丰

1. 英 0403 正（A7）　05814（A8）　26752（A9）　32287（B3）
　　33068（B3）

2. 20576 正（A3）　18426（AB）　27498（B6）　27893（B6）

《字編》中册 P483

《合》7694　　　　　　　　　《合》7696

《合》7697　　　　　　　　《合》7698

　　《字編》3993"橐"字第二形，出自《合集》7694，該片與《合集》9696、7697、7698等爲同文卜辭，互相參看，則無論從字形還是辭意來看，均非橐字。《甲骨文字典》釋丰字爲"從↓從◯，◯像土形，故丰像封土成堆，植木其上之形，爲'封'之初文……古代植樹於土堆之上以爲封域，丰字正像其形"。丰（封）字又有丫、等形，卜辭中有"一封"、"二封方"、"三封方"、"四封方"之辭，徐中舒謂"與散氏盤銘之一封、二封義同，乃方國之封疆。而橐字則像橐中實物以繩約括兩端之形"。檢《合集》7694等片該字之形，丫與下部◯形並非緊接，固非以繩繫橐之形，而是簡約的木字之形，因此該字當非橐字，而應釋丰（封），宜置入《字編》1634－1丰（封）字之列。

14.【664】【688】重收例

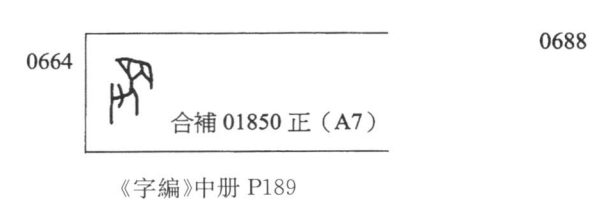

0664　　　　　　　　　　0688
　　合補01850正（A7）　　　日天043（A7）

《字編》中册 P189　　　　《字編》中册 P203

《合補》1850 正　　　　　　《日天》043

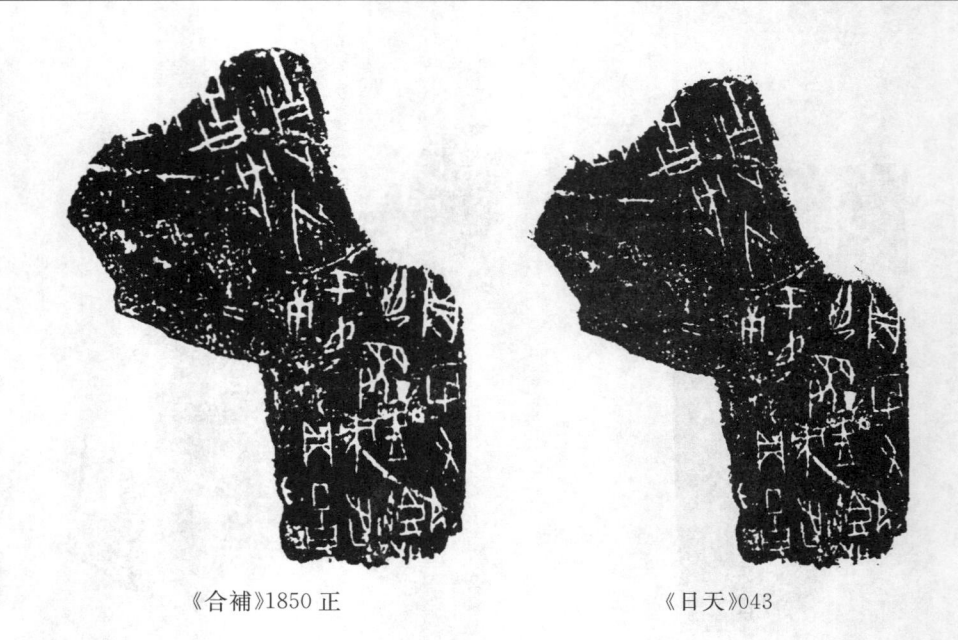

　　《字編》664 所收《合補》1850 正，與《字編》668 所收《日天》043，核對原片，二字實爲同一片、同一字，《字編》重復收錄該字，並置兩個字頭。

15.【1671】【1691】重收例

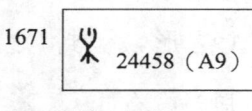

| 1671 | 24458（A9） |

《字編》中册 P489

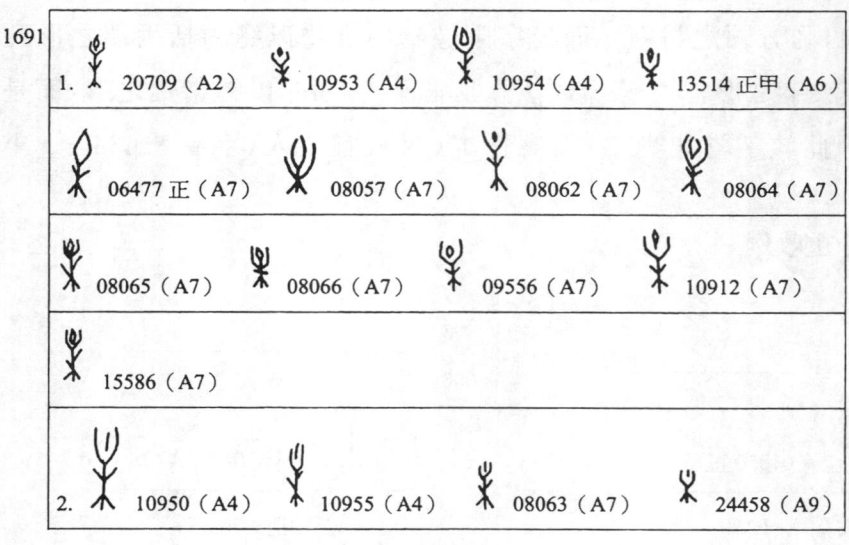

1691				
1.	20709（A2）	10953（A4）	10954（A4）	13514 正甲（A6）
	06477 正（A7）	08057（A7）	08062（A7）	08064（A7）
	08065（A7）	08066（A7）	09556（A7）	10912（A7）
	15586（A7）			
2.	10950（A4）	10955（A4）	08063（A7）	24458（A9）

《合》24458

《字編》中册 P499

《字編》1691-2,第4字收錄的是《合集》24458的一個字形,該字目前所知僅一見,疑爲 ⚘ 形的省寫,卜辭中與 ⚘ 同樣用爲地名,收於1691字頭下,可謂得其宜。但《字編》1671又重復收錄該字,並單獨立爲字頭,其下亦僅此一形,建議可刪除1671字頭。

16.【1673】【1887-3】重收例

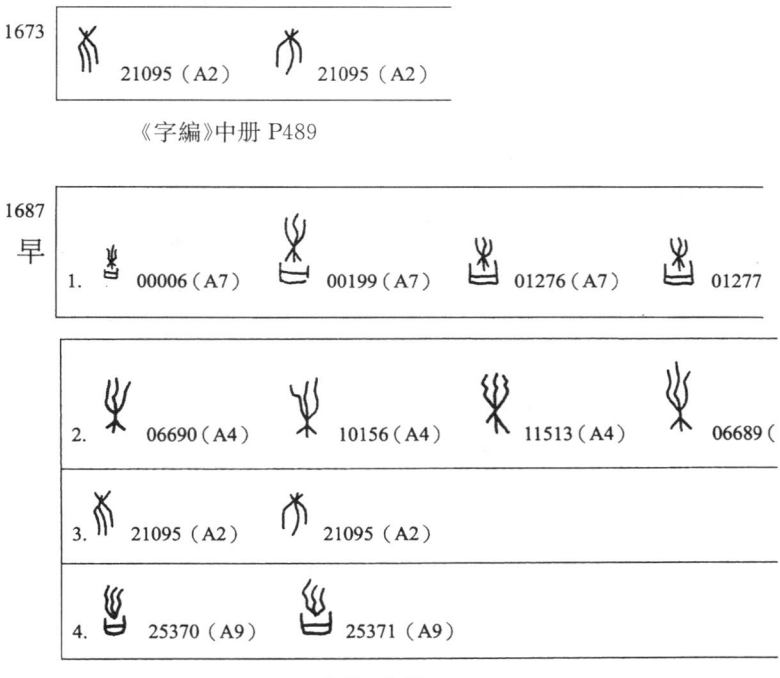

1673　　21095（A2）　　21095（A2）

《字編》中册 P489

1687 早
1.　00006（A7）　00199（A7）　01276（A7）　01277
2.　06690（A4）　10156（A4）　11513（A4）　06689（
3.　21095（A2）　21095（A2）
4.　25370（A9）　25371（A9）

《字編》中册 P498

《合集》21095 的兩個字形,《字編》單立字頭爲 1673 號,而在 1687-3（書中該字頭釋"早")下又重復收錄。

17.【1748】【1813】重收例

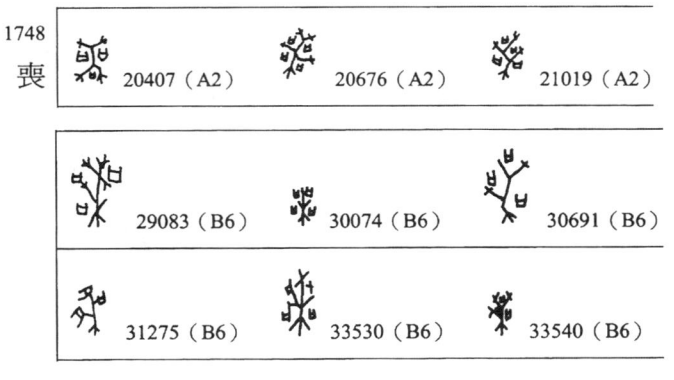

1748 喪
20407（A2）　20676（A2）　21019（A2）
29083（B6）　30074（B6）　30691（B6）
31275（B6）　33530（B6）　33540（B6）

《字編》中册 P512

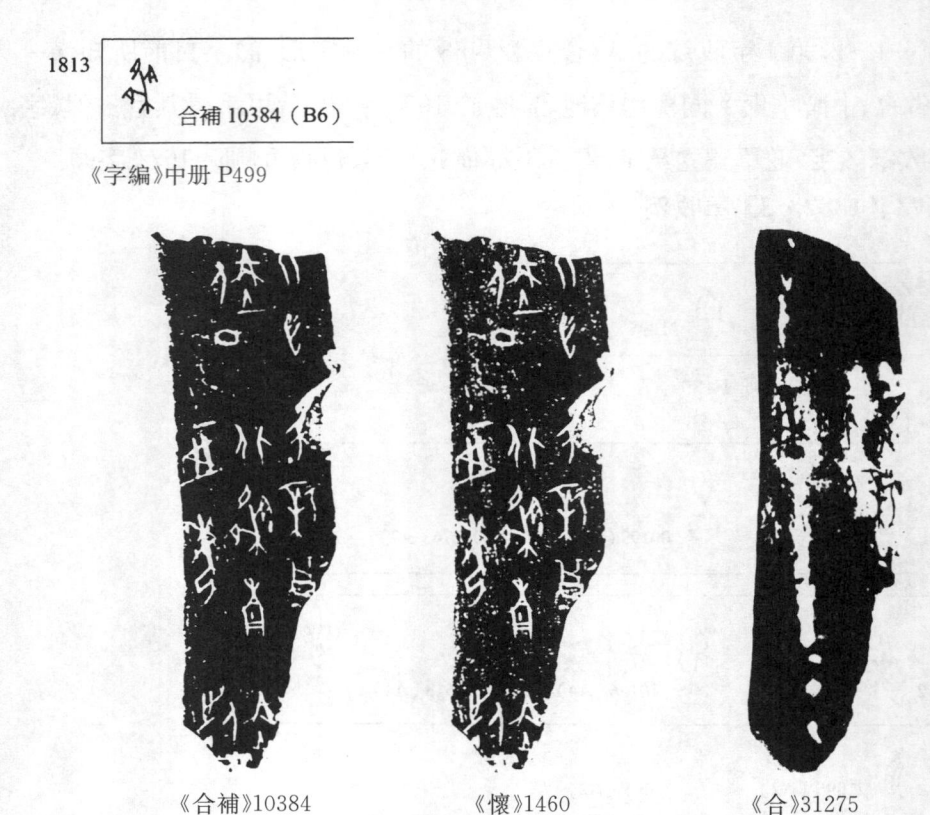

1813 合補 10384（B6）

《字編》中册 P499

《合補》10384　　　《懷》1460　　　《合》31275

　　《字編》1748 喪字頭下收錄了一個來自《合集》31275 的字形，與喪字很相近但又有不同。《字編》1813 字頭下祇有一個字，即《合補》10384 一形，與 31275 結構完全一致。經查證，兩字實爲同一片、同一字。該字所在的骨片，至少有三處著錄：據《合補來源表》所錄，《合補》10384 與《懷特》1460 是同一片；而《合集》31275 的著拓號是"柏俗 3"，按柏俗並無著錄書，所錄乃是研究室藏照片，字迹較爲模糊，今經比對，與《合補》10384、《懷特》1460 實爲同一骨片，因此《字編》1813 與 1748 爲重復收錄。

18.【1741】可增補例

1741　20500（AS）

《字編》中册 P508　　　《合》31942　　　《合》31942

《字編》1741號,只收《合集》20500一例,該字另有一例爲《合集》31942,兩片文辭基本一致,二者參照可知該字上部從雨,作 ,《合集》20500雨部墨拓不清,可據以補足。

19.【799】可增補例

《字編》上册 P239 　《合》27639　《合》28009

《字編》0799只收《合集》27639一個字形,左象一張弓,右從言,今檢《合集》28009有一形應爲同一字,辭中用爲地名,《字編》0799可增補此例。

20.【2167】可增補例

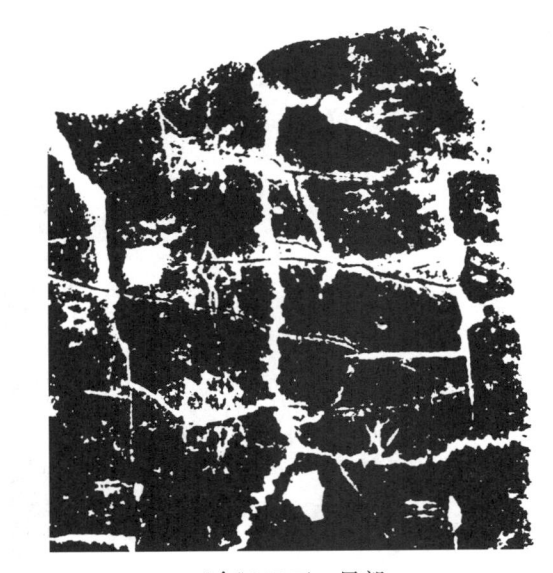

《字編》中册 P652　　《合》635正 局部

《字編》2167只收兩個字,二者右部均爲帶有齒狀的一種工具,所異只在於一從隹,一從鳥,可視爲同構。另有《合集》635正亦有此字形,可增補。該拓片較爲模糊,但仍可辨識爲 ,與上述第一形結構相同,只是左右互換,隹形在右。

21.【2282】鼅　可增補例

《字編》中冊 P682　　　　《合》10076　　　　《合》40761

《字編》2282 收有一個字形,該字在《摹釋》等資料中視爲兩字,《字編》摹寫爲一字,筆者以《字編》爲得之。按《合集》40761 亦有該字形,上下兩個構件首尾相接,顯爲一字,同時可爲《字編》2282 增補一例。另《字編》此字隸定爲鼅(从鬲从黽)恐有不妥,者,器型爲上下兩部分,羅振玉謂上象鼎,下象鬲,實爲甗,而非鬲,《合集釋文》釋作从甗从黽,但甗爲後起字,《甲骨文字典》①謂高鴻縉引董説謂鬳爲甗之古字,因此《字編》該字隸定可作从鬳从黽爲宜。

22.【2287】魝　可增補例

《字編》中冊 P683　　　　《合》8811 正　　　　《合》18365

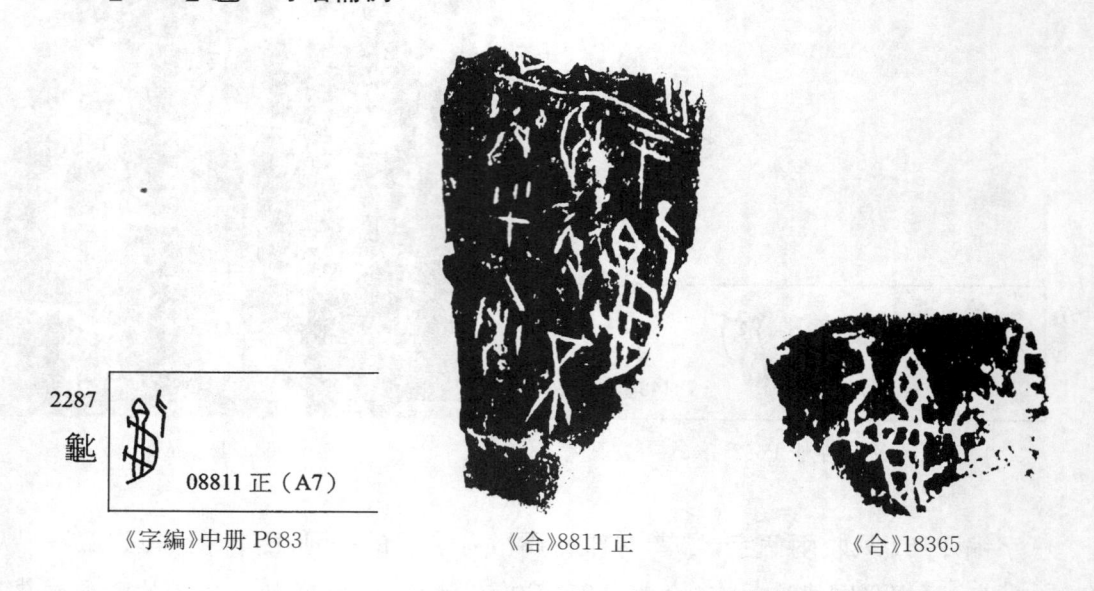

① 徐中舒:《甲骨文字典》,成都:四川辭書出版社 2004 年版,頁 258。

《字编》2287 只收有一個字形，來自《合集》8811 正，从龜从匕，用爲地名。另有《合集》18365 一字，雖上下辭殘，但字形亦从龜从匕，可增收於此。另，此字所从之"匕"或應作"人"，且兩字的"人"旁頭上均有一點（或短横）似亦不可忽視。

23.【2306】可增補例

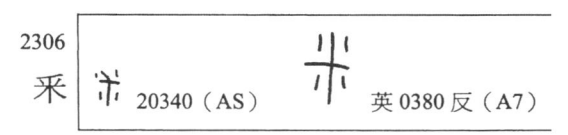

《字编》中册 P687

《合》20340 　　《合》22103

《字编》2306 只收《合集》20340、《英》380 反兩個字形，另有《合集》22103（即《乙编》6390，後者較爲清晰）可補收。

24.【2315】可增補例

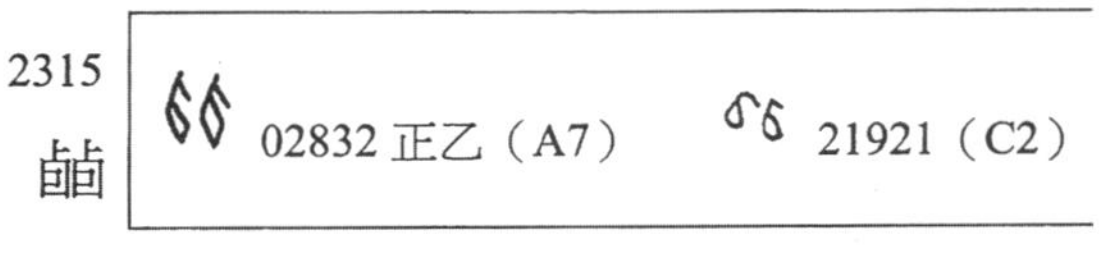

《字编》中册 P689 　　《合》22787

《字編》2315，从二卣，共收兩形。《合集》22787另有一形，可補收。

25.【168】【摹本-5】可合併例

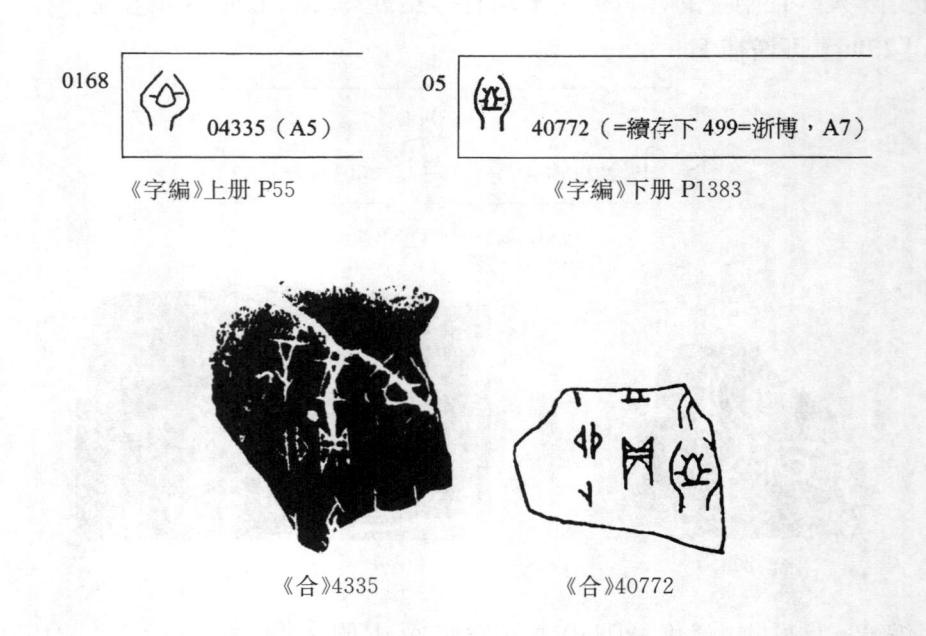

| 0168 | [字形] 04335（A5） | 05 | [字形] 40772（=續存下499=浙博，A7）|

《字編》上冊 P55　　　　　　　　　《字編》下冊 P1383

《合》4335　　　　　《合》40772

　　《字編》168是"人"部下的一個字頭，只收有一個字形，來源爲《合集》4335。下冊最後一部分"摹本"下第5號收有《合集》40772的一個字形。兩字形接近，經核對，兩片應爲同文卜辭，辭爲"辛卯卜，王，貞，[字] [字]"。由此，二字基本可確定爲同一字，可合併收錄。至於該字形是否應歸屬人部，亦可商榷。

26.【2609】【2610】【2611】可合併字頭

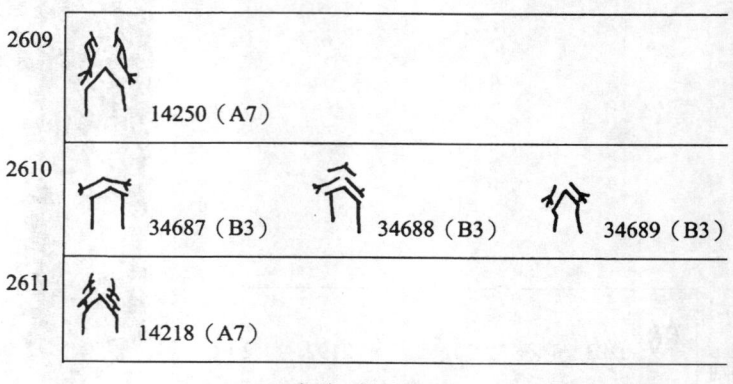

2609	[字形] 14250（A7）
2610	[字形] 34687（B3）　[字形] 34688（B3）　[字形] 34689（B3）
2611	[字形] 14218（A7）

《字編》中冊 P786

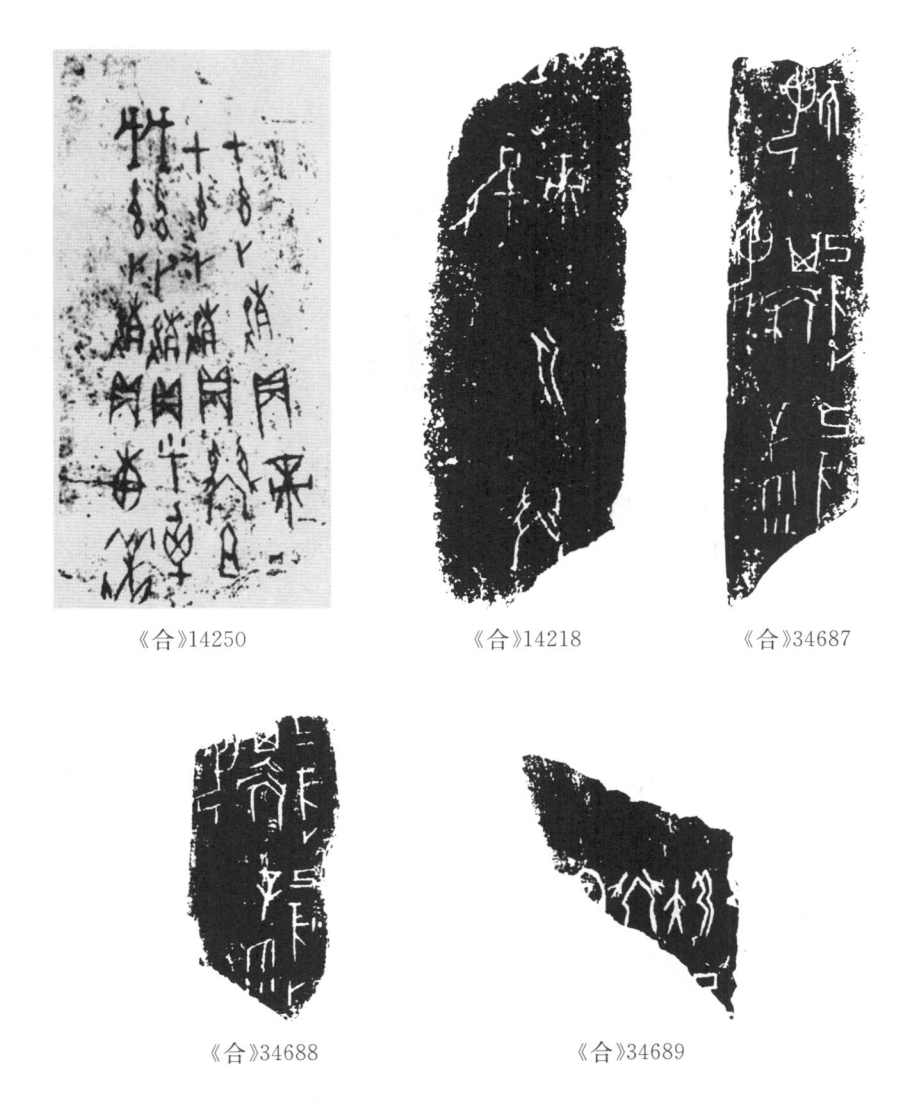

《合》14250　　　　　《合》14218　　　《合》34687

《合》34688　　　　《合》34689

《字編》2609 和 2611 各收有一個字形，兩字皆從宀、從二竹枝形（或兩個倒置的中）和兩只手，不同的是《合集》14250 一形爲二 ）（，《合集》14218 從二 彡（《字編》二字摹寫略有誤差，可參看拓片），而此兩種構件在甲骨文字中基本是通用無別的，因此上述兩字可視爲同一字。另外 2610 一字似爲 2609 與 2611 之省簡，且卜辭中皆用爲動詞，故三個字頭可考慮合併，或亦可以一字頭下分 1、2 列之。党相魁曾釋 字爲"茨"，謂"象以兩手持茅苫屋頂之形"，[1] 宋鎮豪先生亦以上列三組字形爲同一字，認爲

---

[1] 党相魁：《甲骨文釋叢（續）》《釋"茨"》，王宇信、宋鎮豪、徐義華主編：《紀念王懿榮發現甲骨文 110 週年國際學術研討會論文集》，北京：中國社會科學出版社 2009 年版，頁 122—123。

"'學'與'茨'字初義當指建房過程中傳次布構棟椽、覆蓋茅草封頂的先後兩道工序"。①

27.【4160】【4161】可合併例

4160	𦥑	10063（AB）
4161	𦥑	18202（AB）

《字編》下册 P1316　　《合》10063　　《合》18202

《字編》4160 與 4161 各收一字，分別出自《合集》10063、18202，雖原拓兩片均爲殘辭而難以考察其用法，但從字形本身看，兩字結構實無異，可合併爲一個字頭。

28.【2133】可合併例

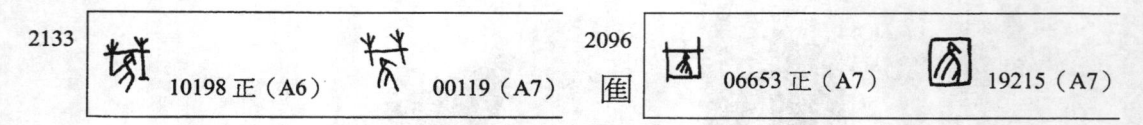

2133				2096		
	屰	10198 正（A6）	屰 00119（A7）	匩	06653 正（A7）	19215（A7）

《字編》中册 P642、628

《合》10198　　《合》119

---

① 《甲骨金文中所見的殷商建築稱名》，《甲骨文與殷商史》新三輯，上海：上海古籍出版社 2013 年版，頁 27。

《甲骨文字编》校读札记 37 则

《合》6653 正　　　　　　　《合》19215

《字编》2133 與 2096 各收兩個字，四字結構相似，差異在於隹字外的"框"形，考察其用法，均與田獵有關，卜辭中用爲動詞，應該是一種田獵方式，而其方形"外框"，蓋爲以樹木圍起來捕鳥的一種裝置。《合集》10198 與 119 一種當是側視之形，下插於地，上可見樹木枝杈；6653 與 19215 一種則爲俯視之形，故四圍齊全，兩組字可合併爲一個字頭。

29.【2145】可合併例

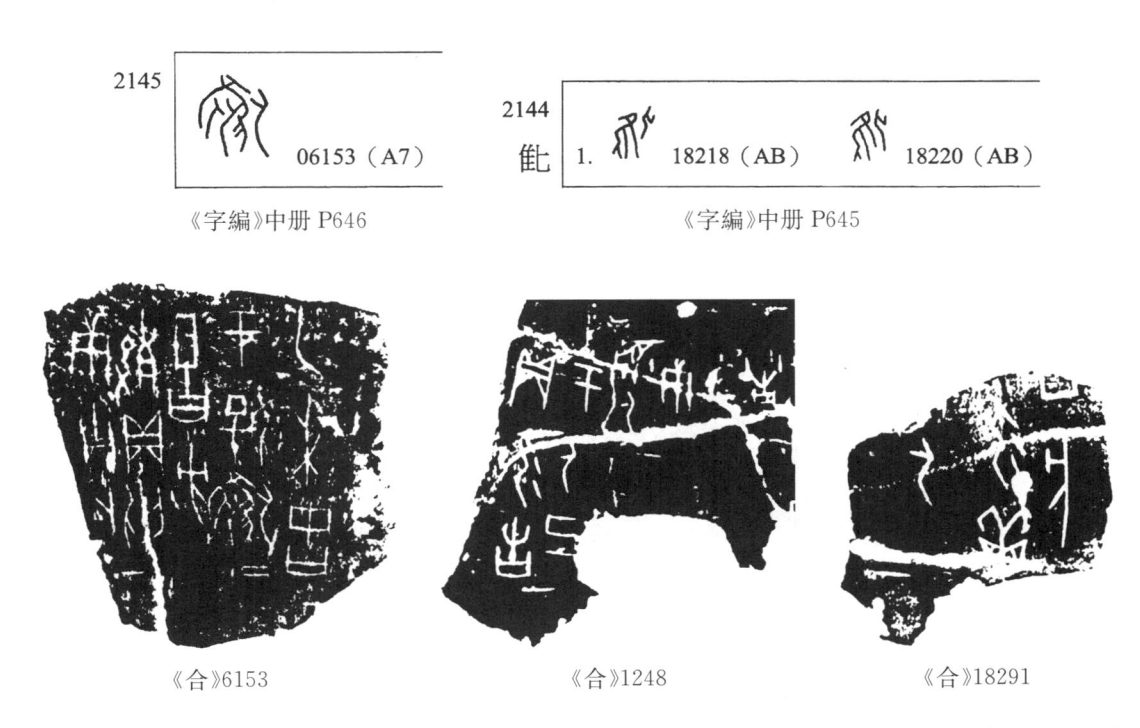

2145　　06153（A7）

《字编》中册 P646

2144 　1.　18218（AB）　　18220（AB）
牝

《字编》中册 P645

《合》6153　　《合》1248　　《合》18291

《字编》2145 只收一字，來源是《合集》6153。該字形右部應爲"匕"字賓組的一個典型寫法，如《合集》18291、1248 中匕字的形態，故 字實从隹从匕，可歸入《字编》2144 中。

30.【2025】可合併例

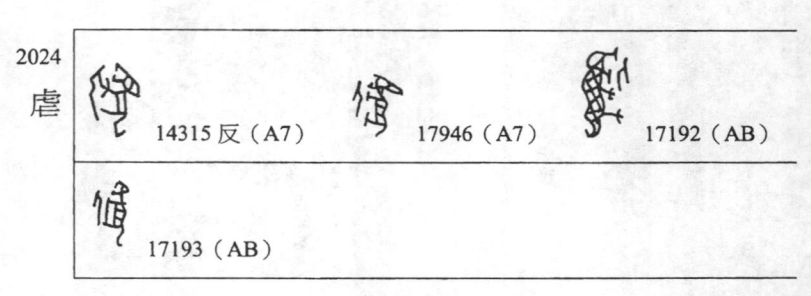

2024 虐	14315反（A7）	17946（A7）	17192（AB）
	17193（AB）		

《字編》中册 P600

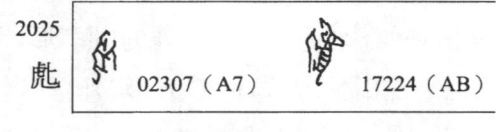

2025 匙	02307（A7）	17224（AB）

《字編》中册 P601

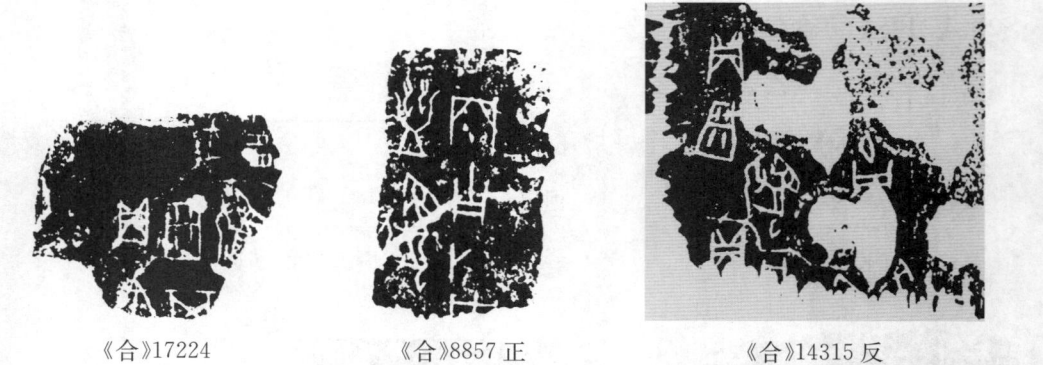

《合》17224　　《合》8857正　　《合》14315反

《合》17192 　　《合》17193

《字編》2025 所收《合集》17224 一形，與《合集》8857 正、17223 等卜辭中皆爲災害意，字形應爲从人，可歸入《字編》2024 虐字下；《合集》2307 殘辭不易判斷，《合集釋文》釋爲虓，《摹釋》釋爲虐，究竟从人還是从匕，可商榷。但目前除 2307 外，似尚無其他確定从虎从匕之例，是以卜辭中究竟是否有从虎从匕之字，恐有待重新考察。

31.【710－1】宜分立字頭例

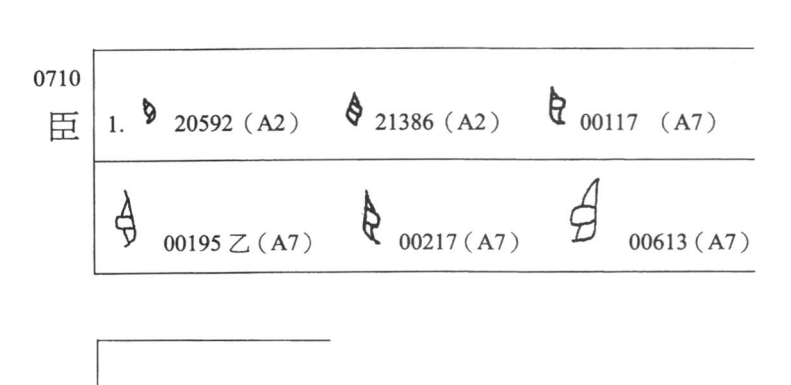

《字編》710－1 "臣"字下，收入《合集》8682 的 ，該字通釋爲臣，並且時於他字中作爲構件出現，應單立字頭爲宜，甚至可另設爲部首字，而不宜混入 "臣" 字形中。

32.【1647】隸定不當例

《字編》1647 與 2113 兩個字頭均隸定爲雈。筆者以爲 1647 字頭隸定欠妥。雈，自《說文》即有其字形，且是 540 部首之一，《說文·雈部》："雈，鴟屬。从隹，从丫，有

1647 萑	1. [08785 (A7)] [10999 (A8)] [08184 (AB)]
	[18422 (AB)]
	2. [18432 (A7)] [10211 (AB)] [28348 (B6)]

《字編》中册 P486

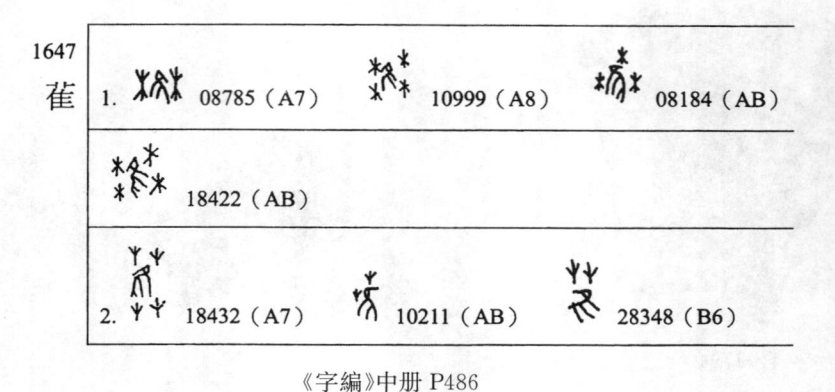

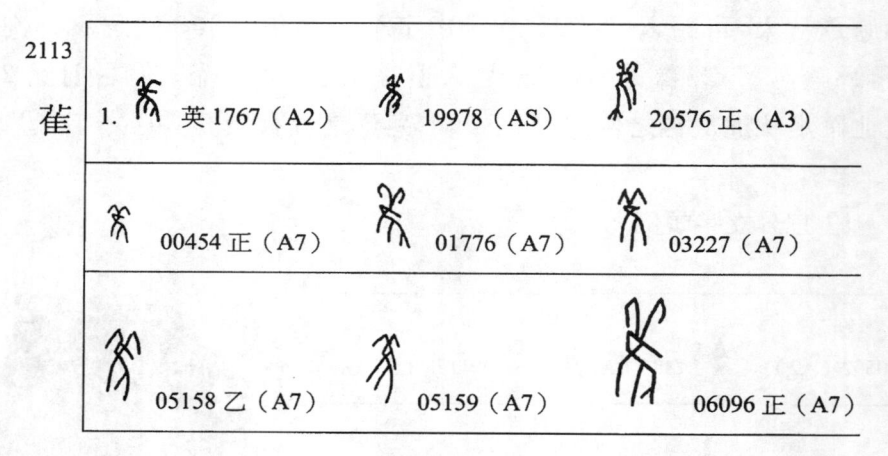

2113 萑	1. 英 1767 (A2)　19978 (A5)　20576 正 (A3)
	00454 正 (A7)　01776 (A7)　03227 (A7)
	05158 乙 (A7)　05159 (A7)　06096 正 (A7)

《字編》中册 P632

毛角。"該字形中隹的上方近似草字頭而略有異,是隹鳥形頭部上方多出的一個構件,即説文所謂"毛角",甲骨文中亦有其字,即 ,如《合》9607 等。《字編》收爲 2113 號,字頭隸定爲"萑"正得宜。而 1647 號則可隸定爲樧或萑,从艸从隹,更符合字形結構,又可與萑字區分開來。

33.【1911】隸定可商榷例

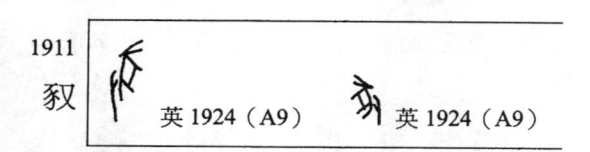

1911 豺	英 1924 (A9)　英 1924 (A9)

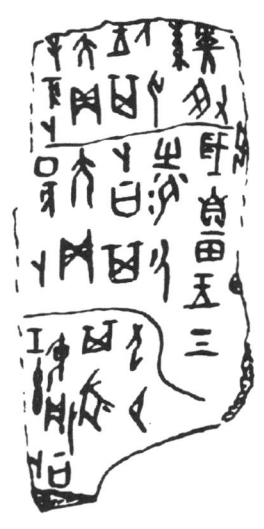

《英》1924　　　《合》40926

《字編》1911 收有兩個字形，來源是同一片即英 1924。此片中該字出現兩次，《字編》隸定爲从豕从又。核對原片，下部一形較爲清晰，左部疑應是从刀，全字當釋爲从豕从刀的剢字。該片重見於《合集摹本》40926，其中字形上部摹錯，《合集釋文》則將下字釋爲豟，與上部摹錯的字形當成兩個不同的字。《摹釋》將該兩形一釋爲豝，一釋爲豕。

34.【2449】拆合不當例

2449　04818（A7）

《字編》中册 P735　　　《合》4818

《字編》2449 僅收有一個字形，來自《合集》4818。檢對原片，該形處於拓片下方，辭不全，但基本可通讀，應爲"庚申卜，賓貞，令﹡多屮入于……"，某人"入于"某地，是卜辭中常見辭例，《字編》2449 所收"字形"實應爲"入于"二字，故該字頭應刪除。

35.【4162】殘字處理不當例

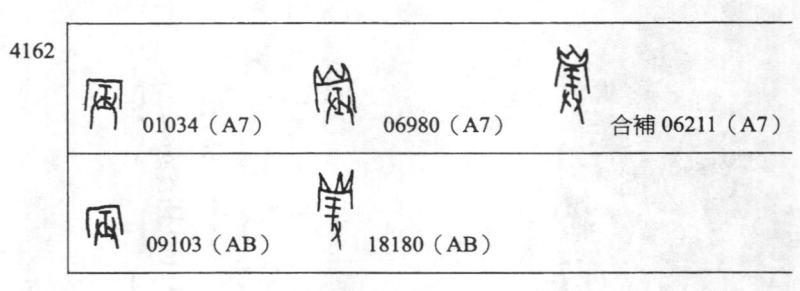

4162

| 01034（A7） | 06980（A7） | 合補06211（A7） |
| 09103（AB） | 18180（AB） | |

《字編》下册 P1316

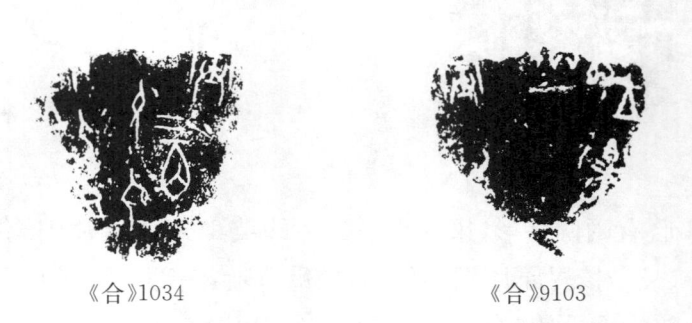

《合》1034　　《合》9103

《字編》4162下收有五個字形，其中第1、4形與另3形上部略有不同。查對《合集》1034與9103兩個拓片，上部均處邊緣處，二字殘缺，全形應與4162另外三字同。在邊緣殘損之字的處理上，《字編》的體例是加虛綫以示意該處不確定還有其他怎樣的筆畫，而似此二字可能受損却未加以虛綫示意的處理，容易造成讀者的誤解，筆者即曾看到有人將《合集》1034字形作爲"弄"字用在書法作品中。

36.【1692】【1831】殘字處理不當例

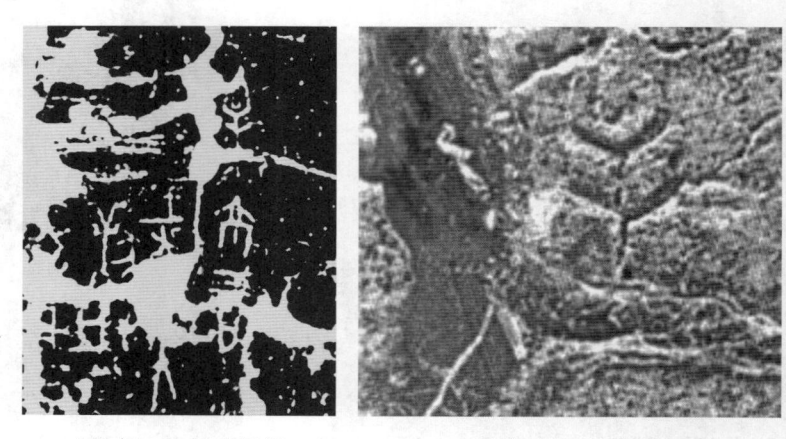

1692　花363（C5）

《字編》中册 P499　　《花東》363拓片局部　　《花東》363彩版局部

《字編》1692 只收了一個字形，出自《花東》363，形似 ✿ 的上半部。看拓片，該字處於中後甲卜兆斷裂處的上方，仔細對照《花東》363 彩圖，則可以看到下部斷裂部位上方果有"根部"的筆畫，可以確知該字應是 ✿ 字無疑，《字編》1692 爲誤摹殘缺字形而衍生字頭，故 1692 字頭宜去掉。此亦殘損字處理未當之故。

37.【1831】殘字處理不當例

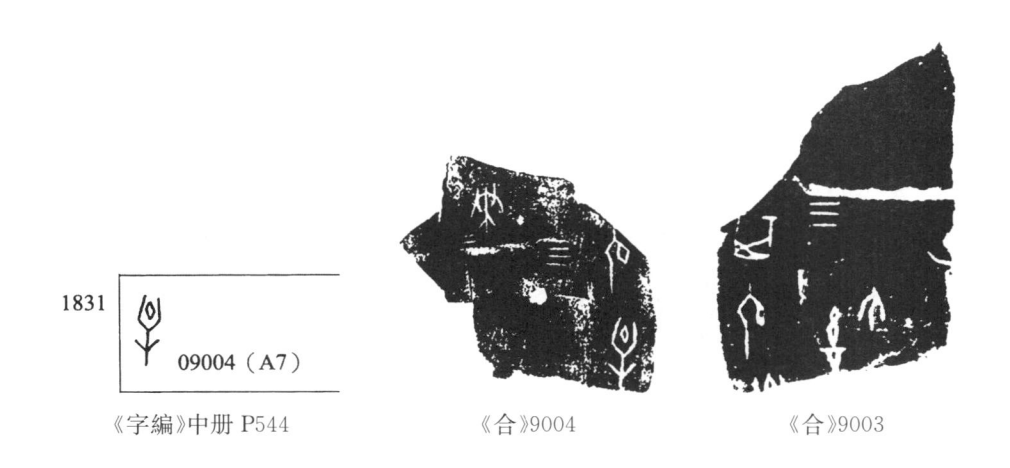

1831	✿ 09004（A7）	《合》9004	《合》9003
《字編》中册 P544			

《字編》1831 所收出自《合集》9004，該字下部殘缺，疑爲 ✿ 字。✿ 字在卜辭中多用爲地名、族名，而卜辭"以某"常接族名，因此《合集》9004 宜收在 1691-1 ✿ 字後面。《合集》9003 辭例與 9004 同，"以"後亦應爲 ✿ 字。

《殷虛卜辭後編》初探

付振起

（中國室内裝飾協會）

前　　言

　　撰寫本文的目的在於，筆者思考在通過結合 1972 年由許進雄先生重新編輯的《殷墟卜辭後編》①和 2015 年劉波發現的曾毅公先生的《殷虛卜辭後編考釋》②的基礎上，還原加拿大甲骨研究學者明義士先生在 1928 年編次的《殷虛卜辭後編》最早的情況。

　　《殷虛卜辭後編》的重要意義在於，明義士先生通過對這批甲骨的字形分析，對後來一批歸爲"歷組"的甲骨做出屬於殷商武丁時期的判斷。目前這批甲骨收藏於故宫博物院，尚未公布原物情況。

　　因此，筆者針對明義士先生《殷虛卜辭後編》的原始情況的還原，主要依靠許氏《殷虛卜辭後編》（以下簡稱"許編"）中的甲骨拓本、後來發現的《殷虛卜辭後編考釋》（以下簡稱"明編"）中的編次釋文，以及《戰後南北所見甲骨録·明義士舊藏甲骨文字》③（以下簡稱"南明"）的摹本。筆者在查閱曾毅公先生的《殷虛卜辭後編考釋》時，雖然發現了曾先生在一些釋讀和釋文上存在時代與研究資料的局限，但這些因素並未對筆者展開原始編次研究工作帶來太多的困擾。

　　通過對"考釋"中原始編次材料的整理完成，筆者發現了明義士先生的早年編次中，出現了少量誤入和歷組、無名組分類混淆的情況。這些情況，筆者將在下文中做出闡述。

---

① 明義士著，許進雄編：《殷虛卜辭後編》，臺北：藝文印書館 1972 年版。
② 曾毅公編著：《殷虛卜辭後編考釋》，北京：文物出版社 2016 年版。
③ 胡厚宣編：《戰後南北所見甲骨録》，上海：來薰閣書店 1951 年版。

明編分類與分析

在明編的序言中,明義士先生的原始編次按照"五期"進行分類,並對劃分的依據作了說明。筆者根據其內容,製表如下:

原始編次	放置屜組	所屬時代
3051—3076	甲屜二	武丁時期
3077—3095	甲屜三	武丁時期
3096—3126	甲屜四	武丁時期
3127—3145	甲屜五	祖庚時期
3146—3161	甲屜六	祖庚時期
3162—3187	甲屜七	祖庚時期
3188—3219	丙屜一	祖庚時期
3220—3239	丙屜二	祖甲時期
3240—3263	丙屜三	祖甲時期
3264—3293	丙屜四	康丁時期
3294—3329	丙屜五	康丁時期
3330—3354	丙屜六	武乙時期
3355—3381	丙屜七	武乙時期

明義士的分類根據序言介紹,可以知道其分類的依據主要有兩點:第一,根據甲骨祭祀卜辭中的稱謂關係進行判定;第二,根據已確定時代的甲骨進行字體、字形、常用字的分析。

筆者依照明編原始分類表,下面就明義士先生十三屜的甲骨分類,結合卜辭組別的大概特點,綜合許編、南明、甲骨文合集(以下簡稱"合集")[①]等材料,逐一進行說明。

因本文不涉及甲骨字體研究,因此組別部分采取大組別性質,不進行同組不同類的細致區分。

---

① 胡厚宣、郭沫若等編:《甲骨文合集》,北京:中華書局 1978—1982 年版。

甲屜二(3051—3076)對照表

明編	許編	南明	合集	組別
3051	2529	479	34240①	歷
3052	2524	613	—	歷
3053	2520	507	32722	歷
3054	2485	537	32420	歷
3055	2544	614	32721	歷
3056	2497	649	33054	歷
3057	2523	615	—	歷
3058	2546	102	—	歷
3059	2548	447	34601	歷
3060	1840	231	16273	賓
3061	—	499	32896	歷
3062	2558	418	32915	歷
3063	2481	440	32114	歷
3064	2472	524	32214	歷
3065	2491	551	32473	歷
3066	—	—	—	
3067	2493	554	32502	歷
3068	2426	494	34183	歷
3069	2505	575	34132	歷
3070	2565	685	34614	歷
3071	2510	561	32014	歷
3072	2471	468	32033	歷
3073	2437	48	32788	歷
3074	2513	564	32521	歷

---

① 胡厚宣主編:《甲骨文合集材料來源表》,北京:中國社會科學出版社 1999 年版。

續　表

明編	許編	南明	合集	組別
3075	2514	77	32559	歷
3076	2566	763	32902	歷

　　從甲屜二的組別來看，除 3060 誤入外，都爲歷組類卜辭内容。而如 3051、3052、3053、3055 等提及"父乙"，明義士先生認爲"武丁稱小乙爲父乙……此屜諸骨爲武丁後半期所卜者，此時代以前之字體，在獸骨重要部分所得者在一二集中"。①

　　由上可知，明義士先生已經從稱謂關係上首先開始對其時代進行探究，進而對這一坑出土的甲骨材料進行字體分析。這對於甲骨早期研究來説，確實具有創見性。

甲屜三（3077—3095）對照表

明編	許編	南明	合集	組別
3077	2466	478	—	歷
3078	2452	472	—	歷
3079	2475	475	32378	歷
3080	2465	516	32377	歷
3081	2458	476	34288	歷
3082	2437	502	32788	歷
3083	2436	501	32789	歷
3084	2438	725	34061	歷
3085	2568	687	34307	歷
3086	2443	473	32304	歷
3087	2522	557	32530	歷
3088	2478	544	—	歷
3089	2453	517	32343	歷
3090	2463	514	32333	歷
3091	2467	511	27043	無名

---

① 曾毅公編著：《殷虚卜辭後編考釋》，北京：文物出版社 2016 年版，頁 3。

續 表

明編	許編	南明	合集	組別
3092	2618	253	20061	師⿱屮
3093	2490	78	29445	歷
3094	2553	704	35220	歷
3095	2647	—	—	歷

從甲屉三的組別來看，除 3091、3092 外，歷組基本無差。

甲屉四（3096—3126）對照表

明編	許編	南明	合集	組別
3096	2442	497	—	歷
3097	2583	448	33293	歷
3098	2598	422	34214	歷
3099	2587	453	33286	歷
3100	2473	520	32063	歷
3101	2540	512	32353	歷
3102	2624	730	32036	歷
3103	2629	498	32997	歷
3104	2586	457	33296	歷
3105	2588	459	33318	歷
3106	1573	91	2051	師賓
3107	2512	503	32550	歷
3108	2511	572	32548	歷
3109	2590	423	33272	歷
3110	2594	469	33234	歷
3111	2468	467	33230	歷
3112	2628	509	34465	歷
3113	2456	496	34127	歷
3114	2591	466	28205	無名

續　表

明編	許編	南明	合集	組別
3115	2435	495	32086	歷
3116	2542	678	32751	歷
3117	2543	94	32173	歷
3118	2304	420	34270	無名
3119	2448	533	32399	歷
3120	2508	80	27187	師歷
3121	2470	530	34111	歷
3122	2450	529	32159	歷
3123	2519	558	32525	歷
3124	2516	571	32576	歷
3125	2517	622	32158	歷
3126	2547	702	32145	歷

從甲屉四的組別來看,除 3106、3114、3118 外,歷組基本無差。

甲屉五(3127—3145)對照表

明編	許編	南明	合集	組別
3127	2459	477	32087	歷
3128	2429	481	34172	歷
3129	2525	625	32235	歷
3130	2530	620	32224	歷
3131	2630	616	33017	歷
3132	2537	617	33033	歷
3133	2536	547	32430	歷
3134	2533	531	32031	歷
3135	2538	618	32670	歷
3136	2531	626	32025	歷
3137	2488	653＋655	34091＋34092	歷

續　表

明編	許編	南明	合集	組別
3138	2528	619	32683	歷
3139	2545	621	32287	歷
3140	2532	417	33991	歷
3141	2526	623	32690	歷
3142	2535	556	32578	歷
3143	2541	528	32389	歷
3144	2534	624	32844	歷
3145	2487	595	32626	歷

從甲屉五的組別來看,歷組基本無差。明義士先生通過部分甲骨中的"父丁"、"小乙"等的稱謂將其劃定在祖庚時期,根據稱謂聯繫的,不獨有祖庚時期,因此筆者以爲只能存在較大可能。此外,部分無稱謂關係的卜辭部分,將其限定時間並不妥當。

甲屉六(3146—3161)對照表

明編	許編	南明	合集	組別
3146	2461	432	32329	歷
3147	2479	437	32409	歷
3148	2496	656	34106	歷
3149	2480	545	32412	歷
3150	2483	550	32468	歷
3151	2492	541	32429	歷
3152	2562	713	34330	歷
3153	2539	663	32750	歷
3154	2486	552	32488	歷
3155	2585	450	33289	歷
3156	2502	578	32581	歷
3157	2460	526	32373	歷

續　表

明編	許編	南明	合集	組別
3158	2561	690	34325	歷
3159	2506	565	32568	歷
3160	2567	686	34434	歷
3161	2507	570	32256	歷

　　從甲屜六的組別來看，歷組基本無差。明義士先生通過字形分析，將其歸入與甲屜五同時的祖庚時期。

　　根據當前我們的研究來看，契刻者與貞卜官或存在疊合，或是兩人，且活動的時代完全有可能存在跨王代的問題，因此，要準確斷定甲骨的年代，比較困難。但明義士先生將甲屜五、甲屜六歸於一處，很顯然也是從字體上看，二者存在相同或近似的部分。這可以算是早期開展甲骨字體研究的先河了。

甲屜七(3162—3187)對照表

明編	許編	南明	合集	組別
3162	2474	470	32313	歷
3163	2495	431	32396	歷
3164	2552	688	32098	歷
3165	2580	464	33336	歷
3166	2503	438	33986	歷
3167	2596	439	33916	歷
3168	2569	709	35141	歷
3169	2549	702	32145	歷
3170	2441	654	34093	歷
3171	2574	657	33604	歷
3172	2560	711	33583	歷
3173	2555	717	34649	歷
3174	2559	491	34206	歷
3175	2554	716	34424	歷

續　表

明編	許編	南明	合集	組別
3176	2527	648	34603	歷
3177	2488	653＋655	34091＋34092	歷
3178	2572	693	34471	歷
3179	2301	463	30607	無名
3180	2645	67	20358	師小字
3181	2621	224	34133	歷
3182	2632	739	33221	歷
3183	2581	460	33315	歷
3184	2582	452	33301	歷
3185	2427	482	34171	歷
3186	2576	125	34633	歷
3187	2564	698	34550	歷

從甲屜七的組別來看，除 3179、3180 外，歷組基本無差。明義士先生通過字形分析，將其歸入與甲屜五、六同時的祖庚時期。

丙屜一（3188—3219）對照表

明編	許編	南明	合集	組別
3188	—	—	—	—
3189	2425	492	34218	歷
3190	2434	485	34245	歷
3191	2469	523	34044	歷
3192	2451	521	33012	歷
3193	2592	458	33317	歷
3194	2482	548	32440	歷
3195	2430	434	34208	歷
3196	2431	489	34207	歷
3197	2454	471	32307	歷

續　表

明編	許編	南明	合集	組別
3198	2589	451	33298	歷
3199	2499	562	32560	歷
3200	2444	518	32346	歷
3201	2484	435	32464	歷
3202	2504	559	32527	歷
3203	2455	487	34144	歷
3204	2614	747	33423	歷
3205	2464	525	32374	歷
3206	2477	527	32368	歷
3207	2432	490	34209	歷
3208	2446	505	27655	無名
3209	2439	486	30433	歷
3210	2476	597	32620	歷
3211	2445	480	34291	歷
3212	2462	493	32802	歷
3213	2521	560	32528	歷
3214	2602	436	32407	歷
3215	2494	598	32618	歷無
3216	2440	602	32648	歷
3217	2570	691	30523	無名
3218	2515	646	32662	歷
3219	2550	651	34362	歷

　　從丙屈一的組別來看,歷組、歷無、無名已經存在交替演變的階段。可見,明義士先生的早期分類,可能是根據所得甲骨原始情況進行了復原,然後根據字形特點進行重新分類。

　　這一屈展示了字體變形已經有了比較明顯的轉變特點。雖然是個雛形,但可以認爲存在一個過渡時期的初始階段。明義士先生將其歸入了"第二期"的祖庚時期。

丙屜二(3220—3239)對照表

明編	許編	南明	合集	組別
3220	—	—	—	—
3221	2245	637	27613	歷無
3222	2246	640	27616	歷無
3223	2247	639	27617	歷無
3224	2241	638	27612	歷無
3225	2242	627	27488	歷無
3226	2230	628	27485	歷無
3227	2616	732	33422	歷
3228	2447	419	35174	歷
3229	2584	449	33292	歷
3230	2182	534	33425	歷無
3231	2164	681	30394	無名
3232	2457	603	32647	歷
3233	2179	535	32447	歷
3234	2178	474	—	無名
3235	2186	536	32458	歷無
3236	2597	429	34182	歷
3237	2604	421	34203	歷
3238	2575	133	32191	歷
3239	2187	68	32460	歷無

丙屜三(3240—3263)對照表

明編	許編	南明	合集	組別
3240	2284	726	29700	歷無
3241	2256	670	27529	無名

續　表

明編	許編	南明	合集	組別
3242	2173	724	30333	歷無
3243	2267	679	27573	無名
3244	2606	701	34495	歷
3245	2200	652	34421	歷無
3246	2257	666	27520	無名
3247	2166	500	27661	無名
3248	2189	513	27057	無名
3249	2193	599	27317	無名
3250	2195	604	27394	無名
3251	2309	734	28598	歷無
3252	2209	601	—	無名
3253	2181	522	27076	無名
3254	2338	766	27748	無名
3255	2165	506	27660	無名
3256	2191	543	30909	無名
3257	2196	579	27258	無名
3258	2260	676	27566	無名
3259	2286	694	30534	無名
3260	2215	600	32641	歷無
3261	2640	758	—	歷
3262	2167	508	32443	無名
3263	2509	591	32634	歷

　　從丙屜二、三的組別來看，歷組、歷無、無名交替演變的情況就更加明顯了。

　　從這裏可見，跨王代的情況肯定存在。結合丙屜一的特點來看，歷組到歷無的變化，最明顯的過渡應該在祖甲時期。因此，明義士先生將丙屜二、三歸入祖甲時期，應該是比較可信的。

丙𠂤四(3264—3293)對照表

明編	許編	南明	合集	組別
3264	2303	428	27254	無名
3265	2228	586	27368	無名
3266	2227	606	28276	歷無
3267	2225	587	27369	無名
3268	2183	—	—	歷無
3269	2226	631	28278	歷無
3270	—	—	—	—
3271	2326	633	27498	無名
3272	2236	634	27416	無名
3273	2235	636	27431	無名
3274	2237	635	27037	無名
3275	2237	635	27037	無名
3276	2238	630	27398	無名
3277	2233	590	27364	無名
3278	2244	643	27626	歷無
3279	2253	641	27628	無名
3280	2249	642	27624	無名
3281	2229	607	27442	無名
3282	2277	695	30601	歷無
3283	2279	696	34590	歷無
3284	2240	650	27640	無名
3285	2222	608	27471	無名
3286	2221	589	27371	無名
3287	2232	612	27025	無名
3288	—	—	—	—
3289	2220	609	27448	無名

明編	許編	南明	合集	組別
3290	2224	610	27464	歷無
3291	2234	611	30357	無名
3292	2231	588	27363	無名
3293	2293	462	28289	無名

丙屜五(3294—3329)對照表

明編	許編	南明	合集	組別
3294	2258	659	27503	無名
3295	2225	587	27369	無名
3296	2266	662	27353	無名
3297	2269	671	27540	無名
3298	2259	669	28092	無名
3299	2265	665	27517	無名
3300	2270	675	27544	無名
3301	2264	668	30324	無名
3302	2216	585	30300	無名
3303	2169	144	—	無名
3304	2168	727	34066	無名
3305	2210	555	27243	歷無
3306	2305	442	30299	無名
3307	2171	483	30402	無名
3308	2185	538	26908	無名
3309	2211	594	27347	無名
3310	2208	592	27360	無名
3311	2198	563	27206	無名
3312	2190	539	27100	無名

續　表

明編	許編	南明	合集	組別
3313	2322	632	27878	無名
3314	2204	569	32563	歷無
3315	2333	768	29744	無名
3316	2287	722	31708	無名
3317	2184	510	27043	無名
3318	2199	540	26999	無名
3319	2188	542	27098	無名
3320	2268	664	27512	無名
3321	2197	553	30594	無名
3322	2272	764	27592	無名
3323	2218	577	32585	歷無
3324	2206	581	30349	無名
3325	2212	582	27297	無名
3326	2217	580	27271	無名
3327	2214	583	30351	無名
3328	2176	584	27272	無名
3329	2290	706	30494	無名

　　從丙屉四、五的組別來看，主要是歷無、無名交替演變的情況。

　　由上可知，歷無在這部分的內容較少，即歷無在這一時期所占的比重較小。結合可見的商史材料來看，歷無組可能存在甲骨分期中一二期向四期過渡的性質。筆者以爲將歷無組的主要活動時間定在廩辛、康丁時期應該是比較合適的。

丙屉六(3330—3354)對照表

明編	許編	南明	合集	組別
3330	2243	629	32714	無名
3331	2239	515	32390	無名
3332	2248	645	27571	無名

續　表

明編	許編	南明	合集	組別
3333	2250	644	27634	無名
3334	2192	549	27137	無名
3335	2278	445	27931	無名
3336	2274	699	31021	無名
3337	2280	684	31023	無名
3338	2285	683	31022	無名
3339	2174	723	29713	無名
3340	2172	484	30429	無名
3341	2318	729	30376	無名
3342	2205	605	27334	無名
3343	2294	461	28264	無名
3344	2252	672	26924	無名
3345	2261	677	27555	無名
3346	2302	427	28267	無名
3347	2295	455	30688	無名
3348	2299	424	28258	無名
3349	2298	425	28244	無名
3350	2300	454	30685	無名
3351	2170	488	30440	無名
3352	2276	718	30779	無名
3353	2289	714	29508	無名
3354	2219	576	27251	無名

丙屜七(3255—3381)對照表

明編	許編	南明	合集	組別
3355	2039	339	22721	出
3356	2251	660	32744	歷無

續　表

明編	許編	南明	合集	組別
3357	2297	426	28255	無名
3358	2296	456	28260	無名
3359	2207	596	27341	無名
3360	2203	504	27288	無名
3361	2201	568	27232	無名
3362	2275	658	—	無名
3363	2254	680	27575	無名
3364	2194	593	27343	無名
3365	2271	673	27560	無名
3366	2213	647	27312	無名
3367	2262	674	27557	無名
3368	2263	667	27514	無名
3369	2599	44	—	師歷
3370	2288	707	29450	無名
3371	2313	771	27895	無名
3372	2293	462	28289	無名
3373	2282	697	30880	無名
3374	2334	767	31254	無名
3375	2325	769	—	無名
3376	2328	740	41352	無名
3377	2292	719	29659	無名
3378	2331	770	—	無名
3379	2330	—	—	無名
3380	2327	772	—	無名
3381	2329	—	—	無名

從丙屜六、七的組別來看，除了 3355、3369 存在誤入之外，主要是無名組部分甲骨的情況。

　　由上可知，無名組在這丙屜六、七部分佔有絕對的比重。結合丙屜四、五無名組部分，我們可以發現無名組是除了歷組以外占最大比重部分的材料。從殷商晚期的情況分析，無名組最主要的時間應該在武乙、文丁時期，不排除往下到帝乙時期，上限在明義士先生所說的康丁時期應該是可信的。

結　　語

　　綜上，通過對《殷虛卜辭後編》的比較初探，可知明義士先生是對甲骨文字字形進行具體分類的第一人。儘管當時並未提出相關類別命名，但進行的分類實踐一目了然。而且，明義士先生的大體分類無差，其分類是否可能是建立在甲骨早期出土堆積放置順序的基礎上展開的文字字形整理呢？可惜現今已無法確切考證了。但明義士先生對甲骨做出的創見性貢獻值得在甲骨研究史上爲其寫下濃重的一筆。

　　筆者期待後編原物材料早日可得一睹，後可將原物圖、拓、摹三者合一，按照明義士先生原編次的情況進行再版，這對於研究後編這一坑的甲骨材料或許有特殊且重要的意義！

《甲骨年表》存目文獻考*

鄧章應

(西南大學漢語言文獻研究所)

　　董作賓先生 1930 年 7 月編撰《甲骨年表：關於甲骨文字三十年來發現研究的總記》，將甲骨學史上發生的大事及著述按年編排，開創了一種甲骨學史新寫法。[①]《歷史語言研究所十九年度六月份報告》："編輯員董作賓，繼續搜錄《骨卜考》材料。并作《甲骨年表》一篇，此文繼《殷墟沿革》而作，自清光緒二十五年，迄於本年，詳敘殷墟出土甲骨的史實及收藏、編錄、考釋、研究之經過。表分兩欄，按年排系，左列'紀事'，右列'論著'。取材於已著錄之甲骨文籍，及在安陽小屯所訪聞之古事傳說爲多。實爲'關於甲骨文字三十年來發現研究的總記'。"[②]

　　後董作賓、胡厚宣對《甲骨年表》增訂重編，1937 年 4 月作爲中研院史語所單刊乙種之四出版。[③] 後作爲附錄，附於 1965 年出版的董作賓《甲骨學六十年》。[④] 1977 年又收入《董作賓先生全集乙編》第 6 册，由臺北藝文印書館出版。單行版與附錄版内容一致，唯附錄版將原單面印的綫裝版改成雙面印的現代精裝版，相應地，原表示兩面一頁的頁碼替換成按頁編號的頁碼。本文所引爲 1977 年《董作賓先生全集乙編》

---

* 本文受教育部、國家語委甲骨文等古文字研究與應用專項科研項目"甲骨文與自源民族文字比較研究"（項目批准號：YWZ-J025）、中央高校基本科研業務費團隊項目"文字學"（項目批准號：SWU1709128）資助，初稿寫成后曾請清華大學吳麗婉博士指正，謹此致謝。

① 董作賓：《甲骨年表：關於甲骨文字三十年來發現研究的總記》，《中研院史語所集刊》第 2 本第 2 分，1930 年。

② 《中研院史語所十九年度六月份工作報告》，原載 1930 年 7 月《中研院院務月報》第 2 卷第 1 期，又載歐陽哲生編：《傅斯年文集》第 4 卷，北京：中華書局 2017 年版，頁 159。

③ 董作賓、胡厚宣：《甲骨年表》，上海：商務印書館 1937 年版。

④ 董作賓：《甲骨學六十年》，臺北：藝文印書館 1965 年版。

版,簡稱爲"《年表》"。

《年表》和後來的《續甲骨年表》[1]被譽爲"全景式地展現了 60 多年來甲骨學研究的發展,對甲骨學史的研究很有價值",[2]其後引用者衆,並且借以構建甲骨學史,或辨析學術史上的成就貢獻。《年表》雖有一些小疏誤,[3]但在甲骨學史上仍然發揮着巨大的作用。

《年表》對於甲骨文研究論著,采"有聞必録"之態度,故收録已經出版的論著外,還收録了部分當時編纂者未實際見書的論著。《年表·編纂略例》之六云:"撰著中有雖尚未出版,但據他書稱引,知其確已撰成者,本表亦酌量收録。"這部分存目文獻,有一部分後來正式出版,但部分題名有變化,也有部分論著後來一直沒有出版。本文對其一一進行考證。

1. 頁 46:1928 年:(一一四)陳邦福著殷虛甄微一書。(書名見所著殷虛薶契考自序。尚未印行)

按:《殷虛薶契考》出版於 1928 年,陳邦福自序:"辛亥以後,著書易米,每於契文欣然會意前,則尋繹文字,成《殷契甄微》一書,近復考得帝辛卜辭,憑據古誼,備究成卷。"《年表》將《殷契甄微》誤成《殷虛甄微》。

陳邦福還曾出版《殷契辨疑》(1929 年)、《殷契説存》(1929 年)、《殷契瑣言》(1934 年)等甲骨文論著,但《殷契甄微》一書未見刊行。

2. 頁 46:1928 年:(一一五)明義士編殷虛卜辭後編。(尚未付印)

按:明義士爲加拿大漢學家 James Mellon Menzies 的漢名,1917 年在上海出版《殷虛卜辭》。後來又將所藏甲骨未著録部分拓成墨本,名爲《殷虛卜辭後編》。《年表》1928 年"紀事"欄記載:"明義士自去年迄今年,二年之間,將所藏甲骨之未收於殷虛卜辭中者,拓成墨本,名爲殷虛卜辭後編。"

2016 年文物出版社出版了曾毅公編著的《殷虛卜辭後編考釋(稿本)》。[4] 書前收《殷虛卜辭後編序》,署名"明義士著,曾毅譯"。序後有一段曾毅公先生的跋語,跋語稱:"《殷虛卜辭後編》釋文,爲十七年戊辰拓工劉殿臣及裝訂手左某粘貼後,明義士以一分贈馬叔平先生,一分贈容希白先生,一分贈余。此釋文則十九年暑假中自安陽歸平後。"1928 年《殷虛卜辭後編》甲骨的墨拓工作已經完成。曾毅公先生得到拓片後,1930 年補做釋文,但遲至 2016 年才正式出版。

---

[1] 董作賓、黄然偉:《續甲骨年表》,臺北:中研院史語所,1967 年。
[2] 王宇信、王升南等:《甲骨學一百年》,北京:社會科學文獻出版社 1999 年版,頁 393。
[3] 鄧章應:《〈甲骨年表〉校記》,《甲骨文與殷商史》新八輯,上海:上海古籍出版社 2018 年版。
[4] 曾毅公:《殷虛卜辭後編考釋》,北京:文物出版社 2016 年版。

《容庚北平日記》記有他所得明義士拓本詳細情況，1929年2月21日記："清理明義士所贈甲骨拓片，凡大冊二冊，共七十頁，小冊廿五冊，共九百七十一葉。內一九二五年冬出土者，大四十三葉，小一百四十一葉。"① 後來這批拓片又歸於于省吾。1941年1月30日記："八時進城，至於思泊家，以明義士、馬叔平所贈甲骨拓本一千二三百紙、方若《山水》軸，易得許伯彪錯金字戈及虘父盤。十二時攜以回家。"② 1943年8月10日記："至于省吾家，借明義士甲骨拓本。"③

臺北藝文印書館1972年曾與加拿大多倫多皇家安大略博物館合作影印《殷虛卜辭後編》，署名"明義士著，許進雄編"。

3. 頁67：1932年：（二○八）嘉興胡光煒小石著說文古文考二卷。（未見，目見本年五月葉玉森所著之殷虛書契前編輯釋參考書目）

按：《說文古文考》由南京金陵大學油印出版，未署印行時間。根據商承祚先生《說文中之古文考》自序："說文中之古文考，始作於金陵大學中國文化研究所……於一九四○年乃爲之寫定。……胡光煒小石先生亦有《說文古文考》，早於我著十三年。但最近始問世，內多精義，不可不讀。一九八一年秋八月商承祚記。"商先生著作寫定於1940年，胡先生著作早於13年，則寫定於1927年。後來輯入《胡小石論文集三編》，上海古籍出版社1995年出版。據該論文集中文後按語可知，④ 1979年中國社會科學院歷史研究所曾刻寫油印，是故商先生1981年自序中稱"最近始問世"。

4. 頁84：1934年：（二七六）唐蘭著殷虛文字記。（未印行。目見本年十二月出版之考古社刊第一期）

按：《考古社刊》第一期刊登《社員著作一覽表》，其中唐蘭有《殷虛文字記》、《北京大學藏甲骨刻辭考釋》等著作，書名下皆注明"未印行"。

《殷虛文字記》1934年12月由北京大學作爲講義石印。前有唐蘭自序。根據劉一曼、韓江蘇《甲骨文書籍提要（增訂本）》介紹，後來還有1978年中國社會科學院歷史研究所油印本，1981年5月中華書局影印本。1981年中華書局本，依照1934年石印本重新校對謄寫，還增加了目錄、補正、作者致沈兼士的信、說明、引書簡稱表、唐復年先生所寫後記。⑤

---

① 容庚著，夏和順整理：《容庚北平日記》，北京：中華書局2019年版，頁172。
② 容庚著，夏和順整理：《容庚北平日記》，頁642。
③ 容庚著，夏和順整理：《容庚北平日記》，頁697。
④ 胡小石：《胡小石論文集三編》，上海：上海古籍出版社1995年版，頁526。
⑤ 劉一曼、韓江蘇：《甲骨文書籍提要（增訂本）》，上海：上海古籍出版社2017年版。

5. 頁 85：1934 年：（二七七）唐蘭著北京大學藏甲骨刻辭考釋。（未印行。目見本年十二月出版之考古社刊第一期）

按：唐蘭著《北京大學藏甲骨刻辭考釋》一直未出版，十二册《唐蘭全集》也未收録。① 嚴一萍先生《北京大學國學門藏殷虚文字考釋》②及李鍾淑、葛英會教授《北京大學珍藏甲骨文字》③也未提到唐蘭先生整理考釋過北京大學藏甲骨。

據《年表》1922 年記載："達古齋主人霍保禄以所藏甲骨文字，捐贈國立北京大學研究所國學門。凡四六三版。"

張濤《唐蘭早期甲金學研究表微——以唐蘭致劉體智書札二通爲中心》考證了 1934 年唐蘭致劉體智兩通信函，其中一通信函中唐蘭提道："北大所藏甲骨，將由蘭編釋印行，秋間可以付印。"④1932 年唐蘭先生在北京大學講授甲骨文和古文字課程，時任北京大學研究所國學門委員的劉復委托其整理北京大學國學門所藏甲骨。但後來並未印行，唐蘭在《天壤閣甲骨文存并考釋序》中又説："劉復氏屬余撰集北大所藏卜辭，易稿三次，因循數歲，而劉氏墓有宿草矣。經變後始爲編定。刊傳之期，尚未知何日也。"⑤

1941 年 6 月《圖書季刊》新第 3 卷第 1、2 期合刊"學術及出版消息"欄目刊載《國立北京大學文科研究所印行文史學專刊及文史叢刊》，該文提到："自南遷以來，因交通梗陰，印刷困難，事遂中輟。兹聞決定繼續刊行，其已成各稿之目録，記如之次。"其中文史學專刊第十爲唐蘭先生的《國立北京大學文科研究所所藏甲骨刻辭考釋》。

唐蘭先生手稿下落不明。張濤先生推測出現於中國書店 2012 年秋季書刊資料拍賣會上的唐蘭手稿《甲骨刻辭考釋》卷上 1 册及其他有關甲骨釋辭者 3 册中應該包含唐蘭未刊稿《北京大學研究所藏甲骨刻辭》的部分内容。⑥

6. 頁 85：1934 年：（二七八）孫海波著甲骨釋文。（未印行。目見本年十二月出版之考古社刊第一期）

按：《考古社刊》第一期《社員著作一覽表》記録孫海波有《甲骨文編》、《甲骨釋文》《卜辭小記》、《古文聲系》等著作。《甲骨釋文》、《卜辭小記》下注明"未印行"，《古文聲

---

① 唐蘭：《唐蘭全集》，上海：上海古籍出版社 2015 年版。
② 嚴一萍：《北京大學國學門藏殷虚文字考釋》，臺北：藝文印書館 1980 年版。
③ 李鍾淑、葛英會：《北京大學珍藏甲骨文字》，上海：上海古籍出版社 2008 年版。該書的主體材料來源於原國立北京大學研究所與燕京大學國學研究所舊藏。
④ 張濤：《唐蘭早期甲金學研究表微——以唐蘭致劉體智書札二通爲中心》，《文獻》2018 年第 6 期。
⑤ 唐蘭：《天壤閣甲骨文存并考釋》，北京：輔仁大學，1939 年。
⑥ 張濤：《唐蘭早期甲金學研究表微——以唐蘭致劉體智書札二通爲中心》，《文獻》2018 年第 6 期。

系》下注明"印刷中"。

《考古社刊》第一期介紹考古叢書甲編,其中第一種爲《甲骨文編》,曰:"孫君嘗彙粹諸家之説,分撰字、釋文、考史三項,各爲專編,兹先成甲骨文編一書。"1934 年 10 月《行素》第 1 卷第 3 期刊登的《甲骨文編特價預告》中也説:"孫海波君致力卜辭有年,嘗彙粹諸家之説,分撰字、釋文、考史三項,各爲專編,兹先成甲骨文編一書。"説明在字編之外,還有釋文、考史兩編的編寫計劃。

但《甲骨釋文》後來未見刊行。

7. 頁 85:1934 年:(二七九)孫海波著卜辭小記。(未印行。目見本年十二月出版之考古社刊第一期)

按:孫海波先生未有《卜辭小記》的書籍刊行。但在 1935 年《考古社刊》第三、四、五期上,孫海波先生連載了《卜辭文字小記》,第三期《卜辭文字小記》第一篇前有小序云:"余自少喜治文字,廣平以後,專理甲骨金文,閉户却掃,讀書有所得輒記之,其有不合,時復改定,或時人先我而有者,則遂削去之,積五六載,乃成一編,取先聖識大識小之義,名曰小記,以就正世之君子。"可能所指就是這個《卜辭小記》。

8. 頁 85:1934 年:(二八零)戴蕃豫著殷虛文字待問編考釋。(未印行。目見本年十二月出版之考古社刊第一期)

按:戴蕃豫先生時爲考古學社第一期社員,《考古社刊》第一期《第一期社員名録》:"戴蕃豫,號季鍔。四川合川人,年廿二歲。通訊處:北平沙灘廿八號金陞公寓。"《社員著作一覽表》記録戴蕃豫有《殷虛文字待問編考釋》、《釋皇篇》、《殷契亡囚説》、《跋殷契卜辭》等著作,《跋殷契卜辭》下注明"均未印行"。

《考古社刊》第一期上發表了戴蕃豫先生的《契辭疏記》,《殷契亡囚説》1936 年刊登於《考古社刊》第五期。

《殷虛文字待問編考釋》未見刊行。

9. 頁 85:1934 年:(二八一)戴蕃豫著殷禮足徵記。(未印行。目見本年十二月出版之考古社刊第一期)

按:《殷禮足徵記》未見刊行。

10. 頁 85:1934 年:(二八二)戴蕃豫著殷契論叢第一輯。(未印行。目見本年十二月出版之考古社刊第一期)

按:《殷契論叢》第一輯未見刊行。

11. 頁 92:1935 年:(三一二)陳準撰殷契書目提要。(未印行,目見本年六月出版之考古社刊第二期)

按:《考古社刊》第二期刊登《續社員著作一覽表》,其中列出陳準三種著作"管子集注、淮南子札迻、殷契書目提要"。《考古社刊》第三期《考古學社第二期社員名錄》對陳準做了更詳細的介紹,提到他著有"管子集注廿四卷、淮南子札迻一卷、殷契書目提要二卷,均未印行"。

陳準 1932 年 3 月曾在《圖書館學季刊》第 6 卷第 1 期上發表《殷契書目錄》,前有小序云:"自清光緒廿五年殷虛甲骨發現以來,專心從事於期學者凡十餘家。名篇巨製,日出不窮,卓然成一專門之學矣。吾友番禺商錫永先生承祚主講於清華學校,以所作《甲骨研究》一書授諸弟子,已詳列考釋甲骨文字之專著,及作者姓氏,脱稿歲月,惜商先生限於一校,不能廣示海内同好者。東臺陳震東枕亞先生,《殷契書錄》二卷,又不甚完備。遂廣為蒐輯,故於殷契書目有關考釋甲骨文字之專著及作者姓氏出版處等亦復摘錄於後;至於書之内容及續出名著,將擬另撰《殷契書目提要》一書,以就正於同好焉。"後來又在《甌風雜誌》1934 年第 1、6 期上重新發表,略有修訂。小序末增加了一句"兹因甌風社索稿應急,先爲披露"。

《殷契書目提要》未見刊行。

12. 頁 92:1935 年:(三一三)關葆謙編拓殷虛文字存真二至八集。(未詳年月,目見本年六月出版之考古社刊第二期)

按:關葆謙字百益,常以字行。《考古社刊》第二期刊登《第一期社員名錄續》,對其有記載:"關百益,號伯益,河南開封人,年五十三歲。河南博物館館長。通訊處:開封河南博物館。"《考古社刊》第二期《續社員著作一覽表》列出關百益幾種著作,包括《新鄭古器圖錄》、《殷虛文字存真》、《殷虛器物存真》、《伊闕石刻著錄表附圖》、《河南金石志圖》等。關於《殷虛文字存真》,未說明是第幾集,也未註明是否出版。

《考古社刊》第三期《考古學社第二期社員名錄》亦收關百益,介紹更加詳細,列出更多著作,對於著作的介紹也更詳細。其中包含《殷虛文字存真》:"殷虛文字存真,八集,同前(按:指出版社中華書局),每集五十元。"

關百益 1930 年 12 月被任命爲河南博物館館長,1931 年 1 月到任。此前 1929 年和 1930 年河南當局參與殷墟發掘,所獲甲骨 3 656 片收藏於博物館。關百益選拓 800 片,擬分 8 集。1931 年出版第一集。河南博物院編《河南博物院 80 年:1927—2007》中收《河南博物院 80 年大事記》,其中 1931 年記:"本年,蒐集研究部編寫《漢袁氏雙碑考》、《殷墟文字存真》第一集、《殷墟文字存真第一集考釋》等書籍。"①

至 1935 年 10 月關百益卸任館長前,已裝訂印行 5 集。《河南博物院 80 年:

---

① 河南博物院:《河南博物院 80 年:1927—2007》,鄭州:大象出版社 2007 年版。該書將"殷虛文字存真"中原"虛"改作"墟"字。

1927—2007》之《河南博物院80年大事記》1935年10月25日記："出版《殷墟文字存真》1—5集，第6和第7集各50本尚未裝訂，第8集50本已裝訂成就。"

1936年6月16日《河南博物館清理委員會第九次會議記錄》討論事項中有"收關任來函一件，聲敘殷虛文字存真六七八集拓片情形"。討論事項中有："關任文字存真第六七八集拓片，關任聲明現在裝訂人宋姓手中，應付第八集紙張費及裁剪費。議決：根據第八次議決案，由關任交還拓片，所有用費由關任呈請省政府核發。"①

孟世凱《甲骨學辭典》稱："1935年編至第八集爲止，其中六、七兩集未印行，其餘六集印數亦少，流傳不多。"②張勇、蘇巖1987年發表的《關百益〈殷墟文字存真〉分期分類的初步探索》稱《存真》共分8集，並對8集800片甲骨做了分期斷代和分類的嘗試。③ 似6、7集也刊行過，可能只是存量較少。

13. 頁92：1935年：（三一四）許敬參著殷虛文字存真第二三集考釋。（未印行，目見本年六月出版之考古社刊第二期）

按：《考古社刊》第二期《續社員著作一覽表》記錄許敬參有《殷虛文字存真第一二三集考釋》、《契文卜王釋例》、《玉筍堂讀說文解字筆記》等著作。

《考古社刊》第二期刊登《社員著作及印書介紹》，中有《殷虛文字存真第一集考釋》："許敬參著。此書就河南博物館選拓所藏之殷虛文字存真加以考釋，及原片摹寫。釋文共分四項，互相參照，俾面面俱備，不失毫微。分集出書，便於初學。金屬版精印，每集實售國幣五元。河南博物館售品處發售。二三四集不日出版。"

《殷虛文字存真第一集考釋》署"開封關百益選拓　開封許敬參考釋"，1932年出版。許敬參依據《殷虛文字存真》，除影印原拓片外，增以摹寫、釋文、考證等事，影印成書。

《考古社刊》第三期《考古學社第二期社員名錄》收許敬參，列出諸多著作，"殷虛文字真第一集考釋，二十二年六月，河南博物館，五元"，"殷虛文字存真第四集考釋，編輯中"。

《河南博物館清理委員會第九次會議記錄》討論事項中有："收關任二十三號咨文

---

① 關百益卸任後，河南省政府委任杜光遠代理館長，1936年4月10日正式委任王幼橋爲館長。1936年4月24日成立清理委員會，監督卸任館長關百益、代理館長杜光遠、新任館長王幼橋的交接手續。《河南博物館清理委員會第九次會議記錄》刊於《河南博物館館刊》1936年第1期。

② 孟世凱：《甲骨學辭典》，上海：上海人民出版社2009年版，頁473。

③ 張勇、蘇巖：《關百益〈殷墟文字存真〉分期分類的初步探索》，《中原文物》1987年第3期。該文將"殷虛文字存真"的"虛"改作"墟"字。

一件，送殷虚文字存真考釋第二集稿本一份。"説明第二集已有稿本。

但《殷虚文字存真》二三四集未見刊行。

14. 頁 93：1935 年：（三一五）許敬參著契文卜王釋例。（未印行，目見本年六月出版之考古社刊第二期）

按：《考古社刊》第二期《社員著作及印書介紹》中有《契文卜王釋例》："許敬參著。此書就殷虚出土之卜王各版依原式摹寫一通，分成例類，詳細考釋，别開生面，爲歷來研究契文者所未注意，允爲創獲。原稿影印，不日成書。"

《考古社刊》第三期《考古學社第二期社員名録》提道："契文卜王釋例，河南博物館，印刷中。"《契文卜王釋例》後來連載於《河南博物館館刊》1936 年第 4、5 集，1937 年第 13 集。但一直未結集成書。

15. 頁 93：1935 年：（三一六）柯昌濟著殷虚書契札記。（未印行，目見本年十二月出版之考古社刊第三期）

按：《考古社刊》第三期《考古學社第二期社員名録》記録了柯昌濟："柯昌濟號純卿，山東膠縣人。年三十四歲。曾肄業北京師範學校，京師圖書館館員。"該名録介紹柯先生著有《殷虚書契補釋》、《殷虚書契札記》、《殷虚書契答問》等著作。其中《殷虚書契札記》下注"以下均未印行"。

《殷虚書契札記》未見刊行。

16. 頁 93：1935 年：（三一七）柯昌濟著殷虚書契答問。（未印行，目見本年十二月出版之考古社刊第三期）

按：《殷虚書契答問》未見刊行。

17. 頁 93：1935 年：（三一八）柯昌濟著甲骨文字解詁。（未印行，目見本年出版之柯著韡華閣集古録跋尾周進序文）

按：《韡華閣集古録跋尾》1926 年作爲餘園叢刻第一種出版。周叔弢爲該書題端並作序。序中稱："進嘗造其齋中，見積簏有百餘卷，以《金文分域編》、《韡華閣集古録跋尾》、《甲骨文字解詁》、《周世族考》、《殷周史料》、《三代地名輯證》諸作爲最精博。"

但《甲骨文字解詁》未見刊行。

18. 頁 93：1935 年：（三一九）大興孫壯伯恒編雪園藏龜。（未印行，目見本年十二月出版之考古社刊第三期）

按：《考古社刊》第三期刊載了《考古學社第二期社員名録》，其中有孫壯："孫壯號伯恒，河北大興人。年五十七歲。北平商務印書館經理。書業公會委員、中國營造學社校理、中國文化建設協進會北平分會委員、同文館學生。"該名録介紹孫壯著有《永樂大典考》等著作多種，還包括"雪園藏龜一部"，但後邊注明"分印入殷契佚存"。

1933年10月，商承祚先生編著的《殷契佚存》作爲金陵大學中國文化研究所叢刊甲種出版，綫裝二卷二册，第一册包括董作賓序、唐蘭序、作者自序和拓本圖版。第二册包括凡例和考釋。商先生在作者自序中簡介了甲骨來源，其中第1到193片爲孫壯所藏。

說明《雪園藏龜》未單獨刊行。

從一組新見重片看甲骨材料流轉與統計的重要性[*]

劉 影

(首都師範大學甲骨文研究中心,出土文獻
與中國古代文明研究協同創新中心)

《合集》[①]16426,即《鐵雲藏龜》[②]15.2,是一版龜腹甲殘片,上面的文字頗不清晰,難以識讀,如《摹釋總集》、[③]《校釋總集》、[④]《摹釋全編》[⑤]均未給出"茻"字之釋文,且缺釋"乎(呼)"字;《合集釋文》[⑥]釋出了"茻"字,但誤摹作"茻",而且也缺釋"乎(呼)"字。《合集》16426與《合補》[⑦]5004實爲重片,《合補》5004即《天理》[⑧]77。《天理》一書,拓片與照片相互參照,"茻"字很清楚,"乎(呼)"字殘畫亦可見,參照《鐵雲藏龜》比較全的拓片以及《天理》清晰的拓本和照片,可知正確釋文當爲:

---

[*] 本文是國家語委"十三五"科研規劃2017年度重點項目"甲骨卜辭精粹選本編纂"(項目號:ZD1135-44)、國家社科基金重大招標項目"殷墟甲骨拓本大系資料庫建設"(批准號:15ZDB094)的階段性成果。
① 郭沫若主編,胡厚宣總編:《甲骨文合集》,北京:中華書局1978—1982年版。本文簡稱《合集》。
② 劉鶚:《鐵雲藏龜》,蟬隱廬石印本1931年版。
③ 姚孝遂、肖丁主編:《殷墟甲骨刻辭摹釋總集》,北京:中華書局1988年版,頁373。本文簡稱《摹釋總集》。
④ 曹錦炎、沈建華:《甲骨文校釋總集》,上海:上海辭書出版社2006年版,頁1930。本文簡稱《校釋總集》。
⑤ 陳年福:《殷墟甲骨文摹釋全編》,北京:綫裝書局2010年版,頁1517。本文簡稱《摹釋全編》。
⑥ 胡厚宣主編:《甲骨文合集釋文》,北京:社會科學出版社1999年版,頁845。本文簡稱《合集釋文》。
⑦ 彭邦炯、謝濟、馬季凡:《甲骨文合集補編》,北京:語文出版社1999年版。本文簡稱《合補》。
⑧ [日]天理大學、天理教道友社:《天理大學附屬天理參考館藏品·甲骨文字》,1987年(昭和62年)。本文簡稱《天理》。

1a. 鼎(貞)：惠🆂乎(呼)保。

1b. ☒乍(作)☒亡(無)蚩(害)☒火于☒。　　　　　　　　（《合集》16426，賓出）

卜辭中的"🆂"字，用在"乎(呼)"前面，當爲人名。"鼎(貞)：惠🆂乎(呼)保"意在貞問是不是由"🆂"這個人執行保護、保障性任務。無獨有偶，《合集》17925 中也有這個字，但是卜辭辭殘，僅餘"乎(呼)""🆂""犬"幾字。《合集》17925 與《合集》18969 爲同文卜辭，二者可以殘辭互足，《合集》17925 上端卜辭可以補足爲：

2. [鼎(貞)]。乎(呼)🆂保[犬]。　　　　　　　　　　　（《合集》17925，賓出）

如果《合集》16426 與《合集》17925 所卜事項相同的話，那麼可以推知"🆂"這個人所執行的就是保護"犬"的任務了。

《甲骨文字編》第 1033 號，認爲《合集》17925 中的這個字當作"🆂"形，並備注説"《摹釋》①以爲'又'"，②《校釋總集》以爲是"中"字，均不確。《合集釋文》《摹釋全編》對這個字的理解基本是正確的，只不過前者作"🆂"，③後者作"🆂"，④區別在於筆畫出頭與否。"🆂"與"🆂"均可作人名，"🆂"作人名已見於《合集》16426，"🆂"作人名見於以下卜辭：

3. 丙寅卜，争鼎(貞)：舌方同(興)，🆂眔☒。　　　　（《合集》6813，賓三）

4. ☒☒卜，争[鼎(貞)：舌方]同(興)，🆂☒。

　　　　　《合集》6820＋《洹寶》⑤101＋《合集》5451＋《合集》17466⑥，賓三）

甲骨卜辭中同一個字有筆畫出頭或不出頭之異寫，尤其是與"口"相關之筆畫，如：

🆂（《合集》10676）／🆂　　　　　　　　　　　　　（《屯南》⑦815）

---

① 即《殷墟甲骨刻辭摹釋總集》。
② 李宗焜：《甲骨文字編》，北京：中華書局 2012 年版，頁 317。
③ 胡厚宣主編：《甲骨文合集釋文》，頁 919。
④ 陳年福：《殷墟甲骨文摹釋全編》，頁 1644。
⑤ 郭青萍：《洹寶齋所藏甲骨》，呼和浩特：內蒙古人民出版社 2006 年版。本文簡稱《洹寶》。
⑥ 黄天樹主編：《甲骨拼合集》第 45 組，北京：學苑出版社 2010 年版。
⑦ 中國社會科學院考古研究所：《小屯南地甲骨》，北京：中華書局 1980 年版。本文簡稱《屯南》。

  [字形] (《合集》17150)/[字形]   (《合集》17127)

  [字形] (《合集》17166 正)/[字形]   (《屯南》815)

  [字形] (《合集》2510)/[字形]   (《合集》10864)

  [字形] (《合集》64)/[字形]   (《合集》1021)

  [字形] (《合集》17306 反)/[字形]   (《合集》6484 正)

  以上 1—4 辭所處時代相當,且均用爲人名,所以"[字形]"與"[字形]"當爲一字之異形,"[字形]"與"[字形]"爲同一個人的可能性很大,如此,《甲骨文字編》的 1033 號則需併入 1022 號。另外需要指出的一點,《甲骨文字詁林》第 2926 號認爲,《合集》32939 中亦有此人名,①據同文卜辭《屯南》508 可知,《合集》32939 中人名實當爲"黃",而非"[字形]"。

  "[字形]"在卜辭中除用作人名外,還有動詞用法,卜辭作:

  5a. 丙寅卜,宁(賓)鼎(貞):且(祖)丁弗[字形]。

  5b. 且(祖)丁[字形]。   (《合集》10315 正,典賓)

以上卜辭"[字形]"用作動詞,其義不詳,與形近的"尤"②之辭例可作一比較:

  6. 丙戌卜,爭鼎(貞):父乙尤多子。   (《合集》2940,典賓)

  7a. 丁丑卜,賓鼎(貞):父乙允尤多子。

  7b. 鼎(貞):父乙弗尤多子。   (《合集》3238 正,典賓)

  以上是本文對《合集》16426 與《合補》5004 這組重片及相關辭例、字形問題分析,除了辭例與字形的問題,這組重片還折射出另外一個問題——甲骨的流傳與存藏問題。《合集》16426(《鐵雲藏龜》15.2),爲劉鶚舊藏,拓面更全。這版甲骨在劉鶚收藏時並未缺失左上角之部分,但是《天理》一書發表其拓片時,左上角的一部分已經缺失了。胡厚宣先生在《八十五年來甲骨文材料之再統計》一文中提到,"日本收藏甲骨較多迄今還未曾發表的單位,有一個天理大學參考館",③後來又在《關於劉體智、羅振玉、明義士三家舊藏甲骨現狀的說明》中提到"羅振玉居日本較久,舊藏甲骨注入日本

---

① 于省吾主編:《甲骨文字詁林》,北京:中華書局 1996 年版,頁 2944。

② 唐蘭:《釋尤椎》,《殷虛文字記》,北京:中華書局 1981 年版,頁 43,後收入《唐蘭全集》(六),上海:上海古籍出版社 2015 年版,頁 72—73。

③ 胡厚宣:《八十五年來甲骨文材料之再統計》,《史學月刊》1984 年第 5 期,頁 16。

者亦多,其有記録説明的,計有京都大學人文科學研究所 3 599 片,天理大學參考館 809 片……","承伊藤道治教授和天理大學金恕教授的美意,用了一整天的時間,陪同我仔細觀察了天理的全部甲骨,一大木箱,内裝 38 盒,係羅振玉、王國維兩氏舊藏,總計不到 1 000 片"。① 兩篇文章的發表前後相隔一年,第二篇文章已經很詳細地指明天理大學參考館藏有一部分甲骨,爲羅振玉舊藏。幾年後,松丸道雄在《日本收藏的殷墟出土甲骨》一文中又指出,"該館②先後發現了七批甲骨搜藏品,凡 947 片,内二片僞片,從中選了 692 片著録於本書"。③ 根據松丸先生的論述可作如下推論:

第一,胡厚宣先生在《八十五年來甲骨文材料之再統計》一文中提到的天理參考館藏甲骨 809 片是羅振玉舊藏甲骨流入天理大學的數字,並非天理大學實際存藏數量,天理大學實際藏品比這個數字要大;

第二,《天理》一書發表甲骨材料 692 片,只是天理大學參考館所藏甲骨的一部分,並非全部;

第三,孫亞冰女士在《百年來甲骨文材料統計》一文中認定的"天理大學所藏甲骨 945 片",④是根據松丸道雄先生的統計結果,同時剔除掉兩片僞片所得出的結論。

另外,松丸道雄在他的文章中還指出《天理》一書中所收甲骨知其來源者:"有堂野前種松氏舊藏一箱 40 片;羅振玉氏舊藏兩批,一批爲 36 帙 547 片,其中包括劉鶚氏原藏品與 1925、1926 年間盜掘出土品,另一批爲一盒 25 片;王國維氏一箱舊藏 250 片。其餘三批來源不明。"⑤雖然松丸道雄先生的文章與胡厚宣先生的統計數目有些出入,但羅振玉舊藏甲骨的一部分在天理參考館是確鑿無疑的。

陳夢家在"羅振玉蒐求甲骨經過"中也提到"至此他收藏甲骨總數約爲 17 000 片。辛亥革命後,他逃去日本,這些甲骨全部帶去"。⑥ 劉鶚舊藏甲骨一部分歸羅振玉,《天理》77(《合補》5004)這版甲骨應該就是羅氏於辛亥革命後帶到日本的,但是左上角缺失的部分是去日本之後丢掉的還是之前就已經損毀,也就不得而知了。缺失的那一小部分甲骨上殘存"保"字及"乎(呼)"字殘畫,如果没有損毁與遺失,我們猜測也可能就存藏於天理參考館,只是《天理》一書未發表而已。

---

① 胡厚宣:《關於劉體智、羅振玉、明義士三家舊藏甲骨現狀的説明》,《殷都學刊》1985 年第 1 期,頁 3。
② 即天理大學參考館。
③ [日]松丸道雄撰,宋鎮豪譯:《日本收藏的殷墟出土甲骨》,《人文雜志》1988 年第 4 期,頁 83。
④ 孫亞冰:《百年來甲骨文材料統計》,《故宫博物院院刊》2006 年第 1 期,頁 36。
⑤ [日]松丸道雄撰,宋鎮豪譯:《日本收藏的殷墟出土甲骨》,《人文雜志》1988 年第 4 期。
⑥ 陳夢家:《殷虚卜辭綜述》,北京:中華書局 1988 年版,頁 650。

綜上，本文從一組新見甲骨重片出發，追溯一版甲骨的存藏與流轉歷程，從劉鶚舊藏到羅振玉持有，再被帶入日本，最後歸藏於天理大學參考館，這版甲骨幾經波折，已有一部分殘缺，或可通過其流轉過程，追溯缺失原因與缺失部分的下落，也許有破鏡重圓的可能。有鑒於此，我們還應當認識到，甲骨材料的流轉與統計工作，實際是爲甲骨材料的流動設立檔案，可供追溯，以備查檢，這是一項非常重要的工作，應當引起足够重視。

"安陽民間系"甲骨著録文獻校理

展 翔

(首都師範大學甲骨文研究中心,
出土文獻與中國古代文明研究協同創新中心)

在進入21世紀後至今的近二十年裏,國内外各大藏甲骨單位陸續出版、發布了一系列著録書籍和文章。與先前比較,這批文獻的刊印更加精美,對甲骨細節的展示更爲真切,爲甲骨研究工作的開展提供了衆多寶貴的資料。伴隨各大博物館、高校所藏甲骨整理工作的開展,大量掌握在私人藏家手中的甲骨也被不斷公布出來。其中,河南安陽的民間收藏家公布的甲骨數量較多,達到了2700多片,其中不乏重要辭例及新見字,爲推動學界的研究發展起到了重要作用。我們姑且統稱這批甲骨著録資料爲"安陽民間系",其中包括的主要文獻有以下八種:

一、焦智勤發表於1997年第2期《華夏考古》上的《殷墟甲骨拾遺》一文,是最早的、公開刊布的、專門著録"安陽民間系"甲骨的文獻資料。此後,焦智勤又先後發表了五篇以《殷墟甲骨拾遺》爲題的材料性文章,這六篇文章加上其在《甲骨文與殷商史》新一輯上發表的《安陽民間所藏甲骨選讀》,構成了《殷墟甲骨輯佚——安陽民間藏甲骨》和《殷墟甲骨拾遺》兩部著録書的雛形。

二、傅春喜編輯《安陽散見殷虚甲骨》(以下簡稱"安散")。此書於2001年完成,但並未正式對外刊行,僅由編輯者手拓九部。著録甲骨89片,其中自重一組(第53片與第87片),實收88片,大部分甲骨後來分别收入《殷墟甲骨輯佚——安陽民間藏甲骨》和《殷墟甲骨拾遺》兩部著録書中。

三、郭青萍主編《洹寶齋所藏甲骨》(以下簡稱"洹寶齋"),這是"安陽民間系"中第一部著録單人藏甲骨的書籍。出版發行於2006年,該批甲骨的收藏者是安陽人傅林明,"洹寶齋"即其齋號。

四、段振美、焦智勤、党相魁、党寧主編《殷墟甲骨輯佚——安陽民間藏甲骨》(以下簡稱"輯佚"），2008年出版。這是目前搜集安陽民間藏甲骨數量最多的單本著錄書，達到1102片次。

五、宋鎮豪主編《張世放所藏殷墟甲骨集》（以下簡稱"張藏"），2009年出版，收甲骨384片，以小碎片爲主。甲骨所有者爲安陽"四堂書屋"主人張世放。

六、陳子游主編《奧缶齋·殷器別鑒》（以下簡稱"奧缶齋"），2012年出版。此書收錄甲骨109片（其中包括一版較完整腹甲，放在最前，但並未編入流水號中），均來自"奧缶齋"主人鄧泓。

七、宋鎮豪、焦智勤、孫亞冰編著《殷墟甲骨拾遺》（以下簡稱"殷遺"），2015年出版。此書是對安陽民間藏甲骨搜集的階段性總結，共收入甲骨648片。

八、宋鎮豪編著《符凱棟所藏殷墟甲骨》（以下簡稱"符藏"），2018年出版，收有字甲骨118片、無字甲骨3片、骨錐1片，共122片。除第1、99片爲安陽傅林明之物，其餘均爲山西太原符凱棟所藏。

將以上文獻繫聯在一起，是因爲它們在著錄、刊布、流轉上有一定聯繫。如《輯佚》和《殷遺》兩部大宗的著錄書，不僅囊括了《安散》和《奧缶齋》中大部分甲骨，而且它們之間亦有重片；符凱棟雖爲山西人，但《符藏》中有兩片第五期腹甲分別被《輯佚》與《殷遺》收入，並且編者在《符藏》序言中亦提到，該批甲骨是"在1987年夏季得之於安陽小屯村北殷墟博物苑破土動工期間"；[1]《洹寶齋》雖然看似未與其他著錄書發生重片情況，但《符藏》中收入了"洹寶齋"主人傅林明的兩片甲骨等。鑒於以上情況，我們應該將多種著錄文獻集中在一起研究，形成"安陽民間系"這個體系。

相對於其他著錄書和文章，"安陽民間系"又是一宗較爲獨立的甲骨著錄資料。總結起來，具有以下三個特點：

第一，材料新。"安陽民間系"甲骨有很多都是建國後才出土的，絕大多數在之前未曾著錄，[2]這爲學者提供了價值更高、內容更豐富的材料，對甲骨研究具有促進作用。

第二，在著錄形式方面，此部分著錄文獻普遍遵循但不囿於"三位一體"的原則，根據實際情況在照片、摹本、拓本三大著錄要素中尋找平衡。從總體來講，"安陽民間系"較爲強調彩照對甲骨原貌的客觀反映，除《張藏》和《安散》外，均配有較爲清晰的

---

[1] 宋鎮豪編著：《符凱棟所藏殷墟甲骨》，上海：上海古籍出版社2018年版，頁1。
[2] 《甲骨文合集補編》以"殷遺"爲簡稱收入了焦智勤於1997年公布在《華夏考古》上的甲骨拓片13片，但《合補》的性質是對已刊布的甲骨資料的整合，且收入數量很少，故這種情況並不會對我們定義"安陽民間系"甲骨著錄文獻產生較大影響。

彩色照片，①並且隨着照相技術的日臻完善，原書整理者亦開始注意從多個角度對甲骨進行拍攝並展示給讀者，儘可能做到不錯過任何一個細節，這對我們辨識、考釋文字都有較大幫助。此處僅舉一例。輯佚994中"㠯"字原書釋文和《殷墟甲骨文摹釋全編》（以下簡稱"全編"）②均未釋出。但通過觀察彩照可以看出，此字《輯佚》和《全編》均摹錯，"自"旁邊並非飾點，而是三豎筆。該字可釋爲"息"，甲骨文少見，金文"息"（字形見"息鼎"，《殷周金文集成》第1225號③）字形與此字相同。本條卜辭中用爲地名"息麓"，在卜辭中可能是首見。

《輯佚》994 彩照　　　　　　　《輯佚》994 拓本

第三，出版週期較短。由於體量較小等原因，"安陽民間系"甲骨著錄書出版速度是比較快的。如《洹寶齋》一書，根據編者自序，從課題啓動到出版刊行，僅用了半年的時間，④《張藏》和《符藏》也都是用了一年的時間就出版了。⑤ 如此快的速度，對促進甲骨材料的搜集和研究都有非常積極的作用。

但我們必須看到，"安陽民間系"甲骨著錄文獻中存在的問題也是比較明顯的，大概體現在以下三個方面：

第一，甲骨材料整理不夠專業。由於一些甲骨資料的整理者並非從事甲骨文研究的專業人員，所以他們在摹寫、釋文等方面出現了一些問題：（一）拓本在刊印時未能保證清晰度，使其作用大大減弱；（二）摹本失真嚴重；（三）釋文整理較爲混亂等。

---

① 《張藏》雖未用彩照，但有黑白照片提供給讀者；《安散》全部爲拓本，但其中絕大部分被《輯佚》和《殷遺》兩書所收，故亦有彩照可查。
② 陳年福：《殷墟甲骨文摹釋全編》第十卷，北京：綫裝書局2010年版，頁5902。
③ 中國社會科學院考古研究所編：《殷周金文集成》第三冊，北京：中華書局1989年版，頁272。
④ 郭青萍主編：《洹寶齋所藏甲骨》，頁5。
⑤ 宋鎮豪主編：《張世放所藏殷墟甲骨集》，北京：綫裝書局2009年版，頁2；宋鎮豪主編：《符凱棟所藏殷墟甲骨》，頁1。

例如,《輯佚》釋文中,有大量殘字未釋出,這就降低了釋文的準確性。此外還出現了彩照與拓本並非同一片的低級失誤(如《輯佚》783 的彩照與拓本)等。以上問題在該系的其他著録文獻中或多或少都有體現。

第二,辨僞工作有待細化。幾乎在該系每一本書的序言中,都提到了辨僞工作,但實際效果却不盡如人意。例如蔡哲茂先生在《〈甲骨文字編〉指瑕》中指出數片《洹寶齋》收録的僞片,[①]《輯佚》等也存在這種情況。

第三,不太重視後期整理工作。整理工作是甲骨著録中的關鍵一環,可以使讀者更爲全面、清楚地了解該批甲骨的著録、流轉等相關信息。這方面"安陽民間系"甲骨著録文獻可能未達到盡善盡美。如,《輯佚》和《殷遺》兩部較大的著録書並未開展校重工作,也没有説明甲骨來源,這種信息的缺失可能會增加讀者使用著録書時的障礙。

綜上,對"安陽民間系"甲骨著録文獻進行全面整理、校重是必要的。受到印刷技術的限制,較早的著録文章所載之拓片有一部分非常模糊,因此可能有部分重片暫未校出,試舉幾例,如有紕漏,還請方家多多指教、補充。

在校重的過程中,通過觀察和比較,我們總結出"安陽民間系"甲骨在著録、刊布等方面的幾個特點。首先,同一片甲骨的不同拓本在細節處理上存在差異。如《殷遺》181,它與《安散》50 是一組重片,但對比兩拓本,明顯可以看出前者比後者多出一道豎的盾紋。通過觀察彩照,發現這道盾紋是存在的。出現這種情況的原因已不可考,但通過較重可以進行有效的糾正。

《殷遺》181　　　　　　　　《安散》50

第二,重片之間可以形成對缺失甲骨信息的互補。如輯佚 144,書中僅著録該片反面。此片最初見於《殷墟甲骨拾遺(續)》第 20 片,該文中此片正反兩面皆有著録。

---

① 蔡哲茂:《〈甲骨文字編〉指瑕》,《甲骨文與殷商史》新五輯,上海:上海古籍出版社 2015 年版,頁 234—241。

類似情況在校重過程中屢有出現。補足缺失的信息對之後開展的資料收集和綴合工作都有幫助。

第三,《殷墟甲骨拾遺(續)》第 76 片與《輯佚》149 爲一組重片,見下圖。很明顯,這一組重片呈現出了軸對稱翻轉的問題。造成這種情況的原因,很可能是在修圖或排版的過程中未加註意導致的,這對判斷甲骨形態和卜辭行款走向都會產生很大的誤導。在校重過程中,這種情況出現多次,均已在附錄中注出。

《殷墟甲骨拾遺(續)》76　　　　　《輯佚》149

對"安陽民間系"甲骨著錄文獻的校理,可以體現出學界對這批甲骨著錄文章和專書的重視。雖然看似體量較小,但由於散佚在民間的甲骨衆多,集中在一起亦可提供很多新材料。期待有更多的藏家將自己的藏品公布,以惠學林。

附錄:"安陽民間系"甲骨著錄對照表

表一

序號	對照表	序號	對照表
1	殷遺 5＝安散 65	10	殷遺 53＝安散 21
2	殷遺 7＝奧缶齋 31＝安散 73	11	殷遺 63＝奧缶齋 18＝安散 27
3	殷遺 8＝奧缶齋 40＝安散 28	12	殷遺 64 反＝安散 6
4	殷遺 9＝安散 35	13	殷遺 65＝安散 7
5	殷遺 12＝安散 24	14	殷遺 81＝安散 4
6	殷遺 16＝奧缶齋 78	15	殷遺 84＝安散 10
7	殷遺 30＝奧缶齋 101	16	殷遺 93＝奧缶齋"帶卜辭大版龜腹甲"及各部分彩照(第 14—19 頁)
8	殷遺 31＝奧缶齋 10	17	殷遺 97＝奧缶齋 77
9	殷遺 43＝安散 5	18	殷遺 98＝安散 19

續　表

序號	對　照　表	序號	對　照　表
19	殷遺 104＝安散 2	44	殷遺 297＝安散 29
20	殷遺 112＝奧缶齋 39＝安散 9	45	殷遺 305＝安散 11
21	殷遺 127＝奧缶齋 37＝安散 42	46	殷遺 307＝安散 62
22	殷遺 134＝奧缶齋 58	47	殷遺 320＝奧缶齋 47
23	殷遺 135＝奧缶齋 21＝安散 31	48	殷遺 323＝輯佚 428＝輯佚 541（後兩片由齊航福校出①）
24	殷遺 155＝奧缶齋 23＝安散 33		
25	殷遺 157＝奧缶齋 43＝安散 77	49	殷遺 324＝輯佚 543
26	殷遺 170＝安散 16	50	殷遺 328＝安散 80
27	殷遺 173＝安散 32	51	殷遺 338＝奧缶齋 35＝安散 70
28	殷遺 181＝安散 50	52	殷遺 339＝奧缶齋 45
29	殷遺 194＝安散 68	53	殷遺 378＝奧缶齋 80
30	殷遺 204＝奧缶齋 27＝安散 88	54	殷遺 388＝奧缶齋 12
31	殷遺 206＝奧缶齋 26＝安散 15	55	殷遺 391＝輯佚 361
32	殷遺 213＝奧缶齋 9	56	殷遺 393＝奧缶齋 48
33	殷遺 227＝奧缶齋 22＝安散 54	57	殷遺 400＝安散 30
34	殷遺 228＝安散 61	58	殷遺 406＝奧缶齋 25＝安散 17
35	殷遺 232＝奧缶齋 92	59	殷遺 407＝安散 47
36	殷遺 233＝安散 14	60	殷遺 416＝奧缶齋 76
37	殷遺 234＝奧缶齋 46	61	殷遺 417＝奧缶齋 82
38	殷遺 240＝安散 22	62	殷遺 420＝奧缶齋 56
39	殷遺 255＝安散 12	63	殷遺 440＝安散 81
40	殷遺 261＝安散 78	64	殷遺 441＝奧缶齋 36＝安散 85
41	殷遺 278＝安散 72	65	殷遺 460＝安散 51
42	殷遺 283＝安散 69	66	殷遺 466＝安散 57
43	殷遺 296＝奧缶齋 54	67	殷遺 469＝安散 58

① 齊航福：《甲骨校重 13 組》，先秦史研究室網站，2009 年 10 月 16 日，http://www.xianqin.org/blog/archives/1704.html。

續表

序號	對照表	序號	對照表
68	殷遺 471＝奧缶齋 60	91	殷遺 587＝安散 43
69	殷遺 473＝安散 41	92	殷遺 598＝安散 60
70	殷遺 481＝奧缶齋 49	93	殷遺 599＝奧缶齋 24＝安散 79
71	殷遺 483＝安散 64	94	殷遺 605＝安散 55＝安散 89
72	殷遺 492＝安散 39	95	殷遺 613＝安散 52＝輯佚 851
73	殷遺 494＝奧缶齋 17＝安散 71	96	殷遺 621＝奧缶齋 51
74	殷遺 496＝輯佚 756	97	殷遺 630＝安散 74
75	殷遺 498＝符藏 102	98	殷遺 631＝安散 37
76	殷遺 501＝奧缶齋 100	99	殷遺 642＝安散 63
77	殷遺 502＝安散 45	100	殷遺 647＝奧缶齋 108
78	殷遺 508＝奧缶齋 81	101	符藏 114＝輯佚 993
79	殷遺 513＝輯佚 836＝安散 49	102	奧缶齋 16＝安散 26
80	殷遺 516＝奧缶齋 38	103	奧缶齋 28＝輯佚 149＝安散 46
81	殷遺 517＝奧缶齋 41＝安散 56	104	奧缶齋 29＝安散 86（劉影校出①）
82	殷遺 521＝安散 40	105	奧缶齋 32＝安散 53＝安散 87（後兩片由吳麗婉校出②）
83	殷遺 527＝安散 76		
84	殷遺 536＝奧缶齋 20＝安散 83	106	奧缶齋 33＝安散 44
85	殷遺 541＝奧缶齋 66	107	安散 3＝輯佚 847
86	殷遺 550＝奧缶齋 94	108	安散 8＝輯佚 147
87	殷遺 557＝奧缶齋 19＝安散 75	109	輯佚 153＝路藏③ 38
88	殷遺 558＝安散 18	110	輯佚 838＝路藏 26
89	殷遺 561＝輯佚 709	111	輯佚 716＝輯佚 775
90	殷遺 562＝奧缶齋 30＝安散 20		

① 劉影：《甲骨新綴第 204 組》，先秦史研究室網站，2015 年 7 月 6 日，http://www.xianqin.org/blog/archives/5350.html。

② 吳麗婉：《甲骨拼合第 47—50 則》，先秦史研究室網站，2016 年 12 月 9 日，http://www.xianqin.org/blog/archives/7604.html。

③ "路藏"即《路東之夢齋藏甲骨文》的簡稱，該批甲骨收藏者爲路東之，屬私人藏品性質，未對社會公開發表。

表二

序號	對照表	序號	對照表
1	殷一(1)1＝合補 11522	14	殷一(1)26＝合補 7843
2	殷一(1)2＝輯佚 847＝合補 11546	15	殷一(1)28＝輯佚 852＝合補 11190
3	殷一(1)5＝安散 49＝殷遺 513＝輯佚 836	16	殷一(1)31＝安散 52＝殷遺 613＝輯佚 851＝合補 11103
4	殷一(1)7＝輯佚 855	17	殷一(1)32＝輯佚 846＝合補 13002
5	殷一(1)9＝輯佚 138	18	殷一(1)33＝輯佚 832
6	殷一(1)11＝輯佚 339	19	殷一(1)34＝輯佚 347
7	殷一(1)13＝輯佚 344	20	殷一(1)38＝輯佚 137＝合補 2355
8	殷一(1)15＝輯佚 152	21	殷一(1)44＝殷遺 251
9	殷一(1)19＝輯佚 841＝合補 12341	22	殷一(2)23＝輯佚 155
10	殷一(1)20＝輯佚 675＝合補 10527	23	殷一(2)35＝輯佚 828＝合補 10968
11	殷一(1)23＝輯佚 843＝合補 12343	24	殷一(2)37＝輯佚 842＝合補 12350
12	殷一(1)24＝輯佚 844	25	殷一(2)38＝輯佚 154
13	殷一(1)25＝輯佚 153＝合補 2605		

《殷墟甲骨拾遺》簡稱"殷一"。

此篇文章著録甲骨分爲兩部分,第一部分共計 44 片,標號爲"殷一(1)",第二部分共計 40 片,標號爲"殷一(2)"。

表三

序號	對照表	序號	對照表
1	安選 1＝輯佚 1	9	安選 9＝輯佚 555
2	安選 2＝輯佚 318	10	安選 10＝輯佚 614
3	安選 3＝輯佚 317	11	安選 11＝輯佚 617
4	安選 4＝輯佚 330	12	安選 12＝輯佚 546
5	安選 5＝輯佚 326	13	安選 13＝輯佚 553
6	安選 6＝輯佚 327	14	安選 14＝輯佚 583
7	安選 7＝輯佚 547	15	安選 15＝輯佚 619
8	安選 8＝輯佚 554	16	安選 16＝輯佚 634

續　表

序號	對　照　表	序號	對　照　表
17	安選 17＝輯佚 618	23	安選 23＝輯佚 623
18	安選 18＝輯佚 656	24	安選 24＝殷遺 452
19	安選 19＝輯佚 652	25	安選 25＝輯佚 626＋輯佚 627
20	安選 20＝輯佚 657	26	安選 26＝輯佚 650＋輯佚 651
21	安選 21＝輯佚 658	27	安選 27＝輯佚 977
22	安選 22＝輯佚 625	28	安選 28＝輯佚 724

《安陽民間所藏甲骨選讀》簡稱"安選"。

表四

序號	對　照　表	序號	對　照　表
1	殷續 2＝輯佚 346	18	殷續 27＝路藏 59
2	殷續 3＝輯佚 850	19	殷遺 32＝輯佚 853
3	殷續 4＝輯佚 599	20	殷續 33＝輯佚 150
4	殷續 5＝輯佚 854	21	殷續 34＝輯佚 340
5	殷續 6＝輯佚 338	22	殷續 36＝輯佚 353
6	殷續 7＝輯佚 829	23	殷續 37＝輯佚 148
7	殷續 8＝輯佚 830	24	殷續 39＝輯佚 350
8	殷續 9＝輯佚 831	25	殷續 40＝輯佚 380
9	殷續 10＝路藏 74	26	殷續 51＝輯佚 342
10	殷續 11＝路藏 90	27	殷續 52＝輯佚 343
11	殷續 15＝安散 25	28	殷續 53＝輯佚 845
12	殷續 17＝輯佚 833	29	殷續 54＝輯佚 848
13	殷續 18＝輯佚 818	30	殷遺 57＝輯佚 835
14	殷續 20 反＝輯佚 144	31	殷遺 58＝輯佚 849
15	殷續 21＝輯佚 145	32	殷續 59＝輯佚 345
16	殷續 22＝輯佚 834	33	殷續 60＝輯佚 838
17	殷續 24＝輯佚 125	34	殷續 61＝輯佚 141

續　表

序號	對　照　表	序號	對　照　表
35	殷續 62＝輯佚 140	46	殷續 93＝輯佚 135
36	殷續 63＝輯佚 352	47	殷續 94＝輯佚 130
37	殷續 64＝輯佚 837	48	殷續 95＝輯佚 147
38	殷續 65＝輯佚 349	49	殷續 96＝輯佚 351 反
39	殷續 66＝輯佚 146	50	殷續 97＝輯佚 130 反
40	殷續 70＝輯佚 132	51	殷續 99＝輯佚 142
41	殷續 76＝輯佚 149（軸對稱翻轉）	52	殷續 100＝輯佚 143
42	殷續 90＝輯佚 131	53	殷續 105＝輯佚 450
43	殷續 91 正＝輯佚 139 正	54	殷續 110＝輯佚附錄 13（軸對稱翻轉）
44	殷續 92 正＝輯佚 135	55	殷續 112＝路藏 34
45	殷續 92 反＝輯佚 134		

《殷墟甲骨拾遺·續》簡稱"殷續"。

表五

序號	對　照　表	序號	對　照　表
1	續三 1＝輯佚 6	14	續三 14＝輯佚 91
2	續三 2＝輯佚 162	15	續三 15＝輯佚 58
3	續三 3＝輯佚 72	16	續三 16＝輯佚 319
4	續三 4 正反＝輯佚 164 正反	17	續三 17＝輯佚 443
5	續三 5＝輯佚 89	18	續三 18＝輯佚 442
6	續三 6 正反＝輯佚 90 正反	19	續三 19＝輯佚 403
7	續三 7＝輯佚 53	20	續三 20＝輯佚 423
8	續三 8＝輯佚 54	21	續三 21＝輯佚 384
9	續三 9＝輯佚 56	22	續三 22＝輯佚 383
10	續三 10＝輯佚 57	23	續三 23＝輯佚 548
11	續三 11＝輯佚 112	24	續三 24＝輯佚 580
12	續三 12 正反＝輯佚 83 正反	25	續三 25＝輯佚 566
13	續三 13＝輯佚 73	26	續三 26＝輯佚 571

續　表

序號	對照表	序號	對照表
27	續三 27＝輯佚 653	53	續三 53＝輯佚 668
28	續三 28＝輯佚 645	54	續三 54＝輯佚 631
29	續三 29＝輯佚 565	55	續三 55＝輯佚 744
30	續三 30＝輯佚 569	56	續三 56＝輯佚 817
31	續三 31＝輯佚 577	57	續三 57＝輯佚 822
32	續三 32＝輯佚 567	58	續三 58＝輯佚 821
33	續三 33＝輯佚 570	59	續三 59＝輯佚 728
34	續三 34＝輯佚 582	60	續三 60＝輯佚 737
35	續三 35＝輯佚 654	61	續三 61＝輯佚 808
36	續三 36＝輯佚 575	62	續三 62＝輯佚 820
37	續三 37＝輯佚 573	63	續三 63＝輯佚 824
38	續三 38＝輯佚 556	64	續三 64＝輯佚 825
39	續三 39＝輯佚 578	65	續三 65＝輯佚 732
40	續三 40＝輯佚 646	66	續三 66＝輯佚 734
41	續三 41＝輯佚 627	67	續三 67＝輯佚 807
42	續三 42＝輯佚 648	68	續三 68＝輯佚 806
43	續三 43＝輯佚 667	69	續三 69＝輯佚 805
44	續三 44＝輯佚 640	70	續三 70＝輯佚 759
45	續三 45＝輯佚 639	71	續三 71＝輯佚 760
46	續三 46＝輯佚 630	72	續三 72＝輯佚 787
47	續三 47＝輯佚 670	73	續三 73＝輯佚 746
48	續三 48＝輯佚 662	74	續三 74＝輯佚 769
49	續三 49＝輯佚 674	75	續三 75＝輯佚 768
50	續三 50＝輯佚 672	76	續三 76＝輯佚 799
51	續三 51＝輯佚 649	77	續三 77＝輯佚 387
52	續三 52＝輯佚 644	78	續三 78＝輯佚 770

續　表

序號	對　照　表	序號	對　照　表
79	續三 79＝輯佚 797	83	續三 83＝輯佚 758
80	續三 80＝輯佚 796	84	續三 84＝輯佚 735
81	續三 81＝輯佚 793	85	續三 85＝輯佚 781
82	續三 82＝輯佚 798		

《殷墟甲骨拾遺·續三》簡稱"續三"。

表六

序號	對　照　表	序號	對　照　表
1	續四 1＝輯佚附錄 85	6	續四 6＝輯佚附錄 90
2	續四 2＝輯佚附錄 86	7	續四 7＝輯佚附錄 94
3	續四 3＝輯佚附錄 87	8	續四 8＝輯佚附錄 93
4	續四 4＝輯佚附錄 88	9	續四 9＝輯佚附錄 91
5	續四 5＝輯佚附錄 89	10	續四 10＝輯佚附錄 92

《殷墟甲骨拾遺·續四》簡稱"續四"。

表七

序號	對　照　表	序號	對　照　表
1	續五 1＝殷遺 40	13	續五 13＝殷遺 434（軸對稱翻轉）
2	續五 2＝殷遺 111	14	續五 15＝殷遺 145
3	續五 3＝殷遺 107	15	續五 16＝殷遺 365
4	續五 4＝殷遺 41	16	續五 17＝殷遺 454
5	續五 5＝殷遺 303	17	續五 18＝殷遺 448
6	續五 6＝殷遺 302（軸對稱翻轉）	18	續五 19＝殷遺 450
7	續五 7＝殷遺 315（軸對稱翻轉）	19	續五 20＝殷遺 449
8	續五 8＝殷遺 390	20	續五 21＝殷遺 457
9	續五 9＝殷遺 304	21	續五 22＝殷遺 571
10	續五 10＝殷遺 217	22	續五 23＝殷遺 576
11	續五 11＝殷遺 188	23	續五 24＝殷遺 582
12	續五 12＝殷遺 444	24	續五 25＝殷遺 593

《殷墟甲骨拾遺·續五》簡稱"續五"。

表八

序號	對　照　表	序號	對　照　表
1	續六 1＝殷遺 92	14	續六 14＝殷遺 381
2	續六 2＜殷遺 93	15	續六 15＝殷遺 396
3	續六 3＜殷遺 93	16	續六 16＝殷遺 354
4	續六 4＜殷遺 93	17	續六 17＝殷遺 358
5	續六 5＜殷遺 93	18	續六 18＝殷遺 393
6	續六 6＜殷遺 93	19	續六 19＝殷遺 292
7	續六 7＝殷遺 23	20	續六 21＝殷遺 190
8	續六 8＝殷遺 24	21	續六 22＝殷遺 456
9	續六 9＝殷遺 375	22	續六 23＝殷遺 572
10	續六 10＝殷遺 301	23	續六 24＝殷遺 564
11	續六 11＝殷遺 314	24	續六 25＝殷遺 646
12	續六 12＝殷遺 445	25	續六 26＝殷遺 298
13	續六 13＝殷遺 348	26	續六 27＝殷遺 647

《殷墟甲骨拾遺·續六》簡稱"續六"。

本文蒙黃天樹師審閱並提出寶貴意見，謹致謝忱。

殷墟戚家莊出土筮卦戈的討論*

馬曉穩

（清華大學出土文獻研究與保護中心）

　　1984年冬，安陽殷墟戚家莊出土了一組10件的銅戈，大小、形制、花紋、銘文均同，①有學者認爲這10件戈的正背均鑄有數字卦"六六六六"，共計二十組，並說這組年代確切的商代銅戈，對於商代筮卦的研究，意義更爲重大。② 此後，學者在討論商周金文數字卦時亦常引用這組材料。但筆者在綜合比較這類形制銅戈後，認爲這一說法並不正確。有鑒於此，有必要對這組戈上所謂"數位卦"的性質進行討論。

　　本文討論的這組銅戈，即1986年孟憲武執筆的《殷墟戚家莊269號墓發掘簡報》定爲Ⅰ式戈，"内後端一面花紋中央有銘文'爰'字，陰文"，"鑄有'爰'字銘文的銅器計有二十五件"。③ 1991年孟憲武執筆的《殷墟戚家莊東269號墓》一文公布了Ⅰ式戈(4)的照片及局部紋飾，"銘文均鑄於戈内後端一面的花紋中央，均陽文"，"唯一面中部鑄一'爰'字，陽文，另一面無銘"。④ 1993年整理小組出版《安陽殷墟青銅器》一書，著録了其中三件戈(M269.1、4、17)的照片、一件戈銘拓片(未指明屬哪件戈)，"内前部較寬，後部爲一鳥形，鳥身花紋兩面相同，唯一面中部鑄銘'爰'字，陽文"。⑤ 值得注意的是，2003年孟憲武撰《商代筮卦的幾組文物》一文時另立新說，認爲"在内末端的邊緣上，正背兩面均鑄有一組'六六六六'的古寫數字符號。10件銅戈，正背均有，共計二十組。我們初步認爲，這些數位記號，不應是戈内上的花紋，應是與銘文'爰'有密

---

* 本文爲國家社科基金青年項目"吴越文字資料整理研究"(18CYY037)的階段性成果。
① 安陽市博物館(孟憲武執筆)：《殷墟戚家莊269號墓發掘簡報》，《中原文物》1986年第3期。
② 孟憲武：《商代筮卦的幾組文物》，《安陽殷墟考古研究》，鄭州：中州古籍出版社2003版，頁87—90彩版一九。
③ 安陽市博物館(孟憲武執筆)：《殷墟戚家莊269號墓發掘簡報》，《中原文物》1986年第3期。
④ 安陽市文物工作隊(孟憲武執筆)：《殷墟戚家莊東269號墓》，《考古學報》1999年第3期。
⑤ 安陽市文物工作隊、安陽市博物館：《安陽殷墟青銅器》，鄭州：中州古籍出版社1993年版，頁64、128。

切聯繫的卦象符號","這組卦象'六六六六'爲四個數位記號組成,應爲一'單卦',通稱爲'四爻'",並總結説:"商代銅器銘文中鑄有卦象符號的少見,且時代不明確,多爲推測。鑄有銘文、卦象符號的這組銅戈,屬殷墟文化第三期遺物,年代確切可靠。它對於商代筮卦的研究,意義更爲重大。"①

我們認爲戚家莊的這組銅戈(下文或稱"爰戈")鑄有數字卦,這一説法存在問題。孟憲武所説的戈内末端邊緣上的"六六六六"(圖一),10件戈的正背均有,共計二十組的所謂"六六六六",應該是内部鏤空花冠鷙鳥紋的一部分,②並不是數字。類似的戈,其實早在1935年王辰的《續殷文存》中即有過著録,如夯戈,迄今出現的同銘戈凡10件,③今列舉一件戈的器影及内部紋飾、銘文(圖二)。

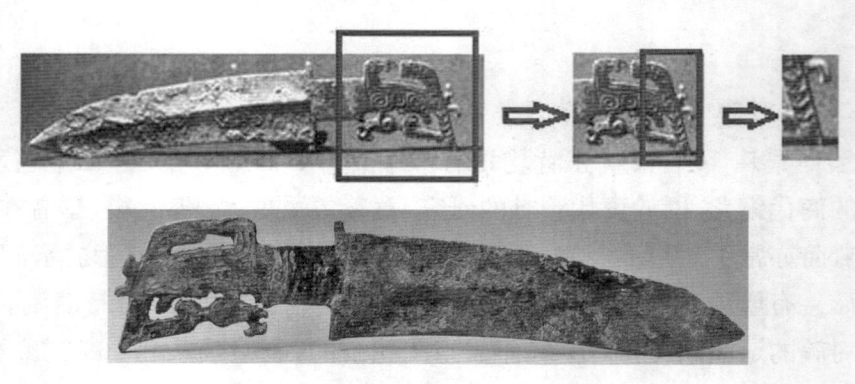

圖一 "爰戈"(M269.4)正背照片④

圖二 "夯戈"照片、拓本⑤

---

① 孟憲武:《商代筮卦的幾組文物》,《安陽殷墟考古研究》,頁87—90。
② 吴鎮烽:《商周青銅器銘文暨圖像集成》第30卷,上海:上海古籍出版社2012版,頁105。
③ 吴鎮烽:《商周青銅器銘文暨圖像集成》第30卷,頁12—21。《金文通鑒》16009—16018。
④ 上圖出自《考古學報》1991年第3期,圖版拾伍;下圖出自《安陽殷墟考古研究》彩版一九。
⑤ 《金文通鑒》16011。

現試舉幾例內部的鳥形紋飾,見表一。

表一 夲戈、戚家莊爰戈内部比照表

夲戈①	夲戈②	戚家莊爰戈③

對比可知,夲戈與戚家莊爰戈的整體形制、内部的鳥紋極其相似,二戈内部一面均鑄有陽文,前者鑄"夲"字,後者鑄"爰"字,"爰"、"夲"都是商代金文中常見的族氏。④ 另一面無字,中鑄三個一組的雲紋。二戈時代均為商代晚期,出土地都集中在河南安陽一帶。孟憲武認為"這些數位記號,不應是戈内上的花紋,應是與銘文'爰'有密切聯繫的卦象符號",⑤現在我們知道"夲"族戈上其實也有類似的紋飾,並不僅見於"爰"戈。此外,迄今見到的 10 件夲戈上"八"形的數量也不盡一致,不僅有四個,還有三個、五個,甚至多達六個(表二),而且每件戈正反面的"八"形數量相同,兩面對稱,將這些都視為筮卦恐難令人信服。

表二 "夲戈"内部拓本

《通鑒》16015	《通鑒》16010	《通鑒》16009

---

① 《金文通鑒》16012。
② 《金文通鑒》16011。
③ 上圖采自《考古學報》1991 年第 3 期圖版拾伍;下圖出自《安陽殷墟考古研究》彩版一九。
④ 何景成:《商周青銅器族氏銘文研究》,濟南:齊魯書社 2009 年版,頁 229、292、377、569。
⑤ 孟憲武:《商代筮卦的幾組文物》,《安陽殷墟考古研究》,頁 87—90。

目前所知的數字卦銅器凡22件,其中出土地可考的器物,多集中出土於湖北(3件)、陝西寶雞岐山(2—3件)、河南洛陽(3件)一帶。從考古學角度看,都是當時周人活動頻繁的地區。就延續時間而言,22件器物的時代多集中在西周早期,最晚當爲兩周之際的鼎卦戈。本文所論的戚家莊銅戈,不管在空間上還是時間上,都是不太合適的。

綜上,我們認爲戚家莊銅戈上鑄有所謂"數字卦"的説法是不成立的。戈內部邊緣的"人"形陽文圖形,是爲了填滿鏤空花冠鷙鳥紋的空白而鑄造的,屬於整體鳥紋的一部分,不能割裂出來視作數字"六"。過去認爲對商代筮卦研究有重大意義的"爰"族銅戈,實際上並不是筮卦的證據,所以目前仍未發現商代鑄有數字卦的銅器。希望今後學者在討論出土文獻數字卦材料時,不要再引用戚家莊這組銅戈了。

徵 稿 啓 事

一、《甲骨文與殷商史》爲中國社會科學院甲骨學殷商史研究中心集刊,教育部、國家語委甲骨文研究與應用專項資助集刊,中國社會科學研究評價中心中文社會科學引文索引"Chinese Social Sciences Citation Index"(CSSCI)來源集刊,教育部"2011 高等院校創新能力提升計劃""出土文獻與中國古代文明研究協同創新中心"認定的重要集刊。

二、《甲骨文與殷商史》1983 年創刊,1986 年和 1991 年又先後出版第二、三輯。2008 年復刊爲新一輯,現爲年刊。

三、本集刊擇優刊布中國社會科學院歷史研究所同人最新甲骨學與殷商史研究成果,也竭誠歡迎海内外專家學者惠賜以下研究領域的大作:

1. 甲骨文殷商史專題研究;
2. 甲骨文字考釋;
3. 甲骨文例與語法研究;
4. 甲骨文組類與斷代研究;
5. 甲骨綴合與辨僞;
6. 甲骨金文與殷墟考古研究;
7. 商周甲骨文保護整理與研究;
8. 甲骨文人工智能深度識别聚積與大數據雲平臺構建;
9. 甲骨學與甲骨學史研討;
10. 海内外甲骨文研究動態、書刊評價等。

四、來稿必須爲原創首發論文。

五、本集刊延請專家進行匿名審稿,一經采用,會及時將有關意見反饋給作者。來稿如未被采用,恕不另行答覆,敬請見諒。

六、稿件格式:

1. 投稿請同時提供 word 及 pdf 兩種格式電子文檔,word 文檔采用横排、繁體字。

2. 稿件中請注明作者姓名、工作單位及聯繫方式（通信地址與郵編、電子郵址、電話或手機）。

3. 稿件注釋一律采用頁下注，每頁另起，注號用①、②、③、④……

4. 引用專著采用以下形式：

作者：《專著名》，出版所在城市：出版社××××年版，頁××。

5. 引用論文采用以下兩種形式：

作者：《論文名》，《刊物名》××××年第×期；或《刊物名》第×期第×卷，××××年。

作者：《論文名》，《論文集名》，出版所在城市：出版社××××年版。

6. 文中引用的古文字字形請造字後剪貼爲圖片插入 word 文檔中。如手寫則務必做到準確、清晰，也請以圖片形式插入文檔中。

七、來稿請用電子郵件發送，本集刊收到稿件後即予以回復。

八、來稿地址：

電子郵址：zhhsong@yeah.net

地址：北京建國門内大街 5 號　中國社會科學院歷史研究所甲骨學殷商史研究中心

郵編：100732

電話：86－10－85195827

圖書在版編目(CIP)數據

甲骨文與殷商史. 新九輯,紀念殷墟甲骨文發現120周年專輯/宋鎮豪主編. —上海：上海古籍出版社, 2019.10(2019.11重印)
(中國社會科學院甲骨學殷商史研究中心集刊)
ISBN 978-7-5325-9350-7

Ⅰ.①甲… Ⅱ.①宋… Ⅲ.①甲骨文－研究②中國歷史－研究－商周時代 Ⅳ.①K877.14②K223.07

中國版本圖書館 CIP 數據核字(2019)第 204514 號

甲骨文與殷商史（新九輯）

紀念殷墟甲骨文發現120周年專輯

宋鎮豪　主編

上海古籍出版社出版發行

（上海瑞金二路272號　郵政編碼200020）

　（1）網址：www.guji.com.cn
　（2）E-mail：guji1@guji.com.cn
　（3）易文網網址：www.ewen.co

啓東市人民印刷有限公司印刷

開本787×1092　1/16　印張33.25　插頁2　字數613,000
2019年10月第1版　2019年11月第2次印刷
ISBN 978-7-5325-9350-7
K・2704　定價：168.00元

如有質量問題,請與承印公司聯繫